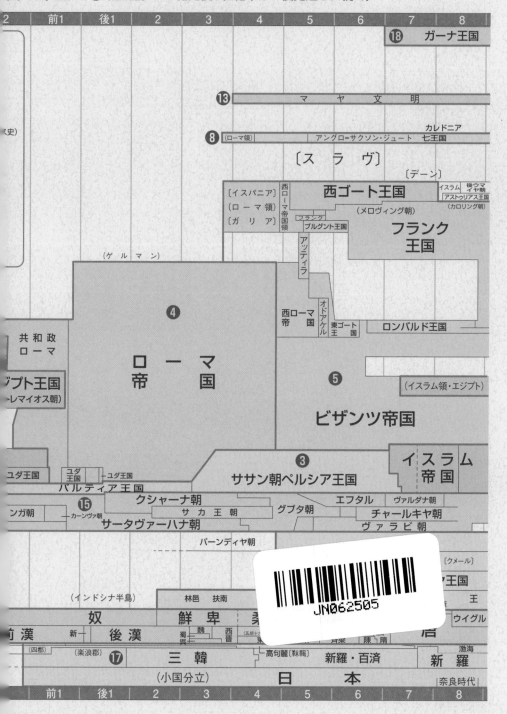

2	前1	後1	2	3	4	5	6	7	8

⓲ ガーナ王国

⑬ マ　ヤ　文　明

⑧ ［ローマ領］ アングロ=サクソン・ジュート　七王国　カレドニア

〔スラヴ〕

〔デーン〕

［イスパニア］
（ローマ領）
〔ガリア〕

西ローマ帝国領　西ゴート王国　（メロヴィング朝）

イスラム　後ウマイヤ朝
アストゥリアス王国
（カロリング朝）

（ゲルマン）

❹ ローマ帝国

共和政ローマ

〔エジプト王国〕
（プトレマイオス朝）

フランク　ブルグント王国　アッティラ

西ローマ帝国　オドアケル　東ゴート王国　ロンバルド王国

フランク王国

❺ （イスラム領・エジプト）

ビザンツ帝国

ユダ王国　ユダ王国　ユダ王国
パルティア王国

❸ ササン朝ペルシア王国

イスラム帝国

⓯ クシャーナ朝　サカ王朝　グプタ朝　エフタル　ヴァルダナ朝
カーンヴァ朝　チャールキヤ朝
サータヴァーハナ朝　ヴァラビ朝

バーンディヤ朝

〔クメール〕
王国　王

（インドシナ半島）　林邑　扶南　ウイグル

奴　鮮卑　柔

前漢　新　後漢　魏蜀呉　西晋　（五胡十六国）　宋斉　梁　陳隋　唐　渤海

（四郡）　（楽浪郡）　⓱　三　韓　高句麗〔靺鞨〕　新羅・百済　新羅

（小国分立）　日　本　奈良時代

前1	後1	2	3	4	5	6	7	8

JN062505

【改訂新版】

これ1冊!

世界各国史

地球80億人の来し方・行く末

「我々はどこから来たのか
我々は何者か
我々はどこに行くのか」
ポール・ゴーギャン画

紛争!対立!騒乱!
世界の「今」がわかる

最新
[世界史
探求]
対応版

アーク出版

はじめに——改訂新版によせて

　読者の皆さんの多くは学校の授業で「啓蒙思想」という言葉を聞いたことがあるだろう。蒙（くら）きを啓（ひら）く、英語で"enlightenment"つまり灯りをともすこと。人間の理性と寛容を信じ、無知も、特権も排除し、人間らしい豊かな世界をつくろうという「進歩主義」、これが「啓蒙思想」だ。

　生産のための手段を公有化して平等を実現しようという「社会主義」（いわゆる共産主義）も、消費を統制して平等を実現しようという「社会主義」（ファシズム）も、あるいは通貨を統合し国境をも取っ払ってしまうという「ＥＵ」の試みも、すべて人間理性による実験である。無論、人種も民族も超越して世界各地からの移民で構成される「アメリカ合衆国」という国が成立し続けるのかも一つの試みと言えるかもしれない。

　「移民」が契約して作った人工国家がアメリカなら、「労働者」の代表である政府が合理的に社会を設計した国家がソ連だ。「ソヴィエト連邦」というある種の「進歩主義」の粋が崩壊する原因となったのが、1989年の米ソ冷戦終結だった。そして、2022年にはその後継である「ロシア」がアメリカの指導力の低下という一瞬のすきにウクライナに侵攻した。これは「パクス＝アメリカーナ」という「進歩主義」への挑戦であり、ヨーロッパの勢力図を一気に15世紀まで戻そうという企てである。

　もはや凹凸をローラーにかけて一元化しようという「理性的」な実験場での暮らしに人類は耐えられなくなっているのではないか。実際、アングロサクソン（英米）流の自由民主主義を基調とした世界の単一規格化とボーダーレス世界の実現という構想は限界状況を呈している。その一方で強権政治は増大し、情報は統制され、奴隷労働は拡大し、特権は一部の人により独占されている。平等どころか格差がますます拡大している。

　特定の社会階層の苛立ちを支持の錨としているのが昨今のポピュリズム政治家たち。彼らは押し寄せる移民のカラーに染め上げられまいとする庶民の

焦りを政治的エネルギーへと転化している。

　移民について思い起こせば、11〜13世紀のヨーロッパの温暖な気象と人口増が十字軍やレコンキスタという「欧州からの膨張」の動因となった。それが現在はアフリカ大陸の人口急増と政情不安が「欧州への膨張」の動因となっている。同時に「欧州からの膨張」の際に行われた十字軍やレコンキスタといった蛮行は、現在のイスラーム過激派が行う凶行に強烈な根拠を与えている。

　これらはすべて当該地域の成り立ち、言い換えるなら、世界史の知識があってこそ解読できることなのだ。今は、むきだしの世界史全盛の時代だと言えるだろう。

　受験生諸君！

　受験勉強とは入学試験のための準備にはちがいないが、世界史の勉強は入試が終わっても学生時代が終わっても、否、人生が終わらない限り諸君が目撃するであろう世界で起きている事象の真相を把握するのに必要な基盤を提供する知識となるものだ。

　細部にこそ神は宿る。

　世界史の細部には人類史混迷の諸原因が宿る。本書を通じ、世界史の細部に目を向けよう。受験生にとって本書は手応え十分な演習問題集といえる。ページを開けば膨大な赤色の用語。赤色をここまで多用しているのは、受験生を徹底的に鍛えたいという私の気持ちの表れである。地域別構成で「流れ」をつかみ、赤色の用語を覚え「事象」を理解する。ピッチを俯瞰でき、かつ1対1にも強いサッカープレーヤーのような最強の世界史受験生になってほしいという願いだ。

　社会人にはあらゆる意味で欧米中心の思考なり歴史観から解き放たれてほしい。

　これが私の望むところである。

2022年 9月

　　　　　　　　　　　　東京、西荻窪にて　　　　村山秀太郎

【本書の使い方】

　本書の特徴はタテ1冊！つまり構成が地域別、場合によっては各国別になっているので、流れるように世界史の奔流に身をまかせるうちに覚えることが可能だということだ。つまり一気に読める。だから受験生だけでなく社会人が短時間で必要かつ興味のある地域史をマスターするのも容易になる。

　ただ、世界史が純然たる国民国家の時代に入るのは第一次世界大戦後のことなので、書名どおりの「世界各国史」が成立するのは近現代史のみだ。本書の最初のほうは、高校世界史の教科書の構成と同じようなものとなっている。

　本書を有効活用していただくための5原則をお伝えする。

1. 本書は用語集ではないので、意味のわからない用語や内容を深めたい単語があれば用語集などを活用して内容を確認してほしい。
2. 本書では最難関大9割得点を目標に重要な用語を赤字で印字してある。赤色シートを使いその全てを覚えることを私は期待する。
3. 本書を読む際には、なじみの世界史資料集を座右に置き、当該の時代＆地域のページを開きつつ各事象が起きている「場所」をしっかり確認していただきたい。
4. 本書はタテ向きに世界史にアプローチしているので、読みすすめる際に他の章を参照しなければならない場面に遭遇する。たとえば、フランス史を読み進めると、ナポレオン戦争の後にウィーン会議があり、さらには第一次世界大戦・第二次世界大戦となるわけだが、ウィーンはオーストリア（広義のドイツ）の首都であり、また両世界大戦の主要当事国はドイツなので、ウィーン会議、両大戦の詳細な記述はドイツのチャプターにある。そちらへ飛ぶ必要が生じるかもしれない。もくじを参照され対応願いたい。
5. 本書では純粋に「文化史」に分類される細かな項目を扱っていない。私の姉妹書『これ1冊！世界文化史』（アーク出版）を入手し、その真髄を脳内に染み渡らせながら本書をマスターしよう。相乗効果を期待できる。

　受験勉強とは、自らの努力で結果を変えることができるレアな体験だ。全ての「赤字」が黒字として読めるようになったとき、諸君の入試世界史対策は間違いなく「万全」になっていることだろう。

●現代の世界の国々と本書の章立て（地図上の国境・国名は2022年

- **7**章 フランス史
- **8**章 イギリス史（EU史・アイルランド史・オセアニア史）
- **9**章 ドイツ史（イタリア史・スペイン史・ネーデルラント史・スイス史）
- **10**章 オスマン帝国史・トルコ共和国史
- **11**章 ロシア史
- **12**章 東ヨーロッパ史
- **13**章 アメリカ大陸史
- **14**章 中国史（ティムール帝国・サファヴィー朝）
- **15**章 インド史
- **16**章 東南アジア史
- **17**章 朝鮮半島史
- **18**章 アフリカ史

- **1**章 先史時代と古代オリエント史
- **2**章 古代ギリシア史
- **3**章 イスラーム以前のイラン地域史
- **4**章 古代ローマ史
- **5**章 前近代のヨーロッパ史
- **6**章 イスラーム世界の発展史
- **19**章 パレスチナ史
- **20**章 中東現代史

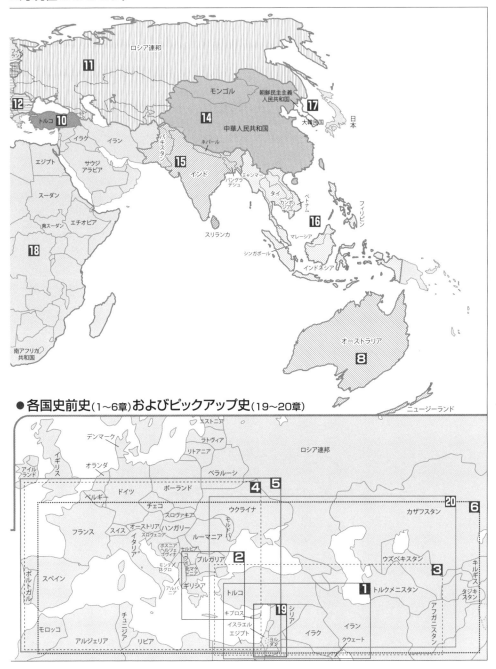

● **各国史前史**(1〜6章)**およびピックアップ史**(19〜20章)

はじめに　改訂新版によせて

レバノンの
バアルベック

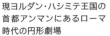
現ヨルダン・ハシミテ王国の
首都アンマンにあるローマ
時代の円形劇場

ヴェネツィアのカーニバル

タワーブリッジ

レアルマドリードの監督
ジダン氏と

ブランデンブルク門

聖ヴァシーリ聖堂

ヌルハチ

ニューヨーク・マンハッタン

アユタヤ

クトゥブ＝ミナール

仏国寺と石窟庵

ギザの3大ピラミッドとスフィンクス

嘆きの壁
（東イェルサレム）

カバー装幀NONdesign（小島トシノブ）／本文DTP丸山尚子／本文地図作製 ダーツ

1章 先史時代と古代オリエント史

人類は進化と創造のどちらの所産なのか？　という問いは人類最大の難問かつ肝要な問いである。サルが人間に進化した瞬間も、神が人間を創造した瞬間も、いずれも見たヒトがいないからだ。ゆえに進化論も創造説も信じるには信仰を要するという共通点がある。

ダーウィンの『種の起源』はマルサスの『人口論』の影響を受けており、そのダーウィンとマルクスは書簡を交わす仲だった。つまり、イギリス古典派経済学と生物進化論、そして社会主義（マルクス主義やナチズム）もヒトの思弁の所産なのだ。さはさりながら、地球上のさまざまな場所から"人類"の痕跡が出土されている。それをサルの、サルヒトの、ヒトの痕跡と見なすか、それこそ信仰を要することであるが、ここでは現段階での学問界の"定説"を高校世界史の教科書レベルにまとめてみた。

そして古代オリエント史、つまり古代中東史。その整理の仕方は以下のように、中東各地域の歴史的呼称を現在の国家群に置き換える練習をしてから学習することだ。

エジプトにあるのがエジプト、**パレスチナ**にイスラエルと国家建設途上のパレスチナ、**シリア**にはシリア・レバノン・ヨルダン、小アジア（**アナトリア高原**）にはトルコ、**メソポタミア**にはイラク、**イラン高原**（ペルシア）にはイランがある。

ついで、メソポタミアを**シュメール→アッカド→ウル第3王朝→アムル人のバビロン第1王朝→ヒッタイト**による滅亡後、北に**ミタンニ**、南に**カッシート→ミタンニからアッシリア**が独立し、前7世紀にオリエントを初統一するも残酷な支配がたたり**メディア**と**カルデア人の新バビロニア**に滅ぼされ→メディアから自立した**アケメネス朝**がメディア・リディア・新バビロニア・エジプト第26王朝の4王国を征服し、前6世紀にオリエント再統一、と暗唱してからとりかかること。エジプトは第18章アフリカ史で扱われている。

アナトリア高原

小アジア

カスピ海

アッカド王国

ティグリス川
メソポタミア
ユーフラテス川

ペルシア

地中海

シリア

パレスチナ

ザグロス山脈

肥沃な
三日月地帯

シュメール都市国家群

ペルシア湾

エジプト

紅海

前30〜前21世紀頃

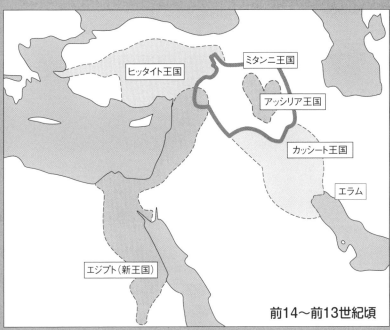

ヒッタイト王国

ミタンニ王国

アッシリア王国

カッシート王国

エラム

エジプト（新王国）

前14〜前13世紀頃

先史時代

　進化説に立つ識者はサルから進化して人類が誕生したのは400万年前だという。2001年にフランスのブルネ博士がアフリカ中央部で発見した**サヘラントロプス**が700万年前のものとされる最古の人類化石だ。**アウストラロピテクス**は猿人で、彼らは**直立二足歩行**していたということだ。で、石を道具として使い始めた**石器時代**の古い時代区分を**旧石器時代**という。その初期が1964年にタンザニアで発見された**ホモ＝ハビリス**という**ホモ＝サピエンス**（知恵のある人）の前段階で、猿人と**原人**（ジャワ原人・北京原人など）の間に位置づけられる。初期のホモ＝サピエンスの登場は20万年前で、彼らの頭蓋骨の顎の骨格を分析すると、初歩的な言語を扱う能力の可能性が認められる。**旧人**の代表が1856年にドイツで発見された**ネアンデルタール人**で**埋葬の習慣**が確認されている。

　4万年前に現在の人類に直結される**新人**[*]が現れ、石器・骨角器の使用、埋葬・原初的な音楽が見られるようになる。このあたりが中期旧石器時代で、1万年前の後期旧石器時代に入ると、芸術や**洞穴美術**が見られるようになる。スペイン北部の**アルタミラ**、フランス南部の**ラスコー**が代表。女性裸像**石のヴィーナス**はオーストリアの**ヴィレンドルフ**が代表。旧石器時代は、**狩猟・漁猟・採集の獲得経済**の時代で、生活が不安定な時代なため**ホルド**（群）で生活した。その頃には気候が温暖化し、人類は獲得経済から**生産経済**（**農耕・牧畜**）に移る。

　定住生活は石器を**打製石器**から**磨製石器**へと変化させる。これが**新石器時代**だ。調理や貯蔵用に**土器**も作られた。牧畜は9000年前に西アジアから東地中海を中心に始まった。「**肥沃な三日月地帯**」の**大麦地帯**がメソポタミア、**小麦地帯**がシリア・パレスチナであったが、それぞれ**ジャルモ**と**イェリコ**が代表的な初期農耕の遺跡である。当時の農法は雨水に頼る**乾地農法**で、そのうえ肥料を施さない**略奪農法**を特色とした。

　その後メソポタミアで**灌漑農業**が始まると、農業生産は飛躍的に高まり、人口も増加。余剰食糧の増加は、貧富の差や、農業に直接従事しない神官や職人を生む。分業の進展により神官や戦士などに特別の権威が与えられ、王を頂点とした**階級社会**が成立する。初期農村は神殿を中心に**都市国家**へ発展

していったが、神殿の祭祀や政治・商業の記録の必要から**文字**が発明された。こうして、最古の文明は紀元前3000年にエジプトとメソポタミアで誕生し、続いてインダス川流域、黄河・長江流域にも生まれた。**四大文明**の誕生である。

古代メソポタミア・イラン

オリエントはラテン語で「日の昇るところ」。イタリアのラティオ（ラテン）州の州都がローマだから、オリエントとはローマの東。日本も広義のオリエントだが、ここではインドとヨーロッパの間としておこう。

そのオリエントのなかでも主要な地域が**メソポタミア**だ。メソポタミアのメソは「間」、ポタモスは「川」、だから右のティグリスと左のユーフラテス両河の間。つまり今の**イラク**ということになる。イラク共和国の首都**バグダード**は**ティグリス**川に沿っている。

シュメール→アッカド

世界最古の農耕の遺跡ジャルモは北メソポタミアだ。前3000年の最初の都市文明は民族系統不明の**シュメール人**の都市で、南メソポタミアにあった**ウル**だ。他に**ウルク**、ラガシュ、ウンマなどが各**都市国家**。そこでは**階級**ができ、それぞれに守護神がいる**青銅器**文明で、**楔形文字**を粘土板に記し、円筒の**印章**で所有権を示した。**占星術**が盛んな**神権政治**が特色で、崇拝のための人工の山ジッグラトを作った。暦は月の満ち欠けを基準とする**太陰暦**で、記数法は**六十進法**。『**ギルガメシュ叙事詩**』が『旧約聖書』の巻頭の書『創世記』の「**ノアの洪水**」と関連

▲
＊
フランス国境に近いイタリアのグリマルディ

グリマルディ人は新人（現生人類）に分類される。グリマルディからは地中海が眼下に広がりフランスとモナコを一望できる。

◀
＊＊
最古の楔形文字がウルクから発見されたとされる。

◀
＊＊＊
ラガシュとウンマ間には条約（前2100年頃）が結ばれた。現存する最古の条約の石碑がある。

するということだ。ジッグラトは「バベルの塔」の話とつながるとされる。

シュメールの次がセム系（語族）で、国際共通語となる**アッカド語**をあみだした**アッカド人**の王国。前24世紀に**サルゴン1世**がメソポタミアを統一した。全盛期の**ナラーム＝シン**は「全世界の王」と呼ばれた。その後シュメール系の**ウル第3王朝**が一次復活し、現存最古の**シュメール法典**（**ウルナンム王**による）を残す。同王朝は**エラム人**の侵入で倒れた。

┃ バビロン第1王朝（古バビロニア王国）

前19世紀に入ると、セム系の**アムル（アモリ）人**が**バビロン第1王朝**（古バビロニア王国）を起こし**ユーフラテス川**沿いの**バビロン**を都とした。**多神教**だが都市神は**マルドゥク**。1902年に**スサ**（現在のイラン）で発見された**前18世紀の第6代の王**による「**ハンムラビ法典**」は、「**目には目を、歯には歯を**」の同害報復の**復讐法**であり、さらに身分により異なる法を適用し、同王は領内の多民族の統一支配に努めた。この国は小アジア（**アナトリア高原**）のインド＝ヨーロッパ語族の**ヒッタイト**により滅亡した。その後メソポタミアは北を**ミタンニ王国**が、南のバビロン付近を**カッシート王国**が支配する。カッシートは**エラム人**に滅ぼされた。いずれも民族系統は不詳。ミタンニからティグリス川上流のアッシュル付近から自立するのが**アッシリア王国**だ。ミタンニの住民の大半は**フルリ人**だった。

┃ ヒッタイト

ヒッタイト王国は**インド＝ヨーロッパ語族**で小アジア（**アナトリア高原**、現トルコ共和国）の**ボアズキョイ**（**ハットゥシャ**）を中心に興り、最初に**鉄製武器**を使用したという点が最重要。**バビロン第1王朝**（古バビロニア）を滅ぼしたが、前12世紀に**海の民**に滅ぼされた。ヒッタイト楔形文字は1915年にチェコスロヴァキアの**フロズニー**が解読した。

その後、前16世紀頃からメソポタミアは民族系統不明の北の**ミタンニ王国**、南に**カッシート王国**（**バビロン第3王朝**、**エラム人**により滅亡）が支配した。エラム人が「ハンムラビ法典」をバビロンからスサへ持ち去ったと考えられている。

アラム人

　地中海東岸は歴史的にシリアと呼ばれる地域だ。現在はシリアの他にレバノン、ヨルダン、イスラエルという国がある。

　アラム人は現シリアの首都**ダマスクス**を中心に**内陸交易**に従事し、**アラム文字**を生み出した。アラム語はアケメネス朝ペルシアの公用語となり、イエス＝キリストも話していたという。アラム文字はヘブライ文字とアラビア文字、イラン系のソグド文字、トルコ系の突厥文字やウイグル文字、モンゴル系の契丹文字、ツングース系の女真（満州）文字に影響した。

フェニキア人

　地中海沿いには、**フェニキア人**が北から**ビブロス、ベイルート、シドン、ティルス**を築いた。ベイルートは現**レバノン**の首都。ティルスは北アフリカに**カルタゴ**（現チュニジアの首都**チュニス**）植民市を建設した。ポエニ（フェニキア）戦争で共和政ローマと戦ったカルタゴだ。カルタゴにはフェニキア人の宗教の名残がある。フェニキア人はインド洋からバルト海にかけて広範囲で交易に従事した。キプロス島で**銅**を交易（だから銅の元素記号はキュプロスのＣｕ）、イベリア半島の**鉄鉱石**（スペイン最古の都市**カディス**、画家ピカソの生地**マラガ**を建設）、ブリタニアの**錫**、バルト海地方の**琥珀**を交易したが、アフリカ最南端まで行ったといわれている。**シナイ文字**をもとに**フェニキア文字**を生み出し、これが母音付きのギリシア文字、エトルリア文字を経てラテン文字、つまりローマ字となった。フェニキア

＊
**レバノンの
バアルベック**

ベッカー高原の中央にある。ここはフェニキアの神バアルが祀られていたが、後代ギリシア・ローマの神々と融合し、ジュピター、ビーナス、バッカスの三神の神殿となる。

＊＊
フェニキア文字は子音のみだったが、ギリシアで母音文字が加わり表音文字となった。これがアルファベットだ。

文字は1930年にドイツ人バウアーが解読した。

レバノンは風光明媚で快適な国だ。狭い国土に多様な気候が混在する。レバノン国旗の表象レバノン杉の原木は現在数本を残すのみだ。**ウガリト**は前15世紀には存在していたシリアの海港都市で、フェニキアよりも古い。

ヘブライ人

パレスチナ（現在イスラエルが占領中）の先住民は**カナーン人**。神ヤハウェから「乳と蜜の流れるカナーンの沃野」を約束され、メソポタミアの**ウル**からユーフラテス川沿いに移動した族長アブラハムの一族は、それら先住民から「川向こうから来た人々＝**ヘブライ人**」と呼ばれた。

前13世紀に**モーセ**は**ヘブライ人**を「**出エジプト**」させた後にシナイ山でヤハウェから**十戒**を授かり、ヤハウェと契約関係に入る。荒野を放浪した後モーセの後継者**ヨシュア**に率いられヨルダン川を東から西に渡河し、**イェリコ**からカナーン大征服に着手し、今からちょうど3000年前に**サウル**を初代の王として**ヘブライ王国**を建設。2代目の王ダヴィデは**イェルサレム**に都を定める。**ガザ**を建設した**海の民**の一派**ペリシテ人**（フィリスティア人、"パレスチナ"の語源となる）の巨人ゴリアテを石投げ機で打ち倒した。

イェルサレムにヤハウェの神殿を建立したのが、ダヴィデの子**ソロモン**だ。ヘブライ王国の国土は拡大し、アラビア半島からシェバの女王がソロモンの栄華を見に訪れたという逸話も残る。しかし統治の後半には重税と徴用で国民を疲弊させ、異教の妻を1000人持ってヤハウェ崇拝から離れ、結果ヘブライ王国は北の**イスラエル王国**と南の**ユダ王国**に分裂。イスラエル王国は**前722年**アッシリア王国の**サルゴン2世**に、ユダ王国は**前586年**に新バビロニア王国のネブカドネザル2世により滅亡する。この時のヘブライ人（ユダヤ人）強制連行が「**バビロン捕囚**」（同地で金融・貿易を習得）。この時期に**預言者**が登場し、**メシア**（救いのために神に油を注がれた者）の出現を予告し**ユダヤ教**が顕在化した。その教典が『**旧約聖書**』であり**選民思想**を特色とする。

アッシリア

さて、ミタンニ王国から独立したのが「**世界帝国**」アッシリア王国だ。ヒ

ッタイト滅亡後強国になる。**ティグリス川中流アッシュル**から興ったが、**ニネヴェ**が有名な都だ。**サルゴン2世**はイスラエル王国を滅ぼし、エサルハドン王が前7世紀に**エジプト**を征服し、全オリエントを初めて統一し**世界帝国**を現出した。**アッシュル＝バニパル王**はニネヴェに最古の**図書館**を建てた。メソポタミアからナイル川まで、つまり「肥沃な三日月地帯」からエジプトまで支配したものの、残酷な統治と過酷な税は反乱を招き（その戦闘性はロンドンの大英博物館で見られる）、**前612年**に**メディア**と**新バビロニア（カルデア）**の連合軍の前に滅んだ。

4王国時代

そして4王国分立時代に入る。小アジアの**リディア**は**インド＝ヨーロッパ語族**で、都が**サルデス**。最古の**鋳造貨幣**をあみだした。クロイソス王の富で有名。イラン高原の**メディア**もインド＝ヨーロッパ語族で都は**エクバタナ**（現ハマダーン）。新バビロニア（セム語族の**カルデア人**）の**ネブカドネザル2世**はユダ王国のヘブライ人を強制連行した（前586〜前538の**バビロン捕囚**）。彼はホームシックにかかったメディアからきた王妃のために故郷に似た風景の**空中庭園**を造ってあげた。4王国の残る一つが**エジプト第26王朝**（都**サイス**）だ。

*
イェリコ
海抜マイナス250mに位置する世界「最古」で「最低」の都市。モーセの死後、勇敢なヨシュアに率いられたヘブライ人のカナーン大征服の際に最初に攻略した都市であると『旧約聖書』は記述している。

アッシリア王国

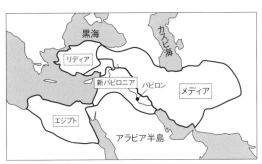

4王国時代

アケメネス朝ペルシア

　これら4王国のうちメディアから自立したのが**イラン**のペルシア湾に近いペルシス地方の**スサ**に興ったアケメネス朝ペルシア（**前550～前330**）だ。

　キュロス2世の時に自立し、4王国のうち**メディア、リディア、新バビロニア**を滅ぼし、ヘブライ人を捕囚から解放した。だから「解放者」キュロス2世といわれる。第2代**カンビュセス2世**がエジプト第26王朝を滅ぼし、全オリエント統一を実現した（**前525年**）。

　第3代**ダレイオス1世**は、東は**インダス川**から東北は**シル川**と**アム川**がアラル海に注ぐ地域**ソクディアナ**、南はエジプトの**ナイル川**から西は**エーゲ海**北岸の**トラキア**地方の範囲を版図とした。州（サトラ）に分け、知事**サトラップ**を置き、それを**王の目王の耳**で監視した。**アラム語**を公用語（ペルシア文字は楔形文字からアラム文字が主流となる）とし、**駅伝制**を整備し中央集権化、**サルデス**から都**スサ**まで**王の道**を敷いた。また、次の**クセルクセス1世**と二代でゾロアスター教の新都**ペルセポリス**を建設。また、いわゆる**ペルシア戦争**でエーゲ海に派兵した。最終的には最後の王**ダレイオス3世**が**アレクサンドロス大王**に敗れ滅亡した（**前330年**）。統治の特色は「寛容」がキーワード。ヘブライ人に**イェルサレム**への帰還と神**ヤハウェ**の神殿再興を許可したのでユダヤ教が熟成、フェニキア人の商業活動も奨励した。

　ダレイオス1世の事績が**ベヒストゥーン碑文**（**アッカド語、エラム語、ペルシア語**の碑文。**ザグロス山脈**、人類最古の農耕はこの山脈付近に始まったといわれる）に刻まれ、19世紀の**イギリス人ローリンソン**が解読した。この碑文には**スキタイ人**（史上はじめて名前の知られる遊牧騎馬民**キンメリア人**を東方から追った民族）や**アフラ＝マズダ神**が刻まれている。クセルクセス1世を讃える碑文が**ペルセポリス碑文**で、**ドイツ人グローテフェント**が**ペルシア語楔形文字**を解読した。

　ゾロアスターの生存年代は確定できない。**ゾロアスター教**は**拝火教**ともいわれ**アフラ＝マズダ**（光明・善神）、**アーリマン**（暗黒・悪神）の善悪二元論で**最後の審判**、楽園や天使と悪魔の思想がユダヤ・キリスト教に影響したとされる。3世紀**ササン朝**で国教となり、経典『**アヴェスター**』が編纂された。

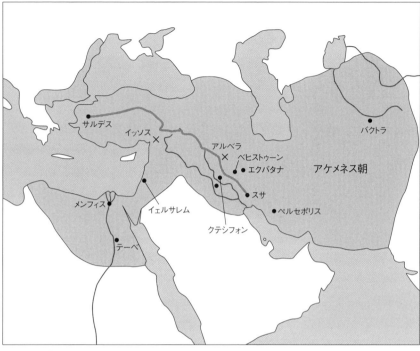

アケメネス朝ペルシアの版図

元祖パエリヤ

なぜ元祖かというと、パエリヤはスペイン、バレンシア近郊のアルブフェラという潟の米料理が発祥。写真はそのエル＝パルマール村のレストランで食べたパエリヤ。これは魚のパエリヤだがウサギが元祖。スペインつまりヒスパニアはフェニキア語のヒスパン（＝ウサギ）に由来する。それほどいっぱい生息していたのだ。

2章 古代ギリシア史

現在のギリシアは1829年にオスマン帝国からの独立を実現した国である。第二次世界大戦前後の政情不安、また昨今の経済破綻でＥＵの"お荷物国"の一角を占めるものの、古代ギリシアはヘブライズム（ユダヤ思想）と双璧をなす世界史の２大潮流「ヘレニズム」の生みの親、ヨーロッパの源流思想発祥の地だ。自由民主党という政党が政権を担当することが多いのが日本だが、この「自由」も「民主」も、前５世紀に都市国家（ポリス）アテネがライバルポリスのスパルタとの戦争で、戦死した同胞を追悼する当時の指導者ペリクレスの演説に登場した文言である。

　で、前20世紀のエーゲ文明から前30年のクレオパトラ自殺までを「古代ギリシア」と呼ぶことにしよう。ということは、古代ギリシア史だけで2000年あり、古代ギリシア史が終わった頃の日本は弥生時代、つまり古代ギリシア史が終わった頃に日本史2000年が始まったということになる。

　この2000年を便宜上、以下のように４つの時代に分類してみた。

⑴エーゲ文明（前2000 〜前1200）
⑵暗黒時代（前1200 〜前800）
⑶ポリス（都市国家）時代（前800 〜前338年カイロネイアの戦い）
⑷ヘレニズム時代（前338 〜前30年クレオパトラ自殺）

　ペルシア戦争やアテネ黄金時代、ソクラテス、プラトンは⑶に、アレクサンドロス大王やアリストテレス、プトレマイオス朝とアレクサンドリアの繁栄、ラオコーン、ミロのヴィーナスは⑷の区分となる。

(1)のエーゲ文明時代

(3)のポリス時代

(4)のヘレニズム時代

エーゲ文明

エーゲ文明は前半が前20世紀からの**クレタ文明**、後半が前16世紀からの**ミケーネ文明**。

クレタ（ミノス）文明はギリシア人による文明ではない。**クレタ人**はガザを建設したペリシテ人と同系統の「海の民」だ。

クレタ王国のすべてが**クノッソス宮殿**＊に集約される。イギリス人**エヴァンズ**はクノッソスで見つかった文字を**クレタ絵文字**から発達した**線文字A**（未解読）とクレタを征服したアカイア人（ギリシア人）の文字である**線文字B**（イギリス人**ヴェントリス**が解読）とに分類した。伝説の王**ミノス**が住んだクノッソス宮殿には城壁がなく、海洋生物が写実的に明るく平和的に壺や壁に描かれている。青いイルカの壁画がひときわ目立つ。

ギリシア本土のミケーネは**獅子門**など戦闘的な遺物が特色。大切なのは、アカイア人つまりギリシア人による最初の文明であること。**貢納王政**を特色とした。他の遺跡が**ティリンス**と**ピュロス**。**ドイツ人シュリーマン**が発掘した。ミケーネ文明の滅亡の理由には「海の民」によるものや気候変動など諸説ある。

シュリーマンは19世紀のドイツ人で幼少時に**ホメロス**の『イリアス』『オデュッセイア』を読んで**トロイア戦争**に興味を持った。老年期に入る時期に多言語を習得し、古ギリシア語のわかる若い女性と結婚し、その助けでトロイアの発掘に成功した。シュリーマンの著作は『**古代への情熱**』。

暗黒時代とポリスの形成

暗黒時代とは文字の記録の残らない時代という意味だ。しかし、ギリシア的なものがすべて整った時期といえる。オリンポス12神、神話、神殿、ポリス…など。

バルカン半島を南下したギリシア人の第1波が**アカイア人**や、アテネをつくった**イオニア人**、テーベをつくった**アイオリス人**。第2波が**鉄器**を持って南下してきた**ドーリア人**。ドーリア人はスパルタをつくった。エーゲ海を北からアイオリス人、イオニア人、ドーリア人という配置で東へ渡った。

だから、アテネは有力者を中心にゆっくりと**シノイキスモス**（集まる）し

た集住型ポリス（**アッティカ地方型**）、スパルタは先住民のポリスを乗っ取った**征服型ポリス**（**ラコニア地方型**）ということになる。スパルタ市民は皆が戦士。経済活動は周辺民**ペリオイコイ**と被征服民**ヘイロータイ**に担わせ、スパルタ市民は軍事訓練に励んだ。ヘイロータイの反乱に備えるためだ。これが"元祖"スパルタ教育だ。2人の王が支配するスパルタの伝説的立法者は**リュクルゴス**。厳格な軍国主義で貴金属貨幣の流通を禁止する鎖国政策。**ペロポネソス半島ラコニア地方**にあり、スパルタ人はラケダイモンを自称した。

海外植民市

ギリシア本土は国土が石灰質。まず**オリーブ**、次いで**ブドウ**が産物であり、主食に供する小麦の産出に適さない。だから、ギリシア人は南フランスあたりの地中海からクリミア半島あたりの黒海北岸にまで**植民市**を建設しつつ広がって住み穀物を輸入した。

フランス第2の都市現**マルセイユ**（**マッサリア**）、現ニース（ニカイア）、現モナコ（ヘラクレス＝モノイコス）、イタリアの都市**ナポリ**（**ネアポリス**）、**タレントゥム**、**シラクサ**、**ミレトス**、トルコ第1の都市**イスタンブル**（**ビザンティオン**）、黒海北岸の**セバストーポリ**、**ヤルタ**など。

その間に異国の言葉を意味不明の雑音と感じ、それを発する異人を**バルバロイ**と見なす。そのなかでギリ

代表的な海外植民市

シア人のことは同胞つまり**ヘレネス**、ギリシア人の国土を**ヘラス**と意識した。

ポリス世界

ギリシア人の諸**ポリス**は都市と周辺の農村から成る。水源（river）をめぐり常に抗争する。統一へは向かわない各々が独立国家だ。

ポリス同士はライバル（rivalはriverが語源）だが、同時にヘレネスとしての同胞意識もある。ギリシア語・**オリンピア祭典**（第1回オリンピック・前776年。前8世紀からが本格的古代ギリシア史）・**アポロン神**による**デルフォイの神託**・同じ神を戴く**隣保同盟**・ホメロスの物語を共有していることなど…が同胞意識を育んだ。

ポリスでは**重装歩兵**が**ファランクス**（密集戦法）で活躍するから、誰にでも発言権が増す機会ができて参政権が拡大、政治的に平等になる、つまり民主的になる。また、**貨幣の使用**が深化すると社会が流動的になり再編成される。オリエントの西の端、小アジア西部に位置する**リディア**の鋳造貨幣の影響もそのうち加わってくる。

信仰と防衛の中心の城山が**アクロポリス**。裁判・民会・交易のための公共広場が**アゴラ**。市民は**クレーロス**という私有地を保有する農民で、租税はないが自弁の武器で従軍する義務がある。アテネで上演された演劇の観劇は市民の義務であり、観劇は政治参加の一形態であった。「**人間はポリス的動物である**」はアリストテレスの言葉である。

アテネの民主化

アテネの政体の変遷は以下のとおり。

王政→**貴族政**（ドラコン、前621年）→**財産政治**（ソロン、前594年）→**僭主政治**（ペイシストラトス、前561年)→民主政治の確立（**クレイステネス**、前508年）→民主政治の完成（**ペリクレス**、前443～前429年）→**衆愚政治**。

アテネはシノイキスモス型だから有力者、つまり王のもとに**集住**した。これが王政。次に複数の貴族による統治、これが貴族政。前632年に僭主になろうとして処刑されたのが**キュロン**。徐々に再編成された社会に対応するた

めド**ラコン**による立法がなされる。財産の所有にも
バリエーションが生じ、財産の額に応じ参政権を決
めた。貨幣経済は借金と**債務奴隷**を生んだが、**ソロ
ン**は重装歩兵を確保するために借金を棒引きした
（重荷おろし）。貴族から土地を取り上げ貧民に分配
する荒業をやってのけ人気を博し僭主、つまり独裁
者となったのが**ペイシストラトス**でラウレイオン銀
山を開発した。しかし息子**ヒッピアス**は暴君になっ
たので、**クレイステネスはオストラシズム（陶片追
放）**で僭主出現を防止した。当時のアテネには陶器
の破片は至るところに落ちていたらしい。それはオ
リーブオイルとワインが主産物だったから。アテネ
があるアッティカ地方のアッティカ陶器はコリント
スが開発した**黒絵式土器**、アッティカ銀貨は**ドラク
マ銀貨**という。

　さらに4部族制という血縁から**10部族制**という
地縁（デーモス）に改変し、区（デーモス）から抽
選で50名ずつの評議員を選んで**五百人評議会**を設
置した。貴族による政治独占も防止した。また**将軍
職（ストラテゴス）**も設置した。こうして民主政治
が確立した。

┊ **ペルシア戦争**

　前5世紀にアテネが遭遇した世界大戦、それが歴
史家**ヘロドトス**の描いた（アケメネス朝）**ペルシア
戦争（前500～前449年）**だ。

　騎馬民族**スキタイ**に圧迫されたアケメネス朝は経
済的に困窮し、小アジア西部**イオニア**地方のギリシ
ア人諸都市に対し課税を強化した。**ミレトス**を中心
にギリシア人が反乱を起こすと、ミレトスの母市ア
テネがこれを支援。それに対しアケメネス朝の**ダレ**

イオス1世がエーゲ海に派兵した。**前490年の第2回ペルシア戦争のマラトンの戦い**ではミルティアデスが指導し、アテネの有産市民が重装歩兵として活躍した。**前480年の第3回ペルシア戦争**では**テルモピレーの戦い**でスパルタ王レオニダスがペルシアに敗れ全滅、また**クセルクセス1世**の派兵でアテネのパルテノン神殿も焼失し絶体絶命のピンチ。その後の**サラミスの海戦**では**テミストクレス**指揮のもとに勝利した。この海戦では無産市民が**三段櫂船**の漕ぎ手として活躍し、戦後の政治的地位を向上させた。もっとも救国の英雄テミストクレスは傲慢になり、後に陶片追放になりアケメネス朝ペルシアに亡命する。

　サラミスの海戦の翌年の**プラタイアの戦い**で再びアテネが勝利し、事実上決着がついた。この戦いの前479年からペリクレスが死ぬ前429年までの50年間が**デロス同盟**の盟主としてのアテネ黄金時代だ。

アテネ黄金時代

　ペルシアの再来に備え**前478年**頃に結成された**デロス同盟**だが、その共同基金を流用しペリクレスは**ドーリア様式のパルテノン神殿**を再建した。友人**フェイディアス**が監督し、彼の作品**アテナ女神像**が安置された。

　ここにアテネ民主政治が完成した。

　民会が国権の最高機関で官職は**抽選**（民衆の中から**陪審員**が抽選で選ばれ**民衆裁判所**で判決した）で決めるシステムで、しかし将軍職だけは例外でペリクレスは何度も再任されたので、アテネ民主政を「事実上の独裁」だったと歴史家**トゥキディデス**は評した。

　現在の我々の時代の民主政治との相違点※は①**直接民主政**であったこと②18歳以上の男子市民（前451年の**市民権法**では**アテネ市民権**は両親がともにアテネ人である者に限った）にのみ参政権、つまり婦人参政権がなかったこと③奴隷に参政権がなかったこと。彼らは**ラウレイオン銀山**で採掘を担うなどして生産奴隷として働いた。在留外国人（**メトイコイ**）にも参政権はなかった。

　アテネでは成年男子市民には観劇する義務があり、演劇上演中には休業補償金がでた。アテネ市民の自覚と誇り、民主主義の成熟に観劇は不可欠なもの、つまり演劇は公共的、国家的、政治的なものであった。

明治時代の日本人が"民主主義"と訳した英語の元々のギリシア語demokratiaはデーモス（民衆）とクラトス（力・支配）の合成語。実態は民衆制といったところだ。民衆制は衆愚へと堕する。

仮に、場当たり的な言説（デマゴギー）を吐き散らかす煽動政治家（**デマゴーゴス**^{**}）が登場し民衆を刺激しつつ操れば、愚かな道へと進んでゆく。デーモスはデーモン（悪魔）と同根、ちなみに「民」の漢字は「目」を潰されたという表象から来ている。「見る目がない」人が「民」なのである。古代ギリシア人も中国人も「民」にはマイナスのイメージを抱いていたことがわかる。

この時期**ソクラテス**はデマゴーゴスの代表格アルキビアデスと付き合いがあったので、煽動罪で自害を命じられ「悪法もまた法なり」と言って毒杯をあおいだ。

ペリクレスの死の2年前の**前431年**に**ペロポネソス同盟**の盟主**スパルタ**（**コリントス**も参加）との**ペロポネソス戦争**が始まったが、スパルタが勝利した。ペリクレスの戦没者葬送演説には自由や民主政治という言葉が登場する。^{***}

そのスパルタも**テーベ**に**前371年**の**レウクトラの戦い**に負け（テーベの**エパメイノンダス**の戦術による）、覇権はテーベに移る。しかしもはや重装歩兵による市民皆兵から**傭兵の流行**へと時流は移り、公共的空間としてのポリスも変質し、ギリシア世界を束ねる指導的な役割を担えるポリスはもはや存在しない時期に入っていた。

┊ **ヘレニズム**

マケドニアはギリシアの北の果て、ポリス世界か

フランス第2の都市マルセイユはギリシア人の植民市マッサリア

デュマの小説『モンテ＝クリスト伯』にでてくるシャトーディフをノートルダム＝ド＝ラ＝ギャルド聖堂から眺める。

＊
古代のアテネ人はデモクラティア（民主政治）を神々の意志を実現する方式と考えた。市民の最重要事項は戦争であり、そのために神々に供儀（くぎ）を捧げた。これに対し近代民主主義は、神からも他者からも自立した個人が前提になっているということが最大の相違点である。

＊＊
demos（民衆）+agogos（指導者）

＊＊＊
Libertyの元のギリシア語イソノミアは、法の支配・市民の間の政治的平等を意味する言葉。

らはバルバロイ視されていた。もっとも19世紀の発掘でドーリア人であることが確認された。

マケドニアは**フィリッポス2世**の時に富国強兵に励んだ。目的はアケメネス朝ペルシア対策だ。金山銀山も所有した。『新約聖書』に「フィリピ人への手紙」があるが、フィリピはフィリッポスに由来する町である。「防備」がその論議の底流に流れている。金山銀山を「守る」ことが同市の優先課題だったからだ。

マケドニアの強大化に対し、アテネの弁論家はデモステネスら主戦論vsイソクラテスら和平論に分かれたが、主戦論がとおりマケドニアと戦った。**前338年**の**カイロネイアの戦い**だ。マケドニアがアテネ・テーベに勝ち、スパルタを除く全ギリシアの盟主となった（**コリントス同盟＝ヘラス同盟**）。こうしていよいよマケドニア人の覇権の時代、ヘレニズム時代が幕を開ける。

アレクサンドロス大王

20歳で帝位を継いだアレクサンドロス3世（大王）は、**ダーダネルス海峡**を渡り**東方遠征**を開始。緒戦の**グラニコス川の戦い**は辛勝するものの、**前333年**の**イッソスの戦い**でアケメネス朝ペルシアの最後の王**ダレイオス3世**を蹴散らす。

次いで地中海東岸を南下、難攻不落の島**ティルス**[*]を埋め立て戦術で攻略し**フェニキア人**、次いでイェルサレムを攻略し**ヘブライ人（ユダヤ人）**を支配した。エジプトに入るとメンフィスでアモン神の化身となって自らを神格化し、**東方的専制君主**への道を歩み始める。ついで**前331年**メソポタミア北部の**アルベラの戦い**でダレイオス3世を再び破り**バビロン**に入城、同市の神**マルドゥク**の化身となり自分の帝国の中心地とする。

ペルセポリス炎上

メソポタミア（現イラク）から**ザグロス山脈**を越えイランに入り、アケメネス朝の都スサそしてペルセポリスを攻略、**前330年**クセルクセス1世が建立した神殿に火を放つ。

しかし彼の遠征はペルシア征服では終わらなかった。現イランを北上しカ

スピ海南西の**メディア**地方、カスピ海南東の**パルティア**地方、アム川上流の**バクトリア**（現アフガニスタン）地方、シル川との間の**ソグディアナ**（現ウズベキスタン）地方という順で、旧ソ連を現在の中華人民共和国の方向へと進軍する。同地方の**マラカンダ**も攻略、後の**サマルカンド**だ。**ヒンドゥークシュ**山脈を越え**カイバル**峠を越えインドに入るが、**インダス**川上流には毛細血管の如くに川があり、結局それらを渡り切れず、インダス川、そしてアラビア海に沿って移動しバビロンに戻った。この遠征を記録したのが**ネアルコス**だ。こうして成立したのが**ヘレニズム**文化圏。範囲は東がインダス川から西はマケドニアということになる。

　アレクサンドロス大王といえば**東西融合政策**。①マケドニア男性とペルシア女性の通婚、②ペルシアの官僚制度の採用、③アレクサンドリアを多数建設しギリシア文化を移植、④東方的専制君主体制の採用、⑤共通ギリシア語**コイネー**の普及など。

▎**ディアドコイ（後継者）戦争**

　アレクサンドロス大王は30代前半でバビロンにて急逝。カッサンドロス、リシマコス、プトレマイオス、セレウコスの４人の**ディアドコイ**（後継者）が受け継いだ。その中のセレウコスは一説ではインド侵入時の講和条約の証しとしてマウリヤ朝マガダ国のチャンドラグプタから象をプレゼントされ、**前301年のイプソスの戦い**を優位に進め、結果ヘレニズム３国で最大となった。

　ヘレニズム３国とは、**アンティゴノス朝マケドニア**（都ペラ）、**セレウコス朝シリア**（都セレウキア→アンティオキア）、**プトレマイオス朝エジプト**

＊
アレクサンドロス大王はイッソスの戦いの後、７カ月かけてティルス（現レバノン）を攻略。難攻不落の沖の要塞であったが、陸から埋め立てていった。2003年に訪れたが元々島であったという名残はなかった。

（都アレクサンドリア）。アレクサンドリアこそヘレニズム文化の中心地で、学術研究所ムセイオンがつくられた。後にそこで学んだのが才色兼備の代名詞クレオパトラであり、学芸の神ミューズに由来するムセイオンはmuseumの元となる語なのである。文化と書物は不可分であり、書物の成立に紙は不可欠である。エジプトはパピルス*（paperの語源）を産する地域である。一方、セレウコス朝がティグリス川にセレウキアを建設し、ユーフラテス川のバビロンが衰退した。

　セレウコス朝シリアから自立するのが、現アフガニスタンのバクトリア王国（ギリシア系）、現イランのパルティア王国（イラン系）、小アジア現トルコのペルガモン王国**（アッタロス朝、羊皮紙の発祥地でヘレニズム文化の中心の一つ）の3つ。羊皮紙で聖書を作ると、200頭分の羊の皮を要した。ラオコーン、サモトラケのニケ、ミロのヴィーナスはいずれもヘレニズム期の遺産である。

かの有名なイッソスの戦い（前333年）を描いた絵画
この絵はナポリの国立考古学博物館にひっそりと展示されている。この絵画の解説は私の名前で動画検索をして「世界史偉人伝」のアレクサンドロスの巻を参照願いたい。

＊
ビブロス

レバノンにあり世界最古の都市の一つ。ギリシア人はここからエジプト産のパピルスを購入。パピルスをギリシア音にするとビブロス。「聖書」は「紙」だからビブロス→Bibleとなった。

＊＊
ペルガモン（現トルコ共和国）

「ペルガモン」はドイツ語では「羊皮紙」を意味する。羊皮紙はここが発祥。ゆえにヘレニズム文化の中心地の一つとなる。『新約聖書』の「ヨハネ黙示録」には天に復活したキリストの検閲を受けるアジアの７つの会衆の一つとして登場する。

3章 イスラーム以前のイラン地域史

前7世紀にオリエントを初めて統一したのがセム語系のアッシリア、前6世紀に再統一したのがインド＝ヨーロッパ語族のアケメネス朝のペルシア人、つまりイラン人で、彼らはインド最西部からエーゲ海に至る大帝国を築き、州に区分し統治した。

これをすっぽりと征服したのが**マケドニア地方のギリシア人アレクサンドロス大王**で、その帝国の版図はバルカン半島のマケドニアにまで拡大する。バビロンを本拠に東西世界を融合したが、30代前半で急逝。領土を後継者たちが争い、**アンティゴノス朝マケドニア、プトレマイオス朝エジプト、セレウコス朝シリア**の3つ（ヘレニズム3国）に整理された。

支配層がギリシア系であるセレウコス朝の東部に、同じくギリシア系の**バクトリア王国**が独立。その西にはイラン系の**パルティア王国**が独立し、西の果て小アジア西部には**ペルガモン王国**ができる。

その後バクトリア地方（現在のアフガニスタン）は、**大月氏→クシャーナ朝→エフタル→突厥→唐**と支配者が移行。751年の**タラス河畔の戦い**で唐が**イスラーム教徒の王朝**に敗れ同地はイスラーム化。隣のパルティア（現在のイラン）は南部に生じた**ササン朝**に内部から崩壊させられるが、そのササン朝は642年の**ニハーヴァンドの戦い**で初期のイスラーム軍に敗れイスラーム化した。

一方、ヘレニズム3国とペルガモン王国は**共和政ローマ**の属州、つまり海外領土となった。

まとめるならば、アレクサンドロス大王の東方遠征により成立したヘレニズム世界から（入試で問われうる）6つの国が生じ、そのうち西方の4つの王国がローマ人の世界に、東方の2つの地域（パルティア地方とバクトリア地方）がアラブ人イスラーム教徒の世界に編入されたということになる。

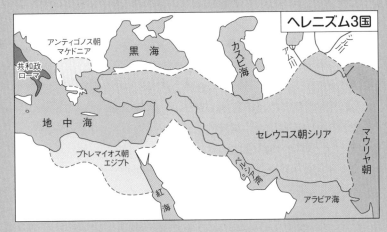

ヘレニズム3国

アンティゴノス朝
マケドニア

共和政
ローマ

黒海

カスピ海

アム川

シ
ル
川

地中海

プトレマイオス朝
エジプト

セレウコス朝シリア

マウリヤ朝

インダス川

紅海

アラビア海

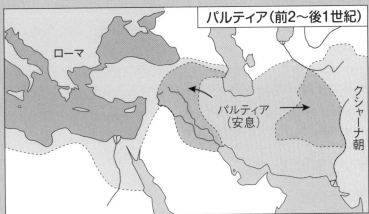

パルティア（前2〜後1世紀）

ローマ

パルティア
（安息）

クシャーナ朝

ササン朝ペルシア（3世紀）

ローマ

ササン朝ペルシア

クシャーナ朝

パルティア

パルティア王国は現イランのカスピ海南東（ヘカトンピュロス付近）で前3世紀に**遊牧系イラン人**が**セレウコス朝**シリアから自立した国だ。建国者が**アルサケス**なので、中国名は**安息**である。〜系というのは、支配層の民族系統のことである。

東はインダス川から西はユーフラテス川にまで拡大し、第6代**ミトラダテス1世**の時には東方でバクトリア王国を、西方ではセレウコス朝を攻めティグリス川沿いに新都**クテシフォン**を建設した。だからセレウコス朝は**セレウキア**を放棄して地中海の**アンティオキア**に都を移すことになる。最初はギリシア語が公用語でヘレニズム文化の影響大だったが、後にペルシア文化が復興。アラム文字のペルシア語表記が後世、ペルシア文字である**パフレヴィー文字**となった。

パルティアは**ユーフラテス**川付近での前53年の**カルラエ**の戦いで共和政ローマの第1回三頭政治のメンバー、**クラッスス**を戦死させた。しかし、224年にイラン南部の**ペルシス（ファールス）**地方に興った**農耕系イラン人**の**ササン朝ペルシア**により滅亡した。

ササン朝ペルシア

ササン朝の建国者は**アルダシール1世**で、アケメネス朝の復興を理念に掲げ、**ゾロアスター教**を国教にした（教典は『**アヴェスター**』）。都は**クテシフォン**、学芸の中心は**グンディ=シャープール**。ギリシア・ローマの古典を翻訳し、後代イスラーム世界に伝えた町だ。3世紀の**シャープール1世**は西では260年の**エデッサ**の戦いでローマ帝国の軍人皇帝**ウァレリアヌス**を捕虜にし、東では西北インドの**クシャーナ朝**を攻撃した。

6世紀の**ホスロー1世**は西では東ローマ（ビザンツ）帝国の**ユスティニアヌス帝**と対決し、東では**突厥**と結んで**エフタル**を滅ぼした。突厥初代の可汗（552年に柔然最後の可汗が自殺）の弟の娘がホスロー1世の妻となった。**ホスロー2世**も東ローマ帝国に遠征したが皇帝**ヘラクレイオス1世**に敗れた。

3世紀のバビロンで、マニは**ゾロアスター教**に**キリスト教・仏教**を融合さ

せた、きわめて禁欲的な**マニ教**を創始するが、異端
と見なされ処刑。マニ教は遊牧民族**ウイグル**がイス
ラーム化する前の国教となる。**ネストリウス**派キリ
スト教（唐代の**景教**）も信仰された。ゾロアスター
教の異端で極端な禁欲と平等を説いたのが**マズダク
教**で、弾圧され衰退した。 奈良の**法隆寺**の獅子狩
文錦や正倉院の水瓶、玉虫厨子の**忍冬唐草文様**（忍
冬は蔓の一種の「すいかずら」のこと）などにはサ
サン朝ペルシアの影響が反映されている。スペイン
のギターや中国の三線、日本の三味線の原型はペル
シアの楽器にある。

　そのササン朝ペルシアは642年の**ザグロス**山脈
の**ニハーヴァンド**の戦いで、正統カリフ時代の**アラ
ブ人**イスラーム教徒に敗れ651年に滅亡した。

イランの首都テヘラン
近郊のレイに一時セル
ジューク朝（1038～
1194年）は都を置い
た。この写真は1990
年のもの。古い壁画の
前の小川は子供の格好
の遊び場となってい
た。

4章 古代ローマ史

2 世紀前半のローマ帝国の最大領域は、東はメソポタミア（現イラク）、南はナイル川のエジプト、西は北アフリカ大西洋岸からイベリア半島（現スペイン）、北はブリタニア（現イギリス）、地中海と黒海はローマ帝国の湖、「我々の海」だった。

　2世紀を繁栄の頂点としたローマ帝国は法律・土木・建築・娯楽のあらゆる分野において「**世界史の湖**」（19世紀のドイツの歴史家ランケの言葉）であった。それまでの知識の蓄積（それを文明と呼ぶ）はいったんローマに貯水され、再び流れ出した。次なる蓄積（貯水）は19世紀以降の「我々の時代」ということになる。世界史は過去に二度しか“頂点”を迎えていないのだ。

　そのローマも前8世紀にイタリア中部のティベル川沿いの一都市として建設されたものであり、現在訪れても決して大都市ではない。健脚なら一日で歩いてまわることも可能である。ローマは一日にしてならず、されど（美術館ぬきなら）一日でも観光できるのだ。

　古代ローマ史の学習の鍵は、拡大の経過を年号とともに習得することだ。「ローマ帝国」は知名度抜群だが、「**共和政ローマ**」のほうが先であり期間が長いという基本事項をまず確認願いたい。

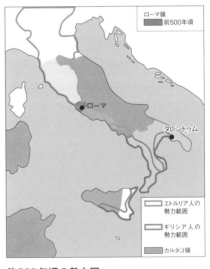

前500年頃の勢力図

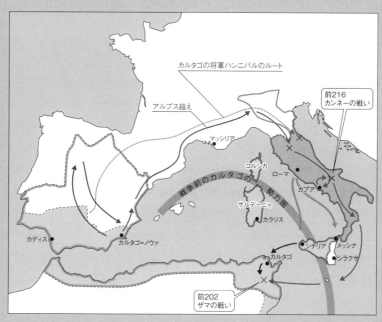

カルタゴの将軍ハンニバルのルート

アルプス越え

マッシリア

コルシカ

ローマ

カプア

前216
カンネーの戦い

サルデーニャ

カラリス

戦争前のカルタゴの勢力圏

カディス

カルタゴ=ノヴァ

シチリア

メッシナ

シラクサ

カルタゴ

前202
ザマの戦い

ポエニ戦争

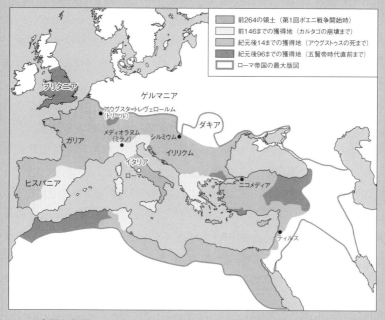

前264の領土（第1回ポエニ戦争開始時）
前146までの獲得地（カルタゴの崩壊まで）
紀元後14までの獲得地（アウグストゥスの死まで）
紀元後96までの獲得地（五賢帝時代直前まで）
ローマ帝国の最大版図

ブリタニア

ゲルマニア

アウグスタ=トレヴェロールム
（トリール）

ガリア

メディオラヌム
（ミラノ）

シルミウム

ダキア

イリリクム

ヒスパニア

イタリア

ローマ

ニコメディア

ティルス

ローマ帝国の発展

イタリア半島統一期

　ギリシア人とほぼ並行に南下したのが**イタリア人**。そのイタリア人の第2波が**ラテン人**だ。イタリア半島中西部の丘陵地帯ラティウム地方に定住したラテン人の都市国家の一つが**ティベル河畔のローマ**である。現在のローマはラティオ州の州都でありイタリア共和国の首都である。

　前27年に成立したローマ帝国初代皇帝アウグストゥス帝の時代に、**ヴェルギリウス**は叙事詩『**アエネイス**』において、また**リヴィウス**は歴史書『**ローマ建国史**』の中で、ティベル川沿いに狼に育てられた双子の兄弟ロムルスとレムスが住みつき、兄のロムルスが弟を殺害し**前753年（伝説）**にローマ（←ロムルス）の町が誕生したと記されている。当初は北のトスカナ地方を本拠地とした**エトルリア人**の影響下にあったが、**前509年**に7代続いた王政を廃止し、**共和政**ローマ、ローマ人によるローマをスタートさせる。エトルリア人は建設、娯楽、衣服、官制など多面にわたりローマに影響を与えた民族だ。そもそもローマ文字（ラテン文字）は**エトルリア文字**から派生した文字である。

　ところで共和政というのは君主政の否定用語。この共和政こそがローマのアイデンティティーだ。**元老院（セナトゥス）**において貴族（**パトリキ**）が政権を担った。当初は平民（**プレブス**）に参政権はなく、ローマ市民の総会であるケントゥリア民会で選出された**執政官（コンスル）**は定員2名で任期1年、**独裁官（ディクタトル）**は非常時のみ1名置かれ任期は**半年**だった。

　都市ローマのイタリア半島統一事業においてローマ市民が**重装歩兵**として活躍し始めると、**前494年の聖山事件**をきっかけに**護民官**が設置され身分闘争が始まった。**平民会**（3つ置かれた**民会**の一つ）も置かれ、**前450年**頃には慣習法が明文化され**十二表法**が制定される。**前367年のリキニウス＝セクスティウス法**で執政官の一人が平民から選ばれ、かつ貴族の大土地所有が制限されることになる。**前287年のホルテンシウス法**において、**平民会の決定が元老院の承認をへずに国法**となることになり、貴族と平民の法的平等が実現した。しかし同時期に、大土地所有と貨幣経済が進展し、新貴族（**ノビレス**）層が形成されたので、共和政の完全なる民主化が実現したわけではない。

ローマは共和化と並行して中部のラテン人の領域のみならず、北のエトルリア人、南東の**サムニウム**人、南のギリシア人を平定。**前272年**にはギリシア人の都市**タレントゥム**を攻略しイタリア半島を統一した。ローマは征服した都市を**分割統治**と呼ばれる方式で支配した。これは各都市の待遇に差をつけて（ローマ市民権がある**植民市**・部分的にローマ市民権のある**自治市**・ローマ市民権がない**同盟市**）、団結を防ぐ方策だ。この半島統一期の**前312年**にローマから南に向けて**アッピア街道**が敷かれた。石畳と松の木が印象的な街道だ。

ポエニ戦争

現レバノンの**ティルス**[*]を母市とするフェニキア（ポエニ）人が前9世紀に建設した都市国家が**カルタゴ**。その中心は現在のチュニジアの首都**チュニス**に位置し、前6世紀からはギリシアの植民市と対立した。そして**前264年**、ローマとの間に**シチリア島**をめぐり第1回ポエニ戦争が始まった。

ローマが勝利し、シチリア島を獲得。ローマ初の海外領土つまり**属州**（**プロヴィンキア**）となる。以後、属州はローマ総督により治められ、そのもとで**徴税請負人**が私腹を肥やした。後者はのちにローマ社会において新興成金階級である**騎士階級**（**エクイテス**）を形成する。プロヴィンキアは南フランスの風光明媚なプロヴァンス地方の語源である。

しかし、カルタゴが報復する。イベリア半島（現スペイン）の**カルタゴ＝ノウァ**（現カルタヘナ）から出動する。ちなみに**バルセロナ**を建設したのはハンニバルの父親。バルセロナの南に位置するタラゴナは後のローマ帝国の拠点で円形劇場もある。

[*]
ポエニ（フェニキア）戦争はローマとカルタゴの戦争。カルタゴ（現チュニス）の母市が現在のレバノンのスール（ティルス）。この写真はもう一つの重要都市シドンの2003年の風景。

カルタゴの将軍**ハンニバル**がアルプスを越えローマを攻め、イタリア半島にあった食糧貯蔵所カンネーで**前216年**に一時ローマを破った。しかし結局、チュニジアにおける**前202年のザマの戦い**で**大スキピオ**将軍率いるローマ軍が勝利し、**第2回ポエニ戦争**もローマが勝ち、カルタゴはチュニジア以外を失う。そしてカルタゴは開戦許可をローマから得る屈辱的な条約を結ぶ。この頃ローマにカトーという対カルタゴ強硬論者がおり、いつも演説を「それにしてもカルタゴは滅ぼされねばならない」と言って結んだという。フェニキア人の経済的潜在能力は、いずれまたローマの脅威となるというのだ。そんな時、カルタゴが隣国ヌミディアに攻められ自衛のために開戦すると、ローマはこれを千載一遇のチャンスと攻め、完全に破壊した。生命が育たぬよう塩まで撒いたという。これが**前146年**のカルタゴ炎上、**小スキピオ**将軍による第3回ポエニ戦争のローマの勝利であり、カルタゴは滅亡し、ローマの**属州アフリカ**となる。

　ハンニバルと同盟関係にあったアンティゴノス朝**マケドニア**をすでに**前168年のピュドナの戦い**で負かしていたが、**前146年**には**マケドニア**も**コリントス**も正式にローマの属州とした。カルタゴ炎上を目撃したのが**政体循環論のポリビオス**で、スキピオの友人だった。カルタゴの遺跡に春に咲き乱れる黄色の花は美しい。見に行ってほしい。

内乱の1世紀

　「カルタゴの許可なしにはローマ人は地中海で手も洗えない」と言われた時代は過ぎ去った。こうしてローマは西地中海の覇者となり、農業国から商業国へと変貌をとげる。**前133年**には小アジアの**ペルガモン**を属州化、**属州アシア（アジア）**とする。この地域の土地を貧民に分配すべく改革を始めたのが**グラックス兄弟**で、リキニウス＝セクスティウス法を復活させようとしたが失敗に終わった。グラックス兄弟の改革が始まった**前133年**からローマ帝国ができる**前27年**を「**内乱の1世紀**」という。

　属州からの安い穀物の流入が**中小農民の没落**を生み、この時期**奴隷制**によるブドウ・オリーブなどの果樹栽培を行う**ラティフンディア**という大農場経営が、貴族や上層平民によって始まった。彼らは征服活動による公有地を私有地にし、没落農民の土地を兼併したのだ。ということはリキニウス＝セク

スティウス法が形骸化したことになる。これが**グラックス兄弟**に改革を決意させた。

　シチリア島の奴隷反乱は内乱の1世紀の始まりを印づけたが、没落農民も遊民化しローマの町に流入していた。彼らを「**パンとサーカス**」、つまり食糧と娯楽で操ったのが、富裕なパトリキと富裕なプレブスにより形成された**新貴族（ノビレス）**だ。彼らや**騎士階級（エクイテス）**が、遊民を志願させ**職業軍人制**による軍制改革を行う。軍の私兵化の先駆けとなったのが**マリウス**。彼ら**平民派**は民会を利用し政界進出を図り、元老院を中心に政治体制を構築したい**スラ**らの**閥族派**と対立した。スラが平定したのが、イタリア半島内の同盟市がローマ市民権を要求した**同盟市戦争**で、結果として市民権が与えられた。ローマの新興支配勢力は、娯楽、とくに**剣奴**の戦いを見せ物として提供し人気を得、自らの権力の基盤としていた。

　この時期、マリウスが平定したゲルマン系民族との戦争が**キンブリ＝テウトニ戦争**で、マリウスとスラにまたいで平定したのが北アフリカのヌミディア王との**ユグルタ戦争**だ。

三頭政治

　前73〜前71年に剣奴の**スパルタクス**が反乱を指導した。この反乱を鎮圧したのが、**ポンペイウス**（小アジア・ポントス王国との第3次**ミトリダテス戦争**に勝利、この年の**前63年**に**セレウコス朝**シリアを属州化し**イェルサレム**をも支配、地中海の海賊も征伐）と騎士階級の**クラッスス**で、この二人は**カエサル**と共に反元老院の私的な同盟を結び**第1回三頭政治**を行った。

＊
元々ローマ人の食生活は野菜と穀物が中心だったが、領土の拡大に伴い肉食の習慣が入ってきた。

＊＊
カエサリアは現イスラエルの地中海に面した街。古代ローマの水道橋がある。いくつかある「カエサリア」の一つ。名称はローマのカエサル（皇帝）に由来するが、このカエサリアの建設者はハスモン朝ユダヤ王国のヘロデ大王である。

クラッススはパルティアに遠征し、**ユーフラテス川付近のカルラエの戦い**で戦死した。クラッススの死をもって第1回三頭政治は崩れ、属州ガリア（現在の北フランス）総督カエサルは「賽は投げられた」と言い**ルビコン川**を渡り、元老院と組んだポンペイウスと対決する。武装解除せずにルビコンを渡河するのは国家反逆罪だったにもかかわらずだ。圧倒的な人気が"人たらし"カエサルの強み。ポンペイウスをギリシアにおける**ファルサロスの戦い**で撃破した後エジプトまで追撃する。当時、プトレマイオス朝のエジプトでは、女王**クレオパトラ**が共同統治者であった弟や反ローマ派にかつぎ上げられていた妹との仲が険悪で権力の座から追われていた。ポンペイウスがエジプトに逃げて来ると、同朝は首を刎ね、追って到着したカエサルに差し出した。カエサルに恭順の意を示すためである。クレオパトラはエジプトに陣を張ったカエサルに猛接近し、結果息子カエサリオンを産むことにより強力な後ろ盾を得て権力に復帰する。

　カエサルがエジプトに関心を持った理由は、エジプトが地中海最大の穀倉地帯つまりローマの食糧庫であったからである。ローマで**インペラトル**（軍司令官）を名乗ったカエサルは、さらには**終身独裁官**（本来は任期半年）となる。またエジプトの太陽暦をもとに**ユリウス暦**を定め、属州の徴税請負制度を廃止し、元老院を軽視しつつ権力を自らに集中させた。息子まで誕生したこの展開を共和政の危機と感じた元老院派の**ブルートゥス**らはカエサルを暗殺する。「**ブルートゥス、おまえもか！**」。カエサルが死ぬとクレオパトラは**第2回三頭政治**のメンバーである**アントニウス**に接近、そして結婚。**レピドゥス**失脚後、この夫婦は三頭政治のもう一人のメンバーである**オクタウィアヌス**に前31年の**アクティウムの海戦**で敗れ、翌**前30年**に自殺。こうしてプトレマイオス朝が終わり、同時にヘレニズム時代、そして古代ギリシア史、さらには古代ローマ史の「内乱の1世紀」が幕を閉じた。

▌1世紀のローマ帝国

　地中海最大の穀倉エジプト獲得を背景に、オクタウィアヌスは元老院から尊厳者を意味する**アウグストゥス**の称号を与えられ、**プリンキパトゥス（元首政）**と呼ばれる**帝政ローマ**を開始する。つまりローマ帝国の誕生は**前27年**ということだ。プリンキパトゥスという言葉は、オクタウィアヌスが自ら

をプリンケプス（**第一の市民**）と名乗ったことに由来する。9年の**トイトブルク森の戦い**ではゲルマン人に敗れ（近年、戦場跡が発見された）、以後**ライン川**と**ドナウ川**がローマ帝国とゲルマン人の境となる。『ゲルマニア』は**タキトゥス**の作品だ。

　第2代皇帝ティベリウスの時、イエス＝キリストがローマのユダヤ総督**ポンテウス＝ピラトゥス**（ピラト）により**イェルサレム**で処刑されたが、イエスの主だった弟子、つまり**使徒**たちのうち特に**パウロ**によってキリスト教はローマ帝国内に広められた。第4代皇帝**クラウディウス**帝の妻アグリッピナの連れ子がネロだ。64年のローマの大火に起因する**ネロ帝**によるキリスト教迫害により、使徒**ペテロ**やパウロは殉死したとされる。70年にはイェルサレムがローマ軍に征服され、ヤハウェ神の神殿が破壊された。「**嘆きの壁**」と呼ばれる西の壁だけが現在残っている。

　79年に**ウェスウィウス火山**が噴火し、**ポンペイ**[*]の町が埋没した。『博物誌』を著した**プリニウス**は噴火の様子を見に行って窒息死した。80年には円形競技場**コロッセウム**が完成する。ここでの出し物は、午前中が歴史劇（死刑囚が出演し、実際の殺戮シーンで死んだ）、ランチタイムは余興としてキリスト教徒がライオンに食い千切られたりサメに裂かれ、午後からが剣闘士のスーパースターの競演（死闘）だった。だからキリスト教徒は隠れて集まりあったのだが、地下に張り巡らされた隠れ場所が**カタコンベ**である。アッピア街道沿いにサンクリストのカタコンベやサンセバスティアンのカタコンベが点在するので、ローマを観光する際には忘れずに訪れてほしい。

＊ポンペイの遺跡にて
数学講師の堺義明氏と私の母。私にとっては2度目のポンペイ。1度目はナポリのユースホステルから日帰りで訪れた。

アウグストゥス帝から五賢帝期までの約200年間を**パクス＝ロマーナ**（**ローマの平和**）という。その時期に発展した町をあげると、コロニア＝アグリッピナが現**ケルン**（eau-de-cologneケルンの水→オーデコロン）、ルテティアが現**パリ**、ロンディニウムが現**ロンドン**、ウィンドボナが現**ウィーン**、メディオラヌム（平野の真ん中の意）が現**ミラノ**などである。

▍五賢帝時代

96年から180年までは五賢帝時代と呼ばれ、ローマ帝国の最盛期だ。元老院議員の互選で選ばれた**ネルウァ**は養子相続を開始、次のヒスパニア出身の**トラヤヌス**は**ダキア**（現ルーマニア）を平定してローマ人を植民し、帝国領土は最大となる。だからルーマニアはバルカン半島で唯一ラテン系の国なのだ（大部分はスラヴ系）。**ハドリアヌス**はブリタニアに長城を築いた。イングランドにはバースという温泉場があるが、ローマ人のテルマエ（風呂）が世界遺産になっている。またハドリアヌスが第2ユダヤ戦争の結果、135年にユダヤ人をイスラエルから**離散**（**ディアスポラ**）させたので、イスラエルはパレスチナという呼称になった。ディアスポラは**1948年**の**イスラエル**建国まで続く。**アントニヌス＝ピウス**をへて、5人目の**マルクス＝アウレリウス＝アントニヌス**（『**自省録**』をギリシア語コイネーで著した**ストア派**の哲学者）までが五賢帝時代だ。『**後漢書西域伝**』に登場する「**大秦王安敦**」とは彼であると推察される。また、現ベトナムの**オケオ**で発掘された金貨には五賢帝の4・5人目の名が刻印されている。近年、沖縄でもローマコインが発見された。主権には通貨発行権が含まれる。主権の及ぶ範囲を覇権という。ローマの覇権は東南アジアにまで及んでいた。

1～2世紀に栄えたのが**季節風貿易**（**ヒッパロスの風**）で、ローマ帝国はアジアから絹や香辛料を輸入し、ガラス器・ワイン・金貨などを輸出した。アラビア半島南端では**乳香**が、インド西岸では**サファイア**が、内陸アジアでは**ラピスラズリ**が産出された。貿易に従事した**ギリシア人**が著した『**エリュトゥラー海案内記**』にその事情が記されている。この海が地中海、紅海、ペルシア湾、南インド洋のいずれを指すのかははっきりしない。

軍人皇帝時代

3世紀のカラカラ帝の父**セプティミウス＝セウェルス帝**は軍事政権を敷いた。**235年**の**マクシミヌス帝**即位以降は各地の軍団が皇帝を擁立し廃位した。この時代、帝国は北のゲルマン人や東のササン朝の侵入により荒廃する。

カラカラは212年の**アントニヌス法**で全属州民にまでローマ市民権を広げたが、これはローマ市民としての誇りと自覚と自尊心の欠落を助長、征服戦争・都市国家としての自衛戦争の減少から質実剛健の気風も損なわれ、結果、性道徳が低下し家族制度が崩壊。末端から「垂直の原理」つまり統治能力が崩壊し、これが帝国の支配基盤を揺るがせ、後代に「**3世紀の危機**」と呼ばれた事態に至る。市民戦士制は**傭兵制**に、奴隷制は**解放奴隷**や没落自由農民が小作人**コロヌス**となる**コロナトゥス**という土地経営へと変質した。

ディオクレティアヌス帝

284年にディオクレティアヌスが元老院の影響を排除し**ドミナトゥス（専制君主政）**を開始。また**四帝分治制（テトラルキア）**を始め、自らは**ニコメディア**を都として君臨した。ペルシア風の宮廷儀礼や官僚制度を採用。さらには**皇帝崇拝**を強要し拒否したキリスト教徒に対する最後の大迫害を**303年**に行った。この年、ローマ帝国内の10％がキリスト教徒だった。

コンスタンティヌス帝以降

帝国再統一にキリスト教勢力を利用、そのために

＊
現ヨルダン・ハシミテ王国の首都アンマンにあるローマ時代の円形劇場

同様のものをポルトガルのエボラ、スペインのタラゴナ、フランスのアルル、チュニジアのチュニス（カルタゴ）でも目撃した。ローマ人が地中海を「我々の海」と呼んだことは円形劇場の分布を見ればよくわかる。

313年のミラノ勅令でキリスト教を公認したのがコンスタンティヌス帝だ。325年のニケーア公会議では三位一体説のアタナシウス派を正統、アリウス派を異端とした。330年にはビザンティウムに遷都し、コンスタンティノープルと改称（現イスタンブル）、332年には小作人コロヌスに土地の移動を禁ずる法令を施行した。またソリドゥス金貨を流通させ、地中海貿易の活性化に努めた。

　その後、ユリアヌス帝は従来の多神教やミトラ教*やマニ教を許可し、後代「背教者ユリアヌス」として語られるようになる。375年にはゲルマン人の西ゴート人がドナウ川を渡り帝国領内に侵入、アドリアノープルの戦い（378年）でヴァレンス帝は戦死する。392年テオドシウス帝はキリスト教アタナシウス派を国教とし、翌年、オリンピック競技会を禁止する。死後、帝国は分裂。長子アルカディウスと次子ホノリウスによりそれぞれが東ローマ（ビザンツ）帝国（都コンスタンティノープル、395〜1453年）、西ローマ帝国（都メディオラヌム→ラヴェンナ、395〜476年）になった。

キリスト教成立

　A.D.とはラテン語 Anno Domini「我らの主の年」の略である。B.C.は英語の Before Christ だ。

　イエスはイェルサレムの南郊ベツレヘムにヘブライ人（ユダヤ人）の大工の息子として生まれた。ヨルダン川でヨハネから洗礼を受けた後に奇跡を行ったが、モーセの十戒で規定されている安息日に拘泥する態度を戒め、ユダヤ教の律法主義者パリサイ派や富裕な上層階級サドカイ派を批判した。そして隣人愛アガペの重要性を説いた。ユダヤ人はモーセやアケメネス朝のキュロス2世のように「解放」をもたらしてくれるメシアとしての役割をイエスに期待したが、彼はただ「神の国は近づいた」と言うのみであった。

　結局イエスはユダヤ人に訴えられローマ帝国のユダヤ総督ポンテウス＝ピラトゥス（ピラト）により磔（はりつけ）というローマの処刑方法で処刑された。ユダヤ人自らによる処刑なら石打ちであったにちがいない。その場所とされる所は4世紀にコンスタンティヌス帝の母ヘレネが建てた聖墳墓教会となっている。

　しかしイエスは復活した。復活を信じイエスこそメシア（ギリシア語でキ

リスト）だと証言したのが**使徒**たちであり、クリスチャンと呼ばれるようになる人々だ。『**新約聖書**』はヘレニズム時代の共通ギリシア語**コイネー**で書かれた。イエスの言行をまとめた**4福音書、使徒行伝**、パウロらの**書簡**（大半を占める）、ヨハネが見た幻である**黙示録**など27書から成る。

キリスト教はローマ帝国の奴隷制度が行き詰まるなか、新しい人間観、歴史観、道徳や倫理をローマ帝国に生きる人々にもたらし、ローマ帝国内で急速に広まり、教会組織も東方から西方に拡大した。3世紀の危機のなかでキリスト教的なものがローマ帝国に浸透した。

4世紀になるとキリスト教がローマ皇帝**コンスタンティヌス**により公認され（313年の**ミラノ勅令**）、392年に**テオドシウス**により国教となった。それまでは個人間の私的な行為であった結婚が、教会が管理する神聖な男女の契約となり一夫一婦制の理念が浸透した。キリスト教の平等理念から遺言による奴隷解放も盛んになった。教会は帝国崩壊のなかで国家の代わりに社会福祉を担う組織となった。

325年の**ニケーア公会議**では、イエスの人性を強調した**アリウス派**が**異端**となった。431年の**エフェソス公会議**では、イエスの神性と人性を分けマリアを人としてのイエスの母と見なしマリアの神性を否定した**ネストリウス**派が異端となった。451年の**カルケドン公会議**では、イエスの人性が神性に吸収されるという**単性論**が異端となった。こうして正統信仰が確立した。**単性論派**は**コプト派**となってエジプトやエチオピアのキリスト教である**コプト教会**成立に影響し、シリア教会・アルメニア教会から現在のレバノンのキリスト教**マロン派**へと引き継が

＊
ミトラ教のミトラ神はミスラ神で、インドの神話にも登場する。アフガニスタンのバーミアンの弥勒菩薩と姿が酷似、救世主的性格も共通する。ローマではミトラ神の祭りを12月25日に行い、それがクリスマスへと影響した。

れた。

　これらの３つの公会議が開かれた町はいずれも現在の**トルコ共和国**だ。ト
ルコ共和国はキリスト教揺籃の地。ニケーア公会議における教会代表は『**教
会史**』や『**年代記**』の著者**エウセビオス**で、彼はローマ帝国を「神の国の地
上の模像」だと持ち上げた（**神寵帝理念**）。これはビザンツ帝国に継承され
る。以後**アタナシウス派**が**正統教義**であると３度確認され、次第に普遍化
（ラテン語で**カトリック**）した。アタナシウス派は父なる神と子なるイエス
と聖霊を一体化して神と見なす「**三位一体説**」を採る。

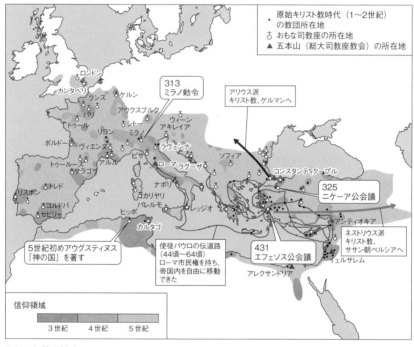

キリスト教の拡大

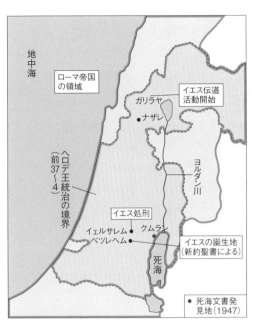

イエス誕生の頃のパレスチナ

地中海

ローマ帝国
の領域

ガリラヤ

ナザレ

イエス伝道
活動開始

ヨルダン川

ヘロデ王統治の境界
（前37〜4）

イエス処刑

イェルサレム
ベツレヘム

クムラン

イエスの誕生地
（新約聖書による）

死海

● 死海文書発
見地（1947）

ヨルダン川の源流付近

ここは現在イスラエル。
1967年の第3次中東
戦争でイスラエルがシ
リアから占領したゴラ
ン高原の比較的近くで
ある。

イエスが受洗しメシア
（キリスト）を自認し
たのがヨルダン川。水
量は年々減っている。

5章 前近代のヨーロッパ史

ギリシア神話によると、フェニキア人の都市国家ティルスの王アゲノール（エーゲ海の語源）の美しい娘エウローペーは、ゼウス神に誘拐されクレタ島に連れてこられるまで、ある地域を連れまわされた。そこが（エウローペー→）ヨーロッパだ。

ヨーロッパの先住民はケルト人。ほかにバスク人やバルト人など分類不能な民族もある。３大征服民族がラテン人、ゲルマン人、スラヴ人。ラテン人の帝国がローマ帝国で、同帝国の中核地域イタリア、フランス、スペイン、ポルトガルはラテン系の国々だ。

「フランス」はラテン系とはいうものの、ゲルマン人フランク族に国名が由来する。イギリスもローマ帝国の版図に入るが「イングランド」はやはりゲルマン人アングロ＝サクソン族の名がついた。ロシアはスラヴ族の地であるが、ゲルマン人の一種ノルマン人の部族名ルーシから「ロシア」となった。

ただヨーロッパ全体に共通することは、そのノルマン人（ヴァイキング）やイスラーム教徒やアジア系マジャール人との摩擦の過程でキリスト教会と提携しつつ、契約関係を基盤とする封建制度が成立し、十字軍など戦闘性を帯びた教会の膨張過程で封建制度が解体していったということだ。

とりわけ、イベリア半島におけるイスラーム教徒との接触やビザンツ帝国のイスラーム帝国による滅亡は、ルネサンスという精神面での変質への準備をヨーロッパ社会にもたらした。

この章は地域史でも各国史でもなく、テーマ別に前近代のヨーロッパの話題を論じている。高校世界史の教科書の章立てと同じと思っていただくとよいと思う。

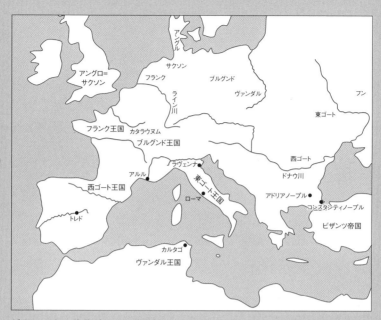

ゲルマン人の移動（4 〜 6 世紀）

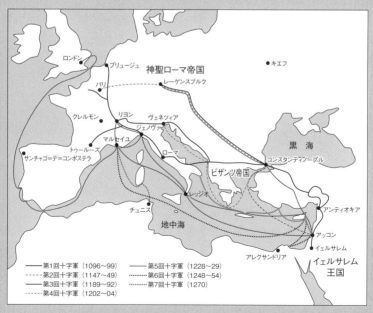

——第1回十字軍（1096〜99）　　——第5回十字軍（1228〜29）
-----第2回十字軍（1147〜49）　　·······第6回十字軍（1248〜54）
——第3回十字軍（1189〜92）　　·······第7回十字軍（1270）
-----第4回十字軍（1202〜04）

十字軍（11 〜 13 世紀）

ケルト人

ヨーロッパの先住民は**ケルト人**[*]だ。ヨーロッパ全域に住んでいた。たとえば現イギリスのブリトン人、現フランスのガリア人（カエサルの『**ガリア戦記**』）、現トルコのガラテア人（『**新約聖書・ガラテア人への手紙**』）はケルト人だ。ケルト人の前期遺跡として現オーストリアの**ハルシュタット文化**と後期遺跡として現スイスの**ラ＝テーヌ文化**が代表的。しかし、ゲルマン、ラテン、スラヴの３大征服民族に征服され、現在はアイルランド、スコットランド（サッカーチームならグラスゴーのセルティックはケルトの意）、ウェールズ、フランスのブルターニュ半島、スペインのガリシア地方（サッカーチームのビーゴのセルタはケルトの意）に居住するのみだ。

フン人

匈奴説が有力なのがアジア系の**フン人**だ。前漢時代に東西に分裂した東匈奴が後漢時代に南北に分裂。南匈奴は後漢に服属、また五胡の一つとして中国史にとどまる。北匈奴はユーラシア大陸を西進した。白匈奴とも呼ばれる**エフタル**はその一派だ。**アッティラ**に率いられたフン人はローマに入り、教皇**レオ1世**に説得され退去した。ドナウ中流の**パンノニア**（現在のハンガリー）がフン族の本拠地。451年のパリの東方の**カタラウヌム**の戦いでは西ローマ帝国、西ゴート、フランク連合軍に敗れた。アッティラの死後、疫病・内紛で崩壊した。

ゲルマン民族の大移動

ゲルマン民族の原郷は**ユトランド半島**（現デンマーク）、**スカンディナヴィア半島南部**、**バルト海沿岸**だ。先住のケルト人を圧迫しながら南下した。前1世紀頃数十の部族国家キヴィタスを形成した。王・貴族・平民からなる**民会**が最高意思決定機関。自由民の間では**従士制**という契約関係があった。前1世紀のカエサルの『**ガリア戦記**』と1～2世紀の**タキトゥス**の『**ゲルマニア**』にゲルマン人の実態が描かれている。ローマ帝国には傭兵・下級官吏・コロナスとして平和的に移住した。ゲルマン民族はそれほどローマと異質な社会ではなく、鮮明に対立したわけでもなかった。

370年頃に**ドン川**を渡ったフン人が375年ゲルマン人の**東ゴート人**を圧迫。その**東ゴート人**に圧迫された**西ゴート人**が376年に**ドナウ川**を渡った。ゲルマン民族大移動だ。

西ゴート人

　黒海西岸ドナウ下流にいた**西ゴート人はアラリック**王に率いられローマ帝国に侵入、410年には西ローマ帝国のローマを荒廃させたが、この事件が北アフリカ・**ヒッポ**の教父（最大の**教父**）**アウグスティヌス**が『**神の国**』を著すきっかけとなった（もう一つの著作が『告白録』で、マニ教徒だった放蕩三昧の過去を告白した）。次いで西ゴート人は南フランスに移動し**トロサ**（現トゥールーズ）を都としたが、フランク族に圧迫され**イベリア半島**の**トレド**を都に建国した。6世紀のセビリャ大司教**イシドールス**は西ゴート王のアリウス派からカトリックへの改宗に関与した。711年には**ウマイヤ朝**のイスラーム教徒に征服された。

東ゴート人

　黒海北岸にいた東ゴート人は**北イタリア**に入り、（アウグストゥルス帝の西ローマ帝国を滅ぼした）**オドアケル王国**を倒した。西ローマ帝国の傭兵隊長だったオドアケルは東ローマ帝国の総督にくら替えし**ラヴェンナ**に自らの王国を建国したが、東ゴート人の王**テオドリック**により滅亡。しかしその東ゴート王国も555年に東ローマ（ビザンツ）帝国の**ユスティニアヌス帝**により滅亡した。

＊
スペイン北西部、ガリシア地方最大の都市ビーゴ

セルタは「ケルト」、ガリシアとはガリアと同じケルト人の名称なのだ。たしかにガリシア地方のマリスコス（魚貝）料理の調理人も同地方出身のサッカー選手もアイルランドやスコットランドの人々のような顔つきなのだ。

＊＊
3〜4世紀の北半球の寒冷化は、ユーラシア東方で五胡、西方ではゲルマン人の農耕地帯への移動を招いた。

ヴァンダル人

　現ポーランドの首都ワルシャワを流れるウィスラ川と現ドイツ・ポーランド国境オーデル川の中間付近にいたヴァンダル人は、イベリア半島へ移住した。だからスペイン最南部をアンダルシア（ヴァンダルの地）という。しかし西ゴート人に占拠され、北アフリカのカルタゴ（現チュニジア）に建国。ガイゼリック王が455年にローマを脅かすこともあったが（破壊蛮行を意味するヴァンダリズムの語源）、534年に東ローマ帝国のユスティニアヌス帝により滅亡した。

ブルグンド人

　ブルグンド人もオーデル川とウィスラ川の間から、ガリア東部のジュネーヴ（現スイス）に移動し建国したが、これも534年にメロヴィング朝フランク王国により滅ぼされた。現フランスで世界屈指のワイン処ブルゴーニュ地方の語源である。民族叙事詩『ニーベルンゲンの歌』は彼らの伝説がもとだ。

フランク人

　フランク人はライン川下流から短い距離をガリア北部（現フランス）へ移動、481年にメロヴィング家のクローヴィスが全部族を統一し、486年にフランク王国を建国した。496年にはランスで司教から頭に油を注がれ配下の者たちと集団でアタナシウス派キリスト教に改宗した。こうしてフランク王国は後に教皇権と結びつくきっかけを得た。

　フランク王国は534年にブルグンド王国を併合した。メロヴィング朝では内縁の女性から生まれた男子が王位を継げたことからもわかるように、一夫一婦制の理念は浸透していなかった。

　時代が下ると宮宰（マヨル＝ドムス）のカロリング家がメロヴィング家に代わり台頭した。宮宰とは「家政の長官」のことで、行政と財政の長。これをカロリング家が世襲した。その家のカール＝マルテルが732年のトゥール＝ポワティエ間の戦い（パリ南西）でイスラーム教徒のウマイヤ朝軍を撃退した。この頃からフランク王国に教会としての国家、つまり神の国の実現

のために教会と一緒に戦う国家としての自覚が生まれ、戦闘性を帯びてくる。「教会」がそのまま「国家」、それがフランク王国なのだ。フランク王国に発する中世ヨーロッパ世界を皇帝と教皇という2つの中心を持つ楕円と見なせるが、「教会」と「国家」はかぎりなくイコールに近かった。

カロリング朝フランク王国

カール＝マルテルの子の**ピピン3世**が教皇**ザカリアス**の支持で751年にカロリング朝を創始。また、中央ヨーロッパから移住しビザンツ帝国撤退後のイタリアに建国されていた**ランゴバルド王国**を討伐し、**ラヴェンナ地方**を教皇**ステファヌス2世**に寄進した（ピピンの寄進）。これが教皇領の起源である。

その子**カール（シャルルマーニュ）**が774年にランゴバルド王国を征服した。彼は**エブロ川**付近の*イベリア半島で**後ウマイヤ朝**のイスラーム教徒を破りピレネー山麓にスペイン辺境伯領を設置。カールのいとこが戦死したが、12世紀に北フランスで成立した騎士道物語『**ローランの歌**』の題材となった。これは12世紀当時十字軍としてイスラームと戦うキリスト教徒の兵士を鼓舞するための叙事詩であった。カールは自身を「第2のダヴィデ」と見なし、征服戦争をキリスト教布教のための聖戦と位置づけた。

またカールは北東の**ザクセン人**を平定し（捕虜4500人を虐殺）、**エルベ川**までを帝国の版図とした。アジア系遊牧民**アヴァール人**の帝国を崩壊させる。全国を州に分け伯（グラーフ）を置き、王直属の**巡察使**に監督させ中央集権化をすすめた。中心地は**アーヘン**。八角形のラヴェンナのサン＝ヴィターレ聖

*
エブロ川（イベルス川）は世界史において重要な川だ。古くはローマとカルタゴの接点だった。バルセロナはカルタゴが建設、タラゴナはローマの植民市だった。後代、フランク王国と後ウマイヤ朝の争点となる。この川に沿った街ログローニョはスペインワインの最高峰リオハ州の州都だが、そこは私がスペインで一番好きなバル街がある街である。

ログローニョにあったマッシュルームだけをだすバル。

堂（右図）を模してローマ風の教会を建設。ここにイングランドから高僧**ア
ルクィン**を招いて教会・修道院付属の学校を通じて聖職者のラテン語能力の
向上、ラテン語で書かれた聖書写本の製作を開始した。アルクィンはカール
を「全キリスト教徒の支配者にして父、国王にして祭司」と呼んだ。これら
ラテン語の文字文化を復興させた運動を**カロリング＝ルネサンス**という。ア
ルクィンの指示で『カール大帝伝』を著した**アインハルト**もカロリング＝ル
ネサンスの中心人物の一人だ。

　カールは800年に教皇**レオ３世**に戴冠され西ローマ帝国が復活した。レ
オ３世がアルクィンと書簡を交わし、カールの支援を期待したのだ。

　カール戴冠の政治的意義は、フランク王国がビザンツ帝国（東ローマ帝
国）の影響から脱却し、西ヨーロッパ世界が成立したことだ。西欧中世世界
の形成はビザンツ帝国との関係のなかで進行した歴史の過程だった。またロ
ーマ教皇がビザンツから自立し、フランク王国の保護下で自身の権威を確立
しようとしてカールを西ローマ皇帝として戴冠したが、ビザンツ皇帝は、そ
れはたんにフランク人を支配する皇帝位であるとしてビザンツ皇帝のみが
「ローマ帝国」の皇帝であると主張した。

　文化的意義は、ローマ帝国以来の古典文化（ヘレニズム）がゲルマン人
（ゲルマニズム）フランク王カールがキリスト教皇（キリスト教）レオ３世
により戴冠され西ローマ帝国が復活したこと。つまり地中海的な**ヘレニズム**
と北ヨーロッパ的な**ゲルマニズム**とパレスチナおよび中東的な**キリスト教**の
３要素が融合し西ヨーロッパ文化の源が形成されたことだ。

　たとえば、クリスマスツリーのツリーはゲルマン的、つまり北ヨーロッパ
的要素だ。地中海沿岸諸国は現在でも飾らないし、イギリスでも19世紀に
ヴィクトリア女王の夫アルバート公が初めて飾った。12月25日は冬至に近
いので元々は太陽と農耕の神サトゥルヌスの祝日だった。つまり地中海的な
ものなのである。

　宗教的意義は、ローマ＝カトリック教会がビザンツ帝国から独立し、東西
教会、つまりローマ教会とコンスタンティノープル教会の分裂・対立が始ま
ったことだ。以後両者は**首位権**を争うことになる。ローマ教皇がビザンツ帝
国でなくフランク王国のカールに戴冠した直接の原因は、当時ビザンツ帝国
の帝室内で聖像崇拝容認派と否認派が対立しており、容認派の息子を廃し否

認派の母親が女帝として即位したことにあった。女帝を認めたくない教皇庁がビザンツ帝国を見限ったのである。

フランク王国はカールの孫の代の843年の**ヴェルダン条約**で**ロタール領（中）**と**ルードヴッヒ2世領（東）**と**シャルル2世領（西）**に分裂した。アルプス山脈を挟み南北に長い領土を支配したロタールが死に、ロドヴィコ2世に移行する時期の870年に**メルセン条約**が結ばれ、ロタール領の一部が東と西のフランク王国に割譲された。こうして現在のイタリア、ドイツ、フランスの原型ができた。

＊
サン＝ヴィターレ大聖堂

ラヴェンナ（イタリア）にある。これを模倣したのが、アーヘンにカールが建てた大聖堂だ。

ビザンツ帝国

395年、最後のローマ皇帝テオドシウスが死ぬ時に長子アルカディウスに東を、次子ホノリウスに西を分封した。東ローマ（ビザンツ）帝国の都は**コンスタンティノープル**だ。

ユスティニアヌス帝はササン朝の**ホスロー1世**と抗争した。**ベリサリウス**将軍の活躍でゲルマン人の**ヴァンダル**王国（534年）と**東ゴート**王国（555年）を征服し、**西ゴート**王国からも南部イベリア半島の領土を奪い、地中海をほぼ一周制圧し、再び「ローマ人の海」とした。イタリアの**ラヴェンナ**にある**ビザンツ**様式の**サン＝ヴィターレ大聖堂**には、ユスティニアヌス帝夫妻（妻は**テオドラ**）の描かれている**モザイク壁画**がある。

さらにユスティニアヌス帝はコンスタンティノープルのビザンツ様式の傑作**セント＝ソフィア（ハギア＝ソフィア）**大聖堂を修築した。競技場の暴動に端を発した**ニカの乱**で焼失したものを再建したの

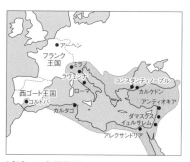

ビザンツ帝国版図

アーヘン（ドイツ）大聖堂

だ。またプラトンの創設した**アカデメイア**を閉鎖した。さらには**トリボニア ヌス**に命じ『**ローマ法大全**』を編纂させた。中国から絹織物業が伝わり、**養 蚕**が奨励された。後期ローマ帝国やビザンツ帝国で発行され、中世地中海貿 易で基軸通貨として使用されたのが**ノミスマ**金貨で、ラテン語ではソリドゥ ス金貨（米ドルのマーク＄のもと）と呼ばれた。西欧が自給自足の荘園経済 が中心になった後も、ビザンツ帝国では貨幣経済が衰えなかった。

中期ビザンツ帝国の特色が**ギリシア化**である。公用語がラテン語から**ギリ シア語**となった。ビザンツ帝国は7世紀の**ヘラクレイオス1世**の時代になる と、東部地域のシリア・パレスチナ・エジプト・リビアをアラブ人のイスラ ーム教徒に侵食される。このような状況で成立したのが全領域を小管区に分 ける**軍管区（テマ）制**だ。これは兵農一致の屯田兵制で、軍管区に**屯田兵**が 入植した。

ビザンツ帝国は皇帝がコンスタンティノープル総主教の任命権や教義規定 権を有する「**皇帝教皇主義**」を特徴とする。これは帝政ロシア、そして現ロ シア共和国のプーチン大統領がロシア（ギリシア）正教のキリル大司教と二 人三脚で統治している手法に継承されている基本的性格である。

イスラームの**ウマイヤ朝**のコンスタンティノープル攻撃を**ギリシア火**とい う一種の火炎放射器で撃退した皇帝**レオン3世**は、**726年**に**聖像禁止令**を 出した。イスラームの攻撃を神罰と考えたのだ。イスラームはアブラハムを 始祖とする一神教。キリスト教も元はと言えば同じ。いずれも偶像を禁じる モーセの十戒によって立つ宗教である。聖像禁止令は843年に解除され、東 方教会では**イコン**（聖画）**崇拝**が盛んになった。ローマ教会とコンスタンテ ィノープル教会は、800年にローマ教皇がゲルマン人カールに戴冠したこと により距離がさらに広がった。両教会は首位権を主張しあい、最終的に **1054年**に相互を破門した。**東西教会の分裂**はローマ教会とコンスタンティ ノープル教会の双方が、普遍（カトリック）と正統＝オーソドックス（ギリ シア正教）を主張した結果である。

イタリア半島南部がヴァイキングにより攻撃された際に、同地域付近に影 響力を持っていたビザンツ帝国に対しローマ教皇が援軍を要請したのに応じ なかったので教皇**レオ9世**が立腹し破門したことに直接の原因があった。

9～11世紀の**マケドニア朝**期は6世紀に次ぐ繁栄期。バシレイオス1世

が創始者で、**バシレイオス2世**はトルコ系遊牧民が
建てた第1次ブルガリア王国を滅ぼした。

1071年の**マンジケルト**の戦いで皇帝ロマヌス＝
ディオゲネスが**セルジューク**朝の捕虜になったの
で、皇帝アレクシオス1世がローマ教皇に援助を求
めた。これが十字軍のきっかけとなる。また同時
期、地方領主に国有地の管理をまかせ軍役などを課
す**プロノイア制**を実施したが、これにより貴族の大
土地所有が公認され兵農一致が崩れた。

第4回十字軍の攻撃を受け、首都コンスタンティ
ノープルには**ヴェネツィア**の植民国家**ラテン帝国**が
建てられ（1204年）、ビザンツ帝室は内陸へと逃
れ**ニケーア帝国**となった。ニケーア帝国はのちにジ
ェノヴァと同盟しコンスタンティノープルを回復す
る。ヴェネツィアにはナポレオンが世界一美しいと
評したサン＝マルコ広場に面して**サン＝マルコ聖堂**
がある。これは11世紀に改築された**ビザンツ様式**
の大聖堂。その正面入り口の上には黒光りした4頭
の馬が据え付けられている。第4回十字軍がコンス
タンティノープルから奪ってきた戦利品だ。じつは
これはレプリカで、実物はすぐ後ろの部屋（2階は
博物館になっている）にある。

一説ではヴェネツィアとビザンツ帝国は密接な関
係にあったが、ビザンツ帝国がヴェネツィアの宿敵
ジェノヴァと付き合い始めた。"浮気"されたヴェ
ネツィアの報復が第4回十字軍であると。たしかに
翌世紀、ヴェネツィアの**マルコ＝ポーロ**はジェノヴ
ァとの戦争で捕虜になり、獄中で『**世界の記述（東
方見聞録）**』を著したといわれる。

最終的にビザンツ帝国は1453年にオスマン帝国
の**メフメト2世**の"山越え"の離れ業により征服さ

*
絹は突厥・ウイグルの
国際通貨。ソグド商人
が交易した。

＊＊
古代トルコ語のユグル
は（乳を）こねる→ヨ
ーグルト

＊＊＊
**ヴェネツィア　サン＝
マルコ聖堂**

これがその4頭の馬。

フローリアン

サン＝マルコ広場にあ
るカフェ「フローリア
ン」はゲーテやバイロ
ンも訪れたヴェネツィ
ア最古のカフェだ。

れ滅亡する。最後の皇帝の姪と結婚したのがモスクワ大公イヴァン3世だったので、彼は東ローマ帝国の後継者として**ツァーリ**（カエサルの意）と名乗った（正式には実際に血を引く孫の**イヴァン4世**からがツァーリ）。

古代ローマ史からビザンツ帝国滅亡までを扱った18世紀イギリスの歴史家が『**ローマ帝国衰亡史**』の**ギボン**だ。

ノルマン人の活動

ゲルマン人の移動の第2派は人口増加と耕地不足から移動を開始した。ユトランド半島（現デンマーク）とスカンディナヴィア半島南部（現ノルウェー、スウェーデン）、バルト海付近を原郷とした**ノルマン人**（別名**ヴァイキング**＝入江の民）のうち、スウェーデン系の**ルーシ**（ルス）の**リューリク**が862年に建国したのが**ノヴゴロド国**だ。ノヴゴロドは毛皮の集散地。「ルス」がロシアの語源。つまりロシア人というのはスラヴ人とノルマン人の混血（後にはモンゴル）だということになる。

この一派が**ドニエプル川**沿いに南下し、882年に**オレーグ**が建国したのが**キエフ公国**だ。キエフは黒海とバルト海を結ぶ交易ルートの中継点に位置する。同国の**ウラディミル1世**（リューリク朝）が988年に東ローマ（ビザンツ）皇帝の妹と結婚することによりギリシア正教化したことが、広い意味でロシアの正教化の始まりだ。キエフは2022年からキーウになった。

現在のノルマン国家

ノルマン人の**ロロ**が911年北フランスの**セーヌ**川下流域に**ノルマンディー公国**を建国、その子孫の**ウィリアム**が1066年の**ヘースティングズの戦**でイングランドを征服し、ノルマン朝を開いた。これがイギリス最初の王朝。イギリスはこの1066年を建国の年号と定めている。

別の一派はノルマンディーから南イタリアへと進出し、1130年に**ルッジェーロ2世**が**両シチリア王国**を建国。その中心地パレルモ*はアラビア語からラテン語への翻訳の中心地としてイベリア半島の**トレド**と並び大いに栄えることになる。コーランもラテン語に翻訳された。イスラームの地図学者**イドリーシー**が活躍するのはこの時期、つまり**12世紀ルネサンス期**のパレルモにおいてである。

11世紀にはノルマン人の活動は沈静化した。この間にキリスト教に改宗し北欧3国が形成された。8世紀頃できたデンマークはバルト海に進出し、ハンザ同盟と抗争した。ノルウェーは9世紀末に建国されアイスランドを支配した。現在の首都オスロはキエフをモデルに建設された都市だ。フィヨルドの出入口ベルゲン**は北欧最大の都市だった。10世紀頃できたスウェーデンはウラル語族フィン人の国フィンランドを支配下に置いた。1397年にはカルマル同盟（カルマルはスウェーデンの町）が結成された。これはデンマーク王マルグレーテを中心とした北欧3国の同君連合で、1523年にスウェーデンが離脱するまで存続した。同盟解体後、デンマークがノルウェーを、スウェーデンがフィンランドを支配した。

ノルマン人の活動

ノルマン人の別の一派は、アイスランド、グリーンランドから北極を越えて北米大陸に達した。また東ローマ帝国の都コンスタンティノープルを脅かすこともあった。

*
1982年のパレルモ
広場では年齢混合で延々とサッカーが続く。一声かければ即集合するのがラテンの子らのよいところ。

封建制度の成立

ヴァイキングは小回りのきく舟でヨーロッパを包み込む。ヨーロッパに城があるのも、鉄道で旅をすると教会を中心に集落が点在するのを車窓から眺められるのもヴァイキング対策のための防衛の拠点の名残であり、領主と農奴の共同防衛の結果である。教会の鐘の音は天使の声、だから人々は鐘を聞くため近くに集まり住んだ。

パリにあるセーヌ川や「フランスの庭」と呼ばれるロワール川をヴァイキングはさかのぼってくるの

**
ベルゲン
フィヨルドの出入り口に位置するベルゲンはピアノ協奏曲で有名なグリーグを生んだ街。

で川沿いに古城が多いのだ。レオナルド＝ダ＝ヴィンチも16世紀にロワールの城で客死した。

　主君から家臣に貸与された土地が**封土**。その際の忠誠を誓う儀式を**臣従礼**という。主君と家臣の関係は一方的な従属関係ではなかった。その一例が、**諸侯**と騎士の関係で、弱者や女性をいたわる**騎士道精神**はキリスト教の影響もあって尊重された。

　封土の授受を中心に形成された主従関係を**封建制度**、農奴が生産活動を担当した社会を**封建社会**という。ローマ帝国の**恩貸地制度**（おんたいちせいど）と古ゲルマン社会の**従士制**から継承した制度だ。領主には国王や官吏の立ち入りを拒否し、課税や裁判を免除される**不輸不入権**があったので、領主の荘園支配がすすみ封建社会の分権化がすすんだ。つまり世界史でいうところの「封建的」とは、上下関係＋地方分権のことなのだ。

　領主は荘園で農奴を**領主裁判権**などにより支配した。農奴は領主と「川まで３日間」などと契約を結ぶ。荘園と川の間で72時間と空間と時間限定の契約だ。ヴァイキングが襲来したら契約をドライに履行する。農奴は週の半分を**領主直営地**で賦役（**労働地代**）に従事、半分は（**農民**）保有地の産物を**貢納**（**生産物地代**）し、領主へは結婚税・死亡税や教会への十分の一税も課された。収入が賦役による荘園を**古典荘園**という。12世紀以降は貨幣地代が主流になり賦役によらない荘園を**純粋荘園**（**地代荘園**）という。農民の共同保有地は**入会地**という。

　現代ベルギーの歴史家ピレンヌは「**ムハンマドなくしてカールなし**」と述べた。イスラーム・ノルマン・マジャールなどの侵入という外圧があったからこそ、ヨーロッパ世界が成熟したのだという意味である。イスラーム勢力による地中海の支配は、フランク王国を農業に立脚する国家へと変えた。

┊ **十字軍**

　ローマ・ゲルマン世界のキリスト教化がすすんだ。６世紀のアイルランドで贖罪の習慣が確立し、カロリング朝フランク王国がその慣習を復活させた。ローマのパンテオン（万神殿）は、７世紀には聖母マリアに捧げられた教会に変容する。夏至が洗礼者ヨハネの誕生日に、冬至がクリスマスとなりイエスの誕生日となった。**聖者・聖遺物崇拝**が広まった10世紀末から「神

の平和」運動が起きた。これは貴族同士や非戦闘員に対し、生命財産を侵害しないという平和誓約のことだ。

11世紀の教皇レオ9世の時代に大規模な教会改革があり、教皇自ら防衛のために武力を行使するようになる。実際、南イタリアでノルマン人と戦った。教皇アレクサンデル2世は、1064年に現スペインのアラゴン王国がバルセロナ西方バルバストロでイスラーム教徒と戦った際に（この戦いの参加者は生涯にわたる罪の贖罪が免除される完全贖宥が与えられた）、また1066年のノルマン＝コンクェストの際にも教会を守る正義の戦いであることを明確化した。

11〜12世紀にかけてヨーロッパで聖地巡礼熱が高まった。**イェルサレム、ローマ、サンチャゴ＝デ＝コンポステラ**が三大巡礼地だ。

ローマ教皇は東方教会の再統合を狙う。また北イタリア諸都市による東方貿易（**レヴァント貿易**）が拡大。これらが十字軍の遠因だ。

1071年のマンジケルトの戦いで東ローマ皇帝はセルジューク朝に敗れたが、その脅威から東ローマ皇帝アレクシオス1世がローマ教皇に、セルジューク朝により聖地イェルサレムが占領されたことを訴え支援を要請した。これが十字軍の近因となる。

1095年のクレルモン宗教会議で教皇ウルバヌス2世により第1回十字軍が提唱され（この時も異教徒との戦いに参加するなら完全贖宥が与えられると教皇が宣言）、**1096年**の派遣の結果、**イェルサレム王国**が建国された。

イェルサレム王国を弱体化させたのが**アイユーブ朝**を創始したクルド人サラディン（サラーフ＝ウッ

*
サンチャゴ＝デ＝コンポステラ
南フランスから北スペインへと続く巡礼ルートの終点がここ。最後のアクセスルートに並ぶのはやはりバル。魚介類はさすがに豊富だ。2015年、大聖堂は補修中だった。

ディーン）で、それに対し結成されたのが第3回十字軍。

　第3回十字軍のメンバーは、神聖ローマ皇帝**フリードリヒ1世**、フランス王**フィリップ2世**（カペー朝）、イングランド王**リチャード1世**（プランタジネット朝）。しかし実際に戦ったのはイングランド王だけだった。

　第4回十字軍は「教皇は太陽、皇帝は月」と言ったとされる教皇**インノケンティウス3世**が提唱。ヴェネツィアの商人中心の派兵は東ローマの帝都コンスタンティノープルを攻め、**1204**年に**ラテン帝国**を建国した。**1212**年には**少年十字軍**も結成された。

　第5回十字軍は、神聖ローマ皇帝**フリードリヒ2世**が教皇庁と対立しつつイスラーム教徒と妥協し、イェルサレムで独自の支配を行ったものだ。

　第6・7回十字軍は、フランスのカペー朝の聖王**ルイ9世**によるもので、彼はチュニスで戦死した。

　十字軍は最終的に**1291**年エジプトの**マムルーク朝**が、十字軍最後の拠点**アッコン**を陥落させ終了した。

▎商業の復活と都市の形成

　十字軍の影響で教皇権は失墜、諸侯・騎士が没落し王権が伸張した。

　遠隔地商業が盛んになり、貨幣経済が進行し、荘園制が崩壊する方向に向かう。「**商業の復活、商業ルネサンス**」もベルギーの歴史家**ピレンヌ**の言葉だ。すでに9世紀頃から耕地を3分し、春耕地・秋耕地・休耕地とし3年で一巡させる**三圃制**が発達。馬が引く**重量有輪犂**や12世紀前後からの**水車**の普及で、農業生産性が向上していた。三圃制と結びついて発達したのが垣や堀などで仕切らない**開放耕地制**だ。

　11世紀以降修道院を中心に森林・荒野の開拓も進んだ（**大開墾運動**、シトー修道会がその担い手として有名。**オランダ**の干拓、アルプス高地の開墾など）。11～13世紀のヨーロッパは気候も温暖だった。余剰生産物の局地的交換、つまり**定期市**が発生していた。フランスのパリ東方の**シャンパーニュの大市**が有名だ。シャンパーニュ地方のスパークリングワインをシャンパンというが、これは17世紀の修道士の**ドン＝ペリニヨン**が考案したものだ。土壌の質で東のブルゴーニュのワインに勝てないので、発泡ワインをあみだしたのである。

さて12世紀に「商業が復活」した。次第に封建領主から**特許状**により**自治権**を獲得する「**コミューン運動**」が起こる。12世紀以降北イタリアで領主から自治権を獲得した自治都市・都市共和国を**コムーネ**という。14世紀以降ドイツで発達し、皇帝に直属し自治権が与えられ、諸侯と同じ地位を与えられたのが**帝国都市**（自由都市）だ。帝国都市に一年と一日逃げ込んだ農奴が自由になることを「**都市の空気は自由にする**」と言った。カトリックの高位僧職者が管轄する**司教座都市**もローマ帝国末期からあった。

　都市ではギルド（同業組合）が結成され、自由競争を禁止して製造方法・品質・価格などを排他的に取り決めた。大商人を中心に結成され、手工業者も参加し市政（**市参事会**）を運営したのが11世紀の**商人ギルド**。それに対抗し13世紀に手工業者が結成したのが**同職ギルド（ツンフト）**で**親方、職人、徒弟**という厳格な規約を持った。ツンフトが商人ギルドに挑んだ対決を**ツンフト闘争**という。その結果ツンフトも市政に参加することになった。

ハンザ同盟とイタリア4大海港都市

　北ドイツの諸都市を中心に1241年に結ばれたハンザ同盟は、「ハンザの女王」**リューベック**を盟主とし、13世紀後半から発展した。その同盟相手**ハンブルク**、さらには**ブレーメン**も中心となり、また海外の**ロンドン、ブリュージュ、ベルゲン**、**ノヴゴロド**を外地4大商館として、北海・バルト海を中心に海産物（にしん等）・穀物・木材・毛織物など日用品の交易を行った。

　14世紀にデンマークの南進を阻止し繁栄の最盛

*
ノルウェー
世界のかなり色々な地域を訪れてきたが、風景の美しさにおいて最も心を打たれたのはノルウェーのオスロからベルゲンへの旅路である。

期を迎えたハンザ同盟も、大航海時代になると大西洋沿岸の繁栄、オランダ商人やイギリス商人の進出で次第に衰えた。30年戦争の1648年の**ウェストファリア条約**で**主権**[*]を獲得することになるドイツの諸領邦君主による領邦内諸都市への圧迫、イギリスやロシアの重商主義政策による商館の閉鎖、また加盟都市内部での商人と手工業者との対立などで17世紀初めにはほぼ活動を停止した。

東地中海地域で「アドリア海の女王」**ヴェネツィア**[**]、さらにはジェノヴァ、ピサなどの北イタリア諸都市は、商人を中心として、銀や毛織物などを輸出し、アジア産の香辛料や絹などの**奢侈品**を輸入した東方貿易（**レヴァント貿易**）に従事した。11世紀が最盛期でノルマン人やピサの攻撃を受け、嵐で町の大部分を失った南イタリアの海洋交易都市国家が**アマルフィ**。

修道院の発展およびカトリックの深化

5世紀にエジプトで始まった隠遁・禁欲・苦行・瞑想の場が修道院だ。ベネディクトゥス派修道院は529年にイタリア中部のモンテ゠カシノにベネディクトゥスが創立し、西欧の全修道院を統括した。「清貧・純潔・服従」という厳しい戒律で「祈り、かつ働け」がモットー。初代を使徒ペテロとして教皇権を確立した600年前後の教皇グレゴリウス1世はアングロ゠サクソンなどゲルマン人への布教に尽力、イングランドに**カンタベリー大司教**を置いた。だから800年頃のカール（シャルルマーニュ）の時代には、イングランドはカトリックの先進地域であり高僧アルクィンを招いたのである。**階層制（ヒエラルキー）**はギリシア語で「聖なる者の管理」を意味し、教皇を頂点に聖職者の序列を固定化。これがカトリックの進展とともに整備された。**大司教や修道院長を聖界諸侯**といい、王や皇帝と同等の地位だった。信者は一定の区域にふり分けられ教区教会という共同体のメンバーとして日常を送ることが多くなった。

910年にフランス中東部につくられたベネディクトゥス派の**クリュニー修道院**は11世紀以降の**教会刷新運動**の中心で、**聖職売買**や**聖職者の結婚**が禁じられた。**シトー修道会**は1098年にフランス中部シトーに創設され**大開墾運動**に従事した。

13世紀、修道院の封建領主化・富裕化を批判し個人財産を持たず信者か

らの托鉢に頼り説教を都市で行った新しいタイプの修道院が**托鉢修道会**。その典型が1209年、富裕層に生まれたが信仰に目覚めて財産を放棄したイタリア中部アッシジの聖者**フランチェスコ**が創立した**フランチェスコ修道会**。モンゴル帝国の中心カラコルムに派遣された**カルピニ**と**ルブルック**、元の都（現在の北京）に派遣された中国最初のカトリック布教者の**コルヴィノ**はフランチェスコ派。

　スペイン出身の**ドミニコ**が南フランスのカタリ派に対抗して説教活動をして1215年に創設した**ドミニコ修道会**も同タイプで、異端撲滅に成果をあげた。13世紀に『神学大全』を著したスコラ学の大家**トマス＝アクィナス**はドミニコ会出身。

封建社会の動揺

　14〜15世紀に封建制が行き詰まったことを「**封建制の危機**」という。戦乱や**黒死病（ペスト）**の流行、フランスで1358年に起きた**ジャックリーの乱**やイギリスで1381年に起きた**ワット＝タイラーの乱**などの**農民一揆**が頻発、地代が**労働地代**から**生産物地代・貨幣地代**へと移行する流れの中で、農奴はその身分から解放された。貨幣経済の進展で窮乏していく領主階級が自立化した農民への支配と搾取を再強化することを**封建反動**というが、これが一揆頻発の原因だった。西欧では農奴が13〜16世紀に**領主裁判権・結婚税・死亡税**から徐々に解放された。14世紀以降**イギリス**で農奴身分から解放されて自由な身分となり、ある程度農地を所有するようになった農民が**独立自営農民（ヨーマン）**。一方、**ジェントリ（郷紳）**とは下層貴族とヨーマンの間に位置する平民の地主層で、**治安判事**などの要職を無給で

＊
都市の活動や機能は封建制の枠組みの中にしっかりと埋め込まれていた。

＊＊
検疫の歴史は14世紀のヴェネツィアから。ペストの流行により船舶の入港を40日間とどめ患者がいないことを確かめた。英語の検疫（quarantine）はイタリア語の40日間（quaranta giomi）に由来する。ペストの起源については中国雲南説と中東説が有力である。

＊＊＊
イギリスではマナー制度のもと領主が農民の賦役労働は貨幣地代に転化され、直営地は放棄され、農民の土地所有権が強化された。

務め王権の伸長を支持した。その点でジェントリは王権と対立した大領主層とは異なるが、17世紀のピューリタン革命ではヨーマンと共に絶対王権（ステュアート朝）と戦った。国王の宮廷で働く官僚を**廷臣**というが、これは荘園経営に行き詰った中小領主や、**傭兵**が**火砲**を使用する**歩兵戦術**が主流となる**戦術の変化**によって没落した**騎士**たちが就いた職業で、ジェントリと並んで王権の伸長に一役買った。国王の側は、王には腫物に効く力があるとする「**王の奇蹟**」を王権の神聖化に利用した。

ルネサンス

　16世紀アンリ2世の頃のフランスにル＝ネートル（フランス語で再び生まれる）という言葉が登場した。この言葉を19世紀のスイスの歴史家**ブルクハルト**が『イタリア＝ルネサンスの文化』で概念としてのルネサンスとして確立した。

　12世紀ルネサンスという言葉がある。十字軍などを通じてアラブ＝イスラーム世界と接触した結果、アリストテレス哲学をはじめ古代ギリシアの学問がヨーロッパに逆流した現象である。いわば西欧における知の復興運動のことで、シャルトルやパリなどの司教座付属の自由学芸教育の活性化から始まった。広域的行政法としての古代ローマ法の意味が再発見され、ローマ法への関心が高まり**ボローニャ**大学で**法学**教育が盛んになった。スペインの**トレド**や**コルドバ**、シチリア島の**パレルモ**ではアラビア語の文献がラテン語に翻訳された。コルドバの**イブン＝ルシュド**（ラテン名**アヴェロエス**）が解釈したアリストテレス哲学がラテン語に翻訳されカトリックの教義と融合し、13世紀の**トマス＝アクィナス**の『**神学大全**』が成立、神学と哲学を合わせた**スコラ哲学**が大成した。

　中世ヨーロッパを神中心の価値観で精神的に支配したのが教会だが、教会の価値観とは違うものを模索したのがルネサンスだ。ギリシア・ローマの古典古代にそれを見出したが、一言でいえば人間中心の世界観への転換だ。端的に表れているのが絵画における**遠近法**。人間を中心に描き始めた「人間の人間に対する極端な関心」、それがルネサンスを特徴づける人文主義（ヒューマニズム＝フマニスタス＝より人間的に）である。無論、神の存在を否定しているわけではない。**ピコ＝デル＝ミランドラ**は『人間の尊厳について』

で神が人間に自由意志を与えたと論じ、自由意志により天使にも悪魔にもなれると言った。16世紀に『愚神礼讃』を著した**エラスムス**は自由意志を肯定し自力救済を可能としたが、**ルター**は自由意志を認めず人間には原罪があるから神の恩寵が必要だと主張した。

フィレンツェにはフィオレンティーナというサッカーチームがあり、中田英寿氏が背番号10をつけて奮闘した。そもそもフィオレンティーナとはこの写真の牛ステーキ料理のことである。

フィレンツェ

13世紀に**フィレンツェ**に生まれた**ダンテ**は**トスカナ語**（イタリア語）で『**神曲**』を書き、ラテン語カトリック世界に対する新たな世界への扉を、さらには将来の国民国家形成への道を開いた。14世紀の**ペトラルカ**は『**叙情詩集**』で教会のミサで知り合った貴婦人への想いをイタリア語の叙情詩に託した。その親友、ボッカチオは『**デカメロン（10日物語）**』でペスト禍のフィレンツェでの男女10人の暴露話を著し、人間の欲望を肯定的、写実的に描いたが、これは中世の終焉を告げる記念碑的作品となった。

1378年に**チョンピの乱**という毛織物職人の労働争議が起きた。

ダンテの親友の**ジョット**はフィレンツェ近郊の生まれでチマブエの弟子らしい。フィレンツェ派絵画の基礎を築き、イタリア＝ルネサンスの道を開いた。『**聖フランチェスコの生涯**』が代表作。

ジョットから造形技術を学んだのが15世紀の**マサッチオ**。マサッチオの代表作はフィレンツェのサンタマリア＝デル＝カルミネ聖堂の『**楽園追放**』。

ブルネレスキはフィレンツェのドゥオーモ、サンタマリア＝デル＝フィオーレ大聖堂を設計した人物だ。マサッチオはブルネレスキから遠近法を学ん

だ。またマサッチオは人体の構造は**ドナテルロ**から学んだ。精緻な人体研究の成果が「**ダヴィデ**」だ。

メディチ家

　フィレンツェの大富豪でルネサンス最大の庇護者となったのがメディチ家。13世紀頃から薬屋を営んだことが同家（Medici）の紋章にある赤い6つの球が丸薬を示す看板に由来することからわかる。イタリア語で医者はMedico、英語で薬はMedicine。14世紀末にジョバンニがローマで**金融業**を始め蓄財し、故郷フィレンツェに本拠を移し、その後ヨーロッパ各地に支店を置きローマ教皇庁の管財人となった。ジョバンニは銀行業で得た利益を**毛織物業**に投資、名声を手にしフィレンツェ市政にも参画、ブルネレスキなどの芸術家のパトロンとなる。メディチ家を大富豪に押し上げたのが子の**コジモ＝デ＝メディチ**でアカデミー（プラトン学園）や図書館を開設、ドナテルロやボッティチェリのパトロンとなった。コジモの孫の**ロレンツォ＝デ＝メディチ**が最盛期の当主。共和制のフィレンツェで独裁者のように振る舞い、襲撃事件に遭いながらもパトロンを続けた。

　1492年ロレンツォが死ぬと反メディチ派が台頭。1494年のヴァロワ朝のフランス王シャルル8世のイタリア侵入（**イタリア戦争**）を機にメディチ家が追放された後、神秘主義者の修道院長**サヴォナローラ**が禁欲的、狂信的な改革を行ったが、それに影響され自らの作品を広場で焼き画家として自滅、宗教家として余生を過ごしたのが、『**春**』『**ヴィーナスの誕生**』の作者**ボッティチェリ**。

　サヴォナローラの神権政治の後、外交官として活躍したのが**マキャベリ**。彼の著作『**君主論**』（1513年）のモデルは教皇アレクサンデル6世の庶子**チェザレ＝ボルジア**で、混乱期のイタリアを統一する君主にライオンの力と狐の狡猾さを求め、政治を倫理・道徳と切り離す徹底した現実主義を示した。

　サヴォナローラの権力期に逃れていたのが**ミケランジェロ**。代表作はローマのヴァチカン・サン＝ピエトロ大聖堂にある**ピエタ**、**システィナ礼拝堂**にある「**最後の審判**」、そしてフィレンツェにある「**ダヴィデ**」。ミラノ公ロドヴィコ＝スフォルツァはボッティチェリの友人の**レオナルド＝ダ＝ヴィンチ**のパトロンとなった。ダ＝ヴィンチはルネサンスが理想とした万能人（普遍

人）の典型だ。「**モナリザ**」がパリのルーブル美術館にあるのは、フランス・ヴァロワ朝の**フランソワ1世**がパリに招いたからだ。出身村のヴィンチ村はフィレンツェ近郊。

　二人の影響を受け聖母子像を描き37歳で急逝したのが**ラファエロ**。彼の叔父ブラマンテは1503年に教皇**ユリウス2世**から**ヴァチカン宮殿のサン＝ピエトロ大聖堂**の修築を命じられ、事業はミケランジェロ、ベルニーニに受け継がれ17世紀に完成した**ルネサンス様式**の傑作だ。

イタリア＝ルネサンスの背景

　この章の最後に、イタリアでルネサンスが起きた背景をまとめておこう。

　①ギリシア・ローマ古典古代の文化遺産が多くあることと中世の大学の人文学部での古典研究がなされたこと、②十字軍・東方貿易を通じてイスラーム世界と接触したこと、③ビザンツ帝国の滅亡（1453年）を通じて古典文化が流入したこと、④東方貿易の発展で都市が勃興、新興市民階級が台頭し中世の閉塞感から脱却する気運が高まったこと、⑤教皇や都市の富豪が学芸を保護・奨励したこと、⑥政治的統一者が不在で、新たな価値観が芽生えやすく有能な人材に活躍の場があったこと。

ヴェネツィアのカーニバル

世界の3大カーニバルとはリオデジャネイロ、ヴェネツィア、トリニダード＝トバゴのカーニバル。仮装した人々がヴェネツィア中にいて、一緒に自由に写真を撮ることができる。ヴェネツィアのカーニバルに不可欠なのが仮面。目にガラス玉を入れ長い鼻をした仮面は14世紀のペスト大流行の際に医者が鼻の部分に薬草を入れて治療したことに由来する。

6章 イスラーム世界の発展史

　世界人口は現在約80億。宗教人口といえば、25億がキリスト教徒、19億がイスラーム教徒、13億が無宗教、11億がヒンドゥー教徒ということだ。もはや人類の4～5人に1人がムスリム＆ムスリマだが、もとはと言えば7世紀に、現在サウジアラビア王国があるアラビア半島の紅海沿いのヒジャーズ地方南部のメッカのクライシュ族ハーシム家のムハンマドがたった一人で始めた宗教だ。

　主要教義がアッ（the）ラー（god）、つまり一神教だから多神教のカーバ神殿のあるメッカでは受け入れられなかったが、ムハンマドの時代にはアラビア半島西部にも浸透した。

　8世紀になると最初のイスラーム王朝ウマイヤ朝（661～750年）は、一気に東のイラン人から西のベルベル人やゲルマン人世界にまで拡大、つまりインドの西部からスペインまでが、イスラーム世界となったのだ。

　当初のイスラーム世界ではアラブ人が支配層を占めたが、9世紀から他民族の王朝も登場し、10・11世紀にはイラン人・トルコ人に当時のイスラームの中心アラブ人のアッバース朝（750～1258年）のバグダードの支配権を奪われた。のみならず、メッカ・メディナ・イェルサレムの3大聖地もトルコ系のセルジューク朝が支配、同朝は小アジアまで支配しアナトリア高原をトルコ化した。

　こうしてトルコ人がイスラーム史の主役となるが、そもそもトルコ人の原郷とは、バイカル湖とバルハシ湖の間、ロシア、カザフスタン、モンゴル、中国の4カ国の国境が交錯するアルタイ山脈付近であった。

　モンゴル人がユーラシアを席巻した13世紀に、バグダードがチンギス＝ハンの孫フラグに屈しイスラーム世界はいったんモンゴルの軍門に下ったが、チンギス一家の国々もまたイスラームを受容してゆくのであった。

【イスラーム史概観】

初期イスラーム史　ムハンマド時代（610-632）
　　　　　　　　　正統カリフ時代（632-661）
　　　　　　　　　ウマイヤ朝　　　（661-750）
　　　　　　　　　アッバース朝　　（750-1258）

（イベリア）	（エジプト）	（小アジア）	（西アジア）	（中央アジア）	（アフガニスタン・インド）
後ウマイヤ朝 8～11C				サーマーン朝 9～10C	
	ファーティマ朝 10～12C		ブワイフ朝 10～11C	カラハン朝 10～12C	ガズナ朝 10～12C
ムラービト朝 11～12C		セルジューク朝 11～12C			
ムワッヒド朝 12～13C	アイユーブ朝 12～13C		ホラズム＝シャー朝 11～13C	カラ＝キタイ〔非イスラーム〕 12～13C	ゴール朝 12～13C
ナスル朝 13～15C	マムルーク朝 13～16C		モンゴル帝国〔非イスラーム〕		
			イル＝ハン国 13～14C	チャガタイ＝ハン国 13～14C	デリー＝スルタン朝 13～16C
			ティムール帝国 14～16C		
	オスマン帝国 13～20C		サファヴィー朝 16～18C	シャイバニ朝 15～16C	ムガル帝国 16～19C
			カージャール朝 18～20C		

ウマイヤ朝の領域

トルキスタン

セム語族のアラブ人は都市の商業民と砂漠の遊牧民（ベドゥイン）だった。前10世紀〜前2世紀の**イエメン**にあったサバー王国のシェバの女王がヘブライ王国のソロモン王の栄華栄光を見にきたと『旧約聖書』にある。現在のシリアにあって3世紀にローマ皇帝アウレリアヌスに攻略された隊商都市が**パルミラ***であるが、ここでは2011年からのシリア内戦でロシアに支援されたアサド政府軍とIS（イスラーム国）が争奪戦を展開した。

ムハンマド時代

イスラーム教成立以前の時代をジャーヒリーヤ（無知の時代）という。ベドゥインが**隊商交易**に従事していた西アジアでは、6世紀にビザンツ帝国のローマ人とササン朝のペルシア（イラン）人とが抗争を繰り返したためシルクロードや海の道が途絶し、代わって交易ルートとなったのがアラビア半島（現サウジアラビア）の紅海岸**ヒジャーズ**地方だ。現イエメンの**アデン**が陸揚げ港で、シリア方面に輸送された。商業の普及は貨幣経済を浸透させ貧富の格差が増大した。

ヒジャーズ地方南部のメッカに登場した**ハーシム家のムハンマド**は610年に神の啓示を受け、イスラーム（神への絶対的帰依・絶対服従）を創始。**アッラー**（唯一神）を崇拝し偶像崇拝を否定した。

多神教の**カーバ神殿**を守護する**クライシュ族**に生まれのだから当然ながら圧迫され、信者を連れて**ヤスリブへ聖遷（ヒジュラ）**した。これが**622年**のイスラーム暦紀元元年だ。ちなみにイスラーム暦は太陰暦で1年は354日。ヤスリブは後に預言者ムハンマドが来た"町（マディーナ＝メディナ）"と呼ばれるようになる。ユダヤ人が多くアブラハムを始祖とする一神教（**アッラー**）アレルギーの少なかったメディナにおいて、イスラームは信者を増やし**ウンマ**（教団・共同体）となり、ムハンマド存命中に**ジハード**（聖戦）によりアラビア半島西部地域をイスラーム化した。イスラーム教徒の五行とは、**信仰告白・礼拝・喜捨・巡礼・断食**で、断食月を**ラマダーン**という。ラマダーンの期間は物乞いには無条件で食糧を提供しなければならない。

正統カリフ時代

預言者ムハンマドの死後、代理人・後継者を意味する**カリフ**たち、つまり

アブーバクル→ウマル→ウスマン→アリーと続く4人の正統カリフが教団を統治した。この時期の642年、ササン朝をザグロス山脈付近のニハーヴァンドの戦いで破り、イランをイスラーム化する。イランにおいてイスラームは外来の宗教なのだ。またビザンツ帝国を討ち、シリア・パレスチナ（イェルサレム）・エジプト・リビアをイスラーム化した。**ウマル**は"イスラームのパウロ"との異名がついたように大征服をすすめた。ウマイヤ家の**ウスマン**の時に『**アル＝クルアーン（コーラン）**』が編纂された。アラブ人イスラーム教徒が征服地に家族を伴って建設した軍営都市を**ミスル**という。現イラク南部の**バスラ**（1991年の**湾岸戦争**・2003年の**イラク戦争**で米軍が上陸した）、次いで**クーファ**、チュニジアの**カイラワーン**、エジプトの**フスタート**（10世紀に建設されるカイロの元、現在でもエジプトのアラビア語名がミスル、エジプト人はミスリー）がその代表。軍人には俸給**アター**が支給された。アター支給の役所を**ディワーン**という。公共施設維持のための寄付を**ワクフ**、隊商宿を**キャラバンサライ**、法学者を**ウラマー**（知識を求める「ウッラマ」から）、**モスク付設の光塔**が**ミナレット**、そこから礼拝の教え**アザーン**が発せられる。メッカの方向を示すくぼみを**ミフラーブ**、メッカの方向を**キブラ**という。

＊
パルミラ

1991年、祖母と。シルクロードの隊商都市。ゼノビア女王がローマ皇帝アウレリアヌスに破れたのが272年。2011年にはじまったシリア内戦でISに破壊され博物館の館長は殺害された。

ウマイヤ朝

アリーが分派の**ハワーリジュ派**により暗殺された後、アリーと対立していたウマイヤ家の**ムアーウィヤ**はダマスクスでカリフを称し、その立場を子に譲

った。こうして661年、世襲のカリフ制、つまりウマイヤ朝が成立する。

　ムハンマドの娘ファーティマと夫アリーの子フサインはイラク南部カルバラーでウマイヤ家に殺された。これがかの有名な680年の「カルバラーの悲劇」。だからイラク南部はシーア派のイスラーム教徒が多い。アリーとその子孫のみをカリフと見なし、他の正統カリフとウマイヤ朝以降のカリフを否定するシーア＝アリー（シーア派）はこのようにして形成された。シーア派では最高指導者をイマームという。それに対し代々のカリフを正統と認めるのが「言行」を意味するスンナ派だ。

　都ダマスクスには最古のモスクであるウマイヤ＝モスクが建立された。イェルサレムに岩のドームが建立されたのは、第5代カリフのアブド＝アルマリクの時で、イスラーム世界の基軸通貨ディナール金貨を鋳造し、アラビア語を公用語に定めた。

　ウマイヤ朝の最盛期は第6代ワリード1世の時だ。この時期イスラーム世界は、東はインダス川から西はジブラルタル海峡を渡り現在のスペイン・フランス国境のピレネー山脈にまで拡大した。

　"日の没する地"を意味する北アフリカのマグリブ（現チュニジア・アルジェリア・モロッコ）地方に住むベルベル人（ヨーロッパ人からはムーア人、モロ人と呼ばれた）をイスラーム化。

　ウマイヤ朝のターリク将軍がアフリカ大陸からイベリア半島に渡ると、そこには小さな山（ジャバール）があった。現在英領となっているジブラルタル（ジャバルターリク）は、古代ギリシア神話では「ヘラクレスの柱」と呼ばれた。頂上からはアフリカ大陸を一望できる。

　711年にトレド*を都としたゲルマン人の西ゴート王国を攻略。イベリア半島北部アストゥリアスのキリスト教徒が立ち上がり、718年のカバドゥンガの戦いに勝利。ここに1492年まで続くレコンキスタ（国土回復運動・再征服運動）が開始する。アストゥリアスの人々は自分たちこそが"真のスペイン人"であると自認する。"カバドゥンガ"はスペイン建国そのものである。

　ウマイヤ朝はフランスに侵攻したが、732年のトゥール＝ポワティエ間の戦いではメロヴィング朝フランク王国（ゲルマン人）の宮宰カロリング家のカール＝マルテルに撃退された。ビザンツ帝国の都コンスタンティノープル

もしばしば包囲したが、一種の火炎放射器**ギリシア火**に撃退される。

　ところで、ウマイヤ朝を認めたくないのはシーア派だけではない。非アラブの**ムスリム**（イスラーム教徒）である**マワーリー**はジズヤ（人頭税）と**ハラージュ**（地租）を支払わされたが、アラブ人は免除だったので不満だった（アラブ人第一主義）。だからウマイヤ朝は**アラブ帝国**といわれる。

アッバース朝の時代

　アリーの子フサインとササン朝の最後の王ヤズドギルド3世の娘が夫婦だったという伝承が当時あった。だからイランの**ホラーサーン**地方にはシーア派が多かった。同地でシーア派を取り込んで挙兵し、ダマスクスからウマイヤ朝を追放。750年に**アッバース朝**を樹立したのが**アブー＝アル＝アッバース**（本名**サッファーフ**）だ。当初は**クーファ**を都とした。751年の**タラス河畔の戦い**では唐に勝利、この時製紙法が西伝したとされる。

　2代目のカリフの**マンスール**はクーファを敬遠、新たな世襲カリフ制成立のためにシーア派を粛清し、762年新都バグダード（別名**マディーナ＝アッサラーム**＝平安の町）を**ティグリス**河畔に建設した。

　アッバース朝はムハンマドと血筋が近いためカリフ権を強化しやすく、当初は中央集権化がすすんだ。宰相を**ワズィール**、地方総督を**アミール**といった。5代目の**ハールーン＝アッラシード**がアッバース朝の最盛期で、彼と彼の統治下のバグダードは『**アラビアンナイト（千夜一夜物語）**』に登場する。これはインドやペルシアの説話がベースとなった物

**＊
トレド**

「スペインへ1日だけ行くならトレドへ行け」という言葉がある。コルドバと並ぶスペインのイスラーム世界の中心。ギリシアの文献がアラビア語からラテン語に翻訳された街。トレド防衛のためにイスラーム教徒がつくった街がマドリードである。

語だ。同カリフはフランク王国のカールと使節を交換した。9世紀にアッバース朝は黒人農業奴隷ザンジュの乱で動揺した。9世紀にはカリフのマームーンの時にバグダードに建設された学問研究所が**知恵の館（バイト＝アルヒクマ）**で、プラトン・アリストテレスのギリシア語文献がアラビア語に翻訳され研究された。

　アッバース朝はムスリム平等主義で、アラブ人とマワーリーいずれもジズヤは免除でハラージュは支払った。ゆえに**イスラーム帝国**といわれる。ユダヤ・キリスト教徒のことは**啓典の民**と呼んだ。ユダヤ人（ヘブライ人）の神は族長アブラハムの神であり、イスラームもまたアブラハムの神への"帰依"なのだ。イスラーム教徒は『旧約聖書』が不十分だから『新約聖書』が必要になり、それも不十分だから『アル＝クルアーン』が必要になったと考える。言い換えるなら、一連の啓典によって立つ民なのである。

　ところでアッバース朝ができた時ウマイヤ家のアブド＝アッラフマーンは北アフリカをイベリア半島まで逃げ切り、現スペイン南部アンダルシア地方の**コルドバ**を都にウマイヤ朝を継続した。これが756年の**後ウマイヤ朝**（〜1031年）である。

　788年に北アフリカ・モロッコの**フェス**に建てられた**イドリース朝**が最古のシーア派の王朝。これはアリーとファーティマの子のハサンの子孫がアッバース朝のハールーン＝アッラシードに敗れ逃れてつくった王朝である。

　過激シーア派の**イスマーイール派**（7イマーム派）が909年にチュニジアにつくった**ファーティマ朝**は翌年カリフ宣言。これに対しスンナ派のコルドバの後ウマイヤ朝の**アブド＝アッラフマーン3世**は929年にアミールに代わりカリフを称した。

　一方ファーティマ朝はエジプトに移り969年に**カイロ**を建設し現在のイスラームの最高学府**アズハル学院**をつくったが、イェルサレムをめぐりスンナ派の**セルジューク朝**と抗争することになる。エジプトにはすでに9世紀後半にアッバース朝から自立し**トゥールーン朝**が短期間統治した。アズハル学院は当初はイスマーイール派、つまりシーア派の**マドラサ**（学院）だったが、ファーティマ朝がサラディン（スンナ派のアイユーブ朝の創始者）に倒されて以降はスンナ派の最高学府となっている。2001年9月11日のテロの際、アルカーイダが"聖戦"を宣したが、アズハルは断固"テロ"との立

場を貫いた。だからブッシュ政権のアメリカは"反テロ"を錦の御旗に**アフガニスタン戦争**、そして見当違いの**イラク戦争**を敢行できたのである。

10世紀はシーア派の世紀

　946年にアッバース朝（スンナ派）の都バグダードに入城したのが、もう一つのシーア派、12イマーム派イラン人の**ブワイフ朝**だ。同朝はアッバース朝のカリフから**大アミール**（軍事指導権・統治権）の称号を得た。カリフ権力の減退により国庫収入が減少したので、ブワイフ朝では**アター制**（俸給）を廃止し**イクター制**という徴税権を各地方の軍人・官僚に与える制度（イクターは動詞カタア＝"切り分ける"の派生形）に移行した。これはセルジューク朝やアイユーブ朝に継承された。

　シーア派とはアリー派のこと。アリーに下るべきアッラーの啓示が誤ってムハンマドに下ったとすら考えるのがシーア派だ。だからスンナ派とシーア派とは別の宗教と考えたほうがよい。スンナ派の原理主義ワッハーブ派の現サウジアラビア王国のムスリムは一生「ファーティマ朝」という言葉を聞かずに生涯を終える。日本の世界史受験生は両宗派のイスラーム王朝を覚えるのだから大したものであり、奇特な存在だ。

　シーア派はアリーを初代イマーム、ハサンを2代目、カルバラーで殉死したフサインを3代目と数える。元々イラン（ペルシア）は「楽園」という教義を含むゾロアスター教発祥の地。楽園思想は広く行き渡り、楽園をもたらすために**再臨**する担い手が、メシアでありキリスト

*
コルドバ
これが私が最も好きなコルドバの写真。グアダルキビル川にかかるローマ帝国時代の橋。向こう側にメスキータ。

**
フェス
カメラを向けるとなめし革職人たちが笑顔で応えてきた。

10世紀のイスラームの世界

でありイスラームならマフディーとなる。これらの宗教、つまりセム的一神
教もしくはアブラハムの神の一神教の多岐にわたる宗派は、メシア・キリス
ト・マフディーがいつ再臨、どのように再臨するかをめぐる解釈の相違から
くる。7イマーム派（イスマーイール派）はアリーから7代目、12イマー
ム派は11代目が874年に死んだ際に12代目が隠れてしまったが再臨すると
いう信仰。参考までに5イマーム派もある。これはフーシ派とかザイディ派
とも呼ばれ、現イエメンの反体制派で12イマーム派のイランが支援する。
対するワッハーブ派（スンナ派）の隣国サウジアラビアはフーシ派を空爆、
飢餓も併発し深刻な人道危機となっている。

トルキスタンの形成

　トルコ人の原郷は東のバイカル湖と西のバルハシ湖の間のアルタイ山脈付
近。現在、中国、ロシア、カザフスタン、モンゴルの4国の国境付近だ。ト
ルコ人は漢代の中国では丁零、高車、回紇（ウイグル）と表記され、隋から
唐にかけては鉄勒、突厥（この派生語がトルコ）として活躍した。ウイグル
はソグド人の影響を受け宗教はマニ教だったが、その一派が西進しイスラー
ム化、中央アジア初のトルコ系イスラーム王朝カラハン朝をシルクロードの
天山北路に建てた。都はベラサグン。カラハン朝統治下のカシュガルで書か
れた最古のトルコ語による文学作品が『幸福への知恵』。後に仏教国西遼
（黒契丹、カラキタイ）に滅ぼされた。ウイグル人にはトハラ人の影響で仏
教徒になったものもいる。

　アラル海に注ぐ東のシル川と西のアム川の間がソグディアナだ。この地域
で最初にアッバース朝から独立したのがターヒル朝。そこから自立したのが
サッファール朝。サッファール朝から自立したのが、ブハラ*を都に9〜10
世紀に存在したイラン系イスラーム王朝がサーマーン朝で、トルコ人傭兵奴
隷マムルークが国防を担い、また彼らを西方に供給したことで知られる。

　このサーマーン朝を滅ぼしたのがカラハン朝で、ソグディアナがトルコ化
し西トルキスタンとなった。パミール高原の東、現中華人民共和国の新疆ウ
イグル自治区、つまりタリム盆地（その大半がタクラマカン砂漠、北が天山
山脈で南は崑崙山脈、古代中国史の西域）が東トルキスタンとなった。天山
山脈の北側にはイリやその東の高昌（トゥルファン）、南側にはクチャ、ホ

ータン、カシュガル**などのオアシス都市が隊商交易
の拠点となった。

　カラハン朝は**耶律大石**つまり**カラ＝キタイ（西
遼）**により滅亡した。

┊ 11世紀はスンナ派の巻き返し

　中央アジア・ソグディアナ地方のシル川流域から
興った**スンナ派のトルコ系セルジューク族**はイラン
東部**ニシャープール**を中心に繁栄、さらには**トゥグ
リル＝ベク**に率いられ1055年にバグダードに入城
し、**シーア派のブワイフ朝**を打倒し**アッバース朝の
カリフ**から**スルタン（権力者、判断者）**の称号を得
た。「10世紀はシーア派の世紀、11世紀はスンナ
派の巻き返し」と言えるだろう。

　セルジューク朝（1038 ～ 1194年）は**マリク＝シ
ャー**の時が最盛期でそのイラン人宰相の**ニザーム＝
アルムルク（著作は『統治の書』）**は**イクター制**を
整備し各地に**スンナ派のマドラサ（学院）、ニザー
ミーヤ学院**をつくって神学者**ガザーリー**を招いた。
彼はスンナ派の神学を**スーフィズム（神秘主義）**と
融合した。そもそもセルジューク朝が西方に進攻し
たのもカイロの**ファーティマ朝のシーア派カリフ政
権**を打倒するためであった。**ウマル＝ハイヤーム**は
セルジューク朝時代のイラン系の詩人・科学者で**ジ
ャラリー暦**の制定に参加。合理主義的悲
観論と刹那主義を四行詩集『**ルバイヤー
ト**』に表現した。セルジューク朝は**メッ
カ・メディナ・イェルサレム**の3聖地を
おさえイスラームの盟主となる。また**小
アジア＝アナトリア高原**をまさに**トルコ
化**した。

*
**ブハラ
サーマーン廟**
中央アジア最古のイス
ラーム建築といわれる
ブハラのサーマーン廟

**
クチャ、ホータン、カ
シュガル、カラシャー
ルが唐代の安西四鎮

11世紀のイスラームの世界

2代目アルプ＝アルスラーンがスルタンの時期の1071年、マンジケルトの戦いでビザンツ帝国を破った。これがきっかけでキリスト教徒の十字軍が結成される。セルジューク朝の流れを組む王朝でイスラーム勢力として初めて組織的戦いを十字軍に挑んだのが**ザンギー朝**だ。

セルジューク朝は諸勢力との抗争で分裂、小アジアの**コンヤ**（旧イコニウム）を都とした**ルーム＝セルジューク朝**、中央アジア〜西アジアは**ホラズム＝シャー朝**（都ウルゲンチ）に継承された。セルジューク朝のトルコ人奴隷が自立し建国されたホラズム＝シャー朝は13世紀に**チンギス＝ハン**に滅ぼされたトルコ系イスラーム王朝だ。

イベリア半島・マグリブ地方のイスラーム王朝

8〜9世紀にモロッコのフェスを統治した**イドリース朝**は最古のシーア派だ。11世紀に現モロッコの**マラケシュ**＊を都としたスンナ派でベルベル系の**ムラービト朝**は1076〜77年頃にサハラ砂漠の**ガーナ王国**を滅ぼした。イベリア半島ではキリスト教徒の**レコンキスタ**運動（国土回復運動）と対決した。ムラービト朝を滅ぼしたのが**ムワッヒド朝**だが、この王朝は都も系統も宗派もムラービト朝と同じである。が、イベリア半島では勢力が減退した。

ムワッヒド朝の**コルドバ**出身の**イブン＝ルシュド**（ラテン名アヴェロエス）は哲学者・医者・法学者であり、**アリストテレス**の著作に注釈を加え中世西欧の**スコラ哲学**形成に影響を与えた。「アリストテレスは自然を解釈しアヴェロエスはアリストテレスを解釈した」と言われる。

キリスト教の**カスティリャ王国**は南進し、1085年に**トレド**を再征服、1236年**コルドバ**、1248年**セビリャ**を攻略。

スペイン最後のイスラーム王朝はアラブ系の**ナスル朝**。都グラナダにある**アルハンブラ宮殿**＊＊が"赤い"という意味のアラビア語ハムラーに由来するのは赤レンガで建てられたからだ。ナスル朝が1492年にアルハンブラ宮殿をスペインに無血開城し、**レコンキスタ**が完成した。

エジプトのイスラーム王朝

アラブ系シーア派のファーティマ朝を滅ぼしたのが12世紀のスンナ派の**アイユーブ朝**だ。都は**カイロ**。建国者**サラディン**（サラーフ＝アッディー

ン）は**クルド人**だ。アイユーブ朝を倒したのはトルコ系の**マムルーク朝**。都は**カイロ**。バイバルスはモンゴル軍撃退の英雄で、1260年の**アイン＝ジャールートの戦い**では最前線で活躍した。

　アッバース朝がチンギス＝ハンの孫**フラグ**に滅ぼされた直後にカリフの家族を庇護したので、そのうち同朝君主がカリフを称するようになった。マムルーク朝の**カイロ**はイスラーム世界の中心地になり『アラビアンナイト』はここで完成する。1291年にマムルーク朝が十字軍の最後の拠点**アッコン**^{***}を攻略した。これが「アッコン陥落」である。

　この時期**カーリミー商人**がダウ船に乗りインド洋で活躍、インドのマラバール海岸**カリカット**が胡椒の購入地となる。インドの**スーラト**、紅海の入り口のイエメンの**アデン**がその中継地、地中海の**アレクサンドリア**が転売地。マムルーク朝は1517年に**オスマン帝国**の**セリム1世**に攻略された。

カラ＝キタイ（西遼）
ルーム＝セルジューク朝
ホラズム＝シャー朝
ムワッヒド朝
バグダード＝カリフ
ゴール朝
アイユーブ朝

12世紀のイスラームの世界

ナスル朝
チャガタイ＝ハン国
イル＝ハン国
デリー
カイロ
奴隷王朝
マムルーク朝

13世紀のイスラームの世界

*
マラケシュ

近年、日本人が新婚旅行でも行くようになったマラケシュ。ジャマエルフナ広場では連日大道芸が行われる。

**
スペイン、グラナダのアルハンブラ宮殿

バルタルの庭にある「婦人の塔」。新バビロニア王国を彷彿とさせる「空中庭園」もある。

***
アッコンの十字軍の要塞跡

6章

イスラーム世界の発展史

7章 フランス史

フ　ランス通史の学習の準備として、まずは以下を覚えていただこう。

・ケルト人（ガリア人＝ゴール人）
　共和政ローマ、ローマ帝国による支配
・メロヴィング朝フランク王国（481 〜 751）　　クローヴィスがフランク族を統一し成立
・カロリング朝フランク王国（751 〜 987）　　ピピンがクーデタで樹立
・カペー朝（987 〜 1328）　　フランク王国のパリ伯が始めた王朝
・ヴァロワ朝（1328 〜 1589）　　成立がアンジュー家との抗争（百年戦争）の原因となる
・ブルボン朝（1589 〜 1792）　　ユグノー戦争中にヴァロワ朝が断絶し成立、絶対王政
・第1共和政（1792 〜 1804）　　フランス革命の国民公会発足の翌日に成立
・第1帝政（1804 〜 1815）　　ナポレオン1世の治世
・ブルボン朝（1815 〜 1830）　　ウィーン体制下アンシャン＝レジーム（旧体制）を復興し成立
・オルレアン朝（1830 〜 1848）　　7月革命で成立したフランス産業革命期の王朝
・第2共和政（1848 〜 1852）　　2月革命で成立
・第2帝政（1852 〜 1870）　　ナポレオン3世の治世
・第3共和政（1870 〜 1940）　　プロイセン＝フランス戦争に敗れた敗北主義が特徴
・ナチス＝ドイツ＆ヴィシー政府（1940 〜 1945）　　第二次世界大戦中占領された結果
・第4共和政（1946 〜 1958）　　ファシズムを打倒した共産主義勢力も含まれる
・第5共和政（1958 〜）　　アルジェリア問題解決のためにド＝ゴールが再登場し成立

前1000年頃、鉄器を所有したインド＝ヨーロッパ系のケルト人が
ドナウ川地方から移住し、ローマ人からガリア人と呼ばれた。その表
象は雄鶏である。サッカーフランス代表の熱烈なサポーターは雄鶏を
トリコロール（三色）にペイントし応援する。前6世紀頃にはギリシ
ア人が地中海にマッサリア（現フランス第2の都市マルセイユ）、ニ
カイア（現ニース）などの植民市を建設した。前58年にローマの属
州ガリア総督カエサルが侵攻し、ガリアのアルウェル二族の族長ヴェ
ルキンゲトリクスをアレシアの戦いで下し、全ガリアを平定した。ガ
リア人との戦いを通して、カエサルは『ガリア戦記』を著した。その
後、アリウス派に改宗した東ゲルマン人が侵入、トロサ＝現トゥール
ーズを都とし西ゴート王国、ジュネーヴを都としてブルグンド王国を
建国したが、後者は最終的には、西ゲルマン人のフランク王国に滅ぼ
された。451年にはフン人の王アッティラを西ローマ帝国、西ゴー
ト、フランクの連合軍がパリ東方のシャンパーニュ地方のカタラウヌ
ムで撃退する。476年には西ローマ帝国がゲルマン人の傭兵隊長オド
アケルによって滅亡する。

フランス主要都市

フランク王国

　フランク人の故地はライン川の下流付近、つまり現オランダと近接するドイツ付近であったが、481年に**クローヴィス**がメロヴィング朝を開く。メロヴィングはクローヴィスの祖父の名だ。彼は496年には**アタナシウス派**に改宗、ランスで大司教から塗油され、本拠をローマ時代のルテティア（現パリ）に定め、ラテン語の公用語化に努めた。クローヴィスは、6世紀後半にトゥールの司教グレゴワールにより書かれた『フランク人の歴史』において「新しいコンスタンティヌス」と呼ばれ、フランク人は「選ばれた民」とされている。

　フランク王国は534年には**ブルグンド王国**を攻略、732年には**カロリング家**の宮宰の**カール＝マルテル**がトゥール＝ポワティエ間の戦いで**ウマイヤ朝**のイスラーム教徒を撃退。その時、王国と諸侯との間にある種の契約関係が成立する。751年に子の**ピピン**がクーデタで**カロリング朝**を創始するが、教皇ザカリアスはこれを支持する。

　ピピン（ピピン3世＝小ピピン）はアリウス派の**ランゴバルド王国**を討ち、ラヴェンナ地方を教皇ステファヌス2世に寄進、これが**教皇領**の起源となり1870年のイタリア王国による併合まで続く。その子**カール**（シャルルマーニュ）が774年にランゴバルド王国を滅ぼし、800年教皇レオ3世からローマの**サン＝ピエトロ聖堂**で（西）ローマ皇帝として戴冠された。こうして"西ヨーロッパ"が誕生する。彼はイングランドの高僧**アルクィン**をアーヘンに招く。

　ちなみに、カロリング家の故地は現在のオランダの**マーストリヒト**付近である。1992年に同地で**マーストリヒト条約**、つまりヨーロッパ連合条約が調印され、翌年発効EUが発足した。記念硬貨にはカールの顔が刻印された。カールこそがミスターヨーロッパなのだ。

　カールの子の**ルイ**がランスで洗礼を受け聖別され、ついで大司教から塗油されることにより戴冠が神によってなされたことになった。ランスを領内に持つ西フランク王国がローマに代わり西欧キリスト教世界の精神的中心となった。

　このようにガリアとローマとフランクが融合し、フランスが形成されたの

である。

■ カペー朝

　カールの孫から曾孫にかけて、843年のヴェルダン条約と870年のメルセン条約でカロリング朝フランク王国は3分割される。

　ノルマン人[*]のロロが911年にセーヌ川地方を与えられ、ノルマンディー公となる。その後987年にカロリング朝が断絶し、パリ伯ユーグ＝カペーがカペー朝を開く。当初はパリとオルレアンの間の狭い地域であったが、これがフランス王室領の起源だ。

　この頃、異民族の侵入と国内の動乱で社会不安が深まっていた。910年にベネディクトス派のクリュニー修道院が設立された。同修道院はローマ教会と直結して地元の封建勢力から独立することに成功した。後にここから「カノッサの屈辱」の時の教皇グレゴリウス7世や「クレルモン宗教会議」で第1回十字軍を提唱した教皇ウルバヌス2世がでる。クリュニー修道院は最古のロマネスク様式の建築である。これはキリスト教の覚醒の芸術的表現であった。

　987年にパリ地方の小諸侯として王位を継承したカペー朝は、ルイ6世が結婚政策で領土を拡大して地位を高めた。1098年東部ディジョン付近に生まれ、開墾運動で活躍したのがシトー修道会である。

　ルイ7世はフランス南西部のアキテーヌ公の女相続人と結婚したが、彼女がプランタジネット家のアンジュー伯アンリとの間に醜聞が立ったので、ルイ7世が離婚すると、件の二人は結婚する。同時期、

*
ノルマン人（ヴァイキング）の船

巨大なものではなく小まわりがきく。ノルウェー・オスロの考古学博物館にて。

アンリが母の血統からイングランド王を継承、アンジュー伯アンリが1154年にヘンリ2世としてイングランドにプランタジネット朝を創始したので、英仏海峡にまたがるアンジュー帝国（プランタジネット朝）が成立、これを機に、約300年にわたる英仏の抗争が始まる。

　カペー朝のフィリップ2世は英王ジョンと抗争。第3回十字軍に参加、教皇インノケンティウス3世が提唱した、マニ教の影響を受けた異端カタリ（純粋）派に対するアルビジョワ十字軍を結成。それが南フランスのアルビに起こったものだったので、異端撲滅の聖戦を名目にカペー朝の領土拡大がすすむ。アルビジョワ派の拠点は現フランス第5の都市でピレネー山脈に近い南仏トゥールーズ。この時期パリに城壁とパリ大学ができ、初めて職業教師が出現。ゴシック様式建築の傑作ノートルダム大聖堂が着工した。ワルドー派は現フランスの第3の都市リヨンの豪商ワルドーによって始められた運動である。聖書をフランス語に翻訳させ、当時のローマ教会とイエスの教えがいかに違っているかを知り、全財産をなげうって1177年「リヨンの貧者」という団体を作ったが、同派は1215年に教皇インノケンティウス3世により禁止され、1229年には信徒が聖書を読むことが禁止された。

　聖王ルイ9世はアルビジョワ十字軍を再開し完遂、第6・7回十字軍を派遣し自身チュニスで戦死する。フランチェスコ派の修道士ルブルックをモンケハンの時のモンゴル・カラコルムに派遣するが、プレスター＝ジョン伝説（キリストと共闘する一群の人々）の影響がおおいに考えられる。

　この頃から、毛織物加工の先進地帯フランドル地方（中心都市ブリュージュ）とブドウの産地ギュイエンヌ地方（中心都市ボルドー*、クラレットと呼ばれる鮮明な赤ワインどころ）をめぐってイギリスのアンジュー家との抗争が激化した。1225年にノートルダム大聖堂が完成。司法を扱うパリ高等法院や財政の会計検査院、ソルボンヌ神学校がつくられたのも13世紀である。またランスの大聖堂における聖別が典礼として定着、中世フランス王権の特徴となる表象システムが確立したのも13世紀である。

　フィリップ4世は婚姻、相続を通じてシャンパーニュ、ナヴァル、シャルトルなどを王領化した。彼はイェルサレムで結成されたテンプル騎士団を解散させ財産を没収、俗権（政治）が聖権（宗教）に優越する時代を招来した。

また教皇領への課税問題、聖職者叙任権問題などから教皇**ボニファティウス8世**と対立。王が十分の一税などの国外持ち出しを禁止したため対立が深刻化する。**1302**年、王は僧侶、貴族、都市の代表者を招集し、ノートルダム大聖堂で全国**三部会**を開催する。三部会は身分別選挙によって議員を選出し**新規課税の審議権**を持っているフランスの身分制議会。翌**1303**年にイタリア、ローマ近郊に教皇**ボニファティウス8世**を監禁したのが**アナーニ事件**。同教皇は憤死。フィリップ4世はフランス人枢機卿とイタリア人枢機卿の対立を利用して教皇庁を南仏ローヌ川に沿った**アヴィニョン**に移し、新教皇**クレメンス5世**を立て、教皇を支配下に置いた。ボニファティウス8世を支持しパリから追放されたのが、**普遍論争**で唯名論を主張したイギリス人**ドゥンス=スコトゥス**。これが**教皇のバビロン（アヴィニョン）捕囚（1309〜77年）**で、このあと1378年に教皇庁はローマに戻るがアヴィニョン派は独自に擁立、最後は**ピサ**にも教皇が立ち、**1378**年から**1417**年までは**教会大分裂（大シスマ）**の時代となる。大シスマはコンスタンツ公会議で終止符が打たれたが、フランスの司教の間にはローマ教皇からの強力な独立心が残った。のちの**ガリカニズム**（国家教会主義）の萌芽はここにある。

ヴァロワ朝成立と百年戦争

　カペー家フィリップ4世の子シャルル4世に継子がなかったため、1328年にヴァロワ家の**フィリップ6世**（フィリップ4世の甥）が即位。さらにはイギリスの羊毛輸出地**フランドル**へ侵入すると、イギリス王アンジュー家の**エドワード3世**（フィリップ

＊
ボルドーの高級ワインバーでチーズを注文する。芳醇で濃厚なチーズとサンテミリオン（ローマ帝国以来のワイナリー）のワインを組み合わせれば、もはや最高級のディナーになる。

＊＊
ランス大聖堂
496年にクローヴィスが塗油された時には大聖堂ではなかったが、1824年にシャルル10世が戴冠された時には豪壮な建造物になっていた。13世紀に完成。15世紀にはジャンヌ＝ダルクも訪れた。

4世の孫）がそれに対抗、同時に王位継承権を主張し**百年戦争**（1339〜1453年）が始まった。

百年戦争は、小勢力が分立したフランス西部のアキテーヌ地方の秩序にアンジューとヴァロワ両家の干渉合戦に王位継承問題がからんだ戦争である。前半はイギリスが優勢で、1346年の**クレシーの戦い**でイギリスの**エドワード黒太子**が長弓歩兵隊を率いて勝利した。フランス（ヴァロワ朝）側はこの時イギリス（アンジュー朝＝プランタジネット朝）の兵士を捕らえると、長弓が引けないよう人差し指と中指を切断した。だからイギリス兵は切断されずに帰還すると、遠くから家族に二本指を見せて安心させたという。これがVサインの起源である（説）。

1347年イギリス軍がカレーを占領した。1348年ペストが流行し、自然休戦。1356年の**ポワティエの戦い**でイギリスが大勝。以後フランスでは農民一揆が多発、1358年には**ジャックリーの乱**という農民反乱が起きた。これに呼応してパリ商人組合の**エティエンヌ＝マルセルの乱**という増税に対する暴動も起きた。1415年の**アジャンクールの戦い**でもイギリス長弓隊がフランス重装騎兵に圧勝した。

中盤、フランスは崩壊寸前で1422年に即位した**シャルル7世**はオルレアンに孤立したが、1429年**ジャンヌ＝ダルク**がシャルル7世をオルレアンから解放した。のちにジャンヌ＝ダルクは裏切りによりイギリスに渡され**ルーアン**で火刑に処されるが、後に名誉が回復し、20世紀に聖女として列せられる。最終的にシャルル7世は親英の**ブルゴーニュ家**と和解しフランスが優勢になりイギリスは孤立、1453年カレーだけを残して大陸から撤退した。

結果としてフランスの中央集権化と王権強化が進んだ。シャルル7世は商人で"最初の資本家"と言われる**ジャック＝クール**を財務官に登用し財政を整備、常備軍を創設した。

┊ **イタリア戦争**

シャルル8世（1470〜98年）はブルターニュ公女アンナと結婚しブルターニュを王領に、さらにはナポリ王国の継承権を主張してナポリを一時占領。1494年**イタリア戦争**を開始したが、スペイン王の**フェルナンド5世**（カスティリャ王イサベルの夫）が勝利した。〔詳細は9章ドイツ史に〕

フランソワ1世は神聖ローマ皇帝マクシミリアン1世の死に際し、皇帝位をめぐってハプスブルク家のカルロス1世と争って皇帝になる選挙で敗北。同時にイタリア戦争でも争った。イタリア戦争自体には、キリスト教世界の盟主になろうとする中世的思考が働いている。

明確な国境で囲まれた領域と独立した主権を持つ近代国家を主権国家という。中世末期以来、神聖ローマ帝国やローマ教皇のような普遍的権力・権威が衰えるなかで、国家が独立の政治主体として成長し確立された。ヨーロッパに多数の主権国家が形成され、それらが互いに並立・競合して国際政治が展開される体制を主権国家体制という。イタリア戦争は主権国家間の戦争であった。ちなみに外交官を大使や公使として常駐させることは15世紀のヴェネツィア共和国[*]で始まった。

フランソワ1世は1536年に同盟関係に入ったオスマン帝国のスルタン・スレイマン1世に臣下の礼をとった（後にフランスはスルタン・セリム2世からカピチュレーションという一種の治外法権を得る）。1年の大半を国内旅行に費やし、自分の顔を覚えさせ中央集権に励んだ。レオナルド＝ダ＝ヴィンチを招いたので、同王は「フランス＝ルネサンスの父」と呼ばれた。パリ・カルチェラタンにコレージュ＝ド＝フランス（特別高等教育機関）を創設、この頃、現在のフランス語の標準が整い始める。

次のアンリ2世の時イタリア戦争の最終講和条約であるカトー＝カンブレジ条約（1559年）でイタリア支配を断念、ただし都市カレーを獲得した。

*
ヴェネツィア
写真右がドゥカーレ宮殿。ヴェネツィア共和国の総督邸であり政庁。その左にはサン＝マルコ広場の大鐘楼が見える。

カルヴァンの宗教改革

　ここでカルヴァンについてまとめておこう。カルヴァンは北フランスのピカルディの生まれ、パリ大学で神学、オルレアン大学で法律を学ぶ。そこでエラスムスに傾倒、またフランスにもたらされたルター派の著作や思想の影響を受ける。パリで新教徒迫害が強まると、カルヴァンはスイスのバーゼルに逃れ、1536年『**キリスト教綱要**』を著し発表。同年からジュネーヴで改革を実行。1541年から14年にわたり市政の実権を握り、神権政治を実行した。三位一体説を批判する反対派を捕らえ、火刑にするなど厳しい宗教統制を行った。1559年からは改革理念を学んだ青年を育て、フランスに派遣し自身の思想拡大に努めた。カルヴァンが唱えたのが**予定説**（救いの是非はあらかじめ神が定めているという説）。また、カリス（神の過分の加護による無償の賜を意味するギリシア語→カリスマ）である才能を勤勉に職業に生かし（天職）、蓄財するならそれが神の栄光となり救いの対象となる（**職業召命説**）。この勤勉性と時間厳守の精神は不可分ゆえ、プロテスタンティズムは時計の製作とも相関関係がある。スイスといえば高級時計、これはカルヴァン主義の精華なのだ。カルヴァンが新興市民階級の活動を宗教的に承認したことは資本主義の発展に貢献した。

　後に**マックス＝ヴェーバー**は『**プロテスタンティズムの倫理と資本主義の精神**』（1904～05年）でこれを論証する。彼は弟子にドイツのバーデンの町を調査させた。この町はカトリックとプロテスタントが同数住んでおり、全世帯の所得と貯蓄を調査した。結果、プロテスタント世帯のほうがいずれも上であったので資本主義経済発展のエートス（出発点）をカルヴァンの教えだと説いたのである。

　たしかに現在EUの"お荷物"国ＰＩＩＧＳ（豚）つまりポルトガル、イタリア、アイルランド、ギリシア、スペインは、労働を最初の人間アダムの原罪（禁断の果実を食した）に対する罰であるという従来の職業観から抜けきれないカトリックもしくはギリシア正教の国々であり、経済がまあまあ堅調であるドイツ、オランダ、イギリス、北欧諸国はプロテスタント国家群であることからすると、この仮説を一笑にふすことはできない。

　またカルヴァンは**福音主義**にたち信仰は聖書を基準とし、救済は信仰によ

ってのみ得られるとする徹底的な**聖書主義**[*]をとる。だから各人が聖書を読んで神と対話する。途中に位置する神父によるとりなしが不要になる。近代人を特色づける個人主義のエートスもここにある。さらにカルヴァン派は上部から任命する司祭を置かず、模範的な信者が選ばれて長老となり群れを監督する制度（**長老制度**）をとり、カトリックや国王から批判された。しかしこれら斬新な主張や制度こそが民主主義のエートス（出発点）だといわれるのである。民主主義の本質は（物事の善悪を司祭ではなく、神を基準に判断できる、つまり万人が司祭となった）個人による選挙と多数決。

まさにカルヴァンは世界史を変えた男であり、これぞ宗教改革の真骨頂。カルヴァン派はスイス・フランスでは**ユグノー**（仲間を意味するドイツ語のジュネーヴなまり説、幽霊を意味する蔑称説など）、ネーデルラントでは**ゴイセン**（物乞い）、イングランドでは**ピューリタン**（清教徒、英国国教会のような不純な聖書主義ではないという自負、同時に聖書原理主義者をさす蔑称でもあった）、スコットランドでは**プレスビテリアン**（長老主義派）と呼ばれ1567年国教となった。

ユグノー戦争

アンリ2世の妻で**シャルル9世**の母である**カトリーヌ＝ド＝メディシス**（フィレンツェのメディチ家から嫁入りしフォークを使う食事作法・料理・マカロン・香水などをフランスに伝え、またパリの**テュイルリー宮殿**の建造を命じた）が、夫に顧みられず、しかもその夫を亡くし、不安定な精神状態のなかで貴族の同士討ちゲームに"安定剤"を見出すた

ストラスブール

1982年2月のある日。私は南フランスで鉄道に乗っていたら、いきなりモナコ＝モンテカルロ駅で「ストライキ！」と降ろされた。モナコで食事をすませ、とりあえず次に動いた列車に乗ったとたん睡魔に襲われた。次に気づいた時には一面が銀世界。次に停車した駅がストラスブール（アルザス地方）だった。

7章

フランス史

*
聖書主義

カトリック教会は19世紀まで一般信者が直接聖書を読むことを禁じたが、カルヴァン派は読むことを奨励した。その結果は識字率の差となって表れた。

め、カルヴァン派つまり**ユグノー**弾圧を緩和したので、かえって宗教紛争[*]が激化した。

　カトリック教徒**ギース公**によるシャンパーニュのヴァシーにおけるユグノー殺害により内乱勃発、1562年ユグノー戦争が始まった。1572年にユグノー派の旗頭アンリ＝ド＝ナヴァルと王妹マルグリートの婚儀のためにパリに集まったユグノー派貴族を、カトリーヌが息子シャルル9世を唆しカトリック側が虐殺。これが**サン＝バルテルミの虐殺**だ。その報告にローマ教皇は手を打って喜び、内乱は一層激化。1589年次王**アンリ3世**が暗殺されヴァロワ朝が断絶した。

▌ブルボン朝成立

　1589年有力なユグノーのブルボン家のナヴァル王アンリが**アンリ4世**として王朝を創始したが、パリ市民やカトリック教徒は認めなかったので1593年に**カトリック**に改宗。1598年には**ロワール川**の河口付近で出した**ナントの王令**で、新教徒と旧教徒にほぼ同等の権利を付与し**個人の信教の自由**を認め、これがフランスの国家統一の出発点となった。こうしてユグノー戦争が終結した。このころ**主権概念**を提示したのが**ボーダン**であるが、彼はブルボン家を他の貴族やローマ教皇よりも高めるための理論武装を試みた。

　アンリ4世は1604年に**東インド会社**を設立。1608年カナダ植民をすすめシャンプランが**セントローレンス川**を探検し「川の狭まる所」という意味の**ケベック**植民地を建設した。ビーバーの毛皮で帽子をつくるためである。また、国際平和計画をたてヨーロッパ会議と軍の創設を考えたが、狂信的なカトリック聖職者に殺された。妻マリ＝ド＝メディシスが建造を命じたのが**リュクサンブール宮殿**。アンリ4世は、洞察力・行動力・人柄から歴代国王で最も人気がある王だ。

　次の**ルイ13世**は宰相に**リシュリュー**を登用した。**高等法院**（王の勅令審査権を持つ最高司法機関）の権限を制限、1615年に新規課税の審議権を持つ**三部会**を停止し絶対王政を確立した。1635年には**プラトン**のアカデミアを模倣し**アカデミー＝フランセーズ**を創設した。となりのドイツにおける宗教戦争、30年戦争（1618〜48年）においては1635年にリシュリューの献策でハプスブルク家に対抗しプロテスタント側で参戦。スペイン＝ハプス

ブルク家から嫁いできた妻アンヌとルイ13世やリシュリューが不仲だったのでハプスブルク家に宣戦布告したという説もある。ちなみにスペイン国境に近いバイヨンヌ[**]はチョコレートのフランス上陸地点であるが、伝えたのはそのアンヌである。

1643年にアンヌとマザランの子だという説もあるルイ14世が幼少で即位すると、マザランが宰相として政務を担当。**1648年**の30年戦争の**ウェストファリア条約**で**アルザス**と**ロレーヌ**の3司教領＝**メッツ、トゥール、ヴェルダン**を獲得した。同年、パリで**法服貴族**（ブルジョワが何代もかけて官職を買い替えて成り上がり、貴族に叙せられた貴族）の牙城**高等法院**への締め付けから貴族の反乱である**フロンドの乱**が起き、少年ルイ14世はパリを脱出、のち1653年に不満貴族を一掃した。1659年にはピレネー条約でスペインからピレネー山脈以東の地を獲得した。

ルイ14世

1661年にルイ14世が親政を開始すると**王権神授説**を信奉（＝**太陽王 Roi Soleil**）した。その理論家ボシュエの影響か王は「**朕は国家なり**」と言ったという。ルイ14世の暴政ぶりは彼が主唱した**ガリカニズム**に顕著。これはフランスのカトリック教会至上主義で、ローマ教皇の権威より独立することを意図する国民教会主義と結びついており、語源は「ガリア」主義。ガリカニズムはすでに1438年のブールジュのシャルル7世の「ブールジュの国事勅書」と1516年の「ボローニャ政教協約」で確立していた。

1682年には**ラサール**が北米大陸の**ミシシッピ川**

＊
ユグノー貴族がシャルル9世を誘拐する計画を立てたことから始まった。

＊＊
バイヨンヌ
元祖チョコレート

フランス・バスク地方の街バイヨンヌはフランスで初めてチョコレートがスペインから伝わった街。元祖チョコレートは写真のような液体だった。

7
章

フランス史

を開発し、その地が**ルイジアナ**と呼ばれた。アメリカ大リーグのカージナルスの本拠地セントルイスの由来も同じ。2005年に**ハリケーン・カトリーナ**でミシシッピ川が氾濫した河口の町**ニューオーリンズ**はニューオルレアンの英語音で、ジャズ発祥のストリート、フレンチクォーターでバーボンウイスキーを片手に聴くのは格別だ。

　ルイ14世がバロック様式の**ヴェルサイユ宮殿**を造営したのは、財務総監になるために前任者フーケを失脚させた**コルベール**の策謀の結果のようだ。コルベールは王の宮殿よりも豪華な館に住んでいたフーケ訪問を王に唆し、王を怒らせて失脚させ、財務総監の地位を得た。王に誰にも負けない宮殿造営を決意させたのである。**コルベール主義**はコルベール流の**重商主義**（官僚と**常備軍**という絶対王政を成り立たせるための王室や政府による**統制的経済政策**で、①**重金主義**、②英東インド会社の**トーマス＝マン**が実践した**貿易差額主義**、③**産業保護主義**の3段階ある）、産業保護主義を実行、**王立（特権）マニュファクチュア**を育成、**ゴブラン織**など毛織物を製造し輸出を促進した。1664年には**東インド会社再建**に着手、インドにおいては**ポンディシェリ**と**シャンデルナゴール**を拠点とした。1666年にコルベールが創設した準公的機関が**フランス科学アカデミー**。

　ルイ14世は「栄光への愛」と称し、**ルーヴォア**の軍制改革でヨーロッパ最強の陸軍を創設。対外政策としては自然国境説により、次の4つの侵略戦争を行った。①**南ネーデルラント継承戦争**、②**オランダ侵略戦争**、③**ファルツ戦争**、④**スペイン継承戦争**だ。

　1701年からのスペイン継承戦争はスペイン＝ハプスブルク家の**カルロス2世**（その姉がルイ14世の妻）の死に際した遺言にもとづき、ルイ14世が孫のフィリップを**フェリペ5世**として即位させたことに起因する。

　そもそもスペイン継承戦争とは、スペイン領アメリカ植民地が生みだす富を誰が掌握するのかをめぐる争いだった。ルイ14世が孫をスペイン国王の座に就けようとしたのは、スペインを同盟国にし合邦にこぎ着ければフランスは合法的かつ直接的にスペイン領アメリカ植民地の富を独占できるからだ。だからイギリスは反対し、同時期に新大陸で**アン女王戦争**が起こる。

　オーストリア＝ハプスブルク家のカール（1711年から**カール6世**）をイギリスとオランダが支持。1713年の**ユトレヒト条約**ではフランスとスペイ

ンが合併しないことを条件（フランスと
スペイン領アメリカの間の貿易が恒常化
するのを阻止したいイギリス）にフェリ
ペ5世の即位が認められ、ブルボン朝フ
ランスはイギリスに北米の**ニューファン**

ドランド・アカディア・ハドソン湾地方を譲り、ブ
ルボン朝になったスペインはイギリスに**ジブラルタ
ル**と**ミノルカ島**を譲る。この時のイギリスのミノル
カ総督がマオンで、彼が卵とオリーブオイルで考案
したのがマヨネーズ（←マオンネーズ）。現在でも
ミノルカ島最大の町はマオンだ。イギリスにはスペ
イン王権が発給していた黒人奴隷供給権**アシエント**
が付与された。講和会議後、イエズス会士**サン＝ピ
エール**が『永久平和草案』を提出し、カント、ルソ
ーに影響を与えた。

＊
ヴェルサイユ宮殿
16歳の一人旅だった
初の欧州旅行はパリか
ら入りヴェルサイユ宮
殿へ行った。マリ＝ア
ントワネットがつくっ
た田舎村のあるプチ＝
トリアノンを目指して
歩くも遠すぎた。途中、
車が近づいてきたので
この夫婦に頼んで連れ
ていってもらった。帰
りはどのようにしたの
かは覚えていない。

カタルーニャ独立問題の淵源

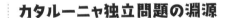

ところでハプスブルク家は戦争を継続し1714年
の**ラシュタット条約**で**ミラノ**、**ナポリ**、**サルデーニ
ャ島**、そして**南ネーデルラント**、つまり現**ベルギー**
を獲得した。

この時、**バルセロナ**を中心とするカタルーニャ
は、オーストリア＝ハプスブルク家に味方したの
で、スペインがブルボン家領と決まった1714年は
カタルーニャにとっては受難の始まりとなり、マド
リードのブルボン家はバルセロナ港にサメを放流し
たりして嫌がらせをした。現在**カタルーニャ独立問
題**が急浮上しているのは、**2014年**がラシュタット
条約300周年だったからだ。このシーズンのサッカ
ーＦＣバルセロナのセカンドユニフォームはサニェ
ーラ旗というカタルーニャの旗がデザインされたも

＊＊
イギリスは国債という
資金調達手段をオラン
ダから学び軍拡ができ
たが、フランスは租税
に頼るしかなかった。
これがフランス革命の
誘因となる。

のだった。バルセロナのカンプノウ競技場では前半と後半の17分14秒に観客は「独立!」と叫ぶ。レアルマドリードVSバルセロナのサッカーの試合は、まさに歴史の縮図。絶対に勝たねばならない試合ゆえ、しばしばレッドカード続出の死闘となり、両チームは高額の移籍金を払ってでも世界最高の選手を集めるのである。

ルイ14世の晩年

スペインのマドリードにあるのがプラド美術館。その目玉で「絵画のなかの絵画」と呼ばれるのがベラスケスの作品「ラス＝メニーナス（女官たち）」。彼はカルロス2世の父フェリペ4世の宮廷画家。王から娘マリ＝テレーズとルイ14世の“世紀の婚儀”の幹事を任され終了後に過労死したという。

ルイ14世はイングランドのチャールズ2世と1670年にドーバーの密約を結ぶ。オランダへの対抗から**カトリック主義**を推し進め、その弟のカトリック主義者ジェームズ2世が即位した**1685年**には付き合っていたマントノン夫人とのかかわりからか**ナントの王令廃止**を敢行したのでユダヤ人や勤勉な労働者ユグノーが国外に逃亡してフランス産業の衰退を招く。

ルイ15世は**オーストリア継承戦争・七年戦争**に参戦。その間に**ポンパドール夫人**はオーストリア＝ハプスブルク家の**マリア＝テレジア**と外交革命で提携、またロシアのロマノフ家の女帝**エリザベータ**とも提携、通称「三婦人同盟」「ペチコート同盟」を結んだ。

啓蒙思想とフランス

18世紀のフランス人で、三権分立の父、『法の精神』の著者でもあるのは**モンテスキュー**。「きわめて英明なる存在である神がこんなにも真っ黒である肉体のうちに魂を、それも善良なる魂を、宿らせたという考えに同調することはできない。人間の本質を形成するものは色であるという考えはひじょうに自然であり…」はモンテスキューが残した言葉。啓蒙されても皮膚の色という最も原初的な差異については保守的なのだ。否、21世紀になってもこの分野の差別を人類は克服できていない。

ところで18世紀のフランスはイギリスに比べて後進国であり、フランスの**啓蒙主義**（エンライトゥンメント、enlightenment）はイギリスから輸入

したものである。蒙（くら）きを啓（ひら）く、つまり人間の理性に明かりを灯すのが啓蒙思想。「遅れたおバカを刺激し進歩させましょ」思想つまり**進歩主義**。そういえば以前、日本の文部科学省がモンゴル政府からクレームをつけられたことがある。歴史教科書に「蒙古」と表記しているからだ。何故モンゴルを「おバカで古い」と「漢」字で表記するのか、と。ごもっともな話である。

ルイ14世の死後フランス革命まで、指導的フランス人の間では英語を習うことが流行した。『**イギリスだより**』はその代表的啓蒙思想家のヴォルテールの著書で『**哲学書簡**』とも呼ばれ、カトリック教会を批判した。ヴォルテールはプロイセンの**フリードリヒ2世**と交わり、ロシアのエカテリーナ2世とも文通した。ヴォルテールの弟子で「**一般意志＝人民の意志**」といえば**ルソー**。著作『**社会契約論**』（1762年）がキーワード。これはフランス革命のジャコバン派のロベスピエール、さらにはレーニンや毛沢東、ポル＝ポトに影響した。啓蒙思想の集大成としての**百科全書派**といえばキリスト教批判の書『**百科全書**』を著したルソーの友人**ディドロ**と**ダランベール**。ラ＝メトリは『**人間機械論**』を著した。ディドロは人間を「自動ピアノ」と表現し、自然を自ら運転する巨大な機械であると考え、神の必要を否定している（理神論）。キリスト教批判こそが啓蒙思想の肝である。**重商主義統制経済批判は重農主義者のケネー**の『**経済表**』で「**レッセ＝フェール＝なすにまかせよ＝LaissezFaire**」を主張した。絶対王政を支える官僚と常備軍を維持するために流通を統制するのが重商主義。一方、工業も商業もベースには人間（たとえばワイン製造）や動物（たとえ

＊＊＊
サニェーラ旗
この写真は白黒だが実際は赤と黄色の鮮やかな2色。バルサのホームユニフォームのアスルグラナ（カタルーニャ語でブラウグラナ）は赤と青の2色。

ば毛織物、畜産）がお世話になる農業があり、農業は自然により統制される
のだから、人間による統制はやめようと主張する。この**自由放任主義**はケネ
ーと交流した**アダム＝スミス**の著作『**諸国民の富**』（1776年）へと継承さ
れ、富の増大のためには経済活動への国家の干渉を排除すべきだとの立場を
重視する**自由主義経済学**、つまり**古典派経済学**の基調となっていく。

　私は「18世紀は啓蒙の世紀」と言いつつ講義するこの場面で、受講者に
必ず挙手によるアンケート調査をする。神をどのようにとらえているか？と、
5択で問いかける。人格神、理神論、汎神論（自然や法則を神と同一視する
アニミズム的なとらえかたで17世紀オランダのユダヤ人**スピノザ**※など）、不
可知論、無神論の5択。

　意外と多いのが「人格神」という反応である。では神を人格的存在、つま
り理知ある設計者としてとらえ得るか、神の存在証明の思考実験となる情報
を少々並べてみよう。

　地球は時速10万8000キロメートルで公転しているが、これは太陽の引力
を相殺し、太陽と地球の距離を適正に保つのにちょうどよい速さである。

　タンポポの種はパラシュートを装備している。光合成には70もの別個の
化学反応が関係している。ズグロアメリカムシクイは体重わずか二十数グラ
ムであるが、秋になるとアラスカからカナダの東やアメリカ北東部のニュー
イングランド地方にまで旅をし、そこでたくさん食べて脂肪を蓄え寒冷前線
の到来を待つ。それが到来すると飛び立つのだが、その最終目的地は南アメ
リカだ。いったんアフリカ方向に飛び、大西洋上空に出て6000メートルの
高度で卓越風をとらえそれに乗って南アメリカに向かうのだ。

　そして何よりも、人間の脳は約2000万冊の本の情報を収納する能力があ
る。読者はこの本の情報を覚えることに四苦八苦しておられるかもしれない
が、人間の脳の潜在能力は計り知れない。全知全能の神の像（image）に造
られているのだろうか。読者は5択のどれに手を挙げるのだろう。

┃ フランス革命はじまる

　ルイ14世以来の国家財政の窮迫、宮廷の浪費、そして1774年にルイ16
世が即位して翌年に参戦した**アメリカ独立戦争**で国家財政は完全に破綻し
た。

重農主義ケネーの弟子**テュルゴー**は1774年に財務総監になったが、自由主義的改革により**財政改革**を図り失脚。**ネッケル**は1777〜81年、1788〜89年に財務総監で特権身分への課税を主張、**カロンヌ**は1783年に財務総監で名士会（国王の諮問により重要議題を議論する場）を招集したが失敗。1786年の**英仏通商条約**（**イーデン条約**）では相互の関税引き下げを実施したが、産業革命進行中のイギリスの安価な工業製品がフランスに流入し、国内産業に打撃となり革命の遠因となる。また1783年の**アイスランド**の火山の噴火（この年、浅間山も噴火。**天明の大飢饉**の原因の可能性）により1785年からフランスは農作物が被害を受け貧困と飢餓が増大、これも革命の一因となる。

1789年5月5日、175年ぶりに**三部会**を招集したが、**アンシャン＝レジーム**（**旧制度**）下で免税特権と領民支配権を認められていた**特権身分**への課税をめぐり**身分別議決法**で対立した。つまり議員の頭数で多数決をすれば第三身分（平民）が勝つが、身分別だと第一身分（聖職者）と第二身分（貴族）が2対1で勝つのである。

6月17日、ミラボー、ラ＝ファイエット、『**第三身分とは何か**』（それはすべてである）を出版した**シェイエス**ら自由主義貴族に下級僧職者が加わって**国民議会**の成立を宣言。6月20日、いわゆる**球戯場**（**テニスコート**）**の誓い**で「憲法を制定するまで解散せず」を誓った。7月9日憲法制定議会と改称。ルイ16世は軍隊をヴェルサイユに集結させ、武力弾圧を企てる。"二番手"がトップに挑んで始まるのが革命の特色だ。フランス革命（第1次平等革命）もロシア革命（第2次平等革命）もしかりで

＊
スピノザの言葉
「神を知ることが精神にとって最高の善である。神に関する知識は世界に関する知識のはじまり」

パリ近郊のシャンティー城

マンガ『ベルサイユのバラ』に登場する。このマンガの影響かフランス革命には権力に立ち向かう勇敢なる革命というイメージがあるようにも思うが、この革命こそ20世紀の悲劇の原点なのである。シャンティーの古城をそのまま用いたコンデ美術館の至宝が、ランブール兄弟が装飾した写本『ベリー公のいとも豪華なる時祷書』だ。中世末期の宮廷における貴族や画家の宗教感や活動を我々に伝えてくれる。

7章
フランス史

＊＊
フランス絶対王政はギルドや特権企業への産業規制を維持、かつ農民への課税は農民収入の3分の1超であった。

ある。

　7月14日に、国王によるネッケル罷免に怒ったパリ市民によるバスティーユ牢獄襲撃が起き、それが全国に波及、農民運動となって領主の館を襲い、租税台帳などを焼いた（大恐怖）。8月4日には封建的特権の廃止宣言がなされた。

　領主権・教会への十分の一税・売官制は廃止されたが、地代は20～25年分の一括前納だったので農奴は自作農にはなれなかった。

　8月26日には人権宣言（人間および市民の権利宣言）が採択。これはアメリカ独立宣言やルソーの啓蒙思想の影響を受けラ＝ファイエットらが起草した17条からなるもので、所有権（私有財産）の神聖不可侵、人間の自由と平等などが謳われている。10月5日には十月事件＝ヴェルサイユ行進が起こり国王一家がパリのテュイルリー宮殿に連行され議会も同時に移された。

　国民議会では立憲君主主義者が優勢で、教会財産を没収してその土地を担保にアシニア債券を発行、貴族の称号やギルドを廃し（1790年）、同時にル＝シャプリエ法（1791年）により労働者の団結を禁止した。教育を担っていた役割も信徒会のような社団でなく国家が強調された。

┊ヴァレンヌ逃亡事件の影響

　1791年4月に王室と国民議会のパイプ役だったミラボーが死ぬと、国王は動揺した。立憲君主政の原則を無視し近隣諸国の君主国と画策、逃亡未遂ヴァレンヌ逃亡事件を起こす。『コモン＝センス』の著者トマス＝ペインが、国王と国民の間の相互義務関係の解消を主張し、「共和政協会」を設立したのを機に共和主義が台頭した。8月には王妃マリ＝アントワネットの兄のオーストリア皇帝レオポルド2世がプロイセンのフリードリヒ＝ヴィルヘルム2世と共にピルニッツ宣言を出し革命に干渉、これがフランス人の愛国心を高揚させ革命戦争の誘因となった。7月のシャン＝ド＝マルスの虐殺はラ＝ファイエットが共和政要求に対し発砲した事件である。1572年のサン＝バルテルミの虐殺、2015年のＩＳによる劇場・レストラン・サッカー競技場同時テロと合わせ「パリ3大虐殺」と呼ばれる。シャン＝ド＝マルスは現在エッフェル塔の横の公園、当時は練兵場だった。これによりラ＝ファイエッ

トの人気は急落する。

　1791年9月に**1791年憲法**が制定され、国民議会は解散した。この憲法は一院制の立憲君主制で財産による制限選挙、身分制の廃止、経済自由の原則が謳われている。ブルジョワ憲法で**サンキュロット**（貴族やブルジョワが着用した短ズボンをはかない者つまり都市民衆）や貧農は政治から除外されていた。

　1791年10月**立法議会**が招集された。当初は**ラ＝ファイエット**やバルナーヴら立憲王政派で自由主義貴族、富裕市民が支持する**フイヤン派**が主導権を握っていたが、『人間精神の進歩の歴史』の著者で女子公教育を示唆した**コンドルセ**や**ロラン夫人**らが中心で商工業市民が支持する穏健共和派**ジロンド派**が次第に主導権を掌握した。

▎革命戦争はじまる

　ブリッソーを首班とするジロンド派内閣は**対オーストリア宣戦**を布告し、オーストリアとプロイセンが侵入し革命戦争が勃発。革命戦争には国外逃亡した亡命貴族が亡命先で各国宮廷に革命政府打倒を働きかけたことも原因にある。共和政（commonwealth）とは王家の富wealthを共有common財産にすること。だからハプスブルク家やホーエンツォレルン家としては、ブルボン家を筆頭とするフランス貴族の財産がフランスの無産市民のものになる前にゲットしようと介入したのである。

　アマチュア軍であるフランス軍は連戦連敗。祖国の危機に**義勇軍**が招集され、工兵大尉ルージェ＝ド＝リールが**ラ＝マルセイエーズ**を作曲した。革命の進展に不満を持つ義勇兵と民衆がジャコバン派の

パリ共和国広場

黄色いベストを着た人々のデモに揺れる2018〜19年のパリ。興味深いのは国旗を振ってデモをしていることだ。日本で日の丸を振ったデモなど想像できない。フランスは国旗を振って反抗する国柄。フランス革命とその結果できた共和政こそがフランスの「保守」ということなのだろう。

指導で**テュイルリー宮殿を襲撃**。この1792年8月10日事件で**王権の停止**が決定、立法議会は自ら解散、革命の推進力は下層階級になる。

9月20日の**ヴァルミーの戦い**でプロイセンの職業軍人に勝利、「ここから、そしてこの日から世界史の新しい1ページが始まる」と**ゲーテ**は記した。単にアマがプロに勝ったからではないだろう。国王により、貴族・聖職者などの身分、ギルド・大学・村共同体などの職能団体、都市や農村などの地域団体などの中間団体（社団）が大きな特権を認められていた**社団国家**から、国民が主権を行使しつつ徴兵される**国民国家**への移行を嗅覚鋭いゲーテが嗅ぎ取ったのかもしれない。

▍ギロチンの時代

9月21日、**国民公会**が召集、最初の**男性普通選挙**による一院制で、王政が廃止され共和政宣言。フランス**第1共和政**の成立である。ジャコバン派の最左派（急進派）の**山岳派**が台頭し、**1793年1月にはルイ16世をサン＝ジェスト**の煽動によりパリの現コンコルド広場で「人民の敵」の罪状で**ギロチン**で処刑。この処刑法は"平等"で、かつ苦しまずに死ねるので"人道的"な処刑法として**ギヨタン**氏により考案された。

革命軍のオーストリア＝ハプスブルク領の南ネーデルラント（現ベルギー）への侵略もあり、イギリスの**ピット首相**は**第1回対仏大同盟**（1793〜97年）を結成、露墺普西蘭などが参加した。**徴兵制実施**が決定。王党派が多く中央集権化と宗教への冒涜への苛立ちを見せた**ヴァンデー県の農民反乱**が起き、結果、多数の農民が虐殺された。

革命は"2番手"がトップに挑んで始まり、その主体が次第に下層にシフトし、最終的には下層の中で革命に非協力的な集団が"反革命""反人民的"として大量に虐殺されて最高潮を迎えるものだ。このパターンは20世紀のロシア革命・中国共産革命・カンボジアのポル＝ポト革命に脈々と受け継がれていく。

1793年6月ジャコバン派がジロンド派を追放し独裁体制に。**公安委員会**が政治・戦争の最高指導機関つまり事実上の政府で、**保安委員会**が治安・警察機関、**革命裁判所**で政治犯が審理された。いわゆる**恐怖政治**に突入する。

6月24日には主権在民、人民の生活権、労働権などを定めた男子普通選

挙の**1793年**（ジャコバン）**憲法**が採択されたが実施はされなかった。7月には**封建的地代の無償廃止**が宣言された（この法案は立法議会の1792年に出たという説もある）が、これは事実上、共産主義と同じ発想である。ここがフランス革命がロシア革命の"原型"といわれる所以である。

自作農が創設されたので、以後農民は革命に消極的になる。「金持ちは人民の災いである」というジャコバン派の急進派山岳派の**ロベスピエール**は生活必需品にまで**最高価格令**を拡大。古代ローマに由来する暦（1月は双面神ヤヌス、3月は軍神マルス、7月はユリウス＝カエサル、8月はアウグストゥス）を廃し、テルミドール（熱月）・ブリュメール（霧月）のような自然に由来する**革命暦**が採用された。1週間を10日にしようという試みもあった。「週7日制」は聖書の神ヤハウェが6日で天地を創造し、その後1日休んだという記述に由来する。フランス革命は「封建的独占体の排除の過程」にほかならない。「封建的」とはある種の上下関係のことであり、西洋史におけるヒエラルキーはカトリック（キリスト教）とローマの提携により形成されたわけだから、キリスト教的なものとローマ的なものを徹底的に忌避することがフランス革命の真骨頂なのである。

極左派の**エベール派**の主張で**理性崇拝**が実行され、ノートルダム大聖堂も「理性の殿堂」にかえられてしまったが、内紛からエベールを処刑にしたロベスピエールは、「球戯場の誓い」を描いた画家**ダヴィド**[*]が演出した**最高存在の崇拝**に切り替えて無神論ではないことを表明した。また、**メートル法**[**]実施を準備（正式採用は1799年から）した。

[*]
ダヴィドはロベスピエールと親交あり、ルイ16世処刑に賛成の一票を投じた。公安委員会のメンバーとして300人以上の容疑者の逮捕状に署名した。

[**]
ダンケルクとスペインのバルセロナ間の距離を三角測量で求め、そこから子午線の全長を割り出した。

ロベスピエール独裁の時代に入る。医師で山岳派に加わった**マラー**はジロンド派に暗殺された。処刑は右派の**ダントン**、極左の**エベール**、王妃**マリ＝アントワネット**やロラン夫人、バルナーヴ、科学者だったが徴税業で食べていた**ラヴォワジェ**にまで及び、**コンドルセ**は毒をあおいで自殺した。女性の権利を主張した女性**グージュ**（人権宣言を批判し1791年に女性の権利宣言を発表し男女平等を訴えた）も国王処刑を批判したのでロベスピエールにギロチン刑に処された。ちなみに同時期イギリスで『女性の権利』（1792年）を発表し教育改革や参政権を通じて女性の自立と解放を訴え、後の**フェミニズム運動**の先駆となった女性が**ウルストンクラフト**だ。

▌ロベスピエール逮捕、処刑

　1794年7月の**テルミドールの9日のクーデタ**でロベスピエールが逮捕、処刑された。「徳なくしては恐怖は罪悪であり、恐怖なくして徳は無力である」がロベスピエールの言葉だ。このクーデタの背景には、公安委員会の内紛、自作農化した農民の保守化、ブルジョワジーの最高価格令への不満がある。結果として、旧ジロンド派（テルミドリアン＝**テルミドール派**）が実権を握った。

　1795年、彼らブルジョワによる穏健な共和政を志向する**1795年憲法＝共和国第3年憲法**が成立する。これは制限選挙、二院制、5人総裁制を特色としたもので、中産階級のブルジョワ社会に回帰した。10月に**総裁政府**が成立するが、これは自由経済政策をとったので下層市民・農民が離反し、ジェルミナールの蜂起のように1793年憲法の実施を要求するような暴動が多発したり、ナポレオンが鎮圧した**王党派の反乱**や「私有財産——それは罪である」と言った共産主義者**バブーフ**の陰謀があったりと、総裁政府は不安定であった。こうして時代は強力な求心力を待望する。

　ナポレオン＝ボナパルトは**コルシカ島**[*]の貧乏貴族出身で、砲兵士官になり革命中はジャコバン派を支持、**トゥーロン軍港奪回**[**]で功績をあげたが、テルミドール9日のクーデタで一時投獄された。1795年には王党派の反乱を鎮圧し、国内軍司令官に任命された。1796年には**イタリア方面司令官**として**第1回イタリア遠征**で**オーストリア軍**を撃破、**カンポ＝フォルミオの和**で第1回対仏大同盟を解体、この条約でフランスは、南ネーデルラント（現ベル

ギー）とアドリア海諸島を獲得した。

　1798年イギリスのインド支配打倒を目的とした**エジプト遠征のアブキール湾の戦い**でネルソン率いるイギリス艦隊に敗北。この遠征の時ナイル河口で**ロゼッタ＝ストーン**の碑文が発見された（これは**プトレマイオス5世**を讃える前196年の碑文で**神聖文字・民用文字・ギリシア文字**の3書体で刻まれ、1822年に**フランスのシャンポリオン**がヒエログリフ＝神聖文字を解読する手がかりとなった）。このとき英、露、墺で**第2回対仏大同盟**（1799 ～ 1802年）が結成された。

　この間の1799年の11月9日、**ブリュメール18日のクーデタ**で総裁政府に代わり**統領政府**を樹立し、フランス革命に終止符を打った。

　フランス銀行が国家財政を担う統領政府は、シェイエス、ディコス、そしてナポレオンの3人の統領であったが、事実上、任期10年の**第1統領ナポレオン**の独裁であった。シェイエスはクーデタにナポレオンを利用したつもりだったが、ナポレオンが一枚上手だった。

　ナポレオンは、第2次イタリア遠征（1800 ～ 01年）でオーストリアを**マレンゴの戦い**で破った。**リュネヴィルの和約**で、ライン左岸（ラインラント）をオーストリアより獲得。1802年の**アミアンの和約**でイギリスと和約。第2回対仏大同盟を解体、この功績を背景にナポレオンは国民投票で終身独裁官、つまり**終身統領**となった。出身地コルシカ島はフランス領だがイタリア人が居住する島。生涯彼が追い求めたのはユリウス＝カエサルの影だった。

　1801年、教皇ピウス7世との**宗教協約（コンコルダート）**でカトリックを復活。政府が聖職者を指

*
ナポレオンが生まれた
コルシカ島

**
この戦いの敵はイギリス。1791年の関税法以来、フランス革命にはイギリスの工業・商業覇権への挑戦という側面もあった。

***
その解読のお礼にエジプト政府が贈ったオベリスクがパリのコンコルド広場にある。

****
ナポレオンに占領されたエルベ川以西のドイツは領主制が貨幣・現物支払いになり形式的なものとなった。

名し教皇が任命することになったが、革命時の没収教会財産は返還しなかった。のちにナポレオンは教皇ピウス7世をフォンテンブローに幽閉する。またジャコバン派が1794年に全フランス領での奴隷制廃止を宣言したが、ナポレオンは1802年に奴隷制を復活させた。

国民教育制、学校制度を近代的に整備、1804年にはフランス民法典＝**ナポレオン法典**を発布した。全文2281条で人身の自由、法の前の平等、**私有財産**の不可侵性、**契約**の自由、良心の自由などブルジョワ市民社会の基本的権利を規定した。「余の名誉は40回に及ぶ戦勝ではない。永遠に残るのはこの民法典である」と言ったとされる。

ナポレオン1世

1804年、国民投票で皇帝に就任し**第1帝政**開始。**ナポレオン1世**を名乗り皇后は**ジョセフィーヌ**。ノートルダム大聖堂に教皇ピウス7世を呼びつけ戴冠させ、（自ら皇后に戴冠した）絵を描いた（実はそのようなシーンはなかったが皇帝にヨイショした）画家もまた**ダヴィド**である。これに対して**第3回対仏大同盟**が結成される。

前年の1803年に**ミシシッピ川以西のルイジアナ**をアメリカ合衆国に売却したが、それは黄熱病に起因する暴動がハイチで起き、フランス軍2万人が病に倒れたからである。暴動の発端は「黒いジャコバン」こと**トゥサン＝ルヴェルチュール**が先鞭をつけた**ハイチ革命**であり、**サン＝ドマング（イスパニョーラ島**西部）で起きたが、鎮圧され彼自身はアルプスの監獄で獄死した。しかしナポレオン軍の干渉を撃退して1804年に世界最初の黒人共和国（**ハイチ共和国**）として独立した。

1805年のジブラルタル海峡北西の**トラファルガーの海戦**（ロンドンのトラファルガー広場はこの戦勝記念）では再び**ネルソン**に敗れ（彼は戦死）、イギリス上陸作戦に失敗したが、12月に現チェコの地で霧の中、**アウステルリッツの三帝会戦**ではロシアの**アレクサンドル1世**とオーストリアの**フランツ2世**を破りヨーロッパを恐れさせた。英首相ピットは心痛から死亡した。パリの**凱旋門**はこの戦勝の記念（1836年完成）だ。プレスブルクの和でオーストリアからイタリアの支配権を奪いヴェネツィアを獲得。こうして第3回対仏大同盟は解体した。

1806年には南西ドイツ、つまりオーストリアと
プロイセンを除くドイツの保護者となり**ライン同盟**
を結成、1648年のウェストファリア条約ですでに
有名無実化していた**神聖ローマ帝国**を滅亡させた。
兄**ジョセフ**をナポリ王のちスペイン王（1808年）
に、弟**ルイ**（後のナポレオン3世の父親）をフラン
ス革命の影響でバタヴィア共和国となっていたオラ
ンダ王に即位させた。

イエナの戦いに大勝しベルリンを占領、占領下の
ベルリンで**フィヒテ**が「ドイツ国民に告ぐ」という
連続講演を行い、結果ドイツ人のナショナリズムが
高揚した。1806年のベルリン勅令、つまり**大陸封
鎖令**で対英経済封鎖とフランス資本の大陸市場独占
を図ったが、これはむしろ大陸諸国にとって大打撃
であった。

1807年の対ロシア、対プロイセンと**ティルジッ
ト条約**を結び、プロイセンの領土を半減させ、その
西にボン生まれのベートーベンが生活した**ウェスト
ファリア王国**を建国し弟ジェロームを王位に就け、
東に**ワルシャワ大公国**という傀儡政権を建設した。
1795年の第3次ポーランド分割で消滅していたポ
ーランドを復活させたのだ。

ナポレオンとナショナリズム

私はポーランドのクラクフからワルシャワへの特
急列車の中のコンパートメントで向かいに座った中年
女性の英語教師に、同行した関正生氏の通訳で「ナ
ポレオンはポーランド人にとって解放者か？尋ねて
ほしい」と頼んだら快諾してくれ、"インタビュー"
の結果ポーランド人は概ねそう思っている、との報
告を得た。列車1車両というきわめて母集団の小さ

Les Bacchantes

これまで世界100カ国
を旅してきた私だが、
この街へ来たら必ず行
く！という飲食店は一
軒しかない。パリのセ
ーヌ右岸にある「Les
Bacchantes」。マドレ
ーヌ寺院に近いコーマ
ルタン通りにあるワイ
ンバーだ。何を食べて
も美味しい。いつも混
んでいるのでそれなり
の覚悟が必要だ。

7章

フランス史

凱旋門

いインタビューではあるが示唆に富む。

　ナポレオンは1808年にスペインを征服するが、半島戦争というゲリラ guerrilla、つまり小さい戦争（guerra）に悩まされ、最後まで鎮圧できなかった。その時の絵がプラド美術館所蔵ゴヤの「**5月3日の処刑**」（「マドリード5月3日」、スペインではこの日が独立記念日でこの時期をゴールデンウィークという）である。

　プロイセン改革がすすみシュタインの**農民解放**、都市自治、それを受け継いだ**ハルデンベルク**の農民への土地授与、中央政府機構の整備などの改革、シャルンホルスト、グナイゼナウの国民軍の創設などの軍政改革、**フンボルト**の教育改革と**ベルリン大学**の創設などの改革がすすんだ。ベルリン大学の初代の総長が**フィヒテ**で、のちに**ヘーゲル**も教壇に立った。

　1792年からの一連の戦争は、元はといえば、革命防衛戦争であったが、そののち革命輸出戦争となり、征服戦争となり、フランス国益の手段となった。

　1810年オーストリアの皇女マリ＝ルイーズ（フランツ2世の娘）と結婚した。

　大陸封鎖令に違反した懲罰として始まった**ロシア遠征**では**ボロジノの戦い**ののち**モスクワ**に入城したが、ロシアの**クトゥーゾフ**将軍の焦土戦術の前に失敗。1813年に**第4回対仏大同盟**が結成されヨーロッパの大半の国が参加、**ライプチヒの諸国民戦争**で墺、普（ベルリンの**ブランデンブルク門**はこの戦勝記念）、露の連合軍に敗れ、1814年4月に退位し地中海の**エルバ島**に流刑。

　パリでは**ルイ18世**が即位し、**ウィーン会議**が開催されるが"会議は踊る、されどすすまず"で、そのうちナポレオンがエルバ島を脱出。1815年3月20日から6月22日までのナポレオンの**百日天下**に対し、第5回対仏大同盟が結成された。現ベルギーにおける**ワーテルローの戦い**でイギリスの将軍ウェリントンとプロイセンの将軍ブリュッヘルに敗れたナポレオンは、南大西洋の**セントヘレナ島**に流され51歳で死去した。

┃ **7月革命**

　ブルボン**復古王政**の**ルイ18世**は旧貴族を優遇し、1818年には四国同盟に参加し五国同盟を形成。出版検閲や言論の自由の弾圧を強化し、反動政治を

復活した。だがフランス革命の成果をそれなりに認め、ナポレオンの行政体系を受け継いでいる面もあった。1814年の憲法では上院は国王の直接任命、下院は制限選挙であった。

　次の**シャルル10世**は貴族・僧侶を重用し議会を圧迫、**亡命貴族**の財産を保障し、カトリック教会を保護、**ランス**で大司教に戴冠され旧体制を演出した。またパリの**パンテオン**からヴォルテールやルソーなど啓蒙思想家の遺骸を撤去し、保守反動ぶりを明示した。1829年にはポリニャックを首相に任命、1830年6月には、反動政治への国民の不満をそらすため**アルジェリア出兵**[*]を敢行、アラブ人首長**アブドゥル＝カーディル**は1832〜47年まで反仏抗争を指導したが敗北した。

　1830年7月26日、シャルル10世は**7月勅令**で議会を再解散、制限選挙を強化したので、7月27日にパリ市民が蜂起。老ラ＝**ファイエット**や銀行家**ラフィット**が指導した「栄光の3日間」の市街戦（**7月革命**、画家ドラクロワの「**民衆を導く自由の女神**」）の結果、シャルル10世はイギリスに亡命した。革命派には『ヨーロッパ文明史』の著者の**ギゾー**、後にギゾーと対立する『フランス革命史』の著者**ティエール**もいた。これが**7月革命**である。

　立憲君主派つまりブルジョワ派と共和派の対立は**オルレアン家**の**ルイ＝フィリップ**の即位で決着。全ブルジョワに選挙権は拡大されたが、政治の実権は金融資本家つまり銀行家が握り、ルイ＝フィリップ自身は「株屋の王」と揶揄された。

　7月革命の影響で**ベルギー**が**オランダ**から独立した。**ドイツ**でも**反乱**が各地で起こり、ワルシャワでの**ポーランド反乱**は「ヨーロッパの憲兵」**ニコライ**

*
アルジェ駅
これは1982年のアルジェ駅周辺の写真。社会主義政権だったせいかデパートの陳列の仕方はまるで倉庫のような機能重視で、モスクワか東ベルリンと相通じるものがあった。ただ、街の活気は旧共産圏の東欧諸国よりはるかにあった。

*
アルジェ　カスバ
これがアルジェのカスバの典型的な光景。身をかがめなければ歩けないほど狭苦しいのはアルジェのカスバが坂道で曲がりくねっているからだ。「ここは地の果てアルジェリアどうせカスバの夜に咲く…」たしかに19歳のアルジェは、今の私にとっても最も遠い外国である。

１世の**ロシア軍**により鎮圧され、総督制となってロシアの完全支配下となった。同地の「ピアノの詩人」ショパンは「革命」を作曲した。**イタリア反乱**は**カルボナリ党**が指導したが、ハプスブルク家やブルボン家により鎮圧された。また**マッツィーニ**がマルセイユで**青年イタリア党**を結成した。1832年にはイギリスで**第1回選挙法改正**が実施された。

▎2月革命

　7月王政はお偉方による名望家の時代、有権者が総人口の1％未満という極端な制限選挙だったので、**選挙法改正運動**が展開された。自由と民主という2原理のうち、「自由」のみを採用した時代ともいえる。

　産業革命の進行で産業資本家と労働者の勢力が拡大、1831年には絹織物の町**リヨン**で労働者が蜂起した。ティエールを罷免し権力を握った**ギゾー**は、ジャガイモの大凶作がヨーロッパを襲った1846～47年の社会不安のなか「選挙権が欲しければ金持ちになりたまえ」と言い放つ。

　1848年2月22日、選挙法改正を目的とした**改革宴会**という集会がパリで予定されていたが、開催が禁止されたので2月23～25日にかけて武装反乱（**2月革命**）が起こり、ルイ＝フィリップがイギリスに亡命した。

　2月革命で成立した**臨時政府**による**第2共和政**では、ブルジョワ共和派の**ラマルティーヌ**と社会主義者**ルイ＝ブラン**らの連立政権が成立し、男子普通選挙、10時間労働、**国立作業場**の設置、労働省ともいえる**リュクサンブール委員会**が設置され、植民地の奴隷制度の廃止を宣言、概して社会主義的な政策が採用された。

　4月普通選挙では社会主義者は農民の支持を失い敗北、臨時政府から追放され国立作業場は閉鎖された。これに対し労働者の**6月暴動**が起きたが陸相カヴェニャックに鎮圧されブルジョワ支配が確立。保守勢力復活のなかで11月に第2共和国憲法が制定された。

　12月の選挙ではカヴェニャックを破って**ルイ＝ナポレオン**が大統領になる。『ナポレオン法典』の理念にのっとり所有権（土地私有権）を保証してくれるのを農民や有産階級が期待したのだ。彼はナポレオン1世の弟ルイの子であるが、伯父同様皇帝になる野心を抱き、1849年に**マッツィーニ**の青年イタリアが建国した**ローマ共和国**に軍事干渉し崩壊させた。教皇領を影響

下に置きたかったのである。**1851年クーデタ**、つまり伯父のアウステルリッツの戦勝記念日のクーデタで任期を10年にする（このとき亡命したのが、『レ＝ミゼラブル』の共和派の**ヴィクトル＝ユゴー**）。翌1852年には国民投票で皇帝**ナポレオン3世**と名乗り、教皇**ピウス9世**に戴冠させた。

ナポレオン3世

　ナポレオン3世の政治は、ブルジョワジーと労働者階級の外見上の均衡を利用したもので、保守的な農民層と中間層の支持で政権を維持した。立法院は男性普通選挙によって選ばれ、皇帝は人民選挙によって選ばれ、国民に責任を負う、国民主権の原理に則した体制だった。

　軍事力を背景にした強力な独裁政治は**ボナパルティズム**と呼ばれるが、固有の基盤を持たないため、国民の人気取り政策（ポピュリズム）に傾斜した。著書に『貧困の絶滅』があり、あだ名は「馬上のサン＝シモン」。伯父の失脚にともない、投獄・亡命・貧困を経験した結果、ソフトな社会主義に傾倒した。ロンドンに憧れ、**オスマン**に**パリの改造**を命じた。

　外政ではフランス資本主義の市場獲得を目的として、積極的な対外膨脹政策を展開した。1853年、聖地イェルサレム管理問題から**クリミア戦争**に介入。1856年、イギリスと共同で清との**アロー戦争**に出兵。1859年に始まる**イタリア統一戦争**で**サヴォイア**と**ニース**を獲得。1860年の**英仏通商条約**で自由貿易体制に参入、しかしこれが保護主義を好む産業界の支持を損なうことになる。1861年からの**メキシコ出兵**には大失敗。1862年、**インドシナ半**

島に出兵した**仏越戦争**の**サイゴン条約**でメコン川下流のデルタ地帯**コーチシ**
ナを占領、翌年**カンボジア**を保護国化した。

　メキシコでは法相**フアレス**が1855年の「フアレス法」で軍と教会から一
般犯罪に対する裁判権を奪い、教皇**ピウス9世**から破門された。これに代表
される「レフォルマ諸法」という自由主義改革に対抗するため、保守派はナ
ポレオン3世に介入を求めた。彼はフアレスが対外債務の元利支払いを停止
したことを口実として債権回収を名目にイギリス、スペインと共に出兵し
た。この時にできたのがイブロアメリカに代わる**ラテンアメリカ**という概念
だ。イベリア半島（スペインとポルトガル）のアメリカだとフランスは入ら
ないが、ラテン系ヨーロッパなら該当するからだ。

　アメリカ合衆国は**南北戦争**の最中であったので、**モンロー教書**にもとづい
た行動、つまり「ヨーロッパ勢力の新大陸への進出に対する牽制」をする余
力がなかった。1864年に**オーストリア＝ハプスブルク家**の皇帝**フランツ＝**
ヨーゼフ1世の弟**マクシミリアン**を皇帝として即位させたが、南北戦争を終
えたアメリカの抗議があったうえ、フランスとプロイセンとの緊張が高まり
フランスが兵を引きあげたのでマクシミリアンは見殺しの銃殺になり、結局
メキシコに自由派の安定政権が維持できる状況に戻った。1869年、フラン
ス人レセップスが**スエズ運河**を開削。

　1870〜71年の**プロイセン＝フランス（普仏）戦争**の**スダンの戦い**でナ
ポレオン3世は降伏し**第2帝政**は崩壊した。

┊ パリ＝コミューン

　スダン陥落は第2帝政に不満をつのらせていたパリ市民の決起をうながし
た。議会は群集にとりかこまれ、9月4日に帝政の廃止と共和政の樹立を宣
言するに至った。

　パリで**トロシェ**将軍を首班に「国民防衛政府」が成立し、対プロイセン抗
戦を継続した。9月中旬にはビスマルクとの休戦交渉に入ったが、ビスマル
クが**アルザス＝ロレーヌ**を要求したので交渉は決裂、内相**ガンベッタ**は気球
でパリを脱出し地方義勇軍を組織した。1871年1月、戦況が不利であった
のでヴェルサイユ宮殿で休戦協定を締結した。2月、**ボルドー国民議会**で共
和派の**ティエール**を首班として**臨時政府**が成立。**フランクフルト条約**が調印

され、50億フランが支払われたうえに**アルザス＝ロレーヌ**が割譲された。

　3月には講和に反対し武装解除に応じないパリ市民が労働者と共に蜂起、**パリ＝コミューン**（3月18日〜5月28日）というパリの自治政府、世界最初の職人労働者による政府ができた。これは全役職が直接選挙、諸会諸決定の公開、自由と平等の原則であった。「**石割り**」で有名な写実主義の画家**クールベ**はナポレオン3世の叙勲を拒否し民衆派と見なされ、このメンバーとなった。この絵はドイツ・ドレスデンの美術館に所蔵されていたが、第二次世界大戦末期の連合国による無差別爆撃**ドレスデン大空襲**の際に焼失した。パリ＝コミューンは臨時政府と対立し一週間にわたる虐殺を被った末に72日間で消滅した。その際に損なわれた人命を悼んだ建造物がパリ・モンマルトルの丘に建つサクレクール寺院[*]である。

第3共和政はじまる

　1875年[**]、三権分立、上院は間接選挙、下院は男子普通選挙の二院制、任期7年の大統領制の**第3共和国憲法**が制定された。

　第3共和政の特徴は、精神的には敗北主義が顕著で、その苛立ちが**反ユダヤ主義**と連動する。1873年には**ドーデ**の『**最後の授業**』が出版されたり、「我が祖先ガリア人」という観念が教科書に登場したりと、ドイツへの反感がナショナリズムを高揚させた。バスティーユ襲撃の日が祝日となり、ラ＝マルセイエーズが国歌となった。

　政治的には小党分立で政情不安定、対独復讐が国民的課題であり、**1887〜89年**にかけて元陸相を

[*]
サクレクール寺院
サクレクール寺院はモンマルトルの丘にある。その近くのテルトル広場には画家が屯するがmade in Chinaのパリの風景画も売られているという。モンマルトルの丘を下ってクリシー通りに出る手前の「カフェ・ド・ムーラン」でちょっと休憩するのもよい。

[**]
1875年、国際メートル条約がパリで締結された。国際メートル原器がつくられ、そこに刻まれた長さを1メートルと定義した。

中心に王党派、右派による第3共和国転覆未遂事件、いわゆる**ブーランジェ事件**が起きた。彼は愛人の影響でクーデタを断念、愛人に先立たれると墓前でピストル自殺した。1887年、1852年開業の世界初の百貨店**ボン＝マルシェ**がパリのオペラ座をモデルに再改装された。

　1891年露仏同盟を締結、1894年には軍事同盟として完成した。

　1894～99年にかけてユダヤ人大尉の冤罪事件である**ドレフュス事件**が起きたが、クレマンソー、ジョレス、アナトール＝フランスは再審を要求、そして自然主義文学者ゾラは「私は弾劾する」との公開状を発表して弁護した。ゾラを描いた画家が**ジャポニスム**の創始者マネであるが、「ジャポニスム」という語は東洋の美術品コレクターのフィリップ＝ビュルティが初めて用いた語である。

　ドレフュス事件を受け、**1897年**に**ヘルツル**が中心になりスイスのバーゼルにおける**第1回シオニスト会議**が開かれ、パレスチナにユダヤ人のナショナルホームの建設を目指す**シオニズム**運動が始まった。

　資本の集中と独占の進行で、産業資本と銀行資本が合体する**金融資本**が産業界を支配、**帝国主義**的侵略が深化した。

　ドレフュス事件で左翼（平和主義・反軍国主義・人権尊重）が勝利すると、共和主義の理念（元老院廃止・地方分権・累進課税・国家と教会の分離など）を実現しようと、1901年に**クレマンソー**が**急進社会党**を結成した。**1904年**にはドイツの帝国主義に対抗して**英仏協商**を締結。急進社会党がカトリックの政治介入を断つために主張した結果、**1905年**に成立したのが**政教分離法**。フランスでは公立学校の教室にマリア像を掲げることは許されない。現在フランスではムスリム人口が5～10%であるが、ムスリマ（アラビア語の女性形）である女子学生が教室内で髪の毛を隠すヘジャブを着用することも許可されない。これが学校と当人や家庭との衝突を生んでいる。

　パリ＝コミューンの挫折以来、小集団に分裂していた社会主義者は、**1905年**ジョレスが**フランス社会党**を結成し急進社会党を非難、**第2インターナショナル**に加盟した。

　1904年の第2インターナショナル・アムステルダム大会の決議にそって、フランスでは社会主義団体が結集して組織された。労働運動は反議会主義を掲げる**サンディカリズム**（「労働者による管理」）で、これは1895年に組織

されたフランス最大の労働組合である**労働総同盟**に
より推進された。1907年のシュトゥットガルト大
会で、ジョレスは戦争にはゼネストで阻止すると明
言した。

　次にフランス帝国主義の展開を見よう。その始ま
りは1881年の**チュニジア保護国化**。

　アフリカ横断政策[*]は地中海の**モロッコ**から紅海の
ジブチまで。1896年**マダガスカル島**を領有。**1884**
～85年清仏戦争の**天津条約**で**アンナン、トンキン**
を植民地化、コーチシナ、カンボジアと併せ**1887**
年に**仏領インドシナ連邦**が成立、1893年には**ラオ**
スを保護国化後1899年に正式に併合した。

┃ **戦間期のフランス**

　第一次世界大戦（1914～18年）でフランスは列
強中最大の損害を被る。ロシア革命でソヴィエト政
権が債務破棄を宣言したので経済的苦境に陥り、
1917～20年の**クレマンソー**内閣では**ヴェルサイユ**
条約での過大な賠償要求を貫徹、1922～24年の**ポ**
ワンカレ内閣では**ルール占領**を強行した。

　1924年に成立した左派連合内閣、急進社会党の
エリオ内閣のもとで外相ブリアンは対独協調政策に
転換し、アメリカの**ドーズ案**を受けて**ルール撤兵**を
敢行、**1925年ロカルノ条約**を締結。ソ連を承認し、
1926年にドイツの**シュトレーゼマン**、イギリスの
オースティン＝チェンバレンと共にノーベル平和賞
受賞。1926～29年はポワンカレの挙国一致内閣の
もとで米国務長官**ケロッグ**との協定がベースとなっ
た1928年の**パリ（不戦）条約**成立に貢献する。芥
川龍之介が傾倒したノーベル文学賞作家**アナトール**
＝フランスはロシア革命後、反戦・反帝国主義を主

*
タマンラセト
地中海から2000kmの
タマンラセト。向こう
に見えるのがタハト
山。この先のマリ・ニ
ジェール国境へはラク
ダをチャーターするし
かないと言われ旅を断
念。また地中海までバ
スで引き返した19歳。
若くなければできない
難行苦行。

張した。

　世界恐慌対策には後れをとり、1934年に植民地経済会議を開きフラン=ブロックの結成を決定した。**1935年のヒトラーの再軍備宣言**に刺激され**仏ソ相互援助条約**を締結したが、背景にはまず1934年のソ連の国連加盟を斡旋したこと、そして知識層、たとえば『狭き門』の作者**アンドレ=ジイド**、『ジャン=クリストフ』の作者で1932年の**アムステルダム反戦決議**を呼びかけた**ロマン=ロラン**やラジウムとポロニウムを発見した科学者**キュリー夫妻**などの反ファシズムの運動があった。

　コミンテルン第7回大会で採択された戦術にもとづき、**フランス社会党、急進社会党、フランス共産党**で反ファシズムの**フランス人民戦線**を結成、**1936年**社会党**ブルム**首班の**人民戦線内閣**が成立した（ブルムの実験）。そのスローガンは「パン・平和・自由」。

　しかしディリジスム（統制経済政策）の失敗と共産党と急進社会党との対立で人民戦線内閣は崩壊する。この年フランスは**金本位制廃止**に踏み切る。次の急進社会党の**ダラディエ**は1938年、対ナチス=ドイツ**宥和政策**をとる（ミュンヘンの宥和）。戦争を回避した彼は英雄扱いを受ける。

　第3共和政フランスでは1875年から1940年までの65年間に102の内閣が交替した。

フランスの第二次世界大戦

　1939年の開戦当初、フランスの第二次世界大戦は「**奇妙な戦争**」だった。「**マジノ線**」という防衛線の内側で、スポーツや芝居で倦怠を癒やす日々だった。ヒトラーが攻めて来なかったからである。

　しかしマジノ線が突破され、**1940年6月14日にパリが陥落**、政府はボルドーに逃れ、7月には副首相で「ヴェルダンの英雄」**ペタン**首班の**ヴィシー政府**が誕生し、ドイツとの「協力=コラボラシオン」を表明し第3共和政が崩壊。「自由・平等・友愛」というフランス革命以来の理念に代わり「勤労・家庭・祖国」をスローガンとした。

　ド=ゴールは**ロンドン**に**自由フランス政府**（のちアルジェに移り解放後パリに入り**臨時政府**となる）をつくり抗戦を呼びかける。

　1943年の**テヘラン会談**でF=ローズベルト、**チャーチル**、**スターリン**が

北フランス上陸作戦を決定し（これにより戦後ソ連によるバルカン半島の共産化が決定した）、**1944年6月6日**、アメリカの**アイゼンハウアー**を総司令官に連合軍が**ノルマンディー上陸作戦**を敢行。8月にパリが解放されると9月にはナチス＝ドイツに対する**レジスタンス**に参加した共産党も参加した**フランス臨時政府**、1945年10月には新憲法の可否をめぐる国民投票で初の婦人参政権が実現する。そしてフランス共産党が第一党、46年に入るとフランス社会党が首班の連立内閣が成立し、議会主義に不信感を持つナショナリストのド＝ゴールは辞任。1946年10月には**第4共和国憲法**が制定され、初代大統領にオリオールが就任。議会の権限は強いが不安定さと「事なかれ主義」が特色の時代に入る。

インドシナ戦争、アルジェリア戦争

1954年には**マンデス＝フランス**政権の時**ジュネーヴ協定**が結ばれ**インドシナ戦争**が終結し、**ディエンビエンフーの戦い**の敗北後インドシナ和平が実現、**ベトナム、ラオス、カンボジア**が独立した。しかしこの頃からアルジェリア*で独立運動（**アルジェリア民族解放戦線＝FLN**が指導）が激化し戦争に。フランス植民者（コロン）が独立に抵抗した。彼らを説得するために強力なリーダーシップが要請される。**1958年4月**のアルジェリア駐留軍の反乱に対して**ド＝ゴール内閣**が成立。10月、大統領権限を強化し、**第5共和国憲法**が成立した。

旧植民地、保護領とでつくるフランス連合はフランス共同体に改組された。**1960年**には**原爆実験**。1962年、FLNとの**エヴィアン協定**で、アルジェリアの独立が承認された。ド＝ゴールの「**フランスの**

＊
ガルダイア

ガルダイアはアルジェの南600km。サハラ砂漠の入り口のオアシス。

＊
サハラ砂漠

ガルダイアからインサラー、インサラーからタマンラセト。サハラ砂漠を地中海から2000km南下した。数時間ごとに変化する風景に飽きないが辛い行程だった。
バスといっても陸軍の輸送トラック。私以外の乗客はすべて兵士だった。

7章

フランス史

栄光」をスローガンに掲げた外交政策により、キューバ危機の翌年の1963年には英米ソとは一線を画し、3国による部分的核実験停止条約に反対。1964年には中華人民共和国を承認。1966年にはＮＡＴＯ（北大西洋条約機構）の軍事機構から脱退した。ただ2009年に復帰し、2011年のＮＡＴＯのリビア空爆には参加した。

5月危機以後

　1968年にはパリ西郊のパリ大学ナンテール分校での学生占拠が、パリ・カルチェラタンのソルボンヌ校の学生・教職員の運動に波及し、知識人をも巻き込んだうえ労働運動にも発展したのが5月危機＝5月革命。この反ド＝ゴール革命への反発から6月の総選挙ではド＝ゴール派が圧勝した。

　5月革命の思想的指導者はハイデッガーの弟子でフランクフルト学派のマルクーゼで、一元的管理からの脱却を教唆しこれが反ド＝ゴールの運動となった。異議申し立て運動の中心は実存主義哲学のサルトルとその連れ合いボーヴォワール。「禁ずることを禁ずる」という落書きがこの“革命”を端的に物語る。

　1969年4月の地方制度改革、上院権限縮小に関する国民投票で敗北しド＝ゴールは辞任した。大統領は1969年からポンピドー、1974年からジスカールデスタン。1981年にはミッテランの左翼連合政権が誕生した（ミッテランの実験）。1984年には共産党が離脱して左翼連合が分裂、1986年の国民議会選挙で保守連合が勝利し、パリ市長シラクとコ＝アビタシオン（協力）体制にはいる。

　1988年にミッテランが再選、1993年社会党が大敗北し再びコ＝アビタシオン。1995年にはシラクが大統領、ド＝ゴール主義者の彼は「フランスの栄光」を求めタヒチ（後期印象派の画家ゴーギャンで有名）のムルロワ環礁で核実験、ＣＴＢＴ（包括的核実験停止条約）調印前のかけこみ実験である。1997年には社会党が勝利し、再びコ＝アビタシオン。移民排斥を訴えるルペン率いる国民戦線が台頭、1998年サッカーワールドカップ優勝の立役者で、アルジェリア移民の子ジダンはシラク支持を訴える。そのシラクは2003年のイラク戦争ではブッシュのアメリカと対立した。

　2005年、イスラーム系移民が全土で暴動を起こした。2006年には、トル

コ共和国のＥＵ加盟申請に同国が**アルメニア人虐殺問題**（第一次世界大戦中）を言論封殺していることからフランスは難色を示す。**サルコジ政権**の2010年には、ムスリマが顔を覆う**チャドル**の全面禁止の可否をめぐり、論争が続いている。2012年からは**オランド**が大統領になった。**2015年**には**パリ同時テロ**[*]があり、ＩＳ（イスラーム国）が犯行声明を出した。フランス国内の経済格差の問題が移民問題とテロ事件を通してあぶり出されているのが現代のフランスである。2017年には決選投票でルペンの娘に勝利した**マクロン**が39歳で大統領に就任した。1848年に40歳で大統領になったナポレオン３世を抜くフランス史上最年少大統領だ。

　2018年には、軽油・ガソリン燃料費値上げや燃料税の引き上げへの抗議から退陣を求めるデモ（**黄色いベスト運動**）が起きた。

　2022年２月、ロシアが**ウクライナ**国境沿いで軍を増強し始めた時には、西側諸国首脳として初めて**プーチン大統領**と会談したが奏功しなかった。

[*]**バタクラン劇場**
2015年のパリ同時テロの現場の一つ。２Ｆが劇場、１Ｆがカフェ。カフェでコーヒーを飲み、ヴォルテール通りから。

マドリードのレストランでの記念撮影。数日後に再びレアルマドリードの監督に就任したジダン氏。

8章 イギリス史
（EU史・アイルランド史・オセアニア史）

イングランド史の展開を王朝名のみで見ると以下のとおりである。まずはこれだけは暗唱して読み始めてほしい。

・ケルト系ブリトン人
・共和政ローマ（カエサルの遠征）
・ローマ帝国（ハドリアヌス帝）
・アングロ＝サクソン（ゲルマン人）の7王国を829年にエグバートが統一
・デーン人（ノルマン人＝ゲルマン人）クヌートのデーン朝（1016）
・ノルマン朝（1066）ノルマン＝コンクェストのこの年がイギリスの建国年
　　ノルマンディー公国を建国したヴァイキングのロロの子孫のウィリアムによる征服
・プランタジネット朝＝アンジュー朝（1154）
　　現フランス西部の貴族アンジュー家のアンリがヘンリ2世、子がジョン
・ランカスター朝（1399）とヨーク朝
　　百年戦争の責任をなすりつけあい両家の間でバラ戦争
・テューダー朝（1485）
　　ヘンリ8世、エリザベス1世父娘で宗教改革、イギリス国教会が誕生
・ステュアート朝（1603）
　　ピューリタン革命、名誉革命が起こり、立憲主義が確立した王朝
・ハノーヴァー朝（1714～、1917年にウインザー朝と改称）
　　「王は君臨すれども統治せず」の原則は今でも有効

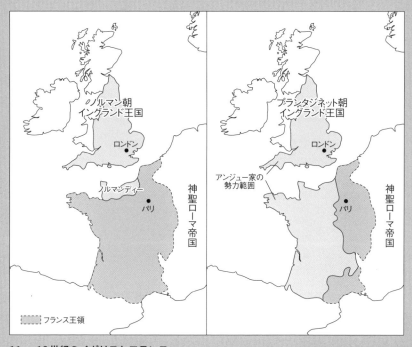

ノルマン朝
イングランド王国

ロンドン

ノルマンディー

パリ

神聖ローマ帝国

プランタジネット朝
イングランド王国

ロンドン

アンジュー家の
勢力範囲

パリ

神聖ローマ帝国

　　　　フランス王領

11 ～ 12世紀のイギリスとフランス

スコットランド

グラスゴー

ベルファスト

ボルトン

マンチェスター

リヴァプール

バーミンガム

ロンドン

イギリスの主要都市

ノルマン＝コンクェスト前後

　世界各地にある巨石建造物には石をテーブル状に組んだ**ドルメン**、一つの石を垂直に立てた**メンヒル**、石を環状に組んだ**ストーン＝サークル**があるが、ロンドンの北西約120キロには前2500年頃（エジプト・ギザの３大ピラミッドと同時期）に建設された**ストーン＝ヘンジ**がある。ソールズベリーからローマ帝国が温泉を浴場に装飾した**バース**（Bath）への旅路は、その近くにある観光ポイントだ。

　イギリスの先住民は**ケルト系ブリトン人**で、ここにガリアからローマのカエサルが侵攻。深入りはしなかったが、のち**ローマ五賢帝のハドリアヌス**がイングランドの東西の幅が最も狭くなる地点に長城を築く。これはローマ帝国の統治を顕示するのが目的であった。万里の長城のような防衛ラインではなかったようだ。

　ローマ帝国がその衰退とともに軍を引くと、**ゲルマン系のアングロ＝サクソン人**が侵入し、**ヘプターキー**（７王国）をつくる。ケルトかローマか先住民の抵抗の物語が『**アーサー王物語**』のモチーフだ。

　597年にベネディクトゥス派の聖職者が教皇**グレゴリウス１世**によって大司教に任じられ、**カンタベリー大司教座**の基礎が築かれた。731年に修道士のベーダが『**イギリス人の教会史**』を完成し、そのなかで初めて英語を話すイギリス人（English）の出現を記録した。**アルクィン**がフランク王国のカールの宮廷（現ドイツの**アーヘン**）に招かれたこととヴァイキングの襲来がイングランドのラテン文化の衰退を招いた。

　829年には**ウェセックス王エグバート**がイングランドを統一した。

　テムズ川沿いの**ロンドン**がゲルマン系デーン人に対するアングロ＝サクソン人の防衛の本拠地となったのは、海岸線から等距離に位置するからだ。ロンドンはテムズ川を50キロさかのぼった内陸に位置するが、潮の干満の影響を受ける海港都市である。

　大男だった**アルフレッド大王**がロンドンを奪回し、デーン人に決定的に勝利したのが878年の**エディントンの戦い**である。大王は40歳でラテン語を学び、学校を設立し臣下とその子に学習させ、さらには陸海軍や裁判制度を整備した。大王の曾孫のエドガの時期（973年にバースの遺跡で戴冠式を敢

行、神から祝福される形式をとった）にウェセックスを中心としたイングランド統一が深化した。エドガの息子の嫁エマ（ノルマンディー公ロロの曾孫）が再婚したのがヴァイキングのクヌートであった。

デーン人の首長**クヌート**が1016年にイングランドを征服しデーン朝を開くが、イングランドの伝統、慣習を尊重した。クヌートの没後、アングロ＝サクソンが復活した。

北フランスにノルマンディー公国を建国した**ロロ**の子孫の**ノルマンディー公ウィリアム**が1066年の**ヘースティングズの戦い**で、ハロルド２世を破り**ウェストミンスター大聖堂**で**カンタベリー大司教**から戴冠され**ウィリアム１世**となる。一連の出来事を**ノルマン＝コンクェスト**という。血縁においても制度においても、デーン人やアングロ＝サクソン人との連続性はおおいにある。イギリスは1066年を建国年と定めている。

ウィリアム１世はノルマン貴族を各地に封じ、諸侯領の分散を図った。土地台帳＝**ドゥームズデー＝ブック**を作成して徴税を強化、**ソールズベリーの誓い**で全国の土地所有者に国王への忠誠を誓わせた。つまり、1066年以後のイングランドの領主はノルマン人の騎士という位置づけとなった。「ドゥームズデー」とは「運命の日」という意味だ。

プランタジネット朝

1066年建国のイングランドの最初の王朝をノルマン朝とするならば、最初も２番目（プランタジネット朝）もその起源は大陸側にある。だから英語とは、古英語（ドイツ方面からきたアングロ＝サクソン語）のうえに古フランス語（ノルマン＝フランス

＊
ストーン＝ヘンジ
ストーン＝ヘンジの印象は思っていたよりも小さいということ。エジプト・ルクソールのカルナーク神殿のような高さを予想していたので日本のどこかの公園のモニュメントを少し派手に並べた程度に感じた。牧野健史氏は西ドイツ時代の職場の同僚。

＊＊
バースの浴場
世界遺産でありまた現在でも市民の憩いの場である。たしかにイタリアが突然イギリスに現れた感覚に襲われるのがバースの浴場であった。

語）が乗ったものである。農民の食事はmealだが、領主の御馳走は
dinner。古英語のcowやsheepやswineは食事の際は古フランス語のbeaf、
mutton、porkとなる。いずれも現代の英語である。

　フランス南西部の大貴族アンジュー伯アンリはノルマン朝のヘンリ1世の
孫であり、同時に神聖ローマ皇帝ハインリヒ5世の妻の再婚後の子。彼はヘ
ンリ2世として1154年にプランタジネット朝を創始したが、彼の年上妻が
フランス王ルイ7世と離婚したアキテーヌ女公であったため、現フランスの
西半分を領有することになる。夫婦は熱愛し8人の子を持った。

　息子の獅子心王リチャード1世は即位後に第3回十字軍に参加、アイユー
ブ朝のサラディンに対して孤軍奮闘したが、ヨーロッパでは不仲だったフラ
ンスのフィリップ2世と争って戦死した。ヘンリ2世の4男だったので相続
地がないゆえに「欠地王」と呼ばれたジョンは、その即位に反対するフラン
スのフィリップ2世と争ってノルマンディー地方を喪失した（失地王）。

　またジョンは、カンタベリー大司教の任免権をめぐって教皇インノケンテ
ィウス3世と対立、破門され国土を献じて臣従する。1215年には貴族の強
制によりマグナ＝カルタ（大憲章）に署名し、貴族や大商人の特権を承認し
法による支配というイギリス憲法（constitution構成するもの・体質・国柄）
の芽がでる結果となった。マグナ＝カルタは基本的には王のしてはならぬこ
と、諸侯の特権と封建的慣行を書き連ねたもの、つまりは封建的主従間の基
本的な契約関係の再確認にすぎない。王の権限が制限されたわけで（制限王
政の原形）、これがイギリス自由権であり、近現代の人権宣言や各国の憲法
は部分的ながらマグナ＝カルタに依拠する。マグナ＝カルタへの署名は王が
貴族に屈服したことの証しだから、以後どの王もジョンを名乗らなかった。

　「国王といえども神の法の下にいる」というブラクトンの名言は、次のヘ
ンリ3世（米大統領のブッシュ家はその子孫）がマグナ＝カルタを無視して
重税を課したので発せられたものだ。貴族による政治改革がなされ、これを
王が破棄したので反乱が起き、1265年にシモン＝ド＝モンフォールが王権
に挑み、残忍に切り刻まれて戦死したのを機にparliament（パーラメント
＝議会）が誕生した。フランス語のparlerは「話す」の意。王が課す税につ
いて話す、王の極端な行為をチェックし中庸を保つ。チェック＆バランス、
これが議会の目的なのだ。このように憲法典を持たない英国にも憲法（国

柄）は存在する。制定法ではなく判例の積み重ねによる慣習法（コモンロー）のシステムだ。

次の**エドワード１世**は1284年にケルト人の居住地域**ウェールズ**を併合、息子に与えたのでプリンス＝オブ＝ウェールズという皇太子の呼称の由来はここにある。ブリトン人のBritishとは本来ウェールズ人のみをさす語であった。

議会と法を尊重した彼はスコットランドへの遠征の時期の**1295年**に**模範議会**を開き、**身分制議会**が制度化した。パーラメントがいつごろ誕生したのかはまったく不明であるが、最高裁判所と課税審議機関として存在したのは確かである。

この時期活躍した**オックスフォード**大学の教授で、自然科学における実験の必要を強調したのが**ロジャー＝ベーコン**である。またヘンリ３世の治世にオックスフォードから分かれて成立したのが**ケンブリッジ**大学だ。

エドワード３世はフランス王フィリップ４世の孫だったのでカペー朝の断絶に際し王位継承権を主張しフランドル諸市と結んで侵攻。**1339年**に**ヴァロワ家**との間に**百年戦争**が始まった。1341年には二院制議会となり上院（**貴族院**）と下院（**庶民院**）に分離した。次のリチャード２世のころ宗教改革の先駆者であるオックスフォード大学の神学教授**ウィクリフ**が活躍、聖書を**ラテン語ウルガータ**（標準）から英語訳にしたうえでローマ教会からの独立を主張した。ウィクリフの思想はベーメン（現チェコ）の**プラハ大学**の**フス**に影響、**コンスタンツ**公会議でフスの異端が宣告され火刑に処されると、ウィクリフに対しても異端宣言がなされ、ローマ教会により墓があばかれ遺骨が焼き捨てられた。

＊
11世紀のノルマン人の征服後、農奴制と賦役労働にもとづくマナー制度が実施された。

＊＊
「12世紀ルネサンス」によりイスラーム経由の知識の影響を受けた。

イギリス史（EU史・アイルランド史・オセアニア史）

チョーサーがボッカチオの『デカメロン』の影響を受け『カンタベリー物語』を著した。1381年にはウィクリフの信奉者であるロラード派（祈りもしくは賛歌を口ずさむ者）や「アダムが耕しイヴが紡いだ時、誰が領主だったか」と述べたジョン＝ボールの影響で1381年にワット＝タイラーの乱が起きた。

ランカスター朝

ランカスター家（赤いバラの紋章）のヘンリ4世の時代に下院は財政協賛先議権を与えられ、立法についても下院は法律案請願の権限を得た。同王から勅許状を与えられた冒険商人組合が毛織物輸出貿易に従事した。

1453年にカレー（イギリス人の大陸への膨張志向のシンボル）だけを残して大陸から撤退、第一次英仏百年戦争が終結した。

この戦争の敗北や王位継承問題からバラ戦争（1455〜85年）が起きる。1461年にヨーク朝（白いバラの紋章）が成立、1485年にボズワースの戦いでランカスター派のヘンリ＝テューダーが勝利、ヨーク家の娘と結婚してテューダー朝を創始した。

テューダー朝

1485年ヘンリ7世はバラ戦争を終結（赤バラと白バラを組み合わせたのがテューダー朝の紋章である）、冒険商人組合を保護しイタリア人カボット父子に北米探検をさせた。

ヘンリ7世は伝説のケルトの英雄（近年ローマの英雄説もある）アーサー王にちなんで長男をアーサーと名づけ、カスティリャ王国イサベラ女王とアラゴン王国のフェルナンド2世の娘カザリン（キャサリン）、つまり大国スペインの王妃を嫁に迎えたが早逝。弟のヘンリがカザリンをめとる。

そのヘンリ8世は国王直属の諮問機関、枢密院を確立。ドイツの宗教改革者ルターが書いた論文を論駁して教皇レオ10世からカトリックの「信仰擁護者」の称号を得るが、アン＝ブーリンと結婚するため王妃カザリンとの離婚問題から教皇クレメンス7世と対立。1534年に首長法を出して政教両権を掌握。修道院領を没収してその財産を貴族たちに売り、これにより議会の支持を得、さらには忠誠を誓わせ絶対主義を確立、同時にイギリス国教会が

始まった。こうして**イギリス国教会**が成立、これが宗教改革となる。

彼の大法官が**トマス＝モア**だが、その著書『**ユートピア**』（1516年）で「**羊が人間を食う***」と**第1次囲い込み運動**を批判して私有財産のない**共産主義社会**を描いたが、ヘンリ8世の離婚に反対しロンドン塔**に幽閉された後に処刑された。1540年頃には**星室庁裁判所**が成立、貴族を裁くことができる裁判所として絶対王政に不可欠な存在となる。

身分上は平民だったが中世末期以降、少数の貴族と共にイギリスの支配階級を形成した地主層を**ジェントリ（郷紳）**という。彼らは地方名望家として、無給の名誉職だった**治安判事**などの要職に就いて地方行政を担当し、テューダー朝の中央集権化に寄与した。

資産を蕩尽し、妻複数を自ら葬り去ったヘンリ8世の次なる王は、第3妃ジェーン＝シーモアの子**エドワード6世**。彼は**一般祈禱書**を発布して**カルヴァン主義**的色彩の強いイギリス国教の教義を整えた。カトリックの指導者制度の**司教制**は国教会では**主教制**となり、主教は王に任命された。

その次の王は、ヘンリ8世の第1妃**カザリン**の娘**メアリ1世**である。スペイン＝ハプスブルク家の**フェリペ2世**と結婚（メアリ1世に初めて会ったフェリペ2世のコメントは「全然かわいくない、服装のセンスは悪い、強い近視、まるで聖女」）、**カトリック**をラテン語のミサとともに復活し、新教徒の指導者約300人を処刑、イギリス国教会の大主教をも火あぶりに処し、ブラディメアリ＝血のメアリ（＝ウォッカをトマトジュースで割ったカクテルの名、タバスコを一滴ふると美味しい）と呼ばれる。スペイ

＊
羊毛は中世を通じて大陸の毛織物の生産地フランドルやイタリアのフィレンツェに輸出された。

＊＊
タワーブリッジ
ロンドン塔から見たタワーブリッジ。監獄でもあったせいか、いつ行ってもひんやりとした雰囲気がするのがロンドン塔。ランカスター朝最後の王ヘンリ6世、トマス＝モア、アン＝ブーリンとキャサリン＝ハワード（いずれもヘンリ8世の妻）らが処刑された。エリザベス1世もある時期、軟禁されていた。

ンとフランスとの抗争に巻き込まれ、イタリア戦争の最終講和条約の**カトー＝カンブレジ条約**でカレーを失う。

　次がヘンリ8世の第2妃アン＝ブーリンの娘**エリザベス1世**（1558〜1603年）である。**1559年**に**統一法**を再制定し、イギリス国教会を再確立した。その信条はカルヴァン主義的色彩が強いものである。枢密院、星室庁の権限を拡大し王権を強化。しかし島という地理的条件から常備軍はなく、また有給の官僚制も形成されなかった点が大陸の絶対王政との相違点である。

　毛織物業を中心に重商主義政策を推進、1584年に**ローリ**に"処女王"にちなみ**ヴァージニア植民地**を開拓させ失敗、**1600年**にはアジア進出の特権商人組合、**東インド会社**を設立した。1563年の**徒弟法**では労働人口の農村緊縛、都市手工業の保護と農村手工業の制限、労働時間、賃金の統制などを規定した。1601年のエリザベス**救貧法**は、富裕者から救貧税を徴収して貧民に分かち、貧民を強制収容して就業させることを骨子とした。教育と宗教の振興も目的としたのである。また「悪貨は良貨を駆逐する」と言った**グレシャム**を登用して通貨改革を実行した。

　スペインとの関係においては亡き姉の夫フェリペ2世の求婚を断り、カトリックにからめとられないようにし（正教徒のロシア・イヴァン4世ほか多数の求婚を断りイングランドの主権を堅持した）、**オランダ独立戦争**を側面から援助した。「自分はヘンリ7世の正統な曾孫でエリザベス1世は私生児」としてイングランドの王位簒奪の陰謀をはりめぐらした絶世の美女、スコットランド女王**メアリ＝ステュアート**をエリザベス1世は処刑。これに対してメアリ＝ステュアートの伯父でありカトリックの盟主を自任するスペインの**フェリペ2世**は1588年に**無敵艦隊（アルマダ＊）**を派遣。しかし海賊の**ホーキンズ**や**ドレーク**らの活躍で**アルマダ戦争**に勝利した。おもに**カリブ海**において**私掠船**でスペインの銀船隊の襲撃を奨励した。アルマダ戦争の原因は、フェリペ2世が私掠船の海賊行為の処罰つまりドレークの処刑を求めたが、エリザベス1世が奪った金品を港でドレークと山分けし、ついでに爵位まで与えたので報復したという説もある。

　エリザベス1世の時代は文化の繁栄の時期で、戯曲家**シェークスピア**や『神仙女王』の作者**スペンサー**、「知は力なり」と言った『**新オルガヌム**』

（1620年）の著者で、イギリス**経験論**の祖で「**帰納法**」という論法で知られる**フランシス＝ベーコン**などが活躍した。『新オルガヌム』では、人間が持っている４つのイドラ（偶像）、つまり偏見を捨てて実験にもとづいて自然の一般法則を「帰納的」に取り出すことを提唱した。

前期ステュアート朝

　1603年、エリザベス１世が死去するとスコットランド王でメアリ＝ステュアートの息子でヘンリ７世の玄孫ジェームズ６世がイングランド王**ジェームズ１世**として即位した。彼は母を処刑したエリザベス１世を尊敬していた。母の愛がうすく、また実父殺しの黒幕が浮気な母であったと確信していたからだった。

　王は**エジンバラ**とロンドンとを半々で生活した。国民に重税を課し、大商人には独占権を与え議会と対立、議会は1621年に大抗議。また**王権神授説**を信奉しイギリス国教を強制したので、**1620年**に**ピューリタンのピルグリム＝ファーザーズ**[**] （巡礼始祖）が**プリマス**から新大陸へ向けて出帆した。聖書の英訳に力を注いだものの教会から迫害を受け、火刑に処された聖職者のウィリアム＝ティンダルの志が実現し、聖書のジェームズ王欽定訳が完成した。ジェームズ１世は聖書学者としても著名であった。聖書は定冠詞のつくTHE BOOKとなった。

　フィルマーの王権神授説を信奉した繊細な次男（彼の家族の肖像画を描いたのが**ヴァン＝ダイク**）で、次王の**チャールズ１世**も同様に議会を無視し、献金、公債を強制した。議会は**1628年**に**エドワード＝コーク**の主導で**権利の請願**を可決し、不法徴税

[*]
スペインのラ＝コルーニャ

無敵艦隊アルマダはここから出撃した。

エリザベス１世の頃のピューリタンの思想は純粋な聖書主義であったが、次第に英国的法意識や英国的歴史観が導入され土着化した。一方、英国国教会側からすると、ピューリタンの思想はイングランドの「ジュネーヴ化」「スコットランド化」に映った。

[**]
オランダのライデンの街

ピルグリム＝ファーザーズとなる人々はイングランドから一時ここに移住し、後に新大陸を目指しアメリカ合衆国の建国の父となった。

や不法逮捕の廃止、軍事裁判や兵隊の民家への強制宿泊に反対した。1629年に国王は議会を解散し、この間（以後11年間）、星室庁を中心に、カンタベリー大主教ロードと共に専制政治を行ったので国民の不満が増大した。

ピューリタン革命

1639年に国教を強制された**スコットランド**でノックスが創立した長老派教会（プレスビテリアン）が反乱を起こすと、反乱鎮圧戦費調達のため王はイングランド議会を召集する。しかし議会は同意を拒否、王が3週間で解散したので**短期議会**と呼ばれた。ピューリタンは演劇一切を不道徳として禁止し、日曜日を「神の日」として労働と快楽を禁じたが、チャールズ1世は日曜はおおいに遊ぶべしと説き対立。その後、再召集された**長期議会**において議会が王に「大諫奏」を提出して王の失政を列挙したので王は武力で弾圧、**ヨーク**を中心とした**王党派**とロンドンを中心とした**議会派**が衝突した。

はじめは王党派が有利ではあったが、議会派の**オリヴァー＝クロムウェル**が創設した**鉄騎隊**が1644年の**マーストン＝ムーアの戦い**に勝利、これをモデルに創設された**新型軍**が組織され、1645年のネーズビーの戦いで議会軍が勝利し王を捕虜にした。これが第1次内乱である。**ピューリタン革命**（1642〜49年）。これは英国ではthe great rebellion（大反乱）と呼ばれる。後の名誉革命とは根本的に性質が異なる。

第2次内乱では議会派が分裂し、**独立派**のクロムウェルはリルバーンらの**水平派**と同盟し、立憲王政を主張する**長老派**のプライド大佐を追放したのちチャールズ1世を処刑（法廷で裁いたうえでの公開処刑は英国史で空前絶後）、1649年に**コモンウェルス＝共和政**（〜1660年）を樹立し、ついで**水平派**と真正水平派を弾圧した。

ジェントリ（郷紳）とは、下級貴族と豊かな農民、つまり**独立自営農民**（ヨーマン）との間に位置する平民の地主層。このなかに毛織物のマニュファクチュア経営を行ってさらに富を蓄積し下院議会に進出した者もあり、宗教的にはピューリタンが多かった。そのため、特権的な商人を保護してピューリタンを弾圧した絶対王政とは厳しく対立し、17世紀半ばのピューリタン革命では中心的な役割を果たした。

徹底した聖書主義のピューリタニズムからすると、『新約聖書』巻末の書

「ヨハネ黙示録」において「大娼婦（大いなるバビロン）」として描かれている「偽」キリスト教の一つがイギリス国教会。その「首長」チャールズ1世は「サタン悪魔」の代理人、その処刑は単なる専制君主の打倒ではなく神の意志の代行だったのだ。またクロムウェルは「偽」キリスト教徒、**カトリック**教徒が住む**アイルランド**を征服し人口の半分を虐殺、土地の3分の2を植民地化、不在地主が支配した。これはピューリタンによるアイルランド民族に対するテロであった。いわゆるピューリタン革命には、イングランド王国vsスコットランド王国vsアイルランド王国の3王国戦争という側面もある。

　スコットランドにおける王政復活の策動に対してもクロムウェルは征服を敢行。1651年の英国の港への入港を英国との直接の貿易相手国に限る**航海法**では、中継貿易を営む**オランダ船**を締め出し、翌年から**英蘭戦争**（1652〜74年：その間の1664年に北米大陸の**ニューアムステルダム**を**ニューヨーク**と改称して獲得）となる。オランダはポーランドの穀物をバルト海貿易で大西洋岸に輸送する中継貿易に従事した。

　「人間は人間に対して狼である」と述べ、ゆえに自然状態を「万人の万人に対する闘争」と規定した**ホッブズ**は国家を怪獣になぞらえた『**リヴァイアサン**』を1651年に著し、自己保存のための社会契約として自然権（人権）を100％君主に譲渡する絶対主義を擁護、1660年の王政復古の根拠となった。

　ホッブズを生み出したのはイギリスの政治的・宗教的混乱といえる。ホッブズはすべての知識は感覚を通して得られた印象に由来すると考え、その経過

> 1628年の「権利の請願」はコモン・ローの立場に立った財産権の擁護であったが、1642年の革命は神の法・自然法が前面にでた戦いだった。

> クロムウェルの軍隊は将軍イエス＝キリストの軍旗のもとで「戦う教会」だった。

> 中世ヨーロッパはキリスト教とギリシア文化が融合し成立した。つまりキリスト教がヘレニズム化した。それに対し、キリスト教を聖書的な本来的なキリスト教に回帰すること、これがピューリタン的な宗教改革であった。そのようなわけで、「近代」とはダンテの『神曲』のようなギリシア的なキリスト教によってではなく、ピューリタンによるヘブライズムの復興によりもたらされたと考えられる。

はきわめて機械的で生命そのものも運動に他ならないと考えた。このホッブズの社会契約説は、フランスのデカルトが明らかにした近代的自我を重視する個人の哲学の影響を大いに受けている。神の意志は人間にはわからない、わかるのはただ人間には自己保存の本能があるということだ、と考えた。『リヴァイアサン』における**社会契約説**は個人を前提とした政治哲学なのだ。

オリヴァー＝クロムウェルの統治は厳格なピューリタリズムにもとづく軍事独裁の神権政治（1540年代にカルヴァンがスイス・ジュネーヴで行ったような神裁政治。1559年にカルヴァンが創設した神学校が**ジュネーヴ大学**の起源。クロムウェルはカルヴァン派）だった。またエドワード1世が出したユダヤ追放令を撤廃した。

この時期、競馬などのギャンブルやダンス、日曜日に騒ぐこと（祈りに邁進するのに障害となる）、トマトを食べること（形状がエロティック）が禁じられた。最終的に**護国卿**の位を息子リチャードに世襲したことが、王政復古の原因となった。議会が「新」クロムウェル朝と「旧」ステュアート朝を天秤にかけた結果である。

▍後期ステュアート朝

1660年、フランスに亡命中の**チャールズ2世**が**ブレダ宣言**で革命の大赦、信仰の自由などを約束して即位した。だがクラレンドンを重用し、国教を強制する法典を制定し反動政治を展開、ピューリタンを教会と公職から追放した。1662年にはインドのボンベイ港を持参したポルトガル王妃キャサリンと結婚し、ブラジルとインドの自由貿易権も得た。

またチャールズ2世は1670年にフランスのルイ14世と**ドーバーの密約**を結んでカトリックの復活を図り、その支援（カネ・軍・愛人を1688年まで提供された）を得て1672年の信仰の自由宣言でカトリックの解放を図ったので議会が反発。**1673**年に**審査法**を制定し、官吏と議員をイギリス国教徒に限定しカトリックを排除、また1679年の**人身保護法**で不法逮捕、裁判を禁止した。この人身保護法なども国柄としてのイギリス不文憲法を構成する要素である。

このころ審査法で公職追放になっていたカトリック教徒の王弟ヨーク公（"ニューヨーク"はこの人の名に由来する）、のちの**ジェームズ2世**の王位

継承を認めるか否かで、保守派で王権重視の**トーリ党**（"アイルランドの無頼漢"、のちの**保守党**）と進歩派で議会重視の**ホイッグ党**（"スコットランドの狂信者"、のちの**自由党**）という政党が発生した。どちらも王権を重視し内戦を忌避する国教徒であるが、トーリは王権への無条件服従派でジェントリの家父長支配をむねとする秩序派、ホイッグは公共善・自由といった理念派だった。

だが、ジェームズ2世が審査法を無視してカトリック教徒を要職に任命したので議会は結束して反対にまわる。決定的なのはカトリックの王妃との間に王子ジェームズ＝エドワードが誕生しカトリックの洗礼を施したので、それを機に両党こぞって廃位を決定する。

▎名誉革命

議会は1688年に王の娘で国教徒の**メアリ2世**とその夫のオランダ総督（元々ネーデルラントはスペイン＝ハプスブルク家の植民地だったので「総督」が支配した名残）**オレンジ公ウィリアム（オラニエ公ウィレム**、オランダ独立戦争の英雄の同名者の曾孫）を**ウィリアム3世**として即位させ、ジェームズ2世をフランスに亡命させ無血革命＝**名誉革命**（1688年）を成功させた。この英蘭のプロテスタント国家の提携はカトリック・ルイ14世の覇権主義を共通の敵として実現したものである。

1689年、国王の理解により「**権利の宣言**」が承認され**権利の章典**として発布され、議会主権にもとづくイギリス**立憲政治**の基礎ができた。イギリスは国民主権ではあるが、実態は議会主権の国柄である。ウィリアム3世が制定したプロテスタントの信

8章

イギリス史（EU史・アイルランド史・オセアニア史）

**
ルイ14世の自然国境説もとづく4つの侵略戦争のうち、南ネーデルラント継承戦争とオランダ戦争は、英蘭戦争と対応するものだった。だが、イギリスとオランダの関係が修復し名誉革命の結果即位したオランダ総督であったウィリアム3世と新教連合が成立したので、旧教カトリックのフランスとの関係が悪化し、ウィリアム王戦争に始まる第二次英仏百年戦争へと突入した。

教の自由を認める法律が寛容法だ。

　1690年に『市民政府二論（統治論二篇）』を書いた**ロック**は自然状態をおおむね**平和かつ平等**として人民が自然権を一部譲渡する**立法府**（「自然の法は立法部を支配する」）に対して、政府が契約違反の統治をした時には人民に**抵抗権（革命権）**があるという**社会契約説**を説いた。ロックは王政復古によりオランダに亡命していたが、名誉革命で帰国した。また彼は『**人間悟性論**』（1690年）においては人間をもともと「白紙」な存在であると説いた。さまざまな**経験**によってその白紙の上に観念が書き込まれ、それが知識になるということである。

　のちに**ヒューム**は『**人性論**』（1740年）において、自我の論理を根底から否定し「自分らしさ」の前提となる「自分」の存在に懐疑の目を向けた。人間とは周囲の刺激、たとえば慣習に反応して生きる動物にすぎないのだから、自我などは存在しないと考えた。ヒュームの無機質な個人の**社会契約**に対する**懐疑主義**は、後の20世紀にハイエク（1974年、ノーベル経済学賞）が設計主義や知識の集産主義（社会主義）を批判し慣習や伝統に基づく自生的秩序を志向することへとつながる思想的系譜の嚆矢となった。

　1662年に国王の特許状を得て準公的団体となったのが**イギリス王立協会**で、**ボイル**や**ニュートン**も加盟し自然科学の普及に寄与した。[*]

　このように名誉革命によって17世紀イギリスの主権論争に決着がつき、多数党から内閣を組織する政党内閣政治への道が開かれた。1692年に初めて国債を発行し、その引受銀行として1694年には**ユダヤ・マネー**が原資となって**イングランド銀行**が創設され、のちの大英帝国の礎となる。オランダに追いつき追い越すために中央集権化し同銀行が国債を発行した。

　1701年に議会は「王位継承法」を定め、イギリス国王は国教徒に限ることになった。1703年にイギリスとポルトガルが結んだ通商条約が**メシュエン条約**で、これによりイギリスはフランス物より安いポルトガルのポルト・ワインを低関税で輸入できるようになり、ポルトガル領**ブラジル**の金も得、同時に**毛織物**を輸出できるようになった。この条約は1662年のチャールズ2世とキャサリン妃の婚資の延伸とみられる。

　1702年には**アン**が即位し**1707年**にはイングランドとスコットランドが

合併し**グレートブリテン王国**が成立した。これはス
コットランドのジャコバイト（カトリック教徒のジ
ェームズ2世派）への対策で、エディンバラの議会
を引き払うことでスコットランドを吸収するのが目
的だった。また**1713年**の**ユトレヒト条約**（スペイ
ン継承戦争）でフランスから**ニューファンドラン
ド、アカディア、ハドソン湾地方**を、スペインから
ジブラルタル、ミノルカ島を獲得した。また、スペ
イン政府が外国商人と結んだ黒人奴隷の供給契約の
権利**アシエント**が、ブルボン家からイギリスに移っ
た。

**ロンドンのへそピカデ
リーサーカス**

待ち合わせには便利な
広場だが、上品な待ち
合わせ場所とは言い難
いのは噴水名が「エロ
ス」だからかもしれな
い。

ハノーヴァー朝

　1714年には**ジェームズ1世**の曾孫でドイツのハ
ノーヴァー家の**ジョージ1世**が即位した。**ハノーヴ
ァー選帝侯**のもとにステュアート朝のジェームズ1
世の娘が嫁いで以来姻戚関係にあったのだ。これも
ジャコバイト（名誉革命での反革命勢力のこと）対
策、つまりプロテスタントのハノーヴァー家がイン
グランドとスコットランドを支配することにより、
カトリック教徒のジェームズ2世派を封じ込める策
の一環だった。

＊
ニュートンは「ダニエ
ル書」や「ヨハネ黙示
録」の註解書を書いた。
17世紀には聖書の千
年王国説が流行した。

　こうして**ハノーヴァー朝**が成立するが、第一次世
界大戦でドイツと戦うことになったため敵国名をや
め、1917年から王宮所在地から**ウインザー朝**と名
乗っている。

　1715年にスコットランドではジェームズ2世の
子孫を擁立するジェームズ派による**ジャコバイトの
乱**が起きた。その300年後の2015年を前にした
2014年、スコットランドで「独立」が盛り上がっ
た。アイルランドではすでに名誉革命後の1690年

にジェームズ2世派ジャコバイト軍（カトリック）とウィリアム3世（プロテスタント）が戦い、ウィリアム3世軍が勝利している。

　ハノーヴァー家のジョージ1世*は英語がわからなかったという説があり、国政は**ホイッグ党ウォルポール内閣（1721 ～ 42年）**に委ねられ、「**王は君臨すれども統治せず**」の原則と**責任内閣制＝議院内閣制**が確立した。責任（responsibility）とはresponse応答する（満足させる）能力（ability）のこと。内閣（政府）には議会を満足させる責任がある。ということは（ドイツ帝国のように皇帝ではなく）議会が首相を罷免するのである。これぞまさに議会主権のお国柄そのものなのだ。その議会において下院議員は選挙で選出されるが地主や富裕商人が占め、選挙民は全国民の3％にすぎない制限選挙であった。

　1720年に国債引き受け会社として成長してきた南海会社の株が暴落するという**南海泡沫事件**（south sea bubble）が起った。もともとは1713年のユトレヒト条約でスペインから得た奴隷貿易権**アシエント**により設立された貿易会社だったが、空前の投機ブームのなかバブルがはじけたという事件である。これを収拾して名を上げたのが**ウォルポール**。ちなみにこの事件は後の"バブル経済"の語源となった。

　1760 ～ 1820年はジョージ3世の治世である。1763年の**フレンチ＝インディアン戦争**のパリ条約で**フランス**から**カナダ**と**ミシシッピ川以東のルイジアナ**を割譲させインドとカナダにおける優位が確定したが、1775 ～ 83年の**アメリカ独立戦争**の結果、巨大な植民地を失った。この時期、産業革命が進行、1779年に**クロンプトン**が発明した**ミュール紡績機**で細糸薄地布のインド木綿に対抗できるようになった。

産業革命

　『恋愛と贅沢と資本主義』はドイツの最後の歴史学派経済学者ゾンバルトの著作だ。恋する男は女をお茶に誘い、甘い**砂糖**の力を借りて口説くのが古今東西の定番。中国から購入していた茶は恋愛のみならず飲用に薬効に不可欠だった。

　一方砂糖はポルトガルがつくり上げた**大西洋三角貿易**を他のヨーロッパ諸国が継承したものだ。イギリスから**武器**や**キャラコ（綿織物）**を**西アフリカ**

のアフリカ人仲介者に売り（インド綿布に太刀打ち
できない**ランカシャー州マンチェスター**の粗悪品は
奴隷の衣服用となった）、代金を**奴隷**（黒い積荷）
で受け取り、**西インド諸島**に運び、そこの砂糖プラ
ンテーションで労働させ、白い積荷（**砂糖**）を**リ
ヴァプール**の港で陸揚げする。

　西アフリカの**ダホメ王国**（現ベニン共和国）の王
たちは戦争で領土を広げるのに際し、火器を用い、
捕らえた捕虜を奴隷商人に売った。奴隷として捕ら
えた黒人を西インド諸島やアメリカ大陸の植民地に
運ぶ航路を**中間航路**という。

　ロンドンのナショナルギャラリーに**ホガース**の
「当世風の結婚**」という絵がある。17世紀、**東イン
ド会社**を通じて輸入された**細糸薄地布**の綿織物は下
着・寝間着・シーツ・ハンカチとなり、爆発的なブ
ームとなった。洗濯しやすく薄手で快適、温度調節
可能で色彩も鮮やか、これを**コットン革命**という。

　17〜18世紀のヨーロッパは**生活革命**の時代で、
カフェ・サロン・居酒屋の普及、**シノワズリ**、つま
り中国趣味のchina陶磁器（**ウェッジウッド**の創
立）・家具・壁画・絵画（フランスの**ワトー**や**ブー
シェ**など）、ロンドンの**チェルシー薬草園**や**キュー
ガーデン**などの**植物園**の開園が新たな動きの一例
だ。

　フランスは1686年にインドのキャラコ（綿布）
の輸入を禁止、フランドル（中世より毛織物工業が
盛ん）は1700年、イギリス議会も従来の毛織物業
を守るため同1700年にキャラコ輸入禁止令、1720
年にはキャラコ使用禁止令を出す。しかし細糸薄地
布の肌着という究極の贅沢品を人は手離せない。こ
うして産業革命は始まった。

＊
ハノーヴァー選帝侯か
ら英国王に即位したジ
ョージ1世に仕えたラ
イプニッツは、同時期
のニュートンとは別に
微積分法を発見してい
た。

**
**「当世風の結婚」
ホガース**
貴族や金持ちの自堕落
な生活を描いた6枚の
連作絵画。

17世紀前半のオランダ・イギリス東インド会社の香辛料交易は輸入の70〜75％を占めていたが、その後は価格が低下し17世紀末には20％以下に。代わってインド綿布を交易品とした。

　イギリスは、オランダ、フランスを武力闘争で打ち負かし、世界の海上権を握り、広大な植民地を独占することになった。このためイギリスはヨーロッパのどの国より物産資源、産業資本を蓄積することができた。これが18世紀中頃以後に始まった産業革命の原動力になっていったのである。

　産業革命*は、生物などの有機エネルギーから石炭・石油などの無機エネルギーへの転換、道具による生産から機械による生産への転換であった。

　生産の機械化は、まず木綿工業で始まった。18世紀になると、前述のようにインドのキャラコ（綿布）の内外の需要が増大する。キャラコはインドの都市カリカットに由来する。インド木綿にキャッチアップすべく"コピー**商品"を作って輸入代替を遂げ、大量生産の技術を確立し、インドなどに輸出する。これがイギリス産業革命なのだ。それは自生的なものではなく、アジアからの外圧、ヨーロッパ諸地域との競争のなかで展開したのである。

　1733年、ジョン＝ケイが飛び杼（ひ）を発明して織布の生産率が倍加した。しかしこの発明は糸の不足を招く。インドのキャラコは平均60番手という糸の細さであったが、1764年にハーグリーヴズが発明したジェニー紡績機でさえ20番手。これではまだインド製の肌着のほうが3倍糸が細い。それを改良してアークライトは水力紡績機で最高80番手に。20→60→80番手ときた後、クロンプトンは1779年のミュール紡績機で350番手を記録。とうとうインドよりはるかに細い糸で肌着を生産できるようになった。1785年のカートライトの発明が力織機。以上を繊維革命と呼ぶ。1803年、とうとうイギリスの輸出品の第1位が毛織物から綿織物に移った。

　1793年にアメリカのホイットニーが発明したのが綿繰り機。これによりアメリカ南部の原綿をイギリスに供給できるようになった。染色技術はフランス東インド会社がインド東海岸に位置するポンディシェリに化学者を常駐させ得ていたが、1685年のナントの王令の廃止以降、信仰の自由を求めたユグノーがヨーロッパ各地に拡散し広まった。

　一方、インド綿布はヨーロッパ市場だけでなくインド市場も東南アジア市場も失った。これまでインド木綿を輸入していたジャワ島にイギリス製の白

布が流入し、染色されバティックとなった。「インド亜大陸は職を失った綿布職人の白骨死体で白く染め上げられた」と喝破したのはかのマルクスである。

　さて、これまでの機械は動力として水力を使っていたが、蒸気機関の発明によって産業革命は機械工業が成立する本格的な進展を見せるようになった。ニューコメンらが蒸気力による炭鉱排水用ポンプを発展させていたが、ワット[***]がこれを1769年に改良して、原動機としての蒸気機関を1781年に完成し、フランス革命の年1789年には、マンチェスターで蒸気機関による最初の綿紡績工場が始動した。

　機械・機材の原料としての鉄の需要が増大して発達したのが鉄工業。1709年にダービー父がコークス製鉄法[****]を開発し、子が発展させた。鉄の精錬、蒸気機関の燃料としての石炭の需要が増大し石炭業が発達、一連のエネルギー革命が進展した。

　工業の発展は石炭[*****]・原料・製品を大量に輸送する交通機関の発達をうながした。18世紀後半のイギリスでは運河がさかんに建設された。1804年にトレヴィシックが最初の軌道式蒸気機関車を発明した。1814年、スティーヴンソンは実用蒸気機関車を発明し、ロコモーション号でストックトン～ダーリントン間で1825年に試験走行を成功させた。その蒸気機関車がマンチェスター～リヴァプール間で最初の営業運転をしたのが1830年。この交通革命をもって産業革命は完成したといえる。馬車から鉄道の時代がやってきた。1844年に「雨・蒸気・スピード」を描いた画家がターナーだ。

　1807年にアメリカ人フルトンは蒸気船クラーモント号を発明、1819年にはサヴァンナ号が蒸気船

*
産業革命を歴史家トインビーは自由競争の原理への転換、マントゥは工場制度の成立と定義した。まとめるなら、農業社会から工場が支配する社会経済への転換と言える。

**
インド紡績業の中心ボンベイは現在ムンバイと呼ばれる。この写真のような厚みのない建物がストリートに並んでいるのが印象的だ。

***
彼はグラスゴー大学で研究した。

****
製鉄業で発展した都市がシェフィールド。

*****
石炭と鉄鉱石の産地に近い中部の鉄工業の都市がバーミンガム。

として初めて大西洋横断に成功した。

　かくして最初に産業革命を成し遂げたイギリスは、19世紀に入ると「**世界の工場**」として繁栄を誇った。この革命は次に**ベルギー**、19世紀中頃をすぎると**フランス、ドイツ、アメリカ**にも達した。

　産業革命の進展によってヨーロッパ列強は、原料輸入と商品の市場獲得のため、ますます植民地が必要となった。このため、植民地からの収奪は強化され、先住民の伝統的な生産・生活様式は、強制的に転換させられ、悲惨な状態に追いやられてしまった。

フランス革命・ナポレオンの時代

　1789年に**フランス革命**が勃発すると、翌90年に**エドマンド＝バーク**は『**フランス革命の省察**』を著し、フランス革命は伝統破壊の蛮行だから英国は干渉すべきでなく、むしろ「**時効**」、つまり時の経過によってその効果性が証明され歴史の知恵を尊重すべきであるとした。言い換えるなら、単純な理性や自然権ではなく、複合的な要素の調和（過去と現在のパートナーシップ）が世の秩序を律しているというのがバークの主張である。

　しかし1793年に**ルイ16世**が処刑され、さらにフランス革命軍がオーストリア領南ネーデルラント（現ベルギー）に侵入するに及び、首相ピットは**第1回対仏大同盟**を結成し革命に対抗、ナポレオンの**エジプト遠征**に対して第2回、皇帝即位に対して第3回対仏大同盟を結成した。

　1805年の**トラファルガーの海戦**でネルソン提督がナポレオンのイギリス上陸を阻止、1815年の**ワーテルローの戦い**では**ウェリントン将軍**が勝利し、ナポレオンを南大西洋の英領**セントヘレナ島**に流刑、ウィーン議定書では**マルタ島**をフランスから、**セイロン島**（現スリランカ）と**ケープ植民地**をオランダから獲得した。

資本主義の成立

　1801年には**アイルランド併合**が実現し、**グレートブリテン＝アイルランド連合王国**が成立、これに伴い**非国教徒**であるカトリック教徒がアイルランドで差別され、1673年に制定された**審査法廃止**要求が増大した。結局アイルランド人**オコンネル**らの活躍で同法は1828年に廃止、1829年には**カト**

リック教徒解放令が成立、公職への道が開かれた。

1830年にはマンチェスター〜リヴァプール間で鉄道が開通した。

リヴァプールは奴隷貿易の港→綿製品輸出の港→1960年代はロックバンド、ビートルズ誕生の港町である。

社会史にはトレンドがある。だから宗教の自由化は経済の自由化と連動する。産業資本家の要求で、従来の重商主義に対し、1776年に『諸国民の富』[*]を著し自己利益の追求を主張したのがアダム＝スミス。『経済学および課税の原理』の著者リカードは労働価値説とともに比較優位説を主張し、穀物法に反対し自由貿易体制への移行の原動力となった。早死による自然淘汰があるので、食糧増産が人口増加に追いつかなくても人類は絶滅しないのだと説く『人口論』の著者マルサスら、これら古典派経済学の論法は産業資本家が「白い奴隷」と呼ばれた児童を労働に酷使して20歳前に早死に至らせる状況には追い風となった。

産業資本家とは、生産手段（工場・土地・機械など）を所有し、商品生産を行うことで利潤を求める資本家。産業革命をへて、マニュファクチュア（工場制手工業）経営者から機械制工場の経営者となり、商業資本家に代わって支配層となっていく。

ちなみに商業資本家とは絶対王政時代以降、貿易を主とする商品流通・問屋制を通じて富裕となった大商人たち。王権と結びついて商業独占権を握り、早くから地主とともに下院議員となって、国政を支配してきた者たちであった。絶対王政の毛織物業でさかんに行われた問屋制度とは商業資本による注文生産のことで、生産者に原料・道具を前貸しした。

フィッシュアンドチップス

ロンドン・トラファルガー広場の近くにシャーロック＝ホームズパブという有名店がある。ちょっとした観光名所だ。イングリッシュパブは１Ｆはドリンクのみ、２Ｆでは食事ができる。ここでフィッシュアンドチップス。パイの包み焼きもパブの定番だ。

[*]
グラスゴー大学の彼の『諸国民の富』は東インド会社の財政問題が浮上した時期に重商主義的独占貿易を批判する目的で構想された。

資本主義体制とは、生産手段を所有する資本家が、労働者を雇って商品を生産し、利潤を追求する経済・社会システム。産業革命で機械による工場生産が発達したイギリスにおいて本格的に確立した。

自由主義的諸改革
（産業資本家のための規制撤廃）

　イギリス産業革命の時期は「1800年前後30年の約60年」と覚えよう。労働問題が顕在化し、労働者の団結を内乱罪に準じるものと見なした**団結禁止法**が1824年に廃止される。

　1830年代の英国では**コレラ**が流行、煮沸して飲む紅茶の消費量が急増した。パリ7月革命の影響で1832年にグレイ内閣のもとで実施された**第1回選挙法改正**では産業資本家が選挙権を得、貴族や地主の意のままになっていた**腐敗選挙区**は廃止された。グレイ政権の1833年には**工場法**が成立。また**ウィルバーフォース**の尽力で**奴隷制廃止**が実現した。

　1833年の一般**工場法**では18歳未満の夜業禁止、9〜13歳は9時間、13〜18歳は12時間労働となり、1844年には**女性・子供の労働**は12時間まで、1847年には同10時間までとなった。それまでの1802年の徒弟法では10歳以下の幼年工の12時間以上労働と夜業の禁止。1819年の工場法では9歳以下の児童雇用の禁止、16歳未満の12時間労働禁止であった。徒弟法以前は、午前2時30分〜午後10時30分をわずかな休憩時間で働いた。4〜5歳で就業、2歳の工場労働者がいたという記録もある。ロンドン・バーミンガム・ボルトン・マンチェスターの労働者の平均寿命は20歳未満であった。

　1833年、**東インド会社の中国貿易独占権廃止**が決定、東インド会社の貿易・商業活動が停止した。

　1846年には保守党ピール内閣のもとで**穀物法廃止**が実現。これは1815年に**ナポレオン戦争**の終了と大陸封鎖令の消滅に伴い、安い穀物が大陸から流入し価格の下落を防ぐ、つまり地主の利益維持のための関税障壁の法であった。しかし**コブデンとブライト**らが1839年に**マンチェスター**で**反穀物法同盟**を結成、それが実り実現。同地には自由貿易会館がある。マンチェスターこそが「自由貿易」の聖地。コブデンは「自由貿易は神の外交」と述べ

た。

18世紀後半、イギリスでは食糧増産を目指して地主が土地の集約的利用を可能にするため**第2次囲い込み運動**が起き、また**ノーフォーク農法**（大麦→クローヴァー→小麦→カブの四輪作農法）など技術改良による**農業革命**により食糧の資本主義化がすすんだ。1815年の穀物法により、イギリス人は地主が生産する高い穀物を買わされていた。1816年に穀物法反対運動が起きると、政府は人身保護法を停止してこれを弾圧、反対派の集会を襲って死傷者を出す**ピータールー事件**が1819年にマンチェスター[*]で起きた。

1849年には航海法廃止も決定。こうして自由貿易主義が完成した。

同時期、わずか9票差で可決された結果、清に攻撃を仕掛けた1840〜42年（**南京条約**）の**アヘン戦争**では、清に**公行を廃止**させ、自由貿易体制への組み込みを企図する。これはコブデン、ディズレーリ、グラッドストンらの反対を押し切って**パーマストン**が開戦した戦争だが、「永遠の友も永遠の敵も存在せず、永遠の国益が存在する」が彼の言葉。だが実際は自由貿易つまり農業市場の開放が貿易赤字とイギリスの衰退をもたらしたのだった。

また、産業革命の進行は都市環境の劣悪化や児童労働による家族の崩壊を生んだ。

労働運動としては、1811〜17年に**ラダイト運動**という機械打ち壊し運動が起こり、1824年には**団結禁止法廃止**が実現し、労働組合の結成が公認化された。1837〜58年には**チャーチスト運動**^{**}が起きたが、ピークとなったのは第一次選挙法改正への不満が選挙権拡大要求、つまり**人民憲章**（ピープルズ＝

*
マンチェスターを含んでいたランカシャー地方全体が一つの工場であるかのような生産効率を上げた。

＊＊
1836〜37年の恐慌が原因。

151

チャーター）を掲げた運動であった。1848年の革命、つまりパリ2月革命の影響である。1848年の公衆衛生法の制定に貢献したのがチャドウィックだ。1867年の第2回選挙法改正で都市の労働者にも選挙権が拡大した。

　のちにエンゲルスによってその著作『空想から科学へ』において空想的社会主義者として分類されたロバート＝オーウェンは、1800年にスコットランドに模範的な紡績工場ニューラナークをつくって労働者の人間性の回復、福祉の向上を図り、アメリカに理想的な共同社会ニューハーモニー建設を試みたが失敗した。

┃ パクス＝ブリタニカ

　1837年から1901年までのヴィクトリア女王の治世は、いわゆる大英帝国の時代であり世界の工場（経済学者ジュヴォンズの言葉）として繁栄したパクス＝ブリタニカ、つまり英国の海軍力による世界秩序が形成された。1816年に金本位制を導入、1884年の世界子午線会議でロンドン近郊のグリニッジが標準時となる。パクス＝ブリタニカの頂点が1851年のロンドン万国博覧会で、そこでは水晶宮（クリスタルパレス）が人気であった。1830年代にモールスが電信を開発すると、1851年にドーバー海峡海底ケーブルが敷設され（1866年には大西洋をわたる海底ケーブルができ、1871年には上海や長崎に至った）、さらには同1851年にユダヤ人系ドイツ人によるロイター通信社もできた。

　1830年代にホイッグ党から改称した自由党のパーマストン[*]はグレー内閣の外相に就任して以後外相を歴任、1840～42年のアヘン戦争を指導、首相としては産業資本家のための市場獲得のために1853～56年のロシアとのクリミア戦争や1856～60年の清に対するアロー戦争を指導、また1857～59年のインド大反乱（その中心がシパーヒーの乱）を機にムガル帝国を滅ぼしインドを直轄地とした。1858年には1834年以来統治機関化していた東インド会社解散に踏み切った。1823年にインドのアッサム地方で自生の茶が発見されると、ダージリン地方[**]やスリランカに茶プランテーションがつくられた。

　ダーウィンは1859年に『自然淘汰による種の起源』（Origin of Species by means of natural selection）で進化論を発表。自然淘汰の思想はマンチ

ェスター経済学派のレッセ・フェール（Laissez Faire）の自由放任主義の考え方に同調したものだ。同時期、フランスの人種主義者ゴビノーが『人種不平等論』を出版している。

1868年に始まる**自由党**の**グラッドストン**内閣は主として国内向きには**1870年**の**教育法**、**1871年**の**労働組合法**、1884年の**第３回選挙法改正**で小作人など、**農業・鉱山労働者**にも選挙権を拡大するなど自由主義的改革を、対外的には平和政策いわゆる**小英国主義**で植民地放棄を主張し、その方向に沿って1870年と1881年の二次にわたる**アイルランド土地法**が成立した。またアングロ＝サクソン系の植民地には次々に自治権が付与されることになる。初の自治領が**1867年**の**カナダ**である。グラッドストンはアダム＝スミスとリカードの、つまり自由貿易の信奉者であった。

1840年代に**トマス＝クック**の会社が旅行ガイドブックを発行し、後に海外旅行も扱った。動機は労働者の飲酒を減らすことだった。息抜きは必需品である。1851年のロンドン万博では鉄道網を利用して運賃・宿泊料・入場料をパックにした旅行を売り出した。私が16歳の時に単身欧州鉄道旅行をした際の必需品も「トマス＝クック鉄道時刻表」だった。サッカー規約は1863年に、**ウィンブルドン**のテニスの大会は1877年に始まった。

1884年には**グリニッジ標準時**が定められた。1896年には日刊新聞**デイリー＝メール**が創刊された。1913年には電信の約80％はイギリスが敷設した。

1770年に**クック**が探検した**オーストラリア**は、1788年から流刑植民地になったが、1850年に金鉱

＊
トルコ、イスタンブルのボスフォラス海峡

写真の背後には黒海が控える。パーマストンはロシアがこの海峡を抜け地中海に南下するのを阻止した。

＊＊
インド、カルカッタ（現コルカタ）のヴィクトリア女王のメモリアル

コルカタに旅したら、リプトンの店で紅茶を買って帰るのが世界史好きへの土産に最適。

＊＊＊
ブリュージュへの列車で　16歳の1979年

が発見され、イギリス移民が増大し、ここは1901年に自治領になった。1642年にオランダ人探検家タスマンが発見し、オランダのゼーラント州にちなんでニュージーランドと呼ばれた地は1840年にイギリス植民地となっていた。ニュージーランドと北米大陸のニューファンドランドは1907年に自治領になる。

　対照的に保守党でユダヤ人のディズレイリ（イスラエルの別音）内閣は大英国主義つまり**帝国主義政策**をとった。1875年にはユダヤ財閥ロスチャイルド家の財力により**スエズ運河会社株買収**を行い、運河のあるエジプトがアフリカ**大陸縦断政策**の起点となる。1877年には内閣の発案で**ヴィクトリア女王**を戴く**イギリス領インド帝国**が成立（〜1947年）、露土戦争後の1878年にビスマルクが主催した**ベルリン会議**ではオスマン帝国から**キプロス島**を獲得しロシアの**南下政策**を阻止した。

▎イギリス帝国主義とアフリカ

　1875年にスエズ運河会社株買収後エジプトに勢力を拡大したことから、1881〜82年にかけて民族主義者による「**エジプト人のためのエジプト**」を掲げた**ウラービーの反乱**が起きたが、それを鎮圧。全エジプトを支配下に置き、1882年に事実上保護国化した（併合は1914年）。エジプトでは当時パン＝イスラーム主義者でイラン出身の**アフガーニー**の思想的影響（ムハンマド＝アブドゥフは影響を受け反乱に参加）のもとに知識人、民族主義者の中から民族運動が起こっていた。**ムスタファ＝カーミル**はこの時期のエジプトにおける反英運動のカリスマ的指導者だった。

　1881〜98年には**ムハンマド＝アフマド**が指導する**マフディーの反乱**というイスラーム教の自称「導かれた者、救世主」マフディーによる反英闘争がスーダンで起き、ナイル川の合流地点**ハルトゥーム**では、クリミア戦争やアロー戦争を転戦し**常勝軍**として太平天国と戦った**ゴードン**が戦死した。

　1898年には南スーダンの**ファショダ事件**でフランスと衝突したが、フランスの譲歩で縦断政策を貫徹した。

　1815年のウィーン議定書でオランダから**ケープ植民地**を獲得。これによってオランダ系移民の子孫、いわゆる**ブール人**は北に移住（**グレート＝トレック**）し、後にダイヤモンドと金が発見される**オレンジ自由国**と**トランスヴ**

ァール共和国を建国した。オランダ本国から見捨て
られた棄民である入植白人は**アフリカーナー**と自称
していたが、彼らをイギリスは「農民」という意の
「**ブール人**」（オランダ語）と呼んだ。ケープ植民地
首相**セシル＝ローズ**は1895年に**ローデシア**植民地
を建設した。その年、セシル＝ローズの意向を受け
た行政官ジェームスンがトランスヴァール共和国に
侵入すると、政権を転覆されそうになった大統領ク
リューガーは英軍を撃退したが、そのことで大統領
に祝電を送ったのがドイツ皇帝**ヴィルヘルム2世**で
（**クリューガー電報事件**）、英独関係悪化の端緒とな
る。

　保守党**ソールズベリー**内閣は1886年に**ビルマ**
（現ミャンマー）を英領インド帝国に編入した。イ
ギリス植民相**ジョゼフ＝チェンバレン**（「パクス＝
ブリタニカ」の名付け親）が金、ダイヤモンド奪取
を目的として指導して起こした戦争が**ブール戦争**
（**南アフリカ戦争**、1899～1902年）で、その露骨
な侵略は国際的非難の対象となり（50万人の英兵
が3万5000人のブール兵を攻め、その時につくっ
た「強制収容所」を後にナチス＝ドイツが模倣）、
イギリスは1902年に**日英同盟**を結び「**光栄ある孤
立**」政策を放棄した。イギリス・エリートの活力が
なくなり始めた時期である。ブール戦争に新聞記者
として従軍した**ホブスン**は1902年に『**帝国主義**』
を著し、資本主義諸国は富の配分が不平等で国内消
費が伸びず、海外に市場と投資機会を求めるものだ
と批判しレーニンの先駆となる。

　1910年にはケープ、オレンジ、トランスヴァー
ル、ナタールから成るイギリスの自治領、**南アフリ
カ連邦**が成立したが、ブール人に先住の**バントゥー**

**カルカッタ（現コルカ
タ）1986年**

少年たちはみな裸足。
ここはイギリス東イン
ド会社の跡。イギリス
帝国主義を象徴する建
造物である。

＊
スエズ運河株買収
（1875）は1873年の
恐慌への対応策だっ
た。

＊＊
イギリスの「世界の工
場」としての地位は、
1873～1896年の大
不況期を通じ失われて
いった。

族への優越を前提とする自治権を与えた。それが、連邦成立時から実施された アパルトヘイト政策に発展したのだが、戦後の1949〜50年に強化された。アパルトヘイトは1991年にデクラーク政権により法的に撤廃された。1994年にはアフリカ民族会議（ANC）のマンデラが大統領になった。

イギリスの社会主義

1881年にマルクス主義の影響でハインドマンが民主連盟[*]（のち「社会民主連盟」と改称）を創設。1884年には劇作家バーナード＝ショー（ソ連を訪問し「楽園だ。未来を見た。素晴らしい」と称えた）やウェッブ夫妻（子供をつくらず50年間に38冊の共著を出版した）がジョン＝ステュアート＝ミルの漸進的社会改革路線によって立つフェビアン協会を結成。それとケア＝ハーディの独立労働党とさらには労働組合が合同して1900年に労働代表委員会を結成、1906年には労働党と改称し、選挙と議会活動による漸進的かつ穏健な改革を目指すことになるが、マルクス主義の「社会民主連盟」は労働代表委員会までで労働党には加わらなかった。

第一次世界大戦前後

1911年の自由党アスキス内閣のとき、当時「革命」といわれた議会法が成立し下院の優位が確定、1914年のアイルランド自治法成立に道が開かれた。

建艦競争の時代の1905年に起工したのが戦艦ドレッドノート（dread恐怖 noughtゼロ、恐れ知らず）、そして第一次世界大戦を迎える。

第一次世界大戦によりヨーロッパの購買力が低下し、また植民地の生産力が増大したので輸出が不振となり、イギリスの国際的地位は低下した。戦争被害と莫大な対米戦債で財政も逼迫した。ちなみに「大戦争」第一次世界大戦の死者は90万人（うち16万人はカナダ・オーストラリア・ニュージーランド・南アフリカ兵と7万人のインド兵）、第二次世界大戦は40万人である。大戦中の1917年、敵国ドイツの王朝名からイギリス的なウインザー朝に変更した。

ウェールズ人で大学卒でないロイド＝ジョージ首相は第一次世界大戦のパリ講和会議（1919年）の全権。1918年の第4回選挙法改正で30歳以上の

女性に参政権が与えられ、その女性票を集めた結果1922年の選挙で**労働党**は第2党に躍進した。そして**1924年**には初の労働党政権が自由党の協力を得て**マクドナルド**を首相として成立。ドイツ賠償問題では**ドーズ案**成立に努力、また他国にさきがけ**ソ連**を承認したが、そのことで保守党と対立、同年秋の総選挙で保守党が大勝し1年足らずで交替した。コミンテルンのジノヴィエフが労働党に革命を強要したという保守党のでっちあげ事件（ジノヴィエフ書簡事件）で労働党政権は崩壊した。

世界恐慌・第二次世界大戦の時代

　1928年第5回選挙法改正で21歳以上のすべての男女に普通選挙権が与えられ、**1929年**の選挙で再び労働党が第一党となり**第2次マクドナルド内閣**が成立したが、ドイツの賠償支払い停止とドイツ債権の焦げつき、さらに諸外国の預金引き出しによりロンドン金融市場が崩壊したため恐慌となった。

　第2次マクドナルド内閣は**失業保険削減**などの国費節約の方針をとったので、1931年労働党は党首マクドナルドを除名した。1931年に**マクドナルド挙国一致**内閣は**金本位制停止**に踏み切る。イギリス自治領は1926年の「**イギリス帝国議会**」ですでに本国と自由で平等な関係となり、「**イギリス帝国**」から「**イギリス連邦**」へと移行していたが、**1931年**には**ウェストミンスター憲章**を制定しイギリス連邦成立を立法化し、本国から独立した立法権・司法権を持つことになった。**1932年**の**カナダ**での**オタワ連邦会議**（英連邦経済会議）で**スターリング＝ブロック**という英国通貨ポンド圏の**ブロック**経済が成立し、イギリスは世界に"伝道"してきた自由貿易

＊
「モダンデザインの父」と呼ばれるデザイナーのウイリアム＝モリスは聖職者になることを志しオックスフォード大学に入学。ジョン＝ラスキンの著書から影響を受け、叙事詩「地上の楽園」により詩人としての名声を得、民主連盟に参加しマルクスの『資本論』を読んだ。

を自ら放棄し保護主義的傾向を強めた。

1935〜37年のボールドウィン内閣では反共政策から**英独海軍協定**を結び
ナチス＝ドイツの**再軍備宣言**に対し、対独宥和政策をとる。1937〜40年に
かけては**ネヴィル＝チェンバレン**内閣であるが、**1938年のミュンヘン会談**
における**宥和政策**、いわゆる「**ミュンヘンの宥和**」は第二次世界大戦への道
を開くことになった。しかし、チェンバレンもジョージ6世もその時点では
戦争を回避できたことを大いに喜んだ。チェンバレンは友好国チェコスロヴ
ァキアを捨てたのだ。チャーチルは「宥和」を大失敗と非難した。そのチャ
ーチルはヒトラーが始めた戦争のおかげで、第一次世界大戦の**ガリポリの戦**
いでのオスマン帝国に負けた失点を逆転し、政治の舞台で再ブレイクできた
のである。

1939年、第二次世界大戦に参戦。

1940年、北フランスの**ダンケルク**から撤退の直前、**チャーチル**の挙国一
致内閣ができ自由党や労働党が参加した。1942年にはフェビアン協会や**ケ
インズ**から影響を受けた学者による**ベバリッジ報告**が議会に提出され、「**ゆ
りかごから墓場まで**」の社会保障構想が出される。

じつはチャーチルはノルマンディー上陸作戦に反対だった。多くの若者の
命が損なわれるからだ。しかし作戦を敢行し米軍とともに勝利した。

■ 戦後イギリス史

ポツダム会談の最中に開票された1945年7月の選挙で、「労働者の敵」
「インドの敵」**チャーチル**が**労働党アトリー**に選挙で敗北。同内閣は社会福
祉政策や重要産業の固有化を実施、さらには「大卒者の複数選挙権」を消滅
させ"階級社会"に終止符を打つ。戦後のイギリスは戦後の日本よりも社会
主義的である。

またインド総督**マウントバッテン**の裁定にもとづき、インドをパキスタン
と分離独立させた。1946〜47年にかけての冬の寒さは格別だった。1914
〜45年まで国民所得の25%が軍事費に費やされた。だから、戦後国民が求
めたのは面倒見のいい「大きな政府」であった。しかしこれが**英国病**の元凶
となる。英国病はイギリス経済の停滞状況と非効率な労働の総称であり、競
争なき「労働党的」なソフトな社会主義がサッチャー登場（1979年）まで

のイギリスの基本的な色調となった。

　チャーチルの「**鉄のカーテン**」演説（1946年）は「**バルト海のステッティン**から**アドリア海のトリエステ**まで鉄のカーテンがおろされた」である。

　1947年には、第二次世界大戦の連合国との取決めでイギリス管理下にあった**ギリシア**と**トルコ**の共産化の危機にアメリカが乗り出し、これがアメリカに反共政策宣言**トルーマン＝ドクトリン**を促す。1950年には**中華人民共和国**を承認。1951年には英連邦の自治領である**オーストラリア**と**ニュージーランド**がイギリスに事前相談なくアメリカ主導の反共同盟**ＡＮＺＵＳ**（太平洋安全保障条約）に参加した。

　1951〜64年が再び**保守党**の政権で、その間の1952年に**チャーチル**政権が原爆実験に成功。1955年に**イーデン**首相は**ジュネーヴ４巨頭会談**に出席。1956年には**スエズ出兵**、これがエジプト大統領**ナセル**の**スエズ運河国有化宣言**に起因する**第2次中東戦争**である。**ムハンマド＝アリー朝**の最後の国王**ファールーク**はイギリスの援助で**アスワン＝ハイダム**の建設をおこなっていた。

　1952年にナギブ、ナセルら**自由将校団**による**エジプト革命**が起きていた。社会主義者ナセルはアラブ世界が生んだ初めての近代的カリスマ的指導者であった。そのナセルは共産主義の中華人民共和国を承認したり、チェコスロヴァキアから武器を購入したりと、冷戦期の英米を怒らせたので英米はアスワン＝ハイダムの建設資金の融資を凍結。これに対しナセルがスエズ運河の国有化を宣言しその通行料をダム建設資金に充てようとした。**第2次中東戦争**の結果、イギリスはスエズ運河を手離すことになった

＊
ケインズはイギリスの経済学者。政府が経済に介入すべきと主張。1936年の『雇用・利子および貨幣の一般理論』上で不況と失業の原因を論じた。

＊＊
チャーチルは2度の世界大戦を「第2の30年戦争（1914〜1945）」と呼んだ。

8
章

イギリス史（ＥＵ史・アイルランド史・オセアニア史）

＊＊＊
イーデンは「英国が偉大な国だとまだ信じていた最後の首相」と言われる。

が、これが大英帝国の最後の炎が消えた瞬間となった。

そのあと首相はマクミラン、ヒュームと続く。1964〜70年は**ウィルソン**労働党内閣で、国際収支改善のため1967年には**ポンド切り下げ**を発表、また1968年には**スエズ以東より撤退**を宣言する。

1969年の第6次選挙法改正で18歳以上の男女に普通選挙権が与えられる。1970年からヒース保守党内閣。72年から北アイルランド直接統治。1958年発足のＥＥＣ（ヨーロッパ経済共同体）加盟をガリア主義者のフランスのド＝ゴール大統領に阻まれたので1960年にＥＦＴＡ（ヨーロッパ自由貿易連合）を提案し設立したが、**1973年には自ら脱退しＥＣ（ヨーロッパ共同体）に加盟した**。1976年からは**キャラハン**労働党政権。

1979年から1990年は、「鉄の女」**保守党サッチャー政権**。彼女は反アパルトヘイトや反ヨーロッパ（EC統合運動と通貨統合に反対）の姿勢を示したので英連邦諸国やヨーロッパとの関係が冷え込んだ。**民営化と規制緩和**の小さな政府路線は経済学者**ハイエク**流自由主義を政策化したもので、競争原理の復活と民間活力により英国病の克服を図った。また人頭税を復活したので国内の反発を浴びた。

反教養主義者でもありオックスフォード大学は慣例の名誉学位を授与しなかった。

1982年にはアルゼンチン[*]との**フォークランド戦争**（アルゼンチン名では**マルビナス諸島戦争**）に勝利。1986年サッカーのワールドカップメキシコ大会の準々決勝アルゼンチンvsイングランド戦でアルゼンチン主将マラドーナの"神の手"と"5人抜き"ゴールで復讐される。

1984年には鄧小平と**香港返還協定**。1985年には北アイルランド協定。**メージャー**（保守党）政権のとき湾岸危機、そして**湾岸戦争**に関与する。

┃ ポスト冷戦期

1997年**労働党ブレア政権**が発足。労働党的な社会の公正と、サッチャリズムつまり市場の効率を追求する「**第3の道**」を掲げた。つまり、ウェッブ夫妻が1918年に起草した労働党の綱領の第4条「生産・分配・交換の手段の共同所有」を改訂し、資本主義的競争を許容したのだ。

またスコットランドとウェールズに自治議会を実現、1998年にはアイル

ランド和平が実現する。1999年には上院改革で世襲議員廃止となった。

1999年春にはコソヴォ問題に関連してＮＡＴＯの一員として**セルビア空爆**（首都ベオグラード空爆）をアメリカの**クリントン**大統領とともに敢行。

2001年には9・11同時多発テロ後、アメリカとともに**アフガニスタンのターリバン政権**をアメリカの**ブッシュ（子）**大統領とともに攻撃した。さらにこの二人は2003年には**イラク戦争**で**サダム＝フセイン**政権を崩壊させた。

労働党ブラウンの次が**保守党キャメロン**。この政権は自由民主党との連立政権となったが、これは大戦中のチャーチルの挙国一致内閣以来の連立。2014年には**スコットランド独立**の住民投票が否決された。2015年にはキャメロン保守党単独政権となり、またスコットランド民族党も躍進した。

2016年、ＥＵ離脱に関する国民投票が可決され**保守党メイ**政権が誕生。2017年、ＥＵ離脱を通知、2020年、ＥＵからの離脱、通称ブレクジットが実現。主導したのが2022年辞任の**ジョンソン**首相。

EUの歴史

クーデンホフ＝カレルギーの汎ヨーロッパ運動や**ジャン＝モネ**の重工業分野での西ヨーロッパ統合計画、そしてフランス外相**シューマン**（ルクセンブルク生まれ、父はロレーヌ地方生まれ）のプランが1952年の**ヨーロッパ石炭鉄鋼共同体（ＥＣＳＣ）**設立の要因である（1951年のパリ条約による）。

1957年には**ローマ条約**が調印され、1958年に**ヨーロッパ経済共同体（ＥＥＣ）**と**ヨーロッパ原子力共同体（ＥＵＲＡＴＯＭ）**が発足。これら3つを

＊
アルゼンチン、ブエノスアイレスのボカ地区

カミニート（小道）に置いてあったのがアルゼンチンのサッカーの英雄ディエゴ＝マラドーナの遊具。アルゼンチンではメッシよりマラドーナのほうが評価が高い。

＊＊
ジャン＝モネはフランス第4共和政の初代計画庁長官。

統合するため1965年に**ブリュッセル条約**が調印され、1967年**ヨーロッパ共同体（ＥＣ）**となる。

これらの加盟国はすべてインナーシックスと呼ばれる**フランス・西ドイツ・イタリア・オランダ・ベルギー・ルクセンブルク**であったが、1973年に**イギリス・アイルランド・デンマーク**、1981年に**ギリシア**、1986年に**スペイン・ポルトガル**が加わった。これらを**拡大ＥＣ**という。同年**単一欧州議定書**が調印され、また1985年と1990年の**シェンゲン協定**が1997年の**アムステルダム条約**で法制化し、人・商品・サービスの移動を自由にするために今後国境を自由にすることが取り決められた。

1989年に「ベルリンの壁」が崩壊し1990年にドイツが統一されると、1992年にカロリング家発祥の地オランダで**マーストリヒト条約**[*]が調印され（記念硬貨にはカールの顔）、翌1993年に**ヨーロッパ連合（ＥＵ）**が発足した。1995年に**オーストリア・スウェーデン・フィンランド**、2004年には旧社会主義陣営の東欧諸国を含む10カ国が、2005年には**スロヴェニア**、2007年には**ルーマニア、ブルガリア**、2013年には**クロアティア**が加盟した。これらとほぼ同じ軌跡をたどり**NATO（北大西洋条約機構）**も東方に拡大、これがロシアを苛立たせ、2014年の**クリミア半島併合**の原因となる。動機はウクライナのNATO加盟への強烈な牽制だ。

1998年に**ヨーロッパ中央銀行**が発足し、本店は**フランクフルト**[**]に置かれた。外交分野ではＮＡＴＯと協調しユーゴスラヴィア紛争などの解決にあたった。2007年には**リスボン条約**が調印され、市民のＥＵへの関与を強化する規定が盛り込まれ2009年発効した。

2016年6月24日、イギリスのヨーロッパ連合離脱の是非を問う国民投票において離脱支持票が過半数となった。この結果を受け、イギリスは2017年3月29日、欧州理事会に離脱を通告し、2年を期限とする離脱手続きが開始された。2017年のローマ宣言で、ローマ条約60周年に統合の速度の多様化が宣言されたが、皮肉なことにお膝元イタリアでは左右の反ＥＵ政党が躍進し、ポピュリズム政党「**五つ星運動**」が中下流層の支持を集めている。

2020年にイギリスがＥＵから離脱したが、イギリスに限らず他の欧州諸国の離脱支持派の動機として、人の移動の自由つまり移民の自由化により治安が悪化し、文化が多様性を帯びすぎ、かつ移民が低賃金を甘受するので国

内の賃金水準が低下するのを阻止したいことなどがある。

アイルランド史

　ヨーロッパの先住民ケルト人の島アイルランドは、5世紀に聖パトリックが伝道してからカトリックが信仰される。1014年、元々はヴァイキングが築いた首都ダブリンのデーン人からの攻撃をかわしたが、1169年にはプランタジネット朝の創始者ヘンリ2世が征服に着手、15世紀末のテューダー朝の時代に本格化した。ヘンリ8世は首長法をアイルランドにも適用し、エリザベス1世もダブリン大学を創設しイギリス国教を強制したので、北部アルスター地方で反乱が起きた。

　同地方への植民が開始されるとカトリック教徒の大反乱となり、それを討伐する目的でピューリタン革命後のクロムウェルが征討を開始、全農地の80％の土地を没収し人口の半分を殺し、イギリス人の新教徒が不在地主、アイルランド人のカトリック教徒が小作人という構図が完成した。小麦の飢餓輸出を強いられた農民はジャガイモを常食とした。名誉革命後、ジェームズ2世側の基地となりルイ14世に支持され戦ったが、1691年ウィリアム3世に再征服され、カトリック教徒は公職から追放され政治の自由が奪われ、こうして植民地化が完成した。

　アメリカ独立革命、フランス革命の影響を受け1798年ユナイテッド=アイリッシュメンの暴動が発生、ラ=マルセイエーズを歌うのが流行る状況を危惧したピット首相は1800年に合同法を制定、翌1801年にはグレートブリテン=アイルランド連合王国が成立した。1823年、オコンネルはカトリッ

＊マーストリヒト

オランダ、マーストリヒトはマース川の両岸にある小ぢんまりとした街。「世界一美しい書店」などがある。市庁舎前の広場には色とりどりのチーズを売る屋台がでる。

＊＊フランクフルトの家庭料理

フランクフルトのザクセンハウゼン地区の名物がリンゴ酒。家庭料理が売りのレストランでは豚肉とポテトをメニューの基調としていた。

ク教徒解放を目指し活動を開始、それが実り**1828年**には**審査法**が廃止され、**1829年**には**カトリック教徒解放令**が出される。が、英語教育が導入されゲール語文化の解体がすすんだ。

　1845年からヨーロッパ全土を**ジャガイモ飢饉**が襲い、アイルランドでは150万人が餓死、海外移民が増加し人口は1841年の800万から19世紀末には450万になった。アメリカの**ケネディ大統領**の祖父もそのとき移民した。**1848年**には**青年アイルランド党**が武装蜂起し弾圧された。**1859年**にはアメリカ合衆国でアイルランド独立と共和国樹立を目指すために**フィニアン**が組織された。

　1870年、自由党**グラッドストン**内閣は、**アイルランド土地法**を制定し小作権の安定を保障、**1881年**の第2次土地法では土地購入権を承認したが、86年、93年の「自治法案」*は保守党の反対でいずれも成立しなかった。

　1905年には**シン＝フェイン党**が結成され、アイルランドの完全自治を目指す。**1911年**の**議会法**で自由党が多数派である下院が優越すると、**1914年**の**アスキス内閣**の時に**アイルランド自治法**が成立した。しかし第一次世界大戦を口実に実施を延期したので、**1916年**にシン＝フェイン党が**ダブリン**で**イースター蜂起**を起こす。

　1922年に南部26州の自治領**アイルランド自由国**が成立した。アイルランド出身の作家ジョイスの作品は『**ユリシーズ**』。新教徒が多数派の**北アイルランド**、つまり**ベルファスト**（亜麻織物業の町）が中心の北部**アルスター地方**は英領に留まる。

　アイルランド自由国は自治領として本国の総督のもとで外交、軍事、貿易、金融の支配を受けるものだったので本国と衝突。初代首相でニューヨーク生まれの**デ＝ヴァレラ**のときの**1937年**にアイルランド議会が主権国家宣言し**エール共和国**と改称、**1949年**にイギリス連邦から離脱し完全独立、国名は**アイルランド共和国**である。

　1920年のアイルランド統治法では、北アイルランド自治議会・自治政府がイギリスと連合王国を形成することになる。住民の31％を占めるカトリックへの差別は、プロテスタント住民の複数投票という不平等選挙制度にもあった。

　1968年に一人一票を求める公民権闘争を開始し、ＩＲＡ（**アイルランド**

共和国軍）が前面にでる。1969年にイギリス軍が駐留し1972年にはヒース保守党政権のとき直接統治を開始した。1985年サッチャー政権時に北アイルランド協定で北アイルランドの行政に南の共和国が関与することを認める。1994年に停戦合意、1998年の北アイルランド和平合意で住民投票による自治政府樹立を労働党ブレア政権が承認。1999年には北アイルランド自治政府が成立し2000年にＩＲＡの武装解除プロセスにはいった。

＊
自由党のジョゼフ＝チェンバレンはアイルランド自治に反対し自由統一党を結成。20世紀に入ると保護貿易を主張した。

オセアニア史

オーストラリアの先住民族は**アボリジニー**だ。狩猟・採集民族で高度な政治組織は持っていなかった。約30万人いたが、現在は数万人にまで減少した。強制同化政策がとられていたが1965年からアボリジニーの復権運動が開始された。ニュージーランドの先住民族は**マオリ族**で、比較的強固な社会組織だった。タスマニアの**タスマニア人**は絶滅した。

オランダ人タスマンは17世紀にニュージーランド（「新しいゼーラント州」）・タスマニア・フィージーを発見、オーストラリア大陸を周航した。

イギリス人**クック**は1770年にオーストラリア東海岸に上陸し、英領宣言したが、ハワイで殺害された。18世紀末に**カメハメハ**が内戦を終結させて建てた王朝がカメハメハ王朝だ。その最後の王が**リリウオカラニ**女王で、親米系市民のクーデタで1893年に退位した。合衆国によるハワイ併合はマッキンリー大統領の時の**1898年**である。

1788年最初のオーストラリア流刑囚780人を含む約1200人が流刑植民地として植民を開始した。1820年代には牧羊業が発展、1850年代には**ゴール**

ドラッシュが起きた。中国人移民が増加したので1855年に中国人移民を制限した。日本人移民の増加にも危機感を感じた。1880年代からは**白豪主義**という排外政策がオーストラリアの特色となった。1960年代に制限は次第に撤廃され、ベトナム難民を大量に受け入れるほどになり、1973年に制限法が撤廃となった。

　オーストラリア連邦が自治領になったのが1901年、ニュージーランドは1907年。世界初の女性参政権は1893年の**ニュージーランド**だ。いずれも1931年の**ウェストミンスター憲章**で事実上独立した。1951年にはオーストラリア・ニュージーランド・アメリカ合衆国による**反共軍事同盟ＡＮＺＵＳ**（太平洋安全保障条約）が結成された。

イギリス連邦領への旅

キュランダ高原列車（観光鉄道）

オーストラリア、ケアンズ〜キュランダ間33kmを走る。ケアンズは熱帯雨林見物のベースとなる街。英語講師の関正生氏と初めて一緒に旅した先は熱帯雨林だった。

オーストラリアのグリーン島で二十代の関正生氏と

エジプト（1914 〜 1936年英領）アレクサンドリア、1986年

ミャンマー（1886 〜 1948年英領）ヤンゴン駅にて、1999年

9章 ドイツ史
(イタリア史・スペイン史・ネーデルラント史・スイス史)

神聖ローマ帝国のキーワードはイタリア政策、つまりドイツから
イタリアにまで支配が及び、皇帝はローマ教皇により任命される。1438年以降、皇帝位を世襲したハプスブルク家は現在のスイスに源があり、チェコやポーランドの一部も支配した。まずは国の興亡。

・カロリング朝東フランク王国（751 〜 911）

・神聖ローマ帝国（ドイツ第1帝国、962 〜 1806）
　神聖ローマ帝国とは約300の領邦の集合体でいろいろな王家から
　皇帝がでたが、1438年以降はハプスブルク家の世襲皇帝となる

・ライン同盟（1806 〜 1815）
　ナポレオン1世が盟主となり、オーストリアとプロイセン以外を支配

・ドイツ連邦（1815 〜 1867）
　35邦4自由市に主権があり、統一国家ではないが「ドイツ人」意
　識は育まれた

・北ドイツ連邦（1867 〜 1871）
　プロイセン＝オーストリア戦争に勝利したプロイセンを中心とした
　政治統合

・ドイツ帝国（ドイツ第2帝国、1871 〜 1918）
　プロイセン＝フランス戦争に勝利し南ドイツを編入、初の統一ドイツ

・ヴァイマル共和国（1919 〜 1933）
　第一次世界大戦後のヴェルサイユ条約を履行した戦間期のドイツ

・ナチス＝ドイツ（ドイツ第3帝国、1933 〜 1945）
　打倒ヴェルサイユ条約を貫いた後、第二次世界大戦を指導した一党
　独裁体制

・ドイツ民主共和国（東ドイツ、1949 〜 1990）
　ナチス崩壊、今度はソ連が指導する共産主義国家になり、全体主義
　体制を継続させた

・ドイツ連邦共和国（西ドイツ、1949 〜現在）
　1990年10月3日午前0時に東ドイツを吸収した現在のドイツ

9世紀のヨーロッパ

ヴェルダン条約による分割線(843)
メルセン条約による分割線(870)

東フランク
メルセン
アーヘン
ヴェルダン
パリ
ロタール領
西フランク
レッヒフェルト
(イタリア王国)
教皇領
ローマ

15世紀のヨーロッパ

ハンブルク
ワルシャワ
ケルン
神聖ローマ帝国
マインツ
パリ
トリール
アウクスブルク
ウィーン
フランス王国
ハンガリー王国
オスマン帝国
ローマ

神聖ローマ帝国の境界
ハプスブルク家領

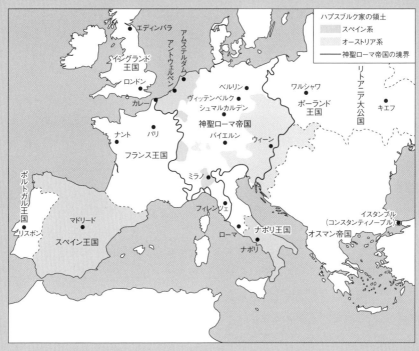

16世紀のヨーロッパ

ハプスブルク家の領土
スペイン系
オーストリア系
神聖ローマ帝国の境界

エディンバラ
アムステルダム
アントウェルペン
イングランド王国
ロンドン
カレー
ベルリン
ワルシャワ
ヴィッテンベルク
ポーランド王国
リトアニア大公国
キエフ
シュマルカルデン
ナント
パリ
神聖ローマ帝国
バイエルン
ウィーン
フランス王国
ミラノ
ポルトガル王国
マドリード
リスボン
フィレンツェ
イスタンブル(コンスタンティノープル)
ローマ
ナポリ王国
ナポリ
オスマン帝国
スペイン王国

9章

ドイツ史(イタリア史・スペイン史・ネーデルラント史・スイス史)

神聖ローマ帝国成立

911年、東フランク王国の**カロリング**朝が断絶し、諸侯の選挙王政になった。フランケン（ザリエル）朝のコンラート1世が即位、919年には**ザクセン家のハインリヒ1世**が即位する。

936年に子の**オットー1世**が即位し、955年レッヒフェルトの戦いでアジア系マジャール人を撃退。スラヴ人を撃ちベーメン（ボヘミア）、さらにはイタリアも支配下に置く。

962年、ローマ教皇ヨハネス12世から戴冠され、**神聖ローマ帝国**が成立。ただしこの呼称は13世紀以降のものだ。これは**ナポレオン1世**が**ライン同盟**の盟主になる1806年まで続くことになる。オットーは分国の支配者の任免権を握り、その下位の伯や辺境伯には世襲を認め、領地と支配権を封（レーン）として授与・保証し、国王への忠誠と奉仕を誓わせた。また中央集権化に教会・修道院を利用する**帝国教会政策**が統治の特徴であった。

歴代皇帝の関心は任命者であるローマ教皇の在地イタリアにあり（**イタリア政策**）、これが諸侯の自立化を助長。このため、ドイツの統一は1871年まで実現しなかった。

オットー1世は教皇領の住民に皇帝への忠誠を誓わせたので、教皇ヨハネス12世と対立。オットー1世はヨハネス12世を廃してレオ8世を即位させた。つまり当初から皇帝と教皇は対立していたのである。ヨハネス12世は有夫の女と通じてその夫によって殺されている。このような不道徳によって廃位された教皇は、10世紀だけで52人をくだらない。

聖職叙任権闘争

クローヴィスの改宗以後、キリスト教はフランク王国内で普及したが、王や領主の保護に頼らざるをえないため、教会はそれに従属した。王や領主は一族や側近の俗人を司教や修道院長に任命し、従士制のシステムに組み込んだ。そのため妻帯・戦闘・強奪など世俗的権威と変わるところがなく、宗教的機関としての権威は地に堕ちた。

そのような状況で910年に設立されたのが、**教会刷新運動**、たとえば**聖職売買の禁止**、聖職者の妻帯の禁止をすすめた**クリュニー修道院**がある。同

修道院出身の教皇グレゴリウス7世とザリエル朝の皇帝ハインリヒ4世が聖職叙任権闘争を争った出来事が1077年のカノッサの屈辱という事件で、起きたのが北イタリア。破門され、謝罪し許しを請うたのがハインリヒ4世。しかし、最終的には1084年にグレゴリウス7世をローマから追放し、サレルノで憤死に至らせた。

結局1122年の教皇カリクストゥス2世と皇帝ハインリヒ5世の間のヴォルムス協約で決着。叙任権は教皇、授封権は皇帝。皇帝権の弱体化、教皇権の伸長の時期の出来事だ。俗権と聖権が明確に分けられた。これは諸侯たちがローマ教会と妥協するよう皇帝に圧力をかけた結果であった。

シュタウフェン朝のイタリア政策

1138年からシュタウフェン朝ができ、「赤髭王バルバロッサ」フリードリヒ1世はイタリア政策を展開、彼の南下に対してミラノ*中心のロンバルディア同盟が結成され、北イタリア諸都市は対抗し（1176年、レニャーノの戦い**）、同皇帝による支配を阻止した。彼は第3回十字軍に仏王フィリップ2世、英王リチャード1世とともに参加。また、婚姻政策でブルグンド王国を相続した。シュタウフェン家の神聖ローマ皇帝は諸侯にドイツの支配の大半を委ね、封建（レーン）制の論理でドイツを支配した。

父方の祖父がフリードリヒ1世で、母方の祖父がシチリア王ルッジェーロ2世であるフリードリヒ2世はイタリア中部で生まれたが、後に孤児となり、シチリア島パレルモでイスラーム教徒の乳母に育てられた。そこでアラビア語など7カ国語を操るようになった。教皇インノケンティウス3世が皇帝オッ

*
ミラノのドゥオーモ

数年おきに定期的に訪れる広場にある。135本の尖塔ひとつひとつに聖人が立っているが、近くで見るために真夏に上るには暑すぎる。ヴィットーリオ＝エマヌエーレ2世のガッレリアを抜けるとスカラ座。そこでのオペラ鑑賞がミラノの愉しみ。18世紀、オーストリア皇帝ヨーゼフ2世の「啓蒙」精神の精華がこの街。

**
14世紀の中部イタリアには、1934年に存在した国民国家の数より多くの都市国家があったと歴史家のトインビーが述べている。

トー4世を破門し、フリードリヒ2世を神聖ローマ皇帝に就任させたが、その後もイタリア経営に専念、ドイツ諸侯には特権を与え、これによりドイツ地方の領邦国家の分立が決定づけられた。

フリードリヒ2世は教皇から十字軍遠征を命じられたが（第5回十字軍）、仮病をつかってサボったので破門され、しぶしぶ十字軍を指導し一時イェルサレムを占領した。

しかし、教皇の意向に逆らって**アイユーブ**朝のアル＝カーミルと和平を締結し、**ヤッファ条約**でイェルサレムの聖墳墓教会のキリスト教徒への返還、一方で岩のドームとアル＝アクサーモスクのイスラーム教徒の保有を約した。さらにローマ教皇の十字軍が攻めてきた場合、皇帝がその軍と戦うことを約束している。実際、生涯教皇軍と戦うのである。教皇の意向を絶対なものとせず、いわば相対化したという意味で、皇帝フリードリヒ2世がイタリア＝ルネサンスを始めたといわれる。「ルネサンス」という概念を確立した19世紀のスイスの歴史家**ブルクハルト**は、彼を「最初の近代人」と呼んだ。

フリードリヒ2世は**サレルノ**大学で講義されたイスラーム**医学**を実用的に採用したことでも知られ、毎日入浴したという。生物研究にも長け、移動動物園を持っていた異能で異端の男であった。首都パレルモが栄え、自身ナポリ大学を創立し、この大学で後に南イタリアの貴族の家に生まれた神学の大成者**トマス＝アクィナス**が学ぶ。イタリア諸都市は、教皇派ゲルフ党（シュタウフェン家の宿命のライバル、ヴェルフェン家の訛り）と皇帝派ギベリン党（シュタウフェン家の城の名に由来）で対立する。

パリ大学のように教師と学生の団体から自然発生的に成立したのが、ヨーロッパ最古で、**法学**で有名な11世紀創設の**ボローニャ大学**。ダンテやペトラルカの出身大学だ。ロンドン近郊の**オックスフォード大学**や南フランスの**モンペリエ大学**も同様。教皇がつくった大学としては異端カタリ派対策のため南フランスに設置された**トゥールーズ大学**が有名。王権がつくった大学では前述のナポリ大学やスペインのレオン王アルフォンソ9世の**サラマンカ大学**など。

ゲルフとギベリンの対立がシェークスピアの戯曲『**ロミオとジュリエット**』の背景である。この話は北イタリアのヴェローナで実際にあったことのようだ。ヴェローナには観光用のジュリエットの家がある。

フリードリヒ2世の死後、ドイツ諸侯は一層自立化、1256〜73年は皇帝不在の**大空位時代**となる。いきすぎたイタリア政策の結果であろう。以後、ドイツは「皇帝の時代」から「諸侯の時代」に入ってゆくことになる。

シチリア島の歴史

シチリア島西部を**カルタゴのフェニキア人**、東部を**シラクサ**を建設した**ギリシア人**が支配していたが、前3世紀の第1回ポエニ戦争で**共和政ローマ**の**属州**となる。続いてローマ帝国、東ローマ帝国（6世紀のユスティニアヌス帝）が支配。

そこに7世紀から**アラブ人イスラーム**教徒が侵入。なお、10世紀の**ファーティマ朝**はシチリア人がチュニジアに建てたイスラーム王朝だ。シチリア島そのものにはヴァイキングがやってくる。**1130年ノルマン人のルッジェーロ2世が両シチリア王国**を樹立、アラブ文化とノルマン文化が融合し、**パレルモ**はイベリア半島の**トレド**や**コルドバ**と並んで翻訳の町として栄える。コーランもラテン語に翻訳された。パレルモの宮廷ではイスラームの地理学者**イドリーシー**などの学者が活躍していた。

前述のシュタウフェン家のドイツ人支配（フリードリヒ1世やフリードリヒ2世）の後フランス貴族**アンジュー家**が支配、カペー朝の「聖王」ルイ9世の弟アンジュー伯シャルル（シャルル＝ダンジュー）が活躍する。教皇がシチリア島を回収しようとしたのに対し、フリードリヒ2世の息子が抵抗したので、教皇がシャルルに託したのである。その時の事件が1282年の「**シチリアの晩鐘**」事件だ。

その日、シチリア島のパレルモで一組の結婚式が

*
ゲルマン人のヴァンダル王国はローマを掠奪し、シチリア島をも支配した。西ローマ帝国の傭兵隊長だったオドアケルの王国がヴァンダル王国との交渉で返還させたが、オドアケルは東ゴート王国のテオドリック大王に滅ぼされた。東ゴート王国を攻略したのが東ローマ帝国のユスティニアヌス帝である。

＊＊
ナポリは1266年にシチリア島とともにフランスのアンジュー家の支配下に入り、両シチリア王国となっていた。この事件の後の1302年からシチリア島はスペインのアラゴン家の支配下に入ったが、1435年にナポリでアンジュー家が断絶し、1442年からはスペインのアラゴン家がナポリを支配するようになった。スペインに搾取されていた時に南イタリア人が南米産トマトから作り出した料理がラザニアだ。

173

あった。とどこおりなく式が終わり教会から出てきた花嫁、教会の前には欲求不満の酔ったフランス兵たち。彼らの"セクハラ"から逃れようと走って逃げる時に花嫁は転んで頭を打って死んでしまう。シチリアの男たちが立ち上がる。Morte alla Francia Italia anela!（すべてのフランス人を殺せ、それがイタリアの叫びだ）と。これらの単語の頭だけつなげるとＭＡＦＩＡ（マフィア）となる。無論マフィアの語源には諸説ある。

　1282年の事件の後シチリア王国[*]はスペインの**アラゴン家**支配に。**アンジュー家**は**ナポリ王国**のみに後退した。アンジュー家の衰退後1442年にアラゴン王国のアルフォンソ5世がナポリ王とシチリア王を兼任して**両シチリア王国**を再建した。

　これに対し1494年、フランス王ヴァロワ朝シャルル8世がリベンジし始まったのが**イタリア戦争**。ヴァロワ家の**フランソワ1世**を捕虜にした**ハプスブルク家**のカール5世、フェリペ2世親子はシチリアを支配。スペイン継承戦争の**1713年のユトレヒト条約**では**サヴォイア家**の支配下になる。

　1720年シチリア島とサルデーニャ島を交換して、**オーストリア＝ハプスブルク家**領、1733〜35年のポーランド継承戦争で今度は**ブルボン家**がシチリア島を支配する。

　ナポレオン戦争中**イギリス**はブルボン家保護を口実に艦隊を派遣。火薬の原料となる硫黄への野心もありシチリアを経済的に支配した。

　ナポレオン戦争後の**ウィーン議定書**でブルボン家が復位し**ナポリ**を首都とした。

　1860年に「青年イタリア」の**ガリバルディの千人隊**（赤シャツ隊）がマルサラに上陸、シチリアを占領し**サヴォイア家**の**ヴィトーリオ＝エマヌエーレ2世**の**イタリア王国**に献上する。首都が**トリノ**となったイタリア建国時の**1861年**のことだ。

　地中海のど真ん中にある地中海最大で農産物の宝庫、シチリアの支配者は有為転変した。だからシチリア島の特徴はズバリ「公権力への不信」、これがマフィアを生む土壌なのである。その起源は農地を守る農地管理人であった。それが犯罪集団に堕ちたのだった。

スイスの起源

1273年に**大空位時代**が終了、**ハプスブルク家の****ルドルフ1世**が即位する。スイスに現在も残るのが「鷹の城＝ハプスブルク」である。ちなみにカロリング朝東フランク王国時代のマジャール人に対する東の辺境「オストマルク」がオーストリアの起源である。

ここでスイス史を語ろう。

スイスは**ケルト人**による**ラ＝テーヌ文化**が残る。ローマ人の支配をへて12世紀にサン＝ゴタール峠が開通してからは南北ヨーロッパ交通の要衝となり、関税収入収奪を目的にハプスブルク家が支配を強化する。

1291年のルドルフ1世退位の年にハプスブルク家の圧政に対してウリ、シュヴィッツ、ウンターヴァルテンのスイス原初3州が独立戦争を開始。この頃の反ハプスブルク気分を反映した伝説を戯曲化したのが19世紀の**シラー**の『**ヴィルヘルム（ウィリアム）＝テル**』の物語だ。**1499年**にシュヴァーベン戦争に勝利し、バーゼル会議で**13州**の独立が達成。自治権を獲得し連邦制を敷き、最終的には**1648年**の30年戦争の**ウェストファリア条約**で正式に独立承認される。**1815年**の**ウィーン議定書**で永世中立国。**2002年**には国際連合に190カ国目として加盟した。

分裂に向かう神聖ローマ帝国

神聖ローマ皇帝の最大の弱点は、聖性を独占できないことであった。11世紀までの皇帝は、自ら教会の保護者となって神の権威を独占しようとした

*
シチリア島コルレオーネ村

ビト＝コルレオーネを主人公としたのが映画「ゴッドファーザー」。実際の撮影はシチリアの別の村で行われたが、コルレオーネから多くのマフィアが生まれたのは事実である。ホテルは一軒だけあり、その紹介で行ったレストランは看板がない邸宅で裕福そうな老人たちが、ゆったりと食事をしていた。

*
シチリア島、コルレオーネからアグリジェントへのドライブ。シチリア島中央部はオペラ「カヴァレリア＝ルスティカーナ」の世界。2010年、カターニャで身ぐるみをはがされローマの日本大使館のお世話になったが、その後もシチリアに2回、計6回訪れた。

が、教皇を中心とする**教会刷新運動**のために失敗する。「カノッサの屈辱」がその最大の例だった。12世紀になると皇帝は奉仕の内容を明確に定めた**レーン制**という主従関係を領主との間に結ぼうとしたが、領主たちが地方の統治者に成長する速度に追いつけなかった。12～14世紀にかけて村が急増し、**領主**は村人と慣習法を作り、互いに守らせるようになる。こうしてたんなる領主から支配者となっていった。彼らの領地を**領邦**、彼ら自身を**領邦君主**という。

　1346年、ベーメン（現在のチェコ）王ルクセンブルク家の**カール4世**（＝ベーメン王カレル1世）が神聖ローマ皇帝に即位、人文主義者ペトラルカと交遊、ドイツ最古の大学**プラハ大学**を創立する（1348年）。フランスで育ったカール4世はプラハを東方のパリにしようとした。

　彼は**1356年に金印勅書**を発布し、**トリール、マインツ、ケルン**の3大司教、**ベーメン王、ファルツ伯、ザクセン伯、ブランデンブルク辺境伯**の7選帝侯の多数決で皇帝選出がゆだねられることになる。ここでは**選帝侯**への侵害は神への冒涜であり、大逆罪とされ、選帝侯は後に追加される。ここに300余の領邦分立体制が開始する。そして聖性は皇帝の独占物ではなくなってしまった。

　トリールは**マルクス**が生まれた町。生誕200年の2018年、中国人観光客が殺到した。中華人民共和国はマルクス主義の共産党一党独裁の国家だから、いわば聖地なのである。マインツは**1455年にグーテンベルク**がラテン語の旧新約聖書の活版印刷を実現した町。博物館は一見に値するのでドイツ観光の際にはお薦めだ。ケルンは13世紀に着工、19世紀に完成したドイツ最大のゴシック建築の大聖堂の町。

┃フスの火刑

　さて1411年にカール4世の息子でハンガリー王**ジキスムント**が皇帝に即位した。彼は皇帝即位前の1396年に、**ニコポリスの戦い**でオスマン帝国の**バヤジット1世**に大敗している。

　神聖ローマ皇帝即位後**コンスタンツの公会議**で**教会大分裂（大シスマ）**に終止符を打ち、**贖宥状**（免罪符のこと）を批判したプラハ大学の**フス**を1415年に火刑。フスが聖書を**チェコ語**に翻訳したことは、聖書に根拠がな

いカトリックの教義の虚構を暴くのみならず、**スラヴ系チェック人のゲルマン人に対するナショナリズム**の萌芽となる危険性もはらんでいたのである。ウィクリフのオックスフォード大学とプラハ大学には交流があり、その思想がフスに伝わっていた。その後、**フス戦争**と呼ばれるスラヴ系チェック人のドイツ系王家への反抗に拍車がかかり、のちの30年戦争はベーメン（プラハ）が発火点になった。

ハプスブルク家世襲皇帝の時代きたる

ルクセンブルク朝が4代で終わり、**1438年ハプスブルク家のアルブレヒト2世が即位して以後、神聖ローマ帝国皇帝位を世襲する。**

1493年マクシミリアン1世が即位したが、**ブルゴーニュ家**の娘と結婚したので、**ネーデルラント**までが同家の領土になる。彼は**1494年**にフランス王**シャルル8世**がイタリアに侵入すると、イタリア諸都市と同盟し**イタリア戦争**を戦う。

その子フィリップがスペインのイサベラ女王の娘のフアナと結婚し、その子（フィリップは早世。マクシミリアンの孫）がスペイン王**カルロス1世**（1516年〜）＝神聖ローマ皇帝**カール5世**（1519年〜）である。彼は南ネーデルラント（現ベルギー）の**ガン**で生まれ、スペイン語、フランス語は話すが、終生ドイツ語は話せなかった。

そのカルロス1世は**イタリア戦争**を再開。これは祖父マクシミリアン1世が**1494年**にヴァロワ朝**シャルル8世**と開始した戦争であり、息子の**フェリペ2世**時の**1559年にカトー＝カンブレジ条約**で終結する。

1521年にはスペイン人コルテスがアステカ王国

ハイデルベルクの城

ファルツ地方の都市ハイデルベルクの城とネッカー川。この川の畔に社会学者マックス＝ヴェーバーの家がある。大学で有名な学生の町、そしてドイツ屈指の観光地だ。

9
章

ドイツ史（イタリア史・スペイン史・ネーデルラント史・スイス史）

を、1533年には**ピサロ**がインカ帝国を滅ぼし現メキシコ、現ペルーを征服。圧倒的に少数であった**コンキスタドール**（スペインの征服者）が両国を攻略できた背景は以下のとおりだ。

コロンブスが新大陸を"発見"した1492年以降、スペインはカリブ海の**エスパニョーラ島**（現在は東部に**ドミニカ共和国**、西部に**ハイチ**）を拠点に植民活動を行っていたが、**キューバ島**を征服した1518年に両島で天然痘が蔓延。これがメキシコに持ち込まれる。インディオはこの病気の回復を彼らの神でなく、キリスト教の神に求めた。インカ帝国のアタワルパ王は「神の声が聴ける」からと聖書を渡されたが神の声がしないので、それを投げ出すと、スペインは不敬な行為だと言いがかりをつけて捕らえた。「金を支払えば釈放する」と持ちかけられ、現在の5000万ドル相当の金や財宝で部屋を満たしたにもかかわらず（そのうえ約束どおりキリスト教に改宗したにもかかわらず）、火あぶりにされた。

スペイン＝ハプスブルク家は1538年の**プレヴェザの海戦**でオスマン帝国に敗れるものの、1545年には現ボリビアに**ポトシ銀山**を開削、1546年にはメキシコに**サカテカス銀山**を開削した。

宗教改革の背景

16世紀イタリア・フィレンツェのマキャベリはドイツ（アルマーニャ）を「マーニャの諸国」と表現している。神聖ローマ帝国が領邦君主や帝国自由都市など複数の国に分かれていると認識していたのだ。聖性は皇帝の独占物ではなくなっていたが、信仰熱は15世紀に始まった活版印刷により広まった聖書によって高まっていた。

ドイツの**宗教改革**の経緯を語ろう。

宗教改革は、**メディチ家**出身の教皇**レオ10世**が贖宥状（しょくゆうじょう）の販売を始めたことに端を発する。販売の目的はレオ10世の先代である教皇**ユリウス2世**が1506年に始めた**ブラマンテ**が指揮したローマの**サン＝ピエトロ大聖堂**の修築の費用の捻出のため。

もともと贖宥状はマインツの大司教の就任料で**アウクスブルク**の**フッガー家**のヤコプ2世が世話役であった。彼はハプスブルク家のカルロス1世、フェリペ2世親子らに巨額の資金を貸し付け、銀山銅山の採掘権、貨幣鋳造権

を獲得していた。資金を得たカルロス1世は七選帝侯の最有力者マインツ大司教を買収し、英王**ヘンリ8世**や仏王**フランソワ1世**を選挙で破って皇帝になり、**マインツの大司教**も教皇に賄賂を贈り大司教になり、教皇庁はフィレンツェの**メディチ家**から教皇（**レオ10世**）を出す見返りに資金を提供させていた。アウクスブルクにはフッゲライというフッガー家が建てた鉱山労働者のための長屋が残っており、世界遺産となっている。

征服者の進路

この出費により教皇庁は、ドイツへの政治的、財政的依存度を高め「**ドイツはローマの牝牛**」と言われたように、ドイツは教会による収奪の標的となった。また、教会修築のためにハプスブルク領新大陸の銀も必要になった。

1506年に**ロイヒリン**は『ヘブライ語入門』を著し、聖書研究のための古典研究を行ったが、ユダヤ人擁護だとの嫌疑をかけられ、カトリック教会により宗教裁判にかけられた。

■ ルター登場

1517年、ヴィッテンベルク大学の神学教授**ルター**は「**95カ条の論題**」を全文ラテン語で発表し、聖書に記載のない煉獄行きを阻止するための贖宥状購入（販売）の偽善性の暴露と、その収益による**サン＝ピエトロ大聖堂**修築の邪悪さを糾弾した。ルターは1519年、神学者エックとの**ライプチヒ討論**で教皇の無謬を否定し、**フス**の教義の一部を認めた。ルターは**エックハルト**などのドイツ神秘主義の影響も受けている。

1520年、キリストの使徒パウロの教義に依拠する論文『**キリスト者の自由**』で信仰義認説（「信仰

とは望んでいる事柄が実現するという確信であり、目に見えないものが実在するというはっきりとした証拠を持っていることである」新約聖書・ヘブライ人への手紙）を説くとともに、キリスト教の信仰をいだく者はみな等しく神の前で祭司であるという**万人祭司説**を説いた。

　ここでいう「望んでいる」「見えないもの」とは何か。まず、**福音**とは「良い知らせ」、**福音信仰**とは永遠の生命というものを確実に手に入れたという境地のことだ。パウロが用いた信仰というギリシア語は、字義どおりには「土地の権利証書」に用いるギリシア語。つまり購入した土地が肉眼では見えないが、権利証書があるのだから、もはや手に入れたも同然という境地。

　しかし「永遠の生命の権利」など入手可能であろうか。過去に死を免れた人間などいないではないか？

　『旧約聖書』「創世記」は言う。死は最初でかつ完全な人間アダムが禁断の実を食べたという**原罪**という原因に対する罰、つまり結果である。原因（原罪）をなくせば結果（死）もなくすことができる。では原罪をどのようにして償うか。それはピッタリと対応するもので償うしかない。

　もし他人の家のガラスを割ってしまったら、ピッタリサイズのガラスを探し購入して相手方に渡すか、相手に修繕してもらって請求書をまわしてもらうかのどちらかだろう。前者に相当するヘブライ語がコーフェル（対応する覆い）、後者に相当するギリシア語がリュトロン（対応する身代金）。いずれも日本語では**贖い**となる。

　では原罪をどのように贖うのか？　完全な人間など人類のどこを探してもいない。そこで神は、自身が最初に創造した天使の命を人間の処女の子宮に移し出産してもらい、誕生した完全な人間には犠牲の死を遂げてもらい、こうして贖いを完了すると取り決めた。独り子を犠牲としてさしだすという極限の神の愛。マリアとイエスが協力し、その役割を果たしてもらうというプランである。

　以上のことをまったく信じ、神とイエスに感謝し、生きるのが**福音信仰**に根ざした者が享受する「キリスト者の自由」な生き方なのだという。

┃ ルターの影響

　ルターは1521年の**ヴォルムス帝国議会**で皇帝**カール**5世から自説撤回を

要求されたがそれを拒み、法律の保護外に置かれた。つまり帝国追放となったが、帰路ザ**クセン選帝侯フリードリヒ**の善意の誘拐（覆面の騎士にさらわれた）により**ヴァルトブルク**の城[*]にかくまわれ変装し、そこで**エラスムス**のラテン語聖書を**ギリシア語本文**を参照しつつ翻訳、「**新約聖書のドイツ語**」訳を完成する。

それは２カ月後で5000部、12年間で20万部売れた。これによりドイツ語で聖書を読むことが普及し、ドイツ語が平準化し、緩やかに「ドイツ人意識」が育まれ、結果として19世紀ドイツの「国家」意識が形成されることにつながっていく。

ルターの影響で**ツヴィングリ**もスイスの**チューリヒ**^{**}で宗教改革にはいる。

ただマールブルクでの会談ではルターと決裂する。ルターは聖餐のパンとブドウ酒の中にキリストの超自然的肉と血が現存していると主張したが、ツヴィングリはそれらに比喩的な意味しか認めなかった。

1521～30年までカール５世（カルロス１世）はドイツ不在であり、その間に**再洗礼派**などの急進派が登場。騎士**ジッキンゲン**と人文主義者**フッテン**が指導した1522年の**騎士戦争**や1524年の**ミュンツァー**が指導し、農奴制廃止などの**12カ条要求**を掲げた**ドイツ農民戦争**と彼による「ミュンスターの千年王国」の建設（「ヨハネ黙示録」の「新しいイェルサレム」をイメージした）などカルト的な急進運動が相次いだ。

ルターは当初これらの運動に同情的であったが、「上位の権威に服せよ」（「新約聖書ローマ人への手紙」）という使徒パウロの教えを堅持し、福音を武

***
ルターの書斎**
ヴァルトブルク城へはアイゼナハの駅からタクシーで往復するとよい。ここがルター訳ドイツ語『新約聖書』誕生の部屋。1817年にブルシェンシャフトの運動が起きたのもここヴァルトブルクである。

****
チューリヒの市電**
市電が走る道路の下には銀行の金庫があり金塊財宝が貯蔵されているといわれる。チューリヒ湖は美しい。ホテル「ボーオーラック」で毎年サッカー世界最優秀選手バロンドールが発表される。

器とする霊的王国（教会）と、剣を武器とする世俗的王国（国家）を神の右手と左手に喩え、明確に区別されるべきだが神からのものだとする「二王国説」をとり、領主側に転じ農民弾圧を呼びかけたので、ルターは民衆の信望を失った。ルターと親しく肖像画を描いた画家が**クラナハ**。

ルターの時期の国際情勢と「プロテスタント」の成立

この時期東の隣国オスマン帝国は10代目のスルタンの**スレイマン1世**の時代だった。西の**フランソワ1世**のフランス＝ヴァロワ家ともイタリア戦争で対立していた**カール5世**は、**1526年のモハーチの戦い**でスレイマン1世により**ハンガリー**を失い、いよいよ神聖ローマ帝国の本拠地ウィーンに迫られた。ウィーンまで2日前の**第1回シュパイアー帝国議会**でルター派に譲歩し、その信仰を承認した。しかしイタリア戦争の講和が一時的に成立すると、**第2回シュパイアー帝国議会**で前回の決定を取り消し、ルター派の信仰を再禁止したのでルター派諸侯は抗議（protest）文を提出した。**プロテスタント**の呼称はここに起源がある。**1529年の第1次ウィーン包囲**はオスマン帝国の補給の不足と寒さのため終了した。

領邦教会制と対抗宗教改革

皇帝とルター派の対立は**メランヒトン**が起草した「アウグスブルクの信仰告白」のようにルター派がきわめて融和的な論調で発表し調停が図られたが、結局ルター派の諸侯や都市が**1530年にシュマルカルデン同盟**を結成し、分裂が決定的になる。

カール5世は教皇パウルス3世と共に1545年から北イタリアでの**トレント公会議**を開催し、和解を図るが失敗。**シュマルカルデン戦争**（1546〜47年）になる。この戦争は皇帝側が圧勝したが、カール5世がスペイン軍を投入したことがドイツ諸侯を皇帝から離反させることになる。

1555年のアウクスブルクの和議で諸侯・都市の単位でルター派が承認されたが、カルヴァン派や個人の信教の自由の実現はまだまだ先。「領主の宗教が領民の宗教」となり、このような経緯でルター派は領邦君主（諸侯）が最高の司教として教会の保護権を掌握する**領邦教会制**が成立した。領邦単位の国家教会つまり1領邦1宗派の時代となった。これはルター主義の導入に

よって成立した。こうして“プロテスタント”の存在が正式に認められた。ドイツの領邦君主が聖性を自分の権力と重ねたいという願望となって、地方ごとに「神の国家」を打ち立てようとしたのである。

プロテスタント側が不参加だったので、トレント公会議では、カトリック側が**教皇至上権**、**教会内部の粛清**、**禁書目録制定**、**宗教裁判所**を強化することが決まった。

16 〜 17世紀にはキリスト教新旧両派とも**魔女狩り**と**宗教戦争**（**ユグノー戦争**、**オランダ独立戦争**、**30年戦争**など）に明け暮れた。その前の**1534年**には**スペイン・ナヴァラ地方**の貴族**イグナティウス＝ロヨラ**が**フランシスコ＝ザビエル**らとパリで**イエズス会**を結成。**イタリア人**の**マテオ＝リッチ**はゴア、マカオをへて**1583年**に**明・万暦帝**の頃の中国で伝道を開始した。上智大学はイエズス会が設立母体の大学である。

1556年カール5世はドイツの完全支配に失敗し、失意のうちに引退。**スペイン**＊（**スペイン＝ハプスブルク家**）、**ネーデルラント**、**イタリア**（**ミラノ**、ナポリ、サルデーニャ）、**新大陸**、**フィリピン**を息子の**フェリペ2世**に譲る。彼は英王メアリ1世と結婚しマドリード近郊の**エル＝エスコリアル宮殿**を本拠に「**太陽の沈まぬ国**」の盟主としてカトリック政策を**異端審問**〔スペインがセビリャで初めて実施〕と**宗教裁判**と**魔女狩り**〔これは新教側も行った〕を多用しすすめたが、「書類王」と呼ばれた彼はここで修道士のような質素な生活を送り、使用人と間違えられた。彼の悩みはヨーロッパのプロテスタントとイギリスの海賊であった。カール5世は神聖ローマ帝国領つまり実質オーストリア（**オーストリア＝ハ**

＊
マドリード王宮

王宮前広場にはいつも馬糞が点在するので潔癖症の人はあまり好まない場所かもしれない。動物の糞を気にしないのがヨーロッパ人なのだ。サッカースペイン国王杯で優勝チームにカップを手渡すのはブルボン家、つまりルイ14世の子孫なのだ。

プスブルク家）を弟のフェルディナンド1世に継承させた。フェリペ2世は1571年に**レパントの海戦**に勝利した後、最初の妻がポルトガル王妃であったことから、1580年に**ポルトガル**を併合した。1588年には**アルマダ戦争**でプロポーズを断られた**エリザベス1**世に敗れた後、1598年に死去した。同年、日本では**豊臣秀吉**が死去した。スペインの議会を**コルテス**という。

ネーデルラントとハンザ同盟

ネーデルラント（低地地方）は、ゲルマン系のバタヴィア人やケルト人の居住地であったが、**カエサル**の征服以後ローマ人が支配、次いでフランク、東フランクなどの支配のもとに、**ブリュージュ**[*]（**フランドル地方**の**毛織物業**の中心）、カール5世が生まれた町の**ガン**、海港都市で16世紀末の国際商業の中心**アントウェルペン**（アントワープ）などの自治都市が発展した。アントウェルペンには、レコンキスタ運動でイベリア半島（スペイン）を追われた**ユダヤ人**が移住、世界の**ダイヤモンド**取引を独占している。ただ最近はインド人に取引の主役が移行しているという。またポルトガルからは植民地産のアフリカ物産も流入した。アントウェルペンはフランスの**リヨン**を抜き、ヨーロッパ最大の金融市場となった。

ここでハンザ同盟を見ておこう。

ハンザとは"商人の仲間"という意味だ。同盟の盟主**リューベック**（ハンザの女王）と**ハンブルク**との同盟から始まった北ドイツの商業同盟で、**ブレーメン**など加盟都市は100を超えた。南ではケルン、北ではバルト海ゴトランド島のヴィスビーが加盟した。**ロンドン**、**ベルゲン**、**ブリュージュ**、**ノヴゴロド**が4つの在外商館だ。

1358年に明確に都市同盟となる。最盛期は15世紀。フランドルの毛織物、バルト海の**にしん**など**日用品**を中心に取引した。しかし、**カルマル同盟**を結んで北欧諸国を統合した**デンマーク**に敗れ衰退した。さらにはイングランド・ネーデルラント商人に食い込まれた。16世紀には大航海時代の到来とともに、地中海・バルト海から大西洋・北海へと商業圏が移り（**商業革命**）、また1648年のウェストファリア条約で領邦国家が完成したことにより解散となった。

ネーデルラントは、1384年にはフランスの**ブルゴーニュ**公領に併合され、

この家は百年戦争においてヴァロワ家に対抗し後に和解した。この戦争終了後の1477年には公女が**ハプスブルク家**、後の**マクシミリアン1世**と結婚した。彼らの孫が神聖ローマ皇帝**カール5世**である。カール5世はスペイン王カルロス1世であり、フランドル地方のガンで生まれた彼を、現代のスペイン人は"ベルギー人"と呼ぶ。彼はネーデルラントの地位、習慣を尊重したので平和が続く。北ネーデルラントが現**オランダ**、南ネーデルラントが現**ベルギー**である。

＊
ブリュージュ
ブリュージュはベルギーのフランドル地方。松田聖子のＬＰにも登場する運河の街「北のヴェネツィア」。ブリュッセルからブリュージュへ列車で行くと途中通るのがガン。そこでカルロス1世（カール5世）が生まれた。

ネーデルラント80年戦争開始

カール5世が1556年に引退する時、ネーデルラントを息子の**フェリペ2世**に譲ることにより**スペイン＝ハプスブルク家**領になった。そしてカトリックの盟主フェリペ2世による**ゴイセン**、つまり**カルヴァン派**への弾圧が開始される。毛織物の町アントウェルペンの富への経済的搾取もあったので、**1568年オラニエ公ウィレム**を首領として反乱勃発、スペインはアルバ公を派遣し応戦、こうして通称80年戦争と呼ばれる**オランダ独立戦争**となる。

1576年のガン盟約で、全ネーデルラントがスペインに反抗を決定、だがスペインが1578年にパルマ公（アレッサンドロ・ファルネーゼ：軍人）を送り**南部10州**、つまり現**ベルギー**（ラテン系でカトリック、**ワロン語＆フラマン語**）を独立運動から離脱させたので、**北部7州**（ゲルマン系でカルヴァン派）は翌1579年に**ユトレヒト同盟**を結成して戦争を継続、1581年には**ネーデルラント連邦共和国**として独立を宣言。**オラニエ公ウィレム**が

ユトレヒト同盟
加盟の州

ホラント州
アムステルダム
ユトレヒト州
ロッテルダム
ブレダ
アントウェルペン
ブリュージュ
ブリュッセル
アーヘン
神聖ローマ帝国
ライン

初代オランダ総督に就任。これはスペイン＝ハプスブルク家領時代の官名を受け継いだものだ。

　しかし連邦制は中央集権化の遅れと後の衰退を招く。全国的規模で徴税できるのは塩税だけだった。オランダつまり**ホラント州**はアムステルダム周辺のみをさし、税負担の多くを占めた。ニュージーランドや台湾（オランダ東インド会社が築城：後述）のゼーランディア城はベルギーに近いゼーラント州に由来する。

　1585年アントウェルペンはスペインの占領で荒廃。スペイン領南ネーデルラント、つまり現在のベルギーにとどまる。アントウェルペンの経済人はオランダの**アムステルダム**と現ドイツの**ハンブルク**に移住した。

　エリザベス1世がスコットランド女王メアリ＝ステュアートを処刑したことに抗議したフェリペ2世の艦隊派遣で始まった**1588年のアルマダ戦争**は敗北に終わり、スペインは緩やかに国力を失い始め**1598**年には同王が死去する。

┃17世紀はオランダの世紀

　1602年にはイベリア半島からレコンキスタを逃れてきたユダヤ人*の財力により世界最初の株式会社であり史上初のグローバルカンパニーでもある**オランダ東インド会社**が設立される。

　1609年、オランダ独立戦争は**休戦条約**を結ぶ。同年、オランダは長崎の**平戸**に商館を設置。また**マンハッタン**（現在のニューヨークシティー）に到達する。

　1619年には現インドネシアのジャワ島に**バタヴィア**を建設。1621年には**西インド会社**が特許権を獲得。1623年の香辛料**クローブ（丁子）**の産地**モルッカ諸島**における**アンボイナ事件**で**イギリス**人の商館員を殺害した。

　1624年、台湾に**ゼーランディア城**を築き、1626年に**西インド会社**が新大陸のハドソン川沿いに**ニューネーデルラント植民地**と**ニューアムステルダム**を建設。世界屈指の金融街**ウォール街**はオランダ人が築いた"壁"に由来する。

　だが1637年には**チューリップ＝バブル**がはじける。熟練した職人の年収10年分が球根1個の値段になったともいわれる。

1641年には**マラッカ**を占領。1642年、探検家のオランダ人**タスマン**が**タスマニア島**とニュージーランドに到達、翌年"新しいゼーラント州"と命名された。1652年には南アフリカの**ケープ植民地**にも進出。その後土着し、**アフリカーナー（ブール人）** となった。

　こうして17世紀前半にオランダは世界の覇権国となり、**アムステルダム**はポルトガルの**リスボン**やスペイン・アンダルシア地方の**セビリャ**、ベルギーの**アントウェルペン**にかわって商業、金融の中心になる。商品保管のために**倉庫**が必要となり、そのためオランダ東インド会社はアジア各地に**商館**を設置した。オランダ最初の証券取引所はオランダ第2の都市**ロッテルダム（ライン川河口）** に開設された。このように最初の近代経済は**覇権国家**オランダで確立されたといえる。

　コーヒー豆は本来**アラビア半島**で生産され、16世紀のオスマン帝国の首都**イスタンブル**で消費され、17世紀には陸路（オスマン帝国の第2次ウィーン包囲）や海路（喜望峰）によりヨーロッパにもたらされた。イエメンの**モカ**は海路のコーヒー輸出港で、17世紀末にはオランダ人によりコーヒー豆が**ジャワ島**に移植され栽培されるようになる。それはヨーロッパにもたらされ、オランダ・フランス・イギリスの**コーヒーハウス**は男たちの商談や政治談議の場となった。

　歴史家**ブローデル**は1557〜1627年を「**ジェノヴァ人の世紀**」と呼んだ。アメリカの銀がジェノヴァからアントウェルペンに運ばれたからである。その「世紀」が終わり「オランダ人の世紀[**]」となる。それにはアントウェルペンのユグノーやユダヤ人な

＊
ユダヤ人のスペイン追放が1492年、ポルトガル追放が1497年。

オランダ　トルン

トルンは「オランダ一美しい村」といわれる。たしかに小ぢんまりとしていて白壁が可愛いらしい村だった。都市の喧騒から離れたい人にはお勧めだ。

＊＊
オランダが世界経済の中心（中核）となり、次いで英仏が中核をめぐって争う重商主義の時代になる。

ど商才に長けた人々がアムステルダムに移住したことも関係がある。

宗教戦争と鎖国日本

　江戸幕府がポルトガル貿易用につくった**出島**を1636年からはオランダが使用した。だが1637〜38年には**島原の乱**が起きる。スペインよる南九州カトリック化政策が奏功し、「デウス様が異教徒を殺害せよと聖書で述べている」と八つの村の農民が同調して寺社を焼き払い僧侶を殺害、キリスト教徒にならない村人の家を放火するという乱になった。

　オランダ軍の助力も得て4カ月もかかって鎮圧した幕府（**徳川家光**）はキリスト教徒に懲りて（1624年に**スペイン船**はすでに来航を禁止されていた）、1639年に**ポルトガル***の来航を禁止し、いわゆる**鎖国**が完成した。オランダも平戸の商館は閉鎖され、出島で長崎奉行の監視下に置かれた。

　前提には1596年の旧教国スペインの**サン＝フェリペ号**事件以来のスペイン（カトリック）への警戒、1600年の**リーフデ号**（乗組員のヤン＝ヨーステンの屋敷が東京駅近く、その名にちなんだ"八重洲"にあった）以来のオランダ（プロテスタント）への信頼があったのだが、そのオランダさえも『**オランダ風説書**』の提出を義務づけられ、出島に封じこめられた。対ヨーロッパの香辛料貿易で独占的な地位を築いたオランダは、アジア域内交易にも従事しつつ徳川幕府に世界情勢を伝授した。

　鎖国日本とはいえ「**四つの口**」は開いていた。**対馬の宗氏**は朝鮮外交の実務と貿易を許され、**朝鮮通信使**は徳川将軍の代替わりごとに計12回の表敬訪問を行った。この対馬口のほか、オランダ・中国には長崎口、アイヌには松前口、琉球もしくは中国の薩摩口が開いていた。

30年戦争

　さてオランダは1648年の30年戦争の**ウェストファリア条約**で正式に独立が承認されるが、イギリスの**クロムウェル**が1651年に出した**航海法**に起因する3度にわたる**英蘭戦争**（1652〜74年）に敗れ、1664年新大陸の都市**ニューアムステルダム**はチャールズ2世の弟ヨーク公、のちのジェームズ2世にちなみ**ニューヨーク**と改称させられ、覇権国から凋落する。フランス国王**ルイ14世**の**自然国境説**にもとづく侵略も衰退に拍車をかけた。オラン

ダ覇権時代のアムステルダム商人の躍動が描かれているのが**レンブラント**の「**夜警**」なら、斜陽期の画家が日本人が好む**フェルメール**ということになるだろう。

では、30年戦争とは何であろうか。オランダ独立80年戦争のうちの最後の30年間にあった戦争と位置づけたい。

17世紀に入るとハプスブルク家はアウグスブルクの宗教和議を侵犯するかたちでカトリック拡大政策をとった。新教徒連合をユニオン、旧教徒連合をリーグという。

1617年**イエズス会**で学んだ皇子、のちの**フェルディナンド2世**が、民族的に独特で（チェック人）かつフス派の恨みがわだかまる"厄介"な地域**ベーメン王**に即位することになると、**1618年**ベーメン（ボヘミア）はカルヴァン派の**ファルツ王**を独自に選出し反抗、しかし1620年の白山の戦いで敗北してベーメンは以後カトリック化した。こうして**30年戦争**が始まった。

1625年ルター派の国**デンマーク**の**クリスチャン4世**が介入、**ヴァレンシュタイン**の率いる皇帝軍に惨敗。1630年には**スウェーデン**の**グスタフ＝アドルフ**がフランスの**ルイ13世**の宰相**リシュリュー**に支援されて介入、**リュッツェンの戦い**でスウェーデンはヴァレンシュタインに勝利するが国王は戦死。**1635年**、カトリックのフランスが新教側で参戦した。これはリシュリューとルイ13世の妻でスペイン＝ハプスブルク家から嫁いだアンヌが犬猿の仲だったことも原因とされる、とフランス史でも書いた。いずれにせよ、戦争目的が「信念」から「**勢力均衡**」の時代へと移行する世界史の大転換である。

＊ポルト　ドウロ川
ポルトはドウロ川が大西洋に流れこむ手前の丘陵にあるポルトガル第2の都市。「サンデマン」の工場でポート・ワインを試飲できる。ポルトガルで食べるもので圧倒的に美味なのは川魚の料理だろう。

アメリカのニクソン大統領時代の国務長官だった**キッシンジャー**は著書『外交』で、「近代外交はリシュリューに始まる」と述べている。勢力均衡こそが外交の目的となっていく。

30年戦争は1648年のウェストファリア地方（オランダに近いドイツ。サッカーの香川真司が所属した「ドルトムント」のホームはウェストファリアスタディアム）の2都市**ミュンスター**（カトリック側）と**オスナブリュック**（プロテスタント側）での条約（**ウェストファリア条約**）で幕を閉じる。戦争当事国のスペイン、フランス、スウェーデン、オーストリアの中間地点だからだ。

ウェストファリア条約で1555年のアウクスブルクの宗教和議が再確認され**カルヴァン派**も承認されたが、ドイツにおいては300の**領邦君主の主権**が認められたので「神聖ローマ（ハプスブルク）帝国の死亡証明書」といわれた。

こうしてドイツの分裂が決定的となった。ドイツの国民統一国家への道は阻まれた。またこれ以降ブルボン家がハプスブルク家に優位に立つ時代に入る。フランス＝ブルボン家は**アルザス地方**と**ロレーヌ地方**のメッツ・トゥール・ヴェルダンの3司教領を、プロイセン公国はバルト海に面した**東ポンメルン**を、スウェーデンは**西ポンメルン**を獲得した。**スイスとオランダがハプスブルク家**から正式に独立。ウェストファリア会議は欧州最初の主権国家間の国際会議ということになる。

17世紀のヨーロッパは主権論争の世紀であるが、イギリスは国王と議会がいわゆるピューリタン革命で主権争いの真っただ中で、この会議には不参加であった。**ネーデルラント**の**グロティウス**はラテン語で、ドイツの人口の3分の1を死に至らせた**傭兵**によるこの戦争の悲惨さから『**戦争と平和の法**』をしたためた。彼は「国際法の父」となり、万民法としての「自然法」のあり方を考察した。1630年のマグデブルクの戦いはまさに惨劇であった。

13世紀にモンゴル人によってユーラシア（Europe + Asia）が成立すると、宋代の発明である火薬がヨーロッパに伝わった。14世紀に大砲、15世紀に小銃などの火砲が出現。歩兵の傭兵化、つまり殺し屋の戦いが主流となって戦争そのものが変化した。人間各人が武器と化したのである。**マスケット銃**も13世紀に中国で使用され、14世紀にヨーロッパに伝わり、15世紀の

フス戦争で初めて実戦に使用された。

プロイセン王国の成り立ち

11 ～ 13世紀のヨーロッパは温暖だった。農業の生産性も向上し、おもに3方向に膨張した。十字軍、レコンキスタ、そしてヴェンデ十字軍（北方十字軍）である。この十字軍の際に、独特な民族バルト人が住む地方にドイツ人が植民し、設立された野戦病院を起源に**ドイツ騎士団領**が現ラトヴィア共和国の首都リガ付近に誕生し、それが南に拡大し**プロイセン**として発展した。ドイツ騎士団そのものは十字軍時代の1190年に聖地イェルサレム防衛のためにアッコンで設立された。

最後までキリスト教に改宗していなかった**リトアニアのヤゲヴォ大公**と**ポーランド**の合同により1386年に成立した**ヤゲヴォ朝**（首都は**クラクフ**[*]）とドイツ騎士団との戦いが中世最大の戦いといわれる1410年の**タンネンベルクの戦い**だ。ドイツ騎士団はそれに敗れヤゲヴォ朝ポーランドの宗主権下に入るが、のち宗教としてはルター派を受容するようになる。

この地域つまり**プロイセンのケーニヒスベルク**（現ロシアの飛び地**カリーニングラード**）に、のちの18 ～ 19世紀にかけてドイツ観念論哲学で『純粋理性批判』の著者**カント**がでる。

それとはまったく別の話だが、**ベルリン**を中心とした地域は**ブランデンブルク選帝侯国**領として1415年から**ホーエンツォレルン家**の所領となったが、1525年に婚姻関係からプロイセンもホーエンツォレルン家が統治を開始、30年戦争勃発の1618年の**ブランデンブルク＝プロイセン同君連合**とな

＊
**クラクフのレストラン
関正生氏**

ポーランドの古都クラクフ。その旧市街全体が世界遺産に指定されている。その中のとあるレストランでの食事中の写真。

ドイツ史（イタリア史・スペイン史・ネーデルラント史・スイス史）

る。

　同家は当主が**フリードリヒ＝ヴィルヘルム大選帝侯**の1648年のウェストファリア条約で**東ポンメルン**や**マグデブルク司教領**を獲得し領土を拡大、1657年にポーランドの支配から離脱する。16世紀頃からプロイセンを中心に展開したのが**再販農奴制**で、農民が大土地所有者から賦役を課されて農奴に転落したのでそう呼ばれた。これに**エルベ川以東の地主貴族ユンカー**が行った**グーツヘルシャフト**（農場領主制）も含まれる。新大陸交易の拡大により地中海から大西洋岸に欧州経済の中心が移動した。**商業革命**の発展にともなうもので、**穀物の西欧輸出**が拡大し**国際的分業体制**が成立。

　1701年に**スペイン継承戦争**が起こると、神聖ローマ皇帝つまりハプスブルク家に味方し、王号を与えられ**プロイセン王国**に昇格。初代国王**フリードリヒ1世**の時であり、この国が1918年にドイツ帝国として第一次世界大戦で敗れることになる。

　次王が**フリードリヒ＝ヴィルヘルム1世**（軍隊王）。高身長の兵士からなる「巨人軍」を組織し、軍国プロイセンを官僚制度とともにプロイセン絶対王政を整えた。巨人軍は大リーグでも読売新聞社の産物でもない。

┊ **オーストリア継承戦争**

　一方、オーストリアは1683年にオスマン帝国による**第2次ウィーン包囲**をポーランドの支援で撃退し、**1699年のカルロヴィッツ条約**でオスマン帝国から**マジャール人**の**ハンガリー**、ラテン人もいる現ルーマニアの**トランシルヴァニア**、**クロアティア**を獲得し東方に拡大。**スラヴ系チェック人**も住むオーストリア＝ハプスブルク家はこうして**複合民族国家**となった。

　さらには**カール6世**がスペイン継承戦争にかかわることになると、1714年の**ラシュタット条約**で南ネーデルラント（現ベルギー）のほかに**ミラノ、ナポリ、サルデーニャ島**をも獲得した。

　しかし長男は死去、カール6世は死の直前に**プラクマティッシェ＝ザンクティオン**（国事勅書、家憲）と呼ばれる宣言を諸侯に認めさせ、その死に際し1740年、長女**マリア＝テレジア**^{＊＊}がハプスブルク家を相続したのだが、それに対してバイエルン侯が相続権を主張、**オーストリア継承戦争**が始まる。この相続の承認の見返りにプロイセン王フリードリヒ2世が**シュレジエ**

ンを要求、マリア＝テレジアが拒否したことが開戦の原因である。

この戦争は新大陸のジョージ王戦争と連動し、イギリスはオーストリアを支援する。ザクセン侯やフランス・スペインのブルボン家はプロイセンと共にオーストリアに宣戦した。

この戦争中にプロイセンのフリードリヒ2世（大王）がオーデル川上流の鉱物資源が豊富なシュレジエン地方を占領。1748年のアーヘン和約でマリア＝テレジアの即位と夫フランツの神聖ローマ皇帝継承が承認される。

啓蒙専制君主フリードリヒ2世

プロイセン王国第3代国王のフリードリヒ2世は啓蒙専制君主として知られる。ベルリン近郊ポツダムにあるロココ様式のサン＝スーシ宮殿（無憂宮）では、師と仰いだ啓蒙思想家ヴォルテールと交流した。フリードリヒ2世（大王）の著書は『反マキャベリ論』。残した言葉が「君主は国家第一の僕」。

英語で首相をprime-ministerというが、ラテン語のミニステルの元のギリシア語ではディアコノス。このギリシア語は「一つの場所から一つの場所へ」とか「前掛けをつけて塵のなかをゆく」という概念である。たしかに首相は世界を飛び回り国民のために眠りを控えている者である。理性に明かりを灯すenlightenment合理主義、蒙（くら）きを啓（ひら）く進歩主義はこういう発想に帰結するのだろう。

ベルリンには自由な空気が満ち「北方のアテネ」と呼ばれた。1700年設立のベルリン科学アカデミーを拡充・整備したのもフリードリヒ2世。しかし

*
農場領主のもとで生産された穀物は、オーデル川やウィスラ川から河口のステッチンやダンツィヒなどの港へ。そこからオランダ商人によりアムステルダムなどの西欧諸都市へ運ばれた。

**
シェーンブルン宮殿

ハンガリーの侵攻、第2次ウィーン包囲（1683年）などで荒廃したが、マリア＝テレジアの時代に完成した。バロック様式はヴェルサイユ宮殿を模したという。クリムトやエゴン＝シーレの絵があるベルベデーレ宮殿、ホーフブルク王宮と並びウィーン観光の目玉である。

***
シュレジエンは亜麻織物工場も盛んな地域だった。

上からの強力な統治は、後代ヒトラーが範とする性格のものであった。

7年戦争

　一方マリア＝テレジアは黙っていられない。シュレジエンを取り返さねばならない。側近の**カウニッツ**をフランスに遣わし、**ルイ15世の愛妾ポンパドール**と**外交革命**と呼ばれるブルボン家との画期的な提携を実現させ、ロシアの女帝**エリザベータ**を加え三婦人同盟（ペチコート同盟）を完成。またスウェーデンとも同盟した。**マリ＝アントワネットがルイ16世に嫁ぐ**。こうして**7年戦争（1756〜63年）**に突入する。

　人口比500万人VS9000万人というプロイセン絶対不利の戦況は、次のロシア皇帝**ピョートル3世**が**フリードリヒ2世**の崇拝者であったことから戦況が変化し謬着、1763年の**フベルトウスブルク条約**でプロイセンは**シュレジエン**を確保し終結。ということは、マリ＝アントワネットのフランス革命時のギロチン死はまさに"犬死"であった。

　同時期、英仏は新大陸で**フレンチ＝インディアン戦争**を展開、**パリ条約**で英は仏から**カナダ**と**ミシシッピ川以東のルイジアナ**を獲得し優位に立つ。マリア＝テレジアの息子は**ヨーゼフ2世**で**農奴解放令**と**宗教寛容令**をだす**啓蒙専制君主**であり、ユダヤ人を解放したが、ヨーゼフ主義と呼ばれた改革は失敗した。当時、マリア＝テレジアの宮廷に出入りし、ヨーゼフ2世と音楽観で確執したのが**モーツァルト**である。「フィガロの結婚」で元理髪師のフィガロが主人の伯爵をからかう内容は、フランス革命期に向かう時代の反映であった。

フランス革命・ナポレオン時代のドイツ

　フランス革命時に共和主義の**ジロンド派内閣**が樹立されると、オーストリアは革命に介入する。その後、ナポレオン1世はオーストリア領のイタリアに遠征、次いでオーストリアとプロイセン以外の地域に**ライン同盟**を成立させ1806年に神聖ローマ帝国が滅亡する。

　メーメル川沿いの地における1807年の**ティルジット条約**締結後は、プロイセンの西に**ウェストファリア王国**、東に**ワルシャワ大公国**が成立し、ドイツはナポレオンに蹂躙される。

これが面子にこだわったオーストリアより、実利的だったプロイセンの改革を引き起こす。シュタインによる農民解放、後のウィーン会議で全権となるハルデンベルクによる行政改革、シャルンホルスト、グナイゼナウによる軍制改革、フンボルト（弟が地理学者）の教育改革とベルリン大学（初代総長がフィヒテ）の設立などがその事例。士官学校校長で『戦争論』の著者クラウゼヴィッツは「戦争は政治の継続」という言説で知られる。

ナポレオン軍占領下のベルリンにおけるフィヒテの「ドイツ国民に告ぐ」という連続講演は、ドイツ人のナショナリズムを高揚させた。フランス人とは異なるドイツ人の民族的個性をドイツ人に自覚させ、フランス人支配への抵抗を呼び覚まそうとする言論活動が起き、たとえば『グリム童話集』（初版1812年）は民族としての魂の源を民話に求め、また初のドイツ語辞典をつくった。グリム兄弟と交流があったサヴィニーは歴史法学を打ち立て、法を民族文化固有のものとし、法の普遍性を主張する自然法学の『ナポレオン法典』とは一線を画した。まさに19世紀はナショナリズムの世紀である。

｜ウィーン会議

1814年、ナポレオンがエルバ島に流されると、メッテルニッヒを中心人物としてウィーン会議が開催される。

ベルリン大学で教鞭をとったのが死後の1837年に『歴史哲学講義』として弟子たちが講義録を出版したヘーゲルだが、彼は弁証法を展開しつつ世界史を単線的な進歩史観でとらえつつも、アフリカ人については「…突然残忍な行為をするアフリカ人は人

間の人格性という感情に到達していない。彼らの精神はまったくまどろんで
おり、自己内に沈潜したままで留まっておりなんら進歩もなさず…」と述
べ、強烈なる保守性を吐露している。ヘーゲルは人間の生を「承認をめぐる
闘争」と「優越願望」と見なし、歴史を支配と被支配の歴史ととらえたので
マルクスの階級闘争史観に大きな影響を与えた。

　ナポレオン1世がロシア遠征の帰路、1813年のライプツィヒの諸国民戦
争に敗れエルバ島に流された後に開始したのが**ウィーン会議**だが、「**会議は
踊る、されど進まず**」で、舞踏会ばかりで複雑怪奇な領土問題などの議事は
進行せず、途中ナポレオンがエルバ島からパリに返り咲き皇帝に復位する。
最終的にはナポレオンがワーテルローで敗れセントヘレナ島に流刑になる後
まで会議は続いた。

　ウィーン会議でヨーロッパ各国によって最終的に合意された1815年の**ウ
ィーン議定書**では以下が決定した。（1）フランスの**タレーラン**が提唱した
正統主義（フランス革命以前の旧体制、つまり**アンシャン＝レジーム**が正統
な統治体制である）の原則に基づき、フランス・スペイン・ナポリで**ブルボ
ン家**が、ピエモンテ・サルデーニャ島・ジェノヴァでは**サヴォイア家**が復
位。（2）ロシアはワルシャワ大公国の大部分を併合し**ポーランド立憲王国**
とし、ロシア皇帝がポーランド王をかねる。また、**フィンランド・ベッサラ
ビア**を獲得する。（3）プロイセンは**ザクセン**の北半分と**ラインラント**、ワ
ルシャワ大公国の一部を獲得、領土を東西に拡張する。（4）オーストリア
は南ネーデルラント、ポーランドなどの所領を放棄し、その代償として**ヴェ
ネツィア・ロンバルディア**などの北イタリアの領土を獲得する。（5）イギ
リスは旧オランダ領の**スリランカ（セイロン島）**、**ケープ植民地**を獲得する
ほか、**マルタ島**、イオニア諸島（ギリシア西岸）の領有を認められる。（6）
スイスは永世中立国となる。（7）ドイツは35邦4自由都市よりなる**ドイツ
連邦**を構成し、**フランクフルト**に連邦議会を置き、**オーストリア**が議長とな
る。（8）スウェーデンは**フィンランド**をロシアに、**ポンメルン**をプロイセ
ンに譲り、代わりにデンマークから**ノルウェー**を獲得する。（9）**オランダ**
はオランダ立憲王国となり、旧オーストリア領ネーデルラント（後の**ベルギ
ー**）を併合する。

ウィーン体制下のドイツ

　ウィーン議定書において**主権**のある35邦4自由都市（**リューベック、ハンブルク、ブレーメン、フランクフルト**）の集合体**ドイツ連邦**が成立。議長国は**オーストリア**でフランクフルトに国民議会が置かれる。オーストリアの保守的指導に**プロイセン**が協力するという体制だった。

　1817年、ルターの宗教改革の300周年にゆかりの地**ヴァルトブルク**のイエナ大学にて創立された**ブルシェンシャフト**という学生組合が、王家の支配に代わるドイツ民族の国民国家樹立を目指し騒ぐが、**カールスバートの決議**で**メッテルニッヒ**により弾圧された。

　メッテルニッヒはオーストリア＝ハプスブルク家の宰相でウィーン会議の主催者だが、複合民族国家オーストリアとしては個別の民族の独自の動きは鎮圧すべきものなのであった。

　ウィーン体制とは**メッテルニッヒ**体制。「保守反動」体制、つまり王家支配の絶対王政を保守し、革命運動や民族自決のナショナリズムへの動きを抑え込む体制なのである。1699年の**カルロヴィッツ条約**以降、**複合民族国家化**がすすんだ**オーストリア＝ハプスブルク家**の事情に全ヨーロッパが付き合わされた体制なのだ。

　ロシア皇帝**アレクサンドル1世**がキリスト教的友愛に拠る**神聖同盟**を提唱したが、ギリシア正教会のツァーリの提案に**ローマ教皇、イギリス国王（国教会首長）、オスマン帝国スルタン**は参加せず、**4国同盟**（英露墺普）が実質機能し、1818年のアーヘン列国会議で正統主義（1789年7月14日以前の旧

体制、つまりアンシャン=レジームが正統であるという主張）のタレーラン外相のフランスも加わり5国同盟となり勢力均衡を図る。

1833年に発足し、1834年に発効したのが**ドイツ関税同盟**。1830年のパリ7月革命に刺激された新たな動きだ。これは、アダム=スミスに始まるイギリスの**古典派経済学**が提唱するレッセ=フェール（自由放任）主義のイギリスの輸出攻勢に対抗するために高関税政策を主張した**リスト**（著書『経済学の国民的体系』1841年）の**歴史学派経済学**（各国の独自性を規定する歴史から経済現象を説明する）の理論によって立つ。ここにプロイセン中心のドイツの経済統合が実現した。プロイセンにとってはベルリンを中心とするブランデンブルクとラインラントの中間を埋める経済圏を形成したことに意義があった。

ドイツ、1848年

1848年のパリ2月革命を受けてハプスブルク家のウィーンとホーエンツォレルン家のベルリンでそれぞれ3月革命が勃発、メッテルニッヒが亡命してウィーン体制が終焉し、オーストリアには**フランツ=ヨーゼフ1世**が即位した。

その影響で1848年には、「諸国民の春」と呼ばれる民族主義運動が噴出した。ベーメンでは**パラツキー**が指導したスラヴ人の民族会議の運動が起こるが、オーストリア軍に鎮圧される。ハンガリーでは**コシュート**が指導したマジャール人の独立運動が起きたが、クロアティアが反発し**イェラチッチ**がハンガリーに進軍。コシュートはこれを撃退し臨時革命政府を組織したが、オーストリアが**ロシア**に援軍を要請。その介入によりハンガリー革命軍は全土で鎮圧された。ポーランド独立運動は1846年の**クラクフ蜂起**だが、オーストリア・プロイセン・ロシアにより鎮圧された。また**カルロ=アルベルト王**の**サルデーニャ王国**もオーストリア領ロンバルディアを狙った。オーストリア帝国は複合多民族国家であった。

マルクスはエンゲルスと共に1848年2月にロンドンで『**共産党宣言**』を発表。4月帰国してケルンで『新ライン新聞』を発刊する。

5月、フランクフルト国民議会が開催され、「ヘレニズム」という語の生みの親である歴史家**ドロイゼン**が提唱した、プロイセンを中心とした小ドイ

ツ主義というドイツ統一の方式が勝利するが、それは複合多民族国家オーストリアを含めたドイツ統一の方式、つまり大ドイツ主義に対する勝利である。しかし「学者議会」と呼ばれた下からの民主的方法の統一に、プロイセン王フリードリヒ＝ヴィルヘルム4世は"議会の恩恵による"ドイツ皇帝の帝冠を拒否する。

ドイツ、統一へ

プロイセンの王室主導の（上からの）ドイツ統一は、エルベ川以東の地主貴族ユンカー出身のビスマルクが1862年、ヴィルヘルム1世のもとで宰相になり実現した。議会を停会して、鉄血演説（鉄血政策）による軍拡路線を進めたが、その陸軍参謀総長はモルトケであった。ライン川下流のエッセン[*]に設立された大軍需企業がクルップだ。

ビスマルクは、1864年にオーストリアと共にシュレスヴィヒ・ホルシュタイン両州をめぐるデンマークとの戦争に出兵。その処理を故意にこじらせ1866年にプロイセン＝オーストリア戦争（普墺戦争）に突入し7週間後に勝利した。

敗れたオーストリアはドイツから除外され、オーストリア＝ハンガリー帝国を形成。これはアウスグライヒ（妥協）と呼ばれるが、この体制で第一次世界大戦に突入する。敗れたオーストリアを鼓舞するためにヨハン＝シュトラウスが作曲したのが「美しき青きドナウ」だ。これはオーストリア第2の国歌といわれる。オーストリア皇帝フランツ＝ヨーゼフ1世の妻で、保守的なオーストリアを嫌い、ハ

> [*]
> ドイツ重工業の中心。
> ルール工業地帯が形成されたのは1850年代。

ドイツ統一

ンガリーに親近感を持った美女がエリザベートだ。

　勝利したプロイセンはマイン川以北に北ドイツ連邦を結成。これが1867年のドイツの政治統合だ。

　北ドイツ連邦が、カトリック教徒が多いバイエルンなど親オーストリア、親フランスの南ドイツに拡大するのは次の戦争の結果である。策士ビスマルクは1870年、スペイン王位継承問題に関連したナポレオン3世からヴィルヘルム1世への電報文を改竄し（エムス電報事件）、開戦を唆し、プロイセン＝フランス戦争（普仏戦争）に突入。スダンの戦いでナポレオン3世を破り、占領中のヴェルサイユ宮殿鏡の間でドイツ帝国の成立を宣言した。

　その後、フランクフルト条約でナポレオン3世の影響下にあった南ドイツ4邦とアルザス・ロレーヌ地方を北ドイツ連邦に編入した。これがドイツ第2帝国（1871〜1918年）だ。ちなみに第1帝国は神聖ローマ帝国（962〜1806年）、第3帝国はナチス・ドイツ（1933〜45年）。

ホーエンツォレルン朝ドイツ帝国

　ドイツ帝国憲法では2院制が採用され、22君主国と3自由市の代表で構成されたのが連邦参議院と帝国議会。25歳以上の男性普通選挙による。領邦数が約300（1648年）から39（1815年）、そして25となった。宰相は議会に対してでなく、皇帝に対して責任を負うので議会責任内閣制ではなかった。つまりイギリスのような議会責任内閣制（議院内閣制）ではなかった。1871年に金本位制を導入、1873年にライヒスバンクを設立した。

　ビスマルクは南西ドイツのカトリック教徒を基盤とする中央党と議会内で文化闘争を展開。その背後にはローマ教皇ピウス9世がいた。中央党は現在のキリスト教民主同盟につながる。

　ドイツの社会主義は、ラサール派とマルクスの弟子ベーベルらのアイゼナッハ派が合同したマルクス主義のドイツ社会主義労働者党。この党は1875年のゴータ綱領により設立された。ビスマルクは皇帝狙撃事件をきっかけに1878年に社会主義者鎮圧法を発布。これが労働運動と社会主義に対する"ムチ"なら、災害保険・養老保険・疾病保険などのビスマルクの社会政策は革命勃発阻止のためのアメである。

　1878年にはベルリン会議で「誠実な仲買人」としてイギリスとロシアの

衝突を回避。1879年には**保護関税法**[*]を制定。穀物輸出のための自由貿易を唱えてきたユンカー層も、アメリカからの安価な穀物流入により高関税政策に転じた（「穀物と鉄の同盟」＝ユンカーと資本家）。ビスマルクは1888年に即位した第３代皇帝**ヴィルヘルム２世**と独露再保障条約更新の件で対立し、1890年に更迭された[**]。こうして1890年、社会主義政党が合法化され**ドイツ社会民主党**が設立される。同党は1891年にマルクス主義的な**エルフルト綱領**を採択した。ドイツ社会民主党はフランス革命100周年の1889年にパリで結成された**第２インターナショナル**の中心政党となる。世界大戦の暗雲漂う1912年のスイスにおける**バーゼル臨時大会**で戦争反対を決議したが、1914年に第一次世界大戦が勃発するとドイツ社会民主党が戦争政策を支持、ゆえに第２インターナショナルは崩壊した[***]。インターナショナリズム（国際的連帯）という理念もナショナリズム（国家主義）という現実の前では無力なのである。

ウィーン体制下のイタリア

　ここでウィーン会議後のイタリアに目を向けよう[****]。

　南イタリアとシチリア島では**ブルボン家**の支配が復活した。中部イタリアとヴェネツィアとロンバルディアは**ハプスブルク家**の勢力圏。ピエモンテとジェノヴァはサルデーニャ島とともに**サヴォイア家**の支配。ローマ付近は**ローマ教皇領**となる。

　これらに対する革命運動は、まずナポリとピエモンテにおける革命結社**カルボナリ**（炭焼党、スパゲッティカルボナーラは炭焼きでつくる）の活動

9章

ドイツ史（イタリア史・スペイン史・ネーデルラント史・スイス史）

統一前のイタリア

201

（1820〜21年）があったが、これはバブーフ主義者との提携による急進的な運動であったので、オーストリアのメッテルニッヒの介入で敗北する。

パリ7月革命の影響で1831年マッツィーニがマルセイユで青年イタリア党を結成し、共和主義戦術による統一を志向する。カルボナリの再度の蜂起も失敗に終わる。

パリ2月革命の1848年、サルデーニャ王国のカルロ＝アルベルト王がオーストリアに宣戦したが、ノヴァラの戦いでオーストリアのラデツキー（行進曲が有名、ヨハン＝シュトラウス作曲）将軍に敗北。また1849年にマッツィーニがローマ共和国を樹立するが、フランスのルイ＝ナポレオン大統領は教皇領の保護者となって皇帝に就任する野心を持っていたので軍事介入し、ローマ共和国は崩壊した。ドイツ同様、1848〜49年の下からの統一、つまり民主的な共和国としての建国は実現しなかった。

イタリア統一

イタリア語でローマ帝国の「復興」を意味し、統一民族国家の樹立のための運動をさす「リソルジメント」は、新国王ヴィットーリオ＝エマヌエーレ2世と1852年に就任（同年ナポレオン3世即位）した宰相カヴールにより実現することになる。ちなみに2人はフランス語を話していた。イタリア語とはトスカナ語のことである。

1855年のクリミア戦争参戦によりナポレオン3世を敵にまわさないようにし、ナポレオン3世と結んだプロンビエールの密約でサヴォイア・ニースの割譲と引き換えに、フランスの対オーストリア戦支援を約束させる。このようにフランスの援軍を得て1859年イタリア統一戦争を開始する。

サルデーニャはマジェンダとソルフェリーノの戦いで大勝した。この戦いの悲惨さから1863年、スイスの銀行家デュナンが国際赤十字社を設立、1901年にノーベル平和賞初受賞者となった。デュナンはクリミア戦争時の英人女性ナイティンゲールの活躍に刺激された。

19世紀後半は国際協力運動や組織が進展した時代だった。フランス貴族クーベルタンが提唱し、国際オリンピック大会の第1回大会がアテネで開催された。1865年にパリで国際電信連合、1875年に万国郵便連合が組織された。

さて、サルデーニャの強大化を恐れたナポレオン3世はヴィラフランカの和でオーストリアと単独講和。1860年サルデーニャは**ロンバルディア獲得**を達成する（中心ミラノ）。1860年**パルマ**（パルメザンチーズとハムが有名）・モデナ（バルサミコ酢で有名）・トスカナ（キャンティ赤ブドウ酒で有名）など**中部イタリア併合を承認**と引き換えに**ニース**と**サヴォイア**をフランスに割譲。同年、青年イタリアの**ガリバルディ**が**千人隊（赤シャツ隊）**を率いて**シチリア島**のマルサラに上陸、**パレルモ市街戦**でブルボン家軍を破り、ナポリとともにサルデーニャ国王に献上した。

こうして1861年トリノを首都として**イタリア王国**が成立。1865年フィレンツェに遷都後、1866年の**プロイセン＝オーストリア（普墺）戦争**の時、プロイセンと同盟して**ヴェネツィア**を併合、1870年の**プロイセン＝フランス（普仏）戦争**でナポレオン3世が兵を引いた間隙をついて**教皇領を占領**し、1871年にローマへ遷都。**教皇ピウス9世**は「**ヴァチカンの囚人**」となって、1929年ムッソリーニ政権とのラテラノ条約による和解までイタリア王国と教皇庁は断交する。1871年イタリア国会は教皇の身分を保証する法律を通過させて教皇に主権者たる地位、外交交渉権、325万リラの年金を保証したが、教皇ピウス9世はイタリア王を破門した。中世初期以来のヨーロッパ史の一つの課題であった教権と帝権の争いはここに終結した。

南チロルと**イストリア（トリエステを含む）**は「**未回収のイタリア**」として第一次世界大戦後のオーストリアとの**サンジェルマン条約**による獲得までお預けとなる。

パルマハム

パルマの駅前のレストランでハムだけを注文してみたら、これが出てきた。たしかに美味だった。ただ私にはマドリード・サンタアナ広場のCerveceria Alemanaのハモンセラーノが最高だ。

9
章

ドイツ史（イタリア史・スペイン史・ネーデルラント史・スイス史）

オランダ、ベルギーの19世紀

スペイン継承戦争のラシュタット条約（1714年）で南ネーデルラント＝ベルギーはオーストリア領となった。

フランス革命中の1795年にはフランス革命軍が侵入し、オランダにはフランスの衛星国バタヴィア共和国が成立。南ネーデルラントも支配した。1806年にはナポレオン1世の弟ルイが国王となる**ホラント王国（オランダ王国）**が成立、しかし1815年のウィーン議定書では**オラニエ家（オレンジ家）**が復位した。オランダはオランダ立憲王国となり、**セイロン島（スリランカ）**と**ケープ植民地**をイギリスに割譲したものの、**ベルギーを併合**した。この後、ベルギーは1830年の7月革命の影響でオランダから独立した。

南部ネーデルラントと北部ネーデルラントとは民族、宗教が違う。ちなみに南部の宗教は概して**カトリック**で**ラテン系民族**。北部は**カルヴァン派**、通称ゴイセンで**ゲルマン系民族**。そしてベルギー[*]は1839年に永世中立国になる。

オランダは1830年ジャワ島でオランダ領東インド総督ファン＝デン＝ボスによるコーヒー、サトウキビ、藍、茶、肉桂（シナモン）など**商品作物**の**強制栽培制度**を実施する。1910年頃にオランダ領東インド、つまり現在の**インドネシア**の領域が確定。社会の流通経済は華人（華僑）に担わせ経済搾取が行われたが、インドネシア人の憤慨と憎悪を華僑に集中させた。

一方ベルギーは国王レオポルド2世が支援した**スタンリー**の探検でコンゴを領有、問題は後代の1960年のコンゴ動乱へと続く。

ビスマルク外交

次にビスマルク外交の推移と蹉跌、つまりフランス孤立化政策の維持と失敗を見ていこう。これはフランスに**アルザス・ロレーヌ**を奪還されないことを目的とした。

1871年にドイツ帝国が成立すると、1873年に**ドイツ・オーストリア・ロシア**で**3帝同盟**を結ぶ。第3「共和政」フランスに3「帝政」で対峙するという構図だ。しかし5年後の1878年、3帝同盟はベルリン会議のために終了する。ビスマルクがイギリスのロシアの南下政策阻止に加担したから

だ。

　代わって1879年、**独墺同盟**成立。1881年には
2度目の**3帝同盟**成立。

　同年、**フランス**がチュニジアを保護国化したの
で、これに脅威を感じたイタリアを抱き込み、翌
1882年に**3国同盟**をドイツ・オーストリア・イタ
リアの3国で締結。1887年に3帝同盟が終わると、
今度は同年、**独露再保障条約**を結びロシアをつなぎ
とめる。しかしビスマルクを更迭した皇帝**ヴィルヘ
ルム2世**は1890年に同条約を更新しなかった。

■ ドイツ包囲網の完成と第一次世界大戦

　ここからはドイツ包囲網の完成への道程である。
　カイザー（ドイツ語の〝カエサル〟）ヴィルヘル
ム2世の**世界政策**のスローガンは「**新航路**」。（新宰
相カプリヴィが推進）。

　1891年、ビスマルクが懸念した**露仏同盟**が成立、
1894年には軍事同盟となる。フランスの孤立が終
了した。一方イギリスは「**光栄ある孤立**」を保つ。

　1895年、日清戦争後に**黄禍論**者のヴィルヘルム
2世は**ロシア・フランス**と共に**三国干渉**。これを機
に1896年、本格的に世界政策に乗り出す。海軍元
帥の**ティルピッツ**による海軍の大拡張を敢行、
1898年には海軍増強法が成立する。同1898年に
は南スーダンで英仏軍が衝突、**フランス譲歩**で落着
する**ファショダ事件**である。

　ドイツは1899年にトルコのコニアからバグダー
ドをへてペルシア湾に至る**バグダード鉄道**敷設権を
獲得し、1903年に会社を設立。**3B政策**（ベルリ
ン・ビザンティウム・バグダード）を展開した。実
際には鉄道は一部のみの開通となった。

ベルギーワッフル
これがベルギーのブリ
ュッセルで一番人気の
店のベルギーワッフル。

*
**オランダ・ベルギー国
境**
「国境なき欧州」が揺
らいでいる。移民の流
入はボーダーレス社会
を再びボーダーフル社
会に変えようとしてい
る。この写真、息子は
オランダ、娘はベルギ
ー、私は国境線に立っ
ている。このような光
景がいつまで続くかわ
からない。

1902年日英同盟が成立し、イギリスの「光栄ある孤立」が終了。また仏伊協商でイタリアが北アフリカのトリポリ・キレナイカの優先権とフランスのモロッコの優先権を確認する。

1904年の英仏協商では、イギリスのエジプト優先権、フランスのモロッコ優先権を相互に承認する。

1905年には、ヴィルヘルム2世がスペイン領タンジール港に突然入港し、モロッコの領土保全・機会均等を要求する第一次モロッコ事件＝タンジール事件が起きる。

1906年、タンジールの対岸のスペインでアルヘシラス会議*が開かれ、イギリスがフランスを支援しドイツが譲歩。モロッコはフランスとスペインの勢力圏となった。

1907年の英露協商では、イギリスのイラン東南部とアフガニスタンにおける優先権、ロシアのイラン北部における優先権、チベットの不干渉を相互に承認した。また同年の日仏協約では、日本の朝鮮・関東州、フランスのインドシナの地位を相互に承認する。さらには日露協約で日本の朝鮮、ロシアの外モンゴルの優先権の相互承認と満州での勢力圏が確定した。

1908年、青年トルコ革命を機にオスマン帝国からブルガリアが独立。またオーストリアがボスニア＝ヘルツェゴビナを併合し、住民の3割を占めるセルビア人の反発を招く。1911年にモロッコで先住民の反乱を鎮圧するためフランス軍が出動すると、ドイツ軍艦がアガディール港に入港しフランスと対立する第2次モロッコ事件＝アガディール事件が起きた。翌1912年のフェス条約でフランスはモロッコを保護国化した。

1911～12年のイタリア＝トルコ戦争でイタリアがトリポリ・キレナイカをオスマン帝国から獲得し、古名を復活させリビアと呼んだ。

1912年、イリリア人のアルバニアがオスマン帝国より独立。

また、セルビア・モンテネグロ・ブルガリア・ギリシアのバルカン同盟がオスマン帝国に宣戦して、第1次バルカン戦争**が勃発。この戦争でブルガリアが領土拡大しすぎたので、1913年には残りの3国にルーマニアとオスマン帝国もが加わってブルガリアと戦う第2次バルカン戦争になる。こうしてスラヴ系ブルガリアは、親ドイツのエンヴェル＝パシャが指導するオスマン帝国と共にゲルマン人のドイツ・オーストリア主導の3国同盟に接近した。

では、第一次世界大戦の経過を追ってみよう。

1914年6月28日、陸軍大演習視察のため国内ボスニア＝ヘルツェゴビナの州都サライェヴォに到着した**オーストリアの皇位継承者フランツ＝フェルディナンド夫妻**を、反ハプスブルク民族主義的組織に属していた**セルビア人青年が暗殺**。これが**サライェヴォ事件**だ。

7月28日、ドイツの強いあと押しでオーストリアがセルビアに宣戦して第一次世界大戦が勃発した。ロシアはセルビアを支援するために**総動員令**を発布。ドイツは**シュリーフェン作戦**どおりフランスの短期打倒を図り、**ベルギーの中立侵犯**を敢行。これがイギリス参戦の口実となる。8月26日、東部戦線のドイツとロシアの**タンネンベルクの戦い**。ヒンデンブルク将軍と参謀ルーデンドルフ率いるドイツ軍は大勝利を収め、以後、ロシアは消極的な戦いを強いられる。以後も東部戦線は続いたが、1917年、ロシア革命が勃発してロマノフ王朝が倒れ、ロシアの新政権は**ブレスト＝リトフスク条約**を締結して停戦、東部戦線は終了した。「クリスマスまでには戦争を終わらせて家に帰る」と海外旅行気分で出発した戦いは意外な展開になる。

西部戦線においても初めはドイツが優勢だった。しかし英仏軍との**マルヌの戦い**で膠着、ドイツは侵攻を停止し、**塹壕戦**となる。1916年、膠着状態を打開したいドイツ軍は、フランスの拠点であるヴェルダン要塞への大規模な攻勢を開始する。これが**ヴェルダンの戦い**で、10カ月に及んだ。ヴェルダンの戦いは第一次世界大戦で最も長く激しい戦闘となり、両軍合わせて約70万人の死者が出た。

第一次世界大戦において初めて実戦に投入された

＊
ドイツの依頼によりこの会議を開催したのがセオドア＝ローズベルト米大統領。米国もモロッコに野心を抱いていた。

＊＊
1913年、第1次バルカン戦争のロンドン条約でオスマン帝国はクレタ島を放棄しギリシア領になる。

のが毒ガス*・飛行機・戦車だ。

毒ガスは1915年のイープルの戦いでドイツ軍が使用し、多くの犠牲者を出した。

ライト兄弟の初飛行は1903年であるが、第一次世界大戦で早くも登場した。戦争後期になると、爆撃機によるイギリスへの空襲なども実施された。初めて戦場に投入された戦車はイギリスのマークⅠ戦車。1916年のソンムの戦いで登場した。

1918年にはスペイン風邪**が流行し、全世界で4000万人の死者を出した（第一次世界大戦全体の戦死者850万人をはるかに凌ぐ）。「ベルエポック（Belle Époque）」とは、第一次世界大戦前数十年間、近代文明の発展が豊かさを人類にもたらしてくれるという高揚感と楽観論、つまりフランス語の「すばらしい時代」だったが、これが完全に過ぎ去った。シュペングラーの著書『西洋の没落』の時代となった。

第一次世界大戦の条約

第一次世界大戦にともない、ヨーロッパで4つの王家の支配が終焉した。ホーエンツォレルン家、ハプスブルク家、ロマノフ家、オスマン家である。そこから7つの新興国民国家が誕生した。フィンランド共和国、エストニア、ラトヴィア、リトアニア、ポーランド共和国、チェコスロヴァキア共和国、セルブ＝クロアート＝スロヴェーン王国だ。

ヴェルサイユ宮殿鏡の間におけるパリ講和会議の全権は、ウィルソン（米）、ロイド＝ジョージ（英）、クレマンソー（仏）、オルランド（伊）、西園寺公望（日）など。

ドイツが結んだヴェルサイユ条約は、アメリカのウィルソン大統領が1918年1月に発表した14カ条の平和原則に即したものとなった。ドイツはすべての海外植民地と権益を放棄することになり、山東半島（青島）の権益は日本に***割譲された。赤道以北の太平洋諸島（マリアナ・カロリン・マーシャル・パラオ）は日本による、以南のビスマルク諸島はオーストラリアによる、西サモアはニュージーランドによる国際連盟委任統治領になる。アフリカではトーゴ、カメルーン、東アフリカ、南西アフリカを放棄。

ヨーロッパでは、アルザス・ロレーヌをフランスに返還。ポーランドにバ

ルト海に通じる地域（**ポーランド回廊**）を割譲。**ザ
ール地方**は国際連盟の管理下に置き、15年後に住
民投票で帰属を決定。ただし炭鉱の採掘権は**フラン
ス**が有する。**ダンツィヒ**は自由都市とし国際連盟の
管理下に置き、港湾管理権は**ポーランド**が有する。
シュレジエンの一部もポーランドに割譲。

　こうしてドイツは領土の7分の1（本国領土の
13分の1と海外植民地の100％）、人口の10分の1
を失い、東プロイセンと分断された。徴兵制は廃止
され、陸軍は10万、海軍は1万6500の兵員に制限
され、航空機・潜水艦の所有は禁止された。また、
ラインラントは非武装（ライン川左岸は連合国軍に
より15年間占領。右岸の50kmは非武装）とされた。
戦争責任はドイツにあるとされ、**賠償金**の支払い義
務を課せられ、1921年に**1320億金マルク**に決定、
これは当時のドイツの年総論出額の20倍だった。

　オーストリアは**サンジェルマン条約**を、ハンガリ
ーは**トリアノン条約**を締結し、オーストリア＝ハン
ガリー帝国が解体。**ドイツ・オーストリア合併禁止**
は**民族自決の原則**の適用外だ。オーストリアの領土
の一部は、**ポーランド、チェコ、セルブ＝クロアー
ト＝スロヴェーン王国**に割譲。「未回収のイタリア」
はイタリアに割譲された。ハンガリーは、**スロヴァ
キア**をチェコに、**クロアチア・ボスニア**をセルブ＝
クロアート＝スロヴェーン王国に、**トランシルヴァ
ニア**をルーマニアに割譲した。ブルガリアは**ヌイイ
条約**を、オスマン帝国は**セーヴル条約**を戦勝国と結
んだ。

┊ **ドイツ革命**

　第一次世界大戦中に**ドイツ社会民主党**は分裂し

＊
毒ガス開発の指揮をと
ったユダヤ人化学者ハ
ーバーは、後に強制収
容所のユダヤ人ホロコ
ーストに使用される殺
虫剤チクロンBという
物質も開発した。

＊＊
西部戦線が膠着状態に
陥った理由には、兵士
が塹壕で密な状態にな
った戦いが3年も続い
ているところにインフ
ルエンザウイルスが侵
入したことが影響した。
「スペイン風邪」という
名称は、中立国だった
スペインだけが報道統
制がなく、国王や閣僚
も風邪に倒れ、国家機
能が麻痺したことが
大々的に報じられたこ
とに由来する。スペイ
ン政府はこの命名に抗
議した。この風邪の最
初の発生地は米国カン
ザス州ファンストンの
基地とされるが、フラ
ンス起源説や中国起源
説もある。

＊＊＊
第1次世界大戦で日本
艦隊はイギリス連邦
（カナダ・南アフリカ）
を守った。地中海のマ
ルタには記念碑がある。

た。社会民主党はビスマルク更迭にともない1890年に合法化されたが、20世紀に入る頃にベルンシュタインの修正主義に転じ、革命ではなく議会活動により社会的公正を目指す路線に変更していた。同党の主流派は戦争支持・国内平和政策であったので、党内反戦派と左派スパルタクス団は独立社会民主党を結成し、反戦運動を展開した。

1918年11月3日、北部キールの軍港で水兵の反乱が起き、これが北ドイツ各地に波及する。レーテ（＝労働者、兵士協議会）が結成され、革命の波はベルリンへ波及しシャイデマンが共和国宣言。11月10日に皇帝ヴィルヘルム2世は退位し、11月11日には社会民主党主流派のエーベルトを首班とした臨時政府が連合国と休戦条約を結んだ。

ドイツは降伏後も港湾封鎖が解かれず、多数のドイツ人が餓死した。

臨時政府は革命の急進化を抑制し、軍部・旧勢力と妥協を図ると、スパルタクス団のポーランド系ユダヤ人女性ローザ＝ルクセンブルクとカール＝リープクネヒトは、レーテを基礎とする社会主義国家樹立を目指してベルリン蜂起を起こしたが、失敗して両指導者は虐殺された。こうして終了したのがドイツ革命である。ヒトラーはこれをロシア革命の影響を受けた工作員の仕業だと固く信じた。

┃ ヴァイマル共和国

1919年2月にヴァイマル国民議会が開かれ、8月にはヴァイマル憲法が制定された。国民主権、男女平等の普通選挙、直接投票の大統領制（任期7年）、労働者の団結権、団体交渉権を定めたが（人間らしい社会生活をおくる権利＝社会権が認められた）、48条の大統領の非常大権行使がのちに問題化した。初代大統領は社会民主党のエーベルトで社会民主党、民主党、中央党のヴァイマル連合による連立内閣であった。

過酷なヴェルサイユ条約に対して政府は履行政策をとったが、ドイツを犠牲にしてヨーロッパ秩序の再編を目指すヴェルサイユ体制*に対するドイツ国民の反発が強く、右翼勢力が台頭する土壌となる。他方で、比例代表選挙制は多党分立状況を導き、有能な政治的リーダーシップの確立に失敗した。

1920年の軍部帝政派のクーデター、カップ一揆は労働者のゼネストにより失敗した。1922年にはソ連とラパロ条約を結び、戦前債務と戦後賠償を

相互に破棄、ソ連を国際的に最初に承認したが、外相ラーテナウは暗殺された。

　1923〜25年の**フランス**と**ベルギー**による**ルール占領**に対しては、ストライキで消極的に抵抗。その結果起きたマルクの価値が戦前の1兆分の1というインフレーションに対して、シュトレーゼマンの挙国一致内閣は不動産を担保にした**レンテンマルク**の導入を決定、シャハトが国家通貨委員となりレンテンマルクを発行しインフレを収束させた。これを「レンテンマルクの奇跡」と呼ぶ。

　このような状況において1923年にヒトラーはヴァイマル共和国政府に憤り、第一次世界大戦中に「**総力戦**」という語を生みだした**ルーデンドルフ**将軍を擁立し、**ミュンヘン一揆**を起こしたが失敗して投獄（軟禁）された。この一揆にはバイエルン（ミュンヘン）のベルリンに対する分離主義の表明という側面もある。

　シュトレーゼマンはヴェルサイユ条約履行を推進、1924年には**アメリカ**の資本を導入する**ドーズ案**[**]を受け入れる。これは合衆国資本の貸与によるドイツの経済復興、経済回復による英仏への賠償支払い、ドイツから得た賠償金を英仏はもちろん独も合衆国への戦時債権返済に充てる、というプランである。

　シュトレーゼマンは1925年にはマルクス内閣の外相としてフランスの**ブリアン**やイギリスの**オースティン＝チェンバレン**と共に、スイスで**ロカルノ条約**を結び、**ラインラントの非武装**を再確認し、**協調外交**を展開し地域的集団安全保障を確立。1926年のベルリン条約でソ連と友好条約を結び、また**国際連盟加入**を実現、ノーベル平和賞を受賞した。しか

＊
1922年11月にドイツに発足したクノー政権は、ヴェルサイユ条約の賠償金支払拒否を打ち出した。これに対してフランス・ベルギーがルール占領を実施した。

＊＊
ドイツの賠償金額は330億ドル相当。アメリカの銀行が250億ドルをドイツに融資するプラン。

9章

ドイツ史（イタリア史・スペイン史・ネーデルラント史・スイス史）

し、1925年には第一次世界大戦の東部戦線**タンネンベルク**の戦いの英雄**ヒンデンブルク**が大統領に就任、社会民主党が後退し軍部、官僚、独占資本が進出し始めた。

アドルフ゠ヒトラー

　ウィーン出身の**アドルフ゠ヒトラー**は1919年に**ミュンヘン**でドイツ労働者党に入党。翌1920年には**国民（国家）社会主義ドイツ労働者党＝ナチス**と党名を変更し、**25カ条綱領**で、打倒ヴェルサイユ体制、徴兵制復活、ドイツ民族の優越、大ドイツ主義（オーストリア併合）、反ユダヤ、反資本主義、反共産主義を謳った。党員は拡大し、**突撃隊**は数千規模になる。

　しかし1923年の**ミュンヘン一揆**に失敗し投獄される。合法路線への変更を痛感したヒトラーは軟禁状態で『**わが闘争**』を著し、**大衆の心理を強い者に身をまかせたがる女性心理**になぞらえる。ちなみに1928年には共産党と社会民主党を合わせて、ドイツのマルクス主義政党の得票率は40％を超えていた。

　1929年の世界恐慌の到来で**ナチス**は共産党とともに議席を増やし、**1932年7月の選挙**で得票率37.4％で第1党となる。11月の選挙でナチスが後退したために、大統領のヒンデンブルクは**シュライヒャー**に組閣させたが、共産党が議席を増進したので財界、保守勢力は危機感からナチスを支持するようになる。大資本や労働組合に反感を持つ農民、中産階級、**共産党の進出を懸念する軍部や資本家、ヴェルサイユ条約に反対する国民の不満**がナチス支持の背景にある。ナチスは街頭のテロ活動で政敵を圧倒、突撃隊や**親衛隊**がその原動力であった。映画や街宣車、レコードなど**ゲッベルス**による大量宣伝活動も奏功した。ヒトラーほど科学技術に熱中し、情報に通じた政治家はいなかった。

　ヒトラーはタバコ嫌いで周囲での喫煙は厳禁。ほとんど飲酒しなかったが、夜型で会議はしばしば深夜から明け方に開かれた。コミュニケーションに障害があり、リラックスした会話が苦手で、批判されるのが大嫌い。だが来客うけはよかった。教育コンプレックス、軍歴コンプレックス、家系コンプレックスもあった。両親はいとこ同士で、代々近親婚の一族であった。オーストリアのグラーツに在住していた母方の親戚ファイト家は統合失調症の

一族で、いとこは後に生きるに値しないとしてガス室で安楽死させられている。父方の家系にはユダヤ人疑惑がつきまとう。

　ヒトラーは権力の座に就いた後、自らも顧問弁護士に家系調査を行わせ、家の系図を作り直すことに成功したが、うかつにも作成者がユダヤ人の名前を家系図に入れてしまう。ポーランドのある地域にはヒトラー姓のユダヤ人が住む地域がある。ニューヨークのエリス島の移民局には、ヒトラー姓のユダヤ人の移民記録が残る。権力者ヒトラーの悩みの種は、甥ウィリアム＝パトリック＝ヒトラー。ドイツで「出自のことを暴露する」と脅迫され、移住先のアメリカで、アメリカ海軍への入隊という裏切りも被った。甥もまた常軌を逸した行動をとる男であった。

　画家になりそこねたヒトラーは、美しきドイツ人をデザインしようとした。ヒトラーの時代、金髪で瞳の青い目の子供を連れたお母さんは、スーパーのレジで優先的に買い物ができた。次世代を担う美しきドイツ人を大切にしたのだ。これがヒトラーの社会デザインである。

　ヒトラー思想のキーワードは「人種」。19世紀に流行った**反セム主義**（セムはノアの子。ユダヤ人はセム語族）と**進化論**に傾倒した。独特の来歴から反ユダヤ的な思想を持っていたヒトラーは、美しきアーリア人種のレーベンスラウム（**生存圏**）を東方に拡大するため、ユダヤ人とスラヴ民族は消えるべきだ、淘汰されるべきだと考えた。ロシア＝ボルシェビズムはユダヤ＝ボルシェビズムの化身。ポーランド人やロシア人、ウクライナ人は"人間ではない"と規定した。

＊
ミュンヘン、ホーフブロイハウス
ヒトラーが演説をしたビアホール。ドイツ人の酔っぱらいと私。1979年。

＊＊
がん検診、禁煙運動、メタボリック対策、有害食品の制限、積み立てによる海外旅行、中高年の優先雇用、母子支援、住宅ローン、近距離通勤、社員食堂の設置などがナチス政権下で行われた。

ヒトラーは、第一次大戦でドイツが敗れた理由の一つは、ユダヤ商人の不正な投機を目的とした隠匿行為によって国内で食糧が不足したためであったと固く信じていた。ヒトラーはドイツ中の聖書から、イエスがユダヤ人であるという記述を削除させた。

ヒトラー政権誕生

さてドイツの戦争責任について、1929年の新賠償方式の**ヤング案**[*]では、賠償額そのものを減額。1931年の**フーバー＝モラトリアム**では戦債、賠償の１カ年支払いを猶予。1932年の**ローザンヌ会議**でさらに削減され、支払い可能になるまで取り立ては延期、アメリカの戦債も解消した。しかし翌年、政権に就いたヒトラーは、ヤング案に怒り賠償を打ち切ってしまう。1933年１月、ヒトラー内閣が成立。２月の**国会議事堂放火事件**をきっかけに"お約束の"**共産党解散**を達成。３月には**全権委任法**を通しヴァイマル憲法を停止しナチスの独裁が成立する（**第３帝国**）。10月には国連を脱退（ちなみに日本の国連脱退は同年３月）。1934年にドイツ国防軍と対立していた親友で突撃隊長の**レーム**や前首相シュライヒャー将軍を粛清したあと、ヒンデンブルク大統領が死去すると、ヒトラーは**総統（フューラー）**と称し兼任する。

ナチスのユダヤ人迫害により、物理学者**アインシュタイン**やドイツ系文学者**トーマス＝マン**らが国外に亡命した。ヒトラーは異常なほどの反ユダヤ主義に固執したので、物理学をユダヤ人の学問と誤解し、核物理学のノーベル賞受賞者である**ハイゼンベルク**を遠ざけたり、チェコにあるウランの大鉱山を有しながら原爆の開発を禁止した。1935年の**ニュルンベルク法**ではユダヤ人の公民権が制限された。**反セム主義**の信奉者ヒトラーによる**ユダヤ人迫害**は1936年の**ベルリン＝オリンピック**でいったん緩和されたが、各国の報道陣が去ると再び激化し、1938年には「**水晶の夜**」と呼ばれたユダヤ商店への破壊行為がなされた。1939年からは強制収容所、とくに1942年には現ポーランドに**アウシュヴィッツ強制収容所**[**]がつくられ、ユダヤ人の他に**ロマ**（ジプシー）や共産主義者、同性愛者や「エホバの証人」（キリスト教系の宗教）も収容された。労働組合はナチスの御用組織「ドイツ労働戦線」に再組織された。思想は弾圧され、秘密警察**ゲシュタポ**による恐怖政治が行われ

た。

　経済政策委員会の**ゲーリング**による**第1次4カ年**
計画により高速道路**アウトバーン**がつくられ、
1936年からの第2次では「**バターより大砲**」をス
ローガンに、重工業が振興され着々と戦時体制への
自給自足体制（**アウタルキー**）の完成がすすんだ。
　1933年初めヒトラーが政権を取った時期の失業
者は600万人であったが、1936年には100万人に
まで減少した。比率にすると、1932年が30％、
1933年が25％、1938年には1.9％になった。実質
賃金も1938年には、1932年比14％上昇した。ナチ
スは共産主義のように階級闘争を煽るのではなく、
階級全体の底上げによる生活水準の向上を図り、労
働者を大切にした。労働者は1933〜37年比で50
％の所得増となった。同時期のＧＮＰ（国民総生
産）の成長率も年率11％だった。

┃ **ヒトラーの対外政策**

　対外政策としてはドイツ人の**レーベンスラウム**
（**生存圏**）の確保を目標として**ヴェルサイユ条約**の
破棄を目指し、**1933年国際連盟**と軍縮会議から脱
退。1935年には住民投票で**ザール編入**を実行。**再**
軍備宣言をして**徴兵制**を復活させ、ヴェルサイユ条
約を明白に無視した。
　これに対し、**1935年4月**にイタリアの**ムッソリ**
ーニは英仏と**ストレーザ戦線**を形成して対抗。ド
イツにヴェルサイユ条約無視を抗議したが、実効性は
なかった。5月の**仏ソ相互援助条約**や**ソ＝チェコ相**
互援助条約が結ばれドイツ包囲網が形成されると、
ヒトラーはこれを**ロカルノ条約違反**と見なした。6
月イギリスは対独宥和政策として**英独海軍協定**を結

＊
330億ドルの賠償金を
80億ドルに減額。ア
メリカはドイツの復興
に積極的に関与した。

＊＊
アウシュヴィッツのガ
ス室

これがガス室の入り
口、ホロコーストの現
場。アウシュヴィッツ、
ビルケナウ。内部の写
真の掲載はさすがには
ばかられる。

＊＊＊
アウトバーンの建設費
のうち46％が労働者
の賃金に充てられた。

び、ドイツにイギリスの35％の軍艦と45％の潜水艦を認め、自身ヴェルサイユ条約に違反した。

ヒトラーは著書『わが闘争』で、イギリスとは戦いたくないと明確に意思表明していた。イギリスのほうも、左傾化したフランスへの期待感ではなく、ドイツの復興こそがヨーロッパ経済の復興に肝要と考えた。それをヒトラーも知っていた。

こうして1936年にドイツは**ロカルノ条約**を破棄し、**ラインラント**に侵攻した。

戦間期のイタリア

イタリアは1914年、第一次世界大戦勃発時には「中立宣言」を出したが、1915年のロンドン密約で参戦と引き換えに「**未回収のイタリア**」の割譲が約束され、**三国同盟国オーストリア**と開戦。オルランドを全権としたパリ講和会議における**サンジェルマン条約**で**南チロル・イストリア**（トリエステを含む）は領有したものの、**フィウメ**（アドリア海北端の港湾都市）領有が認められずヴェルサイユ体制に不満を持った。そして同地を愛国詩人**ダヌンチオ**が義勇兵を率いて占領した。第一次世界大戦の戦費の8分の7が外債で、戦後の経済危機のなかで共産主義勢力が台頭。**グラムシ**や**トリアッティ**が1921年に結成したのが**イタリア共産党**。これは1892年創設の**イタリア社会党**の改良主義に不満を持った勢力が結党したものだった。工業地帯の**北イタリア**では**ストライキ**、封建的大土地経営が残存した南部では土地闘争が頻発した。

もと社会党員の**ムッソリーニ**は1919年にミラノで**ファシスト党**（戦闘ファッショ）を結成。社会主義と国粋主義を説くが、反共に路線変更。これを資本家、地主、軍人が支持し運動が発展。**1922年**の**ローマ進軍**によりムッソリーニ政権が誕生した。定期運行の夜行列車でローマに到着し、王に召されて政府をつくるよう勅命を受けたあと、再度ローマへ徒歩で凱旋行進をしたのである。1926年に**一党独裁制**が確立、1928年にできた**ファシズム大評議会**が国家最高議決機関で独裁体制が完成した。

対外政策としては**アドリア海**を制圧し、1924年に**フィウメ**を併合、1926年には**アルバニア**を保護国化した。1929年には**ラテラノ条約**で教皇

ピウス11世と和解し、**ヴァチカン市国**の独立を承認。イタリアは**カトリック**を国教とした。

　世界恐慌への対策としては1935年に**エチオピア**に侵入し、国王**ハイレ=セラシェ**を退位させ1936年に併合。1937年に**国連脱退**、1939年には**アルバニア**を併合した。また、**1936〜39年のスペイン内戦**においてはヒトラーと共に**フランコ**将軍を支援、**ベルリン=ローマ枢軸**が成立した。ヒトラーはイタリアのムッソリーニに心酔し、バイエルン時代の執務室には18世紀のプロイセン国王フリードリヒ大王の絵画と共にムッソリーニの胸像を掲げていた。だがムッソリーニのヒトラー評は「私は二流国の一流指導者、彼は一流国の二流指導者」というもので、ヒトラーを道化者として見下していた。

20世紀スペイン史と「内戦」

　第一次世界大戦でスペインは中立政策。大戦中のインフレーションは貧困層を困窮させ、労働運動が激化。**カタルーニャ**＊や**バスク**＊＊では地域独立の意識が高まる。こうした状況下の1923年、**プリモ=デ=リベラ**将軍がクーデタで政権を握る。

　しかし、この独裁政権は第一次大戦直後の混乱を乗り切るために支持されたにすぎず、独裁の長期化にともない反独裁の動きが各地で高まった。1931年の選挙で革命勢力が躍進。共和政を求めるデモや、カタルーニャの独立運動が高まった。

　ブルボン朝アルフォンソ13世の王政打倒後に成立した新政府は、労働者・貧農に対する政策を打ち出したほか、カタルーニャの自治政府を容認する。サモラ大統領は首相に**アサーニャ**を指名した。一方、右派勢力の組織化も進み、プリモ=デ=リベラ

＊
カタルーニャ　パエリヤ
FCバルセロナ御用達のレストランにはイニエスタワインがメニューにあった。

＊＊
バスク　ピンチョス
スペイン、バスク地方のサンセバスティアンをバスク語ではドノスティアと呼ぶ。ここは美食の街だ。行けば必ず足を運ぶバルGoiz Argiは海老串焼きが人気で、ピミエントスの焼き方と塩のふり方はスペインだと勝手に思っている。

の息子がファランへ党を結成した。左派、右派ともに急進化、地域自立の動きも加速する。1935年のコミンテルン第7回大会で人民戦線（反ファシズムの統一戦線）が採択されると、左派勢力が結集。右派勢力の足並みの乱れから、1936年の選挙で左派が圧勝しアサーニャの人民戦線内閣が成立した。しかし成立後も政治的混乱は続いたため、アサーニャは大統領に就任する。これに対し同1936年、スペイン領モロッコでフランコ将軍がクーデタを起こし、各地で右派による反乱を誘発、スペイン内戦へと突入した。フランコはヒトラーとムッソリーニ、ポルトガルのサラザールのファシズム政権、そして何よりもカトリック教会からの支持を受けて戦いを有利に展開。一方、人民戦線側はソ連の支援を受けたが、イギリス、フランスが不干渉政策をとったため劣勢となる。国際義勇軍である国際旅団は各国から集まって人民戦線を支援した。そのなかに『誰がために鐘が鳴る』のアーネスト＝ヘミングウェーがいる。ヘミングウェーの作品には共産主義への同情が表現される。彼自身は自らをスパイとして自覚しなかったが、ソ連では共産主義側のスパイとして認知されていた。また『希望』のアンドレ＝マルロー、スペイン内戦時の国際旅団の活動を描いた『カタルーニャ讃歌』のジョージ＝オーウェルなどが参加した。内戦中の1937年にドイツ軍は新兵器の性能実験のために北部バスク地方の共和派の村ゲルニカを爆撃した。立体派（キュビズム）の画家ピカソは絵画で抗議した。ピカソは戦後フランス共産党に入党、「世界一裕福な共産党員」と揶揄された。

　1939年、マドリードが陥落し、フランコ側の勝利で内戦は終結した。チェロ奏者のカザルスは国外に退去する。1937年にフランコはファランへ党総裁となっていたが、1939年に国家元首となり死去する1975年まで独裁体制が続いた。フランコはヒトラーの要請には応じず、スペインは第二次世界大戦では中立国。

　戦後はファシズム国として国際連合から排除される。朝鮮戦争時に反共色を鮮明にし、アメリカに好感を持たれ1955年に国連に加盟する。その間カスティリャ語がスペインの国語となり、バルセロナのカタルーニャ語・バスク語・ガリシア語は公には禁止された。バルセロナがマドリード（フランコ政権）のファシズムに抵抗する唯一の方途がサッカーの試合（エル＝クラシコ）で勝つことだった。ファシズムの語源はファスケス（斧のまわりに木を

結びつけたもの）を振り上げて束ねることである。ファシズムは右翼の社会主義。一方、共産主義は左翼の社会主義。いずれも全体主義。社会主義とは慣習とか伝統によらず、合理性を土台に社会を設計することである。スペイン国歌に歌詞がないのは言語が４つあるからだ。であるのに、カスティリャ語（カステラ語）に"束ねて"いたのがフランコの時代だったということは、スペインではファシズムが1975年まで続いたということだ。スペインで民主的な選挙が実施されたのは1977年。私が初めてスペインを訪れた1979年には街角ごとに兵士が立っており、二度目に訪れた1982年は軍のクーデタ未遂事件の翌年で「**バスク祖国と自由（ＥＴＡ）**」の独立要求のテロも多発していて、駅のコインロッカーや荷物預かり所は完全に閉鎖。旅行に難儀した記憶がある。

1975年にフランコの遺言によりブルボン朝が復活し、**フアン＝カルロス１世**が即位、**2014年**から**フェリペ６世**となったが、**スペイン継承戦争**終結300周年のこの年、**カタルーニャ独立問題**が先鋭化する。

＊
カンプ＝ノウ
FCバルセロナの本拠地カンプ＝ノウ。前後半17分14秒にカタルーニャ独立コールを叫ぶ一群の顧客がいる。写真はその瞬間。2019年、バジャドリード戦、１－０、メッシのPK。

ベルリン＝ローマ枢軸

スペイン内戦の時期、日本はコミンテルンの工作に悩まされていた。コミンテルンが出した「1932年テーゼ」には「天皇制の破壊」が促されており、スパイが潜入するようになる。そのなかにロシア人**ゾルゲ**や諜報団に参加した**尾崎秀実**などがいる。このような状況を背景に、1936年、**日独防共協定**（反コミンテルン協定）が、1937年には**日独伊防共協定**が締結された。

1938年には国民投票で99.9%の票を得て、ナチス＝ドイツは**オーストリア併合**を完遂。同地のインターポール（国際刑事機構）を手中にし、偽ポンド札をザクセンハウゼン強制収容所でユダヤ人に作らせ、イギリス経済を混乱させようとした。このオーストリア併合は血が流れず、花束で迎えられたので「花の戦争」と呼ばれた。実際、オーストリア経済は目覚ましく回復した。

　次いで、チェコスロヴァキアに対してドイツ人居住地区の**ズデーテン地方**を要求する。ドイツとチェコスロヴァキアは開戦に備え、フランスは部分動員をかけ、イギリスは海軍に出動命令をだした。この事態にムッソリーニが乗り出し**ミュンヘン会談**が開かれる。ズデーテン地方は、当時、人口1400万を擁し、世界第10位の工業大国だったチェコスロヴァキアの300万人を占めていた。結果、英仏の反共政策から（共産主義嫌いのヒトラーへの期待と譲歩から）、ヒトラーの願望がかなえられたのだ。これが「ミュンヘンの宥和」である。そのメンバーは英ネヴィル＝**チェンバレン**、仏**ダラディエ**、独**ヒトラー**、伊**ムッソリーニ**。ソ連の**スターリン**やチェコスロヴァキアのベネシュ大統領は呼ばれなかった。ミュンヘン合意の際に米大統領F＝ローズベルトはヒトラーへの書簡で、チェコスロヴァキアへの侵攻をやんわりと促した。

　1939年3月、ドイツはズデーテン地方のみならず**ベーメン**（ボヘミア）、**メーレン**（モラビア）をも併合し、**スロヴァキア**を分離して保護国化した。これが**チェコスロヴァキア解体**である。これはソ連へと向かう"ハイウェイ"づくりのためだ。ラインラント（1936年）、オーストリア（1938年）、チェコスロヴァキア（1939年）という一連の併合で3600万人の人口が増加した。さらにリトアニアから**メーメル**を回収。さらにポーランドに**ダンツィヒ**と**ポーランド回廊**の返還を要求する。

　ヒトラーに「裏切られた」チェンバレンは3月30日、ポーランドの独立保障宣言をする。いよいよ英仏がポーランドの後ろ盾となる。

　そこでヒトラーは8月23日に**独ソ不可侵条約**を結ぶ。全権はドイツが**リッベントロップ**、ソ連が**モロトフ**だった。**モスクワ**で調印したのでスターリンも立ち会った。モロトフが要求したのは形式的には第一次世界大戦期のロシアがドイツに割譲した領土であるが、秘密協定には**フィンランド**、**エスト**

ニア、ラトヴィア、東部ポーランドをソ連の勢力圏にすることも含まれていた。**西部ポーランドはドイツ**ということだ。**リトアニアは状況次第**という約束。第一次世界大戦で失った領土の回復という点で共通する。独ソ不可侵条約について日本の平沼騏一郎内閣は「欧州は複雑怪奇…」と言って退陣した。

8月25日、**英ポ相互援助条約・仏ポ相互援助条約締結**。英仏のポーランド独立保障のほかに、米F＝ローズベルト大統領のポーランド支援の裏工作もあった。

第二次世界大戦（ヨーロッパ）

9月1日、ドイツが**西部ポーランドに侵攻**、ポーランドが応戦し第二次世界大戦が勃発する。

9月3日、イギリス・フランスがドイツに宣戦布告。第二次世界大戦は3国（ポーランド・英・仏）vs 2国（独・ソ）で開始した戦争である。ただ、英仏は準備不足、独は動機不足で西部戦線は半年間開戦せず"**奇妙な戦争**"と呼ばれた。

9月16日、満洲国とモンゴルの国境における日ソの限定戦争**ノモンハン事件**の停戦にこぎつけたソ連は、9月17日に**東部ポーランドに侵攻**した。後にポーランド人2万を虐殺する**カチンの森事件**を起こす。1920年に失った**西ウクライナ**と白ロシア（現**ベラルーシ**）西部もポーランドから併合する。

1939年11月～40年3月にかけて**ソ連＝フィンランド戦争**となり、ソ連は**カレリア地方**を奪う。フィンランドの訴えから**国際連盟はソ連を除名**する。

1940年4月、**中立国スウェーデン**の鉄鉱石が敵

＊
ドイツの軍事費の割合は1932～33年は8％であったが、1938～39年には68％に達した。

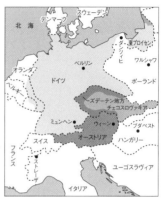

＊＊
宥和政策を支持したアメリカ在英国大使がケネディ大統領の父親。

＊＊＊
"奇妙な戦争"の間にドイツは英・仏に和平を呼びかけた。

に渡るのを予防するためにドイツが中立国であるデンマーク・ノルウェー侵入に踏み切り、英仏と対峙する。ここに"奇妙な戦争"が終わる。5月のオランダ・ベルギー侵入は北フランス侵攻の序曲であった。永世中立国ベルギーへの侵入は、英首相チャーチルに挙国一致政権樹立を決意させる。だが6月、英仏軍は北フランスのダンケルクからの撤退を余儀なくされる。同6月、漁夫の利を得たいイタリアが参戦。ドイツの無血入城によるパリ占領。7月には中部フランスの都市にペタンを首班とするヴィシー政府というナチスの傀儡、対ドイツ協力政府ができた。1940年7月〜41年5月はイギリス上空におけるバトル=オブ=ブリテンとロンドン空襲の時期。フランスの軍人ド=ゴールはロンドンに亡命し、自由フランス政府を樹立し抗戦を継続、レジスタンスを指導した。9月の日独伊3国同盟をヒトラーは「三千年間一度も負けたことのない国との同盟」と言った。

　1941年、黒海のルーマニア油田を狙うドイツがバルカン制圧を完遂する。結果、ルーマニアと隣接するブルガリア、ハンガリーが反ソ連のフィンランドと共に枢軸国となる。ちなみにヨーロッパにおける中立国はスイス・スウェーデン・スペインなどである。バルカン制圧は、ナチスがカトリック圏の東方拡大を狙う教皇ピウス11世とクロアティア人の結社ウスタシャと組み、70万〜100万人（説）のセルビア人やギリシア（セルビア）正教会の神父を虐殺した結果である。ドイツの占領に敢然と立ち向かったのがパルチザン闘争の英雄ティトーだ。

　1941年4月、日ソ中立条約締結。この時期、南方進出を狙う（対アメリカ戦争の可能性もぬぐえない）日本は、ソ連との戦争を避けたいし、独ソ戦の可能性が見えてきたソ連も日本との戦争を避けたかったのだ。案の定、6月22日、ドイツがソ連に進攻、第二次世界大戦で圧倒的多数の死者をだす独ソ戦が開始される。

　第二次世界大戦はファシズム（枢軸国）VS反ファシズム（コミュニズムを含む連合国）の戦いとなった。1941年8月、大西洋上会談で反ファシズム戦争解決が図られ大西洋憲章が発表される。

　ソ連のレニングラードは900日間にわたり包囲され、飢餓や砲撃弾により70万人余が死亡した。音楽家ショスタコーヴィッチは交響曲第7番「レニングラード」を作曲し市民を鼓舞した。

1941年12月8日（日本時間）の**日本の真珠湾攻撃**の際には、三国同盟（1940年）で義務づけられていないにもかかわらずドイツはアメリカ合衆国に宣戦した。

1942年8月〜1943年2月まで**ヴォルガ河畔でスターリングラードの戦い**（現ヴォルゴグラード、1243年建国のキプチャク＝ハン国の都サライ）が繰り広げられる。**カスピ海のバクー油田**を狙うドイツ、死守するソ連の総力戦。第二次世界大戦最大の戦いだ。ナチス政権はロシア人捕虜500万のうち300万を餓死させた。

また1942年にはエジプトで2度にわたる**エル＝アラメインの戦い**があったが、"砂漠のキツネ"ロンメル将軍のドイツ軍が敗北した。連合軍の**北アフリカ上陸**もこの時期だ。1943年、連合国が結束するため、スターリンの決定で**コミンテルンは解散**した。また1943年1月に開かれたF＝ローズベルトとチャーチルとの**カサブランカ会談**に則し、1943年7月にニューヨーク・マフィアの協力と指導の下、連合軍の**シチリア島上陸**が首尾よくなされた。結果、ムッソリーニは幽閉され失脚するがドイツ軍が救出する。**ファシスト党解散後のバドリオのイタリア新政府無条件降伏は1943年**のことである。ムッソリーニは逮捕され、1945年にミラノの広場に吊される。ムッソリーニを範としていたヒトラーは、これを知ると、愛人エヴァ＝ブラウンと自分の死体を焼却させた。ムッソリーニ政権を容認したサヴォイア家への非難が高まり、1946年にサヴォイア家の王政が廃止された。同家の男子は今でもイタリアに入国できない。1969年の「暑い夏」という労働運動をへて1970年代に共産党が躍進。キリ

ヒトラーはナチ党の力を誇示するためにニュルンベルクに大きなスタディアムを建てた。長さ約300mの壇の上には144本の巨大な柱が立っていた。「ヨハネ黙示録」に出てくる千年王国でイエス＝キリストと共同統治を行う人間の数にひっかけナチス＝ドイツは千年続くと豪語したが12年で滅亡した。

スト教民主党との二大政党となったが、1980年代に共産党は長期間低落した。

　1943年11月の**カイロ会談**（蒋介石、チャーチル、F＝ローズベルト）後のテヘラン会談（**スターリン・チャーチル・F＝ローズベルト**）では第2戦線つまり連合国の北フランス上陸作戦が決定した。これが**1944年6月6日**のノルマンディー上陸となって実現する。その作戦の総司令官は後のアメリカ大統領**アイゼンハウアー**だ。ドイツは最も狭いドーバー＝カレー間の上陸阻止に重点を置き防衛したが、意表をつき嵐のなか上陸された。連合国の兵士を悩ませたのは強烈な船酔いと、ドイツ軍が浴びせる銃弾だった。

　8月、**アメリカ軍主体の連合軍がパリ解放**。連合軍の接近に呼応してレジスタンスが蜂起、ド＝ゴールはパリに戻る。1944年は**ソ連軍が東欧に侵攻**した年でもある。ポーランド、ルーマニア、ブルガリアをはじめ戦後に東欧がソ連の勢力圏となる状況が整った。

　1945年2月には連合軍がドイツ・ザクセン地方の古都**ドレスデン大空襲**を行ったが、その無差別爆撃により3万5000人の命とクールベの名画「石割」が失われた。4月25日、連合国のアメリカ軍とソ連赤軍はザクセン州で初めて出会い、米ソの蜜月を誓う。これを「**エルベの誓い**」という。5月、ソ連軍による**ベルリン陥落**の後の5月7日の**ドイツ無条件降伏**でヨーロッパの第二次世界大戦は終結した。「この戦争は負けだ」と言ったゲーリングにヒトラーは「おまえを銃殺にする。何もかも道づれにする」と言い、ドイツ内のインフラを破壊するよう命じた。

▍**戦後のドイツ**

　1945年2月の**ヤルタ会談**（**スターリン・チャーチル・F＝ローズベルト**）でドイツの徹底的な非軍事化、非ナチ化が確認された。

　同時に、モンゴル人民共和国の現状維持。1904年の日本の攻撃（日露戦争）によって失われたロシアの利権の回復、つまり**南サハリン**（南樺太）およびその周辺諸島のソ連への返還、**大連の国際港化**、ソ連軍港利用を前提とした**旅順の再租借**、東清鉄道および南満洲鉄道の大連線の中ソ共同運営、**満州の主権は中国**、**千島列島の主権はソ連**。これらが「**ヤルタ密約**」となったのは、1941年4月に**日ソ中立条約**が調印されていたからである。ソ連の旅

順・大連再獲得をチャーチルが容認したのは、英国を**香港**から撤退しにくくするためだ。もしも植民地解放が完遂した場合、最も困るのはイギリスなのだ。こう考えると、**北方領土**問題の根本にはチャーチルの優柔不断な対応があったといえる。

連合軍占領下のドイツ

ドイツは軍事占領下において4カ国が分割統治することが確認された。首都ベルリンも同様だった。

1945年7月の**ポツダム会談**（スターリン・チャーチル→アトリー・トルーマン）で4国最高司令官によるドイツ管理理事会が設置された。ドイツ占領政策は1945年の秋から本格化し、1947年7月まで続いた。ソ連の占領地域ではあらゆる機械がソ連に運ばれたので、敗戦国ドイツでは飢餓で900万人が死んだ。「敗戦民族は飢えてもかまわない」が連合国の方針だった。東プロイセンが今度はソ連の飛び地となるのにともない東部ポーランドがソ連領となったが、そのバーター取引としてポーランド領は西に拡張し、**オーデル川**とそれに合流する**ナイセ川**をつなぐ線（**オーデル＝ナイセ線**）がポーランドとドイツの国境となった。このポーランドに引き渡された土地からドイツ人は排除されたので、その地域の住民の大半がベルリンへ移住、生きる手段として50万人の女性が占領軍兵士相手の売春婦となった。

1945年〜46年の**ニュルンベルク裁判**でナチスの戦犯は「平和に対する罪」「人道に対する罪」で裁かれ、リッベントロップらが絞首刑。

1947年の**パリ条約**で、日独以外の枢軸国**イタリア**、ルーマニア、ブルガリア、ハンガリー、フィン

ランドが連合国と講和した。

1947年12月のベルリン4国外相会談が決裂、西側3国は西独分離の方針をとる。1948年には**西側管理地区通貨改革**が西ベルリンに波及したことから、対抗措置としてソ連が西ベルリンへの道路・水路・鉄道を遮断する**ベルリン封鎖危機**が起こり、対抗したアメリカによる大空輸作戦が1年以上続けられた。

東ドイツと西ドイツ

1949年9月には、5月のボン基本法にもとづき**ボンを首都としてドイツ連邦共和国（西独）**が発足、初代首相は**キリスト教民主同盟（CDU）のアデナウアー**。経済相エアハルトのもとで奇跡の経済復興をとげた。10月にはベルリンを首都として**ドイツ民主共和国*（東独）**が成立。正確には**社会主義統一党**が政権を担当、わかりやすく言えば共産党一党独裁。スターリンが死んだ1953年の東ベルリン暴動は駐留ソ連軍により鎮圧された。ドイツ同様、英仏米ソの4国占領下にあったオーストリアは1955年の**オーストリア国家条約**で永世中立国として独立を回復した。

1954年の**パリ協定**で西ドイツが主権を回復。1955年に発効し（1956年から徴兵制を施行し再軍備）、西ドイツが**NATO（北大西洋条約機構）**に加盟、同年、ソ連は東独の主権を回復し、東独を加えて**ワルシャワ条約機構**を発足、冷戦構造が確定した。1955年9月に**ソ連と西独の国交**が回復し、抑留ドイツ人の帰国が実現した。

1961年、東ベルリンからの人口流出を防ぐため、東ドイツの**ウルブリヒト政権**がいわゆる「**ベルリンの壁****」を構築。アメリカ大統領ケネディは陸の孤島となった西ベルリンで「私は（西）ベルリン市民だ」と演説した。1963年からは**CDUのエアハルト**が首相になる。同年、西ドイツとド＝ゴールのフランスが**エリゼ条約（独仏協力条約）**で永遠の和解を誓った。

西ドイツは1955年のNATO加盟をうけて、1959年に社会民主党（SPD）が**バート＝ゴーデスベルク綱領**でマルクス主義を放棄し、階級政党から国民政党に看板を変えたことから、1966年にはCDUとSPDとキリスト教社会同盟が大連立する、いわゆる**キージンガー（CDU）大連立**が成立。その外相がSPDのブラントで、1967年ルーマニア、1968年ユーゴスラヴ

ィアと国交回復。東欧との外交関係樹立により東独の孤立を狙うが、1968年の「プラハの春」にワルシャワ条約機構軍が軍事介入して展望を失う。1969年からブラント（ＳＰＤ）の小連立（**自由民主党**との）。「**ブラントの東方外交**」が本格化し、1970年にはソ連のコスイギン首相と**ソ連＝西独武力不行使条約**、また**西独＝ポーランド国交正常化**の証しとして**ワルシャワのゲットー**^{***}でひざまずきナチスの愚行を謝罪した。オーデル＝ナイセ線をドイツ、ポーランド国境とすることの再確認、これは1975年のヘルシンキ宣言でも再確認される。それはイコール、ヤルタ体制の再確認となった。

1972年には**東西ドイツ基本条約**で東西ドイツ体制が完成し、永続するかに思われた。同年、東独にホネカー議長。1973年には東西ドイツの**国際連合同時加盟**が実現。西独は1974年からＳＰＤのシュミットが首相。

ベルリンの壁崩壊とドイツ統一

1982年から西独にＣＤＵの**コール**政権誕生。1985年、ソ連に**ゴルバチョフ**書記長が登場すると外相シュワルナゼと共に**新思考外交**を展開し、ブレジネフ＝ドクトリン（ソ連が東欧諸国の主権を制限する制限主権論）を放棄した。1989年8月、ハンガリーがオーストリア国境を開放、東独からも東欧経由で西独への移住者が漸進的に増加。9月に東独のライプチヒでデモが勃発、10月の東独でホネカーが退陣。1989年11月9日の「**ベルリンの壁**」崩壊後に東独国内旅行の自由が許可される。12月22日にはブランデンブルク門開通。これらはゴルバチョフの**グラスノスチ**（情報公開政策）により東ドイ

*
東ドイツ時代のベルリン・ウンター＝デン＝リンデン大通りでの兵士の交替の儀式。

**
ありし日のベルリンの壁

この台座に上ると東ベルリン側を一望できる。地雷が埋めてあり犬が兵士と共に見張っている。

***
ポーランドの首都ワルシャワ

広場に記念碑があったが、さすがに一帯がゲットーであったと思わせる痕跡は私の目には入らなかった。

ツで西側の商品（消費財）への欲求が高まった結果の出来事であり、**デヴィッド=ボウイ**が壁際で行ったロックコンサートなどが拍車をかけた。

　マルクス主義は社会の歴史は階級闘争の歴史であるとし、生産手段を持つ者と持たない者との間の矛盾に鋭く目を向ける思想である。が反面、生産財の充実という社会の客観的な側面に敏感であるが、消費財（家電製品やエンターテイメント、そして宗教）という極めて主観的、つまり消費者の多様な趣向が反映される分野には無頓着というか、あえて目を向けない思想だった。マルクスは「宗教は人民のアヘン」と述べたが、本来崇拝欲求を持つ人間の宗教（神）、もしくはその代用品としての芸能人（スター）、多種多様な物質を崇拝する欲望などなきがごとくに振る舞ったのが戦後のマルクス主義国家群なのである。否、そのスターの役割を担ったのが革命指導者だった。ただ彼らは芸能人と異なり「独裁者」になってスターになるしかないので、やがては忌避される運命にある。「主観」的なものに満足するよう創られている人間が「客観」性には耐えられない、ということを示した実例が「ベルリンの壁崩壊」の真相なのであった。

　1990年**10**月**3**日に西独が東独を吸収するかたちで統一（**ドイツ連邦共和国**）した。そこかしこで打ち上げられる花火の側面からの直撃におののきながら、真夜中の寒い統一式典に私も立ち会ったが、「過去に目を閉ざす者は現在にも目を閉ざす」（1985年「荒野の40年」の演説）で知られた**ヴァイツゼッカー**大統領や**コール**首相の姿が見えた。ポーランド国境を**オーデル**

●ドイツ分断から統一へ

東西冷戦時代はこのようにブランデンブルク門へのアクセスは不可能だった。ここはウンター=デン=リンデン大通り。その向こうにベルリンの壁、そして西ベルリン。

これがかの有名な「チェックポイントチャーリー」だ。東西冷戦の象徴、ベルリンが東西に分断されていた頃の懐かしい検問所の光景である。

ウンター＝デン＝リンデン通り

東西冷戦下の東ドイツの首都が東ベルリン。そのメインストリート、ウンター＝デン＝リンデン通り。私の右側に少し見えるのが東ドイツの国民車トラバント。高速道路でタクシーのチェンジレバーがはずれた時は驚いた。

ありし日の「ベルリンの壁」のすき間。西ベルリン側からのぞいてみたら、地雷が埋まっているといわれていた東ベルリン側を見ることができた。

ペルガモン博物館

東ドイツ時代の東ベルリン、ペルガモン博物館は通称「博物館島」と呼ばれた小島にあった。今はなきバビロンの栄華をいま見ることができる価値ある博物館だ。

ペルガモン博物館

イシュタル門などバビロンの遺跡が小規模に復元されている。

これがベルリンの壁が崩壊しブランデンブルク門が開通した日の写真。1989年。

ブランデンブルク門を抜けて西ベルリン側に押し出された瞬間の写真。亡き祖母と。

ベルリンの壁をよじ上る東ベルリン市民（1989年）

＝ナイセと再確認し、11月、独ソ善隣友好協力条約で援助と引き換えにＮＡＴＯ残留が承認された。これがＮＡＴＯの東方拡大への初めの一歩となる。

1998年にＳＰＤのシュレーダー政権となり、**緑の党**（反核、反捕鯨、フェミニズム、反原発…）と連立した。2000年、同政権は**原子力発電所全廃**を発表。同年、**オーストリア**ではかつてのナチスの政策の一部を容認する**自由党**が連立に参加し大きな問題となった。

2005年にはＣＤＵのメルケルがＳＰＤと大連立する内閣が誕生した。統一後の旧東独の労働者の失業率の高さが、**ネオ＝ナチ**の台頭と、トルコ人などの外国人労働者排斥運動を生んでいる。2011年のシリア内戦以降はシリア難民の流入によりますます拍車がかかっている。この年、ロシア産のガス海底パイプライン「**ノルドストリーム**」が開通したが、これはシュレーダー元首相とプーチンの友情の表れだった。

シリア難民への寛大な政策への反発から、2017年の選挙では連立与党双方が大幅に議席を減らす。代わって、反難民を掲げる「**ドイツのための選択肢（ＡＦＤ）**」が野党第１党になる。2021年、親ロシア派政策を推進していたメルケルが退陣。2022年、緑の党と連立するSPDの**ショルツ**首相は、ロシアの**ウクライナ侵攻**を受けて、国防費をGDP費1.5→２％へ増額した。

10章 オスマン帝国史・トルコ共和国史

日本の世界史学習の現場で長く使われていた「オスマン＝トルコ」という語を使う人は今はいない。オスマン帝国は**複合民族帝国**なのであり、けっしてトルコ民族の帝国ではなかったからだ。オスマン帝国が600年もの長期間存続できたのは、兄弟の排除と奴隷の使用により、王族をコントロールするシステムがあったからである。そのうえで教条的でないスンナ派の学派の理論によるスルタン支配で400年間イスラームの盟主となり、クライシュ族でないにもかかわらずカリフを名乗った。

当初イル＝ハン国に朝貢していたが、最大領域は小アジア、バルカン半島、黒海北岸、アルメニア、メソポタミア、シリア、パレスチナ、ヒジャーズ、ナイル川流域、モロッコを除く北アフリカに及ぶ。つまりアジア、アフリカ、ヨーロッパの3大陸にまたがる多民族国家となった。イスタンブールのトプカプ宮殿を訪れ、3大陸からの財宝を眺めるといくらか食傷ぎみになる。支配者であるスルタンも様々な人種や地域の女性をめとり後継者を持ったので、子孫は混血し純トルコとは言えないスルタンが登場した。ところが、フランス革命100周年に刺激され、パリ留学生の間に1889年に生まれた「青年トルコ」は理念として**パン＝トルコ主義**を掲げたので、これが第一次世界大戦時に、アルメニア人の多くを死に至らせることにもなった。同時にフランス社会主義の影響は少なくなく、隣国ロシアの革命にも刺激され、政教分離のケマル主義を建国理念に1923年にトルコ共和国が誕生した。

オスマン帝国から派生した国家は20以上を数えるが、トルコ共和国は東部に居住する自称3500万の**クルド人**との摩擦が慢性化している。シリア内戦ではアメリカが対アサド、対ISでクルド人を支援する場面もあり、トルコとアメリカとの関係が冷えこみ、トルコが長年の仇敵ロシアに接近するか？という新たなる動きを見せている。

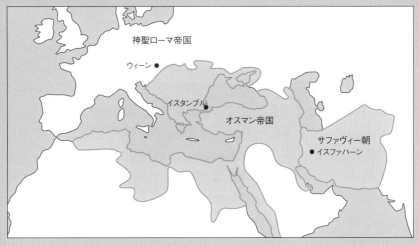

オスマン帝国最大版図

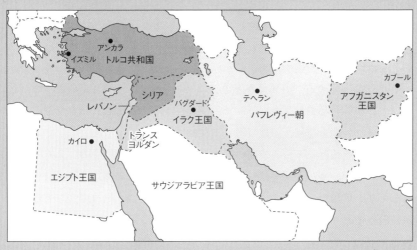

第一次世界大戦の中東

オスマン帝国建国

　13世紀末の小アジアアナトリア高原は、キリスト教世界との接点にいた
イスラムの辺境戦士の活躍の場であったが、その中から登場した**オスマン1
世**が、**コンヤを首都とした**ルーム=**セルジューク朝**の衰退に乗じてオスマン
帝国を建国した。13世紀のアナトリアにはコンヤで組織された**メヴレヴィ
ー教団**（旋回しながら踊るのが特徴）などの神秘主義的雰囲気があった。

　2代目スルタンである**オルハン**が**ブルサ**を首都とした。3代目の**ムラト1
世**はビザンツ帝国のバルカン半島に進出、1362年**アドリアノーブル**（ロー
マ帝国の五賢帝のハドリアヌスにちなむ）を**エディルネ**と改称し、首都とし
た。また、**1389年のコソヴォの戦い**でセルビア・バルカン連合軍を撃破し
た。ここは中世セルビアの首都であった。これが現代のコソヴォ問題につな
がる。

　4代目の**バヤジット1世**は「電光」と呼ばれ、1396年ハンガリー王ジキ
スムント率いるヨーロッパ十字軍を**ニコポリスの戦い**で撃破しブルガリアに
領土を拡大したが、**1402年のアンカラの戦い**でティムールに敗れ、捕虜と
なって**サマルカンド**に連行されオスマン帝国は一時中断する。その後、メフ
メト1世が帝国を再建する。

　7代目の「征服王」の異名をとる**メフメト2世**が、**1453年東ローマ（ビ
ザンツ）帝国の都コンスタンティノープルを攻略**。この時ムハンマドの教友
アイユーブの墓を発見、同地（現**イスタンブル**）はトルコ人にとってイスラ
ーム第4の聖地となった。攻略の時のヨーロッパ側の要塞をルーメリ=ヒサ
ールというが、ルーメリとはローマのことである。この都市の住人は自分た
ちをギリシア語で「ロマイオイ」と呼んでいた。この都市はボスフォラス海
峡に沿っており、メフメト2世が建立した**トプカプ宮殿**に以後世界の財宝が
集められた。1475年には**キプチャク=ハン国の分家クリム=ハン国を保護
国とし、黒海の商業権を獲得**。ロードス島の攻略はヨハネ騎士団の抵抗で失
敗した。ワラキア（現ルーマニア）で争った相手がヴラド=ドラキュラであ
る。メフメト2世もドラキュラの残虐さには唖然とした。偶像禁止の禁を犯
してベッリーニに描かせたメフメト2世の肖像画は、ロンドンのナショナル
=ギャラリーにある。

セリム1世、スレイマン1世

　9代目の**セリム1世**は1514年**チャルディラーン
の戦い**で**イスマーイール1世**の**サファヴィー朝**のト
ルコ人騎馬軍団（**キジルバシュ軍団**）を打ち破り、
クルド人の居住地を奪う。1516年にシリアを攻略。
1517年エジプトの**マムルーク朝**を攻略し、カリフ
権を禅譲させスルタン＝カリフ制が成立した。ただ
し、こう主張するのは18世紀後半にロシアと黒海
北岸をめぐり争っていた頃、同地域のイスラーム教
徒を懐柔するためにつくられた「説」である。いず
れにせよセリム1世はヒジャーズ地方のメッカとメ
ディナの保護権を獲得し、事実上イスラームの盟主
となった。

　10代目のスルタンが「**立法者（カーヌーニー）**」
と呼ばれた**スレイマン1世**[*]。1522年**ロードス島**を
攻略し、**ヨハネ騎士団**を**マルタ島**へ追う。**ベオグラ
ード**占領後、1526年の**モハーチの戦い**[**]で**ハンガリ
ー**中央大平原を領有。続いて1529年**カール5世**の
時の神聖ローマ帝国を脅かし、**1回目のウィーン包
囲**を敢行した。これは寒冷と飢えから3週間で解い
て帰った。その少し前、**第2回シュパイアー帝国議
会**でカール5世がルター派を再禁止したため、抗議
した新教徒諸侯（プロテスタント）が翌1530年に
シュマルカルデン同盟を結成する。1535年にはハ
プスブルク家カール5世を共通の敵として、フラン
ス王ヴァロワ家の**フランソワ1世**と同盟を結ぶ。
1538年の**プレヴェザの海戦**でスペイン・ヴェネツ
ィア・ローマ教皇の連合軍を破って、地中海は「**イ
スラームの海**」となる。東方ではシーア派の**サファ
ヴィー朝**との抗争が続き、**バグダード**を占領。アラ

[*]
スレイマン1世
木星と金星が合わさる
日に誕生した人物（天
運の主）ゆえに「世界
の王」「救世主＝マフ
ディー」であると自ら
を意識。ウクライナ出
身のヒュッレムという
奴隷を妻とする空前絶
後の荒業をやってのけ
た。

[**]
ハンガリー王ラヨシュ
2世が戦死し王族が絶
え、ベーメンとハンガ
リーの王位はハプスブ
ルク家に移った。

ビア文字を採用、首都に**スレイマン=モスク**（名匠ミマール・シナンが設計）を建立した。

オスマン朝の統治

　政治面では**デウシルメ制**によりキリスト教徒の師弟を登用。これはバヤジット1世が採用したものであるが、セリム1世、スレイマン1世以降の統治体制を支える柱となる。また、服属民族に宗派ごとに自治共同体を構成させ、寛大な統治策をとる**ミッレト制**を採用した。また軍事面ではブワイフ朝、セルジューク朝、アイユーブ朝から受け継いだ**イクター制**をアレンジし、官吏や軍人に奉仕の代償として国家から封土が与えられる**ティマール制**を採用した。また、皇帝直属の親衛隊**イェニチェリ**を組織した。これはキリスト教徒の師弟から美少年が選抜されたもので、デウシルメ制の一部となった。スルタンはバルカン半島の町などでキリスト教徒の子供を集め、イスタンブルに送りイスラームに改宗させ、スルタンの奴隷とした。そのうちで頭脳優秀な子は官僚に、体力優良な子は軍隊に入れた。

　イスラーム教徒をイスラーム法（**シャリーア**）で治める裁判官は**カーディー**と呼ばれ、地方行政も担った。シャリーアを補うスルタンの勅令や慣習法などの世俗法を**カーヌーン**といった。

　セリム2世はフランスに恩恵的措置である**カピチュレーション**を正式に認め、外交と通商を深めようとした。これは後にイギリスやオランダにも与えられ、不平等条約の根拠となった。**1571年**の**レパントの海戦**でスペインの**フェリペ2世**に敗北、その時スペイン側で活躍し負傷したのが『**ドン=キホーテ**』の著者**セルバンテス**であった。その後、地中海の制海権を回復し、**チュニジア**を領有する。17世紀に入り**アフメト1世**は**ブルー=モスク**を建設、**メフメト4世**時に**クレタ島**を攻略し最大版図となる。しかし**1683年**の**第2次ウィーン包囲**で、ポーランドに支援されたオーストリアに撃退され失敗したことが帝国衰退の始まりとなる。この時にコーヒーがヨーロッパにもたらされ、トルコの旗をヒントに三日月型のクロワッサンが考案されたという。**1699年**の**カルロヴィッツ条約**で**オーストリア=ハプスブルク家**に**ハンガリー**の大部分と**トランシルヴァニア**と**クロアティア**を割譲。1718年の**パッサロヴィッツ条約**でハンガリーの残りと**セルビア**と**ワラキア**を喪失した。

斜陽のオスマン帝国

　オスマン帝国時代の地方の有力者を**アーヤーン**という。ティマール制から転換した**徴税請負**などにより蓄財し、18世紀以降は地方勢力として自立化、帝国の弱体化がすすむ要因となる。

　1700年代初頭の**アフメト3世**の時代は**チューリップ時代**と呼ばれ、フランスなどヨーロッパの新知識や印刷技術などが紹介された。フランス革命の年、**1789年**には**セリム3世**が即位し、改革を行い西欧式の新軍隊**ニザーム＝ジェディット**を新設したが、暗殺され改革は挫折した。改革の動機となったのは18世紀後半にロシアのツァーリの**エカチェリーナ2世**の南下により**アゾフ海地方**[*]、ドニエプル川河口、黒海北岸を1774年の**キュチュク＝カイナルジ条約**[**]で、**クリミア半島**を1792年の**ヤッシーの講和**で喪失したからである。これらが**2014年**と**2022年**に**プーチン**のロシアが占領した地域だ。

　アラビア半島内陸部で**イブン＝アブドゥル＝ワッハーブ**が神秘主義や聖者崇拝を否定し、「ムハンマドの教えに帰れ」とスンナ派の復古主義**ワッハーブ運動**を始め、**サウード家**と協力し**第1次ワッハーブ王国（サウード王国）**が成立したが、これはアーヤーンの一人でオスマン帝国のエジプト太守アルバニア人**ムハンマド＝アリー**[***]により1818年に討伐された。ちなみにサウード家の子孫が**リヤド**を首都として**1932年**に建国した現在の**サウジアラビア王国**は、第3次ワッハーブ王国である。

ムハンマド＝アリーと東方問題

　ナポレオンのエジプト占領の際、ナポレオンは先

10章

オスマン帝国史・トルコ共和国史

住民にオスマン帝国への抵抗を呼びかけナショナリズムを喚起、これに対し1805年にオスマン帝国からエジプト総督に任じられたのがムハンマド＝アリーだった。

　ムハンマド＝アリーが討伐を命じられたのはアラビア半島のワッハーブ王国だけではない。もう一つは、1821年に始まった**ギリシア独立戦争**である。これは秘密結社ヘタイリア＝フィリケ（友愛社）の運動から始まった。ウィーン体制の理念から当初、神聖同盟、五国同盟は無視していたが、ロシアのツァーリアレクサンドル1世がボスフォラス海峡への南下の欲望を持ち、それとともにイギリスの**ロマン派**の詩人バイロンや「**キオス島の虐殺**」を描いたフランスの画家**ドラクロワ**の「ヨーロッパ文明揺籃の地を助けよ」との訴えなどにより、英仏が援助し1827年の**ナヴァリノの海戦**をへて、1829年の**アドリアノープル（エディルネ）条約**で終戦。1830年の**ロンドン会議**でギリシアが独立。カトリック教徒のバイエルン公オットーが国王になった。ロシアの南下政策は成功した。

　ムハンマド＝アリーはギリシア独立戦争鎮圧のための出兵の見返りとして与えられた領土に不満を持ち、シリアを息子のイブラヒーム＝パシャに与えた。これが1831年に始まる**第1次エジプト＝トルコ戦争**の原因である。オスマン政府救援を口実に軍事介入するロシアを阻止するため、英仏は外交的に介入。オスマン政府にムハンマド＝アリーのシリア領有を承認させた。ロシアは1833年の**ウンキャル＝スケレッシ条約**でボスフォラス・ダーダネルス両海峡の独占航行権を得る。

　1839年春、オスマン政府軍は反撃に転じるべくシリアのエジプト占領軍に攻撃を加え、戦闘が再発した。ムハンマド＝アリーがエジプトのみならずシリアの**総督世襲権**も要求してきたからである。オスマン政府が要求をのみそうになったので、列強は瀕死のオスマン帝国を延命させるほうに戦略的利益を見いだし、エジプトと関係が緊密な**フランス**を除外して1840年に**ロンドン会議**をイギリス主導で開き、英露墺普の**ロンドン4国条約**を締結。ムハンマド＝アリーの総督権をエジプトに限定させ、シリアから撤退させた。これが**第2次エジプト＝トルコ戦争**だ。また、1841年のフランスも加わった**5国海峡条約**で**ウンキャル＝スケレッシ条約**を破棄させ、外国艦船の両海峡航行を禁止（ロシア艦船も航行不可）しロシア南下政策の阻止にも成功し

た。黒幕メッテルニヒを抱き込んだイギリスのパー
マストン外交の勝利である。これら一連の事件を**東
方問題**という。

クリミア戦争

1853 〜 56年にはオスマン帝国領内の**聖地イェ
ルサレムの管理権**、正確にはベツレヘム教会の鍵の
管理権をカトリックの盟主フランスの**ナポレオン3
世**とロシア（ギリシア）正教の盟主ロシアの**ニコラ
イ1世**が争う**クリミア戦争**が起こる。イギリス人女
性看護師**ナイチンゲール**が活躍したセヴァストーポ
リ要塞の攻防戦をへてロシアは敗北。1856年の**パ
リ条約**でオスマン帝国の領土は保全となった。ルー
マニアの自治は1861年に認められた。

西洋近代と折り合いをつける近代帝国

オスマン帝国政府の近代化に目を向けよう。
1826年には「大王」**マフムト2世**がイェニチェリ
全廃を実施して西欧式軍隊を編成する。1838年に
はカピチュレーションの延長として**トルコ＝イギリ
ス通商条約**を結び、市場を開放したため経済は破
綻。1839年のスルタン、**アブドュルメジト1世**は
ギュルハネ勅令を出して宰相**ムスタファ＝レシト＝
パシャ**と共に**タンジマート**（恩恵改革）という西欧
化、宗教の平等を規定（オスマン主義）、コーラン
の掟を曲げるイスラーム史上の大転換を実施した。
次のスルタン、**アブドュルハミト2世**は**ミドハト＝
パシャ**を登用し、アジア初の憲法、1876年の**ミド
ハト憲法**を制定し（1831年のベルギー憲法がモデ
ル）、二院制議会と責任内閣制による立憲君主制を
規定したが、1877年の**ロシア＝トルコ戦争（露土**

*
当時イギリスではキリ
スト教シオニストの活
動が活発化していた。
シオンつまりイェルサ
レムがあるパレスチナ
を含む大シリアがイス
ラーム教徒ムハンマド
＝アリーの支配下に入
ることを断固阻止した
かった。それがパーマ
ストンを動かしたのだ。

**
トプカプ宮殿に隣接す
る薔薇園（ギュルハネ）
における勅令。ヴァー
ジニア権利章典（1776
年）やフランス人権宣
言（1789年）の影響
でフランス法が導入さ
れたがイスラーム法の
重要性も強調された。
これにより、タンジマ
ートという再秩序化が
すすめられることにな
った。

戦争）の勃発を口実に憲法を停止し、スルタン＝カリフ制と称し専制政治を復活。ミドハト＝パシャはスルタンと対立し失脚、幽閉され処刑された。露土戦争の結果はロシア軍にイスタンブル郊外まで迫られ敗戦だった。

1878年の**サン＝ステファノ条約**で**セルビア、モンテネグロ、ルーマニア**が正式に独立。それは次の**ベルリン会議**でも承認された。オスマン帝国の大**ブルガリア自治公国**となったブルガリアはロシアの保護国となり、エーゲ海にも直接出口を得てロシアの南下政策は大成功したかに見えたが、イギリスの**ディズレイリ**が猛烈に抗議し介入、英露は一触即発の危機となる。ロシアは独墺露の**3帝同盟**に期待しビスマルクに相談したが、その調停（**ベルリン会議**）の結果、ロシアのブルガリア保護権がなくなり、エーゲ海への進出はまたも阻止された。こうして3帝同盟が破綻する。

┃ バルカンはヨーロッパの火薬庫

この会議で**オーストリア**は**ボスニア＝ヘルツェゴビナ**の管理権を獲得した。背景は以下のとおりだ。オスマン帝国からのセルビアやモンテネグロなどのスラヴ人の独立が承認されたことに触発され、ボスニア＝ヘルツェゴビナの人口の20%弱を占める**クロアティア人**が独立すると言い出した場合に、"老体"オスマン帝国は抑えられない可能性がある。もしそうなれば、次はオーストリア＝ハプスブルク帝国内のクロアティア人が独立すると言い出すことになるだろう。そこでボスニア＝ヘルツェゴビナ自体をオーストリアが管理すれば、そのような事態の芽を摘むことができる。ボスニア＝ヘルツェゴビナの行政権をオーストリアに委ねることにより、オーストリアとの関係を維持したビスマルクの巧みな外交であった。しかしこれが、**1908年の青年トルコ革命**時のオーストリアによるボスニア＝ヘルツェゴビナ併合の際の、同地の約3割の人口を占める**セルビア人**の反発を招き、**1914年6月28日の**サライェヴォ事件**へとつながっていく。まさに「バルカンはヨーロッパの火薬庫」なのであった。

また1878年のベルリン会議で、イギリスはオスマン帝国領だった**キプロス島**を獲得し、地中海の要衝をすべておさえた。この会議でのビスマルクの提案にもとづき、フランスは1881年に**チュニジア**を保護国化。これを脅威と感じた**イタリア**はビスマルクの提案に応じ、1882年に独墺伊の**3国同盟**

締結に応じる。同1882年にイギリスは**エジプト**を事実上保護国化した。

　1889年、「**青年トルコ**」(その中心が**統一と進歩委員会**)が革命100周年のパリ留学のトルコ人の秘密結社として始まり、**ミドハト憲法復活**を要求した。1908年、**青年トルコ革命**がギリシアの**サロニカ**(現テサロニケ)で**エンヴェル=パシャ**を指導者として起こり、無血革命に成功。①憲法が復活して議会は再開され、②**アブドゥルハミト2世**が退位、③**ブルガリア**が独立を宣言、④**オーストリア**がボスニア=ヘルツェゴビナを併合した。この影響で、⑤1911〜12年**イタリア=トルコ戦争**(伊土戦争)が起こり、**トリポリ・キレナイカ**を喪失、古名**リビア**が復活する。⑥1912年に**セルビア、モンテネグロ、ブルガリア、ギリシア**が**バルカン同盟**を結成した。その一つのモンテネグロがオスマン帝国に宣戦して始まった1912年の**第1次バルカン戦争**で、オスマン帝国はイスタンブルを除く全ヨーロッパと**クレタ島**を喪失する。そのうちの**ブルガリア**がオスマン帝国から領土をとりすぎたとして、他のバルカン同盟諸国に**ルーマニア**と**オスマン帝国**までもが加わって戦争となる。これが1913年の**第2次バルカン戦争**。オスマン帝国はブルガリアと戦ってエディルネを含む東トラキアを回復した。これが最終的にスラヴ人のブルガリアがドイツ・オーストリアの**3国同盟**に接近したまま第一次世界大戦に参戦する理由である。

▏**第一次世界大戦とオスマン帝国**

　1912年には**イリリア人**の国**アルバニア**もオスマン帝国から独立する。

エンヴェル＝パシャは1914年10月29日、同盟国側で第一次世界大戦に参戦。12月イギリスはこれを口実にエジプトを正式に保護国化した。スンナ派イスラーム教徒が9割のエジプト人が「カリフ権」を主張するオスマン帝国との戦争に徴用されるのを拒否するのを防ぐため、国民としての義務を負わせるのが目的だった。この戦争の最中、イギリスはオスマン帝国領内の3宗教（イスラーム教、キリスト教、ユダヤ教）の聖地イェルサレムに関連して「三枚舌外交」を展開する。すなわち、トルコ人主体のオスマン帝国への反抗の見返りにアラブ人国家の建国を約束する1915年のフサイン＝マクマホン協定、英仏露でオスマン帝国領を分割する密約である1916年のサイクス＝ピコ協定、1917年のユダヤ人国家をパレスチナに建設することを約束しロスチャイルド家に資金援助させるバルフォア宣言[*]（ユダヤ国家アメリカを第一次世界大戦に軍事的に参戦させるためのイギリスの作戦）の三枚舌。結局戦後、シリア、レバノンがフランスの、イラク、トランス＝ヨルダン、パレスチナがイギリスの国際連盟委任統治領となる。ロシア帝国はロシア革命で消滅した。秘密協定（サイクス＝ピコ協定）の存在を暴露したのはボリシェヴィキ（ロシア共産党、後のソ連）であった。1915年、複合民族国家オスマン朝は「青年トルコ」の理念であるパン＝トルコ主義に押し切られるかたちで東部のアルメニア人虐殺を行う。この件を認めるか否かが昨今のトルコ共和国のEU加盟申請のネックになっている。これに関してはフランス史の講で述べたとおりである。英国上院から調査を命じられた若き歴史家アーノルド＝トインビーも1915年の計画的なアルメニア人虐殺を証言している。第一次世界大戦中、オスマン帝国は隣国のロシアと戦ったが、キリスト教徒同士ということで"内通"の嫌疑でアルメニア人は迫害されたのだ。

トルコ共和国建国

メフメト6世はセーヴル条約[**]を承認した。第一次世界大戦のガリポリの戦いでイギリスのチャーチルに勝利した英雄ムスタファ＝ケマル（ケマル＝パシャ）は、1920年アンカラでトルコ大国民議会を開催し、そのメンバーがアンカラ臨時政府を結成し、スルタン政府に対抗した。セーヴル条約にもとづき侵入したギリシア軍（"ビザンツ"帝国再興を掲げるギリシア王国）が

イズミルを占領すると、ケマルはセーヴル条約を認めず連合国に対抗しソ連の支援を取り付ける。そしてトルコ国民軍を率いてギリシアを撃破、東トラキアと**イズミル**回復を成し遂げた。1922年**スルタン制**が廃止され、オスマン帝国は終焉を迎える。1923年の**ローザンヌ条約**でイスタンブル周辺の東トラキアと全小アジアを確保。**アンカラ**を首都として**トルコ共和国**の建国が宣言された。初代大統領はケマル。政党は**トルコ国民党**の一党独裁へと後に移行する。これら一連の動きがトルコ革命である。

　1924年には**カリフ制廃止**（アブドュルメジト2世）、共和国憲法が制定され、脱イスラーム、政教分離の世俗国家ケマル主義体制が確立した。**アラビア文字**は廃止され、代わりに**アルファベット**を採用する**文字改革**、**イスラーム暦**に代わり**太陽暦**を使用、**トルコ帽**の廃止。これと並行して**女性解放**もすすみ、**チャドル**を廃し**一夫一婦制**が確立、1934年には**婦人参政権**が付与された。1933年には国際連盟に加盟、1934年に議会はケマル（"完璧な"）に**アタテュルク**（"トルコ人の父"）の称号を送った。

　第二次世界大戦には中立、1945年に対日・独宣戦した。戦後、複数政党制に移行。これが世俗国家トルコにおいてイスラーム教勢力が復活する土壌となる。1960年に軍部クーデタが起きる。ただし、収拾し民政に移管した後も軍が政治に介入した。

⁝ 戦後のトルコ共和国

　トルコの共産化を懸念したアメリカのトルーマン大統領は、いわゆるトルーマン＝ドクトリンを出して共産主義「封じ込め」政策を打ち出す。1952年には**北大西洋条約機構**（NATO、1949年発足）

*
バルフォア宣言（1917年）の背景には英首相ロイド＝ジョージがカルヴァン派であり、第一次世界大戦の戦時内閣の主要メンバー7人中6人がカルヴァン派プロテスタントだったことがある。
だからキリスト教シオニズム思想が前面に出されユダヤ人に便宜を図ることになった。

**
セーヴル条約によるトルコ分割案ではアナトリア（小アジア）が①海峡委員会の管理②ギリシアの勢力圏③イタリアの勢力圏④フランスの勢力圏⑤フランス領⑥クルド自治領⑦アルメニア領⑧イギリス勢力圏⑨ロシア領＋オスマン帝国領となった。

***
アタテュルクのトルコにおいては、マドラサ（イスラーム学院）やスーフィー教団は閉鎖。バギア＝ソフィア（アヤ＝ソフィア）はモスクでなく博物館とされた。

に加盟し、親米反共路線を鮮明にする。米アイゼンハウアー大統領の国務長官ダレスが「巻き返し」政策の一環として、1955年には**トルコ＝イラク相互防衛条約**を結ぶ。同年発足した**バグダード条約**とも呼ばれる反共軍事同盟の**中東条約機構（ＭＥＴＯ）**に加盟した。

1958年の**イラク革命**でイラクがＭＥＴＯから脱退すると、1959年には**中央条約機構（ＣＥＮＴＯ）**が結成され、その本部がアンカラに置かれた。が、この同盟は1979年の**イラン革命**でイランが脱退し崩壊した。

イギリスは1878年の**ベルリン会議**でキプロス島の管理権を得たが、第一次世界大戦でオスマン帝国が３国同盟側につくと、1923年に同島を直轄植民地とした。その後、第二次世界大戦後の1960年にイギリスの軍事基地だけを残しキプロス共和国として独立した。キプロスには約20%のトルコ系住民がおり、ギリシア系住民との間で1964年、1967年に武力衝突、**キプロス紛争**が起きた。さらに1974年にギリシアの軍事政権がキプロスに介入したことに反発しトルコが出兵。北キプロスを占領。トルコの占領は続き、1983年には一方的に「**北キプロス＝トルコ共和国**」の独立を宣言した。こうしてキプロスは南北で分断されたが、北キプロスを承認したのはトルコのみで国際的には認められていない。キプロス共和国はトルコ以外のすべての国から承認を受けているが、キプロス島の北半分は実効支配できていない。南北の境界線上には国連が設定した緩衝地帯が置かれ、現在は軍事衝突はなく、国連の仲介で両者の話し合いが断続的に行われている。2004年５月のＥＵ加盟は「**キプロス共和国**」のみの加盟となったが、これがトルコのＥＵ加盟が実現しない原因となる。

トルコはさらに**クルド問題**を抱えている。約3500万人の人口を持つクルド人が民族国家を建設できないでいる。16世紀のサファヴィー朝とオスマン帝国の衝突以来、イラン人とトルコ人の領土争いの最前線となってクルド人の意思は無視されてきた。1920年のセーヴル条約では自治区の建設が承認されたが、1923年のローザンヌ条約で破談になったという経緯がある。

2002年にはイスラーム政党の**公正発展党（ＡＫＰ）**が大勝し、**エルドアン**が首相となる。以後、政教分離の原則をめぐり国内が対立している。2014年エルドアンはトルコの指導者として初めて「アルメニア人虐殺」に関して哀悼の意を表明した。同年エルドアンが大統領に就任、"現代のスル

タン”と呼ばれるほど権限強化を目指したが、2015年の選挙で過半数に達しなかった。2016年のイスタンブル征服記念日には、エルドアン大統領をメフメト２世になぞらえる演説が首相によってなされた。だが、本人は経済発展と専制政治を両立させたアブドゥルハミト２世に自らをなぞらえているようだ。ちなみに、オスマン家の男子が再びトルコ共和国に入国するのが許可されたのは1974年であった。

　隣国シリアの内戦に関しては対クルド、対ＩＳの軍事作戦を強化、国内ではメディアへの締め付けを強化。2016年には世俗主義とイスラーム主義を折衷した**ギュレン運動**系のクーデタが起きたが失敗した。国民投票で憲法を改正し、首相を廃止し大統領権限を強化した。2018年にはシリア領内の**クルド人**地区に軍事侵攻した。アメリカの**トランプ**大統領がアメリカ大使館を**テルアビブ**からイェルサレムへ移転したことに強く抗議し、イランと共にロシアへの傾斜を強めている。エルドアン政権がロシアから兵器を購入していることが、アメリカとの関係を悪化させている。また**2022**年のロシアによるウクライナ侵攻から**フィンランド**と**スウェーデン**がＮＡＴＯへの加盟を申請したが、スウェーデンがトルコからのクルド移民を受け入れているので、ＮＡＴＯ加盟に反対したが、結局容認した。

　トルコにおいてはクルディスタン労働者党（ＰＫＫ）はテロ組織という扱いになっている。対クルドということで隣国シリアの内戦においてシリア内のクルド勢力を攻撃しているので、シリアの**アサド**政権およびその後ろ盾となっている**プーチン**政権のロシアとの関係も必ずしも良好ではない。

ルーム・セルジューク朝の都イコニオムは現在トルコのコニヤ。使徒パウロが石打ちから逃れた町として『新約聖書』にでている。旅した感触としてはアンカラやインタンブルよりも人々の服装が地味だった。

最後にハギア＝ソフィア（アヤ＝ソフィア）聖堂の歴史をまとめておこう。コンスタンティス帝が着工（4C）→ユスティニアヌス帝が完成（6C）→メフメト2世が四隅にミナレットを敷設（15C）→ケマル＝パシャが無宗教の博物館に（1935）→エルドアンがモスク宣言（2020）。2023年が建国百年。

11章 ロシア史

国の興亡。スラヴ人→ノヴゴロド国→キエフ公国→キプチャク＝ハン国→モスクワ大公国→ロマノフ朝→ソ連→ロシア連邦。

2018年10月、ロシア正教会（キリル総主教）がウクライナ正教会から独立承認を迫られた。2014年にロシアがウクライナに軍事介入して以来、悲願だったウクライナ正教会の独立が実現したのだ。これは東方教会（正教会）においては1054年の東西教会分裂以来の"大事件"である。ギリシア正教会の老舗コンスタンティノープル教会がモスクワ教会（ロシア正教会）からキエフ教会（ウクライナ正教会）を奪ったからである。

ウクライナ正教会内部はモスクワ系とキエフ系に分かれる。キエフ系の独立嘆願の背景にあったのは、モスクワ（**第3のローマ**）総主教と正教会内の指導権を争うコンスタンティノープル（**第2のローマ**）総主教からの支持である。

さらに言えば、ロシアはコンスタンティノープル総主教庁の背後にはNATO加盟諸国の意思が働いていると考えている。それはソ連の共産党政権時代に宗教弾圧を逃れた多くの聖職者や信者が亡命し、コンスタンティノープル総主教庁の支援を受けたからだ。

コンスタンティノープルは言わずと知れたギリシア正教の政治的守護者**東ローマ（ビザンツ）帝国**の都であり、キエフ（現キーウ）は988年に**キエフ公国のウラディミル1世**がビザンツ皇帝の妹と結婚し、ギリシア正教化したことからスラヴ圏の正教発祥の地であるという自負がある。この事態がロシア正教との関係により保守勢力を中心に国民を結集してきた**プーチン大統領**にとって痛手となったのだ。2022年の**ウクライナ侵攻**の原因はここにある。ロシア正教との蜜月関係を政権運営の基盤にする手法は**ツァーリズム**そのもの。

そのロシアの位置づけを、G7（日英米加独仏伊）は2022年に「戦略的パートナー」から「最も重大で直接的な脅威」へと変更した。

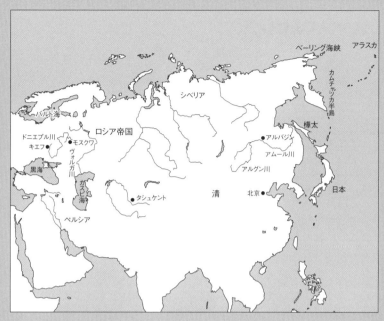

ロシア全図（17世紀）

ロシアの南下政策

ノルマン人のロシア

　ロシア人はもともと東スラヴ人*であり、ドニエプル川中流域以北に居住していた。経済は南方は農業、北方は狩猟、養蜂が中心であった。7世紀以降ルーシ（ルス）と呼ばれるスウェーデンのノルマン人（ヴァイキング）が進出。毛皮、蜂蜜、奴隷などを取引する。その首領リューリクが862年にノヴゴロド国を建国した。後継のオレーグが882年にドニエプル河畔にキエフ公国を建国する。現在ドイツ語ではロシアを「ルースラント」、フランス語ではロシア人を「ラ・ルス」と言う。

　この国の王ウラディミル1世は南北ロシアを統一、988年にビザンツ皇帝バシレイオス2世の妹アンナと（キエフ公国がブルガリア王国の攻撃を支援するのを条件に）結婚。住民に集団的洗礼を強制し、こうしてロシアの地がギリシア正教化しビザンツの文化が流入、また農奴制を強化した。しかしその後、十字軍の遠征による地中海貿易の活発化により、ドニエプル水路の貿易は衰退した。

「タタールのくびき」からの解放

　1223年のカルカ河畔の戦いで侵入してきたモンゴル軍にロシア諸侯軍が敗北、1240年には2日間でキエフが陥落。宗教に寛容だったモンゴル人は聖ソフィア大聖堂のみ破壊しなかった。

　そして1241年のオーデル川上流域のワールシュタット（リューグニッツ、レグニツァ）の戦いでチンギス=ハンの孫バトゥにシュレジエン侯などが敗れる。バトゥは1243年にヴォルガ川の河口のサライを都にキプチャク=ハン国を建国し、スラヴ人諸侯を通じて間接支配を行った。このモンゴル人による支配を「タタールのくびき**」という。キエフを逃れたロシア人たちは東北に移住し、当時小さな村であったモスクワがその中心となる。

　キプチャク=ハン国がティムールの大遠征などの影響でカザン=ハン国、アストラハン=ハン国、クリム=ハン国に分裂、1480年にモスクワ大公国が完全に独立する。モスクワ大公イヴァン1世がモスクワ大公となっていたが、1380年のクリコボの戦いでドミトリー大公が初めてキプチャク=ハン国に勝つなど自立の動きは始まっていた。

完全独立を果たした1480年の王は**イヴァン3世**である。彼はビザンツ皇帝の姪ソフィアと結婚、「**ツァーリ（カエサル）**」を自称し、ローマ帝国の双頭の鷲の紋章を継承した。こうして「**モスクワは第3のローマ**」と言われるようになるが、元々1326年にギリシア正教の大主教座はモスクワに移されていた。1589年にモスクワの「主教」がオスマン帝国支配下のコンスタンティノープル総主教から「総主教」の称号を与えられた時が「第2のローマ」であるコンスタンティノープルから権威が移譲された正式な年である。これが**ロシア正教会**である。イヴァン3世は貴族勢力を抑圧し、農民の移動を2週間に限定して農奴制を強化した。

1533～84年がイヴァン3世の孫の雷帝**イヴァン4世**の時代である。彼はビザンツ帝の血をひき、「公」「大公」の代わりに正式に「ツァーリ」を名乗った。**オプリチニナ**体制という恐怖政治を展開し、全国議会を召集し、彼の意志を徹底的に反映させた。農奴の移動は全面的に禁止。ノヴゴロド市民大虐殺にもかかわる。また、カザン＝ハン国とアストラハン＝ハン国を征服し、**カスピ海**へのルートを拓く。とくにカザン＝ハン国征服のモニュメントがモスクワの**赤の広場**にある**聖ヴァシーリ聖堂****である。彼はイングランド女王**エリザベス1世**に求婚し、断られた体験がある。

14世紀以降、ロシアの東南辺境へ逃亡した者の子孫が、牧畜・漁業・狩猟・交易・略奪などを生業としつつ、宮廷の保護下で16～17世紀に辺境防衛の戦士団を形成、**コサック**（「群から離れた者」の意）となる。その首長**イェルマーク**が商人一族のストロガノフ家に派遣され、**1582年シビル＝ハン国*****

*
東はドニエプル川から西はウィスラ川中流までの範囲が原スラブ人の居住地域とされる。

**
タタールはモンゴルの一種族（韃靼）からできた名称で、モンゴル人やトルコ系諸種族を指した。ギリシア語タルタロス（地獄）との連想もあり広く用いられた。タルタルソースの語源にもなっている。

***
この結婚を仲介したローマ教皇はモスクワを対オスマン同盟に引き込みたかった。

****
聖ヴァシーリ聖堂
モスクワの赤の広場にある聖ヴァシーリ聖堂。なんといってもこれがモスクワのシンボルだ。

*****
シビルは鮮卑に由来する名称だ。

を平定「シベリア」の語源となった。

ロマノフ朝はじまる

1613年ミハイル＝ロマノフが全国会議によりツァーリに選出され即位、リューリク朝に代わりロマノフ朝となった。彼は農奴制を強化して地主貴族の利益を図ったり、財政強化のための新税を創設した。

1670年にはステンカ＝ラージンの乱と呼ばれる農奴制に反発する農民の大反乱が起きたが鎮圧された。

これまでのツァーリはカエサル（ローマ皇帝）を名乗っていたが、その権威はチンギス＝ハンに由来しており、即位の際にそれを示す儀式すら行われていた。まさに「モスクワは一皮むけばモンゴル」だったのだ。

ピョートル1世

1682年に即位したピョートル1世はモンゴルの権威によらない最初のツァーリであった。彼はツァーリに代わって「エンペラー」と名乗ったが、引き続きツァーリという称号も残された。彼の統治の特色は、産業と軍備の強化、つまり西欧化政策による富国強兵策であった。自ら変装してオランダやイギリスの造船所を視察した。そのオランダかぶれはロシアの国旗をオランダの国旗と比べてみれば一目瞭然である。貴族を官僚化し、教会の国家体制への編入を図った。農奴制を強化し、重商主義による国営マニュファクチュアを育成した。ユリウス暦を採用。他にも学校、新聞、海軍士官学校を創設した。

子供のころ戦争ごっこが好きだった彼は、成人してからも戦争に明け暮れる。ロシアがオホーツク海に到達する17世紀前半から清と衝突。ピョートルがアルバジンの砦を築くと摩擦が激化。1689年に清の康熙帝とネルチンスク条約を結び、アルグン川とスタノヴォイ山脈（外興安嶺）が国境となる。

またバルト海の覇権をめぐりスウェーデンのカール12世と戦い、1703年ネバ川河口にペテルブルクを建設し1712年遷都。1700年のナルヴァの戦いでは敗れるが、1709年のポルタヴァの戦いに勝利する。これが1700年に始まり1721年ニスタット条約で終結する北方戦争である。1696年にはオ

スマン帝国より**アゾフ海**を獲得し**黒海**へ進出した。
1725年には**ベーリング**を**シベリア**と**カムチャッカ**
半島の探検に送るが、大帝の死後海峡とその先の**ア**
ラスカに到達し、18世紀末には**千島**をロシアが領
有した。

　同王は9世紀に**キュリロス**が発明した**グラゴール**
文字、のちの**キリル文字**を整理してロシア文字の元
をつくった。また、1721年に12人からなる教会会
議（シノッド）を置き、その構成員をツァーリが任
命した。この制度は1917年のロシア革命まで存続
する。こうしてロシア正教会はロシア皇帝の政治的
道具となったのである。

　大帝の死後、ロシアは**1727**年に清の**雍正帝**との
間に**キャフタ条約**を結び、シベリアとモンゴルにお
ける国境を確定した。

　ロシアの女帝**エリザベータ**は、オーストリアのマ
リア＝テレジアとフランスのルイ15世の愛妾ポン
パドールとプロイセンとの7年戦争前にいわゆる
"三婦人同盟"を結んだ。エリザベータは科学者の
献言によりモスクワ大学を創設したりしたが、
1761年に急死した。跡を継いだ甥の**ピョートル3**
世は叔母と異なりプロイセンのフリードリヒ2世に
傾倒していたため、ロシアはプロイセンと単独講
和。プロイセンのフリードリヒ2世は厳しい戦いを
耐え抜きシュレジエンを確保した。これが**7年戦争**
であった。

エカチェリーナ2世

　ピョートル3世と結婚したのがドイツ貴族の娘**エ**
カチェリーナ2世である。

　夫ピョートル3世と相性が悪かった彼女は**ヴォル**

ロシア正教会の聖堂
赤の広場の近くにある
ロシア正教会の聖堂。
ロシアのプーチン大統
領の自宅の様子をテレ
ビで見たが、まるでロ
シア正教の聖堂である
かの如くに聖像類で満
ちあふれていた。

＊
アゾフスターリ製鉄所
がアゾフ海の街マリウ
ポリにある。ソ連時代
に設立されたが、第二
次世界大戦中にはナチ
スドイツに占領され、
ドイツ軍の兵器も製造
された。ゆえにロシア
のプーチン大統領が
2022年に「ナチスと
戦う」と言ってマリウ
ポリを制圧したのだ。
熱烈なサッカーチーム
のサポーター（ウルト
ラス）を母体としたア
ゾフ大隊は2014年に
設立された。

テールと往復書簡を交わし、ディドロに『百科全書』の資金援助をした**啓蒙専制君主**で、貴族の横暴に厳罰を処すなど法治主義と法の前での平等を唱えたが、1773年〜75年のコサック出身の**プガチョフの乱**やフランス革命への反感から反動化する。2度にわたるオスマン帝国との戦争（露土戦争は十数回を数える）の条約、1774年の**キュチュク＝カイナルジ条約**でドン川、ドニエプル川の河口付近やアゾフ海沿岸地方を確保、1783年には**クリム＝ハン国**を併合した。1792年のヤッシーの講和でクリミア半島を獲得。愛人の**ポチョムキン**が黒海のクリミア半島にセヴァストーポリ要塞を建設する。1772年、1793年、1795年の3次にわたる**オーストリア・プロイセンとのポーランド分割**にすべて関与する。ちなみに、第1次ポーランド分割のメンバー、**エカチェリーナ2世**（露）、**ヨーゼフ2世**（墺）、**フリードリヒ2世**（普）はいわゆる啓蒙専制君主トリオである。

アメリカ独立戦争についてはイギリスの中立国船舶捕獲に対抗し、1780年に**武装中立同盟**を提唱。1792年には北海道の**根室**に**ラクスマン**を派遣する。伊勢の船頭で江戸へ航行中に漂流しアリューシャン列島に漂着、その後ペテルブルクでエカチェリーナ2世に謁見したのが**大黒屋光太夫**で、ラクスマンに同行した。

首都ペテルブルクにはヴェルサイユ宮殿を模して**エルミタージュ**（隠れ家の意）という冬宮を建設した。宮殿のある部屋の入り口には「この部屋に入る者はすべてを脱ぎ捨てること」と表示してあったという。身分や立場を忘れ、素の状態で語り合おう、というメッセージだった。まさに"啓蒙"された彼女らしい発想だが、"進歩的"すぎたせいか世界史上もっとも華麗なる男性遍歴を持った君主という一面もあった。だからか息子の**パーヴェル1世**は母を憎悪し、おまけに精神不安定。母の死後1801年の宮廷クーデタで暗殺される。

▏**アレクサンドル1世**

パーヴェル1世の次に即位したのがエカチェリーナ2世の孫、**アレクサンドル1世**で1805年の**アウステルリッツの三帝会戦**でナポレオン1世に敗れる。ナポレオンのロシア遠征（＝祖国戦争）を**クトゥーゾフ将軍**の活躍で撃退したのち、1814年〜15年のウィーン会議ではキリスト教的友愛精神に拠

る秩序、いわゆる**神聖同盟**を提唱。1821年からの**ギリシア独立戦争**にはウィーン体制の理念と矛盾しギリシアの独立を支援。**オスマン帝国**に宣戦した。建前は正教徒保護、本音はオスマン帝国をへこませ、その首都イスタンブルを抜ける**ボスフォラス＝ダーダネルス海峡**の航行権を得たかったからである。

イスタンブルのペラパレスホテルのこの部屋にはアガサ＝クリスティーも投宿した。写真は金角湾、その向こうにボスフォラス海峡を望むロケーションである。

ニコライ1世

1825年、ナポレオンのロシア遠征を追撃し西欧で"啓蒙"の光を浴びた青年将校たちによる**デカブリストの乱**を鎮圧して即位したのが**ニコライ1世**で、警察制度を強化し、革命や農民運動を弾圧した。1830年のフランス7月革命の影響を受けた**ポーランドの反乱**を機に同地の自治権を剥奪、1832年には総督制を敷くことになる。ポーランドの「ピアノの詩人」**ショパン**は「革命」を作曲した。1848年に**コシュート**が指導した**ハンガリー**の独立運動を弾圧して「ヨーロッパの憲兵」と呼ばれた。

ロシアは第1次エジプト＝トルコ戦争の1833年の**ウンキャル＝スケレッシ条約**で**ボスフォラス＝ダーダネルス海峡**の独占航行権を獲得したが、1839〜40年の第2次エジプト＝トルコ戦争では**5国海峡条約**で両海峡の外国軍艦の通行は禁止され、南下政策は英国の**パーマストン**により頓挫した。

ニコライ1世はフランスの**ナポレオン3世**が**聖地イェルサレム管理権**を取得するとこれを不満とし、オスマン帝国内のギリシア正教徒保護を口実に開戦、1853年**クリミア戦争**が始まった。翌年**英、仏、サルデーニャ**が**オスマン帝国**側で参戦、**セヴァストーポリ要塞**の陥落で敗北。人間の極限状態を経験し

たいと思った**トルストイ**はこの要塞の攻防戦に参加した。のちにナポレオンのロシア遠征を題材に『**戦争と平和**』を著す。

　1856年のパリ条約でクリミア戦争が終結、ロシアの南下は阻止される。**オスマン帝国**の領土は保全、**モルダヴィアとワラキア**は連合して独立（後の**ルーマニア**）、**黒海の中立化**が決定。そしてこの戦争中の1855年に**アレクサンドル2世**が即位する。同年、**日露和親条約**を結び、**ウルップ島**と**択捉（エトロフ）島**の中間を国境と定めたが、**樺太**には国境線は定めず両国民混住の地とした。

▏アレクサンドル2世

　アレクサンドル2世はクリミア戦争の敗北から後進性克服を企図し、上からの改革を推進、1861年に**農奴解放令**を発布して領主制を廃して農奴に人格的自由を与えた。しかし、これは地主にきわめて有利な改革で、農地の分与は有償だった。そのため農民の状態は改善されず、農民は「買い戻し金」を課せられ、その支払いを保証するため土地はミール（農村共同体）に引き渡された。アレクサンドル2世の農奴解放令は作家**トゥルゲーネフ**の農奴制を批判した作品『**猟人日記**』に影響されたといわれる。

　窮乏する農民はミールに長期間縛られたり、または都市に流出。もっとものちの資本主義発展には労働者として寄与する結果となった。またアレクサンドル2世は**ゼムストヴォ**という地方自治会を創設、司法・教育・兵制の改革も行った。しかし、1863年に**ポーランド**で独立運動が起こると反動化、これを武力鎮圧したことが、1864年にロンドンで**マルクス**が指導し**第1インターナショナル**が結成されるのを促す。アレクサンドル2世の時期にロシアは**ウズベク系3ハン国のヒヴァ**（1873年）、**ブハラ**＊（1868年）、**コーカンド**（1876年）を保護国化する。**コーカンド＝ハン国**の将軍で中央アジアに**カシュガル＝ハン国**を建て自立し、イギリス・ロシアの中間に独立政権を樹立した**ヤクブ＝ベク**は、清の洋務運動の指導者のひとり**左宗棠**に攻め込まれ自殺したと伝えられる。1862年以降のイスラーム教徒の反乱に乗じロシアが新疆西北のイリ地方を占領したのが**イリ事件**だが、これは清との紛争を生じさせた。1881年にペテルブルクで**イリ条約**が締結され、イリ地方の一部は清朝に返還されたがロシアに貿易上の利権が与えられた。

ナロードニキ運動

19世紀中盤のロシアの知識人**インテリゲンツィ
ア**は、西欧文化の移入と立憲的・資本主義的体制へ
の改革を主張する「**ザパトニキ**」と、ロシアの文化
とギリシア正教の優秀性を強調する「**スラヴォフィ
ル**」の2つに分かれる。前者の代表が「社会主義の
父」**ゲルツェン**ら。後者は後の**パン＝スラヴ主義**の
元となる。農奴制と専制政治の廃止を目指した青年
将校、いわゆるデカブリストの主張に共鳴したロマ
ン派の作家が**プーシキン**で、美しい妻をめぐりフラ
ンス人と決闘して死んだ。代表作が『**大尉の娘**』
『**オネーギン**』。『**検察官**』『**死せる魂**』の作者**ゴーゴ
リ**はプーシキンの弟子で、ロシア**写実主義**を確立し
た。『**罪と罰**』『**カラマーゾフの兄弟**』（『**悪霊**』では
インテリがテロリストに変貌する過程が描かれてい
る）の作者**ドストエフスキー**は社会主義サークルに
いたので流刑を経験した。そもそものロシア正教会
のあり方の矛盾が19世紀ロシア文学の背景である
が、ドストエフスキーはその著作の中で東方教会的
な神理解を表現した。

1870年代に、西欧的教養を身につけた進歩的な
貴族や新興市民の子弟からなる**インテリゲンツィア**
の展開した農民啓蒙運動が、「**ヴ＝ナロード（人民
の中へ）**」をスローガンとした**ナロードニキ運動**で
ある。彼らは農村共同体である**ミール**を基盤として
活動したが、官憲への密告と弾圧、農民の無関心で
挫折した。「ヴォルガの船ひきたち」「ナロードニキ
の逮捕」という絵画はロシアを代表する画家**レーピ
ン**の作品だ。こうして彼らは**ニヒリズム**（虚無主
義）に逃避するが、「ニヒリスト」という語は**トゥ**

＊
ブハラのアルク城は7
世紀創建、18世紀再
建、19世紀には帝政
ロシアの保護国となっ
たブハラ＝ハン国のハ
ーンの城だ。

＊
1＄払ってブハラ＝ハ
ンの衣装を身につけて
みた。

ルゲーネフの『父と子』という小説で初めて登場したとされる。さらにはアナーキズム（無政府主義）やテロリズムに走る者もいて、皇帝アレクサンドル2世は1881年、「人民の意志派」のテロにより暗殺された。ちなみに「人民の意志（一般意志）」はルソーの『社会契約論』（1762年）のキーワードである。このような社会不安を背景に頻発したユダヤ人虐殺を**ポグロム**という。

　1875年の**樺太＝千島交換条約**では樺太（サハリン）全島がロシア領になり、**ウルップ島**（千島列島中部の島）以北のロシア領**千島列島**が日本領となる。つまり千島列島全体が日本領となった。

アレクサンドル3世

　次のツァーリ、**アレクサンドル3世**の時代の1891～94年にかけて成立した**露仏同盟**にもとづき、フランス資本の援助によって**シベリア鉄道**の建設が始まる。重工業に重心をおいた**ウィッテ**の急速な工業化政策は工場労働者階級を生み、産業革命が深化、同時に各地に社会主義サークルができるようになる。**プレハーノフ**は1883年にスイスで労働解放団を結成、「ロシア＝マルクス主義の父」と呼ばれた。ちなみに**マルクス**の『**資本論第1巻**』がロシア語に翻訳されたのは1872年であった。

ニコライ2世

　1898年、マルクス主義政党**ロシア社会民主労働党**が結成され、1903年のロンドン大会でマルトフ、プレハーノフらの「少数派」を意味する**メンシェビキ**と「多数派」を意味する**レーニン**らボリシェヴィキに分裂。また、1901年には**ナロードニキ**の流れをくみテロリズムを容認する**社会革命党**（SR＝エスエル）が結成され、農民社会主義を追求した。

　1904年に**日露戦争**が勃発。**ポーツマス条約**[*]（1905年）の全権はロシアが**ウィッテ**、日本が**小村寿太郎**。日本は遼東半島の**旅順・大連**を獲得し、**関東州**とした。レーニンはこれを帝政ロシア崩壊の始まりと感じた。1905年にペテルブルクで司祭ガポンが率いた労働者の待遇改善の請願に軍隊が発砲し、多数が死傷する**血の日曜日事件**が起きたのは、1894年に即位していたツァーリ、ニコライ2世の時代である。彼が皇太子の時代に滋賀県で日本の

警官に銃撃され、傷を負ったのが1891年の**大津事件**だ。1899年と1907年にニコライ2世の提唱により**万国平和会議**がオランダの**ハーグ**で開催され、1899年の**ハーグ陸戦条約**では交戦者、宣戦布告、戦闘員非戦闘員の定義や捕虜・疾病者の扱い、毒ガスなど不必要な苦痛を与える兵器の使用が禁止された。また会議の結果1901年に**国際仲裁裁判所**が設置された。

1905年、ストライキと農民運動が連動し、戦艦ポチョムキン号の兵士の反乱も起きた。ストライキが政治化し、都市部に**ソヴィエト（評議会）**が成立。ロシア社会民主労働党や社会革命党が結集し、革命の中心的組織となる。これが**第1次ロシア革命**だ。

これに対して政府はウィッテが**10月宣言**を起草、ニコライ2世は**国会（ドゥーマ）開設**と市民的自由を約束する。こうして自由主義者が革命から離脱して**立憲民主党（カデット）**を結成する。とはいえニコライ2世は1905年以降だけで3000人を処刑し「血のニコライ」といわれた。

1906年に欽定憲法が制定され、ウィッテに代わった**ストルイピン**が首相となり、1911年まで務めた。彼は革命運動を徹底的に弾圧し、農業改革で革命の温床となる共同体ミールを解体。農地を共同体所有から個人所有にして私有財産を持つ自作農を育成した。また国会は皇帝の御用機関と化した。

ロシア革命

1914年8月1日にロシアは**第一次世界大戦**に参戦。ドイツがオスマン帝国への影響力を強める（パン＝ゲルマン主義）と、ロシアは大セルビア主義

＊
1905年のポーツマス条約でシベリア鉄道南部支線（新京つまり長春〜旅順）が日本に譲渡された。これが南満州鉄道（満鉄）である。この鉄道網が1910〜11年の満州のペスト大流行の原因となった。

＊＊
穀物輸出を強化し、農業資本主義を創出しようとした。

（パン＝スラヴ主義）を支援したからである。

1914年8月29日の**タンネンベルクの戦い**でドイツの**ヒンデンブルク**将軍に敗れてから、翌年ポーランドでも大敗。戦争が長期化し基盤の弱いロシア経済を直撃（成年男子の40％以上が動員、1916年までに3分の1が死傷）、兵士には厭戦気分が高まる。農民の多くが徴兵され、農村の労働力は不足し、食糧生産は半減。物価は高騰、外国資本は撤退し、宮廷政治の腐敗が進行、怪僧**ラスプーチン**の政治操作など社会不安が増大した。1916年には**中央アジア諸民族の蜂起**も起きた。

1917年3月8日、食糧危機がきっかけでペトログラードで国際婦人デーを機に「パンをよこせ」をスローガンに労働者がストライキ。これに軍隊が合流し、ソヴィエトを結成（3月12日）。ここに革命勃発。ソヴィエトの動きに警戒した国会が臨時政府をつくると、革命を神の意志と考えたニコライ2世は退位（3月15日）し、ロマノフ朝が終焉を迎える。これが**3月革命**（ロシア暦2月革命）だ。ブルジョワ主体の**立憲民主党（カデット）**のリヴォフ公爵を首班とする臨時政府には**社会革命党（SR）右派のケレンスキー**が単独で参加、**メンシェビキ**も一部参加した。一方、**社会革命党左派**やメンシェビキ主体の**ソヴィエト**も結成され**二重権力**となったが、革命の推進力は後者であった。

レーニンは革命の報を聞いて亡命先のスイスから**ドイツ参謀本部**が仕立てた封印列車で帰国。**4月テーゼ**を発表し、即時講和し臨時政府を打倒し「**すべての権力をソヴィエトへ**」集中するようボリシェヴィキに呼びかけた。

レーニン率いるボリシェヴィキの**7月蜂起**は陸相ケレンスキーが鎮圧し、レーニンはフィンランドへ亡命する。同月**ケレンスキー内閣**が成立。ボリシェヴィキを弾圧し、自由主義者と社会主義者の連立を模索しつつ戦争を継続した。しかし8月に帝政派の将軍**コルニーロフ**のクーデタがボリシェヴィキの援助で鎮圧されると、ボリシェヴィキは勢力を回復し革命派が勢いを増した。

11月6日、ペトログラードでネバ川に停泊中の巡洋艦オーロラ号の砲声を合図に**レーニン**、**トロツキー**らボリシェヴィキと社会革命党左派が蜂起し**ケレンスキー**が亡命。これがいわゆる**11月革命**（ロシア暦10月革命）である（11月7日）。

　11月8日、**全ロシア=ソヴィエト会議**が開催され、人民委員会議が議長（首相）として**レーニン**、外務人民委員**トロツキー**、民族人民委員**スターリン**を選出。「**平和に関する布告**」（無併合・無賠償・民族自決の講和）と「**土地に関する布告**」（地主の所有地の没収、土地私有権の廃止）が出される。

　レーニンの1917年の著作が『**資本主義の最高段階としての帝国主義**』で、資本主義の侵略性を明確に論じた。先立つ著書に**ホブソン**（英）の『**帝国主義論**』（1902年）、**ヒルファーディング**（独）の『**金融資本論**』（1910年）がある。

┊ ボリシェヴィキ1党独裁へ

　革命後の**憲法制定議会**選挙（比例代表制、ロシア史上初の男女普通選挙：11月25日）では社会革命党が第1党、ボリシェヴィキは第2党でＳＲの半分にも満たなかった（全707議席のうち175議席）。しかしソヴィエトが出した「勤労人民と被圧迫人民の権利の宣言」が議会で否決されたため、全ボリシェヴィキ議員が退場し、翌日レーニンは武力で議会を解散。年末に非常委員会**チェカ**（反革命・サボタージュ・投機取り締まり全ロシア非常委員会）を組織し、翌1918年に**ボリシェヴィキ独裁**（プロレタリアート独裁）を実現した。

　1918年3月には**トロツキー**を全権として**ブレスト=リトフスク条約**でドイツと単独講和。「平和に関する布告」の理念は反映されず、ロシアは**ポーランド**、**リトアニア**、**ラトビア**、**エストニア**の主権を放棄させられ、**フィンランド**から撤退、**ウクライナ**の独立を承認し人口は3分の1に減少した。1918年7月には憲法が制定。全国にソヴィエト、18歳

以上の男女普通選挙、共産党以外は非合法、首都は**モスクワ**＊、政治の中枢は**クレムリン宮殿**、ボリシェヴィキは**ロシア共産党**と改称された。

　「対独戦争を**内戦**に転化させろ」というレーニンの呼びかけが実を結び、内戦が始まった。共産党の**赤軍（赤衛軍）**に対し、旧軍人・社会革命党などが指導する**反革命軍（白軍）**が横行し、各地に政権を樹立した。また1918〜22年にかけて**対ソ干渉戦争**が継続。これは史上初の社会主義国の誕生に対する反発、帝政時代の債務を破棄されたことへの反感、秘密外交文書の暴露への反感（たとえば**サイクス＝ピコ協定**〔1916年英仏露〕の暴露など）が動機だった。対ソ干渉戦争の代表的なものが**シベリア出兵**だ。第一次世界大戦のオーストリア兵として徴用された**チェコ兵**がシベリア鉄道で脱出をするのを支援し、救出することを口実とした英仏日米伊などによる出兵である。

　イギリスに支援された**コルチャーク**はモスクワに迫ったが、革命軍に捕らえられ処刑された。シベリアに7万3000人の大軍を派遣した日本は、**ニコライエフスク（尼港）**で日本人居留民がパルチザンに殺害された**尼港事件**を機に北樺太を占領したので、外国や国民の不信を買い撤兵を余儀なくされた。＊＊アメリカ軍は終始日本軍に非協力的だった。

　シベリア出兵とは当時の、いわば世界的国際貢献である。対ソ干渉戦争には、**ポーランド＝ソヴィエト戦争**もあるが、1920年ソヴィエト政権はポーランドで大敗する。ポーランド側の指導者が**ピウスツキ**で、彼は1926年のクーデタで独裁政権を樹立する。

　これら内戦と干渉戦争への対抗策として**戦時共産主義**が採用され、**赤軍**の組織化、**ジェルジンスキー**将軍指揮の**チェカ**が機能する。チェカは内戦の終了とともに役割も変わり、1922〜23年にはGPU（国家政治保安部）、1934〜38年にはNKVD（国家保安人民委員部）、そして1954年からは**KGB**（国家保安委員会）となった。

　またトロツキーを中心に徴兵制に移行。1918年8月には**エカテリンブルク**でニコライ2世一家が銃殺された。1924年初頭のレーニンの死に至るまでの5年間にチェカが行った処刑は少なくとも20万件である。これに対し、1917年までの治世の最後の50年間に歴代ツァーリのもとで行われた処刑は1万4000件であった。結果として、共産党の支配力は増大、農民も外国の

侵略軍や帝政ロシアの復活を恐れて、祖国防衛に積極的に加わるようになった。

　1919年3月には第3インターナショナル＝コミンテルン（communist international）がモスクワを本部に設立され、世界革命運動つまり「革命の輸出」を推進した。コミンテルンの設立資金にはロマノフ皇室の没収資産がふんだんに充てられた。議長はロシア人のジノヴィエフ。

　前述したように、1918〜21年は戦時共産主義を採用していた時期で、「すべてを戦線に」をスローガンに、私企業は禁止。中小企業は国有化され、食糧は配給制で、穀物強制徴発が実施されたため農民の生産意欲は減退し、1921年には500万人の餓死者がでた。1920年〜21年にかけてのポーランド＝ソヴィエト戦争で敗北し、白ロシア（現ベラルーシ）西部、ウクライナ西部がポーランド領になる。工業生産力は戦前の7分の1、農業生産力は2分の1と経済は破綻した。またより徹底した社会主義を求めて、ボリシェヴィキ独裁に反対していた革命派によるクロンシュタット要塞の水兵の反乱も起きた。これの鎮圧のため革命派を処刑したことは、社会主義革命にとっては悲劇的なことであった。

ソヴィエト社会主義共和国連邦

　共産党第10回大会でレーニンが提唱したのがネップ（ＮＥＰ、新経済政策）である。これは戦時共産主義による経済破綻やクロンシュタット軍港の反乱など、共産党の官僚支配への反発をかわすためで、内容は穀物強制徴発の中止と小規模な私企業の許可など、つまり市場経済と外国貿易の導入ということだ。その理論家がブハーリン。これにより経済

＊
ソ連時代のモスクワ、赤の広場、1989年

＊＊
1921〜22年のワシントン会議でのアメリカからの圧力の結果シベリアから撤退。北樺太には1925年の日ソ基本条約で日本がソ連を承認し国交が開かれるまで駐留した。

＊＊＊
富農から余剰穀物を収奪する階級闘争として共産党員を先頭に武装部隊によって実行された。

は戦前の水準に回復、**クラーク**（富農）や**ネップマン**（富商）が出現した。1921年から1928年までがネップ期。こうして1922年12月**ロシア、ウクライナ、白ロシア、ザカフカス**（当時は**グルジア、現ジョージアのちアルメニアとアゼルバイジャン**が加わる）の4ソヴィエト政権が連合して**ソヴィエト社会主義共和国連邦**（〜1991年）が発足した。1924年には18歳以上の**勤労者**男女に選挙権（普通選挙ではない）。政府の地位の安定やネップの採用により対外関係も好転し、**1921年**には**英ソ通商協定**、また**ドイツ**との国交が回復し、**1922年**には**ラパロ条約**が締結された。ちなみに、**1924年**にソ連を承認したのは、**労働党マクドナルド内閣**のイギリス、**エリオ左派連合内閣**のフランス、**ムッソリーニ内閣**のイタリア、中国。日本は**1925年**に加藤高明護憲三派連立内閣が承認。アメリカはニューディール期の**1933年**であった。

　1922年レーニンが引退、痴呆状態になると、ジノヴィエフ、スターリン、カーメノフの3頭政治に。1921年の人民委員21人中17人がユダヤ人であった。マルクス主義の単線的な階級闘争史観（革命史観）は、ユダヤ・キリスト教の、つまり聖書の終末論の焼き直しだった。だから、ヒトラーはボリシェヴィキつまりソ連を嫌悪したのだ。マルクスはユダヤ系ドイツ人であった。

　1924年にレーニンが死ぬと、後継者争いや社会主義建設路線をめぐって対立が激化した。1925年の共産党大会で**スターリン**の**一国社会主義論**が**トロツキー**の**世界革命論**を凌駕し、1929年にはトロツキーが追放され、スターリンの独裁体制が成立した。スターリンはレーニンに盲従はしなかったが、おおいに利用した。

　一国社会主義論を政策化し、市場経済の息の根を止めたのが五カ年計画である。**第1次5カ年計画**は1928〜32年で**重工業**に重点が置かれ、同時に**コルホーズ・ソフォーズ**、つまり集団農場・国営農場が建設された。革命の敵、反人民的存在として**クラーク**（富農）450万人が殺された。第2次においては消費財の軽工業、1938年に始まる第3次においては軍事部門に重点が置かれたが、第二次世界大戦で中断した。この時期、ソ連は世界恐慌の影響を受けず、工業生産の順調な発展が実現し、「社会主義の優位」が強調された。とはいうものの、農業の集団化の過程で強制移住の際、また食糧の強

制徴発による飢饉で多数が死んだ。1932 〜 33年に
かけて、ソ連第一の穀倉地帯**ウクライナ**では700万
〜 1000万人が餓死（**ホロドモール**）した。スター
リンのウクライナにおける強制徴発率は50％を超
えていたので、これは人災である。

スターリン

　グルジア人であるがゆえのロシア人に対するコン
プレックス。それに低身長、父親から殴られ育った
来歴からくる極度の猜疑心と人間不信の塊、それが
冷酷な権力者と化すスターリンそのものだった。
　ウクライナの農民は自宅の食糧庫から食用に隠し
ていた穀物を徴発され、死体を掘り起こし人肉やミ
ミズを食べ、革の衣服を熱湯でふやかして食べるこ
とで飢えをしのいだ。スターリンはボリシェヴィキ
で強奪部門を担当し、犯罪者として服役した経歴を
持つ男である。独裁者となってからは好物の紅鱒を
生きたまま故郷のグルジア（現ジョージア）から空
輸させ贅沢三昧。純粋に共産主義の理想を唱える人
間は邪魔なので処刑した。招待した著名な作家たち
にはチョウザメの高級食材やハム、ウォッカにシャ
ンパンをふるまいながらの船旅を演出。それは飢餓
に苦しむウクライナのすぐ近くでの話である。スタ
ーリンは輸出用農作物を蓄えた倉庫からわずかな食
糧を盗もうとした孤児を射殺する命令をだした。
1930年代には共産党員とその家族100万人が処刑
された。
　グラーグ（**強制収容所**）という巨大な刑務所網に
おける労働は全ソ連の10％を占め、平均3分の1
の賃金で働かされていた。スターリンは農村のロシ
ア正教会の8割を閉鎖し、修道女（士）はシベリア

1920年代初期、中央
アジアで反ソヴィエト
武力運動が起きた。こ
れは1920年代半ばま
でにソヴィエト政権に
より鎮圧、ブハラの街
も空爆された。

＊
ソ連では就職していな
いことは法律違反。住
むアパートは政府によ
り決められた。

＊＊
1967年にアメリカに
亡命したスターリンの
娘は「父はしかばねの
上に進歩の歯車を速め
た」と述べた。

へ送られた。1929 ～ 33年のスターリンの対農民戦争では1500万人が死亡。カフカスの**チェチェン人**、クリミアの**タタール人**、樺太や沿海州の**朝鮮人**などの**少数民族強制移住**で命を落とした人数がそれに加算される。これらは第一次世界大戦全体の死者数をはるかに超えるものである。

　ネップの理論的支柱で1929年に党機関紙『プラウダ』の編集長に就き、のちに強権的農業の集団化に反対し失脚した**ブハーリン**は、1938年に反革命罪で処刑された。1934年の人気者キーロフ暗殺事件を機にスターリンの**粛清**が始まり、中央委員会総員71名のうち、1939年の委員会まで監獄と死を免れたものはスターリン自身をふくめて15名だった。**1934年**には反ファシズムで左傾化が著しい時期の**フランス**の斡旋で**国際連盟加入**をはたした。

　1936年に制定され1977年まで施行されたのが、いわゆる**スターリン憲法**で、内容は普通・直接・平等な秘密選挙というきわめて民主的なものであった。

　スターリンは世界恐慌によって混乱した国際情勢を巧みにとらえ、孤立したソ連外交の劣勢を挽回するため、外相**リトヴィノフ**を使って平和外交を展開する一方、**コミンテルン**を通じて各国共産党にソ連防衛の義務を負わせた。

┊ 大祖国戦争

　1939年の5～9月に**ノモンハン事件**と呼ばれる軍事衝突があった。場所はモンゴル人民共和国と満州国の境で、相手は日本。**1924年**に外モンゴルに成立した世界で2番目の社会主義国家が**モンゴル人民共和国**だが、これは1920年に**モンゴル人民革命党**を結成した**スヘ＝バートル**と盟友**チョイバルサン**らがロシア**赤軍**の支援で立ち上がり、混乱期の中華民国および崩壊後の帝政ロシアからの独立を達成した国である。首都は**ウランバートル**。

　1939年の8月23日には、モスクワでスターリンも立ち会い外相**モロトフ**がドイツの**リッベントロップ**との間に**独ソ不可侵条約**を締結した。**ポーランド東部**の優先権はソ連にあり、という内容の秘密協定を交わす。これによりヒトラーがポーランド西部に侵攻し、第二次世界大戦が始まる。ソ連もノモンハン事件停戦協定の翌日にポーランド東部に侵攻。同地でポーランド将

校など2万2000人を殺害する**カティンの森事件**を引き起こしつつ、さらには**バルト3国**に侵攻。ついでに**フィンランド**にも侵攻し（＝**冬戦争**）、これにより**国際連盟を除名**される。

1941年4月には**日ソ中立条約**[*]を締結。しかし6月、**独ソ戦（大祖国戦争）**が始まり、東欧はドイツによって制圧される。スターリンはソ連国歌を「インターナショナル」から民族主義的（ナショナル）な国歌に変え、コサック騎兵の軍服を復活させた。スターリンはドイツ軍に冬装備がなく短期決戦を計画していたことを知っていた。にもかかわらず、スターリンが軍の幹部を粛清していたので組織的な抵抗は不可能だった。レーニンはロシアの「第一次世界大戦」をやめ「内戦」に転化したが、スターリンは国内の「不満」を「第二次世界大戦」という「祖国防衛大作戦」へと転化した。「インターナショナル」な装いも、最終的には「ナショナル」なものにアイデンティティーを見出すことになる。戦後ソ連がドーピングまみれになって五輪のメダル数を国威発揚の具にしたのも同じことだ。

1941年7月には**イギリス**との間に相互援助条約、1942年5月には軍事同盟が締結される。1941年12月には日本の真珠湾攻撃により**連合国体制**が成立する。1942年6月には米ソ相互援助協定が成立。背景には1941年にアメリカで**武器貸与法**が成立したことがある。スターリンは独ソ戦のためにアメリカを利用した。その独ソ戦の1943年1～2月の**スターリングラードの戦い**で、ドイツに多大の犠牲を払いながらも勝利し、**カスピ海のバクー油田**をドイツから守った。独ソ戦においてスターリンは退却を禁じ、退却する兵士を射殺させた。また、スターリン

[*]
日ソ中立条約は1941年4月13日署名、15日に発効。有効期間は5年。その満了1年前までに両国のいずれかが廃棄を通告しない場合、更に5年間自動延長することになっていた。ソ連は1945年4月5日に「延長しない」と日本政府に通告し8月8日に「ポツダム宣言」に突如参加し直後に日本に侵攻した。

グラードの住民にも町を去らずに死守することを求めた。だから市民の犠牲はヒトラー・スターリン双方によるものである。その時、**ヴォルガ川は血で**赤く染まった。ドイツ兵はソ連の若者を生きたまま火で焼いた。ソ連兵は凍った仲間の死体を積み上げて弾よけにした。ドイツ兵は冬服を持っていなかった。ドイツ兵は次々に自殺した。**1943年5月**には**コミンテルンが解散**し、連合国体制が強化された。**1945年5月**ドイツが降伏、**ベルリンをソ連が陥**落させ欧州戦線が終了する。長崎に原爆が投下される前日の**8月8日**（日本時間）には**日ソ中立条約**を破って日本に宣戦、南千島まで占領した。ソ連の言い分は、ドイツが独ソ戦を開始した段階（1941年）で日ソ中立条約は形骸化していたというもの。それは日独伊3国同盟（1940年）があったからという。1943年のテヘラン会談の段階で、スターリンは同条約の破棄を英米に表明していた。この参戦の日付は**1945年2月**の**ヤルタ**協定におけるドイツ降伏（1945年5月7日）の2〜3カ月後（1945年8月7日）にソ連が対日参戦するという秘密協定による。8月14日には日本人避難民1000人以上が虐殺された葛根廟<ruby>葛根廟<rt>かっこんびょう</rt></ruby>事件があったとされる。

ヤルタ会談（F・ローズベルトの側近でソ連のスパイだったヒスが同行）は、スターリンがソ連の"犯罪行為"の共犯者および承認者としてアメリカを引き込んだという意味において、ソ連の勝利と言える会談である。そのうえ、ドイツが滅んだことにより、独ソ戦のための英米からのソ連援助の武器や軍事技術は、そのままアメリカにとっての脅威となった。ダブルの意味でソ連がアメリカに勝利したのが第二次世界大戦であった。

1945年8月28日から9月5日にかけて、ソ連は**北方領土**を占領した。日本の主張はポツダム宣言を受諾した**8月14日**が終戦、ゆえにソ連の不法占拠である。ソ連の主張は、終戦は戦艦ミズーリで重光葵外相が降伏文書に署名した**9月2日**であるゆえ、北方領土の占領は第二次世界大戦中の出来事であるというものである。ソ連がナチス＝ドイツに勝利できたのは、日本が**日ソ中立条約**を守ったからであった。

戦後共産圏の成立

戦後の1947年、アメリカが出した**マーシャル＝プラン**に対抗して、**ソ連、ユーゴスラヴィア、ポーランド、ルーマニア、ブルガリア、チェコスロヴァ**

キア、ハンガリー、東ドイツ（1949年）、フラン
ス、イタリア各国の共産党が結成したのが**コミンフ
ォルム（共産党情報局）**である。このうち1948年
には**ティトー**がソ連軍の駐留を拒否したので、**ユー
ゴスラヴィア**は除名された。

　マーシャル＝プラン受諾をめぐり東欧諸国内に動
揺が広がると、ソ連はこれに対抗する経済共同体結
成の必要から、**1949**年に**東欧経済相互援助会議
（コメコン）**を発足させる。ソ連、東独、ポーラン
ド、チェコスロヴァキア、ハンガリー、ルーマニ
ア、ブルガリア、モンゴルが加盟した。

　1949年には**原爆実験**に成功。**1953**年3月にス
ターリンが死去。スターリン時代の30年間に失わ
れた人命は独ソ戦の犠牲者2000万人を含め3500万
人前後と推定される。死後、6月には**東ベルリン**で
暴動が起きる。

▎フルシチョフの時代

　マレンコフが首相、**フルシチョフ**が党第1書記の
集団指導体制に入る。**1955**年マレンコフが失脚す
るとブルガーニンが首相になり、**ジュネーヴ4巨頭
会談**に出席した。

　また**1955**年、西ドイツのＮＡＴＯ加盟に対抗し、
ワルシャワ条約機構を結成。構成する8カ国は、**ソ
連、東ドイツ、チェコスロヴァキア、ルーマニア、
ブルガリア、ハンガリー、ポーランド、アルバニア**
だ。ワルシャワ条約機構が誕生するとフルシチョフ
は**ベオグラード**を訪問し、ユーゴスラヴィアとの関
係を修復した。その際、ユーゴスラヴィアと対立し
ていた隣国アルバニアがソ連との外交関係を閉ざし
た。これが**アルバニアの対ソ独自外交**である。

ブルガーニンと鳩山一郎が1956年に日ソ共同宣言に調印し日ソの国交が回復、シベリア抑留者の帰還や通商の再開が話し合われた。その時、ソ連は、北方領土のうち色丹島と歯舞諸島の返還を約束した。

　1956年の第20回ソ連共産党大会でフルシチョフがスターリン批判をして、その個人崇拝を糾弾した。スターリン死後の解放感をエレンブルクは小説で「雪どけ」と表現した。コミンフォルム解散などがその事例である。

　1956年、ポズナニでポーランド反政府、反ソ暴動が起きたが、ソ連軍が介入する前にゴムウカが事態を収拾した。同様な運動がハンガリーの首都ブダペストで起こり、首相ナジ＝イムレがワルシャワ条約機構からの脱退を表明したのでソ連軍が介入。ナジは処刑され、東欧の非スターリン化にブレーキがかかった。これが1956年のハンガリー反ソ暴動である。今も「ドナウの真珠」ブダペスト市街の建物には弾痕が残っている。

　ハンガリー動乱の後、各国の共産党の動揺を静めるため社会主義国12カ国を集め、平和共存政策の続行と平和的手段による社会主義国家の実現を確認するモスクワ宣言を採択したが、これにユーゴスラヴィアは調印を拒否した。

　1957年にはバスケットボール大の人工衛星、スプートニク号の打ち上げに成功。1961年にはガガーリンが人類で初めて宇宙飛行に成功する。

　1958年にはフルシチョフが首相に就任し、党と国家組織を掌握。軍事的優位を背景に核実験停止を宣言し、「雪どけ」路線をアメリカに迫る。1959年には訪米し、キャンプ＝デーヴィット会談をアイゼンハウアー大統領と持つ。これはアメリカ帝国主義を最大の敵とする毛沢東の反発を買い、中ソ論争がさらに発展した。1960年にパキスタンのペシャワルからノルウェーに向けて飛行していた米軍機によるソ連偵察事件、U2型機事件が起きると核実験を再開する。

　1961年6月にはウィーンでケネディ米国大統領と会談。しかし、同年8月の「ベルリンの壁」構築、1962年のキューバ危機と緊張状態は極限状態に達する。こうして1963年にはモスクワで英米ソ3国で地下核実験のみを認める部分的核実験停止条約を結んだ。

ブレジネフの時代

　1964年、農業政策の失敗などから**フルシチョフ**は失脚し、**ブレジネフ**が第一書記、コスイギンが首相となる。フルシチョフ失脚の祝砲をあげるかのごとくに毛沢東は原爆実験を敢行する。

　ブレジネフは1964年に共産党中央委員会第一書記、1966年からは書記長になりコスイギン首相の補佐を受ける。小スターリンといわれた彼は、**1968年のチェコスロヴァキアの民主化運動**、いわゆる「**プラハの春**」と呼ばれる運動に軍事介入、ドプチェクがソ連に連行され帰国後解任された。コメコンやワルシャワ条約機構に批判的な**チャウシェスク政権のルーマニア**は、ソ連批判を展開し**対ソ独自外交**によりチェコ介入には参加しなかった。

　1970年に**ポーランド反政府運動**が起き、ゴムウカ政権が倒れた後、**1980年にはグダンスク**（旧ダンツィヒ）の電気工**ワレサ**が始めた**自主管理労組**「**連帯**」という1000万人が参加した反ソ運動が起こる。ブレジネフは、それにも圧力をかけ、東欧への締め付けを強化した。このような政策は**制限主権論**（ブレジネフ＝ドクトリン）と呼ばれた。これは、社会主義圏全体の利益のためには東欧各国の主権は制限されるべきである、という主張である。

　一方1970年代の米ソ冷戦は、緊張緩和いわゆる**デタント**に入る。1968年に**核拡散防止条約（ＮＰＴ）**が国連総会で採択され1970年に発効。**国際原子力機関（ＩＡＥＡ**、1957年設立）が核査察を担当することになる。当初15年期限であったが、1995年には無期限に延期された。1969年には**戦略兵器制限交渉（ＳＡＬＴⅠ）**が始まり、**1972年に**

ポーランド　レストラン

ポーランドの郷土料理をワルシャワのレストランで食べる。左から数学講師の秋山高宏氏、私、関正生氏、カメラマンの関貴之氏。

アメリカの**ニクソン**大統領と調印した。**1975年**には**全欧安保協力会議**が**ヘルシンキ宣言**で閉幕し、**ヤルタ体制**が再確認された。ときのアメリカ大統領は**フォード**であった。**1979年**にはＳＡＬＴⅡが調印された。

1979年にはソ連が**アフガニスタン**に軍事介入、これにて**デタント**は終了した。侵攻理由はアフガニスタンの親ソ政権を支援し、イスラーム原理主義政権を抑えるためであった。

1980年**カーター**大統領のアメリカと西側諸国は**モスクワ＝オリンピック**をボイコットした。

ブレジネフ時代は国内的にはいわゆる**停滞の時代**である。中央集権の官僚機構が温存されており、反体制作家で『**イワン＝デニーソヴィッチの一日**』の作者**ソルジェニーツィン**の言葉を借りれば『**収容所群島**』であった。彼はスターリンを批判したり、検閲廃止を訴えたりして逮捕、市民権剥奪のうえ国外追放になる。のちに物理学者の**サハロフ**博士も国内追放。二人ともノーベル賞の受賞者である。

ゴルバチョフ登場

1982年ブレジネフが死に**アンドロポフ**、**チェルネンコ**をへて**ゴルバチョフ**が登場し、54歳で共産党書記長に就任する。**1985年**のことだ。さっそく米大統領レーガンと**ジュネーヴ**で、翌年には**アイスランド**の**レイキャヴィク**で会談。しかしレーガンがＳＤＩ（戦略防衛構想）に固執したため、会談は建設的なものとならなかった。

ゴルバチョフが掲げたのが**ペレストロイカ**。ペレストロイカとは社会主義立て直しのことであり、具体的には1922年のソ連建国時のネップへの回帰を目指し、市場経済と競争原理の導入や西側諸国との取引を奨励するものであった。

経済分野だけでなく西側諸国とは価値観を共有することを目指し、「**欧州共通の家**」と言った。だが価値観の共有となると、次は政治面つまり**複数政党制**導入の可能性を模索することになる。結果として共産党（ボリシェヴィキ）の一党独裁体制が終焉を迎え、ソ連が崩壊することになる。「欧州共通の家」構想に対し過敏に反応したのはバルト3国だ。バルト3国はもともと西欧からそれほど遠くなく、しかも独ソ不可侵条約という"だまし討ち"の

結果ソ連に編入させられ"ロシア化"されてきた歴史を持つ。1989年に**タリン（エストニア）〜リガ（ラトヴィア）〜ビリニュス（リトアニア）**と市民が「人間の鎖」をつくり、ソ連からの離脱を訴えた。ゴルバチョフはライサ夫人をともない説得に行ったが、かなわず結局は戦車で鎮圧しようとした。これでゴルバチョフは西側社会の信頼を失った。

ゴルバチョフの政策の目玉のもう一つが**グラスノスチ（情報公開）**政策。背景として**1986年のチェルノブイリ（チョルノービリ）原子力発電所**事故がある。極端な秘匿主義により放射能がヨーロッパに拡散するという事態を生んだ。ペレストロイカの障害になることに危機感を感じたゴルバチョフは、グラスノスチに踏み切った。その結果、東側諸国（ソ連、東欧）のテレビに西側諸国の消費生活が映るようになり、消費財への欲求が高まって「**ベルリンの壁崩壊**」へとつながる。

情報公開した内容として顕著なのが**カティンの森事件**。スターリン以来ソ連はずっと一貫してこの事件をドイツ軍の捏造であると主張してきたが、とうとうソ連軍（赤軍）によるものであったと認めたのだ。ちなみに2008年ロシアの**プーチン**大統領はポーランドの**トゥスク**首相（のちEU大統領）とスターリンの犯罪だったということで一致し、2010年には同首相とスモレンスクの慰霊碑にひざまずき献花した。

ゴルバチョフが外相シュワルナゼとすすめた外交が**新思考外交**だ。これはブレジネフ＝ドクトリン（制限主権論）の否定である。公式に否定したのが**1988年の新ベオグラード宣言**。「新」思考とは、東欧各国の自主性を認めること。マスコミはそれを

シナトラ＝ドクトリンと呼んだ。私がその昔ラスベガスのシーザースパレス
ホテルで観た歌手フランク＝シナトラが最後に歌った大ヒット曲が「マイウ
ェイ」。新思考外交とはソ連が東欧の「ユアウェイ」で行っていいですよ、
という外交なのだ。

ソ連邦崩壊へ

　結果として、1989年8月に**ハンガリー**のネーメト首相と**オーストリア**の
オットー＝ハプスブルクがゴルバチョフの許可を得て両国の国境の鉄条網
を開放することになる。これが11月に東ドイツ政府が「ベルリンの壁」を
撤去することや、東欧諸国が複数政党制を導入すること、チャウシェスク夫
妻（ルーマニアの独裁者）を処刑すること（**東欧革命**）を黙認する初めの一
歩となる。

　ただ正確には、**1980**年のポーランドの**ワレサ**の「**連帯**」運動がポーラン
ドの**クラクフ**出身のローマ教皇**ヨハネ＝パウロ２世**の支援を受け、**ブレジネ
フ**の軍事的威嚇とポーランドの**ヤルゼルスキ**政権の**戒厳令**にもめげずに粘り
強く続いたことが「ベルリンの壁崩壊」の初期微動であった。カトリックと
いう宗教、つまり主観的なものの極が唯物論のマルクス主義という合理的、
客観的なものの極とせめぎあったのがグダニスクでありベルリンだったとい
うことになる。

　1987年には**中距離核戦力（ＩＮＦ）全廃条約**を締結した。**1988**年には
アフガニスタンから撤退したが、その後の内戦状態のアフガニスタンに登場
した政治組織が**ターリバン**（イスラーム神学校に行った人たちが組織した、
アラビア語で学生は「ターリブ」）で、それを資金援助したのがサウジアラ
ビアの大富豪でテロ組織**アルカーイダ**の首領**ウサマ＝ビン＝ラディン**だ。

　1989年の「ベルリンの壁崩壊」をへて12月**ブッシュ**米大統領と**マルタ
会談**において米ソ冷戦終結を宣言。ロシア正教会と和解し、またブハーリン
の無実が確認される。1990年には共産党一党独裁を放棄することを承認し、
大統領制を導入。同時期エリツィンがロシア共和国最高会議議長に就任。
11月にはパリで第２回全欧安保協力会議が開催される。この間市場経済の
導入、つまりネップへの回帰の可否、民族問題などで国内対立が深刻化。
　1991年1月**リトアニア**＊介入に失敗し独立。ゴルバチョフは同地を武力で

制圧し独立を防ごうとして内外の信頼を失う。6月**エリツィン**がロシア共和国大統領に当選。各国はゴルバチョフの頭越しにエリツィンと交渉するようになる。8月には**保守派による反ゴルバチョフのクーデタ**が失敗し、共産党解散。12月にソ連邦は解体。**独立国家共同体（ＣＩＳ、本部はベラルーシの首都ミンスク）**がバルト3国を除く12カ国で形成。1991年12月当初**グルジア**[**]（**現ジョージア**）は未加盟。つまり11カ国でスタートしたが1993年にグルジアが加盟した。アゼルバイジャンの**ナゴルノ＝カラバフ**地方にはアルメニア人が多く居住しており、その処遇をめぐりアルメニア（キリスト教）とアゼルバイジャン（イスラーム教）が対立している。

　ロシア共和国は**ロシア連邦**と改称し、旧ソ連邦政府を継承した。またワルシャワ条約機構とコメコンは解散となった。1917年のロシア革命以降の内戦、粛清、飢餓、集団化、第二次世界大戦による犠牲者の合計は6600万人といわれる。

　1993年ロシアは保守派勢力を一掃した。1994年には**チェチェン**攻撃を強化したが、1996年には停戦に合意し、同地から撤退。1997年のデンバー＝サミットに正式参加。Ｇ7からＧ8の時代になったかに見えた。2000年には、**プーチン**が大統領に就任。8月原潜クルスクが沈没した。2003年には、クレムリンの権力闘争が本格化し、エリツィン政権の側近が放逐された。

　2004年には北オセチア共和国（ロシア）で学校占領事件。2008年からは、**メドヴェージェフ**大統領、プーチン首相の双頭体制。オセチア問題で**グルジア**と軍事衝突が起きる。2010年メドヴェージェフは**国後島**を訪れた。

旧ソ連、モスクワのクリスマスの時期の写真。街頭の花売りからバラを一本買ってみた。こんな毛糸帽をかぶっていてもまったく効果がないほどの寒さ。

＊
1991年にソ連邦が解体しリトアニアが独立した際、ロシア領で飛び地となったのがカリーニングラート。ここは哲学者カントが暮らした街ケーニヒスベルクである。ここにロシアの軍事基地があることが対岸のスウェーデンにとっての脅威となっており、長年中立政策をとっていた同国がNATOへの加盟を申請する要因となっている。

＊＊
グルジアは現ジョージア。南オセチアとアブハジアのジョージアからの分離独立を2008年ロシアのみ承認。

ロシアvsウクライナ（ドンバス戦争）とNATOの東方拡大

　1990年に東西ドイツが統一しNATOが東ドイツまで拡大した時も、ソ連が崩壊した1991年にも、アメリカのブッシュ（父）政権の高官たち（ベイカー国務長官ら）は「ロシアがワルシャワ条約機構加盟諸国をロシアから解放したらNATOを東方に拡大しない」と繰り返し明言した。ただ、ソ連のゴルバチョフによると、そのようなことを明記した文書はないと言う。

　1993年、アメリカのクリントン政権はロシアの巨大な天然資源を民営化し、米国政府と米国の金融業者がコントロールするプランを立てる。

　1997年の米露首脳会談で、クリントンはロシアのG8の地位と世界貿易機関（WTO）への早期加盟への支援を約束した。それに対するエリツィンの見返りが1999年の**ハンガリー**、**チェコ**、**ポーランド**のNATO加盟の容認であった。これは見方を変えればアメリカ・クリントン政権のオルブライト国務長官（ユダヤ系）の"功績"である。

　2000年、1994年以来ロシア連邦からの独立闘争をしていた**チェチェン**をロシア軍が制圧、そしてプーチン大統領が誕生した。そもそもロシアがチェチェンの独立を許さないのは、もし許すとチェチェンを通る**石油パイプライン**の使用料がチェチェン自治共和国のものとなり、ロシア連邦の収益が減少するからである。

　無名だったプーチンは、チェチェンのイスラーム過激派が実行したとされる（プーチンに近い勢力の自作自演説が濃厚）謎のアパート連続爆破事件を豪腕で解決し一躍有名になり、大統領の座を射止めた。2002年には、チェチェン人武装勢力によるモスクワ劇場占拠事件も起きている。

　大統領代行だった2000年に、プーチンはロシアの将来のNATO加盟の可能性まで示唆し、2002年にはNATOに急接近、協力強化で合意した。

　2003年、**グルジア**（現ジョージア）で**バラ革命**という反政府運動が起こる。これはユダヤ系で世界的な投資家であるジョージ＝ソロスが暗躍しウォール街の弁護士出身のサーカシビリ大統領を選出し、シュワルナゼを退陣させる革命だった。こうしてジョージアは、NATOとEU加盟をめざす親欧米国家となっていく。

　この動きは2004年の**ウクライナ**における**オレンジ革命**に受け継がれた。

レギスタン広場
旧ソ連、ウズベキスタン共和国のサマル
カンド。そのレギスタン広場は"シルク
ロードの顔"と呼ばれる。私が"海外旅行"
をして感激し吐き気をもよおしたのは16
歳のパリと40歳のサマルカンドの2回。

親露派の**ヤヌコヴィッチ**が、欧米派が推したユーシ
チェンコとの大統領選で勝利すると、「不正選挙で
ある」とオレンジ色の旗と衣服の民衆デモが起き、
結果、後者が勝利した。

　また同**2004**年には、旧ソ連邦の構成国**エストニ
ア、ラトビア、リトアニアのバルト3国**やブルガリ
ア、ルーマニアがNATOに加盟した。

　このように2004年は"プーチン怒りの年号"だ
が、この頃プーチンはまだ西側の価値観を認める発
言をしていた。

　2005年には**キルギス**で**チューリップ革命**が起き、
親露派のアカエフが大統領選挙に勝つとデモが起こ
りロシアに亡命した。

　ただ2005年の**ウズベキスタン**で親露派政権に対
する反政府暴動は、プーチンの支持のもと収拾され
た。

　2006年、ウクライナに新欧米連立政権が誕生す
る。

　2008年、**メドヴェージェフ**がロシア大統領に就
任、プーチンが首相に。同年、**南オセチア・アブハ
ジア**を巡り**グルジア**（現ジョージア）と戦闘にな
る。両地域はロシア系住民が多く住む地域だ。どち
らも相手が先に攻撃したと主張しているが、2008

サマルカンドで泊まっ
たホテルの宿泊客は私
一人だけだった。一人
のために並べられたの
がこの朝食。とくに高
級ホテルというわけで
はない。

旧ソ連、ウズベキスタ
ン共和国の首都タシケ
ントで食べたプロフは
この国を代表する料
理。米、刻み肉、人参
と玉ねぎのすりおろし
を大きな釜で調理する。

年にグルジアはアメリカと共同演習を、ロシアもカフカス（コーカサス）で軍事演習を行っていた。ロシア軍のグルジア侵攻は北京五輪の開会式の日だった。この2008年、アメリカの**ブッシュ（子）**政権は、ウクライナとグルジアを将来ＮＡＴＯ加盟国とするという決定を下した。

　じつはこの2008年という年は**コソボ自治州**のセルビアからの独立が、多くの国々により承認された年である。アルバニア系住民の多く住むコソボの独立を認めず軍事侵攻した**ミロシェヴィッチ**大統領のセルビアを、1999年に**ベオグラード**を空爆することによってコソボから撤退させたのが他でもないＮＡＴＯだった。コソボがセルビアから独立（国家承認）できるのなら、南オセチアとアブハジアはグルジアから独立（国家承認）できるはず、がプーチンの論理だった。

　2011年、北アフリカの**チュニジア**でベンアリ政権が倒れる**ジャスミン革命**が起き、「**アラブの春**」と呼ばれた一連の「民主化」が開始する。詳細は20章に詳述するが、アラブの世俗政権を打倒しイスラーム過激派の政権にして社会を不安定化させ、プーチンのアラブ進出を阻止したかったアメリカの思惑と、一連の東欧〝カラー革命〟は一蓮托生なのである。

　2012年にはプーチンが大統領に再選される。2014年のソチ五輪の翌月ロシアは**クリミア自治共和国**併合を宣言した。これによりプーチン大統領の支持率は60％から80％へと上昇した。

　2014年、ウクライナの首都キエフ（現キーウ）で**ユーロマイダン革命**が起きる。マイダンはウクライナ語で「広場」。ＥＵとの関係強化の協定を拒んだ親露派の**ヤヌコヴィッチ**政権に対する反政府行動だが、背後にはアメリカの煽動があり、オバマ大統領は関与を認めている。指揮したのは、帝政ロシアに迫害された東欧からアメリカに移民してきたユダヤ系の子孫のヌーランド国務次官補。夫のネオコンのケーガンもユダヤ系。これは民主化革命などではなく、国粋主義右翼集団による流血クーデターだった。

　こうして親露のヤヌコヴィッチが亡命し、デモを財政面で支持した親欧米派の**ポロシェンコ**が大統領選挙に勝利した。彼は2019年の大統領選挙でユダヤ系の**ゼレンスキー**に敗れた。ウクライナ憲法は、ＮＡＴＯ加盟とＥＵ加盟を標榜する。

　そして前述したように2014年、ロシアがウクライナ領の**クリミア半島**を

キエフ（現キーウ）の街並み（右左とも）

　併合する。軍事的に威嚇しながらの、帰属を問う住
民投票だった。ロシア系住民が58％を占めるクリ
ミア半島（クリミア自治共和国）の併合は"民主的
に"完了した。

　その背景には、ヤヌコヴィッチが軍港**セバストー
ポリ**の貸借権を42年延長したが、その政権が打倒
されたので、その約束が無効化し反露政権の**ウクラ
イナ**により接収される（そのウクライナがＮＡＴＯ
にでも加盟したらセバストーポリにアメリカ軍が駐
留するのだ！）のを危惧したからだ。クリミア半島
の中でセバストーポリだけは、1991年のソ連崩壊
以降、引き続きモスクワ政権（ロシア連邦）が領有
していた。

　いずれにせよ、こうしてロシアはＧ８の地位を失
った。

　この2014年のユーロマイダン革命後のウクライ
ナで、ユダヤ系の富豪が私費で「アゾフ大隊」を組
織しウクライナ東部ドンバス地方（**ドネツク**と**ルガ
ンスク**）でロシア系住民を攻撃殺害した。

　2015年にはプーチン、ポロシェンコ、メルケル
（独）、オランド（仏）で「**ミンスク合意**」が成立、

停戦との交換条件に2州でのロシア系住民の一定の自治権が認められた。ポロシェンコは住民殺害の責任者を解任した。しかし2015年以降も、アメリカはドンバス地方におけるウクライナ軍を軍事的に支援し訓練した。数百名の米軍将校をウクライナに常駐させてウクライナ軍と極右集団に対し米国製武器の供与と軍事訓練を行ったのである。

2015年に、ロシアはクリミア半島東部とロシア領タマン半島を結んで**ケルチ海峡**にクリミア大橋を着工、2018年完成しモスクワとセバストーポリを鉄道で結んだ。

2018年10月、ロシア正教会（キリル総主教）は、ウクライナ正教会から独立の承認を迫られた。2014年にロシアがウクライナに軍事介入して以来、ポロシェンコ・ウクライナ大統領によるウクライナ正教会独立がとうとう実現したのだ。これは東方教会（正教会）においては1054年の東西教会分裂以来の"事件"である。これは、コンスタンティノープル教会がモスクワ教会からキエフ教会を奪ったことを意味する。

ウクライナ正教会内部はモスクワ系とキエフ系に分かれていたが、キエフ系がモスクワ（第3のローマ）総主教と正教会内の指導権を争うコンスタンティノープル（第2のローマ）総主教から支持されていることが独立嘆願の背景にあった。

ロシア政府は、コンスタンティノープル総主教庁の背後にはNATO加盟諸国の意思が働いていると考えている。それはソ連の共産党政権時代に宗教弾圧を逃れた多くの聖職者や信者が亡命し、コンスタンティノープル総主教庁の支援を受けたからだ。

コンスタンティノープル（現トルコのイスタンブル）は、言わずと知れたギリシア正教の政治的守護者東ローマ（ビザンツ）帝国の都であり、キエフ（現ウクライナのキーウ）には**988**年にキエフ公国の**ウラディミル1世**がビザンツ皇帝の妹と結婚しギリシア正教化したことから、スラヴ圏の正教発祥の地であるという自負がある。ウクライナ正教会の独立は、ロシア正教との関係により保守勢力を中心に国民を結集してきたプーチンにとって痛手となっている。

2020年に改正されたロシア憲法では、「神への信仰」が謳われており、ロシア正教会はLGBTQに寛大なスタンスをとるウクライナ正教会を"神へ

の冒涜"と断じている。キリル・モスクワ総主教は、その昔1972年に神学校の学生だった時にKGBにリクルートされた人物である。その後"カトリックやプロテスタントに汚染された"中南米に「**解放の神学**」(マルクス主義的カトリック)やキリスト教社会主義を浸透させた"功績"をもつ。ソ連に没収されロシア正教会に返却された財産と土地の独占権ももつ。

このような流れで、**2022/2/24**、プーチン政権のロシアがウクライナに侵攻した。アメリカの**バイデン**大統領が「ロシアがウクライナに侵攻しても軍事行動を起こさない」と言ったことが誘因のようだ。このロシアとウクライナの戦争は、アメリカによるロシア弱体化のための戦争である。すでにアメリカはCIAの工作により、民族主義的な独立運動を刺激してロシアを揺さぶってきた。その仕上げがウクライナなのだ。ウクライナ人は、米露の覇権争い利用されているだけである。そこにおいて活躍する人間の多くがユダヤ系、ちなみにブリンケン米国務長官もユダヤ系である。

アメリカは同盟国・支持国とともにロシアに苛烈な経済制裁を科した。ソ連崩壊直後の経済民営化でロシアの国有資源を"窃盗"したのが、プーチン政権を支える大富豪「**オリガルヒ**」たちであったが、経済制裁により彼らの資産は凍結された。

ロシアの侵攻の言い分は、ウクライナの中立化・非軍事化つまりNATO加盟を許さない、ということだ。NATOの東方拡大ラインを**1997年**時点まで戻せ!がプーチンの主張である。同時に、ドンバス(**ドネツク**と**ルガンスク**)から**ザポリージャ**と**ヘルソン**(クリミア半島の水源)にかけてロシア連邦

*
1994年に米英露が署名したブダペスト覚書では、ウクライナ、ベラルーシ、カザフスタンが核を放棄し3国が安全を保障するということになったが、侵攻により覚書は破棄された。

に編入する意図がある。ドネツク州のアゾフ海に面し多数の死者をだした街が**マリウポリ**。この戦争で黒海の**オデッサ（オデーサ）**港からウクライナの小麦が輸出できなくなり、アフリカなど世界の飢饉が加速している。オデッサもセバストーポリもマリウポリも紀元前に**ギリシア人**が小麦を入手するために築いた拠点だ。ウクライナの国旗の黄色は小麦の象徴である。

　プーチンにとっての「歴史的ロシア」とは、ロシア正教を信じ、ロシア語を話し、18世紀末（エカチェリーナ2世の時代）までにロシア帝国に含まれていた領土だ。つまり、エストニア北東部・ラトビア東部・ベラルーシ全土・ウクライナ東部中央部・**沿ドニエストル**（モルドヴァ本体は入っていない。モルドヴァはルーマニア領だったが、1939年の独ソ不可侵条約でソ連に編入された地域である）。**モルドヴァ**は2022年にＥＵ加盟は申請したがＮＡＴＯ加盟の意志はない。

A.ザポリージャ州　　B.ヘルソン州

12章 東ヨーロッパ史

東ヨーロッパは民族と宗教、そしてイデオロギーが渦巻くカオスである。ロシアのウクライナ侵攻はそれに拍車をかけた。

第二次世界大戦後はソ連の衛星国として、共産党一党独裁の**人民民主主義**という体制を選択した。「東欧」とは地域ではなく政治的な区分なのだ。

参考までに、自由競争という経済システムを採用する体制を**自由民主主義**。自由競争が基本だが国家による介入の度合がかなり高いシステムを採用する体制を**社会民主主義**という。

戦間期のポーランドやハンガリーには独裁政権が誕生したが、チェコスロヴァキアは自由民主主義で、ボヘミアングラスは世界に名をとどろかせ、バッタ社の婦人靴がパリジェンヌを魅了した。

米ソ冷戦時代にソ連と対決した軍事同盟ＮＡＴＯが近年東方に拡大している。第１次拡大の1999年に**ハンガリー**、**チェコ**、**ポーランド**が、第２次拡大の2004年には**エストニア**、**ラトヴィア**、**リトアニア**、**スロヴァキア**、**スロヴェニア**、**ブルガリア**、**ルーマニア**、2009年には**アルバニア**、**クロアティア**と東欧、旧ソ連圏が加盟。当然、これらはロシアにとっては忌むべき事態である。

古くはビザンツ帝国、オスマン帝国、ハプスブルク帝国、ロシア帝国に、近くはソ連という大国に翻弄されたのが東ヨーロッパ。だから東ヨーロッパ諸国は、人類の統治形態の実験場ともいえる地域なのである。

そもそも「20世紀」とは何だったのだろうか。それは研究室における実験と異なり、社会で行う実験（その最たるものが社会主義）は多大の人命を損なうということが証明された世紀。人種・言語・民族・宗教などによる漸進的で自生的な秩序を社会工学的に設計し直そうという試みの虚しさが「21世紀」に明るみにでる準備期間、そのように定義してみたい。

現在の東ヨーロッパ各国

バビロン遺跡から出土されたイシュタル門を復元しているのが東ベルリンにあるペルガモン博物館。ドイツの3B政策はベルリン・ビザンティウム（イスタンブル）・バグダード。オスマン帝国統治下にあったイラクまでドイツが射程を広げたのが帝国主義時代。一方、全体主義が東欧を覆った冷戦時代に訪れた国で最も閉塞感にさいなまれた町が東ベルリンであった。

チェコスロヴァキア史

　西スラヴ系のチェック人とスロヴァキア人が合体し、9世紀に**モラヴィア**[*]**王国**が成立したが、マジャール人の侵入で滅亡した。

　14〜15世紀ルクセンブルク家が支配したが、16世紀からの300年間はハプスブルク家が支配した。フス派のベーメン住民（フーシテン）の蜂起がフス戦争（1419〜36年）。ベーメンの反乱をきっかけに**30年戦争**になった。

　1848年6月にパリ2月革命の影響でチェック人の民族運動が起きた。対オーストリアのチェコ民族主義運動の先駆だ。対ドイツ人、対マジャール人目的でプラハで開催された**パラツキー**を議長とする**スラヴ民族会議**は実を生まなかった。

　第一次世界大戦後、**サンジェルマン条約**でオーストリアが放棄した西部の**ボヘミア（ベーメン）**と東部**モラヴィア（メーレン）**からなる**チェコ共和国**と**トリアノン条約**でハンガリーが放棄した**スロヴァキア共和国**を併せて人工国家**チェコスロヴァキア**となり、サンジェルマン条約で正式にオーストリアから独立し、1918年に**マサリク**が大統領になった。

　チェコスロヴァキアは、フランスと提携し、ハンガリーの**ホルティ独裁政権**に対抗するために**ユーゴスラヴィア、ルーマニア**と共に**小協商国**（1920〜39年）を形成していた。**ベネシュ大統領**の**1938年**にヒトラーがドイツ人居住地区「**ズデーテン地方**」の返還を要求、英国ネヴィル＝チェンバレンの「**宥和政策**」の結果、ズデーテンのみならず1938〜39年にかけてドイツがチェコを構成するベーメン・メーレンを併合し、マジャール人の比率が約10％を占め、チェコと対立していた**スロヴァキア**を保護国化した。

　戦後の**1948年**に**マーシャル＝プラン**受け入れを決定したことからソ連の介入による**チェコスロヴァキア＝クーデタ**となり、一夜にして共産党の一党独裁体制になった。その後、人民民主主義共和国となり1960年に社会主義共和国となった。

　1968年に検閲廃止・複数政党制などを要求する「**人間の顔をした社会主義**」をスローガンとした、いわゆる「**プラハの春**」運動となる。ノボトニーが失脚し、**ドプチェク**による自由化、民主化政策が施行される。しかしソ連主導の**ワルシャワ条約機構**軍（ルーマニアは不参加）が軍事介入し、自由化

は阻止された。

　フサーク政権（1969〜87年）は対ソ関係を正常化した。1977年に劇作家の**ハヴェル**が「**憲章77**」という人権擁護宣言を起草し、「人間の顔をした社会主義」を訴えた。ヤケシュ政権は経済改革と民主化を目指すが、1989年にゼネストが起きて辞任。ドプチェクが復権した。

　「ベルリンの壁崩壊」に連動し**ビロード革命**となり市民フォーラムが形成された。初の非共産党大統領**ハヴェル**政権となった。チェコは1993年には**ブラチスラヴァを首都とするスロヴァキア**と分離した。

ハンガリー

　ウラル語系**マジャール人**は**フン**と**アヴァール**が合体して生まれた。955年の**レッヒフェルトの戦い**で**オットー1世**に敗れるが、10世紀末に**パンノニア**地方にハンガリー王国が成立し、11世紀にキリスト教化した。15世紀の**マーチャーシュ1世**が最盛期だったが、**ラヨシュ2世**が**1526年**の**モハーチの戦い**でオスマン帝国の**スレイマン1世**に敗れた。

　パリ2月革命の影響で1848年にマジャール人の民族運動となり、**1849年コシュート**が共和国宣言をしたが、**ロシア**と**オーストリア**に鎮圧された。1866年の**プロイセン＝オーストリア（普墺）戦争**の結果、妥協（**アウスグライヒ**）で**オーストリア＝ハンガリー帝国**となり、ハプスブルク家の**フランツ＝ヨーゼフ1世**が皇帝を兼任した。

　1919年のハンガリー革命でオーストリアから独立。1919年の3月から8月まで**ベラ＝クン**指導のソヴィエト政権となったが、フランスが支援したル

プラハの白鳥
16歳の私を欧州へといざなったのは作曲者スメタナの「モルダウ」のメロディーである。モルダウはドイツ語。チェコ語ではヴルタヴァ川。ドイツに入りエルベ川と合流、ドレスデンやマイセン、ハンブルクを経て北海に注ぐ。この写真はプラハでヨーロッパ一美しいといわれるカレル橋。

＊
ビザンツ帝国が9世紀にモラヴィアに派遣した宣教師がグラゴール文字を考案したキュリロス兄弟。それが弟子たちにより改良されキリル文字となった。しかし同地にはギリシア正教ではなくフランク王国の宗教、つまりカトリックが定着した。

ーマニア軍の介入で崩壊した。1920年からハンガリー王国となり、摂政**ホルティ**の独裁政権の時代となる。同政権は1932年から親独政策をとった。

第二次世界大戦後の1946年にソ連の衛星国、ハンガリー共和国となり、1949年に人民共和国宣言をした。

フルシチョフによるスターリン批判の**1956年**には首都**ブダペスト**で非スターリン派の**ナジ＝イムレ**が一党独裁の廃止・ソ連の撤退・ワルシャワ条約機構からの脱退を掲げ反ソ暴動を指導するが、ソ連が軍事介入しナジは処刑された。

1956年〜88年のカダル政権時には経済を開放し、西側の技術を導入する現実主義的政策をとった。私は1988年のブダペストで共産圏初のマクドナルドに入ってみたが、あまりの混雑に何も買わずに退散した。

ベルリンの壁崩壊の直接のきっかけは、オットー＝ハプスブルクの提案をネーメト首相が受け入れ、ソ連のゴルバチョフの許可を得てオーストリアとの国境にある鉄条網を切ったことだ。東ドイツ市民がハンガリーから西側へ流出したので、東ドイツ政府が壁開放に踏み切った。ハンガリーは1989年に複数政党制に移行し、ハンガリー共和国となった。2010年に再選された**オルバン**首相は反移民政策を鮮明にするポピュリズムをその政治手法としており、その強権政治の後ろ盾がプーチンである。

■ ルーマニア

ルーマニア語でロムニアは「ローマ人の住む地」。ローマ帝国の五賢帝の**トラヤヌス**が**ダキア**を攻略し、ローマ帝国の領土は最大となった。現在の首都は**ブカレスト**[*]。

クリミア戦争（1853〜56年）のロシア敗北の結果、**モルダヴィア公国**と**ワラキア公国**からなる連合公国となり、カロル1世が国王となった。**1878年**のロシア＝トルコ（露土）戦争の**サン＝ステファノ条約**で独立発言。**ベルリン会議**で列強がこれを承認した。

第1次バルカン戦争では中立、第2次バルカン戦争では反ブルガリアで南ドブルジアをブルガリアから獲得した。第一次世界大戦では連合国側で勝利し、ベッサラビア・トランシルヴァニア・バナート・ブコヴィナからなる大ルーマニアが形成された。

第二次世界大戦では同盟（枢軸）国で鉄衛団のファシズム政権が支配した。敗戦によりソ連に**ベッサラビア**（その一部がソ連を構成する**モルドヴァ共和国**になった）を、ハンガリーに**トランシルヴァニア**を奪われた。1947年に人民共和国宣言、1965年には社会主義共和国となる。しかし、1967年には西ドイツと国交を回復し自主路線。1974年からは**チャウシェスク**大統領による独裁路線。私がブカレストで目撃した巨大な共和国宮殿と呼ばれた大統領執務室のある建物は、風呂もトイレも金で装飾されていた。その反面、対外貿易赤字解消のために電力を制限し、国民に耐乏生活を強いる。避妊を禁止したのでエイズ蔓延とストリートチルドレンを生み出した。

1989年の「ベルリンの壁崩壊」と連動した東欧革命で、**チャウシェスク**夫妻は処刑された。

ブルガリア

トラキア人の地にスラヴ人が南下し、そこにトルコ系の**ブルガール**人が移住し、ブルガリア王国が形成された。**ボリス1**世がギリシア正教に改宗。**シメオン1**世時が全盛期。彼は「汗」にかわって「ツァーリ」と名乗った。11〜12世紀にはビザンツ帝国が支配。独立したが14〜20世紀にはオスマン帝国に従属した（**1396年の**ニコポリスの戦いの結果）。

1908年の青年トルコ革命を契機に独立。

パン＝スラヴ主義のバルカン同盟の一員として第1次バルカン戦争でトルコと戦い領土を拡大するが、これが災いして**第2次バルカン戦争**ではバルカン同盟に攻められ、結局ドイツ・オーストリアに接近し、第一次世界大戦には同盟国側で参戦する。結

＊
ルーマニア
ルーマニアの首都ブカレストの旧名「国民の館」は1980年代にチャウシェスク大統領が1500億円を投じ宮殿として建てたものだ。用途が議事堂であるにもかかわらず柱のつくりは一瞬エジプトのカルナーク神殿を思い出すほど豪壮なものだった。

ルーマニア
1989年12月、チャウシェスクが最後の演説を行った旧共産党本部前は現在、革命広場となっている。

＊＊
彼はビザンツ帝国への従属を避けたかったが、ローマ教皇の協力も得られなかった。

果、敗北し、**ヌイイ条約**でトラキアを失う。第二次世界大戦では枢軸国側で
参戦した。

1946年に人民共和国宣言。首都は**ソフィア**。ディミトロフが指導する共産
党が権力を掌握。**1989**年にジフコフが退陣し民主化した。

アルバニア史

イリリア人の国アルバニアは1912年、第1次バルカン戦争中にオスマン
帝国から独立宣言、1913年に完全独立。首都は**ティラナ**。**1926**年に**ムッ
ソリーニ**政権のイタリアが保護国化し外交権が奪われ、**1939**年に併合され
た。1946年人民共和国宣言。独立の父は**ホジャ**。対立していたユーゴスラ
ヴィアとソ連フルシチョフが関係を改善したのを機にソ連批判を強め、脱コ
メコン、脱ワルシャワ条約機構の**反ソ独自路線**をすすめ、中国へ接近する
も、のちに断交する。事実上鎖国し、世界初の無神論国家を宣言。**1989**年
には東欧民主化の影響で、アリア政権が自由選挙・複数政党制に移行した。

第一次世界大戦後のユーゴスラヴィア

旧ユーゴスラヴィアは「1つの連邦、2つの文字（ラテン・キリル）、3
つの宗教（カトリック・ギリシア正教・イスラーム）、4つの言語（スロヴ
ェニア・クロアティア・セルビア・マケドニア）、5つの民族（これにモン
テネグロ族）、6つの共和国（これにボスニア＝ヘルツェゴヴィナ共和国）」
と呼ばれた。第一次世界大戦でオーストリア＝ハプスブルク家とオスマン帝
国が敗北し、1918年に**セルブ＝クロアート＝スロヴェーン王国**が建国され
た。これが**1929**年にセルビア人主導の**ユーゴスラヴィア**（「南スラヴ族の
国」という意味）と改称された。が、クロアティア人は不満だった。

これに乗じたのがヴァチカン（カトリック教会）とヒトラー（ナチス＝ド
イツ）だった。1933年に政権に就いたヒトラーは教皇**ピウス11**世と政教条
約を結ぶ。1939年に第二次世界大戦が勃発すると、1941年ドイツはバルカ
ン半島に侵攻する時にクロアティア人と組んでセルビア人35万人を虐殺し
た。これに対し**パルチザン**闘争を展開したのがクロアティア人**ティトー**だっ
た。

第二次世界大戦後のユーゴスラヴィア

終戦とともに発足したユーゴスラヴィア連邦人民共和国はティトーのカリスマ性ゆえにまとまっていた人工国家だった。共産主義者のティトーではあったが、ソ連のユーゴスラヴィア駐留を拒否し、1948年に**コミンフォルム**を除名される。**1961**年には首都ベオグラード*で**非同盟諸国首脳会議**を開いた。これはスカルノ（インドネシア）、ナセル（エジプト）、ネルー（インド）らに呼びかけ実現したものだった。そのティトーは**1980**年に死去。私が1982年にユーゴスラヴィアを訪れた時、車窓から丘の斜面が「ＴＩＴＯ」と大きく刈り込んであるのを見た。

ティトーが死んでもユーゴスラヴィアが解体しなかったのは、冷戦という秩序が存在したからだ。

しかし1989年に冷戦は終了し、1991年にソ連が崩壊するに至り、共通の敵ヒトラー、カリスマ指導者ティトー、共産主義という接着剤が剥げてしまったユーゴスラヴィアの解体が始まった。

まずスロヴェニアとマケドニアが連邦から離脱。次にクロアティアが離脱する！という時に、ユーゴスラヴィア内戦が始まった。

セルビアのミロシェヴィッチ大統領は少数派となっている同胞を助け、国内の人気を維持する政策だった。

セルビアVSクロアティア間の戦争をへてクロアティアが独立し、1992年に連邦は崩壊した。次にボスニア＝ヘルツェゴヴィナが独立する時にミロシェヴィッチはムスリム人とクロアティア人に対し**民族浄化（エスニック＝クレンジング）**を行った。虐

ブルガリアとトルコ国境にて

1982年、ブルガリアのソフィアからトルコのイスタンブルまでの鉄道旅。これはブルガリアとトルコの国境駅の風景。一つの駅に2時間停車はざらという気長な旅だった。

＊
1982年のベオグラード

鉄のカーテンの向こう側、東欧旧共産圏で唯一ビザが不要だったのが旧ユーゴスラヴィア。しかし首都ベオグラードもザグレブも華美なところがまったくない街だった。写真は1982年のベオグラード中央駅の様子。

殺とレイプである。ボスニア＝ヘルツェゴヴィナの民族宗教分布は、約40％がイスラーム教徒のムスリム人（ボシュニャク人）、約32％がギリシア正教徒のセルビア人、約18％がカトリック教徒のクロアティア人である。国連が介入し1995年にボスニア紛争は終結した。

　次にミロシェヴィッチはセルビア国内**コソヴォ自治州**の多数を占める**アルバニア人**（イスラーム教徒）に対する武装闘争を展開した。1989年はコソヴォの戦い600周年だった。**1389年6月28日**（ちなみに1914年6月28日がサライェヴォ事件、6月28日はセルビア人にとって屈辱の日）、オスマン帝国のスルタン、**ムラト1世**に中世セルビア王国の都コソヴォが奪われた。中世セルビア王国の**ステファン＝ドゥシャン**はウロシュ4世ともいう。彼は「ツァーリ」を名乗り、1349年に『ドゥシャン法典』を発布、中世セルビア王国領土最大の全盛期を築きあげた。死後、王国は急速に衰退した。大セルビア主義者の間では大いに評価されている人物だ。

　その屈辱の"600周年"をセルビア政府はナショナリズム高揚に利用した。ロシアのエリツィン政権がセルビアを支持したのに対し、英米（**ブレアとクリントン**）主導のＮＡＴＯ軍は1999年にベオグラードを空爆し、セルビアをコソヴォから撤退させた。

　2003年に新ユーゴスラヴィア連邦が解体し、セルビア＝モンテネグロ成立。2006年には**モンテネグロ**がセルビアと分離。2008年にコソヴォがセルビアから独立し、結局ユーゴスラヴィアは7つに解体した。無論、**セルビアやロシア**、また国内に**カタルーニャ分離独立問題**をかかえる**スペイン**は独立を承認していない。

　2006年、**ミロシェヴィッチ**は有罪判決の出た**旧ユーゴ国際戦犯法廷**で無罪を主張し続けながら審理中に死亡した。この法廷は2017年に閉廷されたが、勝者が敗者を裁くケース以外で、ヒトがヒトを裁く人類初の試みであった。2008年にコソヴォの独立が多くの国に承認されたが、これを逆手に取り、同年**プーチン政権**のロシアはグルジア（現ジョージア）に侵攻した。

┊ **ポーランド**

　960年ピアスト朝が成立、カトリックを受容した。チンギス＝ハンの孫バトゥの西征では**1241年**の**ワールシュタットの戦い**にポーランド＝ドイツの

諸侯連合は敗れた。14世紀の**カジミェシュ3世**（カシミール大王）の時に王権が伸長し、現**ウクライナ**の西部までを領土とした。

ヤゲウォ朝リトアニア＝ポーランド王国（同君連合、1386〜1572年）は**クラクフ**＊を首都とした。1410年の**タンネンベルクの戦い**でドイツ騎士団を撃破した。現在の**ウクライナ**全体はこの国の領土だった。**クラクフ大学**の**コペルニクス**は1543年に地動説を唱えた。

ヤゲウォ朝の断絶後は貴族による**選挙王政（シュラフタ**＊＊）だったので権力が分散し、求心力が働かず、18世紀のロシア、プロイセン、オーストリアによる3度にわたる**ポーランド分割**（1772年、1793年、1795年）を被り、ポーランドは消滅した。分割に3度とも関与したのがロシアの**エカテリーナ2世**。第1次はプロイセンが**フリードリヒ2世**、オーストリアが**ヨーゼフ2世**。第2回分割はフランス革命中だったので、オーストリアだけ不参加。クラクフでポーランド人**コシューシコ**が活躍した。第2回ポーランド分割の結果、現在の**ウクライナ**の大部分（2022年のロシア軍との戦闘地域以外）がロシア領となった。

フランス革命から登場したナポレオン1世が**ワルシャワ大公国**＊＊＊（1807〜14年）を建てたが、ウィーン議定書で消滅した。ロシア皇帝が王を兼任する**ポーランド立憲王国**となった。パリ**7月革命**の影響でポーランド人が反乱を起こしたが、ロシアに鎮圧され1832年に直轄領になった。この一件をモチーフに**ショパン**がピアノ曲「革命」をつくった。ジャガイモの大凶作と1848年のパリ**2月革命**の影響で**クラクフ蜂起**、**ポズナニ蜂起**が起きたが**ロシア軍**に

＊
ウィスラ川とクラクフ

＊＊
貴族全員に平等な国王選挙権と被選挙権を与える制度。

＊＊＊
ワルシャワ
第二次世界大戦で街の大部分が破壊され、戦後再建された。

よって鎮圧された。

　ロシア皇帝**アレクサンドル2世**の**1861年**の**農奴解放令**に刺激され、1863年に革命的大農民反乱となったが鎮圧され、翌年農奴制支配は廃止された。

　第一次世界大戦終了時に**ピウスツキ**がポーランド共和国として独立宣言。ヴェルサイユ条約ではポーランド回廊とシュレジエンの一部を割譲させた。ピウスツキは**ポーランド＝ソヴィエト戦争**に勝利し、独裁的内閣をつくり独裁憲法を制定した。

　戦後は1945年に統一政府成立。1952年に人民共和国。首都**ワルシャワ**。

　スターリン批判の**1956年**、スターリン的抑圧の廃止を求める反ソ暴動が**ポズナニ**で起きた。**ゴムウカ**がソ連の軍事介入を拒否しつつ暴動を自主的に収拾した。

　1970〜80年のギエレク政権の高度経済成長路線は失敗した。**1980年グダニスク**（旧**ダンツィヒ**）のレーニン造船所の電気工**ワレサ**が**自主管理労組**「**連帯**」を組織した。**ブレジネフ**政権のソ連は怒り軍隊をポーランド国境に集結、**ヤルゼルスキ**政権は軍政による**戒厳令**で「連帯」を非合法化した。

　冷戦終結への道のりはここに始まった。冷戦終結後、**ワレサ**が大統領になった。非合法化された「連帯」の運動を一貫して支持したのがローマ教皇**ヨハネ＝パウロ2世**であった。が、昨今のポーランドのカトリック界は、聖職者による性的暴力が次々に明るみに出るスキャンダルに揺れている。

　東ヨーロッパと西ヨーロッパ

　東西ヨーロッパ間の交易が一躍拡大をみるのが16〜17世紀だ。西欧からの輸入総額の3分の2が毛織物であり、とりわけイギリス・ネーデルランド・ライン地方から輸出された。東欧は西欧の穀倉であり、西欧造船業の資材倉であった。17世紀以降、西欧にとって新大陸市場の重要性が増大すると、東欧経済は国際的に孤立した。

　しかし西欧における産業革命の結果、東欧は西欧資本とりわけドイツ資本の投資先となった。20世紀の両大戦間期の東欧では、チェコスロヴァキア（正確にはチェコ地域）を除けば、基本的には農業国であった。戦後のチェコスロヴァキアはベネシュ大統領の下で東の社会主義と西の民主主義を合体

アウシュビッツ強制収容所（左右とも）

やはりポーランド観光のハイライトはここだと思う。クラクフの街のホテルからの日帰りツアーが便利だ。世界遺産クラクフ旧市街も一見に価する。

しようと試みたものの1948年のクーデターで挫折。再度1968年に「西」の要素で「東」を活性化させようとしたが（プラハの春）、ソ連に押しつぶされた。それにはチェコスロヴァキアで非スターリン化つまり「自由化」を推進すれば、スロヴァキアの自立的傾向が強まってしまうという内部事情もあった。またソ連としても「自由化」によりウクライナやベラルーシ、バルト3国などの国内西部地域に「改革」のイデオロギーが波及するのを防ぎたかった。

　一方、ポーランドは1960年代からゴムウカ体制が抑圧的になる。そのポーランドと西ドイツが1970年に国交正常化（暴力不行使条約）。これが米ソ間の緊張緩和（デタント）の先駆けとなる。1980年に起こったポーランドの「連帯」運動は、1871年のパリ・コミューン以来の「労働者の反乱」であった。この運動は共産主義革命のような政治権力をめざすものではなく、あくまでも社会勢力としてとどまる西欧諸国に特有の市民社会の原理の力強い復活であり、同時にソ連からの離反の気運の最たるものであった。

13章 アメリカ大陸史

近年、コロンブスのユダヤ人説が浮上している。2017年テロリストが遊歩道を爆走し、歩行者を跳ね上げるという悪夢に見舞われたスペイン・バルセロナのランブラス通りは私がしばしば訪れる散歩道。その通りが地中海に出たところにコロンブスの像がある（裏表紙の写真）。コロンという名は当時バルセロナ地域のユダヤ人に多い名で、コロンブスはスペインのイサベル女王が出した、キリスト教に改宗しない者は国外退去すべしという命令の関係で船出したという説である。従来の説は、コロンブスの探検志願をレコンキスタの未完成を理由に却下したが、完成したため許可が下りたというものだった。

コロンブスからバイデンへ。

アメリカ合衆国は**例外主義**（「例外的美徳」つまり唯一神の意志を本気で探求しているのだから救済されるべき特別な運命にある「選ばれた民」、だからアメリカこそが「人類の避難所だ」という境地）で**単独行動主義**（未知未開の地に挑む自立的・行動的精神が**フロンティア＝スピリット**）で**単純化主義**（アメリカに敵する国は神の敵、なぜならばアメリカは善、反アメリカは悪だから。悪にはインディアンも帝国主義ドイツもファシズム日本も共産主義ソ連もイランも習近平も含まれる）の3つに集約できる国なのだ。

1776年7月4日に独立宣言し、1783年にイギリスから独立したアメリカ合衆国とは何なのか。それは移民が「契約」して設計された「実験」国家であり、歴史不在への不安にさいなまれながら、常に「変化」し続けるしかない凡庸なる「大衆天国」、ラテンアメリカ諸国から見れば「北の巨人」なのである。新世界に入植してきたピューリタンは神との間に神聖なる社会を創るという特別な契約があるので、アメリカ合衆国は神から祝福された特別な国だと自負した。19世紀のメキシコやスペインとの戦争、また先住民虐殺や原爆投下の背景にはそうした思いがあった。

16世紀の南北アメリカ領

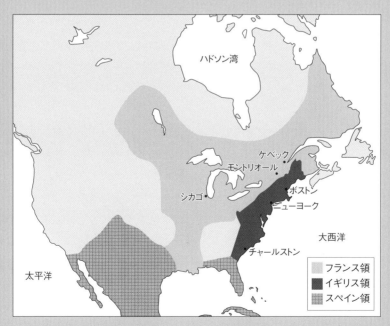

17世紀の北アメリカ領

古アメリカ文明

　メソアメリカ文明の原点ともいえる**オルメカ文明**は、前1200年頃メキシコ湾岸の熱帯雨林地域に生まれた。オルメカ文明はある種の神聖文字を残している。この文明の衰退後、各地に文化が栄えるが、現メキシコの**テオティワカン**（神々のところ）がとりわけ重要で、「**太陽のピラミッド**」「**月のピラミッド**」という巨大宗教施設跡が残る。そこから生贄にされた人骨や戦死者の遺骸が発見された。前10世紀以降南下したのがチチメカ人で、最後に南下したのが**アステカ人**だ。**アステカ文字**はマヤ文字と異なり言語として読むことはできない。

　テオティワカンと同時期、メキシコの**ユカタン半島**からグアテマラにかけて**マヤ文明**が存在した。メキシコの**チチェンイッツァ**やグアテマラの**ティカル**が代表的な遺跡で、**人身供犠のためのピラミッド状神殿や天文台**など祭祀と科学（**20進法**、前3114年を起点とする長期暦を持っている）が融合した都市的空間だった。が、スペイン人がやってきた時には全盛期は過ぎていた。

　一方、**アンデス文明**の本格的担い手として登場したのが**チャビン文化**で、前500年頃が絶頂期だといわれる。同文化の消滅後に地方色豊かな諸文化が分立したが、なかでも有名なのが地上絵で知られる**ナスカ文化**だ。ペルー・ボリビア国境にある湖が**チチカカ湖**、その近くで栄えたのが**ティアワナコ文明**である。

　マチュ＝ピチュ遺跡に代表される**インカ帝国**は、アンデス文明最後に現れた政治的文化統一体だった。当初は後に都となる**クスコ**（現ペルー）付近の小勢力だったが、15世紀前半に拡大を開始した。クスコでは宗教的儀礼が日常営まれた。前スペイン期のアンデス文明は文字を持たなかった。情報は**キープ**という毛や綿の紐の結び方で統計や数値を保存伝達した。インカ帝国を建設した人々の末裔が**ケチュア人**で、**ケチュア語**が現在の**ペルー**と**ボリビア**の公用語の一つとなっている。インカ帝国に滅ぼされたのが**チムー帝国**だ。

　これらの文明に共通しているのは、ジャガイモ、トウモロコシ（カボチャ、トマト、トウガラシ、カカオも新大陸が原産）を栽培する灌漑農業であ

ること。**リャマ、アルパカ**などの小型の家畜を飼育
し、牛・馬・ラクダなどの大型の家畜がいないこ
と。**鉄器や車両がないこと**だ。

■ ヨーロッパ人の関心事

マクニールの名著『世界史』に「地理上の発見」
という言葉が出てくるが、その"発見"の背景には
学術の進歩があり、イタリア人**トスカネリ**の**地球球
体説**などがその代表とされる。また、ヨーロッパ諸
国が東洋との直接交渉を望んだこともその要因だ。

13世紀はモンゴルの世紀、ユーラシアが成立し
た世紀、"世界史"が誕生した世紀、ヒトとモノが
ユーラシアを巡り始めた世紀。で、14世紀はモン
ゴル高原の風土病であったペスト（黒死病）が、地
中海を巡る貨物船のネズミを媒介にヨーロッパに伝
染した世紀。だから抗ペスト薬の原料となる**丁子**
（**クローブ**）への欲求、それを産する**モルッカ諸島**
（**現インドネシア**）や**胡椒**の産地**インド南部マラバ
ール海岸**への憧れ、香辛料**購入資金を調達するた
めに金銀・宝石が豊富な島**ジパング**へ夢が膨らんだ
世紀である。14世紀頃のヴェネツィアでは、胡椒
と銀が等価で交換された。ヨーロッパの貴族は競っ
て応接間に香辛料を積み上げ、富を誇示したとい
う。

■ ポルトガルの飛躍

レコンキスタ運動の中心勢力だった**カスティリャ
＝レオン王国**から1143年に独立したのが**ポルトガ
ル王国**。首都は当初**ポルト**であったが**レコンキスタ**
運動とともに南部に拡大し**リスボン**へ遷都。その**エ
ンリケ航海王子**は1415年にアフリカ西北端、ジブ

*
ティアワナコ遺跡
ティアワナコ遺跡は
2000年に世界遺産に
登録された。2006年、
酸素ボンベを手に訪れ
てみたが、それはちょ
うどボリビアに初の先
住民出身のモラレス大
統領が誕生した直後だ
った。

神秘の湖チチカカ湖
は、ペルーとボリビア
の国境にある。レスト
ランのメニューはこの
湖で獲れた魚のみ。高
山病の身でありながら
ビールとともに食べた
ので体調がさらに悪化
した。

**
シナモンはセイロン島
とインド南西部、ナツ
メグは東南アジアのバ
ンダ諸島のみでとれた。

ラルタル海峡の南岸の港市セウタを攻略。大西洋のマディラ島（サッカーポルトガル代表クリスティアーノ＝ロナウドの出身地）を探検。同島でポルトガルは砂糖のプランテーションに成功、それをブラジルで大規模に展開する。エンリケが派遣した探検家はアゾレス諸島、ついで1445年にアフリカ大陸の最西端、現セネガルのヴェルデ岬を発見する。

　ジョアン2世の命でポルトガルの航海者、バルトロメウ＝ディアスが出発しアフリカ南端を発見（1488年）、「嵐の岬」と名づけたが、ジョアン2世は船酔いに苦しむ航海者を鼓舞するために「喜望峰」と呼んだ。

　同じくポルトガルの航海者、ヴァスコ＝ダ＝ガマはマヌエル1世の命でリスボンを出航し、喜望峰を回りモザンビークを拠点とし、アフリカ東岸のイスラーム圏にそって北上、マリンディで水先案内人を得てインドへと直航。1498年カリカットに到達、1499年に帰着。インド総督（副王）に任ぜられ、インドで没した。オスマン帝国を経由しない直接ルートをインド航路と呼ぶが、これによりリスボンの胡椒の価格はヴェネツィアの半値以下となった。海外交易により豊かになったマヌエル1世は宮廷に芸術家や科学者を招き文化を振興。またリスボンの観光名所ジェロニモス修道院やベレンの塔の新築改築を行い、珊瑚や珍獣などの模様を施した。これは19世紀にマヌエル様式と呼ばれるようになった。1755年のリスボン大地震は、啓蒙の18世紀に"神罰"か否かの哲学論争を巻き起こした。ちなみにジェロニモス修道院で2007年にリスボン条約が結ばれ、市民がEUへの関与の強化を規定するなどヨーロッパ連合（EU）の基本条約が修正された。

┊ コロンブス

　イタリア・フィレンツェの天文・地理学者トスカネリの地球球体説がコロンブスの航路選択に影響したといわれる。

　イタリア・ジェノヴァ生まれのコロンブスは、1492年にキリスト教徒がイベリア半島からイスラーム教徒とユダヤ教徒を追放する運動、つまりレコンキスタ運動の完成（ナスル朝グラナダ王国のアルハンブラ宮殿がキリスト教国スペインにより陥落）を目撃した後、スペイン女王イサベルの後援を得てカラック船のサンタマリア号でパロスを出航。72日のち現バハマ諸島に到着した。

コロンブス一行が最初に上陸した島は**サンサルバドル**と命名された。現在のバハマ諸島付近であったが、コロンブスは終始そこをアジア（インド）であると思い（チバオという地名を"ジパングだ"と酔いしれ）つつ死んでいった。それは大航海時代以前のヨーロッパ人は、アジアの東地域を**インディアス**と呼んでいたからだ。コロンブスの誤認により、カリブ海東部は**西インド諸島**と呼ばれるようになった。コロンブスは1517年に初めてジャマイカから西インド諸島に黒人奴隷を連行、また新大陸にサトウキビを持ちこんだ。コロンブス一行がアメリカ大陸からヨーロッパに持ちこんだ**感染症**（当時の**パンデミック**）が**梅毒**、ヨーロッパからアメリカ大陸に持ちこまれたのが**天然痘**だ。

ポルトガルのアジア進出

1500年にアジアに向かう船でブラジルに漂着したポルトガル人**カブラル**は、ポルトガル王の名のもとに領有を宣言したが、西へは領土を拡大しなかった。これは1494年、ポルトガルとスペインが直接協議して、**トルデシリャス条約**を結んでいたからだ。それまでスペインとポルトガルは海外領土をめぐり対立していたため、**アレクサンデル6世**が裁定し、アフリカ西岸にある**ヴェルデ岬**の西にある子午線を**教皇子午線**（植民地分界線）としていたが（1493年）、トリデシリャス条約では、さらに西にずらしていたからである。スペインの支援で1492年にコロンブスが新大陸に到達したことにポルトガルが抗議したのだ。

ポルトガル人の**マゼラン**（マガリャンイス）はイサベルの孫のスペイン王**カルロス1世**の援助を得

て、グアダルキビル川の町セビリャを出帆。南アメリカ南端に水路（マゼラン海峡）を見出し、太平洋を横断。1521年現フィリピン諸島に到達したが、セブ島の対岸のマクタン島の首長ラプラプに殺された。死後に部下が**世界周航**に成功した。

　ポルトガルは、1505年にアフリカ東海岸の**モンバサ、キルワ**を要塞化。同年セイロン島（スリランカ）に来島（1518年占領）。1508年に**モザンビーク**に要塞をつくる。アデン占領には失敗しオスマン朝には交易で優位に立てなかったが、1509年の**ディウ沖海戦**で**アルメイダ**が活躍しエジプトの**マムルーク朝**を破り香辛料の交易権を奪った。1510年にはインドの**ゴア**に総督府を設置（総督**アルブケルケ**）。1511年には海峡の町**マラッカ**を占領（東南アジア初のイスラーム教国**マラッカ王国**を攻略）。1515年に海峡の島**ホルムズ**をイランのイスラーム王朝**サファヴィー朝**から奪い、1517年に**広州**とマカオに到達。その後、アルブケルケが艦隊を送ったポルトガルとスペインはモルッカ諸島（香料諸島）をめぐって1年間戦い、結局スペインがポルトガルに売却。両国の勢力範囲が確定したが、これが1529年の**サラゴサ条約**で、日本の上を通る子午線で分界し、球体の地球がイベリア半島の両国だけで"山分け"された。

　1543年種子島（その前後に**台湾**の存在を確認）、1550年に**平戸**に到達。1557年に**マカオ**に居住権を得た後、1571年には**長崎**に来航、1636〜39年に**出島**で日本と貿易をした。

商業革命と価格革命

　フィレンツェ生まれの**アメリゴ＝ヴェスプッチ**は1497年以来4回にわたって特に中南米を探検、航海報告書をメディチ家へ送った。1507年、**ヴァルトゼーミュラー**がヴェスプッチにちなみ『世界誌入門』のなかで"アメリカ"と命名したが、これは南米大陸を指しており、しかもコロンブスのほうが先であったことに彼は後に気づいた。

　ヨーロッパ列強の植民地獲得抗争の時代に入ると、アメリカの銀が大量に流入したので貨幣価値が下落、物価は約3倍に騰貴した。このような**価格革命**により、南ドイツの銀を独占していた**フッガー家**、また銀の流入によるインフレーションにより、固定地代に依存していた封建領主層が没落した。そ

の前提には**商業革命**というヨーロッパの商業圏の重
心が、ヴェネツィアやジェノヴァなど**地中海**からリ
スボン、セビリャ（**グアダルキビル川**から大西洋に
でる）、アントウェルペンなど**大西洋岸**に移る現象
があった。ヴェネツィアはポルトガルから丁子（ク
ローブ）を産するモルッカ諸島への航海図を盗み出
そうとまでした。スペインはポルトガルから入手し
た航海図を写す作業を、自分のしていることが理解
できないような年齢の子供にやらせた。

コルテスとピサロ

　スペインのイサベル女王は、新大陸交易に従事で
きる人間をカスティリャ王国出身者に限定した。ス
ペインがまず求めたのは金。**キューバ島**で発見さ
れ、スペイン人が多数殺到した。そのうちの一人が
名門**サラマンカ大学**で法律を学んだ**コルテス**。独断
で1521年に**アステカ帝国**の首都テノチティトラン
を征服し、キューバ総督と対立した。1546年には
メキシコで**サカテカス銀山**が発見された。

　バルボアと共に**パナマ地峡**を抜け太平洋を望見し
た**ピサロ**はペルーを征服し、**1533年にインカ帝国**
を滅ぼした。インカの人々はアンデスの神がより強
いキリスト教の神に負けたので、精神的混乱に陥っ
ていた。

　1545年にポトシ銀山（豊かな山）が発見される
と、インディオやのちにアフリカ人奴隷が酷使され
た。標高4100mの高地でコカの葉を噛み覚醒しつ
つ、**ジャガイモ**という栽培が容易で飢饉を救う優れ
た作物をエネルギー源とした。ジャガイモはスペイ
ンによりヨーロッパにもたらされたが、スペインで
は専ら"病院食"で、健常者は口にしなかったが、

**標高3600〜4100m
に広がるラパスの街
（ボリビア）**

3600m地点には一般
人立ち入り禁止の豪邸
地区があり、4100m
地点の空気の希いエル
＝アルト空港地区の子
供は自分のおしめをサッ
カーボール代わりに
素足で蹴る。この写真
はラパスの中心地サン
フランシスコ教会付近
の広場。

ナポレオンのスペイン遠征の際に持ち帰ったフランス兵を通し、"フランス料理"に化け、その後スペインに逆流しトルティージャに欠かせない具材となっている。

エンコミエンダとアシエンダ

　植民者が国から先住民の教化と保護を条件に、土地・住民の統治を「委託」され賦役労働を課すのが1503年にエスパニョーラ島で始まった**エンコミエンダ制**だ。スペインの聖職者**ラス＝カサス**はインディオへの布教と奴隷化防止に尽力したが、その著作『インディアスの破壊についての簡潔な報告』で、スペイン人の先住民酷使を告発した。これによりスペイン王室は1518年に奴隷取引を実質掌握していた**ジェノヴァ商人**に交易の許可（**アシエント**）を与え、西アフリカからの**黒人奴隷**が恒常的に流入するようになった。先住民はダメでも黒人奴隷ならよしとしたのである。黒人奴隷貿易において重要な役割を担っていたのが、1492年のレコンキスタの完成によりイベリア半島を追われていた**ユダヤ人**だった。こうして17〜18世紀には奴隷を労働力とした大農園制**アシエンダ**が広まった。

　エンコミエンダに代わる統治制度が、スペイン国王、官僚を機軸とする統治制度だった。当時メキシコおよびペルーに派遣され、ヌエバ＝エスパーニャ（新スペイン）と呼ばれていた**副王**が新世界の最高実力者だった。副王の下位に**アウディエンシア**が置かれ、行政と司法を担当した。その下位には地方官僚**コレヒドール**が置かれた。これらスペインのレプブリカ（共同体）にインディオが住むことは許されなかった。野性状態にあるインディオを文明化することこそが真正キリスト教徒たるスペイン人の使命であるとして、新世界の支配を正当化したのである。

　ラテンアメリカの初期植民地は少数の白人が圧倒的多数の先住民を支配するかたちで始まったが、征服の衝撃によりインディオ社会は一種の精神麻痺状態に置かれた。そのなかで先住民のスペインに対する断続的な攻撃もあったが、それもインカ軍の最後の首領**トゥパク＝アマル**（現ペルーの英雄）が1572年に処刑され終わった。メキシコでは1541年にチチメカ族（アステカ王国の起源）による**ミシュトン戦争**という大規模蜂起があったが、スペインに鎮圧された。

本国生まれの白人（ガチュピネス）に対して、植民地生まれの白人を**クリオーリョ**というが、イベリア「半島」からやってきたスペイン人たち**ペニンスラール**は彼らと明確に区別され、官職の配分などで優遇された。白人と先住民との混血層は**メスティーソ**、白人と黒人との混血層は**ムラート**、先住民と黒人との混血層は**サンボ**と呼ばれた。北米大陸に比べてより複雑な人種構成で、クリオーリョはアメリカの大地に愛着と誇りを持ちつつ地主階級を構成した。一方、インディオは彼らの大地母神とキリストの聖母マリアとの親和性からカトリック教会の諸制度により日常を律した。しかし神父が知っていたケチュア語は「馬もってこい、神に仕えろ、可愛い子いるか」だけだった。

ブラジル・砂糖・オランダ・金

16世紀後半、ブラジルにおいて**砂糖**産業が確立し、**ポルトガル**領マデイラ諸島やアゾレス諸島で成功した砂糖プランテーションが、アフリカから輸入された黒人労働力により生成発展した。16世紀末から**オランダ**勢力がブラジル北東部に入っていったが、ポルトガルに放逐された砂糖生産の拠点を**カリブ海**に移した。一方、ブラジル国内で砂糖産業が衰退すると、**金鉱やダイヤモンド鉱山**が開発され、18世紀ブラジルは「金の時代」と呼ばれることになる。ブラジルの金は18世紀にイギリスに流れた。

近代以降、地球的な規模で商業活動が広まるなかで成立した世界的な分業体制を「**近代世界システム**」という。豊かな地域「**中核**」と、貧しい地域「**周辺**」との対抗関係から世界を見る見方だが、1970年代中頃のアメリカの歴史家**ウォーラステイ**

2000年にブラジルを旅する。ここリオデジャネイロではコパカバーナ海岸に投宿、ビーチをジョギングしたり、隣接するイパネマ海岸を歩いたり、マラカナン＝スタディアムでフルミネンセの公式戦を観戦したりして過ごした。コパカバーナのビーチには毎日花束を手にした母親が数人来ていた。しばらくの時間ビーチに立ちつくし、意を決したように花束を投げ帰ってゆく。そして彼女たちは最後にもう一度ビーチを一瞥する。我が子をそこで亡くした母であることが一目瞭然だった。

ンが唱え広まった。

　オランダは1621年に西インド会社を設立。ギアナ、西インド諸島を経営し、1626年にはハドソン川流域に**ニューネーデルラント植民地**と**ニューアムステルダム市**を建設したが、1664年の第2次**英蘭戦争**で喪失した。

┆ イギリス、新大陸へ

　次にイギリスである。1497年に**ヘンリー7世**の命令で、イタリア人**カボット父子**がニューファンドランドを探検。16世紀後半には国王**エリザベス1世**のもと、**ローリ**が**ヴァージニア**に進出したがまもなく放棄。次の国王ジェームズ1世の1607年に、王から特許状を得た**ロンドン会社**が**ジェームズタウン**を建設。こうして**ヴァージニア植民地**が誕生した。1619年のヴァージニア議会が最初の**植民地議会**である。

　議会という民主制度が始まった1619年、ヴァージニアでは**タバコ**の栽培のためのイギリス本国出身の白人年季奉公人による**黒人奴隷**制度が始まった。ただヴァージニア以上に大きな利益をイギリスにもたらしたのは、ジャマイカやバルバドスなどのカリブ海西インド諸島の砂糖植民地であった。1620年代に入植が始まったバルバドスでは当初タバコ栽培が試みられたが、ブラジルを追われたオランダ勢力によりサトウキビ処理の技術が伝わると、砂糖栽培に転じたのだった。

　1620年、スチュアート朝のジェームズ1世のイギリス国教強制に反発した**ピューリタン**（**カルヴァン派**）たちがオランダを経て、**メイフラワー号**[*]で**プリマス**から出帆し、着いた新大陸の地に**プリマス植民地**を建設する。**ピルグリム＝ファーザーズ**と呼ばれた彼らは、信仰実践の場の確保を図ったのだ。これがアメリカ合衆国の起源である。1629年にはピューリタンの**ウィンスロップ**により**マサチューセッツ植民地**が**ボストン**の町とともに建設。これらはいずれもイギリス国教会に飽き足らず、「純粋な」信仰実践を求めてきたピューリタンである。

　これらの植民地がまとまって、いわゆる**ニューイングランド**[**]を形成した。そこにおいては、信仰の自由、経済の自由を希求し、プリマスを中心として参政権を持つ全住民参加の**タウンミーティング**という制度があった。寒冷で作物栽培に向かないニューイングランド地方では、漁業・造船・海運・毛皮

取引・ラム酒の製造などが主要産業となっていく。ピューリタンは入植当初、先住民と友好的な関係を結び、トウモロコシやジャガイモの栽培法を教わった。「感謝祭」の起源はここにある。

1636年には**ボストン**に牧師養成のための**ハーバード大学**が設立された。アメリカの各大学は以後キリスト教の各宗派を基礎に設立されることになる。

1660年代末には**カロライナ**植民地ができたが、ここは**コメ**の栽培地として確立し、コメはイギリス帝国において**砂糖・タバコ**に次ぐ第3の主要産物となった。

1664年には第2次**英蘭戦争**において**ニューアムステルダム**を占領し、**ニューヨーク**と改名（オランダ改革派教会の影響が18世紀まで残る）。1681年には**クウェーカー教徒**の**ウィリアム＝ペン**が**ペンシルヴァニア植民地**（宗教寛容の地）を建設。主流派は新教徒であったが、**メリーランド**のようにカトリックを公定教会にした植民地（後に宗教寛容を導入）もあった。1733年の**ジョージア植民地**建設をもって**13植民地**が完成した。

▎初期カナダ史とフランス

4万〜5万年前にベーリング海峡を渡ったのがカナダの先住民であるが、15世紀には北米大陸の人口115万人のうち、5分の1がカナダに住んだ。それが**イヌイット**である。

ノルマン人の**レイフ＝エリクソン**が1002年にグリーンランドから渡ってきたが、ノルマン社会はやがて消滅した。

大航海時代の1497年にはイタリア人の**カボット父子**がニューファンドランド付近を探検した。

＊
英国のスクルービという小さな村のピューリタンは、英国国教会により信者の集会が禁じられたのでオランダへの脱出を敢行した。オランダのライデンで手工業に従事したが、さらなる新天地を求め新大陸へ移住した。2隻を準備したがスピードウェル号が故障したのでメイフラワー号1隻で船出した。ヴァージニアを避けたのは、そこに入植していたのが英国国教徒だったからである。

＊
メイフラワー号の乗組員は全部がピューリタンだったのではなく、またスクルービ出身者は少数になっていた。「メイフラワー契約」では自由な個人が契約によって団体を創設する理念が表明されていた。

＊＊
イギリス13植民地時代のニューイングランドとはニューハンプシャー、マサチューセッツ、ロードアイランド、コネティカットの4つをさす。

フランスは**フランソワ1世**の命により、1534年から**カルティエ**がヨーロッパ人として初めて**セントローレンス川**を探検、周辺地域を「**カナダ**」と名づけた。カナダ（ヌーヴェル（新）＝フランス）の建設が本格化するのは**1608年**の国王**アンリ4世**の時シャンプランがセントローレンス川流域を探検し、**ケベック**（"川の狭まる地"）の要塞を築き、ビーバーの毛皮貿易（当時ヨーロッパで流行していた**山高帽**の材料となる高品質な柔毛がとれた）の拠点とした時点からである。**ルイ14世**の時には**ラサール**が**ミシシッピ**川をくだって**ルイジアナ植民地**が形成されることになる。

　植民地の性格としては王室の直接支配でカトリックが多く、移住者の大部分は毛皮取引が目的の大商人や宣教師であった。ミシシッピ川のメキシコ湾河口近くに建設されたのが1718年建設の**ニューオーリンズ**だ。フランス本国の奴隷貿易の町がロワール河口の**ナント**、植民地物産の輸出入の町が**ボルドー**であった。

▏第2次英仏百年戦争

　新大陸における英仏の抗争は、**1689年**〜の**ウィリアム王戦争**（これは欧州における**ファルツ継承戦争**と並行）、次の**1702〜13年**の**アン女王戦争**（これは**スペイン継承戦争**と並行）と展開した。イギリスは後者の戦争の結果、**1713年**に締結した**ユトレヒト条約**で、**ニューファンドランド、アカディア、ハドソン湾地方**をフランスから獲得した。そもそもスペイン継承戦争とは、スペイン領アメリカ植民地が生みだす富を、誰が掌握するのかをめぐる争いだった。ルイ14世が孫をスペイン国王の座に就けようとしたのは、スペインを同盟国にし合邦にこぎ着ければ、フランスは合法的かつ直接的にスペイン領アメリカ植民地の富を独占できるからだ。だからイギリスは反対し、同時期新大陸で**アン女王戦争**が起こった。

　さらに1740〜48年まで、欧州の**オーストリア継承戦争**と並行して（前年に密輸を取り締まるブルボン朝スペインの海洋警備隊がイギリス船船長の片耳を切り取ったのがきっかけに開戦した**ジェンキンズの耳戦争**）**ジョージ王戦争**、**7年戦争**（ラ＝ファイエットの父が戦死）に並行して**フレンチ＝インディアン戦争**（米初代大統領ジョージ＝ワシントンが活躍）が起こり、後者の1763年の**パリ条約**でイギリスは**カナダ**とミシシッピ川以東のルイジア

ナを獲得した。これら新大陸における4つの戦争は**第2次英仏百年戦争**（1689 〜 1815年）の前半戦といえる。

アメリカ独立戦争前夜

植民地に対するイギリスの内政干渉は、フランス・スペインほどではなかった。前述のように北部では**タウンミーティング**という直接民主制の地方自治が、南部では**カウンティ**というイギリス的代議制があった。1639年には後に憲法の基礎となった**コネティカット基本法**が制定された。

イギリス本国の植民地統治政策はいわゆる**重商主義政策**。1651年の**航海法**に始まって、1699年の**羊毛品法**、1732年の**帽子法**、1733年の**糖蜜法**、1750年の**鉄法**を実施し、王領植民地を増加させるなどして漸次政治的圧力を強化した。

とりわけ**7年戦争**が終結した**1763年**には、国王**ジョージ3世**はオハイオ渓谷などでの先住民と入植者の無用な衝突を避けるため、**アパラチア山脈**以西への白人の移住を禁止する宣言を発布する。公然の秘密だったフランス領砂糖植民地との密貿易の抑えこみを目的に、**1764年**に**砂糖法**を制定。**1765**年に**印紙法**が出されると、植民地側はヴァージニア決議によって英国製品不買協定を結ぶ。イギリス本国と対決した背景には、新大陸におけるフランスの勢力が著しく減退したので（フランスは漁業権以外を失った）、本国の保護が不要になったことがある。

アメリカ独立戦争

1766年に印紙法が撤廃されたが、その際イギリス帝国の主権は本国議会に所在すると宣言されたの

*
1765年、英本国は軍隊宿営法と印紙法を制定。前者はアメリカ植民地に駐屯する英軍への宿舎と食糧の提供を義務づけた。後者は、貿易を規制する外部課税ではなく、歳入を目的とした内部課税だった。

で、**パトリック＝ヘンリ**らは "No taxation without representation **代表な
くして課税なし**" と主張した。本国の統治方針が植民地の判断に優越してい
ることを明確にしようとするイギリス本国の動きが、植民地人には名誉革命
で完成した立憲政治体制の腐敗に映ったのであろう。1767年には制裁規定、
歳入法、関税局の設置、海事裁判所の拡充の4法を定めた**タウンゼンド諸法**
が発令されたが、1770年には茶税のみ残して廃止された。

　これらが独立革命の間接的要因であるならば、1770年のボストン虐殺事
件（ボストン市民に挑発されたイギリス官憲が市民3人を殺害した事件）の
後の**1773年のボストン茶会事件**[*]＝ Boston Tea Party（洗練されたイギリ
ス製品のボイコットには政治的意味があった）が直接的要因であり、これは
本国にとっては立法権の侵害、イギリス本国の一部東インド会社の私有財産
の侵害として受け取られた。

　本国は**ボストン港閉鎖、マサチューセッツ植民地の自治権剥奪**などの5つ
の法を定めたので、**1774年**には**フィラデルフィア**で**第1回大陸会議**が開催
され、植民地人の権利が宣言された。

　1775年に**レキシントン＝コンコードの戦い**をもって**アメリカ独立戦争**が
始まった。「我に自由を与えよ。しからずんば死を与えよ」というのは**パト
リック＝ヘンリ**の言葉だ。**第2回大陸会議**でジョージ＝ワシントンが植民地
軍総司令官に任命された。植民地人の態度は独立を志向するPatriots（**愛国
派**）と独立を志向しないRoyalist（**国王派**）と中立派の3派に分かれた。**ラ
＝ファイエット**の友人**トマス＝ペイン**が**『コモン＝センス』**というパンフ
レットでイギリス国教会からの "分離" の意義を説いたので、独立を支持する
人たちが増えた。

　1776年5月の**ヴァージニア権利章典**では初めて**自然権**が確認された。

　1776年7月4日に**ジェファソン**や避雷針を発明した**フランクリン**が起草
した**独立宣言**がフィラデルフィアでなされた。そこには**ロック**の**自然法思想**
が色濃く反映されている。

　1777年のサラトガの戦いでは米軍が英軍を降伏させた。これを機に1778
年に**米仏同盟**が結成された。アメリカ合衆国としては外国の承認が欲しかっ
たのである。これはフランクリンのヨーロッパにおける遊説が貢献した。**フ
ランス参戦**により戦線は西インド諸島に拡大、北米大陸での戦いは次第に優

先度が下がった。1779年には**スペイン**、1780年には**オランダ**がいずれも米国側で参戦、同時期ロシアの**エカチェリーナ2世**が提唱した**武装中立同盟**が成立して、イギリスの外国船圧迫に対して独立軍を支援することになる。フランスの**ラ＝ファイエット**や**サン＝シモン**、ポーランドの**コシューシコ**が義勇兵として参加。**1781年**の**ヨークタウンの戦い**で植民地側の勝利が決定的になった。**1783年パリ条約**で合衆国の独立は承認され、**ミシシッピ川以東のルイジアナ**をイギリスは**13植民地**に割譲。またアメリカ合衆国のニューファンドランドの漁業権とミシシッピ川の航行の自由を承認した。またイギリスは**セネガル**と西インド諸島の一部をフランスに、**フロリダ**と**ミノルカ島**をスペインに割譲した（厳密にはヴェルサイユ条約、たいていはパリ条約に含める）。

アメリカ合衆国独立の意味

　この独立は絶対主義的政策を封建遺制とともに葬り去ったという意味において、市民革命的性格を持つ。これは西欧諸国やラテンアメリカ諸国を刺激した。また史上初の**共和政**国家の誕生であり、民主主義的憲法の制定を生んだ。1776年〜80年にかけて各植民地憲法が成立したが、これにはイギリスの権利章典が影響した。合衆国最初の憲法である**アメリカ連合規約**は1781年に批准されたが、13邦の各邦には完全主権があったので、アメリカは未だ国家連合的性格であった。つまりアメリカ合衆国という一つの国がイギリスから独立したのではなく、13の州が別個にそれぞれイギリスから独立したのである。独立宣言では動詞に三単現のsが付いていない。つまり主語が複数なのだ。「アメリカ合衆国」

＊
1620年にメイフラワー号が着いたプリマスへ行ってみると、観光用の模型が停泊しており、上陸地点は5m四方のギリシア神殿のようなもので囲われている。プリマスから急行で約2時間、ボストンの川には茶会事件の寸劇を見せる船が観光名所となっている。写真の彼が演説後に観光客をデッキに誘い木箱を川に放り投げるよう叫ぶ出し物がある。

＊＊
建国時の共和主義は「公共の善」の実現のために奉仕する精神をさした。

ではなく「アメリカ合州国」の誤訳なのである。

1781年〜88年にかけてが連合の時代で、戦後の財政困難と経済混乱、農民暴動などで憲法制定、中央政府樹立の必要性が高まった。しかし新たに合衆国憲法を制定し**連邦政府**を創設することは、各独立共和国から主権を奪うことを意味した。イギリスから独立した直後の新たな従属を意味する。こうして**連邦派**と**反連邦（州権）派**に分かれてゆくことになる。

合衆国憲法は**1787年**に制定され、正式にアメリカ合衆国が成立した。この憲法は世界最初の近代的成文憲法であり、**三権分立**、**人民主権**を謳うが、**黒人**と**インディアン**は人民に含まれなかった。当初は連邦主義で、連邦政府と州政府の二本立てであった。各州2名の議員からなり、州代表としての性格を持つ上院と、各州の人口に比例し選出される議員からなる下院で構成されるのが**アメリカ連邦議会**。司法の最高機関は**最高裁判所**。

初代大統領ワシントン〜5代モンローまで

1789年には、**ワシントン**がアメリカ大統領に当選、1800年には**ポトマック河畔のワシントン特別区**が首都になる。2代目の**アダムズ**にかけての時代には**ハミルトン**が代表である**連邦主義**と**ジェファソン**が代表の**反連邦＝州権主義**の併用の時代であった。

「**1800年の革命**」と呼ばれた選挙による交代で、**ジェファソン**が第3代大統領に選出される。彼は「**アメリカ民主主義の父**」と評される。彼は1800年の**サン＝イルデフォンソの密約**でナポレオンがスペインから買収した**ミシシッピ川以西のルイジアナ**を、今度は**1803年**にフランスより買収した。この経緯は以下のとおりである。

1800年にミシシッピ川以西を獲得していた**ナポレオン**に、同川の航行権の保証や**ニューオーリンズ周辺**の購入を打診したところ、**1803年**にナポレオンからルイジアナ全体の購入を提案された。背景には西インド諸島のフランスの砂糖植民地**サントドマング（現ハイチ）**において1791年に奴隷蜂起が起きて以降、同植民地が混乱し、イギリスとスペインの軍事介入を招いたことがある。フランス本国は植民地の維持には黒人の支持が必要と判断し、フランス革命中の**ジャコバン派**国民公会は1794年に**奴隷制廃止**を決定していた。その後フランスへの忠誠を口にする「黒いジャコバン」こと**トゥサン**

=ルーヴェルチュールの活躍により、イギリス・スペイン軍をサントドマングから撤退させていたが、ナポレオンはフランス正規軍を派兵し、トゥサン=ルーヴェルチュールを捕らえフランス=アルプスの監獄で獄死させる。

ナポレオンの狙いは奴隷制の再導入。ルイジアナはサントドマングへの食糧供給基地となるはずだった。だがその後、フランス軍は黒人の徹底抗戦を受け、指揮官を含め黄熱病で次々と倒れた。失意のナポレオンはサントドマングから撤退し、ルイジアナも処分。**1804年**の**ハイチ革命**の結果、元奴隷の独立国家ハイチは世界初の黒人共和国となったのである。

さて合衆国に目を戻そう。

ナポレオン戦争中にイギリスが海上封鎖を行って合衆国の通商を妨害したので勃発したのが、**アメリカ=イギリス戦争**〔米英戦争**1812 ～ 14年（ガン条約で終了）**〕。大統領は4代**マディソン**。終了の報が伝わらず、ニューオーリンズ郊外で米英が交戦。後に7代大統領になるジャクソン率いるアメリカが勝利した。この戦争時にホワイトハウスが攻撃された。ちなみに、2001年9月11日の「同時多発テロ」は、このとき以来の本土攻撃であった。この米英戦争は、第2次独立戦争とも言われ、イギリスからの経済的独立が実現。ニューイングランドを中心に木綿工業が発展、産業革命の発端となる。

第5代の**モンロー**のとき1818年にイギリスから**ノースダコタ**を、1819年にスペインより**フロリダ**を買収する。1820年、ミズーリとメインが人口6万に達し州へと昇格するに際し、ミズーリを奴隷州、メインを自由州（奴隷禁止の州）とした。以後

*
「合衆国憲法の父」と呼ばれたマディソンが作成作業を主に担当した。彼の経済ナショナリズムは高率の保護関税による産業育成を促進し、国内に分業体制を確立するヘンリ=クレイの政策へと継承された。

西部に州が新設される時は**北緯36度30分**を境に南を奴隷州、北を自由州と
するという取り決めがなされる。これが政治家**ヘンリ＝クレイ**の妥協案**ミズ
ーリ協定**である。

　1823年には**モンロー教書**を出す。内容は新旧両大陸の相互不干渉である。
モンロー主義は20世紀にかけてのアメリカの領土拡大の口実になり、かつ
ヨーロッパにおける戦争への不干渉政策や、さらにはヴェルサイユ条約を批
准しないこと、国際連盟（ウィルソン提唱）に加盟しないという外交政策へ
と発展した。そもそもは北太平洋におけるロシアの脅威が原因だった。つま
り皇帝アレクサンドル1世が提唱した神聖同盟の盟主ロシアが、オーストリ
アのメッテルニヒと共に、**ラテンアメリカ**諸国がスペインから独立するのを
阻止する際にロシアがアラスカから侵入し、カリフォルニアへと南下するの
を阻止したかったのだ。彼は北緯51度までをロシア領だと主張した。西海
岸は"衰退期"のスペイン領だった。

ラテンアメリカ諸国の独立

　1807年にフランス皇帝ナポレオン1世は大陸封鎖令に従わないポルトガ
ルを制圧。その同盟国スペインのカルロス4世、フェルナンド7世親子を退
位させ、実兄ジョセフをホセ1世として即位させた。これを認めないスペイ
ン人が各地に自治政府（フンタ）を組織したので、スペインは内戦となっ
た。

　ラテンアメリカの植民地で生まれた白人のクリオーリョはこれを好機と見
た。ボリビアのポトシ銀山に近い内陸から植民がすすんだアルゼンチンにお
いて、海岸部の**ブエノスアイレス**のエリート層にとっての18世紀は自らの
努力で発展を勝ち取った世紀である。ベネズエラ・**カラカス**のエリート層に
とっても同様であった。そのようななかスペイン本国の重商主義への反発
と、安価なイギリス商品を購入するため自由貿易体制を望む声が高まった。
イギリス外相カニングはスペイン領アメリカ（いわゆるラテンアメリカ）を
スペインから独立させて自国のマーケットにしたかった。

　1811年カラカスで**ベネズエラ**の独立宣言をした**フランシスコ＝デ＝ミラ
ンダ**はスペインに捕らえられ刑務所内で死亡した。彼は**シモン＝ボリバル**の
先駆といわれる。ボリバルはコロンビアを転戦し、1815年ジャマイカから

ハイチへと亡命生活をしたのちベネズエラに再上陸
し、1816年に奴隷解放宣言を行った。**1819年**に
**ベネズエラとコロンビア（含パナマ）からなるグラ
ン（大）コロンビア**が建国され、1822年にエクア
ドルも組み込まれた。これはのちの1830年にその
3国に分解した。

　1816年には**ラプラタ**（ラプラタ川域）が**アルゼ
ンチン**として独立宣言。1828年にはイギリスの調
停でブラジルとの緩衝地帯**ウルグアイ**として独立。
パラグアイは1811年にすでに独立していた。**サン
＝マルティン**はアンデス山脈東麓のメンドサ（現在
世界屈指のワイナリーがある）を拠点に、1818年
太平洋沿岸の**チリ**を解放。スペインの南米支配の本
拠地**リマ**（現ペルー）を1821年に解放し、1822
年に独立した**エクアドル**のグアヤキルでシモン＝ボ
リバルと会見し、後事を託す。ボリバルは、内陸部
アルト＝ペルーの王党派を撃破して1825年にはス
ペイン最後の牙城**ボリビア**が独立。同地の名称は彼
の名に由来する。

　これらラテンアメリカ諸国の独立にとって追い風
となったのが**モンロー教書**であり、イギリスの**カニ
ング外交**だった。ボリバルは1826年の**パナマ会議**
で**パン＝アメリカ主義**を提唱した。

7代ジャクソン〜11代ポークまで

　第7代アメリカ大統領の**ジャクソン**は初の西部出
身の大統領で、その時代は**ジャクソニアン＝デモク
ラシー**と呼ばれる民主主義推進の時代であった。こ
れは全白人男性に選挙権を与えるという意味ではデ
モクラシーであるが、彼らを女性・インディアン・
黒人と差別化して自尊心を満たす、ある種の**ポピュ**

＊
**アルゼンチンの首都ブ
エノスアイレス**
ここ中央駅近くの広場
には独立の英雄サン＝
マルティンの像があ
る。彼はここから西の
アンデス山脈方面へと
スペインからの独立運
動を指導した。

＊＊
ボリビアの首都ラパス
市街地のまわりはこの
ような、まるで月面か
と思いたくなるような
形状に統一性のない奇
岩群があった。頭痛と
吐き気を懸命にこらえ
ながらの散策だった。

＊＊＊
独立から1860年代ま
での中南米の軍事的地
域ボスをカウディーリ
ョという。

リズムであり、その政治手法は後にトランプ大統領がpoor white票を固めて当選したのと同じ手法といえる。思想的には感情に訴えるという点で**反知性主義**の原点だとも言われる。その証拠に**1830年**には**インディアン強制移住法**でミシシッピ以西の荒れ地（**保留地**）に強制移住させた。西へと**チェロキー族**を追い、病気や飢えをともなう過酷な強制移動させた経路を「**涙の道**」という。さかのぼって17世紀のプリマス植民地で白人と戦った**メタカム**や、1886年にニューメキシコで米陸軍と戦い降伏した**アパッチ族**の**ジェロニモ**などの抵抗者もいる。

　ジャクソンの時代に、大統領選挙戦で票集めに奔走した者に連邦政府の官職を与え、官職の交替を行うという慣行が生まれた。これを**スポイルズ＝システム**（猟官制度、党人任用法）という。

　この頃アメリカをつぶさに観察し、いずれアメリカ合衆国はマスコミや新聞に操られる凡庸なる大衆天国になると予言し、見事に的中させたのが『アメリカの民主政治』（1835〜40年刊行）を著したフランスの外交官の**トクヴィル**である。このジャクソンの支持政党が、現在の**民主党**につながり、反ジャクソン派が1834年に**ホイッグ党**を結成、のちに1854年の**共和党**へとつながっていく。

　1840年代には編集者サリヴァンが論文のなかで使用した「**マニフェスト＝デスティニー**（明白な天命、膨張の天命）」と呼ばれる思想のもと、**西部開拓**（**西漸運動**）が起こる。

　1845年ポーク大統領の時に**テキサス併合**。1836年にプロテスタントのアメリカ人がカトリックのスペイン人とテキサスで衝突し、**サンタ＝アナ**率いるメキシコ軍に全滅させられた。「**アラモ砦を忘れるな**」を合言葉にテキサス共和国を建国し併合を打診してきたので、正式に併合したのである。1846年、長年にわたりイギリスとの共有地となっていたオレゴン地方をカナダとの国境調整で**北緯49度**を境とし**オレゴン併合**がなされた。1846〜48年の**アメリカ＝メキシコ戦争**で**カリフォルニア**と**ニューメキシコ**を獲得。この両州の扱い（カリフォルニアは自由州、ニューメキシコは住民が決定）をめぐり南北が対立することになる。

　また1848年にカリフォルニアで金鉱が発見され、**ゴールドラッシュ**となって西部開拓が進展する。1853年、メキシコから**ガズデン**を購入、1867

年には**アラスカ**を**ロシア**から購入した。

カナダ史

　同じ**1867**年に**カナダ**は英連邦の自治領になる。1774年にイギリス本国は**ケベック法**でカナダでのカトリックの信仰を公認し、フランス民法典を尊重。これによりフランス系カナダ人６万〜７万が13植民地の独立抗争に加わるのを阻止した。1783年のアメリカ独立に際しては、５万人の国王派イギリス系住民がカナダに移住した。このカナダで19〜20世紀にかけて生活した**モンゴメリー**の大ベストセラーが『**赤毛のアン**』だ。

　1812〜14年の米英戦争ではイギリス側で参戦し、アメリカ合衆国の領土的野心を阻止した。1818年の領土協定で**北緯49度**線を境界とし、**ロッキー山脈**以東の**オレゴン**を米英共同管理としたのち**1846**年に英米双方が妥協し分割した。

南北戦争の土壌

　アメリカ合衆国では、植民地建設当初から南北の生活様式・産業の違いが見られたが、1820年代から対立が表面化した。

　寒冷な**北部**は農業に適さず、産業は**商工業**で、貿易政策はイギリスと競合するので**保護関税政策**、奴隷制には反対で政治は連邦主義。南部は、産業は**タバコ・コメ・藍・綿花のプランテーション**で、貿易政策はイギリスに**タバコ**ついで**綿花**を買ってもらえるので（「綿花こそ王なり」と言われた）**自由貿易主義**、綿摘み労働に不可欠なので**奴隷制**には賛成で政治は反連邦＝州権主義。工業生産は北部が81%であった。

世界の夜景をいくつか見てきたが抜群に美しかったのがラパス（ボリビア）の夜景。標高3600〜4100mの谷間の街だから夜景はまさに宝石箱をぶちまけたような光景になる。高山病に負けない自信のある方には是非訪れていただきたい街だ。

さて、奴隷は自分の境遇に満足せず、監督の目を盗んで労働のペースを下げたり、農作業用具をぞんざいに扱ったりと小さな抵抗を試みていた。1820年のミズーリ協定でミズーリが奴隷州、マサチューセッツ州から分離したメイン州が自由州として連邦に加盟。1831年にバージニア州で**ナット＝ターナーの反乱**という奴隷反乱が起きたが鎮圧された。同年、ギャリソンが『解放者』を発刊。1848〜49年のゴールドラッシュで一攫千金を夢見る人々が流入したカリフォルニアが「1850年の妥協」で自由州になると、これにより南北の州の数の均衡が崩れることになる。議会上院での劣勢を意識した南部では、連邦脱退論が語られた。1852年に**ストウ夫人**が『**アンクル＝トムの小屋**』を発表し世論が高まる。1847年には奴隷解放者協会により**リベリア共和国**（首都はモンローにちなみモンロビア）がアフリカ穀物海岸につくられる。

第13代フィルモア大統領の1853年に東インド艦隊司令官ペリーが**浦賀**に来航し、日本の開国を要求する。捕鯨船の物資補給を目的とした寄港地の確保が動機だといわれる。1854年、**日米和親条約**（神奈川条約）が結ばれ、**下田・箱館**が開港し、鎖国体制が終焉を迎える。さらにアメリカ総領事ハリスと1858年に**日米修好通商条約**が結ばれ、**神奈川・兵庫・新潟・長崎**の開港が追加。自由貿易の原則、領事裁判権の承認、関税自主権の放棄などが規定された。安政の5条約と言われるように、同様の内容の条約を**オランダ、ロシア、イギリス、フランス**とも締結した。

1854年の民主党ピアーズ政権時の**カンザス＝ネブラスカ法**でミズーリ協定が破棄され、自由州か奴隷州かの決定は、今後、住民投票によって決められることになる。ここまで南部出身の大統領が続いていたので、アメリカ合衆国が南部の利益にかなう自由貿易主義の国家として固定することへの危惧から、奴隷制度進展の可能性が大きくなったことを口実に、連邦派が**共和党**を成立させた。北部産業資本家は**黒人奴隷制反対論者**と提携して南部支配の意図を持ち、共和党を支持する。1859年ヴァージニアで奴隷解放論者ジョン＝ブラウンが黒人と武装蜂起したが失敗し絞首刑に処される。

南北戦争

1860年に共和党の**リンカン**＊が第16代大統領に当選すると、南部11州は

ジェファソン＝デヴィスを大統領にリッチモンドを
首都として**アメリカ連合国**を設立。イギリスと提携
し、アメリカ合衆国からの離脱を図る。南部という
市場を失いたくない北部の共和党政権は、イギリス
と対立していたロシアの後ろ盾を得て南北戦争に突
入。南部には優秀な軍人が多く、初めは南軍の**リー
将軍**の指揮で北軍が不利であったが、**グラント**将軍
が指揮後北軍が有利に転じる。また奴隷は状況を正
確に把握しており、近隣の北軍部隊に逃げ込んだ。
1862年の**ホームステッド法**で未開の地の開拓者に
土地が無償で提供されることになると、西部の北軍
支持が鮮明になり、戦況が北軍に好転。ロシアの農
奴解放令（1861年）に刺激され、**1863年**に**奴隷
解放宣言**。これは南部側が実効支配する範囲の奴隷
のみの解放という限定的なものだったが、この戦争
がある種の"独立戦争"となったので、北部の自由
黒人、元奴隷そしてイギリス軍が北軍支援にまわっ
た。同年「**人民の、人民による、人民のための政
治**」という演説をリンカンは**ゲティスバーグの戦い**
後に戦死者の追悼式典で行う。その後**シャーマン**将
軍が**アトランタ**を占領、リッチモンドが陥落して北
軍の勝利で終結した（1865年）。その5日後にリン
カンは南部支持の俳優ブースにより暗殺された。
19世紀最大の戦争であったこの戦争では、電信や
ライフル銃、機関銃が使用された。また野営地での
衛生管理の問題もあり、病死者が戦死者の2倍の計
62万人を数えた。
　この戦争の結果として、政治上、連邦の統一が維
持された。奴隷は形式的に解放されたが、黒人の差
別待遇は事実上は残存した。戦後復興を監視してき
た北部勢力が1877年を境に南部から撤退すると、

*
**ワシントンＤ．Ｃのリ
ンカーン記念堂前**
ここに座すリンカンと
台北の蔣介石の座像が
だぶって見えるのは私
だけだろうか。アメリ
カ合衆国と中華民国も
しくは中華人民共和
国。大いなる共通点は
王朝史を寸断して建国
された近代国家である
こと。だから人間をあ
る程度神格化して尊崇
の欲求を満たす必要が
生じるのだろう。聖書
は偶像を禁じていると
いうこととの矛盾を感
じたリンカーン記念堂
であった。

**
1861年のモリル関税
法によって全土が高関
税政策に転換した。

南部は黒人に抑圧的な社会制度を復活させる。その一例が19世紀末から20世紀半ばまで（1964年の公民権法成立まで）南部で続いた黒人隔離政策（学校・鉄道・公衆トイレなど）の**ジム＝クロウ**（専用座席を意味する）である。

アメリカ資本主義

1867年の**再建法**で南部は軍政下に置かれ、黒人の選挙権を規定した州憲法と州政府の設立が規定された。しかし黒人取締法も南部諸州では制定された。1865年テネシー州で結成された**クー＝クラックス＝クラン**（K・K・K）が白人優越主義と南部白人の団結を主張した。同**1865年**の**憲法修正第13条**では奴隷解放宣言が明文化され、奴隷制度の全面的廃止を規定した。1868年の14条では黒人の公民権、1870年の15条では選挙権が保障されたが、実現するのは**1964年**の**公民権法**成立時である。

北部資本が南部の経済を支配、解放された黒人奴隷は元々の主人の**シェアクロッパー**（分益小作人）として、南部の地主から土地・住居・農具などを貸与され、収穫の2分の1から3分の1を徴収された。黒人農民としては奴隷時代と異なり、家族と独立した住居で暮らし独立した区画を耕せるようになった。

南北戦争直後に登場したのが、パース、**ジェイムズ**、**デューイ**らにより提唱された**プラグマティズム**だ。プラグマティズムとは、概念の意味を考える時、その概念の対象がどのような結果を我々にもたらすのかが重要であるという考え方であり、ゆえに良い結果をもたらすならその人にとってその概念は「真理」となる。ただプラグマティズムには、常に間違いがあり得るという前提があるので、真理の探究は永遠に続き、かつ真理の存在は常に想定されている。これは宗教や神も当人にやる気や精神的安定という「実際的結果」という救済をもたらすものとして大いに価値がある、というアメリカ的思考の醸成に多大な影響をもたらした。純粋に世俗的に利己的に生きていると思っている人も、「成功」の暁には無意識的に神を意識するのが「アメリカ人」ということになる。

移民の増加にともない1869年には**シカゴ～サンフランシスコ**間に**大陸横**

断鉄道が完成。このとき労働力として活躍したのが
ゴールドラッシュに乗って移住してきた中国系移民
で、彼らはクーリー（苦力）と呼ばれた。またこ
の年、全米女性参政権協会も設立され、女性参政権
の要求が始まった。

　鉄道完成により国内は統一市場となり、産業革命
がピークを迎える。南北戦争終結（1865年）から
1893年のアメリカ史上未曾有の恐慌に至る金満体
質の時期を「金ぴか時代」という。これは作家マー
ク＝トウェインの造語で、彼の著作に『ハックルベ
リー＝フィンの冒険』『トム＝ソーヤーの冒険』が
ある。自由競争が激化した時代である。1882年の
通称「排華移民法」で初めて特定の国籍を持つ移民
の入国が禁止されたのは、中国人労働者が低賃金を
いとわないことに一部の白人労働者が脅威を感じた
ことに起因する。

　同時に労働運動が展開され、1886年にサミュエ
ル＝ゴンパーズが主導しアメリカ労働総同盟（AF
L）ができたが、これは共産主義ではなく熟練労働
者主体の穏健路線であった。ちなみに1905年にシ
カゴで不熟練工を組織し賃労働の廃止を主張したの
が世界産業労働者同盟（IWW）である。

　また独占資本も形成され、石油のロックフェラー
家（スタンダード＝オイル＝トラストを設立）、鉄
鋼のカーネギー家、金融のモルガン家（カーネギー
の製鉄会社を買い取ってUSスティールに再編成）
など、特にトラストという独占形態が形成された。
1890年にはそれに対してシャーマン反トラスト法
が制定された。一般に独占の形態にはトラストの他
にカルテルとコンツェルンがある。

　コカ＝コーラは1886年にジョージア州アトラン

＊
カトリック教徒である
アイルランド系移民の
増大は、教皇によるア
メリカ支配の一環であ
るとしてK・K・Kの
攻撃のターゲットとな
った。

＊＊
1873年の恐慌はアメ
リカ・ドイツ・オース
トリアを起点とした。
1893年のものとは別。

＊＊＊
アパラチア山脈の西側
のピッツバーグや五大
湖周辺に重工業地帯が
形成された。

＊＊＊＊
弱い企業が強い企業に
経営を委ねること。

夕で誕生した。1892年には**人民党**という**ポピュリズム**政党が、独占資本の利益を擁護する共和・民主両党に対抗して南部農民・中西部農民（南北戦争後の1870年代に過剰生産により価格が下落したことに不満を持つ農民が**グレンジャー運動**＊を展開）により結成されたが、民主党に吸収された。

アメリカ独立の100周年に（実際には1886年）フランスから寄贈された＊＊のが、ニューヨーク、ハドソン川の「自由の女神」で、左手には独立宣言書、右手には啓蒙（enlightenment）の明かり。像はフランス人のラブライエが寄付を呼びかけ、台座部分は**ピュリッツァー**がアメリカ国民に募金を呼びかけた。

┃ **19〜20世紀メキシコ史**

外交に目を向けると、南北戦争が終了した1865年には、フランスの**ナポレオン3世**による**メキシコ介入**に抗議。1867年にはロシアから**アラスカ**を買収。1889年には**民主党クリーブランド**大統領がワシントンで**パン＝アメリカ会議**を開催して「北の巨人」として新大陸の主導権を握る。

メキシコでは本国スペインとの経済的結びつきの強い地域ではクリオーリョ（現地生まれの白人）も保守的であった。1810年には下級クリオーリョの**イダルゴ神父**が奴隷制廃止などの急進的要求を掲げた運動を展開、それに先住民やメスチーソ（白人とインディオの混血者）が多数参加したが、1811年に逮捕され、処刑された。1813年にはメスチーソの**モレロス**が奴隷制廃止、土地改革を主張して独立宣言したが、同じく1815年に処刑された。

1820年にスペイン本国で**リェゴ**によるブルボン王朝に対する**立憲革命**が起こり、1812年の自由主義憲法（**カディス憲法**）が一時復活した。その影響でメキシコも独立に傾き、**1821年イトゥルビデ**を皇帝として独立した。メキシコでは1855年に法相**フアレス**による自由主義革命で独裁者**サンタ＝アナ**が打倒された。フアレスの改革（レフォルマ）によりカトリックの既得権益にもメスが入ることになったので保守派が支援を要請し、応じた**ナポレオン3世**が介入、共和政を倒してオーストリア＝ハプスブルク家の**フランツ＝ヨーゼフ1世**の弟**マクシミリアン**を皇帝とした。

しかしメキシコ民衆の抵抗とモンロー主義の合衆国の抗議で、1867年フランス軍は撤退。このフアレスのもとで対仏戦に活躍したがのちに反動化、

1876年のクーデタで大統領になり、1911年に**メキシコ革命**で打倒されるまで独裁政権を維持したのが**ディアス**である。ディアスを打倒したのが富豪の**マデロ**で、大統領になったものの、土地改革には否定的で、**サパタ**が指導した農民勢力と対立して政権が不安定化する。マデロは1913年に軍司令官**ウエルタ**将軍のクーデタで失脚、暗殺された。そのウエルタに挑んだのがマデロ政権で国防大臣だった**カランサ**と農民指導者の**パンチョ＝ビリャ**。カランサが1917年に大統領になり、土地改革、地下資源の固有化、政教分離、社会的権利の保障などを定めた**メキシコ憲法**を発布した。

ブラジル・アルゼンチン

18世紀に金とダイヤモンドが発見され、その財力で都市が発達し、多くのポルトガル人が移民したブラジルでは、**リオデジャネイロ**を中心とする南東部が植民地の拠点となった。ナポレオンに**ポルトガル**を制圧された時、国王ジョアン6世は宮廷と政府をブラジルに脱出させた。

ナポレオンが没落し国王が帰国すると、本国政府はブラジルの地位をもとにかえそうとしたので、ブラジル支配層は植民地に残っていた王子ペドロを擁立し、**1822年に皇帝ペドロ1世**として推戴し**ブラジル帝国**がポルトガルから独立した。パラグアイとの苛烈な戦争に勝ち、1850年代にはコーヒーブームに沸いたが、**1889年の共和革命**で帝政は打倒され、**ヴァルガス**が登場するまで旧共和政（1894～1930年）が続いた。

イギリスはラテンアメリカが独立し、スペイン本国の重商主義体制から離脱するのを望んだ。イギリ

＊
グレンジとは農民共済組合のこと。

＊＊
1873～1896年までの4分の1世紀を「19世紀末の大不況」という。西ヨーロッパから新大陸への移民が急増した時代でもある。

コロン劇場

ブエノスアイレスのオペラ劇場、7月9日大通りに面している。1816年7月9日、独立宣言がスペイン語とケチュア語で発表され、インカ皇帝の復活が決議された。

メンドサ（アルゼンチン）の街並み

アンデス山脈に近い田舎町。街路樹が素敵な街。大好きなマルベック種の赤ワインをひっかけての最高の散歩。

スのカニングの外交は独立運動を支持したが、1833年頃に**フォークランド諸島**に植民し、1843年には総督府を置いた。アルゼンチン側はそれを認めず**マルビナス諸島**と呼んだ。1879 ～ 83年には**太平洋戦争**（硝石戦争とも呼ばれる）が起きた。これはチリVSボリビア・ペルーの硝石の産地争奪戦で**チリ**が勝利した。

アメリカ帝国主義

インディアンの組織的抵抗が1886年のアパッチ族降伏と1890年の**ウーンデッドニーの戦い**をもって終了し、**フロンティア**が消滅[*]したことや1893年の経済不況で、西部開拓の延長として海外市場拡大の重要性が増したことが**帝国主義**政策を助長した。しかし米西戦争までは海外領土の拡大には消極的だった。**共和党のマッキンリー**大統領は**カリブ海政策**を展開。1898年、**キューバのホセ＝マルティ**の独立運動をスペインが残虐に鎮圧したことをアメリカのマスコミが煽情的に報道。結果、合衆国のキューバでの企業権益の擁護のために、スペインによるメイン号爆破というアメリカの自作自演事件を口実に、**アメリカ＝スペイン戦争**（米西戦争）が開戦。同時に**フィリピン**^{**}でも開戦。アメリカの勝利で終了。**キューバはスペインから独立**。1898年のパリ条約でアメリカは**グアム島、フィリピン、プエルト＝リコ**を獲得した。

また日清戦争（1894 ～ 95年）における日本の勝利、それ以前にハワイ王が明治政府に併合を求めていた経緯から日本への警戒を強め、先手を打って**ハワイを併合**。これに先立ち、ハワイ・**カメハメハ王朝**の**リリウオカラニ女王**を在留白人アメリカ人の反乱という陰謀により退位させていた。合衆国のフィリピン併合の際、スペインから独立宣言をしてアメリカに期待していた**アギナルド**の反抗に煩わされたので、中国進出（1898年の中国分割）には後れをとり、国務長官ジョン＝ヘイが1899年**門戸開放・機会均等**宣言、1900年中国の**領土保全**宣言^{***}を出す。キューバには1901年に「**プラット修正条項**」を押し付けて事実上、保護国化した。しかし同時に、反帝国主義者連盟が、マーク＝トウェイン、鉄鋼王カーネギー、クリーブランド前大統領、ゴンパーズらにより結成され、フィリピン併合に反対した。これはフィリピン在住の中国人労働者が米国内に流入するのを阻止する目的もあった。

次の**セオドア=ローズベルト**大統領も共和党で**革新主義**という**リベラリズム**を掲げ、独占を規制し自由放任を復活させたり政界を浄化したりと社会改革を推進した。ここでいう**革新主義（リベラリズム）**とは、都市における人口の増大と企業活動がもたらした悪質な生活環境と政治行政の腐敗や大企業主導の競争社会において生じた格差を是正する政府の権限を強化する社会政策一般のことで、個人主義的価値観と新たな秩序形成が模索された。

アメリカ人が「成功」と呼ぶ時、それは単なる資本主義の市場で勝者になったり投資に成功したりという以上の含みがある。地上における"成功"と宗教的"使命"の達成とがリンクする。

また同大統領は軍事力による**根棒外交**でカリブ海政策を継承。ベネズエラに干渉したり、**1903年**には**パナマ**が**コロンビア**から独立するのを支援した。運河建設をコロンビアが渋ったからである。独立の見返りにアメリカは**1914年**に完成する**パナマ運河**の両側の土地をパナマ政府から租借することになる。こうして1904年には**パナマ運河**の建設に着工。また1905年には**ドミニカ**の債務をアメリカの銀行に肩代りさせつつ、軍事で威嚇し保護国化した。

暗雲漂う日米関係

東アジア政策としては、ロシアの膨張政策に対抗して日英同盟には好意的。アメリカのユダヤ資本の経済的支援により**日露戦争**では日本を勝たせ、セオドア=ローズベルトは**ポーツマス条約**を調停する。しかし、日本がロシアから獲得した南満州鉄道の共同管理を鉄道王**ハリマン**が提案したのに対し、一度承諾しながら**小村寿太郎**が拒否したことから日米関

＊
歴史家のターナーが1893年に「消滅」を宣言した。

＊＊
フィリピン、ミンダナオ島

そもそもピューリタンが建国したアメリカの人々にとって、ヘブライ人の族長アブラハムの「移動」は行動様式の原型なのだ。そのイメージで西漸運動を展開した。ある種その最終地点が太平洋の西端フィリピンであった。

＊＊＊
1860年〜1900年の間に工業投資額は12倍、工業生産額は4倍に増加。1900年には鉄と鉄鋼生産は英独を抜いて世界一。1904年には1％の企業が全製品の38％を生産していた。

係は悪化し始めた。1905年にサンフランシスコに日系韓国系排斥協会が設立され、1906年にはサンフランシスコ学務局は公立学校の日本人子弟を強制的に中国人学校に移籍させ、また連邦政府は日本人の帰化申請を拒否する訓令を発布した。

　この年、互いに仮想敵とした建艦競争が始まる。またアメリカは日本壊滅の「オレンジ計画」も立案する。だが1908年の**高平＝ルート協定**ではアジア・太平洋での日米相互の領土の尊重や中国の現状維持が確認された。1907〜08年の**日米紳士協約**により日本政府は自主的に旅券発給を停止した。

　次の共和党**タフト**大統領は**ドル外交**。銀行の資金を積極的に活用して米国の影響力を維持・拡大する政策で、スローガンは「弾丸にかえるドルをもってする」。

　1913年就任の**民主党ウィルソン**大統領は「**新しい自由**」を唱え、革新主義を推進。関税を引き下げ、米製品の海外市場進出を促進した。**1914年にはクレイトン反トラスト法**で不法通商行為を禁止した。またこの年**パナマ運河**が完成。ちなみにこれはフランス人レセップスの会社が企画し失敗したものが、建て直されての開通であった。

第一次世界大戦とアメリカ合衆国

　1914年に**第一次世界大戦**が勃発したが、**モンロー主義**により中立を宣言する。同主義の拡大解釈からキューバ、ハイチ、ドミニカやメキシコ革命（**マデロ**を殺害した**ウエルタ**政権の承認を否定）に干渉する**宣教師外交**を展開。カリブ海地域をアメリカの勢力範囲とする政策を積極化したので実態は海兵隊外交だった。

　しかし、**1915年のルシタニア号**事件（ドイツ潜水艦がイギリス客船を撃沈した）で100名を超えるアメリカ人が死傷したのを背景に、対ドイツへの批判を強める。**1917年にドイツが無制限潜水艦作戦**を宣し、同年実際に連合国側の艦船レスター号が撃沈され多数のアメリカ人が死亡。さらには、メキシコに対し軍事同盟を提案した独外相の電報が暴露されると、ドイツに宣戦布告して大戦に突入する。ウィルソンは**14カ条の平和原則**（1918年1月）を発表するが、これは**レーニン**の「**平和に関する布告**」（1917年11月）に

対抗したものだった。アメリカの参戦は、戦時債権の回収への不安と英国外相のバルフォア宣言に応じ、ユダヤ財閥**ロスチャイルド家**がイギリスを支援したので、在米ユダヤ人が武力でイギリスを支援するよう議会を誘導した結果である。アメリカの第一次世界大戦での戦死者は約11万人。

　1915年大隈重信が**袁世凱**に**21ヵ条要求**を受諾させ、ドイツの**青島（チンタオ）**など**山東半島**の権益譲渡を承諾させると、アメリカは**1917年石井＝ランシング協定**でしぶしぶ日本の中国における特殊権益を認める。

黄金の1920年代の光と影

　第一次世界大戦の結果、アメリカは債務国から**債権国**へと転換し、世界経済の中心になる。ロンドンのロンバート街にかわってニューヨークの**ウォール街**が世界金融の中心になる。戦争の犠牲は少なく、復興景気で貿易は拡大、復興資金の海外投資、豊富な国内資源の存在が背景にある。経済政策は国内的には自由放任主義、対外的には高率関税政策（**フォードニー＝マッカンバー法**）。大衆消費社会が出現。1903年設立のフォード社が1909年に**T型フォード**の量産化に成功、これが1920年代の普及につながる。価格は1908年の850\$から1925年には290\$に下がった。

　1920年には**ラジオ放送**が開始。また、同1920年には**女性参政権**が成立し、これも大衆社会の一端を担う。**大量生産、大量消費、大衆娯楽**が飛躍したのが「黄金の20年代」である。**ラジオ、洗濯機、冷蔵庫**といった電化製品が普及、それらを**ローン**や**月賦**で購入した。**ルイ＝アームストロング**などのジ

＊
カリブ海諸国が欧州に負った債務を米国の銀行に肩代りさせた。

＊＊
1913年にアメリカの中央銀行制度であるFRB（連邦準備制度）が成立した。

＊＊＊
「14ヵ条」は"民族自決"をうたい、ヨーロッパとオスマン帝国（トルコ）の分割・解体・弱体化を図り、相対的にアメリカを強くしようという政策。結果、ヨーロッパを内戦状態に追い込み、第二次世界大戦へと発展した。

＊＊＊＊
1920年から1929年のトップ5％の所得階層の占める比率は25.7％から31.9％に上昇した。

ャズ演奏家、ベーブ＝ルースらメジャーリーグのプロ野球選手、ハリウッド映画や、ステップダンスのチャールストン、ウォルト＝ディズニーのミッキーマウス（1928年）などの現代大衆文化やニューヨーク＝パリ間無着陸飛行のリンドバーグの業績が新中間層を魅了した。ニューヨーク・マンハッタンのエンパイアステートビルが企画・設計され、1931年に竣工された。

　ウィルソン政権下の「行動の自由の確保」から上院はヴェルサイユ条約批准拒否の孤立主義を貫いた。そのため、ウィルソンが提唱した国際連盟には加盟しなかった。また、シベリア出兵の際には日本軍の自由な行動を妨害した。

　1921〜23年の共和党ハーディング大統領は「平和への復帰（常態への復帰）」をスローガンとし、ワシントン会議を提唱し主催した。太平洋に関する４カ国条約（米英仏日）で日英同盟破棄を成し遂げ、中国に関する９カ国条約で石井＝ランシング協定破棄を実現。これにより日本の中国政策は後退。ワシントン海軍軍備制限条約で主力艦の比率は、英米日＝５：５：３となった。これがワシントン体制である。1930年のロンドン軍縮会議では補助艦の比率が、英米日＝10：10：7弱と規定された。これに対し日本国内では海軍軍令部の承認なしに浜口雄幸内閣が兵力量を決定することは、大日本帝国憲法第11条で定められていた天皇の統帥権干犯であると右翼や政友会が攻撃、日本の軍国主義化への転換点となった。

　1923〜29年の共和党のクーリッジ大統領は1924年ドイツ賠償問題でドーズ案を提出。1927年のケロッグ＝ブリアン協定にもとづいて1928年パリ不戦条約を締結。1929年初頭には「永遠の繁栄」と述べた共和党のフーヴァー大統領時にヤング案が提出され、ドイツ賠償問題がさらに進展。楽観ムードが頂点を迎えた。

　「黄金の20年代」は同時に保守的な時代でもあった。繁栄の裏側で社会的緊張や排外主義が拡大した。ひとことで言えば「不寛容」の時代であった。北部の都市に住む白人中産階級ワスプ（Ｗ＝ホワイト・ＡＳ＝アングロサクソン系・Ｐ＝プロテスタント）のエリート主義とともに、社会主義運動家への迫害サッコ＝ヴァンゼッティ事件も1920年に起きた。この事件はロシアのボリシェヴィキ革命（1917年）の影響や無政府主義思想などが移民を通して持ち込まれることを過敏に警戒する当時の空気を反映していた。

敵国ドイツの醸造酒業者への制裁措置である**1919年の禁酒法**（飲酒は仕事のパフォーマンスに影響する、カルヴァン派つまりピューリタンは仕事を神の賜物つまり天職と見なす）がウイスキーの密輸に携わる**シカゴのアル＝カポネ**のような**マフィア**の暗躍を招き、黒人差別問題から結社K・K・Kも復活し学校での聖書朗読を訴え、進化論を攻撃した（1915年）。1923年の関東大震災においては復興を支援しつつ日本を視察し、**1924年の移民法は排日移民法**とも言われるほど反日を明らかにした。中国人排斥法（1882年）と日本人に対しては、日米紳士協約（1907年）ですでにほとんど扉は閉ざされていた。ちなみにユダヤ人のアメリカ移民も制限されたので、パレスチナに流入することになる。1925年の**スコープス裁判**では学校で進化論を教えることが疑問視された。

　そもそも何故、アメリカでは社会主義が広まらないのか。

　それは、福祉が良いことという感覚がないからだ。福祉は政府による、つまり人の業。人にやってもらうというのは「自分でやらない」のだから、主体性の欠如と「神に頼らない」のだから、信仰の欠如をダブルで吐露することになる。カリス（神の過分の加護による無償の賜物）を自らのカリスマ（才能）に生かす努力を怠ってはならないのである。

　ヨーロッパは1648年以降のウェストファリア体制で領邦・君主・政府ごとに主権（信仰をも含む）が割り当てられた。だから領邦（政府）が実施する福祉政策を教会が支持する。つまり高税率の高福祉社会がヨーロッパには生まれる。が、アメリカは個人の信仰の自由からスタートした国柄ゆえ公定教会

＊
禁酒法が施行された背景にはプロテスタントによるカトリック攻撃という側面もある。

ニューヨーク、マルベリー通り、1983年

マルベリー通りはマンハッタン、ダウンタウンのイタリア人街。

マルベリー通り、1999年

外壁面にある階段の風景は映画「ゴッドファーザー Part II」を思い出させる。

ニューヨーク、マルベリー通り、2020年

は存在すべきでないと誰もが思っており、よって政府単位の福祉の価値に対する認識は著しく低いのである。それが社会主義が根付かない理由である。

世界恐慌への対応と対策

1929年に世界恐慌が起きると、翌1930年には**スムート＝ホーリー法**で日本の1000品目の輸出品に対して高関税を課した。これに対し他国も報復的な関税を課し、世界貿易が停滞した。**1929年10月24日木曜日、ニューヨーク、ウォール街**の株式市場の株価が大暴落。金融恐慌は商工業に波及し、さらに農業の不景気とも結合した。

原因として考えられること。

自由放任政策が独占資本を発達させ、産業の合理化や過剰な設備投資によって生産過剰に陥ったこと。農業の機械化によって農産物も生産過剰になり自作農が没落、購買力も低下したので国内市場が縮小したこと。大戦後のヨーロッパの復興とソ連の社会主義化にともなう市場からの離脱。諸外国の高関税政策など。

世界各国の経済がアメリカ経済に依存していたので世界恐慌となる。1932年までに世界の工業生産は半減。物価は3分の1に下落。失業者は全米の25％。全世界で3500万〜5000万人、世界貿易は40％も縮小した。

フーヴァー大統領は**共和党**の基本政策どおり、需要と供給の関数の経済学、つまり私企業間同士の競争で回復するという**ワルラス流の新古典派経済学**のレッセ＝フェール（自由放任）を主張。**緊縮財政・デフレ政策**で対応したので恐慌は拡大する。戦債・賠償支払いに関しては**フーヴァー＝モラトリアム**を出して1年間延期。

民主党のフランクリン＝ローズベルトが1933年から大統領になり、**ニューディール政策**（現代アメリカ史学においては"失敗"と見なされている）を採用する。英国ケンブリッジ大学のケインズは第一次世界大戦時に**ロイド＝ジョージ**首相と共に自由放任主義を批判し、政府支出の公共事業による完全雇用、**有効需要**の喚起、管理通貨による景気対策を唱え、liberal socialismという表現さえ用いた。ケインズは"第二次世界大戦"を予知し、ドイツとの講和条約を懲罰的にしない（過剰な賠償金を課さない）ことを主張したが、その主張が通らず大蔵省を辞した人物だ。彼の主著『雇用・利子

および貨幣の一般理論』の出版は1936年であり、当時のアメリカではケインズ的な景気刺激策が知られていなかったので、生産制限による価格の引き上げと購買力の強化が恐慌克服の手段とみなされた。

ニューディール政策のスローガンは**リリーフ（救済）・リカバリー（回復）・リフォメーション（改革）の３Ｒ政策**。

具体的政策内容として「救済」としては、**1934年金本位制廃止**に踏み切り管理通貨制に。「回復」としては、農産物の生産統制や農産物価格の引き上げを1933年の**農業調整法（ＡＡＡ）**で、生産統制による需給バランスの回復、購買力向上のための賃金の上昇と労働者の団結権と団体交渉権、最低賃金の保障などを**全国産業復興法（ＮＩＲＡ）**で実現した。農業調整局の業務は本質的に社会主義的で、多くのアメリカ共産党員がその身を隠して採用されていた。だがこれらは連邦最高裁判所で違憲判決を受ける。Ｆ＝ローズベルトはこれを受けて労働者や高齢者向けの立法で社会改革色を強く打ち出し、**1935年のワグナー法**で労働者の団結権と団体交渉権を再度承認。不当労働行為を摘発する政府機関の設置に踏み込んだ。ＡＦＬ（アメリカ労働総同盟）から脱退し不熟練工を組織した**産業別組織会議（ＣＩＯ）**が1938年にルイスにより成立した。失業者救済としては**1933年のテネシー川流域開発公社（ＴＶＡ）**など。**社会保障法（1935年）**は現役労働者の給料の一部を積み立て、企業の積み立て分と合わせて退職者を支える老齢年金制度を設けた。国民はこれらの法を支持し、1936年にＦ＝ローズベルトは再選された。連邦最高裁判所ものちに判事の自発的引退や交替の結果、これらに合憲判決を出す。

＊
大量に生産された製品を吸収できる購買力が国民にはなかった。1929〜33年に企業9万、銀行9千が倒産した。「飢餓の30年代」と呼ばれる。

＊＊
ホームレスの掘っ建て小屋集落は「フーヴァー村」、彼らが毛布がわりに使う新聞紙は「フーヴァー毛布」と揶揄された。

＊＊＊
1936年に2回目の大統領選挙に当選したローズベルトは後の大統領ケネディの父と共に後の教皇ピウス12世を招待しカトリック教徒の協力に感謝した。

1933年11月には「ソ連との貿易は1929年に始まった世界恐慌からの回復に有効である」としてソ連を承認した。つまりニューディールとは社会主義、ニューディール＝リベラリズムとは社会の改革に政府の力を用いることであると再定義された。

　F＝ローズベルトはハーバード大卒だが勉強嫌いで歴史はかじる程度、経済学には無知だった。実際、1917年のロシア革命、1922年のソ連の成立以降の米国大統領であるウィルソン、ハーディング、クーリッジ、フーヴァーはソ連を承認しなかったが、F＝ローズベルトが承認したことが、戦後の米ソ冷戦の淵源となったことは後の歴史が示すところである。左傾化したアメリカがソ連を甘やかしたのだ。

　ウルグアイの首都モンテビデオにおける第7回パン＝アメリカン会議で国務長官ハルが善隣外交を表明。1934年にはキューバの独立を承認する。ただキューバには今もアメリカのグアンタナモ基地がある。フィリピン独立法（タイディングス＝マクダフィー法）で10年後の独立を約束。1935年には中立法。ニューディール政策は1937年の新たな恐慌で失敗。したがって、景気回復は第二次世界大戦の開始および参戦によって成し遂げられた。中立法は1939年の第二次世界大戦が勃発すると、英国にのみ武器を輸出してよいと修正する中立法が議会に提出される（1940年）。ニューディールの失敗はこうして糊塗された。1933年に24.9%だった失業率は軍事力を増強した1938年には19.0%、参戦後の1944年には1.2%にまで下がった。アメリカでは第二次世界大戦は「良い戦争」と呼ばれる。

　そしてとうとう独ソ戦開始の1941年、議会は武器貸与法を可決しアメリカは孤立外交を放棄する。1945年半ばまでで500億ドル近い物質とサービスを連合国に提供。戦後がアメリカ的秩序となってゆく土台が築かれた。ソ連への武器輸出も可能となった。フォード社は自動車生産を中断し、航空機のエンジンを生産するなど競って軍事物資を生産した。F＝ローズベルト大統領は開戦権限まで持つに至り、議会は追認するのみの機関になりさがった。あとはドイツかその同盟国日本（1940年に日独伊三国同盟）の明白な反米行為があれば開戦できる状態となったのである。

日米開戦への道程

　日本はヨーロッパが戦場になっていた第一次世界大戦の時期、明治以降の太糸厚地布部門のほかに、新たに細糸薄地布部門つまりイギリスが東南アジアに売っていた部門に進出した。これにより日英貿易摩擦が始まり、結果として1922年に日英同盟は破棄された。1929年の「世界恐慌」ののちスムート＝ホーリー法で1930年代にアメリカ市場からの締め出しが始まると、日本はイギリス領の東南アジアに本格的に売り込みを開始し、日英貿易摩擦が深刻な問題になる。

　イギリス首相**チャーチル**は、1940年代になると本格的にアメリカのF＝ローズベルトに対日戦を迫るようになる。そのような背景のなかで、1938年から英米は日本と戦闘状態にある**蒋介石**援助を長期間にわたり共同で行った。蒋介石の妻は後の**カイロ会談**で通訳をした**宋美齢**である。日本は日中戦争の早期解決を図るべく、日満支の経済ブロック圏構想（**東亜新秩序**、第二次近衛声明）を表明するが、アメリカはこれを1922年の9カ国条約違反であると反日政策を展開。結果として、1939年6月に日本軍が天津のイギリス租界を封鎖するという事件が起きると、翌7月、アメリカは江戸時代から続いていた日米通商修好条約の破棄を宣言。1940年1月に失効という事態に至る。

　1939年9月1日、第二次世界大戦勃発。1940年9月23日に日本は**重慶**への英米の蒋介石援護ルート（**援蒋ルート**）を遮断するため、**北部仏領インドシナ**に侵攻した。その4日後の27日に**日独伊三国同盟**が成立した。日本はアメリカの参戦を回避する

13章

アメリカ大陸史

＊
1931年9月18日の柳条湖事件がフーヴァー政権にとって衝撃だったのは、中国の門戸開放を維持する約束だったワシントン会議を無視するものに映ったからだ。ローズベルトのソ連承認もソ連市場獲得という野心があった。日本が建国に関与した「満州国」は不承認であったが、結局は妥協した。

＊＊
武器貸与法には、英国が1932年のカナダのオタワ会議でつくった帝国特恵関税システム撤廃の約束が含まれていた。英国の帝国主義に対する米国の一撃という要素もあった。

ため、外相松岡洋右が締結した日独伊三国同盟にソ連を引き込んだ四国同盟を模索したが、1941年に独ソ戦が開始し、つまりドイツがソ連に攻め込んでこの案は幻に終わった。

　アメリカは1940年7月2日、7月26日、9月12日、9月25日、9月30日、10月15日、12月10日、12月20日、1941年1月10日と相次いで日本製品の輸出を禁止した。7月26日には日本との一切の取引を統制下に置き、日本人の在米資産までも凍結してしまった。また7月28日、石油地帯で太平洋の軍事の要衝である南部仏領インドシナ[*]に日本が侵攻したことから、フィリピン防衛のため8月1日アメリカは石油製品・航空機燃料、9月には屑鉄の禁輸を発表した。当時の日本は天然資源の80%をアメリカに依存していた。日本の駐米大使は仏領インドシナ以外には侵攻しないから禁輸を解くよう頼んだ。8月14日には大西洋憲章がチャーチルとF＝ローズベルトにより発表された。

　駐米中国大使の胡適の努力が実り、1941年11月26日に国務長官コーデル＝ハルがいわゆるハル＝ノートをつきつける。その内容は日本に以下のことを要求するものである。

　三国同盟破棄／重慶の蒋介石政権のみを正統とせよ。つまり日本の傀儡政権、汪兆銘の南京国民政府は無視し、中国およびインドシナからすべての陸軍、海軍、空軍の兵力および警察力を引きあげさせよ（"中国"という曖昧な表現に注意。満州を含むか否か、台湾を含むか否か、混乱させるために、つまり日本を"窮鼠猫を嚙む"事態に至らせる意図だったのかもしれない）。

　これは以前の交渉でのアメリカの主張に比べ、格段に強硬なものであった。アメリカ側からすれば日米関係を改善するために必要事項を列挙したのがこの項目である。東條英機内閣はこれをアメリカからの最後通牒と受け止め、12月1日の御前会議で開戦を決める。ハルは戦後ノーベル平和賞を受賞したが、1995年に米国情報公開法にもとづいて公開された機密文書ヴェノナによると、当時アメリカ政府にはソ連のスパイ（ホワイトとヒス）がいた。

　アメリカ海軍はすでに1932年2月の段階で日本海軍による真珠湾攻撃を想定した訓練を実施しており、日米交渉が決裂すれば真珠湾が攻撃のターゲットになることは想定内だった。しかしフィリピンにのみ警鐘を発し、ハワ

イには黙っていたのである。

　イタリアのチアノ外相は12月3日に、日本大使から日米交渉が行き詰まったと聞かされ、この事態を説明して「アメリカ国民を直接この世界大戦に引き込むことができなかったローズベルトは間接的な操作で、すなわち日本が米国を攻撃せざるを得ない事態に追い込むことによって大戦参加に成功した」と日記に書いた。

　攻撃されたら、それを口実に孤立主義的だったアメリカ世論が変わるから、それで米国を参戦させることで対枢軸国戦争（第二次世界大戦）に踏み切るというローズベルトの打算に、日本の同盟国イタリアの外相は気づいたのである。

　1941年日本時間12月8日2時30分、日本軍は**英領マレー半島に上陸**。3時19分にハワイの**真珠湾攻撃**がなされた。戦艦アリゾナなどを撃沈、米兵の死者は2335人、不明者は916人。日本側の損害は29機であった。しかし、忘れてはならないのは真珠湾攻撃における米国市民の死者は68人のみであったということだ。日本海軍はハワイ空爆で攻撃の的を、軍艦・軍用機・軍事施設に限ったのであった。開戦のためなら自国民の命を多少犠牲にしてもかまわないと構えるのがアメリカの伝統であることは米墨戦争（1846年）と米西戦争（1898年）で"実証"済みである。

太平洋戦争

　日本はＡＢＣＤ包囲網（アメリカ、イギリス、中華民国、オランダ）との戦争になった。1941年12月25日、日本軍がイギリス領**香港**を占領。1942年2月15日、**シンガポール**を占領。4月、**ジャワ島**

＊
日本が仏領インドシナに侵攻した背景には1940年にフランスがドイツに征服されたこと、1941年に南部仏領インドシナに侵攻した目的はオランダ領東インド（現インドネシア）の資源獲得であり、1940年にオランダもドイツに征服されていたことが背景にある。東南アジア一帯にドイツの覇権が及ぶのを日本は阻止したかった。これによりアメリカ領フィリピンは東西から日本に挟まれることになった（東は日本が委任統治した旧ドイツ領、西は日本が南進した仏領インドシナ）。

サイパン　万歳クリフ
1944年、日本人の兵と民間人がアメリカ兵の投降勧告に応じず80ｍ下に身を投じた。その数は1万人といわれる。2005年6月、明仁天皇夫妻が慰霊のため訪問された。

のオランダ軍が降伏する。5月、フィリピンのマニラ湾コレヒドール島の米軍が降伏。しかし6月5日のミッドウェー海戦と8月7日のガダルカナル島の戦いで米軍に敗北を喫する。ここが太平洋戦争のポイントオブノーリターンだった。その後3次にわたるソロモン海戦があり、米軍によりゼロ戦が捕獲される。

1943年2月、日本軍はガダルカナル島から撤退を開始。4月、山本五十六連合艦隊司令長官が南太平洋パプアニューギニア・ブーゲンビル島で戦死。5月、北大平洋アリューシャン列島・アッツ島の日本軍全滅。1944年3月、英領ビルマから英領インドに侵入するアッサム地方におけるインパール作戦開始。6月、サイパン島の戦い。マリアナ沖海戦。7月、インパール作戦中止。サイパン島の日本軍守備隊全滅。8月、マリアナ諸島のテニアン島の日本軍守備隊全滅。これにより日本本土の爆撃が容易になった。またグアム島の日本軍玉砕。

9月、パラオ、ペリリュー島の戦い。10月、台湾沖海戦。フィリピンのレイテ沖海戦で戦艦武蔵沈没。11月、ペリリュー島の日本軍玉砕。B29による本土空襲が本格化。12月、神風特別攻撃隊初陣。1945年1月、フィリピンのルソン島の戦い。2〜3月、硫黄島の戦い。

3月10日、東京大空襲開始。4月1日、沖縄戦勃発（6月23日、沖縄の組織的抵抗終了）。4月4日、ソ連、日ソ中立条約の不延長を通達（条約そのものは1946年4月25日まで有効だったことを後にモロトフ外相は認めた）。7月16日、アメリカがネバダ州で原爆（トゥリニティ）実験に成功。7月26日、ポツダム宣言発表。8月6日、広島に原爆（ウラン製リトルボーイ）投下。8月8日、日ソ中立条約を一方的に破棄してソ連が満州侵攻。8月9日、長崎に原爆（プルトニウム製ファットマン）投下。8月10日、御前会議で「国体護持」を条件にポツダム宣言の受諾を決定（賛成反対が3：3であったが天皇が賛成し4：3になった）。8月14日、ポツダム宣言受諾。15日、昭和天皇の玉音放送。30日、マッカーサーが厚木飛行場に上陸し占領統治開始。9月2日、戦艦ミズーリで重光葵外相が降伏文書に調印。日本の戦没者は約310万人だった。

日米戦争とは何だったのか

　アメリカ国民は基本的にはドイツの全体主義を嫌っていたが、覚えておきたいのは1939年にイギリス・フランスがなぜドイツに宣戦布告したのかという理由が国民には理解できなかったことである。英仏はドイツに攻撃されたわけではないし、『わが闘争』でヒトラーは英国との戦争を望んでいないことやヴェルサイユ体制の歪みの是正を求めているだけであった。なのに英仏はポーランドという他国の安全を保障するために宣戦布告、自国の兵士（若者）の命を捨てさせる宣言をしたのである。この"もやもや"を打ち砕いたのが1941年の日本の真珠湾攻撃ということになる。

　日米戦争とは何であったのか。

　それは、19世紀以来中国進出をもくろんでいた米国に対し、日本が日露戦争以降満州に勢力を伸ばしたので、米国が日本を挑発し、日本の反撃（1941年）を利用し日本を滅ぼした戦争である。

　それに先立ち米国は、4年前（1937年）からソ連が起こした日中戦争（中国史の講を参照）に参加し、蔣介石に莫大な軍事援助を行っていた。日本にとって対米戦は、米国が仕掛けた経済戦争への反撃であり（マッカーサーが1951年の米国議会で証言）、敗戦したが東條英機が主張したとおり自存自衛の戦争であった。

　アメリカにとってはヨーロッパの戦争に非干渉であるべきとする80％の世論を変えさせるためには、日本の攻撃がどうしても必要なのであった。1939年に第二次世界大戦が開戦されると、F＝ローズベルト政権は「ヒトラーがやってくる」というプロパ

「獣は獣に合った扱いをすればよい」とトルーマンが言ったと伝えられている。マニフェスト＝デスティニーに代表される白人プロテスタントの選民思想がほの見える。真珠湾の陸海軍の司令官は職務怠慢で解任もしくは降格されたが、クリントン政権時に議会で名誉回復された。ローズベルトが知っていたのなら"怠慢"には当たらない。

ガンダ工作を開始した。イギリス海軍に封じこめられているドイツ海軍が大
西洋に進出できないにもかかわらずだ。

国際連合設立の過程

　1941年8月、ニューファンドランド沖の米英共同宣言（**大西洋憲章**）が
F＝ローズベルトとチャーチルによって出され、その中で「一層かつ広汎か
つ恒久的な一般安全保障制度の確立」への言及がなされた。まだ第二次世界
大戦に参戦していないアメリカが、さも交戦国であるかのような宣言をす
る。

　そこでは、言論の自由・信教の自由・欠乏からの自由・恐怖からの自由の
「**4つの自由**」が謳われた。日本の真珠湾攻撃、ドイツ・イタリアの対米宣
戦を受け、1942年1月1日、26カ国の署名による**連合国共同宣言**でもこれ
に触れられている。

　さらに1943年10月、米英ソ中が**モスクワ宣言**（一般安全保障に関する
4カ国宣言）を採択し、できるだけ早い時期のすべての平和愛好国の主権平
等の原則にもとづく普遍的国際機構の創設を定めた。続いて第二次世界大戦
終了の直前の1944年7月には米国ニューハンプシャー州ブレトンウッズで
開かれた連合国通貨金融会議に44カ国が参加してブレトンウッズ協定が結
ばれ、IMF（国際通貨基金）とIBRD（国際復興開発銀行＝世界銀行）
の創設が決定した。

　これは1930年代に世界恐慌が発生したとき各国が輸出拡大を狙って通貨
の切り下げ競争を開始、植民地で貿易を囲い込むなどブロック経済圏をつく
ったため世界経済が混乱し、戦争への道を拓いたことへの反省だったという
説のほかに、金1オンスを35アメリカドルと交換できるドルを基軸通貨と
する自由貿易体制を確立することにより、金融におけるポンド（英国）覇権
を一気にドル（米国）覇権にレジームチェンジしようとしたのだという説も
ある。要約すれば、アメリカ製品の市場確保と工業原料の確保のために、全
世界がアクセスできるシステムを育成する体制ということになる。

　IMFは為替相場の安定を目的とし、各国の為替規制の撤廃を促進し、必
要に応じて短期的な資金の供給を行う機関。

　一方IBRDは世界銀行とも呼ばれ、長期的な資金の提供を行う。当初は

加盟国全体の経済復興を促進する銀行だったが、現在では発展途上国の経済開発を通じて世界経済の安定と発展を目的としている。ＩＭＦもＩＢＲＤも本部は**ワシントンD．C**にある。**1944**年８〜10月、そのワシントン郊外の**ダンバートンオークス**で、米英ソ中が会談を行い、**国際連合憲章草案**を作成した。**1945**年４月には**サンフランシスコ会議**が開かれ、50カ国が参加して国際連合憲章が採択された。Ｆ＝ローズベルトは３月５日に連合国（United Nations）各国にこの会議の開催の知らせと招待状を出した。招待される国は「平和を愛好する国」とダンバートンオークス会議の際に曖昧に定義されていた。それ以前の1945年２月のヤルタ会談では、「1945年３月１日以前に枢軸国に宣戦布告した国」と定義されていた。これはアルゼンチンのような、中立国でありながら親ナチ的な態度をとっていた国への警告だった。

国際連合の実態

1945年５月７日、ドイツが無条件降伏。８月14日、日本が無条件降伏。

同年10月、**ニューヨーク**を本部として国際連合（United Nations）が発足する。なにを隠そう国際連合とは枢軸国に対する連合国（United Nations）のことなのである。

それは国連憲章第53条、77条１項ｂ、107条に「敵国条項」が規定されていることからもわかる。第二次世界大戦中の連合国の敵国が、戦争の結果確定したことに反したり、侵略的な行動を起こした場合には、国連加盟国や地域安全保障機構は**安全保障理事会**の許可がなくても当該国に対して軍事制裁を

*
６月22日にヒトラーが独ソ不可侵条約を破棄し独ソ戦が始まったのをうけ、ソ連援助と対枢軸国（日独伊）のための連合国（United Nations. いわゆる国際連合）が構想された。

＊＊
United Nations Hold Monetary Conference. つまり44のallied（同盟）とassociate（友邦）が集まったのだ。「the」がつかないのは組織を表わす固有名詞ではないからだ。

＊＊＊
金ドル本位制（1944.7.8）。米国は他国がドルを持ち込んで金との兌換を求めたら拒めないシステム。

＊＊＊＊
英国代表ケインズではなく米国代表コミンテルンのスパイ、ホワイトの構想が前面に出された。

科すことができるのである。

　国際連合では、意思決定は全加盟国で構成される総会の多数決で運営される。さらに米英仏ソ中は、重要事項には自分たちの意思が強く反映される組織、**安全保障理事会**をつくった。

　国連は、前の国際連盟と異なり、国際平和を脅かすような事態が発生したとき、時には武力行使をしてでも紛争を解決するが、こうした安全保障の問題を協議し、決定するのは総会ではなく、安全保障理事会に委ねられ、ここで決まったことは全加盟国を拘束する。

　この安全保障理事会は、米英仏ソ中の５大国による**常任理事国**と、総会で選ばれた６カ国（→1965年から10カ国）による**非常任理事国**（任期２年）で構成。常任理事国のみ**拒否権**が与えられ、１カ国でも反対すると決議ができなくなる。

　ただし、この時期はアメリカとソ連の対立が激化した時期。拒否権合戦で、安全保障理事会が機能不全になることが想定された。このため、1950年に開かれた総会で、安全保障理事会のいずれか９理事国の請求、または加盟国の過半数の請求で**緊急特別総会**を開催できることが決定された。また、世界的な活動を行う**専門機関**も整備。一部は国連発足前からあった。以下がその一例だ。ＩＭＦもＩＢＲＤも含まれる。

- **ＩＬＯ**（**国際労働機関**）…1919年から存在。労働条件の改善、雇用の確保、社会的進歩、生活水準の向上が目的。
- **ＦＡＯ**（**国連食糧農業機関**）…栄養・生活水準を向上させ、世界の食糧と農産物の生産・流通の改善を目指す。
- **ＵＮＥＳＣＯ**（**国連教育科学文化機関**）…教育の万民への普及、教育を通じた平和文化の確立、国家間の自由な情報交流と報道・出版の自由などを目的。
- **ＷＨＯ**（**世界保健機関**）…病気や衛生などについて、助言ないし技術援助を世界的に行う。

　これらは各々独立した組織だが、国際連合憲章第63条の規定にもとづいて、国際連合経済社会理事会との間で協定を締結し、国際連合と連携して活動を行う。

　国連の宣言としては、**1948年**の**世界人権宣言**、「アフリカの年」の1960

年の**植民地解放宣言**、1972年の**人間環境宣言**（ス
トックホルムで開催された国連人間環境会議での採
択）、前年の第1次オイルショックをうけ1974年の
新国際経済秩序樹立宣言などがある。

1948年に**関税および貿易に関する一般協定（Ｇ
ＡＴＴ）**が結ばれた。1963～67年の**ケネディ＝ラ
ウンド**では加盟国全体で鉱工業製品の関税引き下げ
がなされ、1986～94年の**ウルグアイ＝ラウンド**で
は、サービス・知的所有権も交渉の対象になった。

┃ **東京裁判の実態**

極東国際軍事裁判（東京裁判）は、ポツダム宣言
にもとづき連合国11カ国の裁判官によって構成さ
れ、日本の戦争犯罪を裁くために連合国最高司令部
に属するかたちで設けられた国際裁判所。1946年
から東京市ヶ谷の旧陸軍省で開廷し、1948年11月
に結審した。満州事変以来の日本の軍事行動を侵略
戦争であると断定し、国家指導者（A級戦犯）には
「平和に対する罪」が適用されるとして、東條英機
以下7名が絞首刑、16名が終身禁固という判決だ
った。

昭和天皇の証人喚問の動きもあったが、実現せず
責任は不問に付された。Ｂ級（通例の戦争犯罪）、
Ｃ級（捕虜虐待）などの裁判は横浜でなされた。海
外の旧日本植民地で約1000人、ソ連では約3000人
が処刑された。ウェッブ裁判長はオーストラリアに
戻って退任後に「あの裁判は誤っている」と語って
いる。当時「平和に対する罪」「人道に対する罪」
の法的正当性はまったくなかった。つまり国際法に
存在しない犯罪で（事後法で）裁かれたのである。

トルーマン＝ドクトリン

　1945年4月12日、F＝ローズベルトの死で副大統領から昇格したのが**民主党トルーマン**である。外交問題では7〜8月にポツダム会談、戦後の1947年には**封じ込め政策**、いわゆる**トルーマン＝ドクトリン**を表明。これは**ギリシア**と**トルコ**の共産化を阻止するのが目的だった。そして国務長官による欧州復興のプランが**マーシャルプラン**である。ヨーロッパにおけるマーシャルプランの受け入れ組織が1948年の**ヨーロッパ経済協力機構**（OEEC）だ。

　マーシャルプランはドイツへの復讐計画、つまりドイツ農業国化計画モーゲンソープランの愚かさを克服するものだった。モーゲンソーはユダヤ系移民の子で、ソ連のスパイであった前述のホワイトの影響を受け、ドイツを完膚なきまでに打ちのめしたかった。英国のチャーチルはドイツの復興を望んでいた。

　米国内の労働問題としては1947年、大統領の反対を押しきって**タフト＝ハートレー法**が議会により成立し、労働組合幹部は非共産党員であることを宣誓。ソフトな社会主義ニューディール政策の一環である1935年のワグナー法以後の労働運動の権利拡大にブレーキをかける。トルーマンは**イスラエル**を建国してユダヤ票をとりこみ、1948年に大統領に再選されると、ニューディールの小型版の**フェアディール政策**、つまり全体の風潮としては反共、政策的にはニューディール的計画主義を継続。1949年には低開発諸国技術援助計画（**ポイント＝フォア**）を発表。中央情報局（CIA）を設置、国家安全保障法を定める。冷戦下の反共ヒステリーで、**1949年のソ連の原爆実験**成功を受けて、**マッカーシズム**（リベラル派を共産党員とレッテル貼りすること）で**赤狩り**が荒れ狂い、1950年原爆設計スパイ容疑で**ローゼンバーク夫妻**を処刑。『怒りの葡萄』で世界恐慌期の農民を描いた作家**スタインベック**も共産主義者と疑われ不遇の晩年を送った（**マッカラン法**、1950）。

戦後のラテンアメリカ

　19世紀にシモン＝ボリバルらがスペイン陸上兵力を一掃すると、ラテン

アメリカ諸国はパクス＝ブリタニカに守られた。入れ替わるように「モンロー主義」のアメリカ合衆国の「カリブ海政策」の覇権に服するようになったが、1930年代のF＝ローズベルトの**善隣外交**により合衆国の干渉はやんだ。**1938年**の**リマ**における**パン＝アメリカ会議**では中立政策をとった**アルゼンチン**を除いて反枢軸に立場を定め、アメリカの戦争遂行に協力した。国際連合憲章の第51条にある**集団的自衛権**の規定にもとづき、**1947年**に**米州相互援助条約（リオ条約）**を結び、**1948年**には**米州機構（ＯＡＳ）**が結成された。

　メキシコでは世界恐慌期に政権を担当した**カルデナス**大統領が農地改革や英米系石油企業を国有化するなど目覚ましい実績をあげ、選挙で連戦連勝、2000年まで71年間政権の座に就いた。メキシコでマルクス主義者を公言し、メキシコ共産党との愛憎を繰り返したメキシコ壁画運動の中心人物が**シケイロス**である。

　ブラジルでは地方政治家の**ヴァルガス**が1930年に武力革命で政権を握ってから1945年までその座にいた。

　第二次世界大戦において中立政策をとったアルゼンチンでは**ペロン**大佐が福祉政策に励み、1946年の民政選挙で勝利し政権を担当すると、**ポピュリズム**の手法で個人崇拝を集め、妻のエバ＝ペロンは偶像化されたが1955年の政変で打倒された。ポピュリズムとは旧来の支配層に背を向けてでも新興エリート層に訴えて支持基盤とし、政権を獲得する手法である。これら3人の手法に共通するのがポピュリズムである。

　またラテンアメリカ諸国が戦後すぐに目指したの

＊
経済苦境を理由にイギリスがアメリカに2国の援助の肩代わりを求めた。

＊＊
政府支出は国民総生産（GNP）比、戦前の10％弱から1945年の46％弱へ拡大。連邦職員数も3倍以上になり「大きな政府」として戦後がスタートした。

＊＊＊
ハリウッドもターゲットとなり、喜劇王チャップリンも米国を去った。

キューバのハバナにあるヘミングウェーの別荘

執筆に使用した机などが整然と置いてある。パリ（フランス）、パンプローナ（スペイン）そしてハバナとヘミングウェー行きつけの酒場めぐりを計からずもすることに。

が**輸入代替工業化政策**だった。これは、いま現在輸入している工業製品を保護関税や数量制限で輸入しにくくし、その結果品薄になった国内市場向けに類似の製品を国家の補助のもと国内企業に生産させることをさす。

アイゼンハウアー政権

再び、アメリカ合衆国に戻ろう。1952年の選挙で朝鮮戦争終結を公約に当選したのが共和党アイゼンハウアー。彼は1944年6月6日のノルマンディー上陸作戦の英雄。アイゼンハウアーは欧州とアジアにおけるソ連の強硬ぶりから民主党政権の失政に気づいて、ヤルタ協定（1945年）をローズベルトの個人協定として、その効力を否認した。

1952年4月28日は日本の主権回復の日だ。朝鮮戦争中の1951年9月に**サンフランシスコ講和条約**（首席全権**吉田茂**）がアメリカなど48カ国と結ばれ（ソ連、中国、インド、旧ビルマや共産圏諸国を除く）、それが翌年発効したのだ。同日、**日米安全保障条約**も調印され、米軍が日本に駐留し、内乱と外敵に対し安全を保障することになる。1954年に**自衛隊**となる**警察予備隊**は、**朝鮮戦争**が勃発した**1950年**に組織された。

興味深いのは、**1853年**に**フィルモア**大統領の時代に**ペリー**が**浦賀**に来航し**砲艦外交**により開国を要求された日本が、倒幕、明治維新、脱亜入欧をへて西欧列強の東アジア（東亜）における野蛮な領土争奪戦にその一員として参加し、惨めにも敗れ去り占領され、そして主権を回復（1952年）するまでピッタリ100年であったことだ。これを「東亜100年戦争」と呼ぶ人もいる。

さて、ワルシャワ条約機構が成立した**1955年**に外交では**ジュネーヴ四巨頭会談**が開催される。メンバーは**アイゼンハウアー**、ソ連の**ブルガーニン**、英の**イーデン**、仏の**フォール**。その後の1957年の**スプートニク＝ショック**で"恐怖の均衡"の時代に入る。国務長官**ダレス**のもとで**巻き返し政策**。ダレスの弟が長官を務める**ＣＩＡ**（**中央情報局**）の活動が活発化。ソ連に接近し**1951年**に**石油国有化宣言**をした**イラン**の**モサデグ政権転覆**（1953年）は初のＣＩＡによるクーデタ工作だった。そしてモサデグと対立していたシャー（王）**パフレヴィー2世**を復権させた。また1954年の**グアテマラ＝クーデタ**もアルベンス左翼政権を倒したＣＩＡの工作である。

アメリカが1946年以降は原爆、1954年以降は水爆の実験をマーシャル諸島**ビキニ環礁**で続けたので、周辺住民は「**死の灰**」を浴びて被爆した。1954年日本漁船の**第五福竜丸**が被爆し乗組員が死傷した。これが**原水爆禁止運動**が高まるきっかけとなった。

原水爆禁止運動は東京都杉並の主婦の運動から世界的運動に発展、**1955年**には第1回大会が**広島**で開かれた。直前には哲学者と物理学者による**ラッセル＝アインシュタイン宣言**がなされ、同運動に影響を与えた。**1957年**には同宣言にもとづき**カナダ**のパグウォッシュで科学と国際問題に関する会議が開かれた。以後、科学者による核兵器禁止運動の中心組織を**パグウォッシュ会議**という。

1954年の**ブラウン判決**で、人種によって分けておこなわれていた公共教育が違憲となる。

1955年にはアラバマ州都モントゴメリで黒人女性が白人席に移ることを拒否したために逮捕され、その裁判後約1年間にわたる**バス＝ボイコット事件**が起こる。いよいよ人種差別撤廃運動の時代である。**1963年**の**ワシントン大進行**に象徴される**キング牧師**の活躍する時代にはいる。

アイゼンハウアー政権は1956年の第2次中東戦争には即時停戦決議案を提出し、1957年のアイゼンハウアー＝ドクトリンで中東に関する教書を発表し、中東において主導権を英仏から奪う。

1959年ソ連の**フルシチョフ**と**キャンプ＝デーヴィット会談**を開く。しかしながら、アメリカがポラロイド社のカメラで高度2万4000mからソ連を偵察撮影した**1960年**の**U2型機事件**が雪どけムードに水をさす。アイゼンハウアーは退任時に**軍産複合**

テキサス州ダラス

1963年11月22日12時40分。ケネディ大統領を乗せたリムジンはテキサス教科書倉庫ビル正面からエルム通りに入り20m離れた位置で狙撃された。

テキサス州ダラスにあるJ＝F＝ケネディ記念堂

この高い壁のモニュメントが何を表しているかは私の理解の及ぶところでなかった。

体の巨大化に警鐘を鳴らした。

ケネディ政権とキューバ危機

　1961～63年は民主党でアイルランド系のケネディ大統領。1960年の選挙で「ニューフロンティア」を掲げてニクソンを破った初のカトリック教徒の大統領である。1961年にはベルリン問題でソ連のフルシチョフとウィーンで会談。また同年「進歩のための同盟」を提唱し、ラテンアメリカ諸国の開発を援助することを表明。共産主義浸透阻止が目的であるが、ベトナム戦争で余力がなくなる。1960年に南ベトナム解放民族戦線（ベトコン）が結成されたのを機にドミノ理論を根拠に特殊部隊をベトナムに派兵。国内では黒人の公民権運動が高まり、1963年ワシントンで20万人大集会が開かれる。背景には奴隷解放宣言100周年がある。1962年のキューバ危機においてはソ連のフルシチョフと果敢に対決し、ソ連のミサイル基地をキューバから撤去させた。これは結論から言うと、ケネディが決して公表しない条件で「米側は将来、キューバに侵攻しない」との重大な譲歩をフルシチョフに与えたからで、亡命キューバ人そして右翼に深い怨念を生んだ。結果、米ソ両首脳間の直通電話回線ホットライン協定が結ばれた。また1963年に米英ソ3国が、地下核実験のみを認める部分的核実験停止条約を結んだ。

　キューバ危機の概要を改めて解説しよう。1959年にキューバの親米バティスタ政権がカストロとアルゼンチン人のチェ＝ゲバラにより打倒された。これがキューバ革命だ。カストロは米国アイゼンハウアー大統領に会談を申し出、無視された。のちに社会主義宣言をしてソ連に接近、その際、キューバにソ連のミサイル基地設置を許可する。1961年にアメリカのＣＩＡとアイゼンハウアー政権を受け継いだケネディ政権は、亡命キューバ人をカストロ暗殺のためにキューバのピッグズ湾に上陸させたが作戦は失敗した。1962年、ケネディ政権はキューバにソ連のミサイル基地があることに気づきソ連に抗議、国防長官マクナマラの進言でソ連船を大西洋で臨検する（キューバ危機）。ソ連のフルシチョフは、ケネディが今後キューバに侵攻しないことを条件にミサイル基地の撤去に同意する。ソ連によりＵ２型機が撃墜されたがアメリカは報復せず、トルコからのミサイル撤去にも応じた。

　しかしケネディは1963年テキサス州ダラスでパレード中に暗殺され全米

が慟哭した。犯人は単独犯説、亡命キューバ人説、ＣＩＡ説、ＦＢＩ説、マフィア説、最近有力になっているジョンソン説など枚挙にいとまがない。

アメリカンマインドの終焉

　ケネディが暗殺され副大統領のジョンソンが昇格、1964年の選挙で再選。貧困のない「**偉大な社会（計画）**」がスローガン。つまり極端な平等化政策をすすめた。外交では**1964年のトンキン湾事件**をきっかけに**1965年北爆**を開始し、ベトナム戦争に本格介入。北爆は1968年に停止し**パリ和平会談**が始まった。内政面では、**1964年の公民権法**などケネディ政権が着手した法案が議会を通過。この頃ベトナム反戦運動や黒人解放運動（**ブラック＝パワー**）が急進化、キリスト教からイスラーム教に改宗した**マルコムX**が頭角を現した。先住民の連帯は**レッド＝パワー**といわれた。1968年には**キング牧師**暗殺事件も起きる。

　1968年はパリで**5月危機**、チェコでは「**プラハの春**」の**チェコ事件**と激動の年であり、アメリカでも反戦運動などのポピュリズムが爆発。ベトナム帰還兵による麻薬常用などの社会問題も顕在化、日本でも学生運動がピークを迎える。**サンフランシスコ**が発祥の地である**ヒッピー文化**などの**カウンター＝カルチャー**（対抗文化、1969年の**ウッドストックフェスティバル**がそれを象徴する歴史的なイベント）を生みだす。「若者たちの叛乱」は近代合理主義の超克、**ポスト＝モダン**つまりモデル（模型）がモード（流行）する**モダニズム**という型が破れたというより崩れた現象、言い換えるなら意識の交替の表明であった。信教の自由の観点から公立学校で行

ケネディ暗殺は過激な共産主義思想に触れたオズワルドの単独犯行とされている。しかしケネディの首に弾丸が侵入した角度などの理由から、教科書倉庫ビル（写真上）の6Fからの狙撃のみではなかったという陰謀説もある。

「茂みのある丘（グラディノール）」（写真中）の柵（写真下）からの狙撃も同時にあったという説。ケネディ暗殺に関するウォーレン委員会の調査内容は2039年に発表される。教科書倉庫ビルは現在博物館になっている。私はそこから狙撃現場を見てみたが、一発で仕留めるには無理がある距離に思えた。

われていた礼拝や聖書朗読は違憲。プライバシーの権利の観点から避妊薬の販売・使用は合憲。性的出版物の規制も緩み、**ウーマンリブ運動**（女性解放運動）も1970年代に始まったが、労働運動にはつながらなかった。

これらはみな権利過剰の平等化が産み落とした果実である。過度の平等主義は、公民権法にもとづく**アファーマティヴアクション**（積極的差別是正措置）やマイノリティへの配慮ある言動を意味する政治的妥当性**ポリティカル＝コレクトネス**（ＰＣ）の論議となって21世紀に花開いている。また環境保護運動も本格化し、科学ジャーナリストの**レイチェル＝カーソン**が1962年に『**沈黙の春**』で殺虫剤ＤＤＴの動植物への影響を告発したことが1970年代の諸政権の環境規制強化につながった。

ベトナム戦争の蹉跌

1968年の大統領選挙はロバート＝ケネディの暗殺などで民主党が分裂、「**法と秩序**」をスローガンに**共和党ニクソン**が当選。特別補佐官はハーバード大学の**キッシンジャー**が就任。1973年には国務長官になる。1969～70年には**ニクソン＝ドクトリン**をだして「**ベトナム戦争のベトナム化**」、つまり**ベトナム撤退**を宣言する。1970年にはホーチミン＝ルートを遮断するためカンボジアに侵攻して**ロン＝ノル政権**を樹立。**1973**年の**パリ協定**でベトナム戦争（16章に詳細）から手を引く。**サイゴン陥落は1975年**。

1970年にチリで**アジェンデ**（世界初の革命によらない）社会主義政権が誕生すると、**1973**年にＣＩＡは**ピノチェト**将軍による転覆工作を画策し成功させる。ピノチェト政権下での弾圧は歴史に残るものであり、鉄道の線路に身体を縛られたり、太平洋に沈められた者もいたと噂される。1960年代半ばからラテンアメリカのカトリック教会で広まった貧民救済の活動の根拠となったのが「**解放の神学**」というキリスト教社会主義である。

1970年代には1893年以来なかった貿易赤字を記録、**1971**年8月に**金＝ドル交換停止**のドル防衛の新経済政策を発表。これがいわゆる**ニクソンショック**で、こうして**ブレトンウッズ体制**は終焉し、**1973**年のパリ協定で**変動相場制**に移行する。アメリカへの（アメリカの通貨への）信頼の低下が背景にある。

1972年、前年の**キッシンジャー**派遣の結果、**ニクソン訪中**が実現。キッ

シンジャーは「ロックフェラー家の番頭」と呼ばれていた。つまりニクソン政権は中国を冷戦の敵としてではなく、市場や生産拠点としようと思ったのである。同時に、米中和解は対ソ封じ込めのためのカードだった。ベトナム戦争の泥沼からアメリカに自信を回復させるためのカンフル剤が中華人民共和国という市場と盟友の新開拓だったのだ。また同**1972年**、**デタント**（緊張緩和）を印象づけるソ連との**戦略兵器制限交渉**（**SALT I**）に調印した。

国内では**1969年**には**アポロ11号**が月面着陸に成功し、アメリカの威信が高まった。が、**1973年**の**第4次中東戦争**時の**第1次オイルショック**でガソリン不足が深刻化。販売価格が大幅に引き上げられ自動車産業を苦しめた。日本や西ドイツの企業が燃料効率の改善を果たしたことも加わり、自動車産業や鉄鋼業は国内外で競争力を弱める。産業構造と国際経済環境が変化し、従来の景気刺激策は奏効せず、インフレと不況が同時に現れる**スタグフレーション**という現象が起こった。「石油はあと30年はもたない」といわれた。

1972年の大統領選挙で、民主党本部に盗聴器を仕掛ける**ウォーターゲート事件**に関与し、1974年の**ニクソン辞任**という衝撃的ニュースとなった。

デタントから第2次冷戦へ

1974年ニクソン辞任にともない副大統領より昇格したのが**フォード**。**1975年**のヤルタ体制を確認するフィンランドにおける**ヘルシンキ宣言**は、**全欧安保協力首脳会議**の時のことである。**1975年**には第1回**サミット**（先進国首脳会議）が**パリ**で開催される。

ベトナム戦争の戦没者記念碑
この土手の壁に氏名が刻まれている。U・S・Aを旅して最も歴史を感じる都市はやはりワシントンD.Cのような気がする。

*
1950～1973年が資本主義の黄金時代で、その後世界経済の成長率は鈍化した。1982年、米国の失業率は10％をこえホームレスが増加した。

1977〜81年は南部出身の**民主党カーター大統領**。彼は国内では環境保護を推進しつつ、対外的には人権侵害のある国に改善を条件に信頼醸成と経済援助をしてゆく**人権外交**をすすめる。1977年のパナマとの新運河条約（トリホス＝カーター条約）で1999年12月31日の返還を約束する。1978年にはエジプトの**サダト大統領**とイスラエルの**ベギン首相**と**キャンプ＝デーヴィット合意**。結果、イスラエルは第3次中東戦争での占領地のうち**シナイ半島**から撤退する。1979年には**中華人民共和国**と国交正常化。同年ＳＡＬＴⅡに調印した。

　だが1979年の**イラン＝イスラーム革命**において、テヘランのアメリカ大使館員人質救出作戦にヘリコプターの故障が原因で失敗。カーターに関しては"史上最も無能な大統領"との評価も生まれた。1979年にはペンシルヴァニア州で**スリーマイル島原発事故**が起きる。

　さらにはこのイラン革命においてイスラームの脅威を痛感したソ連の**ブレジネフ政権**が共産主義者援助を名目に**アフガニスタン**に侵攻。また同年、「アメリカの中庭」中米の**ニカラグア**に**サンディニスタ民族解放戦線**による社会主義政権が誕生する（**ソモサ**の独裁政権が打倒される）のを許す。

　こうして戦後世界史はキューバ危機後に緩やかに進展した**デタント**（緊張緩和）が終わり、第2次冷戦（新冷戦）へと移行する。翌1980年の**モスクワ＝オリンピック**をアメリカおよび日本などの西側諸国がボイコット。逆に1984年の**ロサンゼルス＝オリンピック**をソ連など東側諸国がボイコットした。

　一般に現職で若いほうが有利といわれるアメリカ大統領選挙で**レーガン**[*]が勝利した最大の要因は「**安い政府**」という内政スローガンで、つまり大型減税の公約にあった。1930年代の**ニューディール**以来、経済学者ケインズ的な政府の介入度合いの大きい政府路線が世界の主流であった。これに対し、市場原理・競争原理の復活により社会に活力を入れる攻撃的な新保守主義がシカゴ大学の**ハイエク流の経済学**（新自由主義＝ネオリベラリズム）である。これが英国の**サッチャリズム**であり米国の**レーガノミクス**（歳費削減・規制緩和）であった。日本でも中曽根首相の1987年に国鉄がＪＲとなって民営化した。大胆な規制撤廃によりハリケーンでフロリダの家屋の屋根が吹き飛んでしまうという弊害もあった。

1980年代は**日米貿易摩擦**が深刻で、**1985年**の**プラザ合意**では、ドル安政策をとったが貿易＆財政の**双子の赤字**が解消されず、アメリカ経済に対する不信が高まった。

レーガンの外交スローガンは「**強いアメリカ**」。1983年にはカリブ海の**グレナダ**に侵攻し、共産化を阻止する。**戦略防衛構想（ＳＤＩ）**とはいわゆるスターウォーズ計画だが、これは軍需産業にとってはおおいなるボーナスとなった。**ニカラグア**の右翼ゲリラ**コントラ**を援助。これはイラン革命の際の人質となったテヘランのアメリカ大使館員の解放と引き換えにイランに武器を売却し、その資金でコントラを支援するという構図であり**イラン＝コントラスキャンダル**と呼ばれた。

冷戦終結、新世界秩序

1985年、南太平洋非核地帯条約（**ラトロンガ条約**）が締結される。1985年からスイス・ジュネーヴとアイスランド・レイキャビクでの米ソ首脳会談をへて、**1987年**末、ソ連の**ゴルバチョフ**が訪米、**中距離核戦力（ＩＮＦ）全廃条約**が締結される。1987年の**ブラックマンデー**では株価が大暴落した。

副大統領から選挙で当選したのが**ブッシュ**大統領。1989年には環太平洋18カ国による**アジア太平洋経済協力会議（ＡＰＥＣ）**を開催する。同年12月**マルタ会談**で冷戦終結を宣言。また、**パナマ**へ侵攻し、麻薬王**ノリエガ**を逮捕する。1990年8月**イラク**の**サダム＝フセイン**大統領の**クウェート侵攻**から**湾岸危機**が起こると、翌**1991年湾岸戦争**を起こし28カ国からなる**多国籍軍**を結成して、イラクを

＊
売れない俳優だったレーガンは、ハリウッド共産主義者の俳優をＦＢＩ（連邦捜査局）に密告する役割を担うスパイだった。

1973年9月11日。3年前に自由選挙によって樹立された初の社会主義政権であるアジェンデ政権の本拠モネダ宮殿を空爆するクーデタで政権を奪取したのがピノチェト。ここがその舞台、チリのサンティアゴ。

アルゼンチン・ブエノスアイレスの港町ボカ地区のカミニート通りにはパステルカラーの家が立ち並ぶ。ここがアルゼンチンタンゴ発祥の地だ。カミニートとは「小道」という意味。

クウェートから撤退させ、中東においてアメリカの存在感を示す。この戦争で世界はハイテク戦争の時代に突入した。

1990年11月パリで全欧安保協力首脳会議。1991年**戦略兵器削減条約（START I）**に調印（ソ連、**ゴルバチョフ**）。

1992年には国連平和執行部隊を**ソマリア**に派兵した。同1992年にマーストリヒト条約が結ばれ、翌年それが発効しEUができたことに刺激され、同時期、**アルゼンチン、ブラジル、ウルグアイ、パラグアイが南米南部共同市場（メルコスール、**1991年合意、1995年発効）ができた。

1993年からは**民主党クリントン**大統領。世界各国の資金が合衆国に投資され続ける、いわゆる**グローバル化**[*]が進み、**マイクロソフト社**が世界のパソコン市場を制覇。合衆国企業主導のもと**インターネット**の普及が進んで国内でも雇用が創出され、ITを取り込む社会インフラの刷新を期待する投資ブーム（ITバブル）も起きた。

1993年ホワイトハウスでイスラエルの**ラビン首相**と**パレスチナ解放機構（PLO）**の**アラファト議長**との合意（**オスロ合意**）を発表する。イスラエルが第3次中東戦争で占領した**ガザ地区**と**ヨルダン川西岸地区**の都市**イェリコ**におけるパレスチナ人による暫定自治を認める内容。このオスロ合意は、平和裏にパレスチナ問題を解決する方法論を表明したものである。1993〜94年の**ソマリア**の国連平和執行部隊は失敗に終わる。**1993**年、**START II**に調印し（ロシア共和国、**エリツィン**）米国は2003年までに核弾頭を3000まで削減することに合意した。**1994**年、**カナダ、メキシコと北米自由貿易協定（NAFTA）**が発効、米企業の直接投資が増加する。

クリントン政権は**1994**年、**朝鮮半島エネルギー開発機構（KEDO）**の枠組みにより、北朝鮮に軽水炉や原子力発電所の開発援助との交換条件で核開発を断念させた。また1994年に対**ベトナム経済制裁**を終了し、**1995**年には国交を回復した。ボスニア和平合意。**1996**年には**包括的核実験停止条約（CTBT）**に調印。これは潜在的な核開発能力を持つとされた44カ国の署名・批准が発効の要件。うち採択後の**1998**年に核実験に踏み切ったインドとパキスタンや北朝鮮、中国、米国も未批准のままである。インドとパキスタンは1999年に再び**カシミール地方**で衝突。アメリカは両国に経済制裁をした。**1999**年には**コソヴォ**問題に関連し、英国**ブレア**首相とともに**セ**

ルビアのベオグラードを空爆し、ミロシェヴィッチ大統領のセルビア軍をコソヴォから撤退させた。だからコソヴォの首都プリシュティナにはクリントンの銅像がある。

*
グローバル化とは通商相手に構造改革を求め、米標準に順応させ米企業の進出への障害を取り除くこと。

対テロで明けた21世紀

2001年9月にパキスタンへの経済制裁を解除したのは、2001年9月11日にブッシュ（子）政権時にニューヨーク世界貿易センターと国防総省（ペンタゴン）に「同時多発テロ」が起きた際、実行犯とされる**アルカーイダのウサマ＝ビン＝ラディン**が資金を提供する**アフガニスタンのターリバン政権**を打倒するため、パキスタンを味方に引き込む必要があったからだ（アフガニスタン戦争〜2021）。

2003年には「先制的予防」から大量破壊兵器開発の疑いをぬぐえないイラクの**サダム＝フセイン**政権を崩壊させた。これが**イラク戦争**だが、その行動の仕方こそ、単独行動主義（**ユニラテラリズム**）である。

2005年には**ハリケーン＝カトリーナ**に見舞われ、**ミシシッピ川**があふれ**ニューオーリンズ**の町が浸水した。この年ブッシュはバルト三国で演説し、ヤルタ協定で犠牲になった諸国に陳謝した。2006年にはイラク戦争の失策により国防長官ラムズフェルドが更迭された。2007年には、**サブプライムローン**の問題が深刻化し、それが2008年の**リーマン＝ショック**を引き起こし、世界経済が激変した。

今日のラテンアメリカ政治の主要趨勢は「左翼の躍進」だといわれる。

「21世紀の社会主義」を唱えるベネズエラの**チャ**

ベス、コカ栽培農民を支持基盤とする先住民アイマラ族初のボリビア大統領モラレスがその例である。私がボリビアに行き高山病に罹り入院し、コカ茶をひたすら飲んで点滴で生き返ったのはモラレスが当選した直後だった。一方で左派勢力に対する強硬策をとった**ペルーのフジモリ政権**（1990 ～ 2000年）のようなケースもある。

　2009年には初のアフリカ系大統領、**民主党オバマ**が登場。プラハ演説で「核のない世界」を掲げノーベル平和賞を受賞した。またアメリカはもはや「世界の警察官」ではないという立場を表明した。2010年の中間選挙では、共和党が歴史的大勝を収めた（その際の共和党のスローガンがTaxedEnoughAlready = TEA）が、2012年にはオバマが大統領に再選された。彼は2016年に**カストロ政権のキューバ**との間に国交を回復、経済制裁を解除した。また、穏健派の**ロウハニ大統領のイラン**との核協議が合意に達し経済制裁解除の手続きとなったが、トランプ大統領が**イラン核合意**を2018年に破棄した。また**オバマケア**と呼ばれる医療保険制度は2012年に最高裁違憲判決になり公的保険は見送られ、2016年に当選した**共和党のトランプ**[*]大統領によりこれも廃止に追い込まれる。トランプは2018年、在イスラエルのアメリカ大使館を**テルアビブ**から**イェルサレム**に移転した。また中華人民共和国との間には熾烈な貿易戦争と南シナ海の「**航行の自由**」を主張するトランプ政権と、それを軍事的に威嚇する習近平政権は2018年秋以降対立。トランプはロシアの条約違反を理由に1987年にソ連との間で調印された**中距離核戦力（ＩＮＦ）全廃条約**脱退を示唆した。これは同条約に制約されない中国の軍備増強を牽制するためと思われる。2020年の大統領選挙では**民主党バイデン**がトランプに勝利。就任直前の米連邦議会議事堂襲撃事件は、トランプによるクーデター未遂ではなかったのかと物議をかもす。トランプからバイデンへとコロナ対策と習近平対策が継承され、さらにはそれにプーチン対策も加わった。

｜カナダ史

　カナダ連邦は1867年に自治領となったが、独自の責任政府を持つが外交権はなかった。ニューファンドランドは1907年に自治領となるが、カナダの1州になるのは1949年である。1926年の**イギリス帝国会議**で本国と自治

領が対等になり、共通の王冠への忠誠を誓う関係となった。**1931年のウェストミンスター憲章**では、自治領に完全な立法権のある**イギリス連邦**が成立した。**1932年**にはカナダで**オタワ英連邦経済会議**が開かれ、**スターリング＝ブロック**が形成された。

戦後は**ケベック**の分離独立問題（同州の独立は1980・95年の住民投票でいずれも小差で否決）と先住民**イヌイット**の自治の問題があったが、後者に関しては1999年に自治が始まった。1992年にはＮＡＦＴＡに署名し、1994年発効した。

米ソ冷戦の基本的推移のまとめ

アメリカのジャーナリスト、**ウォルター＝リップマン**により名づけられた米ソ「冷戦」は「ヤルタからマルタまで」。つまり1945年2月のヤルタ会談から1989年12月のマルタ会談まで、正しくはその間の時期だ。米**フランクリン＝ローズベルト**、英**チャーチル**、ソ連**スターリン**が参集したヤルタ会談では、ナチス＝ドイツ降伏後のソ連の対日参戦などが話し合われた。

1945年5月7日のソ連によるベルリン陥落の後、ドイツは英米仏ソの4カ国に占領された。ベルリンも同じだった。ナチスの戦犯は「人道（良心）に対する罪」を問われ、**ニュルンベルク裁判**で裁かれた。ヤルタ協定に即して、8月9日に長崎に原子爆弾が投下される直前にソ連は**日ソ中立条約**を一方的に破棄して満州に侵攻した。ちなみにアメリカがネバダで原爆実験を成功したのは7月の**ポツダム会談**の最中だった。この会談にソ連のスターリンも出席していたが「ポツダム宣言」が**米英中**3国で宣言されたことにより米大統領トルーマンとの間に不信感

＊**ニューヨーク5番街トランプタワー、1999年**

トランプ大統領のキーワードは「孤立主義」の復活。「世界の警察官」をやめたオバマ大統領とその点は類似している。「アメリカ・ファースト」を叫び、五大湖に近いラストベルトの白人労働者の支持を固め当選した。

ニューヨーク・マンハッタン、1983年

ロックフェラーセンターからエンパイアステートビルディングを眺める。その向こうには今は無きワールドトレードセンター。

人権侵害に関わった個人を特定し、米国にある資産を凍結し、米国への入国を禁止する法律が2012年に制定されたマグニツキー法。

が芽生えたという。

「バルト海のステッチンからアドリア海のトリエステまで鉄のカーテンが降ろされた」、これは政権から離れていた元イギリス首相チャーチルのフルトン（鉄のカーテン）演説であるが、まだこの段階においては米ソ対立は観念の対立だった。しかし、国防省のジョージ＝ケナンのもとに、1947年トルーマンがギリシアとトルコの共産化を懸念し、いわゆるトルーマン＝ドクトリン（共産主義封じ込め）を出すことにより対立が顕在化することになる。

同年、国務長官マーシャルがアメリカドルによるヨーロッパ復興計画マーシャルプランをソ連、東欧を含む全ヨーロッパに対して出すと、その受け入れとの関連で1948年にチェコスロヴァキアでソ連の指導で共産クーデタが起き、一夜にして共産党の一党独裁となった。ソ連の脅威を前にイギリス、フランス、ベルギー、オランダ、ルクセンブルクがブリュッセル条約を結び、西ヨーロッパ連合条約（西欧連合）ができ、これが翌1949年のNATO（北大西洋条約機構）の中核となる。

1948年にはドイツにおける西側の占領地域でアメリカが実施した通貨改革に反発したソ連による「ベルリン封鎖」と、それに対するアメリカの1年以上に及ぶ大空輸作戦という米ソの直接対決も起きた。

1948年、大韓民国（首都ソウル）と朝鮮民主主義人民共和国（首都ピョンヤン）が成立した。

1949年、ドイツ連邦共和国（西独、ボン）とドイツ民主共和国（東独、ベルリン）が成立した。1949年10月1日、中華人民共和国（北京）が成立した。1949年、ソ連が原爆実験に成功した。

1950年に勃発した朝鮮戦争の最中の1951年サンフランシスコ講和条約にもとづき翌1952年4月28日に日本は主権を回復。西ドイツは1954年のパリ協定で主権を回復し翌1955年NATOに加盟した。これに対し東側はワルシャワ条約機構を発足させた。

このような冷戦構造の完成は危機感とともに「雪どけ」の時代を招来し、大国はジュネーヴでアメリカのアイゼンハウアー、ソ連のブルガーニン、イギリスのイーデン、フランスのフォールが4巨頭会談を持った。

これに先立つ1955年、スカルノの故郷インドネシアのバンドンで有色人

種による初の会議、アジア＝アフリカ（Ａ＝Ａ）会議が開かれた。これは大東亜共栄圏構想を打ち上げた日本が戦争中に開催した**大東亜会議**をモデルとする会議だった。

　1959年には米ソ首脳**アイゼンハウアー**と**フルシチョフ**がキャンプ＝デーヴィット会談を開き「雪どけ」はピークを迎えた。

　ところが1960年の**Ｕ２型機事件**、1961年の「**ベルリンの壁**」構築、1962年の**キューバ危機**[*]と冷戦は熱戦への様相を帯びていった。1959年のキューバ革命でバティスタ政権を倒した**カストロ**の革命政権はアメリカとの関係を悪化させ、それがカストロに社会主義宣言を決意させソ連に接近させた。ソ連がキューバの砂糖を買うことの見返りがキューバにソ連のミサイル基地を建設することだった。一方、ソ連にとっては**トルコ**にある米軍基地への対抗だった。ケネディ政権との全面戦争の危機となったが、幸いにも回避された。

　この危機を受けて、ホワイトハウス（ワシントンＤ．Ｃ）とクレムリン（モスクワ）にはホットラインが設置され、1963年には**部分的核実験停止条約**、1968年には**核拡散防止条約**と軍縮が進む一方、米ソの対立は1965年に始まる**ベトナム戦争**に代表される代理戦争のかたちをとる。中ソ論争や1964年のソ連への当てつけ中国原爆実験、1966年のフランスのＮＡＴＯの軍事機構からの脱退、1968年の「**プラハの春**」という自由化運動に対するワルシャワ条約機構軍による抑圧（チェコ事件）、反米ド＝ゴールとそれに対するパリ５月革命など、東西両陣営において**多極化**が進行した。

　1970年代は**デタント**（緊張緩和）の時代、ソ連

キューバの首都ハバナ

この街の特徴はなんと言っても自動車がレトロ。私が訪れた2002年時点でも1950年代のアメ車を思わせるようなボンネットに羽根が付いていて飛んでいきそうな車にお目にかかった。ただ排気ガスが酷くて、最高級のナショナルホテルの寝室にまで臭い空気が侵入してきた。

*
アメリカのロバート＝ケネディ司法長官は兄である大統領に「兄さん、僕は今、真珠湾攻撃を決断した東條英機の気持ちがよく理解できるよ」というメモを会議中に渡した。

はブレジネフ政権の「停滞」の時代だった。

　ところが、1979年にブレジネフ政権のソ連が共産主義者支援の名目でアフガニスタン（首都カブール）に侵攻、新冷戦（第2次冷戦）の時代となり、1980年西側諸国はモスクワ五輪をボイコットした。

　1981年「強いアメリカ」を外交スローガンにレーガンが大統領に就任。ソ連を「悪の帝国」と呼び、1983年にはカリブ海の小国グレナダに侵攻し共産化を阻止した。1984年のロサンゼルス五輪を東側はボイコットした。

　1980年、ポーランドのグダニスク（ダンツィヒ）の電気工ワレサがソ連の圧力とポーランド・ヤルゼルスキ政権による戒厳令にめげず、教皇ヨハネ＝パウロ2世の支持のもと、自主管理労組「連帯」運動を展開。このように東欧に新風が吹く中、1982年にブレジネフが死去した。

　1985年に登場したゴルバチョフソ連共産党書記長は、外相シュワルナゼと「新思考外交」を展開。ブレジネフ＝ドクトリン（制限主権論）を改め、東欧の自主性を尊重した。「欧州共通の家」構想や社会主義立て直し（ペレストロイカ）は結局、西側つまり市場経済と接触することになり、結果として経済分野での多様性の受容は政治における複数政党制への移行を促すことになった。

　1987年にはレーガン米大統領との間に中距離核戦力（INF）全廃条約を締結し、1988年に発効。同年アフガニスタンからの撤退を開始した。

　1986年のチェルノブイリ原子力発電所事故をきっかけにグラスノスチ（情報公開）が推進される。その結果、映像を通して西側の消費生活への欲求が共産圏、とりわけ東ベルリンにおいて加速した。オットー＝ハプスブルクとハンガリー・ネーメト首相の働きかけの結果、オーストリアとハンガリーの国境の鉄条網を開けることをゴルバチョフが許可し、それが蟻の一穴となって1989年東ドイツ政府は「ベルリンの壁」を撤去した。同時期、マルタでアメリカのブッシュ大統領と冷戦終結宣言。翌1990年10月コール政権の西ドイツが東ドイツを吸収し統一した。ソ連は1991年の保守派のゴルバチョフに対する8月クーデタの失敗の結果、ロシアのエリツィンに実権が移行、12月にはソ連邦が解体した。

　「冷戦」を総括すると以下のようになる。

　西ヨーロッパのある因子が17世紀に北米大陸に移植された。当初はヨー

ロッパの付属品だったが、20世紀になるとその付属品のほうが中心となって新大陸（アメリカ合衆国）と西ヨーロッパの主従関係が逆転した。これが冷戦における「西側陣営」。それ以外の旧ヨーロッパ大陸諸国が「東側陣営」という構図である。

凡例：
- ワルシャワ条約機構
- 米州機構（OAS）
- 北大西洋条約機構（NATO）
- バグダード条約機構（中東条約機構：METO）
- 東南アジア条約機構（SEATO）
- 太平洋安全保障条約（ANZUS）

冷戦下の安全保障

1989年、東ベルリン
「ベルリンの壁」が開通し壁に押し寄せる東独市民。東西冷戦の終結を象徴するシーンの一つである。

キューバの首都ハバナ
父が立っているのはハバナで最も有名な場所、ホセ＝マルティ広場。チェ・ゲバラの顔がビルの壁面にある。街のどこにもないのがカストロの肖像。旧共産圏や中東の独裁者とおおいに異なる点である。

14章 中国史
（ティムール帝国・サファヴィー朝）

「**中**国4千年」「中国5千年」という言い方がある。
19世紀末の日清戦争の敗北後に日本に見ならって近代化しなければならないと思った清国留学生が日本に来てみたら、日本人が自分たちの国を「支那」と呼び、日本を「日の本」と呼んでいる。これは蔑称ではないかと言い出した。

で、日本が前660年の神武天皇の即位から2500年の歴史なら、自分たちは4千、5千年あるはずだと考え、「中国」という国家を考えた。つまり20世紀まで「中国」という国はなく、日本をモデルに20世紀に建国された1912年の中華民国が歴史上はじめての中国なのだ。現代中国語の70%は日本人の翻訳語である。1949年10月1日に建国された中華人民共和国も中国だ。

そもそも20世紀までは秦や唐、元や明、清という王朝が興亡していただけである。日本人が考えるような意味での「国民」という概念は、18世紀末のアメリカ合衆国の独立とフランス革命以後に発生したものである。

日本列島という限定された空間で、藤原氏、源氏、足利氏、徳川氏という日本人がかわるがわる政権交代したのとはまったく異なる。

隋や唐は鮮卑人の浸透王朝、遼と元はモンゴル人、金と清はツングース人の征服王朝。北方民族から興った清にとって、アヘン戦争・アロー戦争の敗北という南方での敗北は、本気の「覚醒」とはならなかった。日清戦争敗北がすべてを変えた。

そもそも「中国」という漢字の本来の意味は「國」つまり「或」。城壁の内側、「首都」という意味だった。

別の意味として、前100年頃には、東夷・西戎・南蛮・北狄という蛮族と接する現在の陝西省・河南省・山東省の限られた地域を「中原」とか「中国」と呼んだ。この2つが本来の"中国"である。

現在の中華人民共和国

【中国王朝興亡図表】

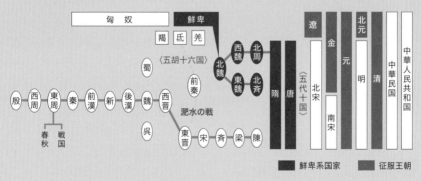

■ 鮮卑系国家　　■ 征服王朝

黄河・長江文明

　黄河文明は黄土地帯を中心とした新石器文明で、その前半が前5000～前4000年頃に黄河中流域に栄えた仰韶文化。1921年にスウェーデン人のアンダーソンが河南省で発見した遺跡の住民は原シナ人で、灰陶と西アジア伝来といわれている彩陶（彩文土器）を使用し、アワ・キビを栽培した。代表的な遺跡は陝西省の半坡遺跡と姜寨遺跡だ。彩文土器には西方新石器文化の影響が見られる。

　前3000年期に黄河下流域に栄えたのが竜山文化で、山東省竜山鎮の城子崖で発見された。仰韶文化を受けて、殷と周の文化の原型を形成した。灰陶（その多くが鬲・鼎などの三足土器）と黒陶が使われた。ろくろを使用した光沢のある薄手の精良土器を使用し、とくに後者から黒陶文化ともいわれる。

　一方、長江文明は、河姆渡遺跡が代表で、前5000～前3000年頃の新石器初期の時代。日本列島にはここ長江下流の浙江省から稲作が伝わったとの見方がある。同地域の良渚文化からは祭祀用と推測される宝物が出土した。四川省成都付近では三星堆文化が新石器後期の文化である。

殷

　黄河中流域の中原地方に前16～前11世紀、中国最古の王朝である殷が栄える。古代中国の伝説の帝王は堯・舜・禹。禹に始まる最古の王朝が夏だが、桀王が暴君で殷の湯王に滅ぼされた。だから発掘された最古の王朝は殷である。商という邑（都市国家）が殷そのもので、殷王朝後期の遺跡が殷墟。場所は河南省安陽県小屯村。竜山文化より一歩進んだ青銅器文化だ。都市国家連合のかたちをとった邑制国家で、家父長的氏族社会を基礎に神権政治を行った。殷代中期の都城が鄭州城だ。殷は占いのために亀甲、獣骨に刻んだ最古の漢字、甲骨文字を持っていた。大量消費と呪術性が殷の特徴で、殷に続く周の時代に青銅器にほどこされた銘文を金文という。甲骨文字は20世紀に入る時期に王国維と羅振玉らによって半数近くが解読された。

周

　周は**陝西省渭水盆地**から登場し、**牧野の戦い**で殷の暴君**紂王**（酒池肉林の宴で知られる）を滅ぼして建国。都が**鎬京（西安）**であった時期を**西周**と呼ぶ。**天帝思想**と**易姓革命**の考えにより、平和的方法で最高権力者が替わることを**禅譲**、武力的方法は**放伐**という。天子である周王が**諸侯**に封土を与える**封建制度**で、血縁関係（**宗族**）を**宗法**で統制した。**卿・大夫・士**が周王や諸侯の世襲の家臣。「封建」とは境で区切ることだ。**武王**が周王朝の建国者、弟の**周公旦**が**井田制**という公共事業の一種を始めたという伝説がある。

　犬戎の侵入によって**前770年**に周王室は**洛邑（洛陽）**に東遷した。以後**東周**と呼ぶ。その前半が**春秋時代**（**孔子**が編年体で書いた魯国の年代記で五経の一つ『**春秋**』に由来）、後半が**戦国時代**（国別に集録された『**戦国策**』に由来する）だ。前770年から**晋**が**韓・魏・趙**に三分した**前403年**までが春秋時代。**春秋の五覇**が登場。**尊王攘夷**の気風のなかで有力者は**覇者**と呼ばれた。ただし、**斉の桓公・晋の文公**の二人以外は諸説ある。

戦国時代

　晋の分裂により戦国時代にはいると、周王を無視して王を自称。**楚・韓・秦・魏・趙・斉・燕**が**戦国の七雄**。その中で強大化したのが**秦**。強大化した要因は最も西に位置し、メソポタミア文明など先進文明に近かったこと。また前4世紀に**孝公**が**法家**の**商鞅**を登用し、富国強兵に成功したことなどによる。前260年の**長平の戦い**では、秦の将軍白起が趙の捕

八達嶺長城

八達嶺長城は北京から1時間半。明は永楽帝以後北京を首都としたが、その防衛のために建設されたのがこの長城。男坂と女坂があり、この写真は傾斜が急な男坂に挑戦している図。

＊
殷は銅資源の獲得と分配を通じて長江やその南へと進出した。

虜40万人を生き埋めにした。これは1995年の発掘により裏付けられた。秦は前256年に周を滅ぼし戦国時代を終結させ、前221年に中国を初めて統一した。

周代には農具が普及した。**鉄製農具**とりわけ**犂**は**牛耕**による深耕と人工灌漑を可能にし、農業の生産性を向上させつつ階層を分化させた。余剰生産物は商工業を発達させ、交換の媒体としての青銅貨幣の使用が盛んになり、大商人たちの国境排除要求も高まった。春秋時代までは**貝貨**が各地で使用されたが、春秋〜戦国時代にかけて**青銅貨幣**が発達し、小刀を模した**刀銭**は燕・斉など河北・山東で、農具を模した**布銭**は韓・魏・趙など山西・河南で、中央に孔のある**円銭**は斉・秦・魏で、蟻の顔と鬼の鼻を組み合わせた**蟻鼻銭**は楚で使用された。都市では**斉の都臨淄、趙の都邯鄲、燕の都薊**（のちの北京）が有名。臨淄の稷門の外は学者街で、孟子（性善説、「大丈夫」を定義）や荀子（性悪説）らが集まり「稷下の学」と呼ばれた。

諸子百家

諸子百家のうち仁と礼を説いたのが**孔子**、そして性善説が**孟子**、性悪説が**荀子**でこれらが**儒家**。仁愛（身内への愛）でなく**兼愛**（無差別な愛）を説いたのが**墨子**で**墨家**。無為自然を説いたのが**老子**と**荘子**、併せて老荘思想で**道家**、キーワードは**無為自然**。6国が秦と対決することを説く**合従策**の**蘇秦**と、6国が秦とそれぞれ連動することを説く**連衡策**の**張儀**は**縦横家**。この二人は『戦国策』の2例。

法による秩序を説く**法家**は什五の制（連帯責任）と信賞必罰を旨とした。秦の巨大化に貢献した**商鞅**はこの法家。「地方は中央に懸かっている」という意味の**郡県制**で中央集権化をとり入れた。これは明治維新直後の1871年の廃藩置「県」で日本が中央集権化したのと同じ理屈だ。法家の理論を完成させたのが**韓非**。その韓非を殺し、法家の理論を実践したのが、秦王政つまり**始皇帝**に宰相として仕えた**李斯**だ。

秦

秦の都は咸陽。渭水をはさんで鎬京＝長安の対岸、つまり現在の陝西省西安だ。思想統一のため法家の李斯による**焚書坑儒**が起こる。文字は**篆書**（小

篆）で統一。また半両銭で貨幣も統一。前221年に郡県制を拡大し、全国36郡のち48郡に中央から官史が派遣された。中央官制は丞相（政務）・太尉（軍事）・御史大夫（監察）。富豪は咸陽に集められ、始皇帝は阿房宮に住んだ。匈奴討伐の将軍は蒙恬で、万里の長城がオルドス地方との間で修築された。南方には桂林郡・南海郡、ベトナムの諸民族の総称百越の住む地には象郡が置かれた。臆病な始皇帝は、来世でも秦の兵隊に守ってもらうために生き埋めにしようとした。さすがに諌められたので実在する兵隊の彫像と埋葬されることにした。これが兵馬俑だ。「俑」とは人形のことである。

前209〜前208年に長城修復工事をきっかけに陳勝・呉広の乱が起きた。信賞必罰の法治主義だから遅刻は斬首の刑だった。そのときの陳勝の言葉が「王侯将相いずくんぞ種あらんや」。

＊
兵馬俑

イメージしていたよりはるかにスケールが大きい。兵馬俑の兵士たちの顔つきから秦は西方の騎馬民族の王朝だと推測される。事実、騎馬戦術に長けていたことが他の6国を圧倒する要因だった。また最も西に位置していたのでメソポタミア文明などの先進文明に最も近かったのも有利な点であった。

前漢

陳勝・呉広の乱の中から頭角を現したのが楚の項羽と漢の劉邦で、前209年に即位した匈奴の冒頓単于と三つ巴の争いとなる。劉邦が前206年に秦を滅ぼした。前202年の垓下の戦いで劉邦つまり前漢の高祖が項羽を「四面楚歌」にして勝利し、長安を都に前漢王朝を開くが、前200年の白登山の戦いで匈奴の冒頓単于の捕虜になり、釈放される。古来、匈奴が活躍したのは現中華人民共和国、内モンゴル自治区南部にある陰山山脈。冒頓単于が月氏を西に追い払い大月氏となり、東胡を東に追い払い鮮卑になったと中国の資料はいう。

当初、前漢は長安のある西部地域に郡県制を敷

秦の始皇帝の陵

陝西省西安にある。都は咸陽。西安空港は咸陽にある。水銀の海が近年発掘されたが、その作業は現在も進行中である。

き、諸王（豪族）が割拠する東部に地方分権の封建制を敷く**郡国制**をとった。長安を都にしたのは、**中原地域の洛陽では東に近すぎ、安全保障上問題**があったからである。呂一族の称制（新王が幼少のとき太后が政治を代行すること）の後、6代景帝が東部諸王の封土を削減する政策にでたので、**前154年に呉楚七国の乱**が起こるが、これを平定して事実上の郡県制に移行する。

そして前141年、（イヨイよ）**武帝**が即位する。

彼は**張騫**をアム川上流のバクトリア地方の**大月氏**に派遣し、匈奴を挟撃しようとしたが、安住の地を得た大月氏が協力を拒み失敗した。張騫の漢との同盟に応じ、西進に協力した遊牧民が**烏孫**だ。また**李広利**をシル川上流の**フェルガナ地方の大宛**に派遣し、耐久力のある**汗血馬**を獲得した。

武帝と張騫のもくろみは失敗したが、匈奴情報が**衛青・霍去病**にもたらされ、匈奴の征討に成功。**オルドス地方**を獲得し、さらには**敦煌・酒泉・張掖・武威**の4郡を河西回廊に設置した。朝鮮半島では衛氏朝鮮を打倒し、**楽浪・玄菟・臨屯・真番**の4郡を設置。また**趙佗**が建てた**南越**を征服し、9郡を置いた。そのうち3郡が現在のベトナム領。**交趾**（現ハノイ付近）と**九真**と**日南**（現フエ）の3つである。

武帝は**董仲舒**の献策で儒学を官学とし、**五経博士**を設置した。五経がこの頃定まった。『**詩経**』『**書経**』『**易経**』『**礼記**』『**春秋**』の五つである。推薦制の官吏任用法である**郷挙里選**が実施されたが、地方豪族の中央進出に拍車をかける結果となった。また**桑弘羊**の献策で**均輸法・平準法**の経済政策や塩・鉄・酒の専売制が敷かれた。漢の郷村制度は**郷・亭・里**。秦漢時代の人頭税が**算賦**。貨幣は**五銖銭**。武帝に宮刑に処された**司馬遷**は『**史記**』を著した。"史"とは「帳簿を持つ役人」のことである。

哀帝のとき導入された**限田法**という豪族の大土地所有制限策は失敗した。前漢は概して匈奴に恐喝され、また皇后の一族である**外戚**に実権を握られ、それに**宦官**も抗争に参入する時代であった。

▍新

前漢は8年に外戚の**王莽**に乗っ取られる。王莽は新という王朝を長安を都として建てる。極端な復古主義を採用。周代の貨幣を復活させたり、高句麗

を攻撃したり、匈奴との関係をこじらせたり、儒教主義に走ったりしたので人心は離れ、18〜27年の**赤眉の乱**で新は滅亡した。

後漢

赤眉の乱の中から登場したのが**南陽**（河南省）に勢力を持っていた豪族の**劉秀**。後の**後漢**（東漢）の**光武帝**だ。25年、**洛陽**を都として漢を再興したが性格は豪族連合。将軍**馬援**がベトナムの**交趾郡**で起きた独立を目指した**徴姉妹の反乱**を鎮圧した。57年に倭の王に**漢委奴国王印**という**金印**を授けた（1784年に**福岡県志賀島**で発見）ことが『**後漢書（東夷伝）**』にでてくる。ちなみに倭に関する最初の記述は『**漢書（地理誌）**』。周辺諸国の君主が皇帝に**朝貢**の使節を送り、皇帝が位階（王・諸侯などの称号）や返礼品を与えることで成立したのが**冊封体制**だ。

前漢末の前59年に置かれた**西域都護**という役職で活躍したのが「虎穴に入らずんば虎子を得ず」と言って西域に入った**班超**。後漢の最盛期は1世紀後半で、彼の活躍で領土を拡大した。班超の拠点は**亀茲**（**クチャ**）。西域都市としては**ロプノール**湖畔の**楼蘭**（スウェーデンの探検家**ヘディン**が発見）や**高昌**（トルファン盆地）。部下の**甘英**を**大秦国**（ローマ東方かローマ本国）に派遣しようとしたが、パルティア付近で断念した。2世紀には官僚と宦官の権力争いが激化し、166年には宦官が儒者の官僚を弾圧する**党錮の禁**という事件が起きた。この166年には**日南**（現**フエ**）に「**大秦王安敦**」（ローマ皇帝**マルクス＝アウレリウス＝アントニヌス帝**と推測される）の使者が来たと『**後漢書（西域伝）**』にで

秦の始皇帝は、皇帝一家が天下を独占できる明確な理由を示せないまま死んでしまったので、前漢の武帝は一族支配を正当化する理屈を編み出した。それが「天命思想」だ。そしてある一族が「天」の「命」を受けている証しが異民族を征服し「下賜品」を与えることによって「朝貢システム」に組み込むことである。この手法は、「一帯一路」という「朝貢システム」に東南アジアから西アジアそしてアフリカ、さらにはヨーロッパ諸国までをも組み込んで「偉大なる中華民族」を2049年までに世界に君臨させようという習近平国家主席の野望とまったく同じものである。

＊
豪族とは私的所有地を集積し、農業技術指導などで指導的役割を果たした地方の（郷里）の有力者。

てくる。

　後漢末には疫病・飢饉・いなごの大量発生などの天災に見舞われ、治病を説く宗教が流行した。張角の太平道と蜀（四川）の張陵の五斗米道（天師道）が代表で、張角を指導者として184年に黄巾の乱が起き、その中から曹操、劉備、孫権が登場する。

三国時代

　220年後漢の献帝が魏の曹操の子曹丕に禅譲して後漢が滅亡。魏が洛陽の支配者となる。漢の皇族であると自称した劉備は221年に成都を都とし蜀を建国、諸葛亮（諸葛孔明）を三顧の礼で迎えた。後漢末の208年の赤壁の戦いでは呉の孫権と連合し曹操を破った諸葛亮も、234年の五丈原の戦いで司馬懿（司馬仲達）に敗れ陣没、そのあと蜀は魏により滅亡した。しかし魏は司馬懿の孫の司馬炎に乗っ取られ晋（西晋）を建国。280年に晋が建業（現南京）を首都とした呉を滅ぼして三国時代に終止符が打たれる。邪馬台国の卑弥呼は魏に朝貢使節を送った。その朝貢窓口が朝鮮半島の帯方郡。その帯方郡を支配したのが司馬懿。卑弥呼は親魏倭王と表記された。

西晋

　豪族の連合体であった西晋に290年、一族諸王の八王の乱が起きる。一方でそのころ五胡の活動が盛んになりはじめる。五胡とは、匈奴、羯、チベット系とされる氐と羌、鮮卑の五つ。このうち、南匈奴の劉淵が漢（前趙）を304年に建国したが、西晋はこの漢（前趙）に八王の乱鎮圧支援を要請、協力を得た。304年からを五胡十六国時代*と数える。

　ちなみに前漢末の前54年に匈奴は東西に分裂。西匈奴は前36年に漢の西域都護により滅亡した。東匈奴は後漢の48年に北と南に分裂する。北匈奴をフン人とする説がある。中央アジアのサマルカンドにいたソグド商人は、前趙の匈奴人をフン（XWN）と呼んでいる。ソグド商人の仲介で中国と北方民族間で行われた貿易を絹馬貿易という。

　南匈奴の漢（前趙）の劉淵の子劉聡が、八王の乱鎮圧の依頼主である西晋の都の洛陽と遷都した長安を荒廃させたのが永嘉の乱。これは中原の王朝の都が胡人により荒廃した最初のケースだ。

司馬一族の**司馬睿**は江南の**建康**（南京）に逃れ
（316年の晋の南渡）、以後を**東晋**（317〜420年）
という。

東晋

数十万人が江南に移住したので、東晋では**江南の
開発**が進んだ。北方からの移住者が豪族の私有民に
なるのを防ぐため、東晋が戸籍で把握するために行
ったのが**土断法**。

一方、五胡と漢人は華北に十六国を建国した。
十六国をつくったのは五胡だけでなく漢人の国も三
つある。**氐**が建国した**前秦**が**王苻堅**の時の383年
に淮河の支流の**淝水の戦い**で東晋の将軍**謝玄**（詩人
謝霊運の祖父）に敗れ、北と南が別世界になる。

北魏

十六国のうち五つの国をつくったのが鮮卑人。
386年に鮮卑人の**拓跋氏**がつくったのが北魏だ。
拓跋珪（道武帝）が建国。439年に第3代太武帝
が華北を統一して五胡十六国時代（304〜439年）
が終わる。

北魏の太武帝は**寇謙之**の**新天師道**を**道教**として国
教化し、かわって仏教を弾圧した（後漢の**天師道**
［五斗米道］に葛洪の『**抱朴子**』などの神仙思想が
結びつき**新天師道**となった）。これが中国史におけ
る四大仏教弾圧「**三武一宗の法難**」の最初のケース
だ。**北魏の太武帝、北周の武帝、唐の武宗、後周の
世宗**の四人。太武帝の死後仏教は解禁となり、その
記念として都の**平城**（現大同）には**ガンダーラ風の
雲崗の石窟**がつくられる。

第6代孝文帝は485年に**均田制**を、その施行の

＊
五胡十六国時代に少数
の遊牧民集団が多数の
漢人社会を統治する構
図が出現した。そして
胡漢融合の「漢人」が
完成するのが唐の時代
ということになる。

14
章

中国史（ティムール帝国・サファヴィー朝）

ため5世紀末には**三長制**を施行した。これは北魏の人口減少期に遊牧民の編成力により実現したものであり、単純な文化の融合ではない。華北の混乱で農業人口が減少したので、土地を遊ばせないために施行された。均田制では北魏においては奴婢や耕牛にも田が支給され、それらを所有する豪族の大土地所有が黙認されることになった。ただし、これらは新たに開拓した土地に限られ、また全国的に施行されたわけではなかった。

孝文帝は遠征を装い494年に**洛陽**に遷都する。北魏を普遍的なものにするための**漢化政策**であったが、鮮卑人の反対にあった。胡服や胡語など鮮卑人の習俗を禁じたからである。洛陽西郊につくられた**竜門**にある石窟の石仏は細身で**中国風**。**甘粛省敦煌の莫高窟**とあわせて3大石窟という。

遊牧民 柔然対策の北魏の辺境軍団を**六鎮**という。鮮卑と柔然の時代以降、北方民族の支配者は「**可汗**」の称号を使用した。漢化政策によりモンゴル高原の六鎮の地位が低下し、**六鎮の乱**が勃発。北魏は**西魏**と**東魏**に分裂、それぞれが**北周**、**北斉**となる。のちに北周が北斉を滅ぼす。北周の外戚楊堅が581年**隋**を建国し、南朝陳を滅ぼし、589年中国を統一する。

遊牧民族の突厥（"トルコ"の語源）は柔然から552年に独立したが、その時の突厥の部族長（ブミン、のちのイルリグ可汗）の妻が、西魏の建国者の**宇文泰**の娘。イルリグ可汗の弟イステミの娘がササン朝ホスロー1世の妻となる。ササン朝は突厥と結んで**エフタル**を攻略したのである。

┊ 南朝

東晋は劉裕が建てた**宋**（劉宋）に滅ぼされ、**宋→斉→梁→陳**（都は建康）と交替する。呉（都は建業）、東晋（都は建康）と合わせて**六朝**という。建業も建康も現在の南京だ。

┊ 魏晋南北朝時代の諸制度

豪族の大土地所有を制限しつつ安定した税収を確保するための魏晋南北朝時代の各王朝が施行した制度を列記しよう。**魏の屯田制**、**西晋の占田・課田法**、西晋の税制は**戸調式**、南朝の東晋から宋にかけての戸籍が**土断法**、そして北魏以降唐までの北朝の鮮卑系拓跋国家の各王朝の**均田制**と、西魏からの**府兵制**だ。北魏の均田制は奴婢や耕牛にも給田した。ということは、それら

を所有する豪農には多くの土地が与えられたが、隋ではそれらには支給されず、唐にいたっては女子にも支給されなかった（寡婦つまり未亡人には支給された）。こうして拓跋国家に均田体制が深化した。

新たな官吏登用法が魏の**九品官人法（九品中正）**。各地の**中正官**が地方の人材を九品等に評定して中央に報告。中央がそれに基づいてその人物を適材適所に任官させるシステムだ。豪族の子弟が上級官職を独占し**門閥貴族**を形成、「**上品に寒門なく下品に勢族なし**」という状況になった。

隋

581年に隋を建国した楊堅、つまり隋の**文帝**は589年に南朝の**陳**を滅ぼし中国を統一した。都は**大興城**といわれた長安（現**西安**）。律令制の骨格を整え、均田制・府兵制による兵農一致の原則を確立しつつ、**租調庸**で税収を確保。また科挙を実施し、魏以降の九品中正による「上品に寒門なく下品に勢族なし」と言われた門閥貴族による官職の独占を防止しようとした。遊牧民の**突厥**を討伐したので、突厥は583年に東西に分裂した。

2代目の**煬帝**は吐谷渾（とよくこん）＊＊＊＊を破って西域に進出した。また黄河〜淮水〜長江を結ぶ**大運河建設**という費用のかさむ事業に明け暮れたため、人民は重税に苦しんだ。華北と江南が結ばれるきっかけとなったが反乱が絶えず、さらには東突厥との同盟を阻止する目的の3度にわたる**高句麗遠征**にも失敗し、江都（こうと）（**揚州**）で暗殺された。

隋は618年に親族の李淵によって滅亡、これが山西を本拠地とした唐の建国である。都は隋に引き続き長安であった。李淵は**東突厥**の援助で中国を統

＊
軍事目標が北の柔然から南の梁・陳へと移行する中で、豪族の支配下にあった民を軍団として編制したのが三長制。それにともなってできたのが均田制であった。

＊＊
屯田は流民などに耕作させ田租を徴収する体制。占田は個人の土地占有面積の上限を定めること。課田は耕地を民に支給すること。

＊＊＊
豪族の一部で高位の官職を得て都市に居住した階層のこと。

＊＊＊＊
吐谷渾は前燕から分かれて西遷し、黄河上流を本拠とした原モンゴル系遊牧民で、チベットに軍事制度を伝授した。

一。突厥の可汗に対し"臣"と称し貢物を贈っていた。しかし2代目の**李世民（太宗）**は即位すると、すぐに大軍を突厥に遠征し（630年）、**東突厥の可汗を捕らえ連れ帰った。こうして太宗は「天可汗（テングリカカン）**」と呼ばれるようになった。古代トルコ（チュルク）語を**ルーン文字**と呼ばれるアルファベットで書き表した碑文が、今のモンゴル国の**オルホン碑文**であるが、そこでは唐の皇帝たちが「**タブガチ＝カガン**」と呼ばれている。これは「拓跋可汗」のことなのだ。つまりモンゴル高原の遊牧騎馬民にとって、唐は漢人の国ではなくて鮮卑の国として認識されていたのである。唐建国と同年の618年、**ソンツェン＝ガンポがラサ**を都に**吐蕃**を**チベット**に建国。しばしば唐皇帝の娘の降嫁を求め、李世民の娘が彼の妻の一人（**文成公主**）となった。

初唐

李世民が唐の太宗で、その治世を**貞観の治**と呼ぶ。太宗と部下の問答集が『**貞観政要**』。**律**（刑法）、**令**（行政法・民法）、**格**（補充改正）、**式**（施行細則）を整備した。三省六部一台の中央官制を確立。**中書省**では詔勅の草案が起草され、**門下省**では詔勅が審議され、**尚書省**のもとにある**吏・戸・礼・兵・刑・工の六部**で詔勅が施行された。科挙は礼部で実施された。

ただし門下省は門閥貴族の子弟の牙城で、彼らには詔勅に対する拒否権があった。科挙合格者数は年間十数人だったから、実際の役人は貴族の世襲だだった（**蔭位の制**）。官吏の監察機関が**御史台**だ。**開元通宝**が初期の貨幣、**良賤制**という身分制度を設けた。

租（穀物）、**調**（布）、**庸**（中央での労働）、**雑徭**（地方での労働）が税で、農閑期に均田農民を**折衝府**で訓練し、徴用する**府兵制**を実施。均田制とともに兵農一致で農民を支配した。死亡時に返還するのが**口分田**、子孫に世襲させるのが**永業田**。首都を警護したのが**衛士**、辺境防備が**防人**。地方は道・州・県に区分する**州県制**が敷かれ、軍政を**都督府**が統括し、辺境には6つの**都護府**が置かれた。**安東**（現平壌付近、安史の乱で廃止）、**安南**（交州つまり現ハノイ付近、**阿倍仲麻呂**〔中国名：朝衡〕が着任、その後、現雲南省大理を中心に成立したチベット＝ビルマ系ロロ族の王国**南詔**が占領）、**安西**（高昌→**亀茲**、吐蕃が占領）、**安北**、**単于**、**北庭**（吐蕃が占領）の6つ。都護

府による周辺民族の首長（**都督・刺史**）を間接的に支配することを**羈縻政策**という。

　3代目の皇帝は**高宗**で、このとき唐の領域は最大となる。660年に朝鮮半島の**百済**を滅ぼし、668年に高句麗も征服した。新羅に対しては**冊封国**として独立を承認した。**西突厥**を滅ぼし、**ソグディアナ**地方を支配下に置いた。皇后が**則天武后**で、夫の高宗の死後、史上唯一の女帝となり**聖神皇帝**と名乗り国号を周と改め、旧勢力を根絶した。則天武后の息子の**中宗**は、その妻**韋后**に毒殺された。この二人の女性の政権を**武韋の禍**という。

盛唐

　これを収拾したのが則天武后の孫で、5代睿宗の子の**玄宗**。その治世の前半を**開元の治**という。すでに玄宗の治世の少し前から諸般の事情で機能不全に陥っていた都護府に代わり、**節度使**という募兵軍団の指揮官が辺境に置かれた。

　751年の**タラス河畔の戦い**で高仙之の活躍もむなしく**アッバース朝**に敗れ、**製紙法**が西伝。この頃から均田制が動揺し、荘園（私有地）が発達した。府兵制は**募兵制**に切り替えられた。政治に飽きた玄宗は後半には**楊貴妃**を溺愛し、親類の**楊国忠**が宰相になる。これと対立したのが節度使の**安禄山**だ。その名は、昔のアレクサンドロス大王と妻ロクサネの名を合成したペンネームだった。彼は**大燕**を現北京付近に建国し、長安（西安）の唐と対立。その息子→**史思明**→その息子と放伐によりめくるめく権力が移譲されたのが755年からの**安史の乱**だ。この乱はトルコ系の**ウイグル**（回紇）の援助で鎮圧した。唐は鮮卑人の国だが、突厥と故地に類似性があるの

チャイナドレスの襟がスタンドカラーなのは遊牧民の砂嵐対策に起源がある。

＊
太宗の時代以来、唐に服属していた東突厥が682年に再独立し突厥第2帝国ができたことが募兵制への切り替えの要因となった。つまり兵役が無償労働から有償労働となったのだ。

＊＊
安禄山が幽州（現在の北京）を拠点としたことが今日まで影響している。

＊＊＊
ウイグルはキルギスに滅ぼされた。

で鮮卑はトルコ系であることが大いに考えられる。安禄山も史思明も突厥人とソグド人のハーフ。ウイグル族がトルコ系であることからすると、安史の乱は東部ユーラシアにおけるトルコ人の内戦といえるのかもしれない。安史の乱に乗じ長安を一時占領したのが吐蕃である。7〜9世紀の吐蕃は**ソンツェン＝ガンポ**（その宮殿跡が**ポタラ宮**、1645年にダライ＝ラマ5世が建立）が**ラサ**を都に建国。彼はインド（グプタ）文字をもとに**チベット文字**を作成させた。彼の妻の一人（文成公主）が**李世民**（太宗）の娘で、唐と親交したが後に対立していた。この国で大乗仏教とチベット固有の**ボン教**が融合し、**チベット仏教**が成立した。821年に唐と和解した証しが、**唐蕃会盟碑**だ。

　さて、安史の乱終焉後も節度使の勢力は増大し、行政権や財政権も掌握し、半独立国化し藩鎮（はんちん）となって唐の統治の基盤はおおいに緩んだ。兵農一致の原則が崩れ、累進課税（租調庸は一定税率）が導入され、12代徳宗の780年に楊炎の献策により資産に応じて課税される**両税法**が施行された。唐は財政国家となり、私有地（荘園）が公認され、こうして均田体制は終焉を迎える。ちなみに夏（麦）秋（コメ）収穫期二度の徴税なので両税という。**現住地**で課税（租調庸は本籍地）、一部銭納が原則だった。

晩唐

　両税という直接税よりも、塩の専売税（758〜）という間接税が唐朝の主要な財源だったので、塩の高い公定価格に菜食の農民は常に苦しんだ。そのため、塩の密売商人は民衆のヒーローのような存在だった。875年に塩密売商人王仙芝に呼応した黄巣が、いわゆる黄巣の乱を起こすと、それが拡大。この反乱は突厥の**李克用**により鎮圧された。894年に**菅原道真**は遣唐使を廃止。907年節度使の**朱全忠**により唐は滅ぼされ、彼が**後梁**を開封に樹立。武断政治の**五代十国**の時代に突入する。

　唐代には首都長安のほか、初めて海外貿易全般を扱う役所である**市舶司**や外国商人居留地である**蕃坊**が置かれた**広州**のほか、**泉州**（福建省）、**揚州**（江蘇省）などが繁栄。これらの都市には**アラブ商人**（中国では**大食**と呼ばれた）が来航、内陸では**ソグド商人**が活動した。唐初の銅銭は**開元通宝**。また、約束手形**飛銭**が普及し、貨幣経済が発展した。城郭の一定地域に設けられた商品交易の場所を市、城郭外の粗末な非公認の市を**草市**と呼んだ。

五代十国

五代とは**後梁・後唐・後晋・後漢・後周**のことである。都は後唐を除いて**開封**（汴州）。李克用の子の李存勖が父のリベンジで唐を復活させたのが後唐だが、**洛陽**を都とした。ほかに淮河の南に十国が興亡した。これらは唐から続く藩鎮である。五代のうち後唐・後晋・後漢は突厥つまりトルコ系の王朝であり、とりわけ**後晋**を建国した**石敬瑭**は建国援助の代償として**燕雲十六州**つまり現在の**北京**（燕州）・**大同**（雲州）付近を**モンゴル系契丹族**の**耶律阿保機**が建国（都 **上京臨潢府**）した中国最初の征服王朝である**遼**に割譲した。五代十国（907～979年）は**節度使**（藩鎮）による武力むきだしの**武断政治**の時代だった。

北宋

後周の節度使の**趙匡胤**＊＊＊が**開封**（汴京）を都に960年に**宋**（北宋）を建国した。大運河の分岐点に位置する開封の賑わいは**張択端**の「清明上河図」に描かれている。唐までと異なり、都市の至る所に商店が設けられ、**深夜営業の夜市**が開店。**行**（商人）や**作**（手工業者）が商業を独占した。＊＊＊＊開封は長安より開放的な街だった。城外の自然発生的な交易場が**草市**、草市から発展した地方都市が**鎮**である。

この王朝は精鋭部隊を**禁軍**（本来は皇帝の衛兵）として首都周辺に駐屯させ、地方の節度使の権限を縮小した。＊＊＊＊＊**文治主義**を徹底し、その一環として**科挙**に**州試**（解試、地方にて）→**省試**（中央の礼部）に加え、最終面接の**殿試**を実施。皇帝と師弟の契りを交わし、君主独裁体制を確立した。科挙は後に進

＊
ソグディアナからみて東方を商業圏とした。

＊＊
**中国南部最大の都市
広州（広東省）**
この珠江のデルタ地帯は現在「世界の工場」となっている。

14
章

中国史（ティムール帝国・サファヴィー朝）

＊＊＊
漢人軍閥のボスだった。

＊＊＊＊
盛り場は**瓦子**と呼ばれた。

＊＊＊＊＊
軍事に対する文臣統制。

士科（詩賦の才能）に一本化された。また門下省を中書省が吸収した。宋の中国統一は979年北漢を征服した2代目太宗の時だ。

宋は読書人という知識人が活躍する時期で、唐末五代十国時代の混乱のなかで没落した門閥貴族階級にかわって台頭した読書人たちが士大夫階級を形成していく。地主たちを形勢戸（"成り上がり"の意）、収穫の五割を小作料として支払う小作人を佃戸、科挙合格者をだした家を官戸という。

宋は1004年の澶淵の盟（河南省）で真宗が兄、遼の聖宗が弟という契りを交わすが、銀・絹を毎年歳幣（歳賜）として贈ることになる。中国史で初めて明確に国境線が定められた。

また1044年の慶暦の和でチベット系タングート族李元昊が建国（都興慶）した西夏とは、君（宋）臣（西夏）関係を結んだが、歳賜として銀・絹・茶を毎年贈ることになる。これが文治主義のなれの果てである。

このような対外消極策や官僚への給与のため財政は苦しくなり、6代目神宗が宰相に登用した王安石は1069年に新法による富国強兵策を開始する。農民に低利で種を支給する青苗法、中小商人に低利で融資する市易法、さらに特産物を転売する均輸法、免役銭で労役を免除する募役法、土地に等級をつけてそれに応じた税額を課す方田均税法。強兵策としては兵農一致の保甲法、戦時に軍馬を徴用する保馬法。これら王安石の新法を支持する新法党に対し、既得権益を守りたい勢力の利益を背負った旧法党の司馬光（幼帝哲宗の宰相）らの抵抗勢力により、王安石の新法は挫折した。

沿海州にツングース系女真族完顔阿骨打が建国した金が勃興、宋は金と謀って遼を挟撃して滅ぼしたが、燕雲十六州の支配をめぐり金と対立。金が南下し宋の上皇の徽宗と息子の欽宗を連行して辱めた。これを靖康の変（1126～27年）という。欽宗の弟趙構（南宋の高宗）が臨時の都臨安つまり杭州に南渡し、以後を南宋（1127～1279年）という。

南宋

南宋では金に対する主戦派岳飛（大義名分を主張）を和平派秦檜（一時期、金に捕らえられていた）が殺害し、結局、淮河と秦嶺山脈を国境とし、金との和平（1142年の紹興の和議）が成立した。南宋が臣、金が君という臣下の礼をとったので、秦檜は中国史における売国奴（漢奸）の代名詞的存

在となった。しかし彼のおかげで南宋には150年の繁栄がもたらされた。

　江蘇省の**蘇州**は手工業都市として臨安に次ぐ繁栄を誇った。宋代になると江南の開発はさらにすすみ、ベトナムからひでりに強い早熟の**占城稲**（せんじょうとう）が普及した。湿地を堤防で囲み干拓する**囲田**、その一種で河岸や池を干拓する**圩田**（うでん）、湖を囲んだ**湖田**がつくられ、**二期作**や**二毛作**も発達。唐代までは華北にあった農業の中心が長江下流に移り、穀倉地帯として発展、「**蘇湖（江浙）熟すれば天下足る**」と言われた。蘇は蘇州、湖は湖州のことだ。

　遠隔地商業を専門とする**客商**[*]により商業が飛躍した。**景徳鎮（江西省）**は中国第一の窯業の都市となり、世界的に有名になる。唐代に一般民衆に普及した喫茶は、宋代には国内（都市に**茶館**ができた）だけでなく周辺民族にも広まり、**茶の専売**も実施された。

　北方民族との**絹馬貿易**の事務を管理するのが**互市場**。南海貿易も盛んになり、外国貿易は唐にひきつづき**市舶司**により行われた。唐では広州のみにあったが、宋では整備され複数設置された。**火薬**が発明され、13世紀にモンゴル帝国により西伝する。**羅針盤**が実用化し**ジャンク船**により海外貿易に進出した。日本との交易で栄えたのが**明州**[**]（後の寧波）。**銅銭**の不足、年間数千人の合格者をだすペーパー試験である**科挙**の発達と、それと並行した**木版印刷**の普及が、世界初の紙幣である北宋の**交子**、そして南宋の**会子**がつくられる必要条件となった。

　宋（南宋）は最終的には元が1276年に臨安を攻略、1279年の崖山の戦いで**フビライ**により滅亡する。

広州の沙面地区、旧フランス領事館の跡

＊
客商による物流は中国南北を結ぶ大運河を基礎にした水運が支えた。とりわけ北辺軍隊への物資補給を目的とした。江南の富が北方の軍需を支えた。

＊＊
揚州が衰え、代わって明州や杭州が栄えた。杭州は13世紀半ばには人口100万を超え、世界最大の都市へと成長した。博多に宋人居留地が形成されたのは12世紀である。

征服王朝

　遼は916年にモンゴル系契丹族の耶律阿保機が建国した。926年に渤海を滅ぼし、936年に太宗（耶律堯骨）は後晋から燕雲十六州を獲得したが、1125年に宋と金により滅ぼされた。一族の耶律大石が中央アジアへ逃れ、カラハン朝を滅ぼしカラ＝キタイ（西遼）をベラサグンを都に建国した。イスラーム王朝を滅ぼした仏教国だったので、ムスリムからカラ（黒）キタイ（契丹）と呼ばれた。遼の統治制度は二重統治体制で、契丹族には部族制で北面官を、漢民族には州県制で南面官を設置した。文字は契丹文字、全領土を五つに分ける五京の制度を採用し、ウイグル商人から利益を上げた。

　河西回廊の西夏はチベット系タングート族で李元昊が1038年に建国し、西夏文字を考案したが、1227年にチンギス＝ハンにより滅ぼされた。

　ツングース系女真族完顔部の完顔阿骨打が1115年に会寧府を都に金を建国、燕京（現北京）に遷都した。彼が始めた軍事行政組織を猛安・謀克という。2代目の太宗が宋と組んで1125年に遼を滅ぼし、その後に靖康の変で宋を南渡させた。文字は女真文字、宗教は王重陽が創始した全真教で、これは儒教・仏教・道教を融合したものである。同時期、南宋では正一教（大師道）という道教が信仰されたが、これは後漢の張陵の子孫が天師となった宗教で、北の全真教と対立した。宋の交子に由来し、金で発行された紙幣が交鈔。金は1234年にチンギス＝ハンの子オゴタイに滅ぼされた。

モンゴル帝国

　1206年テムジンはモンゴル高原を統一し、クリルタイ（部族長会議）でチンギス＝ハン（太祖）になった。チンギスとは古いトルコ語のチンギズの借用であって、「勇猛な」という意味である。アルタイ語系遊牧民モンゴル民族によるモンゴル帝国の誕生である。

　モンゴル系の遼を滅ぼしたツングース系の金を打倒し、南下するのを目標としたが、ホラズム＝シャー朝のオトラルの地方長官の非礼（チンギス＝ハンの使者の宝を奪い、スパイとしてホラズム王につき出し処刑した事件）への復讐から西に遠征し、ホラズム＝シャー朝を完膚なきまでに叩き、生け捕りにされたオトラル知事はサマルカンド郊外にいたチンギスの面前で、強欲

の報いとして溶かした銀を両眼と両耳に流しこまれ殺された。他に西遼を征服した**ナイマン**と**キルギス**と**西夏**を滅ぼした。

チンギスの兵制を**千戸制**という。金を攻略した際には契丹人の**耶律楚材**がモンゴルに投降し、チンギス＝ハンとオゴタイ＝ハンの"頭脳"となった。チンギス＝ハンは自らの死に際し、柩に同行した軍隊が北方の長途で出会った民をすべて殺すよう命じた。墓には盛り土も墓標もなく、埋葬が終わると多数の馬で平らに踏みならしたので、今日チンギス＝ハンの埋葬場所はわからない。それどころか**ラシード＝ウッディーン**の『**集史**』以外にはモンゴル帝国の組織に関する記録がほとんどない。

チンギス＝ハンが死亡した1227年、長子**ジュチ**はすでに死去していた。次子**チャガタイ**は人望に乏しく、オゴタイが2代目大ハンとなった。

オゴタイ＝ハン（**太宗**）は**カラコルム**（カラ＝黒い、コルム＝小石、**和林**）を都と定めた。モンゴル国で数少ない農耕のできる地域である。

1234年に**金**を打倒し、兄ジュチの子**バトゥ**に西征を命じた。バトゥは**モスクワ**を経て**キエフ公国**を滅ぼした（1240年）。ちなみにモスクワの政治の中枢クレムリンのクレムはモンゴル語で「砦」、キエフのあるウクライナのクライはモンゴル語で「辺境」を意味する。ロシアの君主がモンゴルの支配から初めて独立できたのはピョートル1世（17〜18世紀）の時である。

アジアとヨーロッパが一体化し、**ユーラシア**（Europe + Asia）が成立した。駅伝の制が**ジャムチ**で「道路の人」という意味。**牌符**（**パイザ**）を持って旅行する。イタリア商人ペゴロッティの『商業

関正生氏とモンゴル高原

チンギス＝ハン像
（ウランバートル）

アフラシヤブの丘はサマルカンド郊外
チンギスにより破壊されたサマルカンド跡。

指南』によると、貿易商人はひとたびモンゴル帝国内に入れば、絶対に安全であった。まさに**パクス＝タタリカ（モンゴリカ）**である。

　バトゥの軍の一部は現ポーランドのクラクフを占領。**1241**年に**オーデル川上流のレグニツァ近郊（現ポーランド）のワールシュタット（リーグニッツ）の戦い**でドイツ騎士団・ポーランドの諸侯連合を破った（殺した男子の右耳の数は27万、大きな袋9個にいっぱいだった）が、オゴタイ＝ハンの死（葬儀）のために引き返した。

　オゴタイの子で3代目大ハンとなった**グユク＝ハン（定宗）**の時に、**フランチェスコ派の宣教師プラノ＝カルピニ**が教皇インノケンティウス4世の命で**カラコルム**に来た。

　4代目大ハンになったのはチンギス＝ハンの末子トゥルイの子**モンケ（憲宗）**。フランス・カペー朝の**ルイ9世**が派遣した**フランチェスコ派の宣教師ルブルック**が**カラコルム**に来た。モンケは弟フビライに**大理（現雲南省）と高麗（朝鮮半島）**を、同じく弟のフラグに**アッバース**の都バグダードを攻撃させた（**1258**年）。

　中国好きの**フビライ＝ハン（世祖）**が**上都**で5代目に即位すると、紙幣の発行で費用を捻出した弟のアリクブケが**カラコルム**で即位。上都派とカラコルム派で戦争になる。フビライが勝ったが、アリクブケを支持したオゴタイ家のハイドゥがフビライ即位に反旗をひるがえし**ハイドゥの乱**になった。数十年にわたる反乱で、モンゴル帝国は元と3ハン国に分裂する。

　チャガタイが建国したのが**チャガタイ＝ハン国**。都はバルハシ湖の東アルマリクでイスラーム教を受容。東西に分裂後、**西チャガタイ＝ハン国**から登場した**ティムール**により滅亡。

　キプチャク＝ハン国はバトゥにより建国された。都はヴォルガ川に沿った**サライ**。**ウズベク＝ハン**時代が全盛で、イスラームを受容し新サライに遷都。新サライは第二次世界大戦の最激戦地スターリングラード（現ヴォルゴグラード）。**1480**年に**イヴァン3世**時の**モスクワ大公国**が自立した後分裂、**1502**年に後継の**クリム＝ハン国**とロシアにより滅亡した。

　イル＝ハン国はフラグが建国。都はカスピ海の西**タブリーズ**。初めはネストリウス派キリスト教だったが、**ガザン＝ハン**の時にイスラーム化、ティムールに征服された。

元

　フビライは**大都**（現在の**北京**）を建設、そこを都として元（**1271〜1368年**）を創始した。漢人出身の**史天沢**^{しでんたく}が農耕地域の漢人統治法を進言した。元は**モンゴル人第一主義**で、モンゴル人と**色目人**（西域人）がおもに支配層を担い、**漢人**（旧金支配下の諸民族）と**南人**（南宋支配下のおもに漢民族）を支配した。漢民族は当初、登用されなかったので科挙は廃止された。ゆえに儒学者は浮浪者なみの職種に墜ちた。**九儒十丐**^{きゅうじゅじっきゅう}、丐とは物乞いのこと。科挙がないので儒学者は食うに困った。

　フビライは妻の影響でチベット仏教サキャ派の法王パスパを師と仰ぎ、**パスパ文字**を採用した。北京にはチベット仏教寺院の妙応寺白塔がある。

　中央官制は**中書省**のみ。地方は**行中書省**（現在の中国の省の原型）で**ダルガチ**が巡察した。駅伝制度が**ジャムチ**（站赤）で、その通行許可書の**牌符**にパスパ文字が記されているが一般には普及しなかった。**モンゴル語**で一般に使用されたのは、チンギス＝ハン以来公文書で借用されていた**ウイグル文字**^{＊＊}を基につくられた**モンゴル文字**だった。フビライに仕えたペルシア人が製作した投石機が**回回砲**^{かいかいほう}。

　フランチェスコ派の**モンテ＝コルヴィノ**はカトリックの布教のため**大都**に来て、聖書をモンゴル語に訳した。元末の大都に来たフランチェスコ派の修道士が**マリニョーリ**だ。モロッコ出身の旅行家**イブン＝バットゥータ**も元末の大都に来た。

　元は**パガン朝**（緬＝現在のミャンマーはこの字の音読み）を征服。しかし、ジャワ島（元軍の遠征の混乱期に**シンガサリ朝**が倒れ**マジャパヒト王国**がで

北京の妙応寺白塔
妙応寺の白塔はフビライ＝ハンの命で建造されたチベット教式のラマ塔。紫禁城の北端の景山公園から背後を見ると、すぐ近くに見える。世界史好きにはたまらないスポットだ。

＊
キプチャク＝ハン国は金帳汗国と称され「ジュチ・ウルス」とも呼ばれた。

＊＊
ウイグル人やムスリムの御用商人はオルドクと呼ばれた。商人と宗教教団の提携がモンゴル時代のユーラシアの特色である。

きた）、ベトナム（北に**陳朝大越**、南に**占城**）、執権北条時宗（鎌倉時代）の
日本の３つの遠征には失敗した。
　隋代の運河を南北につなぐ**大運河**をつくり、山東半島を回る**海運**も発展し
た。しかしチベット仏教への濫費と銀と交換できる紙幣交鈔の乱発によるイ
ンフレで混乱。1351年に始まる**紅巾の乱**（ゾロアスター教もしくはマニ教
と同根で弥勒仏による救済を信仰する**白蓮教徒**による反乱。**韓山童・韓林児**
親子が指導し、ペストの闇に光を照らす「大明国」を建国）で滅亡した。
　モンゴル帝国が成立した13世紀はヨーロッパとアジアが一体化したユー
ラシアが成立し、モノとヒトが交流した。モンゴル軍の雲南侵攻により黒死
病（ペスト）がユーラシアを席巻した。大都（現北京）は運河で天津〜黄
海、あるいは淮河〜長江〜東シナ海と**海の道**（９世紀頃からは**陶磁の道**とも
呼ばれた）の起点となった。また上都〜カラコルム〜サライと草原の道の起
点となった。そして従来の絹の道（オアシスの道）ともつながっており、大
都はユーラシアの首都となった。
　ヨーロッパのペストのピークの1348年に、イタリアのフィレンツェで**ボ
ッカチオ**が『デカメロン』を書き始めた。男女10人の"カミングアウト合
戦"の背景には、フィレンツェの人口のじつに６割を死に至らしめたペスト
禍がある。こうして抗ペスト薬の原料となる丁子（クローブ）を産する**モル
ッカ諸島**への切望、高値で取引される香辛料を購入するため、また金銀がう
なると噂されるジパングへの熱望が高まった。岩手県中尊寺金色堂の噂がフ
ビライ、**マルコ＝ポーロ**の『世界の記述』経由でヨーロッパに伝わったのか
もしれない。ヴェネツィア商人のマルコ＝ポーロは**大都（カンバリク）**の宮
殿の威容を讃え、**杭州（キンザイ）**を世界一美しいと絶賛し、アレクサンド
リアの100倍凄い港だと驚嘆しつつ、**泉州（ザイトン）**を出発し**ホルムズ**か
ら上陸し陸路帰国した。
　モンゴル帝国はムスリム商人を保護した。中国絵画がイル＝ハン国の成立
と商業ネットワークによりイスラーム世界に伝わり、**ミニアチュール（細密
画）**としてティムール朝・オスマン朝・ムガル朝で花開いた。またイスラー
ム世界から伝わった**コバルト（青色顔料）**が青花（明清代の染付）という陶
器となり、後代ドイツに伝わり**マイセン陶器**の基本デザインとなった。宋代
中国の三大発明の**羅針盤・木版印刷・火薬**がヨーロッパに伝わった。このよ

うにパクス＝タタリカ（**タタールの平和**）のもと
「世界史」が誕生した。

ティムール帝国

　チンギス＝ハンの次男チャガタイがトルキスタン
を支配した。チャガタイ＝ハン国が東西に分裂した
あと、14世紀に**西チャガタイ＝ハン国**にトルコ人
ティムールが現れ、チンギス＝ハンの子孫と結婚
し、モンゴル帝国の再興を企てた。これが**サマルカ
ンド**を都とした**ティムール帝国（1370 〜 1507年）**
だ。記憶力抜群、チェスが得意なティムールは、学
者の講義が大好きで歴史家**イブン＝ハルドゥーン**と
ダマスカスで会見した。

　他方残虐さで知られたティムールは、北に**キプチ
ャク＝ハン国**を攻め、西には**イル＝ハン国**を併合
し、さらには**バヤジット１世**を**アンカラの戦い**で破
り**オスマン帝国**を中断させ、南にデリースルタン第
３王朝の**トゥグルク朝**のインドに遠征（サイイド朝
はティムールの武将が建国）、朝貢を要求してきた
明の永楽帝を討伐する途上、**オトラル**で病死した。

　第３代**シャー＝ルフ**は**ヘラート**を首都とした。第
４代**ウルグ＝ベク**の建てたマドラサや天文台がサ
マルカンドにある。**細密画（ミニアチュール）**は12
世紀アッバース朝の頃に本の挿絵として生まれ、後
に**中国絵画**の影響を受け成立した。サマルカンドの
町に関して言えば、「チンギスは破壊しティムール
は建設した」と言われる。

　ティムール帝国はウズベク族の**シャイバニ＝ハン**
の南下で滅亡した。西トルキスタンには**ヒヴァ**、ブ
ハラ、コーカンドのウズベク系３ハン国が建国され
たが、これらは19世紀に帝政ロシアに併合され、

＊
日本が宋に火薬材料の
硫黄を輸出し続けたこ
とが日本遠征の理由
で、糧が尽きたことな
ど補給に失敗したこと
が撤退の理由だという
研究がある。

**ウズベキスタン共和国
の首都タシケント**

ティムール像の前で。

＊＊
**ウルグ＝ベクの天文台
前**

サマルカンドのウルグ
＝ベクの天文台前でア
フガニスタンから来て
いた家族づれと記念の
一枚。

14
章

中国史（ティムール帝国・サファヴィー朝）

ソ連を経て1991年にウズベキスタン共和国（首都タシケント）として独立した。

サファヴィー朝

　ティムール帝国の南半分にはサファヴィー朝（1501～1736年）が成立、ウズベク族の南下を1510年に撃退した。撃退したのが神秘主義教団のイスマーイール1世で、彼はシーア派の12イマーム派を国教とした。この教団を支えたトルコ系の遊牧民がキジルバシュ（軍団）だが、後のアッバース1世に抑圧された。現在のイラン＝イスラーム共和国が12イマーム派である理由はここにある。サファヴィー朝はスンナ派のオスマン帝国のセリム1世に1514年のチャルディラーンの戦いで敗れた。

　アッバース1世（大帝）はタブリーズからイスファハーンに遷都した。その繁栄ぶりは「イスファハーンは世界の半分」と言われ「イマームのモスク」がある。これは元々は「シャー（王）のモスク」であったが、1979年のイランのイスラーム革命以降は「イマーム（導師）のモスク」となった。ペルシャンブルーの幾何学的植物模様（アラベスク）は楽園のイメージ。世界一広い広場といわれる「イマームの広場」も楽園を造営したものである。楽園思想は古くはゾロアスター教に見られ、ユダヤ、キリスト、イスラーム教シーア派に継承された。アッバース1世は1515年にポルトガルに占領されたホルムズ島を1622年に奪還した。これはイギリス東インド会社と英国海軍の支援により実現した。アッバース1世は本土側にバンダレ・アッバースという港市を築いた。またオスマン帝国からはメソポタミアを奪還した。ササン朝（224～651年）以来850年ぶりのイラン人国家、つまり"ペルシア帝国"であったサファヴィー朝は1736年アフガン人の侵入で滅亡した。しかしアフガン人の支配は長続きせず、同年トルコ系のナーディル＝シャーがたてたアフシャール朝となる。同朝は1796年にカージャール朝に代わられた。

明

　紅巾の乱に参加し韓山童を殺害し「大明国」を乗っ取ったのが朱元璋つまり「明」の太祖洪武帝である。都は金陵（応天府、現南京）。江南からの唯

一の統一王朝、朱子学原理主義の王朝である。

　彼は皇帝一代につき一元号とする**一世一元の制**を開始。中央集権体制、つまり親政体制は**六部**を皇帝直属とすることにより実現した（**中書省**は廃止）。最高軍事機関が**五軍都督府**。中央の監察・司法機関が**都察院**。朱子学を官学化し、**明律・明令**を制定した。**魚鱗図冊**という土地台帳、**賦役黄冊**という戸籍・租税台帳により財政を確保した。**軍戸**を軍籍で把握、**民戸**を賦役黄冊に記載し、組織されたのが兵農一致の**衛所制**。元の制度を原形として**里甲制**という村落組織をつくり、徴税・治安維持のための連帯責任を負わせることにした。また、6カ条の教訓である**六諭**を公布し、**里老人**が民衆を教化した。これは戦前の日本の教育勅語に影響した。

　2代目**建文帝**は洪武帝の孫であるが、彼の封土削減政策に対して叔父である<ruby>北平<rt>ほくへい</rt></ruby>（北京）の<ruby>燕王朱棣<rt>えんおうしゅてい</rt></ruby>が蜂起し勝利を収め（**靖難の役**、**1399〜1402年**）、北京（順天府）に遷都し、3代目**永楽帝**となった。彼が北京に築いたのが**紫禁城**である。紫は玉座、軽々に近づくな、というネーミングだ。

　戦国時代に建設を開始した**万里の長城**を永楽帝も修築したが、同時に5回も**モンゴル遠征**を行った。長城のうち明代に造営された最西端が<ruby>嘉峪関<rt>かよくかん</rt></ruby>だ。

　また**南海諸国遠征**を宦官**鄭和**とその分遣隊に命じ、遠くアフリカ東岸マリンディ（現ケニア）にまで派遣し**朝貢貿易**を促進、**冊封体制**を確立した。公許の貿易である証しが<ruby>勘合<rt>かんごう</rt></ruby>である。**足利義満**は永楽帝により日本王として冊封されている。日本は**寧波**から明に朝貢したが、のちに豊臣秀吉は朝鮮と明を征服し、**寧波**を都にアジア王となろうとした。

　こうして15世紀初頭、「陸」中心の"中国史"が

グーリ＝アミール廟とティムールの棺

サマルカンド（ウズベキスタン共和国）。1941年6月20日、ソ連の調査隊が棺を開けた2日後にヒトラーが独ソ不可侵条約を破棄してソ連に侵攻。2000万人のソ連人が死亡した。棺には「私が眠りから起きた時、この世は恐怖に見舞われるだろう」と書かれてある。

＊
1523年以後、明は勘合貿易を10年に一度に制限したので、密貿易の比重が大きくなった。

「海」の“中国史”に大転換し、世界史は「大交易時代」に突入する。ということは15世紀末のコロンブスやガマから「大航海時代」に入ったとする時代区分が、いかに偽物であるかがわかる。

　明は海賊対策として民間人による交易や海外渡航を禁止し、対外交易を一元的に管理しようとした。これが**海禁政策**である。その厳格さは時期により異なった。海賊や私貿易をすべて監視するのは不可能だった。永楽帝の死後は、公式の朝貢貿易が減り、非公式の私貿易が拡大した。海禁は倭寇鎮圧に成功した後の1567年には緩和された。明代の貿易商人で後期倭寇の頭目が**王直**だ。
_{おうちょく}

　永楽帝は政治の最高機関として**内閣大学士**を設置し、親政を補佐する体制をつくりあげた。永楽帝の死後、宦官が台頭し政治は混乱した。

　税金への抵抗運動を**抗租運動**というが、1448年には減税を要求して**鄧茂七の乱**が起きた。

　明の外患のことを**北虜南倭**という。まず北虜の事例が1449年の**土木の変**で、モンゴルを統一した**オイラト部のエセン＝ハン**が侵入し、明の英宗正統帝が捕虜となり連行された。ついで**タタール部（韃靼）のダヤン＝ハン**がモンゴルを統一した後、孫の**アルタン＝ハン**が1550年に北京を包囲した。南倭とは**倭寇**の活動である。**前期倭寇**は日本人、**後期倭寇**は中国人中心であった。最後にして最大の倭寇が**壬辰・丁酉の倭乱**、つまり1590年代の**豊臣秀吉の朝鮮出兵**である。

　このアルタン＝ハンはチベットに遠征した。吐蕃末期の廃仏で一度衰退したチベット仏教であったが、13世紀に再確立。14世紀末にチベット仏教の**黄帽派**が**ツォンカパ**により始まったが、彼の2大弟子の一人の魂が輪廻転生したと“認定”した人物をアルタン＝ハンが「**ダライ＝ラマ3世**」と命名した。**ダライ＝ラマ**とは「知恵の海」という意味である。

　万暦帝の代1572〜82年に北虜南倭で逼迫した財政を立て直したのか内閣大学士の**張居正**だ。その死の翌年、イエズス会の**マテオ＝リッチ**が伝道に来た。

　その頃スペイン人は**水銀アマルガム法**の導入により大量に抽出されるようになった**サカテカス銀山のメキシコ銀**や南米ボリビアの**ポトシ銀山**の銀（大半はヨーロッパに流れた）を東方物産の決済手段として、1565年に始まる

マニラ＝ガレオン貿易（**アカプルコ貿易**）でメキシコからガレオン船で太平洋、そして明代の中国へと運んだ。一方イエズス会と組んだ**ポルトガル商人**は**生糸・絹織物・鉄砲**（火薬・鉛）を日本に売り、それを1526年に**博多商人**により発見された島根県**石見の日本銀**で決済した。受け取った銀は1557年にポルトガルが居住権を得た**マカオ**から明に流入。元・明・清で用いられた**馬蹄銀**の原資となった。このような潤沢な銀の存在を背景に、新税法の**一条鞭法**が成立した。この税法は780年の両税法以来約800年ぶりの税制改革で、土地税と人頭税（賦役）を一括して銀納するものである。スペイン人レガスピによる**マニラ建設**の1571年の後に一条鞭法が全国的に普及した。

　15世紀半ばから17世紀半ばすぎの東南アジアは「商業の時代」**だが、それにスペイン・明が参入したのである。いわば1571年はグローバリゼーション元年である。メキシコ銀がマニラから**広州**へジャンク船で運ばれ、明代後期の1580年代に全国的に普及したのだ。参考までに「フィリピン」はスペイン王フェリペ2世が正式に領有したため。その名は彼に由来するが、フェリペ2世はその**1571年**に**レパントの海戦**でオスマン帝国を破っている。明代の紙幣は宝鈔と呼ばれた。

　張居正と対立して罷免されたのが**顧憲成**だが、故郷の**無錫**に**東林書院**を建設した。これは政治批判の場となり**東林派**を形成したが、**魏忠賢**ら宦官の非**東林派**との政治闘争が起こり、明は混乱し衰退を招いた。16世紀末の**豊臣秀吉**の朝鮮出兵に際し**朝鮮**（李朝）に援軍を出し財政が苦しくなり、ついで東北地方の**女真族**の**後金**との抗争によりさらに財政は

北京の紫禁城（故宮）
皇帝の玉座へと続くのが龍の模様。龍が満ちみちているのがこの宮殿の特色だ。

＊
一条鞭法が導入されると里甲にかわり納税者自身が直接地方官庁に銀を納入した。

＊＊
南京木綿と湖州生糸が中国の特産品だった。

＊＊＊
メキシコドルが「圓」と呼ばれ、中国の「元」日本の「円」韓国の「ウォン」の起源となった。

＊＊＊＊
武装貿易を営む商業資本家のリーダーの一人、ヌルハチが建国した。

困窮。農民に重税を課しそれが**李自成の乱**という抗租を引き起こし**崇禎帝**が<ruby>崇禎帝<rt>すうていてい</rt></ruby>が自殺、1644年の李自成の北京入城で明は滅亡した。

同時期、李自成と勢力争いをした張献忠による四川大虐殺があったとされる。四川の人口が急減したのだ。これは張献忠を討伐した清によるものだという説もある。

明代には穀倉地帯が長江中流域へと宋代の長江下流域から移動し、「**湖広熟すれば天下足る**」と言われた。山西省の**山西商人**と安徽省の**新安商人**という**客商**が全国的に活躍し利益をあげる。同郷者・同業者の互助機関である**会館・公所**ができた。中華思想と朝貢システムによる海禁の徹底と、明末の混乱などが**華僑（南洋華僑）**として東南アジアへ移住する者を急増させた。江南地方では地主でありながら都市に居住する**城居地主**が登場、逆に官僚身分でありながら故郷で指導層となった者は郷紳と呼ばれた。また明末清初の賃金労働者の暴動を**民変**、家内奴隷の身分闘争を**奴変**といった。

清（ヌルハチ、ホンタイジ・順治帝）

金を意味するのが「**愛新**」。<ruby>愛新<rt>あいしん</rt></ruby><ruby>覚羅<rt>かくら</rt></ruby>はアルタイ語系のツングース系女真族建州部の**ヌルハチ**＊が名乗った苗字で、1616年にアイシン（後金）を建国し女真を統一した。都は**瀋陽**だった。女真とは一種の蔑称だったので、彼らは自らを**マンジュ（満洲＝満州）**と名乗る。**高麗人参**や**テンの毛皮**を携えマニラ市場に参入して経済力をつけた時期だった。

1619年には、明を**サルホの戦い**で圧迫する。**八旗**という独自の軍事組織をつくる。八旗に属した武人階級を**旗人**、清が旗人に与えた土地を**旗地**といった。旗人のために民間耕作地を強制的に収用した政策を**圏地**といった。

この時期、モンゴル諸部のうちチャハル部のリンダン＝ハーンはチベット仏教界と親密な関係を築き、モンゴルを再統一しようとしたが、モンゴル諸部はそれを嫌いヌルハチと同盟した。たとえば**ハルハ部**はヌルハチの子**ホンタイジ**＊＊率いる後金の軍門に下る。1635年、リンダン＝ハーンの遺児（チャハル部）が後金に下り、元朝皇帝に伝わる玉璽をホンタイジに献上。こうして「大元国」の後継国家「**大清国**」（清、1636〜1912年）が誕生することになる。それはチベット仏教の権威に由来する権力、言い換えれば清の皇帝はチベット仏教の外護者（大施主）ということになる。ホンタイジにより

蒙古八旗・漢人八旗が編制された。

　明が**李自成**により滅亡した1644年、中国と満州との境**山海関**を明の遺臣**呉三桂**が守っていたが、北京にいた美人妻が李自成に寝取られると、怒って清（満州人）を北京に手引きする。こうして1644年に清が北京に入城し（入関）、幼い**順治帝**が紫禁城の主となり、満州人の北京支配が始まった。呉三桂らは**三藩**として華南を支配した。

　明王室は東アジアで「海の帝国」を築いた**鄭芝龍**という商人および海賊に、清と戦うよう頼み兵力と資金を渡した。

清（康熙・雍正帝）

　次の康熙帝は1661年に即位した。**遷界令**を出して中国沿海の住民に奥地への強制移住を命じ、鄭氏台湾の孤立を図る。清が漢人部武将で清に協力した**藩王**を廃し、華南を直接支配しようとしたので1673年から呉三桂らによる**三藩の乱**が起きる。乱は1681年に平定され、1683年には鄭氏台湾を攻略し中国を統一した。鄭氏の反清運動に、のちの鄧小平の祖先が参加している。厦門を拠点とした鄭芝龍の子**鄭成功**（**国姓爺**、江戸時代の近松門左衛門の浄瑠璃『国性爺合戦』の主人公）は清に帰順した父と別れた。彼は1661年、台湾に進出していたオランダ人のゼーランディア城を攻略していた。

　清は八旗とは別に漢人を主体にした軍事組織、**緑営**を編成した。清は漢人に対してはアメとムチで対応。アメとしては科挙を奨励し**満漢偶数官制**で漢民族の頭脳を活用。ムチとしては満州人の**辮髪令**を出し拒めば死刑、また**文字の獄**で反清思想を弾圧、**禁書令**を出した。

＊
ヌルハチ
瀋陽郊外の福陵（東陵）。ここにヌルハチの墓がある。

＊＊
ホンタイジ
瀋陽の北陵公園。ここは市民の憩いの場。瀋陽は旧奉天。張学良の屋敷もある。タクシーのなかから「柳条湖」という立体交差を目撃したときには、その地名の実在を体感した。

康熙帝は北のロシアがアルバジン城を築くと、交戦。1689年のネルチンスク条約をピョートル1世と結び、アルグン川とスタノヴォイ山脈＝外興安嶺を境とした。

　康熙帝の命で編纂された字書が康熙字典、百科事典が古今図書集成。さらに康熙帝のとき、典礼問題と一条鞭法に代わる地丁銀（ちていぎん）という税制が始まった（いずれも後述）。

　まず典礼問題について。中国人カトリック教徒が孔子や祖先崇拝の儀礼（典礼）に参加することの可否をめぐる論争を典礼問題という。

　イエズス会は容認、ドミニコ派・フランチェスコ派は否認（教皇クレメンス11世は典礼を否認）。康熙帝は典礼否認諸派の中国伝道を禁止、雍正帝はキリスト教布教を全面的に禁止した。

　次に地丁銀について。康熙帝は1711年以降増えた成年男性は丁銀（人頭税）を免除する盛世滋生人丁（せいせいじせいじんてい）を実施した。中南米から傾斜地栽培可能なトウモロコシとジャガイモが流入したことが人口急増の原因であった。雍正帝の時代に地丁銀となる。背景として富裕地主が丁数（成年男子）をごまかしていたことと貧困農民の未納増加がある。地丁銀とは、丁銀を地銀（地税、田畑に課される税）に組み込み一括徴税することで、結果として人頭税廃止となった。

　次の雍正帝の1727年にキャフタ条約でモンゴルとシベリアの国境が確定、キャフタの位置はバイカル湖の南である。政治が深化し軍機処が設置されたため、それまで政府の重要機関だった内閣大学士が形骸化した。『大義覚迷録（だいぎかくめいろく）』を発行し、清の中国支配の正統性を示した。

清（乾隆帝）

　1735〜95年は乾隆帝の治世である。モンゴル系オイラト部の末裔で最後の遊牧帝国ジュンガル部の拠点イリを攻略した。当時モンゴル系のジュンガル部はチベット仏教のダライ＝ラマに接近していた。ダライ＝ラマと"本物モンゴル"のジュンガル部との"関係"が成立してしまうと、ツングース系であるゆえ"偽モンゴル"である清がダライ＝ラマ、つまりチベット仏教の外護者として「大元国」の後継としての「大清国」と名乗りにくくなるので、その焦りが康熙〜乾隆帝をジュンガル部征討へと駆り立てたのである。

征討したジュンガル部の地域は、そののちイスラーム教徒トルコ人ウイグル族の**回部**、つまり**東トルキスタン＝タリム盆地**（その大半が**タクラマカン砂漠**）と合わせて**新疆**とした。新疆とは新しい領土という意味だ。また、チベット（西蔵）も支配下に置き、満漢蒙回蔵の五族支配が完成、現在の中華人民共和国の領土の原型が整った。

現在の中国北西部に位置する新疆ウイグル自治区は中国全土の6分の1を占めており、ウイグル族など40の民族約1900万人が暮らす。イスラーム教徒が約1000万人暮らしているが、近年その1割の100万人前後が強制収容所にいると報道されている。ウイグル族は1933年と1944年の東トルキスタン共和国というかたちで独立しようとして失敗している。奔流のように入植する漢人との経済格差から**2009年**に**ウルムチ**でウイグル騒乱が起き、それを機に独立闘争が激化、北京政府が神経をとがらせ現地では取材規制が敷かれている。

清では土着の有力者による支配を改め（改土）、漢人を中央から派遣する（帰流）明代以降の統治策**改土帰流**が受け継がれた。外モンゴル、新疆、チベット、青海を総称して**藩部**といった。また、藩部の管理事務機関を**理藩院**（ホンタイジが内モンゴルを平定した際に設置した**蒙古衙門**が起源）という。満漢が直轄地、蒙回蔵が藩部である。

乾隆帝の命で編集された叢書が『**四庫全書**』、五カ国語対比字典が『**五体清文鑑**』。

清は北方に対しては遊牧世界の盟主として振る舞い、南方に対しては征服王朝でありながら明の中華思想と中国伝統の華夷秩序を意識した**冊封体制**、つまり清は「**地大物博**」であるゆえ対等の貿易を必要

紫禁城（北京）の城壁
この宮殿は北に位置する景山公園から眺めると、巨大なる線対称の建造物であることがわかる。読者の方々は自身のスマホで画像検索し是非とも確認していただきたい。

＊
1720年に清朝の公認を受けたダライ＝ラマ7世がラサに入城したのが清のチベット保護の始まり。

清はモンゴル王家と通婚などにより密接に関係しつつ、紫禁城では中華の天子として臣民に君臨した。

＊＊
西洋諸国は米穀を輸出するタイなど東南アジアのように中国が求める物産をもっていなかった。

としないとかまえる朝貢体制を継承した。

珠江の河口都市広州は1757年に朝貢窓口（対ヨーロッパ唯一の貿易港）とされた。広州には公行（広東十三行）という13の特許商人の組合が置かれたが、これは貿易制限令に等しい。1793年にはイギリスのマカートニーが離宮がある熱河で乾隆帝と謁見するが、非公式な謁見だったので三跪九叩頭は免除されたものの、貿易拡大交渉は失敗する。イギリスは清から茶を購入し莫大なる貿易赤字があった。茶は、ワインを生産できず、そのうえコレラが流行しやすいイギリスでは水分供給のため、また薬として、さらに有閑階級にとってはコミュニケーションの、甘い紅茶は肉体労働階級にとっては早朝に血糖値を上げるために不可欠な商品であった。

清（嘉慶帝）

乾隆帝は祖父康熙帝の在位期間を超さないよう1795年に退位したという。次の嘉慶帝時の1796年には白蓮教徒の乱という宗教的農民蜂起が起き、八旗や緑営という正規軍より義勇軍である郷勇が鎮圧に活躍、清軍のもろさが露呈した。清初以来の革命的秘密結社に天地会やその一派哥老会があるが、これらが孫文ら清末の革命運動を支援した。

イギリスは産業革命の完成期に入り、赤字解消そして自由貿易推進のため清をマーケットにしようとアマーストを送る（1816年）も、彼が三跪九叩頭を拒否したので嘉慶帝に謁見できなかった。清はイギリスを英夷と呼び理藩院で扱った。

清（道光帝、アヘン戦争）

イギリスは茶の輸入により貿易赤字を生じていたが、東インド会社の貿易独占廃止後、ジャーディン＝マセソン商会がインド産のアヘンを中国へ密輸する三角貿易で相殺していく。1830年代には清朝中国から逆に銀が流出し始めた。

ちなみに1803年にはイギリス国内の綿織物の生産が毛織物を凌駕した。ミュール紡績機による細糸の開発によりインドに綿製品を売り込み始めた。つまり対インド（ムガル朝）貿易赤字は解消できていた、ということである。次は対中国ということで、インド産アヘンを売り始めたのだ。英領イン

ドにおいてアヘンからの収益が歳入の6分の1を占めていた。

　1839年はマンチェスターでコブデンとブライトが反穀物法同盟を結成した年、自由貿易に乗り出した年である。清はアヘンの密輸取り締まりを強化し、1839年に欽差大臣の林則徐が広州でアヘンを焼却した。道光帝が個人的にアヘンを嫌悪していたことも関係したといわれる。こうして1840年、アヘン戦争となった。コブデンは開戦に反対したが、イギリスの外相パーマストンが断行した。イギリス兵の多くが東インド会社の傭兵だった。「夷をもって夷を制する」とはこういうことである。これがパーマストンによる砲艦外交で、広州から上海にかけての街々を艦船で砲撃した。林則徐はアヘンを焼き捨てたことが戦争を誘発したとして責任を取らされ、僻地である新疆に飛ばされた。アヘン戦争中には農民が組織した平英団という反英闘争もあった。

　1842年の南京条約では広州・厦門・福州・寧波・上海の五港開港、公行廃止、香港島割譲が取り決められた。その後の五港通商章程で領事裁判権・治外法権がイギリスに初めて認められた。1843年の虎門寨追加条約では片務的最恵国待遇・関税自主権の喪失などが追加された。1844年にはマカオ郊外でアメリカと望厦条約、同年、広州郊外でフランスと黄埔条約という南京条約とほぼ同様の不平等条約を結んだ。南京条約後に開港場に設置された外国人居留地を租界という。

　林則徐の依頼で『海国図志』を著したのが魏源で、これは幕末の日本でも読まれた。アヘン戦争での清の敗北は江戸幕府にとっては大事件であったが、朝鮮の王宮は中国ばかり見ていたので、近代化

*
広州の沙面地区の教会
広州は南部中国の玄関口だ。

**
ジャーディン＝マセソン商会
上海の外灘（バンド）にあるジャーディン＝マセソン商会の前身は東インド会社。その長崎の代理店がグラバー商会。18世紀にバグダードに登場したユダヤ財閥サッスーン家とはライバルであり親族でもある。

の必要性に気づくのが遅れた。

清（咸豊帝、太平天国、アロー戦争）

　近代中国史最大の反乱が1851〜64年の**太平天国の乱**である。この反乱の死者はざっと3000万人といわれる。

　科挙に幾度も失敗した**洪秀全**は「勧世良言」というパンフレットの影響で孔孟の道（儒教）を捨て、キリスト教的結社**拝上帝会**を結成した。上帝とは**ヤハウェ**のことである。**広西省金田村**で挙兵。「よそ者」を意味する漢人移住者**客家**を中心に信者を増やし、「**滅満興漢**」をスローガンに清打倒と漢人国家樹立を叫び、辮髪を廃止したので**長髪賊**と清から蔑視された。纏足を禁止し、**天朝田畝制度**で男女の別なき土地の均分を目指したが、実施されなかった。**太平天国**は一時は南京を占領し**天京**と称したが、**郷勇**と**常勝軍**に滅ぼされた。

　漢人の地方官僚や郷紳がとくに故郷で募集した義勇兵である郷勇の代表が、**曾国藩**の**湘勇**と**李鴻章**の**淮勇**である。

　外国人部隊の常勝軍の代表が、**アメリカ人ウォード**と指揮官を引き継いだ**イギリス人ゴードン**（クリミア戦争、アロー戦争にも従軍し**円明園焼き討ち**にも参加したが**マフディーの乱**の時スーダンの**ハルツーム**で戦死）である。

　太平天国は**咸豊帝**の治世の出来事であったが、清の正規軍の**八旗**と**緑営**はアヘンでメロメロだった。また、太平天国とほぼ同時期に触発され長江以北を中心に活動した農民反乱軍を**捻軍**という。

　アヘン戦争の南京条約後もイギリスが期待したほど英国製品の輸出は伸びなかった。綿製品はもともと中国にもあり、長江以南を開港しても内地に向け鉄道があるわけでもなく、そもそも大消費地は北京を中心とした華北であるので、一層の市場拡大を目指していたイギリスは、第2次アヘン戦争を起こす。1856年に広州停泊中の英船籍の**アロー号**が海賊容疑で臨検され、中国人船員が逮捕されたことを英国旗ユニオンジャックへの侮辱であるとし開戦。これが**アロー戦争**で咸豊帝の治世だ。フランスも**フランス人宣教師殺害事件**を口実に、ナポレオン3世が開戦した。同時期、英仏両国は**クリミア戦争**でも共同歩調をとっている。

　1858年の**天津条約**[*]では外国公使の北京駐在、アヘン貿易の公認、南京な

ど開港場の増加、キリスト教布教の自由、外国人の中国内地旅行の自由などが取り決められた。その批准交換の英仏使節が砲撃されたので、両国は再び遠征軍を送り、戦闘再開。北京を占領した英仏により1860年、**円明園**の破壊があった。ちなみに円明園は乾隆帝時代にイタリア人カスティリオーネにより設計されたものである。1858年の**アイグン条約**（ロシアの東シベリア総督は**ムラヴィヨフ**）で清とロシアの国境線は**アムール川＝黒竜江**となり、沿海州は両国の共同管理となった。1860年の**北京条約**では、まず天津条約が批准交換され、**長江航行の自由、天津の開港、九竜半島南部割譲**が追加された。調停したロシアとの北京条約で沿海州はロシア領となり、のちにロシアは**ウラジヴォストーク**（＝「東方を治めよ」の意）を建設した。

ロシアが北方領土を日本に返還できない理由の一つが、もし返還したら中国にアムール川以北や沿海州（日本の国土の４倍）を返還しなければならなくなる可能性がでてくるからだ。ついでだが、北方領土が日本領になれば米軍基地ができうることが最大の原因である。

さて、1861年には清朝最初の外交事務官庁**総理各国事務衙門（がもん）**が置かれた。初代主席は咸豊帝の弟である**恭親王（きょうしんおう）**である。

清（同治帝、光緒帝、日清戦争、義和団事件）

1860年頃から展開された西洋の軍事技術などを導入し、富国強兵を図ろうとした近代化運動を**洋務運動**という。

曾国藩・李鴻章・左宗棠（さそうとう）ら漢人官僚が中心で、張之洞（しどう）の**中体西用論**がそのスローガン。これは儒学を

九竜半島から見た香港島

地下鉄駅は尖沙咀（チムサーチョイ）。対岸が中環（セントラル）。船で渡ると風情がある。2019年7月、若者ら数千人が九竜半島の幹線道路を占拠、警官隊と衝突した。8月には空港をも占拠した。

＊
天津条約（1858）によってアヘン輸入が合法化されると中国アヘン生産は一層拡大した。

＊＊
彼らは非合法な行会（秘密結社）に軍費の徴収を請け負わせた。

中心とする中国の伝統的学問を本体とし、西洋の学問を応用するという意味だ。つまりこれは清が中華思想を捨てきれていないことを意味する。

洋務運動は1884〜85年の清仏戦争、1894〜95年の日清戦争の敗北で限界が明らかになるが、そこに至る洋務運動前半の平穏な時期を同治の中興という。咸豊帝と西太后の子、同治帝の治世だ。

甲午農民戦争（東学党の乱）が朝鮮で起きた時期、半島支配をめぐって日清戦争*が起きた。日本は海陸両軍で清を圧倒し、戦後、対欧米不平等条約を改正し、帝国主義列強への道を歩む。1895年の下関条約の全権は伊藤博文と李鴻章。実際のところ日本は李鴻章個人の軍隊と戦ったのだ。結果、朝鮮の清からの完全独立、つまり清の干渉権放棄と、清には遼東半島・台湾・澎湖諸島の日本への割譲や賠償金の支払いが課された。日本の開港場での内地企業権も認められた。日本は1877年の西南戦争後に自由民権運動が本格化、1889年には大日本帝国憲法発布、1890年に国会の開設が実現していた。

ところで、東京都知事石原慎太郎が2012年に尖閣諸島購入計画をたて都民から寄付金を募集した。これを受け民主党野田内閣が国有化を決定、日中関係が緊張した。日本が尖閣諸島を自国領だと主張する根拠は、1895年1月に当時の国際常識であった「先占権」にもとづいて無人の島を沖縄県に編入したからであり、日清戦争の下関条約で日本が清に台湾を割譲させたのは1895年の4月であるから、日本は日清戦争で尖閣諸島を獲得したのではなくカイロ宣言（1943年）を含んだポツダム宣言（1945年）の適用外であると主張する。

一方現在の北京政府は、台湾は中華人民共和国の一部→尖閣諸島は台湾の一部→台湾は日清戦争の下関条約での日本の獲得地→カイロ宣言で日清戦争の獲得地放棄が決定→日本はカイロ宣言を含むポツダム宣言を受諾し無条件降伏→ゆえに日本ではなく中華人民共和国の領土であるという論法である。

さて日清戦争後の1895年に戻ろう。日本は1897年に日清戦争の賠償金でドイツ人技師の指導のもと北九州に官営の八幡製鉄所を着工する。石炭は筑豊炭田から、鉄鉱石は中国の大冶鉄山から供給した。

敗れた李鴻章はロシアに接近する。その結果、ロシアが露仏同盟のフランスと黄禍論者ヴィルヘルム2世のドイツを誘い、日本に対しいわゆる三国干

渉し、遼東半島は清に返還させられる。1896年の露清密約（ウィッテ・李鴻章）で、清はロシアに黒竜江省から吉林省（チタ～満州里～ハルビンが東清鉄道、ハルビン～長春が南満州鉄道）を通過してウラジヴォストークに至る鉄道の建設を許可した。また、朝鮮半島には1897年に高宗李太王の大韓帝国という親露政権ができたが、これが1902年の日英同盟、1904年の日露戦争の原因となる。

アヘン戦争を契機とする欧米列強の中国進出、ウェスタンインパクト（西洋の衝撃）が中国近代の起点とされるが、それは正確ではない。アヘン戦争は「英夷」による南方の局地的脅威にすぎなかった。日清戦争は朝鮮半島から「東夷」を追い出す戦争にすぎないはずだった。しかし日本は開国後初の大国との戦争で、国民軍で必死に戦ったが、清は李鴻章の私兵、内陸や南の軍閥はまったく関知しなかった。その日清戦争に負けたのである。わずか30年前に西洋式システムを取り入れたばかりの日本が、黄海海戦で最新の西洋式軍備の李鴻章の北洋艦隊に勝ったのだ。もはや中国の伝統的システムが通用しないことが明らかになった。前221年の秦の始皇帝に始まる中国は、こうして日清戦争を契機に「古代」から「近代」に移行するのである。

日清戦争での敗北の反省から、考証学に批判的で政治上の実践を重視する公羊学派の儒学者らが中心となって日本の明治維新をモデルに、西欧型の議会政治による立憲政治を目指す変法運動（変法自強）が起き、光緒帝のもと戊戌の変法が康有為・梁啓超らにより推進されたが、西太后の弾圧、1898年の戊戌の政変で頓挫し、百日維新で終わった。変法派を裏切ったのが袁世凱だ。光緒帝は幽閉された。

14
章

中国史（ティムール帝国・サファヴィー朝）

＊
澎湖島上陸時に日本の将校の5分の1がコレラで死亡。日清戦争死者の9割が感染症で死亡。

＊＊
ロシアは日清戦争の賠償金支払いに苦しむ清にフランスで調達した資金を貸し付けた。

＊＊＊
満州里は1910年のペスト流行の中心となる支易地。

民族、法律、文化、時間、経済、宗教、団体、質量、空間、意識、主観、理論、理性。これらは福沢諭吉や西周らが明治維新後に造語したものである。欧米の出版物の原文に当時の日本語にないものが多かったからだ。

＊＊＊＊
思想的には進化論が体制変革への情熱をかき立てた。

日清戦争の賠償金を借款でまかなおうとした清は鉄道敷設権や炭鉱採掘権などの利権を列強に提供したので、「眠れる獅子」の中国分割が行われた。たとえば露仏同盟の1891年に工事が始まったシベリア鉄道は、1905年に東清鉄道とつながった。1898〜99年にかけて列強が以下を租借した。遼東半島の先端旅順・大連をロシア、同地を日露戦争後の1905年に関東州として日本が租借。山東半島は膠州湾としてドイツ。その半島の先端を威海衛としてイギリス。フランス領インドシナに近い広州湾をフランス。香港島の対岸の九竜半島（新界）はイギリス。日本は福建不割譲条約を結び、福建省を勢力範囲とした。

　キリスト教に反感を抱いた白蓮教系の結社で、山東省を本拠にしたのが義和団*だ。「清朝を助け外国勢力を駆逐する」意の扶清滅洋をスローガンに、義和団事件（1900〜01年）を起こした。この反乱は電線・線路・教会など西洋列強が建設したものに攻撃を加えた。背景には、ドイツが敷いた膠済鉄道と競合し、失職した輸送業者たちの憤りがあった。また、19世紀後半には仇教運動（きゅうきょう）と呼ばれる反キリスト教運動や教案という教会攻撃が中国各地で起きていた。

　8カ国共同出兵の結果、1901年の北京議定書（調印は11カ国）で多額の賠償金とともに列強の北京駐兵権が承認され、中国の半植民地化が決定した。

　20世紀に入ると清朝も新政（光緒新政）詔勅を出し、体制内の改革を行った。1905年には科挙を廃止し日本を主な行き先とした留学生が官吏として登用された。1906年には西洋式軍隊（新軍）を設置、1908年には大日本国憲法を模して憲法大綱を出し、国会開設公約により、9年後の国会開設を約し、法による支配の方向性を示した。この年、西太后が死去し、宣統帝溥儀が2歳で即位した。1911年には、軍機処が廃止され、責任内閣制度を採用、北洋軍閥の総帥で李鴻章の後継者である袁世凱が内閣総理大臣に就任した。

　孫文は1894年にハワイで興中会を組織した。これに1904年に日本に留学していた学生を中心に結成された光復会（章炳麟（しょうへいりん）らが結成）、華興会（黄興（こう）らが結成）などの革命諸団体が加わって、日露戦争の勝利に沸く1905年の東京で中国同盟会を設立し、民族の独立・民権の伸長・民生の安定を目標

に三民主義を唱えた。日本の大陸浪人の**宮崎滔天**（みやざきとうてん）や映画監督でアジア主義者の**梅屋庄吉**（孫文は現新宿区大久保百人町にあった彼の屋敷で**浙江財閥**の次女**宋慶齢**と結婚、新婚旅行は日本の有馬温泉）が孫文のスポンサーだった。資金と地盤がなかった孫文は、ハワイ〜東京〜香港を転々とした。中国同盟会には蔣介石も日本で参加した。中国から外国勢力を排除する「**駆除韃虜**」、漢民族国家を回復する「**恢復中華**」「**創立民国**」「**平均地権**」（孫文はマルクス主義の影響をおおいに受けている）を四大綱領としてスローガンとした。機関誌は『**民報**』。当時、紡績業で富を得た**民族資本**[**]により、列強に奪われた**鉄道敷設権**や**炭鉱採掘権**などの**利権回収運動**が起きていた。

*
義和団はマテオ＝リッチの墓を壊した。

**
在華外国企業や銀行に代わって対外経済関連を行っていたのは「買弁」と呼ばれる華人だった。

清（宣統帝、辛亥革命）

清朝の財政難解決のため1910年に英米独仏の４カ国の銀行による**四国借款団**が結成され、1911年になると借款（ローンもしくはクレジット）が成立、湖広鉄道借款も成立した。

1911年清朝が、北京議定書における莫大な賠償金を支払うため、四国借款団や日本から外債を借り入れ、全国の鉄道すべての国有化を図る**幹線鉄道国有化宣言**を出し鉄道経営を列強に委ねようとすると、**四川暴動**が起き、それを鎮圧するため**湖北新軍**が派遣された。しかし1911年10月10日、中国同盟会員に洗脳された湖北新軍の清朝に対する**武昌蜂起**、つまり**辛亥革命（第一革命）**が勃発、14省が独立宣言するに至る。1912年１月１日に**中華民国**[***]が建国され、**孫文が南京で中華民国臨時大総統**になり（辛亥革命の当日、孫文はアメリカ・コロラド州

***
中山紀念堂
孫文は中国では孫中山と呼ばれ、当初の活動の拠点が広州であった。写真は広州の中山紀念堂。

に滞在中で、ホテルの英字新聞で革命を知った)、南京の朱元璋の墓前に報告した。中華民国といっても実態は孫文独裁の一軍閥(私兵徴税集団)にすぎなかった。孫文は**五族協和**(漢満蒙回蔵)を唱えたが、実のところ明へのノスタルジアから脱しきれない漢人国家としての共和国建設であった。

中華民国建国と第一次世界大戦

清朝は袁世凱を革命政府討伐軍の司令官としたが、**袁世凱は革命派と取引**し、2月に宣統帝を退位させ、3月に孫文との約束を破り、北京で臨時大総統に就任した。憲法制定までの暫定基本法が**臨時約法**だ。中華民国は袁世凱に乗っ取られたかたちとなった。

宋教仁は1912年に中国同盟会を中心に反袁世凱の議会内野党である**国民党**を結成したが、袁世凱に殺された。孫文らは1913年に**第2革命**を起こすが、失敗。**1914年には東京で秘密結社中華革命党**を結成した。袁世凱は**新約法**を出し専制を正当化。**帝政復活運動**を展開し中華帝国建設をすすめたので、これに対して1915年、**第3革命**。袁世凱は1916年帝政の取り消しを宣言した。

この間、1914年には第一次世界大戦が勃発。日本は日英同盟を根拠にドイツに宣戦布告し、**チンタオ(青島)**を攻撃。早稲田大学の創設者大隈重信が**袁世凱**に、ドイツの勢力圏であった**山東半島**における権益を認めさせる**21カ条要求**をつきつけ、中国政府は受諾した(国恥記念日)。

袁世凱は1916年に病死、各地方政府は中央からの離反の姿勢を示す。以後1928年まで中国は、袁世凱の後継者で北京を支配した段祺瑞(**安徽派**)や馮国璋(のち呉佩孚、**直隷派**)や張作霖(**奉天派**)などが指導する**軍閥抗争**の場と化し、各軍閥は資本主義列強の支援をとりつけ、中国の分裂を助長した。孫文は広州に広東軍政府を設立し、大元帥となる。

文学革命と中国共産党結党

「デモクラシー(民主)とサイエンス(科学)」をスローガンとした**文学革命**は1917年に**白話運動**を中心として展開した。早大に留学した**陳独秀**が1915年に上海で発刊した『**青年雑誌**』が1916年に『**新青年**』となり、白話運動(口語運動)や新文化運動を支えた。新青年とは結婚相手を親ではな

く自分で決める、伝統や因習と決別した進歩的な人間のことである。

アメリカ留学とプラグマティズム（実用主義）の影響で儒教思想を批判し、白話文学を提唱したのが**胡適**（『**文学改良芻議**』）。一方、早大でマルクス主義に触れ、北京大学で教授になって五四運動の理論的指導者になり1924年の第一次国共合作にも貢献し、1927年に張作霖に処刑されたのが**李大釗**。初の白話文学『**狂人日記**』で伝統と儒教を批判し、『**阿Q正伝**』で悲惨な現実を見極めようとしない中国民衆の意識を徹底的に批判したのが**魯迅**。白話文は中国語の日本語化のことだ。

5度目の国恥記念日を数日後に控えた**1919年5月4日**に北京大学の学生を中心に**五四運動****が起こった。これは第一次世界大戦のパリ講和会議で21カ条要求廃棄が拒否されたからである。中国政府はヴェルサイユ条約調印を拒否した。反帝国主義・反封建主義・軍閥打倒・排日の愛国運動に発展し、中国民主主義革命の発端となった。このような組織的な抗日運動は、背後にコミンテルンあるいはアメリカの宣教師など欧米の組織による支援が胚胎していたことが大いに考えられる。

┋ 第1次国共合作

1919年に**中国国民党**は大衆政党となる。同年、ソヴィエト政権の外務人民委員代理のカラハンが、帝政ロシアが結んだ不平等条約を破棄すると宣言した（**カラハン宣言**）。**コミンテルン（第3インターナショナル）**の指導で1921年に**陳独秀**を委員長として**上海**で結成されたのが**中国共産党**である。この時期、ロシアの**レーニン**ら**ボリシェヴィキ**によるソ

*
北京大学教授の李大釗は家族中心の家族制度をつぶすことにより私有財産を消滅させ、共産主義という公に奉仕させる共産革命という理念を明確にした。

**
"中国人"というアイデンティティーで起こった初の運動。五四運動こそが「中国」現代史の始まりである。

ヴィエト政権はネップ（新経済政策）で資本主義をいくらか許容しており、歩調を合わせた中国共産党もブルジョワと妥協する。コミンテルンは国民党（孫文はロシア共産党のボロジンを顧問として受け入れた）にも接近し、1923年の孫文＝ヨッフェ会談を受けて、1924年の中国国民党一全大会で軍閥打倒を目指して国民革命に邁進するために第1次国共合作が成立した。国民党は三民主義を発展させて連ソ・容共・扶助工農をスローガンとした。毛沢東も国民党に入党し宣伝部長となった。同年、打倒軍閥のため広州に黄埔軍官学校[*]が設立され、国民党の蔣介石[**]が初代校長、共産党の周恩来が副校長に就任した。この学校はコミンテルンの支配下にあったが、軍事訓練のノウハウには日本の影響があった。つまり第1次国共合作とは、ソ連が孫文を騙して中国共産党に中国国民党を乗っ取らせる作戦そのものだったのだ。資金と地盤のない孫文が、スポンサーを日本からソ連に乗り換えただけの話である。

　1925年3月孫文は病死、「革命いまだならず」が残した言葉である。

　同年、上海の日本人経営の紡績工場で中国人労働者の新ラダイト運動が起き、殺傷事件からゼネストに発展した5・30運動が起きた。結果として資本家の労働者に対する態度は冷淡になる。7月、広州（広東）国民政府は正式に中華民国国民政府（今日の台湾の前身）を成立させた。

北伐

　国民党の蔣介石は黄埔軍官学校で三民主義とマルクス主義が同時に教えられていたことを危惧し、反共のかまえを見せ始める。彼は北の軍閥（私兵徴税集団）を掃討する軍事行動、北伐を主張する。広州政府が最も南の軍閥だから、他を征伐すれば必然的に北伐となる。

　このためソ連のアドバイスを受けて北伐を時期尚早とする汪兆銘と対立し始める。蔣介石の最初の反共的行動は、1926年3月の中山艦事件（国民党の左派と共産党が蔣介石をソ連に拉致しようとしたので、逆に蔣介石が艦長はじめ共産党員を逮捕。ソ連顧問団の住宅を包囲した事件）である。これを機に国民党内での蔣介石の権力基盤が確立し、汪兆銘はフランスに亡命した。

　1926年7月、蔣介石は北伐を開始する。第1次国共合作の結果、1927年

402

1月に**国民党左派**と共産党でつくったのが**汪兆銘**の**武漢国民政府**。共産主義嫌いの**蔣介石**ら国民党右派が4月につくったのが**南京国民政府**である。蔣介石は**浙江財閥**の三女**宋美齢**の夫として、帝国主義諸国と浙江財閥の求めに応じ、共産党員と労働党を多数虐殺した。これが**1927年上海クーデタ（4・12クーデタ）**である。蔣介石に妥協した国民党員や共産党員の要請で汪兆銘が復帰し、武漢政府は同年9月に合流した。これで第1次国共合作は破綻した。

1922年の**ワシントン会議**における中国に関する**九カ国条約**で、日本の中国における特殊権益を認めた1917年の**石井＝ランシング協定**が破棄された。アメリカの本音は中国における権益確保であり、その野心を見抜いた蔣介石は、これを利用した。日本軍は山東省から撤兵していたが、1926年に北伐が開始され、1927年の**南京事件**で外国人が襲撃されると、**田中義一**内閣は**邦人保護**を名目に1927年の第1次、1928年の第2次**山東出兵**を敢行。その際、日本軍が北伐軍と衝突し、多数の死傷者を出すことになる**済南事件**が起きた。これで中国人の対日感情は悪化。一方、日本では1927年に**金融恐慌**が起き、多数の銀行が倒産。危機のなか対中国不干渉の**若槻礼次郎**内閣が倒れ、積極進出策を打ち出した**田中義一**内閣が誕生していた。

北伐軍は日本軍を迂回して**北京**にはいり、**東3省**（奉天つまり現在の**遼寧省・吉林省・黒竜江省＝3**つまとめていわゆる満州）を拠点とした**奉天軍閥**の総帥で日本の支援を受けていた**張作霖**を北京から追放して1928年6月に北伐が完成。**国民革命**は一応完成した。

ちなみに満州を中国人が支配したことはなかっ

＊
中国共産党の軍隊、つまり現在の中華人民共和国の国軍が人民解放軍。黄埔にある訓練所にはこのようなスローガンが掲げてあった。

＊＊
蔣介石の南京国民政府の指導下で「地方自治」を政治理念に行政のシステムが整った。それは古くは周代から存在し、隋代に科挙が始まることにより決定的なものとなった社会保障のシステム、つまり家族を基盤とした組織づくりだった。

＊＊＊
日本は世界を征服すべきで手始めに満州を獲得すべし、と田中義一が昭和天皇に極秘に上奏したという偽書がアメリカで発見され中国で流布した。これが「田中上奏文」であるが、アメリカ人のマニフェスト＝デスティニーを日本人に投影した文書である。

国民政府は1931年に関税自主権を回復した

た。日露戦争の1904年から日本が清から満州南部の開発権を得て開発したが、1912年、清が崩壊し満州は不安定化していた。

満州における勢力は、①南満州鉄道を保有する日本（軍隊は山海関の東に配属されたので関東軍と呼ばれた）、②東支鉄道の利権を保有するソ連、③馬賊出身で獣医だった張作霖の奉天軍閥の三つに大別された。日本政府は満州を対ソ連の緩衝地帯とするために張作霖と提携した。張作霖は1927年に北京に侵攻すると、ソ連大使館を占拠し隠れていた中国共産党員を大量に処刑し、ソ連の謀略工作文書を世界に公表した。

奉天事件〜満州国建国

1928年、張作霖は奉天へ帰る途中爆死。日本の河本大作大佐が計画立案し中国東北部の直接支配を狙った事件と考えられ、田中義一内閣が昭和天皇の怒りを買い、総辞職した。ただ張作霖と同乗していた儀我少佐によると、鼻血程度の軽傷だったという。もし河本が儀我を爆殺したら殺人罪であった。爆殺現場の状況から、近年、ソ連の報復爆殺説が出てきている。スターリンの命令でGPU（後の秘密警察KGB）の仕業であるという説だ。息子の張学良説も浮上している。

その息子の張学良は国民政府に忠誠を誓い、青天白日満地紅旗（国民党の旗）を掲げた。こうして南京の蒋介石の支配が満州にも及ぶことになった。1928年は"いわゆる"中国統一の年である。1929年に父から権力を継承した張学良は、東支鉄道の利権を接収しようとして、逆にソ連に満州に侵攻され大敗し、ハバロフスクで講和条約を結ぶ。国際連盟はこの時のソ連の満州侵攻を非難しなかった。

共産党に目を転じよう。

1927年8月1日、中国共産党の軍隊紅軍が南昌にて誕生（南昌起義）、海豊・陸豊に中国初のソヴィエトができ、1928年には湖南・江西省境の井崗山を革命本拠地とした。18名の委員のうち6名が元博徒（ばくと）であった。1931年には江西省瑞金に毛沢東を主席として中華ソヴィエト共和国臨時政府ができた。一方、南京の蒋介石の国民政府において英使節団の提案のもと紙幣や公債の発行（幣制改革で銀貨を禁止しポンドと連動した法幣を発行）や徴税も行われ、憲法大綱もつくられた。

1931年2月の中華民国政府による「鮮人駆逐令」で朝鮮人農民が満州から追放されることになる。長春北西に位置する万宝山に朝鮮人が入植しようとすると、中国人農民と衝突。この一件が中国人が日本領事館を襲撃する事態に発展した（万宝山事件、これを機に朝鮮半島内での中国人への嫌悪感が高まった）。また日本の中村大尉が張学良の部隊に殺害される中村大尉事件も起きた。

　これらを背景に1931年9月18日に**石原莞爾**らの主謀で**関東軍**が奉天郊外の**柳条湖**で事件（**満州事変**）を起こし、「**15年戦争**」（1931～45年）が始まった。国際連盟の調査委員会である**リットン調査団**は日本の侵略であるとしつつも日本に理解も示し、中国東北部の日本の権益を大幅に認めた。国際連盟は満州の国際管理化を要求。リットン調査団は張学良にも重大な条約違反を見出した。

　日本は1932年**溥儀**を擁立し**満州国**を建国。首都は**新京**（長春）。同年の**犬養毅**首相暗殺事件**5・15事件**は政党内閣の終わりと軍部の台頭を印象づけた。同年1932年日本人殺害事件を口実に、日本海軍が戦闘を開始した**上海事変**を起こし、英米仏伊の調停で停戦した。また満州と万里の長城の間の**熱河**を満州国に編入した。**1933年**には国際連盟がリットン調査団の報告にもとづいて満州からの撤兵勧告案が採択されたので、それを不満として**国際連盟**から脱退した。中国政府は、**塘沽停戦協定**で事実上、満州国を認めた。満州国には大使館が設置され、中華民国と満州国は通関協定まで結んだ。ソ連やドイツは満州を承認、ソ連は1935年に東支鉄道を日本に売却した。当時の国連加盟国60のうち20が満州を承認。参考までに1924年に建国されたモンゴル

＊
張作霖台頭の基盤は大豆が生み出す外貨だった。

＊＊ 九・一八歴史博物館
1931年9月18日の満州事変（柳条湖事件）の巨大な記念碑。江沢民の文字が強烈だ。

＊＊＊
コミンテルン1932年テーゼは日本共産党に「天皇制打倒」を呼びかけた。社会主義革命の語彙と論理が5・15事件の檄文にも見られる。

アメリカの伝統的なアジア戦略は、他の国がアジアを支配することを断固阻止することである。だから、日本の「大東亜共栄圏」をつぶし、戦後はソ連をバックとする共産主義勢力との朝鮮戦争、そしてベトナム戦争で多大の犠牲を払ったのだ。

人民共和国を承認していたのはソ連1カ国のみであった。しかしアメリカは、1932年にフーヴァー政権のスチムソン国務長官が「満州国不承認宣言」を出し、それはローズベルト政権に継承された。翌年、アメリカはソ連を承認し日本を牽制する。

長征と西安事件

蔣介石は、黄埔軍官学校以来の直系の軍事力と蔡元培ら国民党の元老の支持や浙江財閥の豊富な資金力で中央集権化を推進した。方針として打ち出したのは「安内攘外」。まず中国を統一し次いで外国を追い出すというもの。「日本は皮膚病、中国共産党は心臓病」と喩えた。

1934年10月から1936年10月まで、中国共産党の紅軍が国民党の圧迫を受けて、江西省瑞金から陝西省延安まで1万2500km大移動したのが長征（大西遷）。共産主義者の共同体が冬山を移動したわけだから、その死者数は諸説あるが数万人に上った。彼らを革命の第1世代という。

長征中の遵義会議でモスクワ留学組の王明から毛沢東に主導権が移行した。1935年8月1日、抗日民族統一戦線結成とそれを阻む蔣介石政権の打倒を呼びかけた八・一宣言を出す。同年、日本は冀東防共自治政府を河北省東北部（北京と万里の長城の間）につくり、日本商品の密輸の拠点として中国経済に打撃を与えていた。

1936年、張学良＊と楊虎城は蔣介石を西安に幽閉、共産党の周恩来の説得で蔣介石は抗日に同意した（西安事件）。延安総攻撃の打ち合わせのために西安に赴いた張学良であったが、彼としては自分の兵力を共産主義者との内戦に使うのではなく、満州奪回の対日戦に温存しておきたかったと考えられる。張学良にとって蔣介石の延安の共産党攻撃命令は自分の手勢を減ぼす陰謀に感じたのであろう。だから共産党の協力要請陰謀に"乗った"のである。蔣介石にも事情があった。息子の蔣経国が12年間もソ連で人質になっていたのである。蔣介石としては自身と息子の解放を条件に（1937年にロシア人妻と共に帰国）、対日戦を約束させられたのだ。

一方、日本では1936年の2・26事件＊＊で日本陸軍皇道派将校が決起し、軍部による政権樹立を目指したが4日間で鎮圧され、以後中国への侵略が加速する。

日中戦争

　1936年11月に**日独防共協定**（反コミンテルン協定）が締結されると、ソ連のスターリンは東西の挟撃を防ぐため、日本を日中戦争の泥沼に誘い込み無力化した。そのために西安事件で捕らえた蔣介石が使われた。ソ連は大々的な軍事援助を蔣介石に対し行った。これが1937年からの**日中戦争**である。日中戦争はソ連の代理戦争であった。後の歴史から見れば、日中戦争は後に日米開戦を控える日本にとっても（結果は大敗北）、共産党との内戦を控える蔣介石にとっても（結果は敗れて台湾に逃亡）自殺行為であった。

　1937年6月、盧溝橋事件の前月にソ連軍がアムール川を越境して日本軍と衝突するカンチャーズ事件があった。そして**1937年7月7日**、北京郊外の**盧溝橋事件*****から日中戦争に突入する。その報を聞いた毛沢東は「日本に感謝する」と叫んだという。

　1901年の北京議定書（義和団事件）で11カ国に北京から天津に至る12カ所に駐兵権が認められていた。国民党軍との間では不思議と日本軍とのみ衝突が起きたのだった。後に中華人民共和国の国家主席となる劉少奇が自ら発砲したという説があるが、真相は闇の中である。7月29日北京近郊の通州で蔣介石軍3000人に日本人500人が襲撃され、幼児を含む300人が惨殺される**通州事件**が起こる。蔣介石軍は日本軍を怒らせ、日本軍の主力を本土から呼び寄せたかったようだ。

第2次国共合作

　9月には**第2次国共合作**が成立。ということは蔣

*
瀋陽（旧奉天）にある張学良の邸宅跡

住宅というよりヨーロッパ風の小さな城。満州の王宮といったところだ。

**
2・26事件

2・26事件の理論的指導者であった北一輝は皇室を嫌悪していた。

***
盧溝橋

マルコ＝ポーロが世界一美しい橋と讃えた盧溝橋は北京郊外。そのすぐ近くに中国人民抗日戦争記念館がある。併せて見学する価値は大きい。

介石とソ連の共闘が完成したということだ。12月の日本軍の南京占領時に市民30万人の**南京虐殺事件**[*]が起きたとされるが、当時の人口は約20万であったという。国民党の南京奪還に空爆があったが、3機に1機はソ連人のパイロット。国民党の戦闘機はソ連製であった。

1938年に入ると、今度はローズベルト政権のアメリカが蒋介石に膨大な軍事援助を開始し、火に油を注いだ。ローズベルトは1941年の日本の真珠湾攻撃の前から、重慶に移った蒋介石を支援するため米陸軍空挺隊を中国国民党軍機に偽装して日本軍を攻撃していた。これが米国の義勇軍フライング＝タイガースである。

一方、**1938年**の**張鼓峰事件**（満州国東南端での日本軍とソ連軍の衝突）、**1939年**の**ノモンハン事件**（ドイツの仲介で停戦）は、いずれも日中戦争を戦う蒋介石へのスターリンの援護射撃であったが、ソ連の優位とはならず、両方の事件の責任者ともスターリンにより処刑粛清された。

1938年から46年まで蒋介石の政府は**重慶**にあった。1938〜41年にかけて日本による無差別爆撃がおこなわれ、ゼロ戦が護衛した。英米は蒋介石援護ルート、いわゆる**援蒋ルート**でベトナムから支援した。**1938年**に**近衛文麿**内閣は**国家総動員法**を出し、議会の承認がなくても労働力や物資を割り当てられるとし、また戦争遂行の目的として**東亜新秩序**を掲げた。

1940年蒋介石のライバル**汪兆銘**は**南京国民政府**をつくったが、これは日本の傀儡政府。汪兆銘は1943年の東京における**大東亜会議**に出席した。第二次世界大戦中の日本は**大東亜共栄圏**構想を前面に押し出した。

その間、①奥地にあった**蒋介石**の国民党**重慶政府**、②北京・上海など広域を支配した**汪兆銘**^{**}の親日**南京国民政府**、③延安の共産党政府、④群雄割拠する**軍閥**、という四種類の政府が並立していた。だから日中戦争という呼称は本来誤りで「日蒋戦争」と呼ぶのが正確なのであろう。

日中戦争はスターリンの独ソ戦に備えた準備工作（日本を消耗させるため）、日米戦争は独ソ戦参戦を狙ったフランクリン＝ローズベルトの挑発戦争（日独伊3国同盟があったので）、仕上げがソ連の対日参戦（広島原爆投下後）であった。

1940年、「鉄砲から政権が生まれる」という信念を持つ毛沢東は、**新民主主義**革命論を発表した。それによると、1919年の五四運動から中華人民共

和国の成立までの中国の変革を、農民と同盟した労働者階級の新しい民主主義革命の第一段階とし、1949年の建国以降を社会主義への移行の過渡期と見なすのである。

ポツダム宣言を日本が受諾した1945年8月14日には中ソ友好同盟条約で、ソ連は国民政府を唯一正統な政府として承認した。中国共産党（中共）は元々ソ連の指示を仰ぐ組織として結成されたが、ソ連は中共を強い勢力と見なしておらず、中国では社会主義革命が成功する可能性は低いと考えていた。ソ連がそう考えたのは、社会主義理論を打ち立てたカール＝マルクスが中国に対して「あまりに遅れた生産様式しか持っておらず、革命を担う失業した労働者階級すら存在しないため革命が実現することはない」と主張していたことが関係している。

中華人民共和国建国

8月15日には国共内戦に突入、8月28日には蔣介石が毛沢東、周恩来と重慶会談を持ち、10月には双十協定を結ぶ。1946年1月、重慶における政治協商会議に全党派、団体が参加。停戦協定が成立するが、結局国民党が拒否、内戦になり7月には本格化した。日本軍から接収した武器をソ連軍が共産党軍に提供したことが、共産党軍が戦略的に優位にたった最大の理由である。

無知なアメリカはソ連の宣伝を鵜呑みにし、マーシャル将軍は毛沢東を単なる農地制度改良主義者と見なし、警戒するどころか延安の風紀を称賛すらしていた。

1946年5月、共産党は土地革命を本格化し、地主の土地を没収し農民に分配した。1947年には中

＊
南京大虐殺記念館のパンフレットの表紙

南京にある大虐殺記念館を訪れた感想を一言で表現すると、未来へ向けての中国共産党の決意表明。日本への恨み節は拍子抜けするほど少なかったと記憶する。写真は売店で購入した図録。南京大虐殺は中国人のそれを日本の行為に投影しており、30万人という数字は毛沢東が文化大革命で虐殺した数から目をそらせる効果がある。アメリカにとっては原爆投下を相殺する効果があり、ついでに慰安婦問題も同様の目的に資するものとなっている。

＊＊
日本の汪兆銘接近の背後にあったのがコミンテルンのスパイ、尾崎秀実とゾルゲの工作。

国土地法大綱を出し、地主の土地所有を禁止した。また中国共産党紅軍が日中戦争中に蒋介石の指揮下に入っていた八路軍と長江下流域の共産党の抗日軍新四軍を統合し人民解放軍と改称、7月には攻勢に転じた。1948年2月、孫文の未亡人の宋慶齢を名誉主席とする国民党革命委員会が香港で成立し、蒋介石の独裁と対立した。1948年11月には林彪が東北を解放、1949年1月には北平（北京）、4月には南京を解放、年末までには台湾を除く全土を解放（共産化）した。9月の人民政治協商会議をへて10月1日に中華人民共和国が成立。首都北京、国家主席毛沢東、首相周恩来。

アメリカは1949年8月に中国白書を発表し中国への直接介入を断念。一方ソ連との関係では、毛沢東が1949年12月にモスクワに飛び、結果として1950年2月に、日本ファシズムを仮想敵国として中ソ友好同盟相互援助条約を結んだ。

アメリカは日本を中国から撤退させるために「ハル＝ノート」を突きつけ、真珠湾攻撃に誘い込み、「太平洋戦争」を起こし、若き米兵を多数戦死させた。すべては国民党（蒋介石）を救うためだったが、日本の降伏からわずか4年で中国が共産化したわけだから、結局のところは共産党（毛沢東）政権樹立のために死んだようなものである。

社会主義国家の建設と「大躍進」

ヨーロッパの東側諸国とアジアの新興諸国を労働党アトリー政権のイギリス、オランダが承認したが、朝鮮戦争の勃発で西側諸国の承認は中断した。

土地改革法を発布したのが1950年。同年、朝鮮戦争に中国人民義勇軍が参戦。この時代背景のなかで国内締め付けが強化され、三反五反運動が実施された。これは「三害五毒」つまり官僚主義と汚職と浪費、そして贈賄、脱税、資材横領、原料のごまかし、経済情報の盗みとりを摘発するもので、知識人の思想改造を目的としていた。1953年には第1次五カ年計画*を実施。ソ連の援助を受け、またソ連をモデルとし重工業化を優先、さらに互助会を合作社とするゆっくりとした農業の集団化を行った。1954年の中華人民共和国憲法では新民主主義による社会主義国家建設が宣言された。1956年には中国版「雪どけ」ともいえる「百花斉放・百家争鳴」で知識人に自由に意見を言わせたが、毛沢東の予想に反して党批判が続出し、一転反右派闘争に

転じ引き締めを図り、右派分子として55万人が職場を追われた。こうして毛沢東個人崇拝への道が整った。フルシチョフによる「**スターリン批判**」が中ソの関係を悪化させ始めた時期である。だから毛沢東はフルシチョフの動向に危機感を感じていた。

1958年毛沢東は15年でイギリスを追い越すと豪語し、**第2次五カ年計画**が形骸化（「**大躍進**」）。その最大の目標は鉄鋼の増産であり、都市から農村にいたるまで「土法高炉」がつくられ、家庭の鍋などを供出し無償労働に励んだが、製品は粗悪品だった。結局、労働力、資材、森林資源（燃料として）が浪費された。農業の集団化が本格化、合作社を統合し高級合作社、それを統合し**人民公社****がつくられた。しかし共産主義共同体において食事は無料食堂で、しかも共同。食糧はやがて不足し家庭制度が破壊された。災害と生産高水増し報告が頻発し、2000万人（一説では4000万人）の餓死者をだした。農村から収奪した食糧が配給されていた都市部では餓死者はでなかった。***毛沢東は国家主席を辞任。1959年4月**劉少奇**が就任し、自留地を割り当て、個人取引を許可する**調整政策**を実施した。毛沢東を率直に批判し国防相のポストを失ったのが朝鮮戦争で中国義勇軍を率いた**彭徳懐**（ぼうとくかい）で、後に文化大革命で吊るし上げられた。「大躍進」の失敗は毛沢東のせいではないと俄然擁護し、かわって国防相についたのが**林彪**である。

中ソ論争

1954年にはすでに**核兵器保有問題**でのちに犬猿の仲となる毛沢東とフルシチョフの間には溝ができていたといわれる。**1956年のフルシチョフによる**

*
共産党は政権当初から計画経済や生産手段公有といった社会主義化を推進していたわけではなかった。

**
毛沢東の土地改革とは、地主の邸宅を共産党本部とすることだった。多数の地主が虐殺された。それまで一定の機能を果たしていた地主を中心とした宗族に代わるものとして、人々に救済と帰属意識を人民公社によって提供した。

***
ジャスパー＝ベッカーの著書『餓鬼』に詳しい。

スターリン批判（個人崇拝の否定）にともない、**共産党情報局（コミンフォルム）** が解散、ソ連の社会主義への**平和共存政策**のため中ソに溝ができた。毛沢東の個人崇拝が加速していた頃である。ラマ教徒の地域であるチベットの共産化においては多数の仏像が破壊され、土地は公有化。それに抵抗した1959年の**チベット暴動**でダライ=ラマ14世がインドに亡命して生じた中印国境紛争において、ソ連はインドを支持。また「大躍進」を批判した。1959年にはソ連の**中ソ技術協定破棄**により、技術者を引きあげたので中国は自分の力で目標を達成する「**自力更生**」を余儀なくされた。1962年の**キューバ危機**、1963年の米英ソ3国の**部分的核実験停止条約締結**というかたちでソ連が「**平和共存**」路線をとったのを毛沢東は非難し、中ソは公開論争となった。1964年には**フルシチョフ**が失脚。それを嘲笑うかのごとく毛沢東が**原爆実験**に成功（1967年水爆）、また1964年には、**ド=ゴールのフランス**が中華人民共和国を承認した。冷戦の**多極化**の進行である。1969年には、**ウスリー川のダマンスキー島（珍宝島）**で中ソが軍事衝突した。

　一方、1971年には国連代表権が台湾から北京政権に移り、1972年には米大統領**ニクソン**が訪中した。1978年にソ連と友好協力条約を結んだ**ベトナム**が、毛沢東主義のカンボジアの**ポル=ポト政権**を打倒すべくカンボジアに侵攻したため**中越国境紛争**が起きる。1979年には**中ソ友好同盟相互援助条約**を破棄通告。1980年には解消。逆に1979年には米中国交正常化がなった。ただ1989年にはソ連の**ゴルバチョフ**が中国を訪問して中ソは和解、逆に**第2次天安門事件**における人権侵害で米中関係は緊張した。2001年には**江沢民**が**プーチン**と中露善隣友好協力条約を結び、中露などが**上海協力機構（SCO）** を結びアメリカを牽制した。

プロレタリア文化大革命

　話を戻そう。中ソ対立が進行、中国は「ソ連は修正主義者に乗っ取られた」と非難。一方、ソ連は中華人民共和国を「教条主義」と非難する。「大躍進」の失敗に関しては「経験の不足であった」とする毛沢東と、「人民公社はやらねばよかった」とする劉少奇の間の潜在的対立が進行した。中国内の「フルシチョフ」に注意するという風潮の中で、1963年に毛沢東の社会主義教育運動が開始、1964年12月には「資本主義の道を歩む党内**実権派**＝

走資派打倒」が叫ばれた。1965年11月、明代の王朝劇の戯曲「海瑞の免官」を**姚文元**が革命不要の階級調和論を唱えているとして批判した（背後に毛沢東の妻で女優出身の江青）。**1966年**「5月16日 通知」が採択され、**プロレタリア文化大革命**が発動した。発端となった戯曲の作者は文化大革命で迫害され死亡した。

上海[＊]で組織されたティーンエージャーの**紅衛兵**が**造反有理**をスローガンに、**林彪**が編集、出版した**毛沢東語録**を片手に北京に攻め上がり、**実権派（走資派）**として**劉少奇**と**鄧小平**を失脚させる。前者は妻とともに糾弾され獄死（職業は「無職」とされた）、後者は地方都市の工場長に左遷され長男は2階の窓から突き落とされ下半身不随になる。

つまり文化大革命（1966〜76年）とは「大躍進」の失敗で第一線を退いた毛沢東の権力奪還作戦、そのための大衆動員にほかならない。しかし現在の中華人民共和国の教科書では毛沢東が発動したことには触れず、林彪と四人組による内乱ということである。渦中で約1500万人の人命が失われ、ベートーベンの音楽すら「ブルジョワ的」として禁止。また文学者**老舎**は迫害され自殺した。

1969年の九全大会では**林彪**が毛沢東の後継者として規定され軍を掌握したが、文革側近グループの**四人組**と党実務派**周恩来**の三つ巴の対立が毛沢東のもとで繰り広げられた。**1971年9月**、林彪がクーデタに失敗し、ソ連への逃亡中にたぶん燃料切れでモンゴルに墜落し死亡。同時期、米大統領補佐官**キッシンジャー**が訪中した。10月、中華人民共和国が**国際連合代表権**を獲得。逆に**台湾**は国連代表権を失う。**1972年2月**に**ニクソン**が訪中し米中共同声

＊上海

上海雑技団の出し物ほど興奮をそそられるものはない。これまで2種類の興業主のものを観劇したが、いずれも感激ひとしお。ついでにバンド散策も愉しさは格別で、中国のなかの英国に出会える。「魔都」は今も健在なり。

明で平和共存、台湾は中国の一部であることが確認された。9月には田中角栄が娘真紀子と訪中し、国交正常化。パンダの名前は侃侃（かんかん）と爛爛（らんらん）。1978年福田赳夫首相のとき日中平和友好条約締結。米中国交正常化は1979年のカーター大統領の政権時であった。

　江青・姚文元・王洪文・張春橋のいわゆる四人組の権力が増大、批林批孔運動により周恩来を攻撃した。孔子の教えは「周礼」、それにひっかけたのだ。このころ周恩来の後押しで鄧小平が復活していた。二人は第一次世界大戦前のフランス留学時代からの刎頸の友である。

　1976年1月周恩来が死去。4月にその追悼集会で群衆と警官隊が衝突、黒幕が鄧小平だということで再度失脚（生涯3度目）。これが第一次天安門事件である。9月には毛沢東が死去。10月には華国鋒がクーデタで四人組を逮捕して文化大革命終結を宣言した。ついでにこの年、大地震も起きた。1977年には鄧小平が復活し、毛沢東無謬論を唱えた華国鋒を自己批判に追い込み、1978年から、本格的に鄧小平が社会主義にメスを入れた。

毛沢東と文化大革命の実像

　現代中国には、毛沢東をほめる人が山ほどいれば、けなす人も山ほどいる。しかしいずれにせよ、現代中国で毛沢東の尊厳を冒すような行為は許されない。

　一般に文化大革命を経験した世代は毛沢東を手放しで賞賛することは少ないが、それを経験していない若い世代は警戒的ではない。犠牲者数を中国共産党が死者40万人、被害者1億人と推計する文化大革命とは何だったのか。

　ここで、時代をさかのぼってみよう。

　1958年に毛沢東が始めた運動のスローガンが「大躍進」。前近代的社会だった中国をわずか15年でイギリスに追いつき追い越すようにさせようという奇抜な考えから全国的に展開した工業・農業の「大躍進」運動。この運動は、現実を完全に無視した目標設定と推進方法とによって当然ながら失敗して、4000万人の餓死者をだすだけの結果に終わった。これにより自らの威信と権威を失墜させ、劉少奇や鄧小平らの台頭をまねいてしまった毛沢東が、権力奪回のために大衆を利用し中国全土を思うように操って成し遂げた事件。これが文化大革命だ。

1893年湖南省の地主の家に生まれた毛は大の読書好きで、権力絶頂期の蔵書は70万冊、主に歴史関係の本を好み、とくに中国史を愛読した。

　1928年、井岡山を最初の革命根拠地として選んだ毛沢東は、1929年から31年にかけて、湖南省・江西省・福建省・浙江省の各地に農村根拠地を拡大し、地主・富農の土地・財産を没収して貧しい農民に分配するという「土地革命」を実施する。その際にふるわれた容赦なき暴力は凄惨をきわめ、逮捕と殺害を繰り返す。

　一例に「ＡＢ団消滅」作戦がある。1926年に結成されたＡＢ団は、やくざや民間の秘密結社がつくった反共産主義の組織だ。ただＡＢ団は1927年には自発的に解散し、実際に存在したのは半年間だった。

　しかし、1930年代初めからＡＢ団分子を謀殺する大規模な事件がつぎつぎ発生した。井岡山を本拠地とした毛が「ＡＢ団消滅」の名を借りて、土着勢力を根こそぎ取りのぞこうとしたのである。短期間で、刀・棍棒・石塊・縄などの原始的な方法で4400余人を処刑した。不安と恐怖と疑心暗鬼は伝染性を帯び、共産党の根拠地の周辺地域、湖北・湖南・江西・安徽・福建における内部粛清による殺し合いの死者は２万人を数える。

　その毛沢東は江西省瑞金を中央革命根拠地に定め、1931年、瑞金を首都とする中華ソビエト共和国臨時政府の樹立を宣言して主席となった。

　しかし、中国共産党の根拠地は国民党軍の執拗な攻撃にさらされる。国民党軍による包囲に対して、毛や朱徳など前線司令部は、ゲリラ作戦をたてたが、毛の作戦はソ連留学組中心だった党指導部によ

＊
1972年のニクソン訪中の際にアメリカ合衆国と中華人民共和国が発表した外交文書が上海コミュニケ。ここでは台湾の政治的地位について、一つの中国政策および台湾は中国の一部であるとアメリカは「認め」ている。その後「支持」する立場に変化させた。

＊＊
既存の雑多な武装人員が傭兵のような形態で紅軍に編入され、共産党の軍事力を担った。

って批判され、1932年毛は軍の指揮権を失った。国民党軍の度重なる攻撃によって根拠地を維持できなくなった紅軍は、**1934年**ついに瑞金を放棄して敗走、いわゆる**長征**を開始する。長征のルートに関して、わざと長距離迂回して反毛派を振り落としたという説もある。いずれにせよ、過半数をおおいに上回る共産主義共同体の人命がこの大移動の途中で損なわれたのは事実である。

　長征中の1935年の**貴州省**の**遵義会議**で、ソ連留学組中心の党指導部の**王明**は軍事指導の失敗を批判されて失脚し、新たに周恩来を最高軍事指導者とする新指導部が発足し、毛沢東も一員となり、**周恩来**の補佐役となった。しかし、毛沢東は周恩来から実権を奪っていき、周恩来に代わって軍事上の最高指導者の地位に就く。周は毛の終生のライバルである。

　日中戦争において日本軍と交戦したのは主に国民党軍であり、共産党側は、朱徳率いる八路軍が日本軍へのゲリラ戦を行う以外は戦力を温存して、共産党支配地域の拡大に努めた。毛は国民党の本質は抗戦によっては変わらないと考えた。「日本軍が我々の敵であるのは一時的、だが国民党軍は長く我々の敵となる」と言って兵士を鼓舞した。毛は日本軍の1937年の南京攻略のニュースには大喜びし、祝杯をあげ大酒を飲んだという。日本軍の侵入が共産党の命を救ったのである。「我々は日本軍国主義に感謝する」。毛はこの状況を『三国志』の再演と見なした。「魏」「蜀」「呉」が「日」「我」「蔣」つまり日本・共産党・国民党というわけである。

　毛沢東は裏で日本軍と手を結び、蔣介石と日本を戦わせたのだ。日中戦争中の約2800の戦闘のうち、共産党が参戦したのはわずか8回のみであった。

　延安では八路軍が栽培していたアヘンの販売で日本軍と結託、積極的に占領区内の日本軍と商売を行っていた。中国共産党指導者と日本派遣軍最高司令部は長期間連携を保っていたのである。

　毛は1938年には長征時代の妻と離婚し、上海の元女優・江青と不倫結婚。遵義会議以降、党の実権を掌握していった毛沢東だったが、1942年からの**整風運動**によって党内の反毛沢東派を粛清していき、党内の支配権を確実なものとした。この時期の粛清も容赦なきものであった。

　彭徳懐との件は興味深い。毛は同郷の幼なじみ彭と井崗山で義兄弟の契りを交わした。小さな家に共に住み、袋布団を共有し生死を共にした仲であ

る。だが抗日戦争の1940年、彭徳懐は**八路軍**を率
いて日本軍への正面攻撃「百団大戦」を引き起こ
す。これは親日・媚日の毛にとっては許せない行動
であった。彭を恨み、根に持ち、後に1974年に獄
中で惨死した際の彭の職業は無職、罪名は「百団大
戦をかってに発動した」であった。

　国共内戦が起きると、毛は地主の土地を没収し農
民に分配する「土地革命」を再開し、農民の支持を
獲得。また内戦では蒋介石に対してゲリラ戦を展開
し、1947年党中央の所在地である延安の放棄を決
定。国民党軍を山岳地帯に誘い込み、国民党の戦力
消耗を図る。

　内戦当初、国民党軍は優勢だったが、アメリカ政
府内の共産主義シンパの抵抗によって国民党が軍事
支援を削減されたので、毛率いる**中国人民解放軍**
（八路軍から改称）はソ連からの軍事援助を受けつ
つ国民党軍に勝利した。

　1949年、中華人民共和国の建国を宣言。1950年、
土地改革法を公布。かつて中国共産党が支配地域で
実施していた土地革命を、全国の未実施地域で行う
ことになる。

　しかし突如、急進的社会主義に方針転換したこと
は、周恩来や劉少奇など多くの指導者を困惑させる
ことになる。毛は1953年よりソ連型社会主義をモ
デルとした第1次5カ年計画をスタートさせ、農業
の集団化などの社会主義化政策を推進していった。
農村では**人民公社**が組織されたが、かえって農民の
生産意欲を奪い、無謀な生産目標に対して実際より
も水増しされた報告書が中央に回るだけの結果にな
った。こういったことから**大躍進**政策は失敗し、発
動されてから数年で4000万人前後の餓死者を出し

*
紅軍が八路軍になり、
それが新四軍と合併し
中国人民解放軍となっ
た。広州郊外黄埔にあ
る訓練所には自由に出
入りできたが、写真の
撮影はある程度制限さ
れた。

14
章

中国史（ティムール帝国・サファヴィー朝）

た。

この失敗以降、毛沢東の政策は次第に現実離れしていき、批判を受けつけない独裁的な傾向が強くなっていく。彭徳懐に代わって国防部長となった林彪によって1964年に『毛沢東語録』が出版されるなど、大衆に対する毛沢東への神格化が着実に進められるなか、毛は密かに奪権の機会をうかがっていた。こうして、中国現代史は「文化大革命」を迎えるのである。

文化大革命における吊るし上げは町の広場やスタジアムで大勢の群衆を集めて行われた。批判される者に対して「反革命分子」のプラカードと三角帽をつけさせ、椅子に立たせて上半身を折り曲げる姿勢を数時間とらせた。その間、罵詈雑言が浴びせられ、墨を頭からかけられ、頭髪を半分剃りあげるなど肉体的、精神的に痛めつけることが長時間に及んだ。

辱めを与えることもあり、元国家主席の劉少奇は工作用紙でつくったサングラスをかけさせられ、劉少奇夫人の王光美は外国訪問の際に着用した夏用の衣服を無理やり着せられたうえにピンポン玉のネックレスを首からかけさせられ、ブルジョワと非難された。

劉少奇は3年に近い日々凌辱を受けた。脚を折られ、肋骨を折られ、体中に注射針を打たれ、血圧は上200以上下100以上で放置され、3日に一度の食事は犬のように地面に伏してなめて食した。洗面、風呂、理髪をさせず、死ぬ時は頭髪、髭はぼうぼう、職業は無職。

知識人の多くが自ら命を絶った。自らの「ブルジョワぶり」を噂や漫画で味付けされ壁に描いて人格をおとしめられ辱められると、言葉では弁解しにくく事実無根でも申し開きのしようがなく、身内の前でも頭が上げられず身を持することができず最後は自殺の道を選ぶのだった。

鄧小平の時代

1975年に周恩来が提起し、鄧小平と共に実現した四つの現代化路線が確認された。その四つとは農業・工業・国防・科学技術である。1980年には趙紫陽が首相、胡耀邦が共産党総書記となったが、軍を握る鄧小平が最高実力者であった。1983年、人民公社を廃止。改革開放路線により、個人の生産請負制を実施、郷鎮企業が興り「万元戸」が出現した。また対外的には開放政策として経済特区を深圳や厦門など沿岸部に設置した。これが「白い猫

でも黒い猫でも鼠をとるのがよい猫だ」と喝破した鄧小平の**先富論**である。

1982年には憲法が改正され、法の支配、個人所有が承認された。1983年から88年まで李先念、1988年から98年までは楊尚昆が国家主席になる。

1986年12月の北京の学生のデモの対応に関し、学生に甘いとして1987年胡耀邦が失脚、趙紫陽が党総書記に。**1989年に胡耀邦**が死去すると、その追悼のために集まった学生が6月4日に歌手テレサ＝テンの歌に鼓舞され民主化運動に突入。天安門には「民主の女神」がつくられ民主化を要求したが、「8・1隊」などの人民解放軍によって踏みにじられた。これが**第2次天安門事件**である。物理学者方励之が亡命、**趙紫陽**が引責失脚。**江沢民総書記、李鵬首相**の体制となった。

1992年からは**社会主義市場経済**への移行が前面に出て経済の自由化がなり、いよいよ資本主義の国になる一方、政治の締め付けも顕著となる。

1993年に楊尚昆が引退すると**江沢民**が国家主席を兼任、**1997年には鄧小平**が死去した。この年、**香港がイギリスから返還**された。1898年の99年目である。これは**1984年のイギリス、サッチャー政権**との中英共同宣言による3地区一括返還（租借地**九竜半島つまり新界**のみならず、割譲地**香港と九竜半島南部**）だ。こうして**一国二制度**が開始。香港では香港人による高度な自治が50年間取り決められたのだが、香港で**2014年に「雨傘運動」**という抗議デモが起きたのは、一国二制度が形骸化したからだ。

＊
鄧小平の改革開放の象徴ともいえる深圳。住民の平均年齢が30代前半といわれる"進歩的"な都市。トランプ政権に制裁された通信機器大手ファーウェイの本社所在地でもある。

＊＊
毛沢東の肖像画の前に広がる北京の天安門広場

第1次（1976）・第2次（1989）天安門事件の舞台。

＊＊＊
毛沢東はスターリンを「功績7分、誤り3分」と言った鄧小平は毛沢東と同じ表現で評した。

漢民族と55の少数民族からなる中華帝国

1998年から朱鎔基（しゅようき）が首相になる。1999年にはポルトガルからマカオ*が返還される。また気功集団法輪功への弾圧が始まった。

2001年、中露善隣友好協力条約締結、またWTO（世界貿易機構）に加盟。2003年に胡錦濤が国家主席、温家宝が首相になる。共産党が私営企業家も含む最も広範な人民の利益を代表する政党として位置づけられた。共産党を中華民族のための前衛党と位置づけ、階級政党から国民政党へと変貌させた。資本家の入党も話し合われたが、見送られた。2004年の憲法改正では「合法的に獲得された私有財産は侵害されてはならない」という規定が加わった。

2005年には北京や上海で反日デモが相次いだ。

BRICS（ブラジル・ロシア・インド・中国＋南アフリカ、初めて使われたのは2001年）の一国として世界経済の一翼を担い始めた2008年には北京五輪を開催。2014年、世界経済におけるシェアはG7が46％BRICSが22％、人口では後者が圧倒する。

2010年には上海万博開催。民主活動家劉暁波（りゅうぎょうは）にノーベル平和賞。しかし共産党は無視し、むしろ弾圧が加速した。2011年1月、GDP（国内総生産）が日本を抜いて世界第2位になったことが確実に。2013年習近平が国家主席になった。2014年、香港で雨傘運動**。2015年、AIIB（アジアインフラ投資銀行）設立、本部は北京。これが2017年に発表された「一帯一路」構想実現のためのインフラ整備の金融支援の役割を担う。「一帯」は陸のシルクロード（昔のオアシスの道）、「一路」は海の道（昔の胡椒の道、陶磁の道）を北京を結節点とし、上海からロッテルダム（オランダにあるEU最大の積出港ユーロポートがあるライン川河口の都市）に中国人民元で決済する経済ネットワークをつくろうという企てだ。これは13世紀に大都（北京）を首都に草原の道、オアシスの道、海の道で一体化したフビライの構想の再現である。また「一路」構想をマスコミは「真珠の首飾り」と評し、インド大陸という首を絞めつけるかたちで経済圏を拡張しているが、そのルートは南海諸国に朝貢を促した鄭和の遠征ルートに酷似しているので明の永楽帝の企図の再現にも見える。

北方の鮮卑人が7世紀に隋唐をつくり13世紀にモンゴル人が北京に元を建てたが、次の明が15世紀初頭、大規模にアフリカまで勢力圏を拡大した。17世紀の北方のツングース人（女真人）の清も北方から興り北京を都としたが、19世紀のアヘン戦争で南方を攻められてから辛酸をなめ、20世紀に北京に中華人民共和国が建設された。

そして21世紀、いよいよ北京政府は東南アジアやアフリカへの野心をむき出しにし始めた。しかしこれは同時に反発もまねき、2018年に**カンボジア・マレーシア（マハティール政権）・スリランカ・モルディブ**で親中政権が相次ぎ選挙で敗北した。**習近平政権**は「**社会主義現代化強国**」建設をスローガンとし、中華人民共和国建国100周年の2049年には「漢民族と55の少数民族によって構成される中華民族」が人類の上に君臨することを目標として掲げた。そして、台湾・尖閣諸島・新疆ウイグル自治区などを「**核心的利益**」として自国の領土であるという立場を堅持し「**共同富裕**」をめざす。

2018年9月にはヴァチカンと中国が長年対立していた**司教任命問題**で暫定合意がなされた。中国が任命した7人を司教として承認したのだ。まさに現代の「叙任権闘争」だ。イスラーム教徒のウイグル族100万人を"再教育"施設と呼ばれる史上最大級の収容所に送る。再教育は文化大革命の時のキーワードである。

宗教弾圧はカトリック・プロテスタントを問わずキリスト教徒にも向いているが、そのようななかでの教皇への接近なのである。中国としては、世界最大のキリスト教国アメリカの**トランプ政権**との壮絶なる貿易戦争の時期に、中国の国際的地位にお墨付

＊
マカオの聖ポール天主堂跡は17世紀のポルトガルの大聖堂の遺跡の一部。

＊＊
香港では2019年に中国本土への"容疑者"引き渡しを可能にする逃亡犯条例改正案の撤回を求め反政府デモが起きた。2020年7月1日、中国政府は香港国家安全維持法を施行した。これにより「一国二制度」は事実上終焉を迎えた。

＊＊＊
南太平洋ソロモン諸島は2019年に台湾と断交し中国と国交を結んだ。同諸島最大の島が太平洋戦争の激戦地ガダルカナル島だ。

＊＊＊＊
新疆ウイグル自治区には大規模な秘密の収容所が存在し「日帰り再教育コース」では、中国共産党への忠誠の誓いと国歌を3日以内に暗唱させられる。

きを得る手段だったのだろう。ヴァチカンとしては、中国のキリスト教はプロテスタントが優位で、カトリックが2割という状況においてローマ教皇フランシスコ1世がある種の賭けに出たのかもしれない。このような状況を懸念するのが台湾だ。台湾との外交関係を太平洋や中米各国が軒並み放棄する中で、ヨーロッパで唯一外交関係があるヴァチカンが中国と国交を樹立するのではと不安になるのも無理はない。

台湾

　さて台湾に目を向けよう。台湾で1947年2月27日、闇タバコ売りの女性に対する官憲の暴行は、国民党（外省人、蔣介石ら移住者）に対する本省人（もともと台湾にいた人々でマライ・ポリネシア系が多い）の反抗を激化させ、これを国民党は武力で鎮圧、台湾全土で3万人が死傷した。これが2・28事件である。

　台湾との1952年の日華平和条約は1972年の日中国交回復正常化で失効した。厦門沖の金門島と福州沖の馬祖島は台湾領だが、1958年に中華人民共和国が金門島を砲撃した。1975年に蔣介石が死去、大陸反攻を断念したその子蔣経国が1988年に死去し民主化が開始。この頃まで張学良は台湾で束縛され続けていた。

　1996年には台湾初の国民による総統直接選挙で本省人で国民党の李登輝が総統に。海外メディアは彼を「ミスターデモクラシー」と呼んだ。だから、中華人民共和国は台湾近海を砲撃した。「台湾は中華人民共和国の一部。中華人民共和国は共産党の一党独裁、選挙をしない国である」という論法。警告であり、いつかくる台湾併合への意思表示である。

　2000年には国民党が敗北し、民進党の陳水扁が総統になる。断固、台湾は中国の一部ではないという立場にあるのが民進党（民主進歩党）だ。2007年から再び国民党で馬英九政権。2016年から民進党の蔡英文。習近平の台湾に対する高圧的な姿勢にほとんど対策をとらない蔡英文に嫌気がさしている民進党支持者には陳水扁再登板を願う者もいたが、その後人気は上昇した。

　2020年の武漢から全世界に広がったパンデミック、新型コロナウイルス（COVD-19）には迅速に対応した。それは2003年に流行したSARSコロナ

蒋介石の座像がある台北の中正紀念堂
予想以上に大きく、その権威主義ゆえか近年台湾各地の蒋介石像を撤去するか否かの大論争が起きている。

ウイルスの教訓を活かした結果である。

　ところで1979年の米中国交正常化に伴う米台断交後も、台湾との同盟関係を維持するために米議会が制定したのが**台湾関係法**である。これにより米国は防衛兵器を供与できるのだ。これに対し「一つの中国」を掲げ台湾統一を鮮明に打ち出している**習近平**政権は内政干渉だと非難している。

　台湾防空圏への中国軍の飛行が相次ぐなか、**厦門**と**金門島**に橋をかける計画が立てられ、台湾は警戒心を一層高めている。

　2022年8月、アメリカのペロシ下院議長が台北を訪問、米中関係が一気に冷えこんだ。

15章 インド史

イ ンドを成分分析してみると 4 元素から成っている。それはドラ
ヴィダ要素、アーリヤ要素、トルコ系イスラーム要素、イギリ
ス要素である。

　前1500年頃、アーリヤ人がインダス川上流の西北インドに侵入し、
ドラヴィダ人を征服しつつガンジス川に沿って東のベンガル湾地方に
移動する。その過程で、皮膚の色による階級差別「ヴァルナ（色）」
ができ、それを制度化しバラモン教が成立。この宗教が 4 世紀成立の
グプタ朝期にヒンドゥー教となり仏教を吸収する。

　密教化しベンガル地方に保存された仏教も、12世紀のアフガニス
タンのイスラーム王朝侵入時に滅ぼされ、インドでは微小な存在とな
る。インドは少数のイスラーム教徒が多数のヒンドゥー教徒を支配す
る構図となる。その精華がムガル帝国だ。

　しかしこの帝国は19世紀にイギリスの軍門に下り、1877年にヴィ
クトリア女王がインド王に戴冠される。英領インド帝国の誕生だ。

　第二次世界大戦後に、政教分離の世俗国家インドとイスラーム国家
パキスタンに分離独立。東パキスタンは現在バングラデシュとなって
いる。

　現在、14億人のインド人口の14％がイスラーム教徒。ヒンドゥー
教徒は圧倒多数派とはいえ80％を切り下降線。その危機感が世界最
大の選挙のある民主主義国家インドでヒンドゥー教至上主義の政党が
政権を担当する要因となっている。

　"インド洋の真珠" と呼ばれるのがスリランカ。しかしこの国は北
アイルランドやバスクと並びテロリズムの代名詞のような地域であ
る。その対立の構図の成立とインドの歴史は切っても切れない関係に
ある。そこに2019年、イスラーム過激派による自爆テロという新た
なファクターが加わった。さらには、コロナ禍による観光収入の激減
と長年続いた独裁政治（ラジャパクサ政権）の反動で財政がデフォル
トに陥り新たな苦難を迎えている。

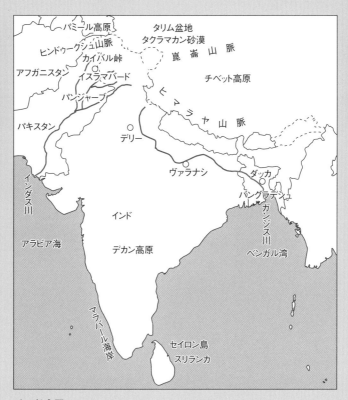

インド全図

タージ＝マハル

インダス文明

前2300～前1800年のインダス文明の都市遺跡の代表が現パキスタン＝イスラーム共和国にある。中流域のパンジャーブ地方のハラッパーの遺跡と、下流シンド地方のモエンジョ＝ダーロの遺跡である。給排水施設、公衆浴場のある整然とした都市計画が特徴で、焼き煉瓦住宅、彩文土器が発掘され、文明の段階としては青銅器文明である。王宮、陵墓などの巨大建造物は不在。未解読の象形文字インダス文字が印章などに刻まれた。インド西部グジャラート州にあるのがロータル遺跡。さらに1990年に発見され、考古学者の注目を集めているのがインド西部カッチ湿原のドーラヴィラー遺跡である。インダス文明が前1800年頃衰退した理由には諸説ある。

ヴェーダ時代（アーリヤ人の移動期）

中央アジア草原地帯にいたインド＝ヨーロッパ語族のアーリヤ人が前2000年頃移動を開始。前1500年頃ヒンドゥークシュ山脈とカイバル峠を越えてパンジャーブ地方に侵入、アーリヤ人の部族社会における族長をラージャンといった。太陽・雷・風など自然の威力を神格化した神々への賛歌がヴェーダ（知識）で、『リグ＝ヴェーダ』が最古のヴェーダ聖典。アーリヤ人の言語はサンスクリット語。ラージャン（王・族長）を長とする部族社会で、祭祀を司るのはバラモン。ここまでがインド史における前期ヴェーダ時代。大麦を主食とした時代であるが、前1000年以降ガンジス川中流域に移動して以降、小麦を主食とし始めた時代が後期ヴェーダ時代だ。鉄器を手にしたため農業生産性が向上し、生じた余剰生産物の共同防衛のため、また武器の殺傷能力の変化により王権が強化され小王国が形成された。前500年頃にかけてガンジス川下流に16国を形成する時代となる。二大叙事詩『マハーバーラタ』と『ラーマーヤナ』の原型ができたのもこの頃。『サーマ』詠歌集、『ヤジュル』祭式実務、『アタルヴァ』民間呪文を加えて4ベータが成立。バラモンを頂点とする4種姓ヴァルナ（色）が成立した。

アーリヤとは「高貴」という意味だが、彼らは「高貴」を皮膚の「白さ」と等置して「色」による階級をつくった。祭式専門の知識を独占したバラモン、王の一族など貴族軍人クシャトリア、農耕、牧畜、商業民ヴァイシャ、

非征服隷属民でバラモン教の祭式に参加資格がない
のがシュードラ。4ヴァルナの枠外に不可触民＊（ダ
リト＝ハリジャン）がいた。職業、部族世襲の出自
による階級ジャーティーとともに15世紀のポルト
ガル人ヴァスコ＝ダ＝ガマの一行がポルトガル語で
血縁を意味する「カスタ」と呼び、英語に転用され
て「カースト」となった。

　カーストは不公正な差別ではなく、前世における
化身の遺産と見なされている。現在のインドにおい
ては各カーストが個人と国家の間にある相互扶助の
中間組織として社会に一定の秩序をもたらしてい
る。こうした階級差別という現実を甘受し肯定せし
めるのは、輪廻転生という生命観があるからだ。さ
らにはそこからの解脱法を模索する価値観が登場す
る。ウパニシャッド哲学、仏教、ジャイナ教であ
る。

　バラモンの祭式万能主義への批判が、最古の思弁
哲学ウパニシャッド（奥義書）で、宇宙の根本であ
る梵（ブラフマン）と人間存在の根本である我（ア
ートマン）の一致により、輪廻から解脱できると考
える。

　ヒマラヤ山麓のシャカ族の国カピラ城主の子とし
て現在のネパールのルンビニーに生まれたのがガウ
タマ＝シッダールタで、ブッダガヤの菩提樹の下で
解脱に成功、悟りの境地に達しブッダ（仏陀）とな
る。ヴァラナシ（ベナレス）近郊のサールナートで
初説法、クシナガルで入滅、平安な状態、涅槃には
いる。四諦（4つの真理）と八正道の実践による解
脱を説き、いわゆるカーストは否定した。これが仏
教である。クシャトリア層の支持を得た。仏教教団
分裂後の仏教の呼び名を部派仏教という。

＊
**首都ニューデリーを流
れるヤムナー川**
その河川敷に広がるの
がアチュート（不可触
民）の集落だ。住民の
生活の場の前の道路は
そのまま市民が移動時
間を短縮するバイパス
となっていた。一歩河
川敷を出ると、そこは
中所得者層の普通の住
宅街であったことに驚
かされたのが1986年
の体験である。

ヴァルダマーナ（尊称マハーヴィーラ）は不殺生主義の実践による解脱を説き、カースト（ヴァルナ）を否定した。これがヴァイシャ層の支持を得たジャイナ教で、現在でもムンバイ（ボンベイ）を中心に320万人ほど存在する。だからムンバイにはVEG（野菜）RESTAURANTが非常に多い。

　ガンジス川流域の16国のうち最初有力であったのが、『ラーマーヤナ』の舞台コーサラ国で、前5世紀にはマガダ国が覇権を握った。シャカが活動したのもこのマガダ地方であった。

マウリヤ朝マガダ国

　アレクサンドロス大王が侵入してきたのはナンダ朝マガダ国の時代（前326年）。そのナンダ朝を滅ぼしたのが、マウリヤ朝マガダ国のチャンドラグプタ王。都パータリプトラは現在のインドのパトナ。前305年頃、アレクサンドロス大王のディアドコイ（後継者）の一人セレウコスがパンジャーブに侵入したため、これと抗争し和平しアフガニスタンを獲得。王は講和の証しとして象を贈り、セレウコスは象戦団で前301年のイプソスの戦いを優位にすすめ、ヘレニズム3国のうち最大領土となった、という話もある。

　初期マウリヤ朝は強力な軍隊、官僚制、強権政治であった。史料としてはカウティリアの『実利論』、セレウコス朝の外交使節としてパータリプトラに滞在したメガステネスの『インド誌』など。

　第3代がアショーカ王で、前3世紀中頃のカリンガ国遠征の際の大量殺戮を悔いて上座部仏教に帰依。力による覇道政治と決別し、諸民族に共通する理法、ダルマによる徳治政治に転換した。詔勅碑文を石柱碑に刻み、国境地域の崖に磨崖碑を置いた。これらはインダス文字に次ぐ古さのブラフミー文字で表記された。

　仏塔をストゥーパというが、王は数多くのストゥーパを建立。なかでもサーンチーのものが有名である。アショーカ王は3回仏典結集を行った。ちなみに、第1回が釈迦の死の直後、第2回が100年後で、すでにこの頃上座（テーラバーダ＝長老の派）部と大衆部にサンガ＝教団は分裂し、部派仏教となっていた。上座部仏教が隆盛し、王族のマヒンダをセイロン島（現スリランカ）に派遣し、同地でパーリ語の経典が編まれた。ちなみにサンスクリット語はバラモン階級の言語であった。以後、上座部（南伝仏教）はセイロ

ンで発展し、11世紀のビルマ（現ミャンマー）の**パガン**へと普及することになる。同王の死後、マウリヤ朝は急速に衰退。**サカ族**（サカとは「シル川のかなたからきたスキタイ人」の意で大月氏説が有力）の南下侵入により、前180年マウリヤ朝の武将がたてた**シュンガ朝**にとってかわられた。シュンガ朝は約1世紀間インド東部を支配した。インドでは前2世紀頃には**ゼロの観念**が発見されていた。インド人は数字に強い。

クシャーナ朝とサータヴァーハナ朝

現在のインド北西部から中央アジアにかけての覇権はアケメネス朝ペルシア→アレクサンドロス大王→セレウコス朝シリア→そして**ミリンダ王**（メナンドロス王）が仏教に帰依した**バクトリア王国**→**トハラ族**（おそらく**サカ族**）へと変遷。その地アフガニスタン北部は**トハラ**（大夏）と呼ばれ、→**大月氏**→そのあとがイラン系遊牧民**クシャーナ族**。前1世紀、初代カドフィセース1世の時**クシャーナ朝**が成立。後漢の班超と同時代であるが、シルクロードをおさえた。その後**カニシカ王**が**カイバル峠**を越えて**プルシャプラ**、つまり現パキスタンの**ペシャワル**に遷都した。インダス川を通じて「海の道」との交易も確保した。彼は**第4回仏典結集**を行い、自身**大乗仏教**に帰依、アーシゴーシャ（馬鳴）に師事した。ゾロアスター教などの他の宗教にも寛容であった。

クシャーナ朝では1世紀後半から**ガンダーラ仏教美術**が発達した。人間の像を作成するのがギリシア文化圏（ヘレニズム文化圏）の特徴なので、仏像（菩薩像）が登場した。出家し修行しなくても輪廻から解脱できる方法論は大衆を救済する**大乗**（マー

ヒンドゥー教徒の沐浴場として有名なヴァラナシから自転車タクシーで1時間。ここはシャカの初説法（初転法輪）地。ストゥーパ（仏塔）と花いっぱいの木が点在し、鳥がさえずるまさに「鹿野苑」の名にふさわしい地だ。

代表的な沐浴の地ヴァラナシ（ベナレス）ではホテルの従業員のムーナ氏にガンジス川を船で案内してもらった。沐浴場は混雑しており人を荼毘に付しているので留まることに違和感を覚えたからだ。この写真の1986年の時点でも川はかなり汚なかったが、近年は近隣の生活排水がさらに増え、その汚染度は危険値を超えているという。

ハーヤーナ＝大きな乗り物）仏教ゆえの仏像の制作であり、クシャーナ朝で隆盛した。これが日本に伝わる（北伝仏教である）。以後、従来の上座部仏教は自己の悟りのみ目指すので、小乗（ヒーナヤーナ＝劣った乗り物）仏教として蔑視された。こちらは南伝仏教である。大乗理論はナーガールジュナ（竜樹）がサンスクリット語で集大成した。プルシャプラのアサンガが他人を救うことで自分も救われる菩薩信仰を確立し、大乗仏教の中心思想となった。

　クシャーナ朝は3世紀半ばにササン朝のシャープール1世に敗北。またマガダ地方に興ったグプタ朝の西北インドへの進出により衰退した。

　同時期のドラヴィダ系アーンドラ人のサータヴァーハナ朝はタミル語系の王朝で、デカン高原を制圧。胡椒の産地が領内にあり、他に象牙・宝石・珊瑚を輸出した。同時期、季節風貿易が盛んでギリシア人が記した『エリュトゥラー海案内記』にはその様子が書かれていた。

　後漢とローマ帝国の中継地点となったのが南インドだった。3世紀にサータヴァーハナ朝は衰退し、その後ドラヴィダ系タミル語の諸国が割拠したが、3世紀後半～9世紀末にインド南東岸に発展したのがパッラヴァ朝で、民衆の間でバクティ運動（信仰：シヴァ神やヴィシュヌ神などヒンドゥー教の最高神に絶対的な帰依を捧げる運動）が普及した。バクティとは「自分の選んだ神に対する感情的な愛着」という意味だ。バクティ信仰が広がるなかで、神への絶対的な愛を歌って各地を歩いた詩人を吟遊詩人という。

　前3～14世紀の最南端の王朝がパーンディア朝。マウリヤ朝に対抗し、独立を維持し独自のタミル文化を発達させた。これら二つの王朝が抗争を繰り返す過程で勢力を増したのがその北のチョーラ朝で、前3世紀頃から知られ3世紀に最盛期を迎え、その後11世紀にスマトラ島のシュリーヴィジャヤに遠征し、宋にも3回使節を送ったが、13世紀にパーンディア朝に滅ぼされた。

■ グプタ朝マガダ国

　ヴェーダの神々への信仰は衰退したが、シヴァを破壊と舞踏の神、ヴィシュヌを太陽神、後に世界保持神として土着の神々を取り込み、ウパニシャッドの最高原理の梵をブラフマー、つまり創造神として神格化した。このよう

なヒンドゥー教が成立したのは320年に始まるグプタ朝マガダ国。首都はパータリプトラで建国者はチャンドラグプタ1世。2代目のサムドラグプタが武力で北インドを平定。第3代チャンドラグプタ2世（超日王）の時が全盛期で、東晋の僧法顕が訪問した。領域はマウリヤ朝には及ばなかった。5世紀半ばに遊牧民エフタルの侵入で弱体化した。

　グプタ朝はヒンドゥー古典文化の最盛期で、アーリア的なもの、たとえばサンスクリット文学が完成した時代である。サンスクリットとは「完成された、洗練された」の意で、大衆の言葉であるプラークリットと区別される言葉である。ヴェーダ言語を起源として前5〜前4世紀にかけて確立した。インドのシェークスピアといわれる宮廷詩人カーリダーサが『シャクンタラー』を著す。同時期、ヘレニズム文化の影響が多大なガンダーラ様式とは異なる純インドのグプタ様式のアジャンター石窟寺院（3〜6世紀にヴァーカータカ朝が開削）の仏教壁画とエローラ石窟寺院の仏教・ヒンドゥー教・ジャイナ教などの仏教美術、マトゥラーの純インド風仏教彫刻や数学、天文学などの自然科学が発達した。仏教は民間信仰としてよりも学問として存続。5世紀に建立されたのが後に法相宗を開く玄奘や義浄が学んだナーランダー僧院である。また密儀を行う密教が流行した。仏教は密教となるかヒンドゥーに吸収され、インドにおいては次第に信仰の対象というより学問の対象となる。ヒンドゥー教のタントラは性力崇拝を根本とするが、教祖や統一の教義や経典を持たない宗教だ。インドのヒンドゥー教徒が一貫して畏怖の念を持っているのがガンジス川の水である。そのほとりのガート（ヴァラナシが有名）で沐浴す

＊
アジャンター石窟へ行く方法。ムンバイからアウランガバードまで夜行バスで一晩。冷房がききすぎていたので夜中にトイレ停車の時に熱いチャイで暖をとった。デカン高原のドラヴィダ系の黒い女性と原色の鮮やかなサリーのコントラストが今でも目に焼きついている。

ヴェーダ時代（アーリヤ人の移動期）に原型ができた『マハーバーラタ』と『ラーマーヤナ』の2大叙事詩はヒンドゥーの聖典でもあるが、グプタ朝期には完成していた。

ることがヨガと並んでの至福である。シヴァの妻の一人でガンジス川を擬人化した神がガンガー。ヴァルナごとのヒンドゥー教徒の宗教生活の規範を示す書が『ダルマ＝シャーストラ』で、その代表が『マヌ法典』だ。ヒンドゥー教には、3億3000万柱の神々があるといわれるが、実はただ一人の神について考える教えなのだ。ゾロアスター教の聖典『アヴェスター』のなかにインドを表す名称としてヒンドゥーがあるが、これはインダス川を意味するサンスクリット語シンドゥが訛ったもので、この川とその支流が潤す地域を表している。

ヴァルダナ朝

元々はデリー北部を本拠にした後、ガンジス川中流域に進出したのがヴァルダナ朝で、606〜647年に在位したのがハルシャ＝ヴァルダナ（戒日王）である。都はカナウジで仏教を保護し、中国僧玄奘を厚遇した。ただハルシャ王が各宗教が合同で行う公開討論会を開いたので、それが宗教対立の場となりバラモン階級の仏教への攻撃を生み、以後仏教は攻撃にさらされることになる。

750年頃から1155年頃、ベンガル地方を支配し、仏教（密教）を保護したのがパーラ朝で、現在のバングラデシュに仏蹟が残る。この王朝が12世紀にアフガニスタンのイスラーム王朝ゴール朝に滅ぼされ、インドから仏教は退場する。2011年の国勢調査では、インドにおける仏教徒の割合は0.7％である。

7世紀末に中国僧義浄が訪れた時、インドは混乱状態。12世紀までのインドはラージプート時代（直接的にはヒンドゥーの王子、クシャトリアの子孫を自称する諸部族による諸王国分立の時代。カナウジを都としたプラティーハーラ王国など）という分裂時代に入る。ここまでがインド史におけるイスラーム以前だ。

トルコ系イスラーム勢力によるイスラーム化

8世紀初頭にウマイヤ朝のイラン総督がインダス川下流域、シンド地方を制圧。西部ラジャスタン地方にはその対応策であった「幼児婚」の因習が今も残る。これは10歳未満で“人妻”になることが“姦淫”を禁じるイスラ

ームを信じる兵士からの暴行防止になったのだ。ただ、10代で妊娠出産を繰り返すので身体が疲弊し、同地域の女性の平均寿命は極端に短い。近年、生後11カ月で19歳の少年と結婚させられた"女性"という仰天ニュースもあった。

　10世紀にイラン系イスラーム王朝の**サーマーン朝**のマムルークであった**アルプテギン**が、アフガニスタンに**ガズナ朝**というトルコ系のイスラーム王朝を開く。同朝は10世紀末から偶像が多くある北インドにジハード（聖戦）を繰り返す。侵攻したのはマフムード。彼には『王の書（シャー＝ナーメ）』（イラン民族の神話、伝説、歴史を素材とした長編叙事詩）の作者**フィルドゥシー**が仕えた。**マフムード**は十数回にわたって侵攻し、**ラージプート**系の諸王朝と抗争、ヒンドゥーの寺院を破壊し偶像の一部をアフガニスタンのガズナに持ち帰ってそれらを人々に踏ませた。

　12世紀末には自称イラン系の**ゴール朝**が北インドに侵攻し、1192年には**ムハンマド王**がデリーの北**タラーイン**でヒンドゥー連合軍を撃破。ベンガルまで征服し**パーラ朝**を滅ぼし北インドをイスラーム化、1200年には**ナーランダー僧院**も破壊された。こうしてインドにおける仏教の退潮が決定的になった。ゴール朝は内紛で分裂、**ホラズム＝シャー朝**に滅ぼされた。

┃ デリー＝スルタン朝

　1206年にはゴール朝のトルコ系奴隷軍人**アイバク**がデリーを都として**奴隷王朝**を創始したが、これがインド初のイスラーム王朝である。

　彼はデリー南郊にインド最古の大モスク、**クトゥ**

＊＊
エローラの石窟群
アジャンター石窟はぐるっとまわった川に沿って第1窟から30窟まで見るのに丸1日かかるが、エローラはそれほどはかからない。ただ私はエローラには度胆を抜かれた。それは岩を掘ってつくられた、まさにマイナスの美学なのだ。その装飾の多さと閉鎖的な空間は、私がこれまで見た世界史遺跡のなかでも最も忘れ難いものである。

ブ＝ミナール*を建てた。イクター制を導入して貴族、武将、官吏に土地の徴税権、統治権を与える。1221年にはチンギス＝ハンが北インドに侵入し、ラホールの町を破壊した。

1290年からのハルジー朝の第3代アラー＝ウッディーンが南方に遠征し、インドの大半を制圧した。1320年からのトゥグルク朝で1333〜38年にイスラームの旅行家モロッコ出身のイブン＝バットゥータが首都に滞在した。のちに、ティムールが侵攻し、デリーは破壊された。1414年にティムールの武将がデリー周辺に建国したのがサイイド朝。1451年にはアフガン系のロディー朝ができるが、1526年の第1次パーニーパットの戦いでティムールの子孫バーブルに滅ぼされる。奴隷王朝からロディー朝までの5つの王朝をデリー＝スルタン朝という。いずれもデリーを拠点にし、王がスルタンを称した。

15世紀の半ばにデカン高原でもイスラーム系のバフマン朝が成立したが、ヒンドゥー系王朝と抗争し衰退し分裂した。南部ではヒンドゥー教徒のヴィジャヤナガル王国が繁栄。同時期の1498年にはポルトガル人ヴァスコ＝ダ＝ガマが胡椒の産地マラバール海岸のカリカットに到着。1509年のデュウ沖海戦ではアルメイダの活躍でポルトガルがエジプトのマムルーク朝に勝利し、同朝が保護したカーリミー商人から香辛料の交易権を奪った。1510年にはゴアに総督府が置かれ、アルメイダのライバルアルブケルケが初代ポルトガル総督となる。メッカ巡礼のムスリム船の男女子供を大砲で沈めるなど暴虐を働いたのがポルトガル人である。

このデリー＝スルタン朝の時代、平時にはヒンドゥー教徒への迫害はとくになく、ただジズヤ（人頭税）のみ強制された。ヒンドゥー教徒のまま役人に登用される者もいれば、利害関係から改宗する高官もいた。低カーストの者が集団で改宗したケースもあった。

インドにおいて7世紀頃から南インドでバクティ信仰と呼ばれていた神への絶対的帰依の影響で、イスラーム神秘主義のスーフィー教団が活動した。神の恩寵を讃える宗教詩を歌って布教活動し、これがクリシュナ信仰やラーマ信仰と結合した。この活動のスタイルがバクティに似ていたことから民衆に受け入れられる。インド南部の海港地域では「海の道」を利用したイスラーム商人の交易活動が盛んであったが、東南アジアへのイスラーム教の普及

とインド商人の物産販売、スーフィー教団の活動には密接な関係があった。

ムガル帝国

　ムガル帝国の創始者のバーブルは父がティムールの直系（ティムールの妻はチンギス＝ハンの直系）、母は**チンギス＝ハン**の家系、まさにサラブレッドの**サマルカンド王**であったが、ウズベク族に追われアフガニスタンの**カーブル**を経て**カイバル峠**を越えてインドに入り1526年の**第1次パーニーパットの戦い**でアフガン系の**ロディー朝**を破ってデリーを占領した。ゆえに、ムガル帝国は「第2次ティムール帝国」であり「ティムール＝ムガル朝」という見方もできる。バーブルの回想録『**バーブル＝ナーマ**』はトルコ散文史上の傑作とされる。

　第2代の**フマユーン**[*][*][*]の時インド東部ビハールのスール朝に敗れて、サファヴィー朝に亡命（ウズベク族を共通の敵とした）した。

　第3代が**アクバル帝**で第2次パーニーパットの戦いでスール朝を一掃し、帝国を本格的に発展させる。ヒンドゥー教徒のラージプート族と婚姻関係を結ぶ。**アグラ**を新都と定め位階制度（**マンサブダール制**）を整備し、人頭税ジズヤを廃止しヒンドゥー教徒との融合を図り、融合宗教「**神聖宗教（ディーネ＝イラーヒー）**」をつくるが失敗した。治世中の1600年に**エリザベス1世**時のイギリスは本国に**東インド会社**を設立する。アクバル帝の年代記が『**アクバル＝ナーマ**』。第4代ジャハンギールはアクバルの宗教寛容政策を継承した。

　第5代が**シャー＝ジャハーン帝**で、アグラ郊外に愛妃ムムターズ＝マハルの廟である**タージ＝マハ**

*
クトゥブ＝ミナール

世界最高のミナレット。ヒンドゥー教・ジャイナ教の建造物の石材をヒンドゥー教徒の職人に転用させて造らせたといわれる。イスラームによるヒンドゥー支配の幕が切って落とされた建造物である。ニューデリーを訪れたら必ず行きたいスポットだ。

**
フマユーン廟はニューデリーにある。タージ＝マハルにも影響したといわれるスタイルはイスラーム建築の精華。フマユーンの死後、ペルシア出身の篤信の王妃が命じて建立された。

ルを建立。これはインド=イスラーム建築の代表格。そのデザインにはイラン人建築家のウスタード=イサドがあたった。またデリーにラール=キラー（赤い城）を築き、都をデリーに移す。この頃イギリスがマドラス（現チェンナイ）を獲得する。

　第6代アウラングゼーブ帝は実父シャー=ジャハーンの散財と偶像崇拝に激高し幽閉、厳格なスンナ派イスラーム信仰にもとづきジズヤを復活してヒンドゥー寺院建立を禁止した。デカン高原に版図を広げムガル帝国最大の領土を現出したが、これにより反ムガル勢力が台頭するようになった。

　デリー=スルタン朝の時代に、いわゆるカースト制度を否定しバクティ信仰（ヒンドゥー教で神に対する絶対的帰依を意味する）を唱えたのがカビールである。これがイスラーム神秘主義スーフィズムと融合する。カビールの影響を受けたナーナクが創始したのがヒンドゥー教の改革派のシク教である。この宗教は偶像崇拝を否定するもので、本拠地はパンジャーブ地方のアムリットサルにある黄金寺院だ。ヒンデゥー語のシクとは「弟子」の意。シク教徒はナーナクの弟子なのである。

　このシク王国のほか、インド中西部にはヒンドゥー教徒のラージプート諸王国が分立した。またデカン高原西部にはヒンドゥー教徒のシヴァージーがマラーター王国を建国した。昨今のインドではシヴァージー人気が高まっている。現在インドではイスラーム教徒の割合が14%を超えたのに対し、ヒンドゥー教徒の割合が80%を切っている。ヒンドゥー教徒の危機感からイスラーム王朝ムガル帝国に抵抗し、マラーター王国を建てたシヴァージーの"株"が上昇しているのであろう。このようにシク、ラージプート、マラーターがアウラングゼーブへの抵抗勢力であった。

　この皇帝の1661年、イギリス王チャールズ2世はボンベイ[*]（現ムンバイ）をポルトガル皇女との婚姻を機に獲得。名誉革命後の1690年にはカルカッタ[**]（現コルカタ）を建設、フランスもベンガル地方のシャンデルナゴルと東海岸のポンディシェリをルイ14世の治世に獲得した。

　ムガル帝国ではインド=イスラーム文化が栄え、ヒンドゥー語を基礎にアラビア語、ペルシア語を吸収し成立したのがウルドゥ語で、アラビア文字式の表記をした。これは現在のパキスタンの公用語である。ちなみにムガル帝国の公用語はペルシア語だ。中国絵画の影響で成立したイランの細密画ミニ

アチュールがアクバルの時代に伝来し、**ムガル絵画**（宮廷風俗、花鳥、肖像画）となり、その影響で土着のヒンドゥー教徒の**ラージプート絵画**（庶民的描写）成立に影響した。

　アウラングゼーブの死後各地で反乱や皇位継続争いが起き、有力武将が太守（ナワーブ）として世襲化した。1724年にムガル帝国の宰相がデカン高原に自立して建てたのが**ニザーム王国**。同年、ガンジス川中流域に自立したのが**アウド王国**。

英仏抗争とイギリスのインド支配

　デュプレクスはフランスのインド総督。**カーナティック戦争**の海戦でイギリスに優位に戦い、陸戦で太守（ナワーブ）を圧倒したが、第2次カーナティック戦争を独断で開戦し、1754年に本国に召還された。イギリスは**1757年のベンガル地方における**
プラッシーの戦いでインド人傭兵シパーヒーを初めて徴用し、フランスに勝利。1758年にはベンガル知事が設置され、**クライブ**が初代知事になる。カナダのビーバーの毛皮をめぐる英仏間の**フレンチ＝インディアン戦争**の1763年の**パリ条約**で、フランスに対するイギリスの**商業覇権**が確定した。また1764年の**ブクサールの戦い**で**ベンガル太守**とムガル帝国の連合軍を破った。

　1773年のインド統治法で**カルカッタ**に**ベンガル総督府**が置かれ、**ヘースティングズ**が初代総督となった。1784年のピット首相時のインド法で、イギリス本国政府はベンガル総督の立場を強化し、他地域への監督権を付与した。1793年にはベンガルで**ザミンダーリー制**が実施され、伝統的領主層である**ザミンダール**に近代的土地所有権を与えたが、永代

固定租税の権限を与えるとともに税額も固定された。支払能力を超える税額も多く、農民を困窮化させ、その後ザミンダールも滞納するようになる。滞納すると土地は競売にかけられ、高利貸しの手に渡った。高利貸し業はジャイナ教徒が多くを占めた**マールワーリー商人**だった。

また、1806年からマドラスでは、個別農民（ライヤット）に土地所有権を認めて、東インド会社が個々の農民から直接租税を徴収する**ライヤットワーリー制**が実施された。

東インド会社内では商品作物が栽培され、安価な労働力を使った**プランテーション経営**がなされた。作物はケシ（専売のアヘンの原料）、藍、茶、ジュート麻、のちに綿花などであった。

イギリス本国では**クロンプトン**が1779年に発明した**ミュール紡績機**でインド綿糸より細い糸を紡ぐことができるようになると、細糸薄地布の綿織物がインドに流入する*ようになり（1820**年代）、アジア三角貿易に完全に組み込まれた。**マルクス**は「インド大陸は失業した木綿職人の白骨で白く染まった」と述べた。1767年から1799年までの**マイソール王国**との４度にわたる**マイソール戦争**で南インドの西海岸を制圧。1775年から1818年までの**マラーター同盟**との３度にわたる**マラーター戦争**でデカン高原西部の王位継承に介入。1805年からデリーのムガル皇帝までも保護下に収める。イギリスは1815年のナポレオン戦争の**ウィーン議定書**でオランダから**セイロン島**を奪い、1816年にはネパールを**グルカ戦争**の結果征服。1845年から1849年までの２度にわたるシク戦争でパンジャーブ地方を併合した。その後、**アフガニスタン**に進出し、1838年から1843年の**第１回アフガン戦争**では惨敗したが、1878年から1880年の**第２回アフガン戦争**で苦戦の末、保護国化した。これは1878年の**ベルリン会議**で英国首相ディズレイリがロシアのエーゲ海（地中海）南下を阻止したもので、次にインド洋を狙うのを阻止すべく先手を打ったのである。

その時の交渉で、**パシュトゥーン人**の居住地域を分断する「**デュランド＝ライン**」が定められた。こうした経緯で現在パシュトゥーン人が英領であったパキスタンに2100万、アフガニスタンに1000万人前後住んでいるのだ。このパシュトゥーン人が中心となって作られたのがタリバーン政権だが、2001年の９・11同時テロ後にアメリカのブッシュ政権により崩壊させられた。し

かしその後、2021年のバイデン政権のアメリカ軍の撤退後に政権を独占している**タリバーン政権**を構成している。ちなみにアフガニスタンは**第３次アフガン戦争**の結果1919年に**ラワルピンディー条約**でイギリスから独立した。

1833年、**東インド会社の商業活動はすでに停止**しており、これ以後は統治機関となっていた。1856年にはネパールの南アワドを併合し、東インド会社によるインド統一が完成した。さらに東インド会社は地方王侯と個別に条約を結び、多少の権限を与え**藩王**とした。

┃ インド大反乱

1857～59年に東インド会社の傭兵による**インド大反乱**が起こるが、その一つが**シパーヒー（セポイ）の乱**。これは薬包に豚牛の油が使われたという噂に、豚を不浄とするイスラーム教徒と牛を神聖視するヒンドゥー教徒が反発し起きた反乱である。1858年、反乱の責任から**東インド会社は解散**となり、インドはイギリス本国の直轄地となる。ヒンドゥー・イスラーム両教徒のシパーヒー反乱軍の**デリー占領**により、形骸化していたムガル帝国の皇帝バハーデゥル＝シャー２世が擁立されたので、イギリスは**ムガル帝国滅亡**を決定した。敗れた反乱軍の指導者の一人で、今でも民族の英雄として慕われているのが、小王国の王妃だった**ラクシュミー＝バーイ**である。

┃ 英領インド帝国

1877年保守党ディズレイリ内閣は、イギリス本国に夫アルバート公の死で引きこもりとなっていた

＊
ランカシャー綿製品のインドにおける消費率は1831～35年の3.9％が1880～81年には58.4％に上昇した。インドは世界のほとんどの国に対して貿易黒字だったが、イギリスに対してのみ赤字だった。

＊＊
1500年のインドと中国（明）を合わせた国内総生産（GDP）は世界全体の70％、1820年でも50％だった。

ヴィクトリア女王の"対策"として、インド皇帝となる戴冠式を行い英領インド帝国が成立。1886年にはビルマ（現ミャンマー）がこれに編入された。

インドのイスラーム神学者シャー＝ワリーウッラーは近代イスラーム思想の創設者。のちのイギリス植民地支配への抵抗に理論的根拠を示した。

ラーム＝モーハン＝ローイはベンガルのバラモンの家に生まれたが、サティー（寡婦殉死）は古聖典に支持されないとして、この風習に反対。1829年には法で禁止された。彼が創始したブラフマ＝サマージ運動は、ヒンドゥー教と近代合理主義の融和を図る宗教団体をつくって、彼の死後社会改革運動を展開した。

ダヤーナンダ＝サラスヴァティーは「ヴェーダに帰れ」と唱え、ヴェーダを全階級に開放しカースト制度撤廃を主張。1875年にヒンドゥー至上主義のアーリヤ協会を結成した。

ラーマクリシュナは神秘体験をへて、すべての宗教は密教において一つの真理に通じると主張した。

インド紡績業発祥の地ボンベイで1885年にインド国民会議第1回大会が開催。官吏・地主・商人・知識人が出席、彼らを中心として国民会議派が誕生した。初期の指導者はインド人初のイギリス下院議員となったナオロジーや、1883年に全インド国民協議会を結成し、1886年に国民会議派に合流したバネルジーであった。これはイギリスがインド人の政治意識を高めるために組織したもので、親英的なものであった。

インド人の急進化

国民会議派の急進化は、1905年にインド総督カーゾンがベンガル分割令を出して、イスラーム教徒の多い東ベンガルと西ベンガルを分割する統治政策をとったことがきっかけである。日露戦争における日本の勝利がアジアの民族運動を鼓舞していた1906年の国民会議派カルカッタ大会で、急進派指導者ティラクが台頭し、スワデーシ（国産品愛用）・スワラージ（自治・独立）・英貨排斥・民族教育の4大綱領を掲げた。1911年にはベンガル分割令撤回が決定された。

1906年にはイギリスの支援で全インド＝ムスリム連盟が結成された。これの思想的基盤は19世紀末以来のアリーガル運動で、これはアフマド＝ハ

ンによりベンガルに設置されたイギリス式高等教育機関アリーガル大学を中心としたムスリムの文化教育運動。ベンガル分割令反対運動に参加する一方で、国民会議派の運動はヒンドゥーによるムスリム支配であると批判したが、実はヒンドゥー・イスラームの分断を謀ったイギリスの策謀である。

1914年に勃発した第一次世界大戦により、綿織物やベンガルのジュート産業などの民族資本が台頭した。国民会議派は、南アフリカで人種差別を経験した後インドに帰国したガンディーを含めてイギリスの戦争に協力した。イスラーム教徒は、イギリスの敵国オスマン帝国がいわゆる「スルタン=カリフ制」をとっていることから反英色を前面におしだした。これが**ヒラーファット運動**である。この頃からムスリム連盟が急進化し、指導者として**ジンナー**が登場した。

1916年の**ラクナウ協定**で自治要求において国民会議派、つまりヒンドゥー教徒とムスリム連盟が協力を確認した。1917年、イギリスがモンターギュ宣言で戦争協力の代償として戦後インドに責任内閣などの自治権付与を約束した。しかし戦争が終わると**1919年のインド統治法**では玉虫色の二重権力が定められ、インド人の自治は遠のき、**ローラット法**で捜査令状なしの逮捕、裁判なしの投獄を可能とする弾圧立法が出された。イギリスの**ロイド=ジョージ**内閣の時である。これに対して南アフリカにおいて人種差別を体験し、英国紳士という身分を捨てた**マハトマ=ガンディー**は**サティヤーグラハ**（真理をつかむ）運動を展開した。1919年4月6日はサティヤーグラハの日として全国的に休業。4月13日には**パンジャーブ**地方における2万人の平和的集会

をイギリス指導の警官が発砲した**アムリットサール事件**が起きた。死者379人、負傷者1500人であった。1913年にノーベル文学賞をとったベンガルの詩人タゴールは抗議の意味で「ナイト」の称号を返却した。タゴールはのちに日本の大東亜会議は評価する。

非暴力・不服従運動

　ガンディーはムスリムとの共闘を模索し、第1次非暴力・不服従運動にはムスリム連盟も参加した。アムリットサールにおける1919年の国民会議派の年次大会では、ローラット法撤回要求と虐殺の責任追及がなされた。1920年のカルカッタ臨時大会では非協力決議がなされ、称号返還・政府行事出席拒否・公立学校から子弟の引きあげ・選挙ボイコット・裁判所ボイコット・軍人など海外派遣拒否・外国製品ボイコットなどが決められた。1922年の農民の警官襲撃事件で民族運動が暴力化したのを契機に、ガンディーは運動を停止した。

　運動の結果として税金不払いと連動して農民の反地主闘争が発生、会議派の支持基盤ヒンドゥー地主の利益を侵すことになった。1917年にロシア革命、1922年にソ連が成立。この時代状況とイギリスへの非協力運動のなかで労働組合の全国的組織「全インド労働組合会議」が誕生、1925年には労働者農民党として**インド共産党**も誕生している。ガンディーの一方的運動停止にムスリムは国民会議派に対して不信感を持つようになり、1924年頃からヒンドゥー、ムスリム間の流血衝突も起き始めた。

　1927年、全員が白人で構成された**憲法改革調査委員会**の設置がインド人の反発を招いたので、翌1928年にインド統治法改正のためサイモン委員会が訪印したが、「サイモン帰れ運動」が起きた。1929年6月イギリスに進歩的な政党、**労働党のマクドナルド内閣**が誕生（最初は1924年）、インド自治憲法制定のための**英印円卓会議**を提唱。しかしイギリス保守党は「自治」という言葉の使用を非難した。

　1929年の国民会議派ラホール大会で急進派ネルーを議長に選出、**プールナ＝スワラージ（完全なる独立）**を決議、円卓会議不参加を決議した。1930年には塩の専売と塩税に抗議して**ガンディーが塩の行進**を行った結果、イギリスはガンディーを交渉相手と認め、塩の製造権と政治犯の釈放を

認めた。ガンディーはこのような第2次非暴力・不服従運動を開始したが、イスラーム教徒は不参加であった。1930年にロンドンで英印円卓会議が開始。第2回にはガンディーも参加したが成果はなかった。ガンディーは再び、非暴力・不服従運動を開始したが、すぐに停止。ガンディーの関心は不可触民（ハリジャン、神の子）へと移っていった。1935年の新インド統治法は、自治とはほど遠い内容であったがビルマの分離が決定した。

第二次世界大戦とインド

　1939年に勃発した第二次世界大戦にネルーは反ファシズムの立場からイギリスに協力、ガンディーも戦後の自治の約束を条件に協力を表明。チャンドラ＝ボースは即時全面不服従運動を提起した。

　1939年インドの同意のないままイギリスはインドの参戦を決定。1940年3月全インド＝ムスリム連盟の指導者ジンナーはラホール大会でパキスタンの分離独立、イスラーム国家建設を決定する。1941年1月、チャンドラ＝ボースは国外に脱出し、ドイツと協力するためにベルリンへ。

　1941年12月8日の真珠湾攻撃から太平洋戦争勃発。ほぼ同時刻のマレー沖海戦から英領マラヤ連邦つまりイギリスとも交戦状態にはいる。1942年2月15日の日本軍によるシンガポール陥落時に、日本が組織したチャンドラ＝ボースのインド国民軍がその後英領ビルマに膨張、ラングーンそしてマンダレーと日本軍と共に進撃した。1943年にはシンガポールでチャンドラ＝ボースが自由インド仮政府を樹立した。1944年には日本軍と共にインドへ侵攻したが、インパールの作戦でグルカ兵（ネパール

人）のイギリスに敗れた。

　1942年には国民会議派は「インドから出て行け」決議を行い、英国の即時撤退要求をした。1943年のベンガル大飢饉では300万人が餓死した。日本軍がインドへのコメの主要供給地であるビルマを占領した後もチャーチル政権下の植民地総督府が兵士や軍事労働者にしか備蓄食糧を開放しなかったために起きた人災である。9歳の時のこの原体験が、1998年のアジア初のノーベル経済学賞受賞へとつながったのがアルマティア゠センである。

　1945年イギリスではポツダム会談の最中に成立した労働党アトリー内閣が完全自治を公約した。イギリス労働党は第二次世界大戦中のベヴァリッジ報告にもとづき、「ゆりかごから墓場まで」の社会保障に取り組む政党となっていた。

　1946年8月ムスリム連盟は分離独立を要求、ヒンドゥー・イスラーム教徒は流血抗争に突入し、50万人が死亡した。断食で抗議したガンディーに感動し人々が武器を捨てた直後に、宗教融和策に反対したヒンドゥー教信者の手でガンディーは暗殺された（1948年）。

独立後のインド、パキスタン

　1947年2月アトリー内閣はインドからの撤退を表明、最後の総督はマウントバッテンであった。6月のマウントバッテン裁定で二つの憲法制定議会、ベンガルとパンジャーブの分割が決定した。7月にはインド統治法をイギリス議会が可決した。

　1947年8月、インド連邦がネルー首相、プラサド大統領、パキスタンはジンナー総督で独立。その後の冷戦下において、ネルーは非同盟主義で独自路線、パキスタンはSEATOとMETOに参加、つまり東南アジアと中東のアメリカの反共軍事同盟の要となった。それぞれが憲法を制定して1950年に政教分離のインド共和国、1956年には政教一致のパキスタン゠イスラーム共和国が成立した。

　シャンデルナゴルとポンディシェリは1954年にフランスがインドに返還、ゴアは1961年にインドがポルトガルから強制接収した。

　インドとパキスタンの分離独立に際して藩王国の帰属はそれぞれの判断にゆだねられた。カシミール地方の藩王国の帰属問題から1947年に第1次イ

ンド＝パキスタン戦争（印パ戦争）が勃発。当該の
地域（カシミール）の藩王はヒンドゥー教徒ゆえイ
ンドへの帰属を希望、住民はイスラーム教徒である
ゆえパキスタンへの帰属を希望した。**1965**年にも
カシミール問題から第2次印パ戦争。**1971**年の第
3次印パ戦争は東パキスタンがバングラデシュとし
て西パキスタンから独立する際に勃発した戦争であ
る。東パキスタンにはジュート産業があり、その輸
出で獲得した外貨が西パキスタンの工業投資にまわ
されていた。パキスタンは1958年から1969年まで
はアユーブ＝カーンの軍政、1969年にはヤヒア＝
カーンの軍政、1970年にはブットの人民党が政権。
東パキスタンでは**ラフマン**の**アワミ連盟**（1949年
設立）が圧倒的議席数であったが、西パキスタンで
は鳴かず飛ばずであったことが独立志向につながっ
た。東パキスタンが**ベンガル語**であるのに対し、西
パキスタンは**ウルドゥ語**である。1971年3月に東
パキスタンがバングラデシュとして独立宣言、印パ
全面戦争となった。12月には東パキスタンが**バン
グラデシュ人民共和国**として独立した。首都は**ダッ
カ**。敗戦後の（西）パキスタンのブット政権は基幹
産業を国有化、1977年のクーデタで政権は崩壊。
娘のブット女史が1988～89年、1993年に首相を
務めたが2007年に暗殺された。

　1998年にはインド、パキスタンが相次いで核実
験、パキスタンはイスラーム圏最初の核保有国とな
った。1999年には軍事クーデタで**ムシャラク**政権
が誕生。2001年9月11日の同時多発テロを迎えた。
2005年にはカシミール地方でパキスタン大地震が
起こる。

　1949年12月インドはビルマについで2番目に中

1986年、カルカッタ
のオベロイグランドホテ
ルでドイツ人のツア
ーコンダクターの男性
と意気投合し、翌日の
観光バスに乗せてもら
った。そのコースには
ホスピス「死を待つ
人々の家」が入ってい
た。少しの時間、そこ
を開設した故マザー＝
テレサさんと会見する
ことになった。私の率
直な感想は、カルカッ
タには無数の路上生活
者がいたが、この「家」
で世話を受けている孤
児たちはどのようにし
て選抜されたのだろ
う、ということだった。

華人民共和国を承認した。中国は共産党一党独裁、マルクス主義つまり唯物論、無神論国家である。1950年に人民解放軍がチベットを解放（共産化）する。そのこと自体は1954年のニューデリーにおける周恩来とネルーの会談で確認された。チベットはダライ＝ラマとパンチェン＝ラマによる神権支配の地域である。それゆえ、共産化にともなう寺院の破壊、僧侶への侮辱、土地の共有化に対して、1959年チベットのラサで反乱が起こり、数百万人が人民解放軍により虐殺され、ダライ＝ラマ14世はインドへ亡命。彼の亡命政権がインドにあることから中印関係が悪化、1962年には中国軍がインドへ侵攻し戦闘がありインド軍は敗北した。その後インドが英米に接近したので非同盟主義は後退した。ソ連がインドの立場を支持したので中ソ論争が激化した。1989年にはダライ＝ラマ14世がノーベル賞を受賞。2000年にはチベット仏教四大宗派の一つ、カギュー派のカルマパ17世がインドへ亡命した。

　1950年のインド憲法においては共和政、政教分離原則、成人男女普通選挙、カースト差別禁止、不可触民制禁止であった。憲法起草委員会委員長はアンベードカル。彼は1920年代から不可触民撤廃運動に携わり、1956年の死去の直前にはカースト制度の起源はヒンドゥーにありとして、仏教に帰依してネオ＝ブッディスト（新仏教）運動を展開した。1964年ネルーが死去、シャストリをへて、1966年からはネルーの娘インディラ＝ガンディーが首相になる。長老たちとの対立により1975年非常事態宣言ののちガンディーの独裁が実現。1971年にはソ連＝インド平和友好協力条約、そして1974年には原爆実験に成功する。彼女は1984年にシク教徒により暗殺された。長男ラジブ＝ガンディーが首相になったが、彼も1991年にタミル人により暗殺された。

ヒンドゥー教徒の焦りとスリランカの悲劇

　1989年ベルリンの壁が崩壊、91年ソ連邦解体と、唯物論と人間による計画、設計主義の限界が明らかになり宗教勢力が台頭。1993年からヒンドゥー原理主義が高まり、デリーのモスクを破壊。14％のイスラーム教徒への対決姿勢が強まり、建国以来の政教分離の原則への挑戦が始まった。1996年の選挙で国民会議派は歴史的敗北を喫し、ヒンドゥー至上主義のインド人

民党が第1党でバジパイ首相が政権を奪取した。国民会議派の腐敗への反発や民主主義の定着にともなう中・上位カーストの危機意識、グローバリズムの進展による貧富の差の拡大などが原因。インドは危険な時代を迎えている。2004年には、国民会議派が8年ぶりに政権を奪回し、シンが首相となった。2014年の選挙では再び、インド人民党の政権となりモディが首相になる。宗教色を抑えつつ経済第一路線をすすみ、習近平の「一帯一路」に対抗する姿勢を表す。

1948年にセイロンがイギリスより独立。1960年にはバンダラナイケ夫人が世界初の女性首相。1972年にスリランカ共和国、1978年にはスリランカ民主社会主義共和国として英連邦を脱退した。国政を握る多数派82%は、その昔のマウリヤ朝のアショーカ王の王族マヒンダ以来のアーリヤ人であるシンハラ人（インド＝ヨーロッパ語族）の上座部仏教徒。少数派9％はタミル人（ドラヴィダ語族）でヒンドゥー教徒。セイロン島を茶のプランテーションにするためイギリスがタミル人を送り込んだ。

この両者が対立、後者のテロ組織がタミル＝イーラム解放のトラである。テロの犠牲者の累計は6万5000人にのぼる。2003年に入り、タミル人居住地区を分離するプランが俎上に載せられた。2004年にはスマトラ沖地震の津波の被害に見舞われた。2006年12月「解放のトラ」の議長が独立を宣言し武装闘争が激化したが、政府軍の攻撃により2009年5月敗北宣言を発した。

だが残念なことに2019年4月にイスラーム過激派（ＩＳが犯行声明）による自爆テロで日本人女性を含む死者が出た。この事件はニュージーランドに

スリランカ（セイロン島）の中央部の茶畑

歩いていると顔の黒い茶つみの女性が笑顔で手をふる。段々畑の隣にあった英国資本の紅茶会社で元祖セイロンティーの葉を購入していた頃に「解放のトラ」が空港を破壊し帰国日がずれてしまったのは2007年春の話。

15章

インド史

＊
日本・米国・インド・オーストラリアの4カ国による外交・安全保障の協力体制がクアッドで、インド太平洋地域での中国の軍事的・経済的な影響力の拡大に対抗する非公式な枠組みとして2019年に発足した。2006年にそれを提唱したのが安倍晋三首相で「自由で開かれたインド太平洋の実現」を目的とした。

おけるキリスト教至上主義者によるモスク襲撃に対する報復テロであると報道された。

　2022年スリランカは1948年の建国以来初の**デフォルト**（債務不履行）に陥った。南端のハンバントタ港は2017年から99カ年間にわたり中国企業に貸し出された。インフラ整備のために借りたが利益が出ず、返済不能になり設備や土地を明け渡すことになる「**債務の罠**」の典型例となっている。

16章 東南アジア史

東南アジアには現在、ミャンマー連邦共和国（首都ネーピードー）、タイ王国（首都バンコク）、カンボジア王国（首都プノンペン）、ラオス人民民主共和国（ヴィエンチャン）、ベトナム社会主義共和国（首都ハノイ）、マレーシア（首都クアラルンプール）、シンガポール共和国、インドネシア共和国（首都ジャカルタ）、東ティモール民主共和国（首都ディリ）、ブルネイ＝ダルサラーム共和国（首都バンダルスリブガワン）という国家がある。

19世紀の欧米の植民地支配を受けるまでは、この地域を単一の権力で束ねる帝国は出現しなかった。日本が「大東亜共栄圏」を構想し覇権に組み込んだので、連合国がそれを奪還するために「東南アジア司令部」を設置した。これが「東南アジア」の起源であり国際政治の舞台でも使われるようになった。

熱帯雨林の東南アジアはイモをベースに魚とコメを食べ、衣類は巻き布、高床式の住居（肉と麦を食べ、ズボンをはき、土間式住居の乾燥地域の対極）とする生活帯だ。

東南アジアにおける王権は領域や境界線ではなく、点と線が範囲であり、国家というよりはネットワーク、そしてそのネットワークは港から後背地の陸地に拡大する港市国家か、雨季の降雨や河川の灌漑を利用し稲作を管理する権力に大別され、仏教やイスラーム教など外来の権威を権力維持に利用した。

このような地理的環境を人間が生存するための経済システムとして整え歴史を育くんできた東南アジアは、20世紀に地球上最も忌むべき虐殺が行われた場として記憶されることになる。ベトナム戦争しかりカンボジア虐殺、そして内戦など。

いずれも人間の思弁による西欧産のイデオロギーが悲劇の元凶であった。

現在の東南アジア諸国

東南アジアの植民地化（19 世紀末）

インドシナ半島の歴史はじまる

　東南アジアで稲作が開始されたのは前2000年頃。前4世紀頃にベトナム北部に**中国文化**の影響を受けた**ドンソン文化**が出現する。鋤や鎌などの農具に加え、独特の模様を持つ銅鼓が特徴で、これは祭器として使用され、墓の副葬品でもあった。同時期、ベトナム中南部沿岸では**サーフィン文化**という漁労文化が見られた。

　広州付近にあった**南越国**は秦の始皇帝に攻められた後、前111年に前漢の武帝に征服された。武帝は**交趾**（紅河デルタ、現ハノイ付近）・**九真**・**日南**（現フエ）の3郡を置いた。

　東南アジア最古の国家といわれるのが**メコン川下流域の扶南**（プノム）で、3世紀に三国時代の中国の呉に朝貢していた。これは**港市国家の代表**で、**オケオ**からは五賢帝時代のローマ皇帝**アントニヌス＝ピウス**や**マルクス＝アウレリウス＝アントニヌス**の銘がはいった金貨が見つかる。

　扶南は**クメール人**（カンボジア人）の**真臘**により滅亡。ちなみにプノンペンとは「プノム（扶南）の丘」という意味だ。真臘は7世紀にメコン下流からカンボジア平原に拡大したが、その後**陸真臘**と**海真臘**に分裂。陸真臘はインドの宗教や大陸の稲作技術を導入し農業勢力として発展。海真臘はメコン下流から南シナ海へと連なる海域ネットワークを基盤とする勢力となった。

　カンボジア平原では802年に**ジャヤヴァルマン2世**が**アンコール朝**を建国、水陸のネットワークを統合し真臘の全盛期を迎える。このクメール王国ではインドの王権思想が受容され、王はヒンドゥーの神の化身となった。12世紀の**スールヤヴァルマン2世**が造営したのが、ヒンドゥー寺院（のち仏教寺院）**アンコール＝ワット***だが、これは灌漑施設でもあり、ここを宇宙の中心とする世界観の表明でもあった。1860年にフランスの博物学者**アンリ＝ムオ**が再発見した。

　1181年に即位した**ジャヤヴァルマン7世**が建てた都が**アンコール＝トム**。人口は数十万になり全盛期であったが、王の死後アンコール朝は衰退した。13世紀初頭からタイに（14世紀以降は**アユタヤ朝**に）圧迫された後は、陸域のトンレ＝サープ水系（オランダ人・日本人・チャム人が交易）と海域のメコン水系（中国人が交易）が再び対峙。メコン川の町プノンペンは港市と

なって15世紀以降のカンボジアの中心となる。

一方ベトナム北部では、**後漢**初期の40年に**交趾**郡で起きた**徴姉妹の反乱**（ベトナムの民族的英雄）が鎮圧されるなど、中国による支配が強化された。7世紀初めに隋の文帝はベトナムに遠征し、**紅河デルタ**とベトナム中部に登場した**チャム人のチャンパー**（192年に**後漢**から独立。2〜7世紀の呼称は**林邑**）を制圧した。次の唐は679年に現ハノイに**安南都護府**を設置、日本人阿倍仲麻呂が行政官として駐在した。**チャンパー**は**林邑→環王**（唐代）**→占城**と表記された。

ベトナムの大越国

9世紀後半、唐の衰退とともに中国勢力は紅河デルタから撤退、ベトナム人勢力が独立を果たす。**1009年李公蘊**が**昇竜**（ハノイ）に**李朝大越**を建国。中国の諸制度を導入、仏教・儒教を奨励した。宋を撃退し大理やチャンパーに遠征した。

李朝の外戚が1225年に建国したのが**陳朝大越**。紅河デルタの支配を固め稲作農業を発展させ、また中国の行政制度や科挙を導入した。陳朝は**元**軍を撃退したが、豪族の反乱で滅んだ。陳朝では民族文字、**チュノム**（**字喃**）が漢字をもとに作られた。史書『**大越史記**』が編まれた。

1406年に明が紅河デルタに侵攻して翌年に**胡朝**を倒したが、**黎利**が明軍を駆逐し、**1428年**にハノイを都に**黎朝大越**を樹立した。黎朝では中国式の行政制度・科挙・**朱子学**が整備された。1471年には**チャンパーを征服**し、南北ベトナムを統一する。チャム人は国家は失うがその後イスラームを受容し、南シナ海において交易を担った。16世紀になると

*
アンコール＝ワット

アンコール＝ワットがあるのはカンボジアのシェリムリアップ。家の横を流れる小川で少年が水牛にまたがり背中を洗うレトロな光景が展開する街。

黎朝が衰え、紅河デルタ出身で中国勢力と関係の深い莫登庸が政権を奪取し、明に朝貢した。その後、鄭氏と阮氏が莫氏に対抗。1592年鄭氏がハノイを奪還。阮氏は中部フエに政権（広南阮氏）を樹立した。莫氏は北部山地で抵抗を続けた。1771年に南部で決起した西山党は広南阮氏の勢力を駆逐し、1778年に西山朝を樹立。清の乾隆帝の干渉を排し、北部の鄭氏の政権も倒し一時ベトナム全土を支配した。

阮朝越南

しかし広南阮氏の一族阮福暎が南部のサイゴンを拠点に対抗する。サイゴンは中国人とヨーロッパ人の海域ネットワークの接点だったので、フランス人宣教師ピニョーやポルトガル人・中国人・シャム（タイ）人の支援を受けて、サイゴン→フエ→ハノイと北進。西山朝を倒しベトナムを統一。嘉隆帝となってフエを都に1802年に阮朝を樹立。清に朝貢し国号を越南とし、科挙を整備した。その後、中央集権化の過程でキリスト教を禁じたことでサイゴンの海域勢力と対立するようになる。

19世紀中頃以降フランスで対外膨張の機運が高まっていたが、1861年の阮朝によるカトリック宣教師殺害をきっかけにフランスのナポレオン3世はメコンデルタへ派兵し、仏越戦争となる。1862年のサイゴン条約でフランスはメコン川河口地域のコーチシナ東部を獲得。1863年にはカンボジア、1867年にはコーチシナ西部も獲得した。

フランスがメコン川下流域に進出した目的の一つは、中国雲南へのルートを確保することだった。しかし、現在のラオス・カンボジア国境にあるコーンの滝によりメコン川の遡航が困難をきわめることが判明すると、北部の紅河に目を向ける。しかし北部の中国国境地域では劉永福の黒旗軍など阮朝に協力する華人の武装集団がフランスに抵抗した。黒旗軍は清仏戦争では清側についてフランスと戦った。

1870年に第3共和政に移行したフランスの帝国主義が本格化すると、1883年のユエ条約（アルマン条約）で中部アンナンや北部トンキンの宗主権を阮朝に認めさせる。宗主権は清が保持していたため、こうして清仏戦争（1884〜85年）となる。1885年の天津条約でフランスは清に勝利し、阮朝に対する宗主権を放棄させ、1887年にコーチシナ、カンボジア、アンナ

ン、トンキンから成る仏領インドシナ連邦が成立した。さらにフランスは西方への勢力拡大を図り、シャム（現タイ）のラタナコーシン朝との緊張を高めた。メコン中流域にはランサン王国の後継ルアンプラバンやヴィエンチャン、チャンパサックの３王国が立っており、シャムの影響下にあった。しかし砲艦外交をもって、これら３王国を1893年にフランス植民地ラオスとして編成し、1899年にラオスを仏領インドシナ連邦に編入した。

　フランスの植民地化が完成したベトナムでは阮朝の重臣がフエのフランス公使館で反乱を起こし、新帝と共に地方に亡命、各地で武装蜂起が起こった。

　ファン＝ボイ＝チャウは明治維新をモデルに維新会をつくり、日本に留学生を送り込む。日露戦争時の1905年に東遊（ドンズー）運動を展開した。ファン＝チュー＝チンはハノイに慶應義塾を模して東京義塾をつくり、国語クォック＝グーを小作人や労働者階級に普及することに尽力した。しかし“脱亜入欧”した日本は帝国主義真っただ中。フランスと1907年に日仏協約を結び、ベトナム留学生の名を密告する。日本政府の協力を得られなかったファン＝ボイ＝チャウは辛亥革命に刺激され、1912年、反仏秘密結社ベトナム光復会を設立した。

　1920年代にフランス滞在中にレーニンの思想に触れたホーチミンは、1925年にベトナム青年革命同志会を結成。1930年にはベトナム共産党（後にコミンテルンがインドシナ共産党という広域の政党名に改称するよう指導）を結成した。同年、共産党の指導で中部の町（ゲティン省中心）においてソヴィエトを樹立するゲティン＝ソヴィエト運動が組織されたが、共産党の思惑を超えて地主や富農との過

アンコール＝ワットにいた少年。付近では２〜３歳の子供たちが「イチタロ、イチタロ」と言って近づいてくる。１ドルを欲しがっているのだ。「ボクはヒデタロだよ」とからかう。写真の少年は年長の子だ。

激な対決となる。

　だが、武力南進に舵を切った日本が1940年9月に北部仏領インドシナに侵攻する。これは英米による蔣介石の**重慶政権**援護ルート（**援蔣ルート**）を遮断するのが目的だった。それまでフランスに抗っていたホーチミンは抗日に転じ、日本が1941年7月に南部仏領インドシナに侵攻する2カ月前に**ベトナム独立同盟会（ベトミン）**を結成する。この時期日本に容認された政府が阮朝のバオダイ帝のもとに組閣された内閣だった。だが政権内部からもベトミンを支持する人がでた。

　実際のところ日本が「大東亜共栄圏」を掲げたものの、「共栄」ではなく経済的「混乱」を「東南アジア」にもたらしたことは否めない。1945年前半にベトナム北部では大飢饉が発生し、「200万の犠牲者が出た」と9月2日の**ベトナム民主共和国**（首都ハノイ、その前身はベトミン）の独立宣言で**ホーチミン**は述べた。バオダイ帝がベトミンに政権を譲渡し誕生した国家として戦後ベトナムは始動した。

インドシナ戦争

　インドシナ戦争（1946 ～ 54年）はベトナムにとっては抗フランス戦争（植民地からの独立）だったが、アメリカにとってはインドシナの共産化（国際共産主義運動の拡大）阻止のための協力だった。結局、中国・ソ連に支援されたホーチミン軍が**ディエンビエンフーの戦い**に勝利し停戦となる。フランスによる植民地支配の終焉である。1954年の**ジュネーヴ協定**でインドシナ戦争は終結し、**ベトナム、ラオス、カンボジア**の独立が認められたが、**北緯17度**を軍事境界線とし北に**ベトナム民主共和国**の軍隊が、南にフランスの支援を受けた**ベトナム国**の軍隊が集結。2年後に**南北統一選挙**が実施されることになったが、アメリカは調印しなかった。ベトナムが北の共産主義者によって統一されるのを恐れたからだ。

　フランス軍がインドシナ戦争中に**サイゴン**につくった傀儡がバオ＝ダイを戴いた**ベトナム国**。フランスが敗退した後、アメリカはサイゴン政府を**ゴ＝ディン＝ジエム政権**（ベトナム共和国、いわゆる南ベトナム）にすげ替えた。親仏派を巧みに排除し安定したかにみえたが、北の政権政党**ベトナム労働党**（ベトナム共産党→インドシナ共産党→ベトナム独立同盟会＝ベトミン

→ベトナム労働党→ベトナム共産党〔1976～現在〕）
が南でも勢力を増すと、カトリック系のゴ政権は同
党や仏教徒を弾圧する強権政治と化し、1963年に
は僧侶たちが焼身自殺で抗議する事態となる。

ベトナム戦争

　1960年、ホーチミンは**南ベトナム解放民族戦線
（ベトコン）**を結成、ゲリラを南に潜入させ内部か
らの共産化を図る。ベトコンは南ベトナムのゴ政権
の独裁から北に逃れてきた南の住民だ。ホーチミン
に促され南に戻った住民は共産主義に傾倒、これに
対し**ケネディ米大統領**は大量の軍事顧問団を派遣す
る。1963年にベトナム労働党が、それまでの戦略
を変更して北の人民軍戦闘部隊を南に投入すること
を決定すると、ベトナム共産化の危機に**ジョンソン
政権**のアメリカは1964年の**トンキン湾事件**を口実
に1965年に北ベトナムに対する恒常的な爆撃（**北
爆**）を開始し、**ダナン**に上陸し地上軍も投入し**ベト
ナム戦争**となった。

　朝鮮戦争で北緯38度線を越えたことが**中国**の介
入をまねいた反省から、アメリカは北に地上軍を派
遣せず南に限定した。中ソが米軍と対峙しないよう
配慮された戦争だった。局地化された戦争ゆえに
"目標"の見えないゲリラ相手の"前線なき戦い"
となり、戦果を敵の死体の数でカウントする悲惨か
つ激しい戦いとなった。ベトナム・ラオス・カンボ
ジアで米軍が使用した砲爆弾の総量は第二次世界大
戦時の2.4倍だった。ベトナムではゲリラと民間人
の見分けがつかないので、米兵は一般人を敵視する
ことになった。ジャングル戦に慣れないアメリカ軍
は**枯葉剤**を使用する。1968年ベトナムの旧正月の

アジアの原風景にひた
りたくてラオス・ヴィ
エンチャンでバイクを
レンタルした。だが、
強烈な日ざしと排気ガ
スのために、ツーリン
グをあきらめ早々に返
却した。

カトリック教徒のケネ
ディ大統領が敬虔なカ
トリックであるゴ＝ディ
ン＝ジエム南ベトナ
ム大統領を支持し続け
たことが、同政権の仏
教徒弾圧に拍車をかけ
たともいわれる。

＊
北爆の目的は南ベトナ
ムの共産化阻止だっ
た。ベトナム全土の共
産化は東南アジア全体
の共産化につながると
いうドミノ理論が開戦
の根拠であった。

テト攻勢でベトコンが大勝し、アメリカは撤退を模索する。ニクソンは撤退を公約に米大統領に当選し、1969年に登場すると「ベトナム戦争のベトナム化」を掲げる。だが、南の反共親米政権を維持するために隣国のラオスやカンボジアを空爆し、戦争を拡大した。集団農業を軸とした社会主義体制の北から南への動員は容易で、兵員（230万人）や武器の補給路（ホーチミン＝ルート）が両国を通って南下したからだ。この時期、アメリカ国民の"ベトナム離れ"がすすんだ。

アメリカのベトナム戦争は国務長官キッシンジャーの尽力で1973年のパリ協定で終戦となった。米兵の死者は5万8000人。ベトナム人の死者は300万人以上だった。

1975年には解放戦線（ベトコン）がサイゴンを陥落させ終戦。北が南を統一し1976年にハノイを首都とする統一ベトナム、ベトナム社会主義共和国が誕生した。サイゴンはホーチミンと改称された。

日本経済にとって、朝鮮戦争の特需景気は当時の輸出量の60％以上であるのに対し、ベトナム特需は7〜8％にとどまった。一方、韓国・台湾・一部の東南アジア諸国にとっては特需となった。結果として経済発展が軌道に乗った東南アジアとの貿易関係の強化により経済大国化した日本は"漁夫の利"を得たことになる。

カンボジア大虐殺、カンボジア内戦

ラオスではベトナム戦争が終結した1975年に愛国戦線（パテト＝ラオ）が政権を掌握、ラオス人民民主共和国と改称した。

カンボジアではシハヌークを中心とする王国政府が一時支配を安定させたが、ベトナム戦争でアメリカが苦戦しているのを見て反米色を強めたので、1970年に親米の軍部クーデタが起こり、ロン＝ノル政権が誕生した。しかし1975年にベトナム戦争の終結に先立ち、ベトナム軍の支援を受けた共産勢力により同政権は崩壊。1976年ポル＝ポトを中心とするカンボジア共産党によって民主カンボジアが誕生した。この連合政権は結局、シハヌーク派を追放したクメール＝ルージュ（赤色クメールつまりポル＝ポト派）独裁となり、170万人以上の虐殺をもたらした。ポル＝ポトは毛沢東型の農村共産主義社会実現のために、都市住民に農村への移住を強制し、拒否する者やブ

ルジョワ的な者、ベトナム系住民を粛清した。眼鏡
をかけている者、文字を書ける者は農業をサボった
反革命分子として人民裁判で「人民の意志」（ルソ
ー）により殴り殺された。「あそこの蕎麦、美味か
ったね」は変化を拒んでるので処刑。「泣いてはい
けない」は今を恨んでいる。「笑ってはいけない」
は過去を懐かしんでいる。変化のための変化、それ
がフランスに留学し、たっぷりとフランス革命の毒
牙に染まったポル＝ポト派の正体である。渦中でカ
ンボジア人の半数が落命した。

　1978年にベトナムがカンボジアに侵攻し、ポル
＝ポト派をジャングルに追い、**ヘン＝サムリン**によ
る親ベトナム政権となった。しかしこれが**カンボジ
ア内戦**の幕開けとなる。ヘン＝サムリン政権はアメ
リカを後ろ盾とする**ソン＝サン派**（旧ロン＝ノル
派）、中国を後ろ盾とする**シハヌーク派**と**ポル＝ポ
ト派**の反ベトナム3派（ASEANが調整）との内戦
に突入した。カンボジア内戦は米ソ冷戦と中ソ論争
の代理戦争であった。

ドイモイのベトナム、フン＝センのカンボジア

　1980年代のソ連・東欧圏の経済は不調であり、
1986年からのソ連のゴルバチョフは**ペレストロイ
カ**に入る。そのベトナム版が**ドイモイ**（刷新）とい
う市場経済化だ。1995年には米クリントン政権と
の間に国交回復。1997年にはASEANに加盟した。

　1989年の冷戦の終結はカンボジアを取り巻く状
況にも変化を生じさせ、フランスとインドネシアが
イニシアティブをとり、和平会議が開催された。紆
余曲折をへてベトナム軍のカンボジアからの撤退が
完了し、1991年に停戦が実現。カンボジア和平に

現在トゥールスレン虐
殺犯罪博物館となって
いるのが暗号名 S 21
と呼ばれていた政治犯
収容所である。この写
真のベッドで拷問が行
われた。元々はリセ（高
校）だった建物だ。

関するパリ協定が締結された。日本も初めて1993年のPKO（国連平和維持活動）による選挙監視に参加した。シハヌーク系の**フンシンペック党**が第1党、ベトナム系の**カンボジア人民党**が第2党となった**カンボジア王国**が成立。その後、ヘン＝サムリン派の**フン＝セン**が独裁色を強めている。

モンゴル以前のスマトラ島・ジャワ島

世界的に交易ルートとして**マラッカ海峡**が登場するのは7世紀である。この時期マラッカ海峡をおさえた国家が**シュリーヴィジャヤ**（**室利仏逝**）で、スマトラ島の**パレンバン**を中心にマレー半島、ジャワ島、カリマンタン島（ボルネオ島）にまで版図を広げた。唐の僧**義浄**が立ち寄り『**南海寄帰内法伝**』で**大乗仏教**の繁栄を記す。スマトラ島北端にあった王国が**サムドラ＝パサイ**で、13世紀末にイスラーム商人やスーフィーの影響を受け、王がイスラームに改宗した。

9世紀になると**シャイレンドラ朝**が海域に進出、ジャワ島中部に**大乗仏教**の仏塔（ストゥーパ）である**ボロブドゥール**を建立した（1814年に英人ラッフルズが発見）。その勢力圏はマラッカ海峡のマレー人を制圧し、南シナ海のチャンパーを攻撃するほどとなった。このシャイレンドラ朝はジャワ島中央部の**古マタラム国**の一つであるが、隣接する地域にある**ヒンドゥー教**の**プランバナン寺院群**は、最終的に古マタラム国を統一したサンジャヤ王統によるものだ。

ジャワ島では陸域のジャワ人が10世紀から勢力を伸ばし、東部ジャワの**クディリ盆地**を中心に**ヒンドゥー教**の**クディリ朝**のもとで農業と海上交易が結びついた。同朝では**ワヤン**（影絵）などジャワ文化が花開いた。

元軍の侵攻とマジャパヒト王国

そのクディリ朝を滅ぼしたのが**シンガサリ朝**。これは13世紀に元の使者を追い返し、フビライ＝ハン時代の元軍侵入をまねき、その混乱期に滅亡した。モンゴル遠征後の1293年に成立したのが**マジャパヒト王国**だ。これはマレー半島からスマトラ、ジャワ、バリ、スラヴェシ、フィリピン南部にまでアウトリガーで版図を拡大した東南アジア最後のヒンドゥー教国で、スマトラ島の**三仏斉**（マラッカ海峡周辺の港市の連合体）を併合した。マジャパ

ヒト王国の末裔が地元の支配者と混交し、ヒンドゥー信仰を守った島がバリ島である。

ポルトガルのマラッカ王国征服

1400年頃スマトラ島パレンバンの王族がジャワ島のマジャパヒト王国の圧力を受け、海峡を渡り**マラッカ王国**を建国した。マラッカは**ゴア**から**マカオ、平戸**に至るポルトガルの東西ネットワークの結節点となり、84の言語が話されていたが、王族がイスラームに改宗したので東南アジア最初のイスラーム教国となる。**明の永楽帝**の宦官鄭和の南海遠征の拠点ともなる。そのマラッカ王国を**1511**年に**ポルトガル**の**アルブケルケ**が占領する。香料諸島（**モルッカ諸島**）制圧の拠点とするためだった。

インドネシアの島々はイスラーム化し、スマトラ島北端に**アチェ王国**が**胡椒**の輸出港としてイスラーム商人を集め、最盛期にはポルトガル領マラッカを包囲したが、攻略には失敗した。同様に**胡椒**で繁栄したのがジャワ島西端の**バンテン王国**[***]。中部の**マタラム王国**は**コメ**の輸出で繁栄し、1641年にはジャワのオランダ勢力を圧迫した。

オランダのバタヴィア建設

1602年、オランダ各地の商社が統合し、ユダヤ＝マネーにより**オランダ東インド会社**が設立されると、香辛料を求めてポルトガルからモルッカ諸島を奪取、オランダの**商業覇権**が確立される。**1619**年に東インド総督**クーン**[****]により**バタヴィア（現ジャカルタ）**が建設される。ここはジャワ島とスマトラ島の間の**スンダ海峡**をおさえる位置である。ちなみにオランダ人はゲルマン系バタヴィア人である。"ジ

[*]
インドネシアの仏教は大乗仏教。ボロブドゥールの石は一つひとつが大きいので上るのに苦労する。ラオスの仏教はミャンマーから伝わった上座部仏教。ヴィエンチャンで僧侶と記念の一枚。

[**]
元軍を追い出して建国されたマジャパヒト王国は、華人の造船や貨幣鋳造の技術を取り入れた。

[***]
バンテンでは華人コミュニティが大規模に展開し、胡椒交易でにぎわった。

[****]
ナツメグを産するバンダ島に上陸し片端から住民を殺戮した。

ャガイモ”という日本語はジャカルタに由来するという説がある。本論とは関係ないが、ブドウの“マスカット”はアラビア半島オマーン国の首都に、“カステラ”はカスティリャ王国に由来する。

　オランダはバタヴィア建設以降、喜望峰から長崎に至る商業網を完成。鎖国日本から朱印船交易を引き継ぎ、中国人をバタヴィアに寄港させつつ現インドネシア支配を深めた。1639年に江戸幕府がポルトガル船の来航を禁止したのは、オランダの商業ネットワークにより生糸が貿易商だった鄭芝龍経由で入ってくるようになったので乗り換えたのだ。

　1623年にはモルッカ諸島におけるアンボイナ島でイギリス人を殺害し（アンボイナ事件）、香辛料交易で優位に立ち、1641年にはマラッカを奪取。モルッカ諸島の丁子*・ナツメグを独占し、厳格な生産統制を敷いた。ただオランダの香辛料交易における優位が確定した1670年代に、ヨーロッパにおける香辛料価格の下落が始まった。1450〜1680年の「交易の時代」「長期の16世紀」と呼ばれる好景気の時代は終焉を迎える。18世紀に入るとオランダ東インド会社は赤字に転落し、交易の転換を迫られる。コーヒー・サトウキビなどの商品作物への転換である。サトウキビはオランダ領東インドの基幹産業となる。

　1736年にイランのサファヴィー朝が滅亡すると、砂糖の大口の顧客を失い、オランダ東インド会社が財政難から解散。19世紀初頭のナポレオン戦争でイギリスが一時ジャワ島を占領したが、1816年、オランダに返還された。オランダのジャワ支配が浸透する過程でマタラム王族と衝突、1825年からジャワ戦争となったが、平定をもってジャワ全土の支配を確固たるものとした。

　同時期、現地の首長に前金を払い、コーヒーの生産を義務づける制度を開始する。1830年、ジャワ島でファン＝デン＝ボスが強制栽培制度を始めた。これはモノカルチャー経済の典型で、農民に一定の畑にコーヒー、サトウキビ、藍などヨーロッパで高く売れる商品作物を栽培させた。主食を作れず餓死する農民もでた。

　一方、スマトラ島では19世紀初めにメッカ巡礼者を通じワッハーブ派の影響を受けたイスラーム改革派の反乱（パドリ戦争）や、1870年代から北端のアチェ王国や宗教指導者によるアチェ戦争が起きたが、後者が終結する

1910年代に現在のインドネシアに相当する領域に**オランダ領東インド**が成立した。19世紀末からの農民によるオランダへの抵抗、原始共産主義への回帰運動が**サミン運動**である。**ティモール島**の東半分は16世紀以来ポルトガルの植民地だった。

＊
丁子（クローブ）は記憶力の回復、吐き気や歯痛の抑制に効果があり、媚薬や抗ペスト薬として重宝された。

オランダ領東インドとインドネシア建国

強制栽培制度に代表される過酷な植民地支配への批判を受け、オランダ植民地政府は1901年に「**倫理政策**」を開始する。オランダが植民地エリート層を対象にオランダ語による教育機関を設置したが、その層からジャワの民族意識と女性解放の先駆者**カルティニ**が登場した。1908年にはバタヴィアの医学生を中心にジャワ最初の民族団体**ブディ＝ウトモ**が設立された。またジャワ人とアラブ人が華人に対抗する目的で1912年に**サレカット＝イスラーム（イスラーム同盟）**が成立したが、1919年に植民地政府により締めつけられた。**1920**年、アジア初の共産党**インドネシア共産党**が設立した。しかし独立運動とナショナリズムの担い手は**スカルノ**とオランダ留学から帰国した**ハッタ**が1927年に設立した**インドネシア国民党**だった。1934年にこの二人を逮捕、流刑にするに至り、オランダの「倫理政策」は停止された。

スカルノからスハルトへ

スカルノは日本を利用して独立を企図、1945年8月にインドネシア共和国の独立を宣言し初代大統領となった。終戦を蘭印で迎えた旧日本兵も協力した**ムルデカ（独立）闘争**に勝利し、**1949**年の**ハーグ協定**で独立を達成した。オランダの傀儡国家が編入

され、1950年に単一国家インドネシア共和国が誕生した。スカルノは1943年の東京における大東亜会議に出席、それを模して1955年に故郷バンドンで初の有色人種の会議アジア＝アフリカ（A=A）会議を開く。それは1961年以降の非同盟主義の先駆けとなり、第3世界の形成が開始する。

1954年4月のコロンボ会議*では、インド、インドネシア、スリランカ、パキスタン、ビルマがインドシナ戦争の早期解決、核兵器の使用禁止、中国の国連加盟、アジア＝アフリカ会議の開催を宣言した。また、6月のネルー・周恩来会談の内容は平和五原則として発表され、これが翌年のA＝A会議の平和十原則に影響する。

スカルノの第3夫人がデヴィ夫人。1960年頃からスカルノが提唱した統一戦線がナサコム（民族nas・イスラームagama・共産主義kom）である。

1965年の軍部によるクーデタ、九・三〇事件後の虐殺と混乱のなか、1966年にスカルノから治安権限を委譲されたスハルトが1968年に正式に第2代大統領になった。アメリカ帰りの経済官僚を起用、反共親米の開発独裁政権である。これにより党員200万人のインドネシア共産党は壊滅する。スハルトはゴルカルという政治団体を設立し、1971年の選挙で公務員にゴルカルへの投票を義務づけたので何度でも大統領になることが可能になった。またパンチャシラと呼ばれる建国5原則の習得を国民に義務づけ法制化したので、一部のイスラーム団体との摩擦が生じた。

過度の報道統制、野党や市民の弾圧、政府高官の汚職、親族優先などスハルトに対する不満が絶えなかったが、彼が失脚する直接のきっかけは1997年のアジア通貨危機だ。IMFは支援の条件にインドネシア経済の構造改革をあげたが、これにはスハルトのファミリー企業も含まれていたため政権は難色を示した。政権が灯油や電気料金の値上げに踏み切ったので1998年にジャカルタで暴動が起き、スハルトは辞任した。

┊インドネシアの現在

第3代大統領（ハビビ）を初めて選挙で選ぶ（民意を問う）時に地方分権化が加速、アチェやイリアンジャヤ（ニューギニア島）の分離独立が再燃、東ティモールの帰属も住民投票で決定することになり、2002年に独立した。ユドヨノ大統領の2004年、スマトラ島沖地震のためにアチェは津波の被害

を被ったが、その後アチェ紛争は平和的に解決した。

東ティモールは1974年のポルトガルの政権交代（カーネーション革命）の際に独立する機会もあったが、独立派とインドネシア帰属派の内戦となり、1975年に独立派で共産主義系のフレティリンが勝利すると、インドネシア国軍が侵攻、1976年にインドネシアが併合宣言した。国連はこの併合を認めなかったが、反共主義のアメリカは黙認した。スハルト失脚時に分離運動が激化し、オーストラリア軍を中心とする多国籍軍が進駐した。

マレー半島・シンガポール史とASEAN10

15 〜 17世紀の交易の時代を通じて、海域にはポルトガルに占領されたマラッカを避けてイスラーム商人が寄港するようになる。胡椒の栽培が後背地に拡大し、イスラーム都市が港市として栄え、その王権がスルタンを称するケースもあった。マレー半島南端のジョホールはマラッカの王族により建国された。

18世紀末からのイギリスの東南アジア進出は、インド・中国の交易ルート（ベンガル湾〜マラッカ海峡〜南シナ海）に沿って1786年ペナン島、1819年シンガポール（ラッフルズは東インド会社の社員だったがアダム＝スミスの影響を受け自由経済に目覚め、ジョホール王から買いとったシンガポールを貿易港にした。ジャワ島のボロブドゥール遺跡を発見したのも彼である）、1824年のマラッカと進められた。1824年にはイギリスとオランダの勢力範囲を定めたイギリス＝オランダ協定が結ばれ（これにより現在のマレーシア・シンガポールとイ

＊
コロンボ会議は反SEATO（東南アジア条約機構）を表明した。SEATOは1954年に成立した西側陣営の反共防衛機構。

＊＊
一攫千金を夢見たポルトガルの冒険商人たちは、牢獄につながれていた罪人を兵士として使い、ムスリムに暴虐を働いた。

＊＊＊
英国のピューリタンのネットワークは奴隷貿易などオランダとの交易関係も含んだ国際的ネットワークだった。宗教的な布教と商業活動が融合したのが特徴だ。

ンドネシアの領域が確定）、ペナン島、シンガポール*、マラッカの3つの無関税自由港から成る海峡植民地（1826年）が形成され、1867年にイギリスの直轄領となり、香港と並ぶアジアの2大貿易拠点となった。海峡植民地は北ボルネオと合わせ1895年に英領マレー連合州として発展。豊富な錫の産地（19世紀半ば以降は鋼板に錫メッキをはったブリキは缶詰の容器として、20世紀以降は錫と鉛の合金がハンダとして電気回路に使用）、またゴムのプランテーションの場となり（自動車産業の勃興とタイヤ需要の増大）、南インドやセイロン島（スリランカ）のタミル人が労働力（印僑）となった。

　1941年12月8日、真珠湾攻撃の2時間前にタイ国境に近い英領マレーのコタバルで日英が開戦。日本軍は1942年2月15日にシンガポールを占領し、昭南島と呼んだ。日本軍は反日分子と見なされた華僑5000人（シンガポールでは5万人といわれる）を殺害しつつ、急進的なナショナリストからなるマレー青年連盟を組織し、マレー人の取り込みを図る。太平洋戦争の終結によりイギリスがマレーに復帰すると、1946年には統一マレー人国民組織が結成され、ラーマン総裁のもと1957年にマラヤ連邦の独立が実現した。これにより、イスラーム指導者のインドネシアとの統合構想は夢と消えた。1963年にはボルネオ島北部のサバ・サラワクおよびシンガポールとともにマレーシア連邦を結成する。

　この過程でサバの帰属をめぐってマレーシア、インドネシア、フィリピンの間でマレーシア紛争が発生した。1965年にマレーシアが国際連合の非常任理事国に選ばれると、インドネシアが1965年に国際連合を脱退する。この一連の事態により島嶼部東南アジアの地域協力の必要性が喚起され、結果として1967年に東南アジア諸国連合（ASEAN）が設立された。ASEANの初期の加盟国（タイ、フィリピン、インドネシア、マレーシア、シンガポール）は非共産圏に限られていた。ブルネイは石油・天然ガスの利益配分で折り合いがつかず、マレーシアに不参加。1984年に単独でイギリスから独立し、ASEANに加盟した。ちなみに共産圏諸国の加盟は1989年の冷戦終結後で、1995年がベトナム、1997年がラオスとミャンマー、1999年がカンボジアで、現在「ASEAN10」と呼ばれている。

　1985年のプラザ合意によって引き起こされた急速な円高への対応とし

て、日本企業による生産拠点の海外移転が進んだ。日本からの投資を受けて**アジアNIES（新興工業経済地域）**と呼ばれる**韓国、台湾、香港、シンガポール**は経済成長を遂げたが、同時にASEAN諸国への直接投資も増大した。

人口の70%を華人が占める**シンガポール**は、マレー優遇（ブミプトラ「土地の子」）政策に反対し、**1965年にマレーシアから独立**した。第3代首相**マハティール**は**ルック＝イースト政策**を掲げ、日本や韓国など経済発展に成功した東アジア諸国の勤労意識の高さを模範とするよう提唱した。隣国**シンガポール**では初代首相**リー＝クアンユー**の権威主義のもと、英国統治時代の官僚機構を継承し、欧米留学経験のあるエリートによるトップダウン型の効率のよい行政国家建設に成功。2004年には息子の**リー＝シェンロン**に権力が移譲された。

ミャンマー史

エーヤーワディー川が貫く**ビルマ平原**は中国・雲南からインド方面に向かう交通の要衝で、そこには**ピュー**と呼ばれる人々が陸の交通路をつないでいた。9世紀に**モン人**が建てた港市国家が**ペグー**で、ベンガル湾交易で栄えた。

この平原に**11世紀**に雲南から南下したビルマ人による**パガン朝（建寺王朝）**が成立した。建国当初はヒンドゥー教・仏教が混在していたが、ピューやスリランカから伝播した**上座部仏教**が優勢となり、多くの寺院・仏塔を建てたが13世紀にモンゴルの

＊
1991年のシンガポールの風景
どこにマーライオンがあるか、読者の皆様、探してみてください。

シンガポール、シャングリラホテル・ガーデンウィングでミニゴルフをしたのは1991年。2018年、トランプ米国大統領は北朝鮮の金委員長と会談するためにここに宿泊した。

侵入で滅亡した。

　パガン朝滅亡後、陸域ビルマ人のアヴァと海域ビルマ人のペグーが分立したが、15世紀末に**タウングー朝**が成立し、海域のペグーの併合を試みた。1569年にタイの**アユタヤ**を征服したが、土砂の堆積によりペグーの港市機能を失いタウングー朝は分裂した。

　1752年にアラウンパヤーが即位し**コンバウン朝**が成立すると、第3代の王の時代にアユタヤを占領し破壊した。コンバウン朝は陸路による綿花の中国への輸出や、新たに発展した**ヤンゴン港**を通じた木材の輸出を基盤に経済力を伸ばした。

　コンバウン朝が外征を繰り返したことが周辺勢力と英領インドとの結束を生んだ。当時イギリスはコンバウン朝と対立した現ミャンマー西部のラカイン州に**バングラデシュのイスラーム教徒**を労働者として移民させ、仏教徒vsイスラーム教徒という対立をつくった。これが2016年以降の**ロヒンギャ問題**の原因なのだ。現在ロヒンギャ族はミャンマーに住みながら国籍を持たないバングラデシュからの不法移民として扱われているが、ラカイン州北西部のイスラーム教徒と仏教徒の感情的対立には、太平洋戦争中の日本とイギリスの思惑も追い打ちをかけたという指摘もある。

　このラカイン地方をめぐって、19世紀に3度の**英緬（イギリス＝ビルマ）戦争**となり、結果1885年にコンバウン朝は滅び、1886年に英領インド帝国に編入された。

　イギリスはビルマ族が住む低地と文化的背景が異なる山地では異なった行政制度を敷いた。イギリスが導入した近代教育を受けた都市部の中間層が1930年に結成したのが、武力闘争も辞さない急進的な民族団体**タキン党**（われらのビルマ人協会）だ。タキン党は日本占領期（1942～45年）はまとまりを欠いたが、「ビルマ独立の父」**アウン＝サン**や独立後の首相**ウ＝ヌー**、国軍司令官ネ＝**ウィン**などを輩出した。アウン＝サンは政敵ウ＝ヌーに殺されたことになっているが、ビルマ人はイギリスが一時日本と組んだ彼を許さず殺したと信じている。2歳で父を亡くした娘スー＝チーは駐インド大使となった母についてインドへ行き、オックスフォード大学にすすみ、最も英国人らしい英国人に仕立てられた。

　ナショナリズムが高まる一方、1930～32年に植民地政府による人頭税に

対する**サヤ＝サン**が指導する大規模な反乱が起き、本人は逮捕・処刑された。**1935年の新インド統治法**でインド帝国からの分離が決定し、1937年のビルマ統治法で準自治州となる。

　1939年に第二次世界大戦が始まると、タキン党の青年ナショナリストたちは戦争非協力運動を展開したが、イギリス当局に弾圧されたので反英武装闘争を模索する。日本はビルマを経由している重慶の**蔣介石援護ルート**を攪乱するため、対ビルマ工作を開始し、ビルマの独立支援をタキン党急進派に約束する。だが、占領した日本が組織した自治政府にタキン党が登用されなかったり、タイとビルマを結ぶ**泰緬鉄道**への労働者の徴用などに不満を持つようになり、1944年にはアウン＝サンを議長に**反ファシスト人民自由連盟**という反日組織が結成された。日本の**インパール作戦**が失敗すると、1945年3月にはアウン＝サンの命令でビルマ国軍も日本に反旗を翻し日本攻撃に参加した。戦後アウン＝サンはイギリスとの調整役を務め、**1948年にビルマ連邦共和国**として独立した。**1962年のクーデタ**によって政治権力を握ったビルマ国軍の**ネ＝ウィン**は、ビルマ式社会主義を提唱して資本の国有化を行い外国からの投資や支援を受けなかった。彼はラングーン大学から英語授業を廃し、英国流の左側通行をやめた。国連を舞台に、植民地時代にイギリスが奪った玉座の返還を迫り、"奪還"してみたらルビーやエメラルドは抜きとられ穴だらけ。それを公開し、また英軍が対日戦のさなかに行ったいくつかの村の虐殺記録も公表し賠償を求めた。これに対し、イギリスは**アウン＝サン＝スー＝チー**をたてノーベル平和賞など賞と金を山ほど贈り、"民主主義"の名のもとに

ジュエダゴン＝パゴダ
ミャンマーのヤンゴンで一番目立つパゴダはミャンマー仏教の中心地。近くのカフェで定点観測してみた。近隣の村からバスがターミナルに着くと、働く人も学生もこのパゴダで祈り、仕事や学校が終わると再びここで祈ってからターミナルへと向かう。人々の日常の中心地もここだ。

"独裁者" ネ＝ウィンの排除を図る。

　国内経済は窮乏。1988年に大規模な反政府・民主化運動が起き、ネ＝ウィンは辞任。軍事政権は国名をミャンマー連邦共和国に変更し、市場経済・複数政党・総選挙の実施を約束する。その一方で民主化運動の指導者アウン＝サン＝スー＝チーを自宅軟禁にした。1990年に彼女が率いる国民民主連盟が圧勝したにもかかわらず、軍政は政権移譲を拒否し、"国際的非難"を浴びた。ただこの場合の"国際"とはおおいに白人寄りの国際社会である。

　2021年2月ミャンマー国軍のクーデターが勃発。クーデター前に国民民主連盟（NLD）の実質的な指導者であったアウン＝サン＝スーチーは無線機の不法輸入を問われ拘束され、2022年刑務所の独居房へと移された。

┃タイ史

　現在のタイ中央部にあたるチャオプラヤー川流域では、モン人がドヴァーラヴァティーという国家を形成した。モン人はタイとミャンマーの沿岸部に居住、海域の交易に従事しつつ上座部仏教を受容し、優れた仏教美術を生み出した。上座部仏教は、大乗仏教のベトナムを除いて東南アジアの大陸部では多数派となり、社会の基盤をなしている。

　中国・雲南省付近にあったチベット人の大理がフビライ軍の南下によりモンゴルの軍門に下った13世紀、大理の住人であったタイ系シャム人がチャオプラヤー川流域にも南下、さらには真臘から自立したシャム人と合体し、1257年にスコータイ朝（都スコータイ）が建国された。第3代の王ラームカムヘーンが上座部仏教を国教とし、タイ文字（シャム文字）を作成したといわれる。

　アユタヤはチャオプラヤー川流域の平原（陸域）とデルタ（海域）の接点で船の寄港が可能だった。シャム人の周辺都市の連合により、1351年にアユタヤ朝が成立。北方のスコータイ朝を併呑し、東方のアンコール朝を滅ぼした。王は上座部仏教から権威を保証され、仏教の守護者としてサンガ（僧団組織）を経済的に支えた。

　アユタヤ朝は中国・琉球・日本との関係があり、泡盛はアユタヤ朝から中国の蒸留技術が伝わってつくられたコメ焼酎である。アユタヤには山田長政らの日本人町の跡がある。彼は宮廷で傭兵隊長として王の信任を得た。アユ

タヤ朝はビルマの**タウングー朝**に破壊されたが、1590年に再興した。**1752**年にビルマで**アラウンパヤー**が即位し、コンバウン朝が成立すると、第3代の王の時代にアユタヤを占領し破壊した。アユタヤ朝の地方長官**タークシン**が挙兵しビルマを駆逐、バンコクの対岸にトンブリー朝を建国し清に朝貢した。同朝はタークシン一代限りで、彼は乱心し部下に殺害される。その人物こそ**1782**年に**ラタナコーシン朝**を開く**プラヤー＝チャクリ（ラーマ1世）**だ。

　タイは東南アジアで唯一、華僑の同化が完成した国である。華僑（華人）の「僑」という字は仮住まいを表すが、1740〜1840年は東南アジアにおける「華僑の世紀」と呼ばれる。ラタナコーシン朝は王朝の都、**チャオプラヤー川の港市バンコクの交易**においても華人は活躍していたものの、王室による独占であった。しかし、19世紀になると自由貿易を求める欧米の圧力が強まる。**1826年**に初めてイギリスと和親条約（**バーネイ条約**）を結び、**1855〜56年の英（ボーリング条約）・米・仏との修好条約**で自由貿易体制に移行し、王室の貿易独占が終わる。だが、**モンクット王（ラーマ4世）**の欧米宣教師との交流による外交感覚、**チュラロンコーン王（ラーマ5世）による近代的改革（1874年からのチャクリ改革）**という自己改革に、**英仏の緩衝地帯**になり得たという地政学的利点が相まって、東南アジアで唯一独立を維持することが可能になった。ただ拡張政策の英仏に領土を一部割譲させられた。**

　ラーマ6世はタイ固有文化の価値を強調する公定ナショナリズムをすすめたが、華人を通じ1911年の辛亥革命の影響が国内に波及するのを警戒し、華

アユタヤ
バンコクからチャオプラヤー川に沿って北へ車で約2時間。バンコクは東南アジア各地や中東へ飛ぶ際に立ち寄るので幾度も訪れた。手頃な日帰り観光にアユタヤは最適である。

*
米穀の輸入に従事したシャム（タイ）への移民が華僑の典型。

**
たとえばアユタヤ朝が獲得したアンコール地方は、1863年にフランスが保護国化したカンボジアの一部となった（正式には1907年のタイとフランスとの調整による）。

人の活動は制限した。1925年にラーマ7世が即位。1929年の世界恐慌の影響でタイの経済が混乱すると絶対王政批判が強まり、**1932年**に**タイ立憲革命**が起こる。こうして憲法が制定され、立憲君主体制となった。その立憲革命の活動家の一人だった軍人の**ピブーン**が首相になり、1939年に国名をシャムからタイへと改称した。この1939年、第二次世界大戦が勃発。当初タイは中立だったが、フランスがドイツに占領されると、失地回復のため**日本に協力を求め**、1941年12月21日に**日＝タイ同盟条約**が結ばれた。だがビルマとの間の泰緬鉄道にタイ人が徴用されるなど、戦争が国民生活を圧迫すると、**ピブーン**は次第に日本から離れ、1943年の東京における**大東亜会議**に出席しなかった。ピブーン下野後の政権は、日本が敗北すると戦後世界で枢軸国扱いされるのを巧みに回避した。

　ピブーンは外資を導入しなかったが、1958年に**サリット将軍**がクーデタで実権を握ると外資を導入し、開発政策をすすめ、同時に冷戦下で反共色を鮮明にし、アメリカと緊密化した。1963年にサリットが死去。**タノーム将軍**が首相になると、**1965年**に北爆（ベトナム戦争）を開始した米軍に基地建設（ウータパオ基地、近くに開発されたのがパタヤビーチ）を認めた。1973年に大規模な反政府デモが起こるとタノームは辞職し、国外に逃亡した。

┃**フィリピン史**

　スペインはアメリカ大陸から太平洋をへてフィリピンに進出した。ハプスブルク家の**カルロス1世**がスペイン王だった**1521年**に、ポルトガル人**マゼラン**（マガリャンイス）が**セブ島**の対岸の**マクタン島**の酋長ラプラプに殺されたが、1565年には太平洋を横断する航路（**ガレオン船**でメキシコの**アカプルコ**とフィリピンを結ぶルート）が開設された。交易品は中国の**絹織物・陶磁器**、中南米の**銀**である。息子**フェリペ2世**の**1571年**、初代総督レガスピによって建設された**マニラ**は、スペイン領フィリピンの首都となる。この1571年こそがグローバリゼーション開始の年なのだ。

　新大陸の銀はヨーロッパに流入し**価格革命**と呼ばれる**インフレ**を引き起こし経済を活性化させたが、一部アジアにも流入し海域アジアの基軸通貨となった。スペインの統治地域はマニラのある**ルソン島**周辺に限定されており、

幾度の遠征にもかかわらず**ミンダナオ島**などの南部
イスラーム地域の征服はかなわなかった。

17世紀には、倭寇でなく日本の統治者公認の**朱
印状**を携えた**朱印船交易**を通じ日本人が東南アジア
に進出した。**倭寇**とは私貿易商人のことで、中国人
やポルトガル人も含まれた。**豊臣秀吉**と**徳川家康**は
倭寇を禁じ、朱印状により交易を管理しようとし
た。日本の産品は日本銀・銅銭・硫黄・日本刀で、
主要な朱印船の寄港地には**日本人町**が築かれ**マニラ**
はその一つだった。タイの**アユタヤ**、ベトナムの**ホ
イアン**にも日本人町がつくられた。マニラはキリシ
タンの亡命地でもあり、高山右近は同地で没した。
1630年代の数度にわたる鎖国令で朱印船交易が廃
止されると、日本人町も衰退した。

18世紀後半、スペインは中国貿易への依存体質
の脱却を図るため、中国人をマニラから追放。**タバ
コ**、**マニラ麻**、**サトウキビ**などの商品作物の専売と
いうブルボン改革を実施する。大規模農園**アシエン
ダ**ではサトウキビが栽培され、キリスト教修道会や
高利貸し業を営んだ中国系メスチーソ（中国人とフ
ィリピン人の混血）が活躍し、**タガログ語**が形成さ
れた。19世紀にイスラーム勢力が弱まると、スペ
インは南部の**スールー王国**に侵攻し**ミンダナオ島**の
宗主権を認めさせた。

1880年代にフィリピンからのスペイン留学生が
本国政府に対してフィリピン統治の改革を要求した
のが発端で**フィリピン独立運動**が始まる。1892年
に**ボニファシオ**を中心に結成された急進的秘密結社
が**カティプナーン党**。その存在が発覚すると、各支
部に蜂起が通達され**フィリピン革命**が勃発する。医
者であり小説家であった**ホセ＝リサール**は小説『我

＊
フィリピン、ミンダナ
オ島へ行ったのはホセ
＝リサールの隠れ家を
見学するため。稲垣氏、
宮原氏、関氏と。イス
ラーム過激派の島、ボ
クシング世界チャンピ
ョン、マニー＝パッキ
ャオの出身地。

＊＊**フィリピンの首都マニ
ラにあるホセ＝リサー
ル処刑の現場**

白い足跡は彼が牢獄か
ら刑場へ歩いて移動し
た経路を示している。

に触れるな』をスペイン語で出版し、スペイン、キリスト教修道会、中国系メスチーソが原住民をインディオと呼んで蔑視していることを風刺したが、1896年カティプナーン党との関与を疑われ、スペイン植民地政府によりマニラで銃殺された。

　1898年、アメリカ合衆国がキューバのスペインからの独立を支援し始まったアメリカ＝スペイン戦争（米西戦争）の時期、カティプナーン党のメンバーのアギナルドがアメリカの援助のもとに帰国し、マロロス共和国の独立を宣言したが、アメリカはこれを認めずフィリピン＝アメリカ戦争となる。勝利したアメリカが1902年にフィリピンの新たな統治者となった。この戦争時にアメリカはゲリラ戦で抵抗した10歳以上のフィリピン人は投降者も子供も虫けらのように水責めの拷問に遭わせ、また橋の上で銃殺し濁流にのませた。1945年に日本を占領したマッカーサーの父によるフィリピン民間人の死者数は20万〜150万人といわれる。

　アメリカ統治となったフィリピンでは独立を要求する運動が続き、1930年代には国内でもフィリピン分離論が起こる。フィリピンからの安価な砂糖とタバコがアメリカの国内産業を圧迫したのだ。1934年のフィリピン独立法（タイディングス＝マクダフィー法）で10年後の独立が約束された。そのフィリピンへ太平洋戦争で侵攻してきた日本軍は「解放者」としての歓迎ではなく敵意で迎えられ、極東米軍が組織したゲリラや、共産ゲリラ組織フクバラハップに悩まされた。1943年に日本はフィリピンに独立を付与し、ラウレルを大統領に据えた。しかし反日ゲリラの活動は旺盛であり、それに対する日本軍の報復、住民殺戮も各地で発生した。

　終戦後1946年にフィリピンはアメリカから主権を移譲され、1947年の米比軍事基地協定により、冷戦構造下でアメリカの反共の前線基地（クラーク空軍基地・スービック海軍基地）となった。フィリピン共和国政府は抗日運動で活躍したフクバラハップを敵視した。ロハス大統領は共産主義系議員の議席を剥奪、次いでフクバラハップの反乱を鎮圧したマグサイサイが大統領に就任。続くガルシア大統領のもと輸入代替工業化政策がとられ、経済は繁栄した。しかし1960年代にはいると国内市場が飽和状態となり、工業力は鈍化、マニラにはスラムが形成された。

　1965年に大統領に就任したマルコスが経済・社会問題に取り組んでも財

政赤字は拡大したので政権批判が強まり、その一部はフィリピン共産党と新人民軍に合流した。また南部のミンダナオ島ではイスラーム教徒の分離独立運動が高まった。政府のある首都マニラが位置するルソン島はカトリック教徒が多いことからキリスト教徒VSイスラーム教徒の対立の構図が鮮明化し、イスラーム教徒によるモロ民族解放戦線が結成され武力闘争が激化した。こうしたなかマルコスは1972年に戒厳令を布告したが、これにより大統領再選を禁じる憲法の効力が無効となり、経済権益はマルコス周辺に集中することになる。マルコスの親族は蓄財し、イメルダ夫人の靴のコレクションは3000点（現在は博物館に展示されている）、ドレスは6000点にのぼった。

1983年、反マルコス派のベニグノ＝アキノが帰国数分後に空港で射殺されたことは国民のマルコス離れを決定的にした。妻のコラソン＝アキノが1986年の2月革命（ピープルパワー革命）でマルコスを国外に追放し、新大統領となった。2016年にアキノ路線の後継を破ったドゥテルテが大統領となり、強烈な個性のもと麻薬撲滅運動を推進した。2022年にはマルコスの息子が大統領に就任した。

フィリピンと中国の両国はいずれも南シナ海のスプラトリー（南沙）諸島の領有権を主張している。2018年、海洋資源を活用するため石油・ガス開発で協力することに合意した。しかし2022年に主権問題から協議を打ち切った。

2016年にオランダ・ハーグの常設仲裁裁判所が南シナ海の歴史的権利があるとの中国の主張に法的根拠がないと判断したが、中国側はこれを無視している。

ミンダナオ島のスクールバス

私がちょっと近づいただけでごく自然に笑顔でポーズ。こんなにもスムーズで心地よい写真撮影は先にも後にもない。

フィリピンと台湾の間の海峡がバシー海峡だ。

17章 朝鮮半島史

戦後史で常に世界の耳目を集める地域が朝鮮半島。その非核化の実現は日本など周囲の国々のみならず、アメリカ合衆国にとっても焦眉の急の問題となっている。

北朝鮮が核保有にこだわるのは体制の存続のためである。というのも核を保有できなかったイラクのサダム＝フセインもリビアのカダフィも、その体制は保証されず滅び去ったからである。さらには米韓合同演習「チームスピリット」は、北朝鮮から見るなら、休戦中の朝鮮戦争再開のためのウォーミングアップとも映るからである。

朝鮮半島の各王朝は7世紀の百済や新羅から高麗、朝鮮（李朝）、そして日清戦争・日露戦争の時期に至るまで、現在の中国内に都を置いた王朝やロシアを後ろ楯としてきた。

ロシア、モンゴル、中華人民共和国が「ヴォストーク」という名の共同演習を行い、米韓と対峙する現在、まさにその緩衝地帯に位置しているのが北朝鮮ということになる。北京政府からすれば北朝鮮はラムネのビー玉のような位置であり、朝鮮半島南部からの親米勢力の侵入を阻止するのに有用な国家といえる。

アメリカとしては、中間選挙や大統領選挙で国内のユダヤ人票を得るためには、北朝鮮の核技術がイランに流れ、イランの革命防衛隊やレバノン南部のヒズボラを通じイスラエルにとっての脅威となるのを阻止しなければならない。

ロシアの「地政学」においては、朝鮮半島はウクライナと同じ位置づけである。日本が日清戦争を戦ったのは、脆弱な清が朝鮮半島を支配していると、半島がロシアになってしまうからであり、日露戦争を戦ったのは朝鮮半島にロシアと親密な大韓帝国ができたからである。

その日本は、7世紀の白村江の戦い、豊臣秀吉の朝鮮出兵、日清・日露戦争、そして朝鮮戦争と、それぞれの戦争の直後に、「日本」「江戸時代」「大日本帝国」「戦後高度成長」という新たな一時代を築いてきたということも否定できない歴史である。

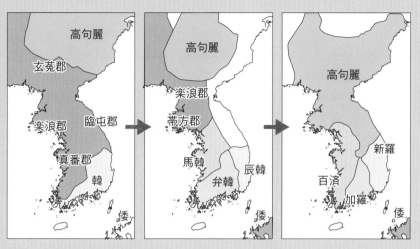

朝鮮の王朝変遷（前1世紀〜7世紀）

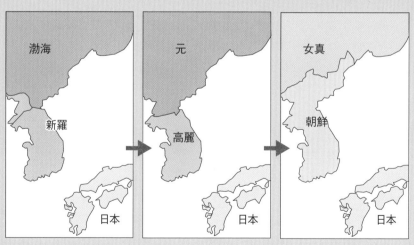

朝鮮の王朝変遷（7世紀〜14世紀）

朝鮮史は民族の始祖、檀君から始まるが、これは世界的には神話扱いにされている。次いで箕子朝鮮。これは中国の殷王朝最後の王、紂王の親戚とされる。次いで衛満が建国した衛氏朝鮮。ここまでが古朝鮮。衛氏朝鮮を前漢の武帝が平定し、楽浪などの4郡を設置した。他に真番・臨屯・玄菟（ここから高句麗が独立）の3郡がある。

中国の王朝が韓族対策として楽浪南方に設置したのが帯方郡である。これは後漢の衰えにともない豪族の公孫氏が建国したものであり、魏や晋にも受け継がれ邪馬台国の卑弥呼が中国王朝に朝貢する窓口となった。公孫氏を破った魏の将軍が司馬懿（仲達）、つまり234年に五丈原で諸葛亮と対峙した人物である。こうして帯方郡は魏の支配下に入り、その魏の皇帝が邪馬台国の卑弥呼に与えた称号が「親魏倭王」ということだ。4～7世紀の日本の政権をヤマト政権といい、中国・朝鮮と交流を持った。

楽浪郡は313年に騎馬軍団が優秀だったツングース系の高句麗により滅ぼされ、帯方郡は百済に征服された。

高句麗

朱蒙により建国されたのが貊族を中心に建国された高句麗である。これは494年に同じツングース系の扶余（夫余）を滅ぼした。ツングース系であるということは、後に12世紀の金や17世紀の後金、つまり清の先駆と言える。現在では中国と韓国が共に自国の一時代区分であると主張し、"高句麗論争"を展開している。

朝鮮半島南には、韓族のうち辰韓が発展した新羅、馬韓が発展した百済、弁韓の地に任那（加羅）があった。

高句麗の広開土王（好太王）の碑文は鴨緑江のほとりの丸都（現中国・吉林省集安）にある。彼は半島南部の百済を攻撃したが、碑文には倭が百済を支援したことが記されている。高句麗は息子の長寿王の時に平壌に遷都した。長寿王の遠征で韓族の百済（漢城が都）は一度滅亡したが、後に熊津を都に復活した。その後百済は中国の南朝に朝貢、高句麗は北朝の北魏に朝貢、新羅は北朝南朝両方に朝貢、それぞれ自国の安全を保障した。

南北の中国を統一するのは隋であるが、高句麗はその隋の煬帝の攻撃に三度さらされる。理由は以下のとおりだ。隋はそもそも鮮卑族が東部ユーラシ

ア（いわゆる中国）に立てた王朝であるが、その宿敵が突厥族であった。隋の攻撃で突厥は東西に分裂していたが、そのうちの東突厥と高句麗との同盟成立を危惧した煬帝の遠征だったようである。だが高句麗は隋の攻撃に耐え、のち隋は唐により滅ぶ。日本までも敵に回したくない煬帝が607年に遣隋使小野妹子と接見した背景はここにある可能性がある。

新羅

　一方、新羅には上流貴族の子弟で、見た目も頭もよい花郎（かろう）というエリート養成システムがあった。新羅の都は慶州で、仏国寺（石窟庵）*があるので仏教国である。血縁的身分制を骨品という。

　中国が南北朝に分裂していた時代には朝鮮半島に本格介入しなかったが、隋による統一がなされると、高句麗と百済が朝貢を行った。同時に、百済と新羅が使者を遣わし高句麗攻撃を嘆願したので、隋の煬帝の高句麗遠征となった。背景には、前述のように東突厥との関係もあった。しかしこの遠征は失敗する。

　その後、高句麗と百済の同盟がなると、狭間に位置した新羅は危機感から唐の太宗に接近する。新羅の皇后が百済との戦いの際に、助命を約され投降したのに殺害された。この悲劇に対する父親の怨念が実り、とうとう唐との同盟が成った。ただ、太宗が死んだので唐の百済攻撃は、後年則天武后に取り入った結果実現する。それは高句麗が唐の安全保障にとって、いかに脅威となるかを説いた結果だった。

　このように新羅は高句麗に服した時期もあれば、百済と連合した時期もあったが、最終的には安全保

＊
仏国寺と石窟庵
慶州の駅から市内バスでアクセス。この仏国寺と石窟庵が世界遺産に登録されている。寺そのものは小規模だが石窟庵への散歩道は素敵なひとときを提供してくれる。

障を唐との関係に委ね、660年唐と組んで百済を滅ぼした。200年以上前から倭は百済を支援しつつ半島に拠点を築いていた。4世紀後半から6世紀まで半島南部の弁韓に任那（加羅）という小国家群があり、日本府が置かれたという説もあるが定かではない。

「日本」とは何か

　660年の百済滅亡後の百済復興運動を、645年の「大化の改新」の中心人物中大兄皇子（後の天智天皇）の倭が支援した。唐と新羅は663年に白村江の戦いで倭の水軍を撃退した後、668年には高句麗も滅ぼした。

　日本の6〜9世紀は飛鳥時代であるが、唐人2000人がある意味で日本を占領し、唐の模倣国家（律令国家体制、白鳳文化）"日本"が成立した頃だ。8世紀に入ると日本は唐のような国際的な天平文化となる。

　中国には正史が24あるが、そのうち16の正史に日本に関する記述がある。倭と日本であるが、そのうち唯一『旧唐書』にのみ倭と日本が併記されている。「日本国は倭国の別種なり…日本はもと小国、倭の地を併せたり」とある。倭という記述の最後が貞観年間（唐の太宗）の630年。日本という記述の最初が長安年間（則天武后の時代に"日本"の粟田真人が訪問した）の703年。その間の白村江の戦いで衰微した倭を日本が併合したのかもしれない。いずれにせよ日本列島の諸氏族が大同団結して倭国王家のもとに集結し、統一国家を結成することとなった。天智天皇（645年の大化の改新の時の中大兄皇子）が668年近江の京で即位して最初の日本天皇となった。危機のなかから"日本"が誕生したわけだ。

　その後は天武天皇による国づくりが始まる。天皇が天照大神に新穀を奉ずる大嘗祭を始めたのは彼である。唐の均田制にならい689年の飛鳥浄御原令（班田収授法など）が施行され、694年には初の都城である藤原京（現在の奈良県に位置する）が建設される。701年には唐の律令制を模して大宝律令が制定され、710年には平城京（奈良）が建設される。平城とは、均田制を最初に編み出した王朝である北魏の前半の都である。隋唐に継承された均田制を日本は押し戴いたのだ。720年の日本初の正史『日本書紀』も含め、これら一連のものは唐のコピーである。日本文化とは現在に至るまで雑種文化と言える。現在の日本国憲法がGHQ占領軍から押し戴いたもの

であるのと同様、7〜8世紀に誕生した日本の骨格
も、唐を模したものなのである。脱線するが、世界
に冠たる江戸鎖国システム（パクス＝トクガワー
ナ）は信長・秀吉の時代の南蛮人来日の危機意識の
結果であり、明治維新もまたペリー来航など諸外国
による開国要求という危機の結果であることからす
ると、どうやら日本という国は外圧によってのみ成
熟する真珠国家なのであろう。真珠は貝殻に小石や
微生物などの異物が侵入した時に貝殻が分泌する外
套膜が偶然に入り込んで天然真珠となる。ただし成
分は貝殻と等しく、異物が真珠になるわけではない
という点が興味深い。

新羅、半島を統一

　話を朝鮮史に戻そう。新羅は唐の軍事力を利用し
朝鮮半島での戦争に勝利するが、その後、百済や高
句麗の旧領土をめぐり唐と争うことになった。だか
らこの時期日本と密接な関係を築こうとした。676
年、新羅を羈縻州とした唐をも駆逐し、朝鮮半島を
統一した。これは唐がチベットの**吐蕃**と戦争をして
いる隙に、唐の行政府の役人や警察部隊を殺害して
成し遂げた。

　いわば朝鮮半島の統一期と日本の天武天皇による
国づくりがほぼ同時代ということになる。もしも高
句麗が朝鮮半島を統一していたら、現在の南北朝鮮
を併せた領土よりももっと広域であったろう。

　さて、高句麗の後継を自任したのが**渤海**（698
〜926年）、別名「**海東の盛国**」だ。当時モンゴル
高原にいたモンゴル系のキタイ（契丹）族と唐が対
立していたが、その混乱に乗じ**大祚栄**が建国したの
が渤海で、都は**上京 竜 泉府**。大祚栄は高句麗の遺

箱根の並木道
神奈川県箱根町の並木
道。東海道53次の起
点は江戸、日本橋。そ
の上を走る首都高の地
下化が計画されている
のは、それが醜い景観
か否かをめぐる日本橋
論争があるからだ。

民ともツングース系の靺鞨人だったともいわれる。渤海は日本を安全保障の後ろ盾とし、32回も使者を日本に送っている。渤海は926年に遼（契丹）の耶律阿保機に滅ぼされた。

9世紀、新羅が衰弱すると独立国家が生まれ、新羅、後高句麗、後百済の後三国時代に入る。このうち後高句麗を立ち上げた新羅の王族の部下が**王建**、つまり**高麗**（918〜1392年）の建国者である。

高麗

高麗の都は**開城**だ。後高句麗から高麗が建国されたのだが、建国後は後百済との抗争があった。そのため王建は後百済の地である南部の全羅道出身者を政権に入れないよう指示した。これが後世に禍根を残す。

高麗は、五代の後梁、後唐、後晋、後漢、後周、次いで北宋、さらにはツングース系女真族の金に朝貢し冊封を受けた。以後、高麗そして李氏朝鮮に、「事大一心」大きいものに事（つか）える事大主義が定着する。

高麗が成立した10世紀は中国に宋が成立した世紀でもあるが、北宋で本格化した科挙による官僚登用を高麗も模倣した。安全保障を親宋でいくか親遼でいくかに揺れた。宋はモンゴル系契丹族の遼に圧迫され、ツングース系女真族の金に華北を奪われ、南に逃れ南宋を成立させるが、モンゴル系の元に滅ぼされる。つまり高麗は遼、ついで遼を滅ぼした金、金を滅ぼしたモンゴルに臣従することになるのである。

高麗において科挙受験資格がある特権身分を**両班**といい、これは20世紀まで続く**士大夫**たちの特権階級。科挙のテキストは儒教の経典であるから、これが朝鮮に儒教が浸透するきっかけとなる。高麗**青磁**という宋磁に学んだ陶器と世界初の**金属活字**の発明が高麗文化の精華だ。モンゴル軍撃退を仏に祈願する**大蔵経**（仏教的祈願）という木版印刷が有名である。高麗は**仏教**を大切にした王朝なのだ。

三別抄と元寇

モンゴル帝国は1234年、オゴタイハンの時に金を征服したが、別動隊を朝鮮に送った。これに対し高麗は**江華島**に遷都し抗戦姿勢を示した。**三別抄**は高麗の**崔氏**という有力武人政権の私軍団で、高麗国軍とは別種のものだっ

た。モンゴルのフビライ＝ハンは1271年に国号を元と定め日本遠征を計画すると、自分の娘を高麗王と結婚させ緊密化を図る。しかしモンゴルへの服従の深化をよしとしない三別抄は多数の島がある韓国南部から抵抗するため**済州島**に逃れ日本に支援を要請するが、**北条時宗**の鎌倉幕府との同盟は成立しなかった。1273年、元・高麗連合軍により三別抄は消滅した。三別抄は現在英雄視されている。

一方フビライも高麗に日本への交渉窓口になるよう命じ、使者を太宰府に派遣する。だがその威圧的内容を鎌倉幕府は無視し続けたので、**1274年**、元・高麗による博多湾上陸作戦（第一次元寇）が敢行された。**文永の役**である。高麗王は元の日本侵攻に協力し、忠義を示し体制保障を図ったのである。元・高麗の連合軍による対馬での虐殺は凄まじいものだった。

元の宮廷では再度の日本遠征を耶律楚材の孫の耶律希亮が反対したが、高麗王の提案により結局敢行された。

ちなみに**1281年**の第二次元寇（**弘安の役**）は元・高麗・南宋の襲来である。ここに南宋が加わっているのは1276年に元が**臨安**（**杭州**）を攻略し、1279年に**厓山の戦い**で南宋を滅ぼし、南宋軍が元に帰順したからである。南宋から鎌倉時代の日本に**禅宗**が伝わったが、**栄西**が**臨済宗**を**道元**が**曹洞宗**を伝え武士を中心に普及した。

朝鮮王朝（李朝）成立

日本では1333年に鎌倉幕府が滅亡。後醍醐天皇による建武の新政をへて、足利尊氏の室町幕府が誕生すると、尊氏が擁する北朝と後醍醐天皇の南朝が

対立する南北朝時代に入る。全国に波及した南北朝の抗争のなかのある党派が倭寇と化したという説があるが、モンゴルの風土病であるペストの影響が農場労働力に依存する日本にも及び、「ヒトを奪う」(『高麗史』) 倭寇が始まったという説もある。

　明の朱元璋 (洪武帝) は日本に対して倭寇の禁圧を要請したが、南北朝の争いのなか責任不在のため対応ができずじまい。この時期、高麗で倭寇討伐の最前線にいたのが満州の女真人、**李成桂**であった。この李成桂が高麗王から禅譲されるかたちで1392年に成立したのが**朝鮮**(**李朝**) である。彼は明の洪武帝に、自分の出身地「和寧」と「朝鮮」の二択を提案したが、明帝は「朝鮮」を選んだ。その昔に漢の武帝が衛氏「朝鮮」を支配下に置いたことに因んだと言われる。李朝の都は**漢城**(**漢陽**) =**ソウル**。まさに明の属国、王宮は**景福宮**である。

　2代目皇帝の太宗が**科田法**で官位に応じて給田した。明をモデルとした同王朝は、**朱子学**原理主義 (「斥仏崇儒」――仏教を排除し儒教を尊ぶ) で華夷の別をしっかりつける**小中華思想**と事大主義を特色とする。それが19世紀に親清派の事大党と親日派の独立党の対立を生む。朱子学の大家が**李退渓**。その弟子が秀吉軍により日本に連行され、結果朱子学を日本に伝えることになる。彼は藤原惺窩と交流。その後、林羅山から徳川家康に伝わり、江戸幕府直轄の教育機関である昌平坂学問所で講じられることになる。昌平坂学問所は東京御茶ノ水の湯島にあった。

　庶民の文字が4代**世宗**が1446年に公布した**訓民正音**(**ハングル**)。「民を啓蒙する正しい音」という意味だ。元ではウイグル文字が公定文字であったが、パスパ文字も使われた。このパスパ文字を並べ替え成立したのがハングルという説がある。ただ、科挙試験は漢字で実施されたので、ハングルが普及したのは19世紀以降である。

豊臣秀吉と朝鮮

　最後にして最大の倭寇は豊臣秀吉だ。1590年代の朝鮮出兵、**文禄・慶長の役**は朝鮮では**壬辰・丁酉の倭乱**であり、**亀甲船**で日本を撃退したヒーローが**李舜臣**である。

　7世紀に朝鮮問題に介入した (663年の白村江の戦い) 直後の内乱が日本

を誕生させたのと同様、秀吉の朝鮮出兵とその後の内乱（1600年の関ケ原の戦い）の結果、1603年に江戸徳川幕府（パクス＝トクガワーナ）が誕生した。この法則は、韓国併合〜終戦（1910〜45年）を経て成立した「戦後」日本にも当てはまる。

豊臣秀吉は死後「八幡」という名の神になることを望んだが「豊国大明神」として祀られた。しかし**1615年**の**大坂夏の陣**で豊臣氏が滅亡すると、この神は廃され代わって徳川家康が「東照」として神格化される。

李朝は江戸将軍の代替わりごとに1607年から計12回、**朝鮮通信使**を日本に派遣した。女真族のヌルハチ（後の1616年成立の後金→清）の強大化に備えるためであった。ヌルハチの没後の**1636年**に、満洲人・モンゴル人・満洲内の漢人に推されるかたちで「皇帝」に即位し、国号を**清**としたのがホンタイジだが、これは李朝には納得のいかないことであった。朱子学が教える華夷秩序において正統な皇帝とは**明**の王であり、清などは格下のツングース系女真族がつくった偽モンゴル（元）帝国なのだ。秀吉の侵攻に対し援軍を送ってくれた恩もある。だからホンタイジが自らの即位を推す朝鮮王族の派遣を求めてきたことに対し拒否したのだ。それが清軍の朝鮮出兵の原因となる。

朝鮮は清により、明との断交と多額の歳幣の貢納を約束させられた。こうして朝鮮半島は清の支配下に入るが、実際は間接支配であり李朝国王による統治であった。だが表面的には清に臣従するが、裏面では清を蔑む小中華思想が残った。これは朱子学の華夷思想の朝鮮版であるが、この厳格なる上下意識の残存と人間の平等を忌避する精神風土が、後に半

島人の目にキリスト教という平等宗教が新鮮なものと映る要因となった。

壬午軍乱と甲申事変

　常に不安定な朝鮮王朝だったが、1811年に没落両班の**洪景来の乱**が起きる。西学（キリスト教）に傾倒し、朝鮮王朝の腐敗を批判し流刑に処されたのが**丁若鏞**である。

　1863年に即位した**高宗**がまだ12歳だったので、実父が**大院君**という立場で実権を握った。ここから1890年代までの朝鮮半島は、大院君と高宗の外戚との対立抗争に入る。大院君は朱子学の正統性を守ろうとキリスト教や西洋学問を排斥した（衛正斥邪）。1866年には開国と通商を求めたアメリカの**シャーマン号**の乗組員を殺害、同年フランス船に対しても類似の対応をしている。日本の場合は、長州藩が**馬関戦争**で、薩摩藩が**薩英戦争**で大敗したので尊王攘夷運動を放棄したが、朝鮮はこれに成功したので近代化に後れをとった。

　1868年の明治維新の際の王政復古を告げる文書の受け取りを、大院君は拒否する。日本側の文書に「皇」や「勅」の文字があったからである。これらの文字は中国皇帝のみが用いるべきだという理屈なのだ。以後度重なる国交拒否が**板垣退助**らが唱え**西郷隆盛**へと続く**征韓論**を生むことになる。これは大久保利通や岩倉具視（世界一周した**岩倉使節団**の団長）ら反対派との抗争に発展し、後に征韓論者が下野したことが**自由民権運動**や**西南戦争**の要因となった。ちなみに明治政府は1871年に清と国交を結んでいる。それとの同時並行であったのだが日本との国交を李朝は拒否した。

　その大院君も1873年に宮廷争いに敗れ失脚。酒色に溺れる暗愚な高宗の妻で貧困家庭出身で聡明な**閔妃**と、その一族による**勢道政治**（一族による寡頭政治）が展開。夫の愛が他の宮女にあったこともあり、正室の閔妃は日本の支援のもと大院君の政策をことごとくひっくり返し**開化政策**に没頭した。日本においては征韓論者は敗退したが、1874年には**宮古島**[*]（現沖縄県）の漁民殺害が起こり、それをきっかけに**台湾出兵**が敢行される。日本の明治政府は廃藩置県の一環として1872年に**琉球王国**を廃止し琉球藩とし、1879年にはそれを廃し沖縄懸（県）とした。これらを**琉球処分**という。

　琉球王国は1429年に**中山王尚巴志**が首里を都に統一。那覇を拠点に中

486

継貿易で繁栄した。1609年に**島津氏**の**薩摩藩**の支配下に置かれたが、同時に明や清の朝貢国でもあった（**両属体制**）。民族衣装「**紅型**」はインドネシアの染め物バティックの影響を受けているといわれる。**泡盛**はタイ米でつくる米焼酎だ。

1875年遊弋（ゆうよく）していた雲揚（うんよう）号が砲撃されたこと（**江華島事件**）を口実に、日本は朝鮮を開国させる。欧米列強のやり方をしっかりと模倣した日本は**日朝修好条規**を締結（1876年）、**釜山、仁川、元山**の三港を開港させた。閔妃の開化政策の結果が日本とのこの条約なのである。このような条約を朝鮮は他国とも結ぶことになり、これは朝鮮が（清からの）独立国となってゆくことを意味した。朝鮮が強固な独立国となることは、ロシアの南下（朝鮮半島のロシア化）を恐れる日本の安全保障にも寄与することであった。朝鮮は1882年にはアメリカとも修好条約を結んだ。

閔妃は日本にならって軍の近代化にも着手したが、これが**1882**年の**壬午軍乱**を生む。旧軍兵士の不満に便乗し、巻き返しを図る大院君派が親日的な閔妃政権に対して起こしたクーデタで、日本の軍事教官が殺害され、日本大使館が焼き討ちに遭い、日本人13人が殺害された。**済物浦条約**で収拾したが、反抗的な大院君は清により天津に連れ去られた。大使館警護のため日本陸軍の駐留は認められたが、清の**李鴻章**も**袁世凱**を事実上の朝鮮国王代理として派遣し、朝鮮を実効支配した。3000人の清軍が漢城（ソウル）に駐留した。こうして朝鮮の親日勢力は後退することになる。

以後、閔妃政権は親清派（**事大派**）政権へと変貌する。大つまり清朝に事（つか）える主義である。

『ドイツ商船座礁地点』

1873/7/12 ドイツ商船『R.J. ロベルトソン号』が航行中に台風に遭い旧宮古郡下地村宮国沖のリーフに座礁。
（座礁地点：桃平間入江えらぶい島・あからない島 100m 程の明治潮。）

嵐の中、宮国の住民たちは荒波の中へ小さな船で漕ぎ出し命がけで救助し手厚く介護し、1カ月後に無事ドイツへ返すことができました。
（詳細は2F 資料コーナーをご覧ください）

17章

朝鮮半島史

*
宮古島　博物館の展示

沖縄県宮古島にドイツ村がある。小さな博物館がありそこに掲示してあるのがこの写真。遭難したドイツ商船から宮古島民が乗組員を救助した1873年の出来事。数百年前のドイツ人の平均的住居も再現されている。
2000年の九州・沖縄サミットの時にドイツのシュレーダー首相がドイツ村を訪問。宮古島にはシュレーダー通りがある。

**
1882年に日本銀行が設立され銀本位制に基づく通貨の安定が実現していた。1897年には日清戦争の賠償金によって金本位制に移行した。

対して、親日派は（清からの）独立派もしくは開化派となる。

　こうして閔妃政権は清を後ろ盾とした。一方、開化派は清の洋務運動をモデルにする穏健派と日本の明治維新をモデルにする急進派に分かれ、後者の中心が秀才金玉均、彼らを支援したのが**慶應義塾大学**の創設者**福沢諭吉**である。

　1884年に始まった**清仏戦争**で清はフランスに敗れ、インドシナ半島の宗主権を失う。清の関心がインドシナ半島に集中し、3000人の駐留軍の半数が留守になっていた間隙をついて金玉均らが起こしたクーデタが1885年の**甲申事変**である。しかし兵力において清は日本に圧倒的に勝り、クーデタは失敗。日本への亡命の後、金玉均は上海で閔妃派に凌遅刑（りょうちけい）に処され、遺体はバラバラに切断され数カ所にさらされた。結果、朝鮮半島の未成熟さに絶望した福沢諭吉は**脱亜論**を唱えるようになる。日本は事変後、清と交渉し**天津条約**（1885年）を結び、以後の朝鮮派兵の際の事前通告を相互に約した。

▎甲午農民戦争と日清戦争

　天津条約は清の弱体化を意味した。李朝は以後、後ろ盾として（新たなる事大主義として）ロシアとの提携を模索するようになる。このロシアへの急接近と便宜供与はイギリスの逆鱗に触れる。が、結果としてイギリスは"第2の香港"にしようと占領した半島南端にある巨文島から撤退し、元山港のロシア軍港化もご破算となって英露の衝突は回避された。ただし依然、李朝のロシア依存体質は残った。これこそが日清戦争そして日英同盟・日露戦争の原因なのである。

　甲午農民戦争（東学党の乱）の鎮圧を口実に、日清両国が出兵し衝突したのが日清戦争だ。東学とはキリスト教（西学）に対抗し、1860年頃に**崔済愚**（さいせいぐ）が起こした思想で、**全琫準**が東学党の乱の指導者だった。

　この日清戦争（1894～95）は秀吉の朝鮮出兵のちょうど300年後の出来事である。明治維新により（江戸徳川幕府の滅亡により）豊臣秀吉が"復権"し、再び秀吉を神格化した明治の朝鮮出兵が日清戦争なのである。

　1890年代初頭、日本は清と戦ってでも朝鮮半島から清を駆逐しようという意志を固めていた。脆弱な清が朝鮮半島を支配していることが、いずれはロシアの南下から日本を防衛するうえで障害になると考えたのだ。そう確信

させたのが、清仏戦争における清の敗北である。

　李朝が東学党と停戦協定を結んだので清も日本も駐留する理由がなくなったのだが、日本は清に朝鮮半島内の改革を提案したが拒否された。そのため日本は軍事行動にでて王宮を占拠。閔妃政権を崩壊させ親日政権を樹立した。ここで閔妃は"新"事大主義、親ロシア色を強める。

大韓帝国

　1895年の**下関条約**で日本は**遼東半島**を獲得したが、**李鴻章**がロシアに接近、結果ロシアは**独仏**と**三国干渉**し同半島を清に返還させた。清はその見返りに1896年の**露清密約**で、シベリア鉄道を**チタ〜満洲里**から直線で**ハルビン〜ウラジヴォストーク**へと結ぶこと、その支線をハルビンから**長春**まで延ばすことを約す。

　それに先立つ1895年、朝鮮では日本公使の三浦梧楼が**景福宮**で**閔妃**を殺害。日本の評判は下落し、親ロシア派の李完用の手引きで高宗は王宮からロシア大使館に移動。民衆により親日政権の首班は殺害され、1897年親ロシアの**大韓帝国**が成立、「皇帝」を名乗った。これはまさに朝鮮（李朝）が清から独立したことを意味する。当然、清は大韓帝国との対等な関係は認めなかった。

　翌1898年に、ロシアが清から**旅順・大連**を租借した。**ウラジヴォストーク**港は冬に凍結するからだ。

日露戦争

　義和団事件が1901年の**北京議定書**で終息した後もロシアは満州から退かなかった。そもそも義和団

宮古島のドイツベルリンの壁

宮古島のドイツ村にはベルリンの壁が展示されている。大自然の一部のような素朴なこの島に、人間の思弁の象徴のような遺物が展示されている違和感が私にはなんとも滑稽である。

伊良部島　白鳥岬

河合塾物理科講師の宮原孝之氏と宮古島伊良部の白鳥岬で。旅にカメラマンとして同行願い写真を提供していただいた。世界のかなり多くの場所で海を見てきたが宮古島、伊良部島、下地島あたりの海が景色として一番だ。

の運動は山東半島から始まったのだが、それが隣接する遼東半島に飛び火し終息していなかったことが、ロシア軍の満州駐留の原因だった。1902年の日英同盟[*]の仮想敵はロシアである。1903年にはシベリア鉄道が完成し、清から租借した東清鉄道とつながることになる。さらにはロシアが朝鮮の龍岩浦を租借し、鴨緑江を越えて森林を伐採し、軍事基地をつくったことが1904年勃発の日露戦争の原因となった。

韓国併合の過程

日露戦争は日本が勝利し、1905年に小村寿太郎とウィッテを全権にポーツマス条約が締結された。

同年、日米は桂＝タフト協定で日本の朝鮮、米のフィリピン、英のインド支配を相互承認する。アメリカはフィリピンを1898年の米西戦争でスペインから獲得したものの、カトリック教会が根強く支配する同地を"啓蒙"することに苦労した。タフトはヴァチカンと交渉したり自作農を育成したり英語教育を推進したが遅々として進まない。

その少し前の1882年の米朝修好条約でアメリカは朝鮮の権益を保護する義務を負っていたが、それとフィリピン支配とを同時進行させることに難儀を感じ始めた。そこで日本に朝鮮の啓蒙（近代化）を肩代わりさせつつ日本のフィリピンへの関心を薄れさせる目的で、韓国併合に乗り気でなかった伊藤博文に圧力をかけた。

こうして1905年の第2次日韓協約で韓国統監府（1906年に伊藤博文が着任）の設置を決定する。

高宗は1907年、オランダ・ハーグの第2回万国平和会議に密使を送り込み、日本による保護国化を無効にしようとしたが、出席を拒否された。これがハーグ密使事件である。

事件の翌月の第3次日韓協約で日本は韓国の内政権も掌握したので、反日義兵闘争が激化した。この年、日本は日仏協約でフランスのベトナム支配、日露協約でロシアのモンゴル支配を、日本の朝鮮支配承認との交換で承認した。この時期は帝国主義時代まっただ中。ハーグのあるオランダですらオランダ領東インド（現インドネシア）を成立させている。だからハーグの万国平和会議は高宗の訴えを却下した。1909年には、テロリストで義兵の安重

根がハルビンで伊藤博文を暗殺。翌1910年には**韓国併合**がなされ、**朝鮮総督府**（初代寺内正毅）が設置された。ソウルは漢城から京城へ改称。日本による韓国併合のイニシアティブをとったのはアメリカであった。だから1905〜10年にかけての日本の朝鮮支配確立に対する国際的非難の声が上がらなかったのだ。

韓国併合の現実

しかしこれは朱子学に拠って立つ朝鮮の小中華思想からすれば蛮族（日本）による朝鮮支配である。漢字も仏教も朝鮮から日本にもたらされたものなのだから。

一方、日本にとっては朝鮮半島がロシアの南下脅威からの最終防衛ラインであった。ズバリそれが日清・日露戦争の原因だったのである。

李朝の日清戦争時の「甲午改革」も、大韓帝国下の「光武改革」も功を奏さなかったが、朝鮮半島の近代化は日本統治期間中（1910〜45年）に成し遂げられた。たとえば、普通学校は100→5960校に増加し、識字率は6→22％に上昇した。

韓国併合後、日本の朝鮮総督府は**武断政治**という強硬な統治を進めていく。たとえば、**土地調査事業**により土地を没収した。しかし、第一次世界大戦終結時のパリ講和条約において「民族自決」が唱えられると、高宗李太王の葬儀に集まった群集による**三・一運動**（1919年）が**ソウル**＊＊で起きた。これを受けた日本は、**文化政治**という懐柔策に転じるが、日本の言語や慣習を強制することをも含んでいたため結果として反発を招いた。

三・一運動の余波が、1919年4月10日に**上海**で

＊
1902年の日英同盟締結の背後にはイギリスにおけるキリスト教シオニズムの思想がある。当時、ロシアでは大量のユダヤ人虐殺（ポグロム）が起きており、それから逃れるためにアメリカに亡命したユダヤの富豪シフが高橋是清（日銀副総裁）に説得され日本の国債を引き受けた。

＊＊
ソウル

ソウルへ行ってズバリ感じるのは意外と街歩きが難しいということだ。漢字の表示がほとんどないので中国よりはるかに苦労する。私としては明洞の日本グッズの店で、東京の住宅街の番地の看板が商品として売られていたのが大爆笑だった。

李承晩や金九ら民族運動家により設立された**大韓民国臨時政府**だが、アメリカも中国国民党政府も承認しなかった。だが現在の韓国では、この**1919年**を建国年としている。

　1930年代、日本が軍国主義の時代に入ると、**創氏改名**（朝鮮人は満州で創氏改名を争うように願い出た）、神社参拝強制などの一連の**皇民化政策**が実施された。朝鮮共産党は1925年に結成されたが、第二次世界大戦中には**金日成**が**抗日パルチザン**を展開した。

　第二次世界大戦中の**1943年**の米英中の**カイロ会談**（宣言）には「三大国は朝鮮半島の奴隷状態に留意し…」とある。しかし日本は朝鮮半島のインフラ整備に巨額の資金を注ぎ込み、朝鮮では人口も増えた。教育も整備し、1924年には京城帝国大学を設立、朝鮮の一般人高等教育に尽力した。京城帝国大学は日本の6番目の帝国大学であり、大阪帝国大学（1931年）、名古屋帝国大学（1939年）に先んじていた。"奴隷"状態とはほど遠い。"奴隷"状態におくのはカイロに集った国の専売特許なのだ。フーバー米国大統領が1909年に朝鮮を訪れた際の観察によると、朝鮮の家屋も衣服もみすぼらしく、衛生状態は劣悪で盗賊が跋扈していたという。1910年からの日本統治期に港湾施設・鉄道・通信施設や民家が改良され、食糧事情はよくなり禿山は植林された。"カイロ宣言の嘘"。これが今日の日韓関係に影を落としている。

▎**朝鮮半島の南北分断国家**

　日本敗戦後の1945年12月のモスクワ三国外相会議で、米英ソは北緯38度線で南北朝鮮を米ソが分割占領することを最終決定。北緯38度以北をソ連が、以南をアメリカ合衆国が占領し、**1948年**に**ソウル**を首都として**大韓民国**が**李承晩**を大統領として、**ピョンヤン**（平壌）を首都として**朝鮮民主主義人民共和国**が**金日成**を首班として発足した。

　だが金日成は北朝鮮を「民主基地＝共産基地」にして南朝鮮を「解放」する、つまり軍事侵攻して共産化する意図を露わにする。一方、ハーバード留学経営者の李承晩もアメリカのマッカーサーを頼り「北伐」を表明、双方が朝鮮半島における合法政府だと主張し、武力併合を企図したのである。

朝鮮戦争

1949年10月１日に**中華人民共和国**が成立。1950年２月に**中ソ友好同盟相互援助条約**が締結。

金日成はモスクワを訪問し、スターリンに韓国攻撃の承認を求める。スターリンは中国共産党からの了解にこだわった。毛沢東と会談した金日成は「韓国軍が北緯38線を越えれば軍隊を送る」という約束を取りつける。

1949年６月、米軍は500名の軍事顧問団を残して韓国から撤兵。

1950年１月のアチソン米国務長官のワシントン演説では「アメリカが防衛に責任を持つラインは、フィリピン〜沖縄〜日本〜アリューシャン列島である」と明言、朝鮮半島を"防衛義務"から除外した。これは、アメリカが韓国の防衛から手を引くのだ、と北朝鮮が結論に至る暗黙のメッセージとなった。

1950年６月25日、北朝鮮が韓国攻撃を開始し３日でソウルを陥落させ南進、韓国は半島南端の**釜山**に臨時政府を置く。朝鮮戦争の勃発である。

ソ連がボイコットした国連安保理は北の侵略と見なしマッカーサーを総司令官として**国連軍**を結成し、釜山と**仁川**に上陸し北朝鮮軍を挟み撃ち、北の軍は総崩れとなる。

ここで朝鮮戦争は終戦、となったはずなのだが、なぜか国連軍は北緯38度線を越えて北進。こうして、毛沢東が指令を出し**中国義勇軍**が結成され、人間の盾をつくって南進することにより、朝鮮戦争が戦闘員と民間人合わせて600万人の死者をだす惨事となった。600万人の大半は「南」が38度線を越

ワシントンの朝鮮戦争記念碑

600万人の朝鮮人死者を出すことになった朝鮮戦争の原因の一端にはアメリカ外交の失策がある。無論、最大の失策は米兵にも多数の死者が出たことだ。この写真はワシントンの朝鮮戦争記念碑。

えた「拡大」朝鮮戦争以降の死者である。「38線を越えてはならない」とい
うのが**マッカーサー**の指示。対して「越えろ！」が李承晩の厳命。兵士は後
者に従ったのだ（右図参照）。1950年1月の米国国務長官**アチソン**が示した
アメリカが責任を持つ防衛ラインは、フィリピン〜沖縄〜日本〜アリューシ
ャン列島であり、北緯38度ではなかった。また中華人民共和国にしても、
台湾侵攻を企図していた時期であり、朝鮮侵攻には本来無関心であった。

　マッカーサーは原爆使用を主張し、そして解任された。ソ連**マリク**外相の
提唱で、まず開城、そして**板門店**で休戦交渉が始まり**1953年**に休戦となっ
た。同年スターリンが死んだことも原因だった。スターリンのソ連サイドか
ら朝鮮戦争を見ると、東欧支配を強化するため、アメリカの関心を欧州から
そらすため半島で戦争を起こしたといえる。また冷戦を優位に進めるため、
アメリカを疲弊させるために国連安保理を欠席し、拒否権を発動せず国連軍
に朝鮮侵攻させた、ということになる。

　朝鮮戦争の間の**1951年サンフランシスコ講和条約**で日本は戦勝国と講和
（韓国はこれに加わろうとしたが叶わなかった）、同時に**日米安全保障条約**が
締結し、**警察予備隊**（現在の自衛隊）が発足した。日本は**特需景気**という果
実を得た。**1952年4月28日**、日本は主権を回復した。ところが李承晩は、
まだ日本に主権のない**1952年1月**に「**李承晩ライン**」を設定し、**島根県**の
竹島を独島と呼んで領有権を主張し始めた。日本は1953年に同島に「島根
県」の標識を出すも韓国が1954年に軍事占領した。ちなみに日本が竹島を
領有したのは1905年、その時点では韓国からの抗議はなかった。

　まとめるなら、朝鮮戦争とは金日成と李承晩のいがみ合いに、ソ連・アメ
リカ・中華人民共和国が巻き込まれた戦争である。

▎**主体思想**

　1953年の朝鮮戦争の休戦後の1956年、ソ連で**フルシチョフ**による「**ス
ターリン批判**」があり、その個人独裁が批判の対象となった。その影響は東
欧諸国や北京政府にも及んだが、北朝鮮においても反金日成派を勢いづかせ
た。しかし彼はその反対派を粛清することにより、権力基盤を固めることに
成功した。

　金日成が子の金正日に権力を継承することとからみ、唱えられたのが**主体**

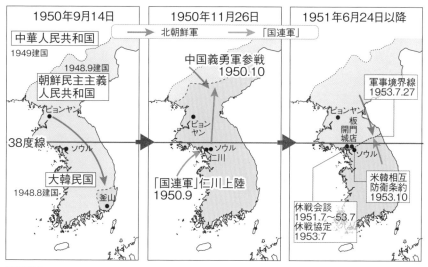

1950年9月14日	1950年11月26日	1951年6月24日以降

北朝鮮軍　　　　「国連軍」

1950年9月14日

中華人民共和国
1949建国

1948.9建国
朝鮮民主主義
人民共和国

●ピョンヤン

38度線　　●ソウル

大韓民国

1948.8建国　　●釜山

1950年11月26日

中国義勇軍参戦
1950.10

●ピョン
ヤン

●ソウル
●仁川

「国連軍」仁川上陸
1950.9

1951年6月24日以降

軍事境界線
1953.7.27

●ピョンヤン
板門
開店
城

●ソウル

米韓相互
防衛条約
1953.10

休戦会談
1951.7〜53.7
休戦協定
1953.7

朝鮮戦争

思想である。これはマルクス＝レーニン主義に朱子学で味付けした北朝鮮風味の共産主義だ。とりわけ文化大革命期に毛沢東の後継者と目された**林彪**が、一説によると毛沢東暗殺に失敗し謎の死を遂げたので血縁による権力移譲を決意したことと関係がある。

漢江の奇跡

一方、韓国では1960年に選挙の不正や経済不振が原因で大規模なデモ「**四月革命**」が起こり、李承晩が失脚した。

1961年、**朴正熙**が若手将校を率いてクーデタを起こし大統領となった。その時点でGNP北朝鮮比6割であった韓国であったが、朴正熙が権威主義的な開発独裁をすすめ、経済面で北朝鮮を凌駕（**漢江の奇跡**）した。これには1965年の**日韓基本条約**（いわゆる従軍慰安婦への補償が解決）で日本との

ソ連時代のモスクワ、赤の広場

朝鮮戦争はスターリンの戦争でもあった。事実、スターリンが死去したら休戦となった。写真はソ連時代のモスクワ、赤の広場。

国交が回復し、日本が多額の供与と融資（賠償ではない）をしたことが背景にある。

1973年には民主化運動の指導者金大中が東京のホテルから拉致された。これは日本の主権侵害であったが、在日韓国人により朴大統領夫人が暗殺され、一層強権化した大統領自身も中央情報部長により暗殺される。

朴の死後、崔圭夏が大統領となったが混乱を収拾できず、全斗煥が民主化運動を弾圧して大統領に就任（＝光州事件）し収拾する。全羅南道における光州事件とは「ソウルの春」とも言われた民主化運動で、金泳三や金大中ら野党指導者が逮捕軟禁された事件である。戒厳令違反で逮捕された金大中には死刑が言い渡されたが、レーガン米大統領が厚遇を約し、執行はされなかった。冷戦たけなわの1983年にはニューヨーク発ソウル行きの大韓航空機が自動操縦の機器のプログラムミスでソ連の領空に侵犯し、樺太上空でソ連のミグ戦闘機に撃墜される事件があった。また1987年には、日本人を装った北朝鮮の工作員によるとされる大韓航空機爆破事件がインド洋上で起きた。

次の盧泰愚大統領の1988年にソウル＝オリンピックが開催され、1991年南北が国連に同時加盟した。1992年、久々の文民大統領として金泳三が当選すると、全斗煥と盧泰愚を逮捕し死刑と無期懲役を言い渡したが、後に恩赦となった。北朝鮮は1992年の憲法からマルクス主義を削除した。

韓国は1994年にクリントン政権のアメリカ合衆国とともにKEDO（朝鮮半島エネルギー開発機構）の枠組みを開始し、北朝鮮が核開発をしないことを交換条件に、軽水炉や原子力発電所開発を援助することになったが、アメリカも韓国も日本も見事に金正日に騙された。

1998年からは金大中が大統領になり、韓国は本格的に民主化した。2000年には平壌を訪問し金正日との南北首脳会談を実現、対北朝鮮宥和政策である太陽政策を展開した。

国是であった「反共」を大統領の一存で放棄した結果、2003年に北朝鮮が核保有を表明、2006年に核実験を実施する。

韓国の盧武鉉は2007年に南北首脳会談を行ったが、2009年に汚職疑惑で自殺。その後の李明博、朴槿恵も汚職で追及されている。盧武鉉の側近だった文在寅は2018年4月に板門店で金正恩と南北首脳会談を開き南北ホット

ラインを創設した。文は北朝鮮からの避難民の息子
である。

2018年10月に韓国の最高裁にあたる大法院が新
日本製鐵（現日本製鉄）に対し損害賠償を命じた。
第二次世界大戦中の日本統治下の朝鮮や中国での日
本企業の募集や徴用により労働した人やその遺族に
より"奴隷のように扱われた"という訴訟が70社
以上起きている。いわゆる**徴用工訴訟問題**である。
これは1965年の**日韓請求権協定**で"解決済み"と
している韓国政府の方針と矛盾するものだ。

2022年、韓国に**尹錫悦**（ユン・ソギョル）保守
政権が誕生した。アメリカとの同盟関係を重視し、
北朝鮮に対する抑止力を強化し、日本との関係改善
に意欲を示す。この姿勢を北朝鮮は名指しで非難し
た。

手前がエイラート（イスラエル）、向こうがアカバ（ヨルダン）。アカバは映画「アラビアのロレンス」の舞台。周囲をアラブ諸国に囲まれているイスラエルにとって現在最大の脅威はイランが北朝鮮の技術指導により保有するかもしれない核兵器である。

18章 アフリカ史

高校の世界史教科書の場面でアフリカ史は6回登場する。
　　1.古代エジプト史、2.イスラーム史、3.白人列強による
分割以前、4.アフリカ分割、5.パン＝イスラーム主義による反帝国
主義、6.戦後アフリカ史。

　1のエジプト史を通史にする場合、7世紀のイスラーム化以前と以
降で分けられる。イスラーム以前とはピラミッドやファラオたちの時
代からビザンツ帝国領までということだ。

　2のイスラーム史はカイロの王朝とマグレブ地方のベルベル人の王
朝ということになる。

　3の分割以前のアフリカは、ナイル川、ニジェール川、ザンベジ川
の3本の川に注目しつつ学習しよう。

　4のアフリカ分割は、イギリスの縦断政策、フランスの横断政策を
おさえたら、ドイツ4カ所、イタリア3カ所、ポルトガル2カ所、ベ
ルギー1カ所と単純化して整理してみるとよい。

　6の戦後アフリカの独立は、1957年のガーナ以降が「黒いアフリ
カ」、それ以前がアラブ人・ベルベル人の「白いアフリカ」諸国の独
立と分類できる。

　昨今のアフリカ大陸は4つの点において世界の耳目を集めている。
一つ目は習近平中国国家主席の「一帯一路」構想のうちの"一路"の
終着点として中国から多大の投資を受けていること。二つ目はサハラ
砂漠以南のアフリカ人が地中海を渡ってイタリアやスペインに移住
し、移民排斥を主張するポピュリズムや極右政党の登場の要因になっ
ていること。三つ目は、2011年にチュニジアに始まった「アラブの
春」が断続的に他国においても起こり、長期独裁政権に揺さぶりをか
けていることである。四つ目は、その「独裁」という手法がモデルと
するのがプーチン大統領の手法であり、ロシアによる軍事支援を通じ
た影響力は年々増大しているということである。

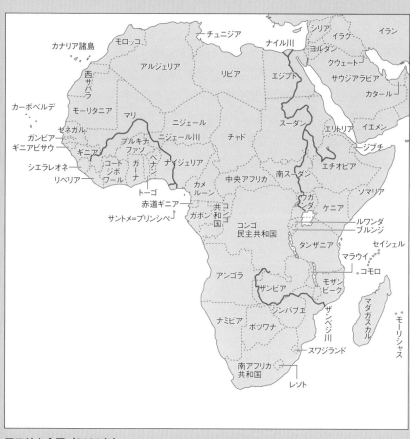

アフリカ全図（2020年）

> ギザの3大ピラミッドと
> スフィンクス、1991年

> スエズの街とスエズ運河、
> 1991年

古代エジプト史

「エジプトはナイルの賜物」——これは紀元前5世紀のギリシアの「歴史の父」（これは古代ローマキケロの言葉）ヘロドトスの言葉だ。ナイル川の定期的な氾濫はエジプトを潤した。氾濫後の復元のために発達したのが測地術で、これが幾何学のもととなった。

古代エジプトは閉鎖的な地形で、侵入を受けにくいアフロ＝アジア族の世界だ。ナイル流域にあった集落ノモスを上エジプト（上流）のメネス王が統一した（第1王朝）。

前6世紀のアケメネス朝ペルシアによる征服まで26の王朝が続く。第3〜6王朝が古王国時代で、都は下エジプトのメンフィス。日干しレンガを用いた墳墓がマスタバだが、サッカラにあるジェセル王の（死後の世界へ続く）階段ピラミッドがマスタバの一種。ピラミッド時代に入ると、第4王朝の時ギザに3大ピラミッドがつくられた。クフ王のものが最大。近くにスフィンクスがある。他の二つはカフラ王、メンカウラー王のピラミッドだが、用途はいまだ判然としない。ギザはナイル左岸にあり、カイロの対岸の町だ。

第11〜12王朝の中王国時代の都はテーベ（現ルクソール）。町の守護神がアモンだから、太陽神ラーと結びつきアモン＝ラーが多神教の頂点に立った。エジプトの王ファラオ（「大きな家」の意）は太陽神ラーの化身だ。霊魂不滅の信仰から遺体をミイラとして加工保存したが、これは高度な技術と乾燥した気候のなせる業であった。冥界の神がオシリスで「死者の書」にはオシリスの前で生前の生き方を"弁明"する様子が描写されている。その妻がイシスで子がホルス、このエジプトの三つ組の神は後代のキリスト教の三位一体（父と子と聖霊）やヒンドゥー教（シヴァ神、ヴィシュヌ神、ブラフマー神）につながっている。バビロニアにはイシュタル神、シャマシュ神、シン神があり、仏教にも仏の三神がある。暦は太陽暦。これがユリウス暦、そして1582年以降のグレゴリウス（教皇グレゴリウス13世）暦のもとである。

セム語系のヒクソスの侵入で中王国は滅亡するが、その後ヒクソスを撃退し、前16世紀の第18〜20王朝が新王国時代となる。トトメス3世の時に

領土は最大になり、現スーダンにかけて広がる**ヌビア砂漠**からシリアにかけてを版図とした。**テーベ**にはアモンの**カルナック神殿**を建てた。**アメンホテプ4世**はアトンの一神教に変革し、自ら「アトンに愛されるもの」の意の**イクナートン**と名乗り、**テル＝エル＝アマルナ**に遷都した。これがアマルナ時代で、自由で写実的な**アマルナ美術**が生まれた。粘土板に**楔形文字**で記された**アマルナ文書**が19世紀に発見された。アメンホテプ4世の実子で次の**ツタンカーメン**はアモン神に戻し、中心もメンフィスやテーベに戻した。

前13世紀の第19王朝の**ラメス（ラムセス）2世**は、小アジアの**ヒッタイト王国**との**カデシュの戦い**に勝ったと吹聴し、**ヌビア砂漠**に記念碑として**アブシンベル神殿**を造営。モーセに率いられたヘブライ人の「**出エジプト**」はこの頃だったという説がある。

異民族王朝の時代をへて前7世紀前半にエジプトは**アッシリア**に征服された。武断政治のアッシリアから**第26王朝**が**サイス**を都に独立するが、**前525年**には**アケメネス朝ペルシア**の**カンビュセス2世**に征服され、以後約200年**イラン人**の支配を受けることになる。

アケメネス朝ペルシア以降は→アレクサンドロス大王→プトレマイオス朝エジプト→ローマ帝国→東ローマ（ビザンツ）帝国→アラブ人（正統カリフ時代→ウマイヤ朝→アッバース朝）→ファーティマ朝→クルド人（アイユーブ朝）→トルコ人（マムルーク朝→オスマン朝）→イギリス人（大英帝国）の支配を受ける。

*
カルナック神殿においてひときわ目立つ上方に向かって徐々にせばまっていく高く長い直立の石柱がオベリスク。太陽神信仰に基づく記念碑だ。

**
アメンホテプ4世（アクエンアテン）の王妃がネフェルティティ。

シナイ半島

モーセがヘブライ民族を率い、神に導かれつつさ迷った地。第3次中東戦争（1967年）でイスラエルが占領したが1982年には撤退を完了した。
たしかに野生のラクダには会えるものの何もない広大な荒野。昨今、イスラーム過激派により南端の観光地シャルム＝エル＝シェイクのホテルが襲撃されるなど危険な地域となっている。そのホテルのプールでくつろいだのは1995年のことだ。

現代エジプト史

1882年にウラービーの乱を機にイギリスがエジプトを事実上保護国化、第一次世界大戦が勃発した1914年に英領となった。第一次世界大戦後にエジプトでは**ワフド党のザグルール=パシャ**により反英運動が高まり、1922年には形式的に、1936年には完全独立を果たした。ただし1805年以来のアルバニア系の**ムハンマド=アリー朝のファールーク国王**はイギリスの傀儡となってエジプトを支配。スエズ運河だけはイギリスが所有したまま残された。

1952年の**自由将校団**による**エジプト革命**でファールーク国王は追放され、**ナギブ**を大統領に**エジプト共和国**が建国された。第2代**ナセル**大統領は社会主義的政策をとり、中東条約機構（METO）への加盟を拒否したり、中華人民共和国を承認しソ連や東欧諸国に接近したので、英米は**アスワンハイダム**の建設資金の融資を凍結する。これに対しナセルは**スエズ運河国有化宣言**で対抗し、資金を調達。これが1956年の**第2次中東戦争**の原因だ。1958年には**エジプトとシリアが統合しアラブ連合共和国**がナセルを大統領に成立したが、エジプト主導にシリアが反発し、1961年に解消した。

1967年の**第3次中東戦争**ではイスラエルに**シナイ半島**と**ガザ地区**を奪われたが、その後第3代大統領**サダト**が親米路線に転じ、**イスラエルを訪問**、**1978年のキャンプ=デーヴィット合意**（米大統領**カーター**、イスラエル首相ベギン、二人はノーベル平和賞）の結果シナイ半島を奪還したが、サダトは**ジハード団**（ムスリム同胞団の穏健路線に飽き足りない者たちが1970年代に分かれ結成したものが1980年に統合してできた）のイスラーム原理主義者により暗殺された。額に礼拝ダコまである敬虔なムスリムだったサダトだったが、エジプト社会には汚職と貧富の差が増大し、彼の路線は受け入れられなかった。

ところで、**ムスリム同胞団**とは1929年に**ハサン=アルバンナ**がコーランを憲法とするイスラーム国家建設をとなえ、エジプトで結成された組織だ。第4代の**ムバラク**大統領はサダトと同じ親米路線を継承、一方でムスリム同胞団はムバラク政権下では合法穏健路線を貫いた。

2011年の「アラブの春」ジャスミン革命（チュニジア）がエジプトに波

及すると、ムバラク政権が打倒され（**ナイル革命**）、民主的な選挙で**ムスリム同胞団**の**ムルシ**政権が誕生した。しかし観光地スフィンクス前のレストランでのアルコール飲料の販売を禁ずるなどの政策に世俗派が反発し、2013年に軍のクーデタで政権は崩壊、前国防相の**シーシ**が大統領に。2018年の選挙では対抗馬の立候補を妨害し、またメディアを規制したが再選され強権政治を行っている。

アフリカ分割以前のアフリカ史

前920年頃、エジプト新王国滅亡後にアフロ＝アジア系**ヌビア人**が自立したのが**クシュ王国**で、都は**ナパタ**。これは現**スーダン**の**ナイル川**上流に成立した最古の黒人王国で、金を産出した。一時エジプトを支配したが、前7世紀のアッシリアのエジプト征服で後退した。前670年頃～後350年頃にナイル上流に**メロエ王国**が再建され、鉄器を製造しメロエ文字が作成されたが、**アクスム王国**（紀元前後～12世紀）により滅ぼされた。アクスム人はアラビア半島南部からアフリカに移住してきた**セム系民族**で、現エチオピアにある**アビシニア高原**に建国された。メロエ王国を滅ぼし、キリスト教単性論派（**コプト派**）に改宗した。

7～13世紀の**ガーナ王国**はセネガル川と**ニジェール川**流域の黒人王国だ。沿岸部ギニア地方の**金・象牙**とサハラ砂漠の岩塩を交換する**サハラ縦断貿易**で繁栄した。支配層がイスラーム化する以前で、モロッコを本拠とする**ムラービト朝**の攻撃で1076～77年頃に王朝は陥落した。

マリ王国（1240～1473年）は西アフリカの**マンディンゴ人**による黒人王国。国王はイスラーム教

徒のマンサ＝ムーサ王（位1312 ～ 37年）。メッカ巡礼途上のカイロで金を湯水のように使ったことで有名。旅行家イブン＝バットゥータが訪れ、トンブクトゥが繁栄した。

　ガオを都としたソンガイ王国（1473 ～ 1591年）は西アフリカのソンガイ族による黒人イスラーム王国で、アスキア＝ムハンマドが最盛期の王。16世紀にはトンブクトゥに黒人による最初の大学が設立された。16世紀末のモロッコのサアド朝の侵攻で滅亡した。

　8世紀頃から1846年まで中央スーダン、チャド湖周辺にあった黒人イスラーム国家で奴隷貿易に従事したのがカネム＝ボルヌー王国。

　11世紀から19世紀にかけてのザンベジ川流域に栄えたのがショナ人のモノモタパ王国。南ローデシアの大ジンバブエの石造建築で有名だが、そこからは中国製の陶器が出土された。その北のアフリカ東海岸にはスワヒリ語圏が形成された。イブン＝バットゥータが訪れたキルワ・モンバサ、鄭和艦隊が寄ったモガディシュ・マリンディ、ヴァスコ＝ダ＝ガマが寄ったモザンビーク、奴隷売買の島ザンジバル（ザンジバル島を拠点に東アフリカ東岸一帯を支配した国がオマーン）、ジンバブエ遺跡より南に位置した海港都市ソファラなどがあった。ダウ船に乗り季節風で来航したイスラーム商人のアラビア語と現地のバントゥー語が融合し、スワヒリ（海辺の人）語となった。

アフリカにおける帝国主義

　15世紀からポルトガルがアフリカ西岸のギニアに進出し、奴隷、金、象牙の交易に従事した。サハラ縦断交易に依存したソンガイ王国がその損害を被った。

　白人との黒人奴隷貿易で栄えたアフリカの国は16世紀のベニン王国、17世紀のダホメ王国、18世紀のアシャンティ王国だ。

　18世紀後半からヨーロッパ人による「暗黒大陸」の内陸探検が始まった。イギリスの医療宣教師で探検家のリヴィングストンはヴィクトリア瀑布を発見した後、ナイル水源調査中に消息不明になり、タンガニーカ湖畔でアメリカの探検家スタンリーに発見された。ヴィクトリア湖の北西にあり1894年にイギリスの保護領になったのがブガンダ王国。

　イギリスはアフリカ大陸縦断政策カイロ〜ケープタウンをつなぐ。インド

のカルカッタと合わせ3C政策と呼ばれる。

　フランス人レセップスが1869年に開削したスエズ運河株を、1875年イギリス首相ディズレイリがユダヤ財閥ロスチャイルド家の資金で買収すると、エジプトでウラービーの乱が起きる。イスラームの大同団結を目指すパン＝イスラーム主義の精神的指導者アフガーニーの影響である。

　イギリスがスーダンに南下すると、ムハンマド＝アフマドがマフディー（救世主）を宣言し反乱を指導、太平天国の乱の常勝軍のゴードンがハルツームで戦死した。

　アフリカ横断政策とるフランスとは1898年に南スーダンで衝突。ファショダ事件という。フランスが譲歩撤退し、スーダンはイギリスの勢力圏となった。また、1901年にアシャンティ王国（現ガーナ）を攻略。またナイジェリアも勢力圏においた。

　1815年のウィーン議定書でケープ植民地がナポレオン１世の弟のオランダ支配からイギリスに移り、セシル＝ローズが同地の首相となった。オランダ系移民の子孫ブール（ボーア）人は内陸部にグレート＝トレック（大移動）し、オレンジ自由国とトランスヴァール共和国を建国した。ここにダイヤモンド、そして金が発見されると、植民相ジョゼフ＝チェンバレン指導で南アフリカ（ブール＝南ア）戦争（1899～1902年）を起こす。セシル＝ローズにちなむローデシア（現在北がザンビア・南がジンバブエ）もイギリスの勢力圏だったから、ブール人は挟み撃ちになる。その少し前に、ブール人とイギリス軍の双方の侵入に抵抗したのがズールー王国だが、トランスヴァールとナタールに分割併合された。

ゴレ島

ゴレ島は奴隷の最終積み出し島。ここへはセネガルの首都ダカールから船で20分。行ってみると1786年建造の奴隷の家くらいしか見るものはない。クリントン、ブッシュ、オバマ大統領が訪問した。

典型的な帝国主義戦争にイギリスは国際的非難を浴び「光栄ある孤立」を放棄。1902年に日英同盟を結ぶ。前年の1901年にヴィクトリア女王が世を去り、大英帝国が斜陽の季節を迎える。

　1910年イギリス*はケープ、オレンジ、トランスヴァール、ナタールから成る南アフリカ連邦を成立させた。

　フランスはシャルル10世の1830年にアルジェリアを攻略。アブドゥル＝カーディルが指導したイスラーム教徒の抵抗運動を1847年に平定した。1878年のベルリン会議の取り決めにもとづき、1881年チュニジアを保護化した。また西アフリカのセネガル、サモリ帝国を建国したサモリ＝トゥーレの抵抗を抑えギニアを攻略。紅海岸のジブチまで大陸を横断し勢力範囲とした。1896年にはマダガスカル島も領有した。

　1904年の英仏協商でフランスに優先権が認められたモロッコのタンジールにドイツ皇帝ヴィルヘルム2世が入港し威嚇した（1905年の第1次モロッコ事件）。米大統領セオドア＝ローズベルトが指導した1906年のアルヘシラス会議で調停がはかられる。ヴィルヘルム2世は1911年に今度はアガディールに軍艦を派遣（第2次モロッコ事件）。結果としてフランスは1912年のフェス条約でモロッコを保護化した。

　ドイツはトーゴランド、カメルーン、南西アフリカ（現ナミビア）、東アフリカ（タンガニーカ、現タンザニア）の4カ所。1905年にドイツ領東アフリカで綿花強制栽培への反対から発生した対ドイツの反乱がマジ＝マジの蜂起。白人の力を弱める「魔法の水（マジ）」を飲んで戦った反乱だった。

　イタリアはエリトリア、ソマリランド、トリポリ＝キレナイカ（1911〜12年のイタリア＝トルコ戦争でオスマン帝国から獲得、現リビア）の3カ所。19世紀にリビアを拠点としたスーフィー教団のサヌーシー教団はイタリア支配に抵抗した。

　ポルトガルが領有したのはアンゴラ、モザンビークの2カ所。

　ベルギーではレオポルド2世がコンゴ国際協会を設立したが、これはスタンリーのコンゴ川流域探検を援助したことと関係がある。列強の反発にビスマルク開催のベルリン会議（1884〜85年）で先に占領した国が領有できる原則（先占権）を確認した。ベルギー領コンゴ自由国は1908年に列強に承認された。つまり、レオポルド2世の個人領から政府所有になったのだ。

第一次世界大戦勃発時の独立国は**エチオピア、リ
ベリア**の二つ。エチオピアの**メネリク2世**は1896
年の**アドワ**の戦いでイタリアを撃退。

19世紀末から欧米で活躍する知識人が中心とな
って活動したアフリカ解放運動が**パン＝アフリカニ
ズム**で、アメリカの黒人解放運動の指導者**デュボイ
ス**は**パン＝アフリカ会議**を開くなど、アフリカ独立
運動でも活躍した。1920年に英領ガーナで開かれ
た民族運動のための会議が**西アフリカ国民会議**で、
これが1957年のガーナ独立の礎となった。

戦後アフリカ史

第二次世界大戦終結時の独立国はエチオピア、リ
ベリアの二つに**エジプト**と**南アフリカ**を加えた四
つ。

旧イタリア領の**リビア**は1951年に連合王国とし
て英仏から独立し、スーフィズムのサヌーシー教団
指導者が国王となる。1969年のクーデタで共和国
となり、**カダフィ大佐**が指導者になったが、2011
年の「アラブの春」で処刑される。

1956年には**スーダン**がイギリス＆エジプトか
ら、**モロッコ**がフランス＆スペインから、**チュニジ
ア**がフランスから独立した。

1957年には英領ゴールドコーストでは**ガーナ**
（旧**アシャンティ王国**）がサハラ以南のブラック＝
アフリカ初の独立国家としてイギリスから独立、**エ
ンクルマ**が大統領となる。1958年には首都**アクラ**
で全アフリカ人民会議が開催された。

1958年には**ギニア**がフランスより独立、**セク＝
トゥーレ**（サモリ＝トゥーレの曾孫）が大統領だ。

*
1894年に香港で大流
行したペストが南アフ
リカへ感染。ケープタ
ウンではアフリカ人の
隔離が行われ、それが
のちの人種差別政策
（アパルトヘイト）の
きっかけとなった。

**セネガルのピンクレイ
ク**

湖が塩田になってい
る。本当に桃色の湖だ
った。パリ〜ダカール
ラリーのコースを観光
用ジープで走ってみた
が、その上下移動の恐
怖は二度と経験したく
ないものだった。

モロッコの首都ラバト

王宮の衛兵がツーショ
ットに応じてくれた
1982年。

1960年は「アフリカの年」といわれ、**ナイジェリア**（英から）、**ソマリア**（英＆伊から）、**コンゴ**（ベルギーから）など17カ国（英から4カ国、ド＝ゴール政権の仏から12カ国、ベルギーから1カ国）が独立した。

　1960年**コンゴ**がルムンバの指導でベルギーから独立する時に**カタンガ州**の資源をめぐりベルギーとアメリカが介入し、コンゴ動乱となった。1961年にルムンバが殺害され、1965年から**モブツ親米独裁政権**となり、1971年に国名は**ザイール**と改称された。さらに1997年にモブツ政権が崩壊し、**コンゴ民主共和国**と改称された後も内戦が続いた。

　ナイジェリアはイギリスから独立したが、その際に起きたのが1967年からの**ビアフラ戦争**だ。イスラーム教徒のハウサ族が指導する体制に反発したキリスト教徒のイボ族が分離独立しようとして失敗した紛争である。

　1963年にはアフリカ独立諸国首脳会議で**アフリカ統一機構（OAU）**が結成され、植民地主義の一掃や国連憲章の尊重を確認した。1991年にアフリカ経済共同体が結成され、2002年には**アフリカ連合（AU）**に再編された。本部はエチオピアの首都アディスアベバに置かれた。

　南アフリカ共和国は1961年にイギリス連邦から完全独立した。

　アルジェリアはベン＝ベラが指導し、1962年の**エヴィアン協定**でド＝ゴールのフランスから独立した。その際、1954年から**アルジェリア民族解放戦線（FLN）**の武装闘争からアルジェリア戦争となった。1958年にアルジェリア駐留フランス軍がフランス系入植者（コロン）の支持を受け本国に反乱を起こしたので、ド＝ゴールが起用されフランスは第4共和政から第5共和政に移行した。私は19歳の1982年にアルジェリアのサハラ砂漠を地中海の首都アルジェから片道2000キロをバスで往復した*が、バリバリの社会主義で治安はきわめて安定していた。が、冷戦が終わりソ連が崩壊した1991年からアルジェリアは内戦となる。選挙で**イスラーム救国戦線（FIS）**が圧勝したのに軍部が認めなかったのが原因で、住民虐殺が相次いだ。

　1963年、**ケニア**がイギリスから独立、大統領は**ケニヤッタ**。

　1966年からの**チャド内戦**ではアラブ系のイスラーム教徒と黒人系キリスト教徒が戦っている。

　1974年の**エチオピア革命**では**ハイレ＝セラシェ皇帝**の独裁体制が崩壊し、ソ連崩壊の1991年まで社会主義政権が支配した。

西サハラは1975年のマドリード協定でスペインが領有権を放棄するが、モロッコが領有権を主張し占領。西サハラ独立派がアルジェリアとリビアの支援を受けて対立（私が1982年にアルジェリア＝モロッコ国境を徒歩で越えたのは両国関係が険悪で国境の交通が遮断されていたからだ）、1991年に国連の仲介で停戦となったが、予定された住民投票実施は幾度も延期されている。

アンゴラとモザンビークとギニア＝ビサウは、ポルトガルで1970年にサラザール政権が崩壊し、さらに1974年のカーネーション革命で民主化、という流れの1975年に、東南アジアの東ティモールと共に独立した。

1980年にはアパルトヘイト維持のためスミス政権がイギリスから一方的に独立していた南ローデシアが結局ジンバブエとしてイギリスから独立し、大統領ムガベの黒人政権となった。近年、白人地主の土地問題で国内対立が深刻化し、2017年にムガベが辞任しムナンガワ新大統領となった。

1990年にはナミビア（南西アフリカ）が南アフリカから独立。1993年にはエリトリアがエチオピアから分離独立したが、エチオピア＝エリトリア戦争がその後（1998〜2000年）起こった。また「アフリカの角」に位置するソマリアとエチオピアの間には1960年代から領土紛争があったが、それが1977年に勃発したオガデン戦争となった。

1991年のソマリア内戦では米軍を主力とするPKO（国連平和維持活動）部隊が当事国の同意なしに首都モガディシオに上陸したが、現地の武装勢力と住民の争いをかえって助長、エチオピアの介入もあり混乱だけさせて撤退した。アフリカの角に位置

＊
1982年、サハラ砂漠

サハラは地球の風景の縮図である。砂漠、土漠、岩漠。ソフトクリームのような形状の砂丘からグランドキャニオンを想起させる絶景が数時間おきに入れかわる。
アルジェからタマンラセトまでバスで行き同じルートで戻った。北海道から九州までを往復するのと同じ距離である。

するソマリアは米ソ冷戦下、エジプトの親ソ・ナセル政権時はスーダン親米
→エチオピア親ソ→ソマリア親米、エジプトのサダト親米政権時はスーダン
親ソ→エチオピア親米→ソマリア親ソ、と地政学的に両陣営の要に位置し、
同時に双方の武器の"溜まり場"となった状態で冷戦が終了（1989年）。ソ
連の崩壊（1991年）で、部族間の内戦となった。[*]

アパルトヘイト

　南アフリカは**1910年**にイギリス連邦内の**南アフリカ連邦**として発足した
が、1911年には人種差別政策を開始。それにもとづいた土地法が1913年に
成立した。1912年に南アフリカ原住民民族会議が結成され、1925年に**アフ
リカ民族会議（ANC）**と改称し差別撤廃運動の中心となった。**1931年**の
ウェストミンスター憲章で事実上の独立を果たし、第二次世界大戦後の
1948年に**アパルトヘイト**（人種隔離）を法制化する。ANCが組織した群
衆が虐殺され戒厳令が敷かれた1960年の**シャープビル事件**の後、アパルト
ヘイト維持のため**南アフリカ共和国**はイギリス連邦を脱退し完全独立した。
1976年に**ソウェト蜂起**（**ソウェト**とはヨハネスブルクの一角だがアパルト
ヘイトで迫害されたアフリカ系住民を象徴する地）により反アパルトヘイト
運動が高揚化したが、1984年の新憲法では黒人の選挙権は認められなかっ
た。1990年にANCの元議長マンデラが釈放。**1991年デクラーク政権**下
でアパルトヘイト法が撤廃。**1994年**に初の黒人参加選挙が実施され、**マン
デラ**が大統領になった（同年**イギリス連邦**に復帰）。

ルワンダ内戦

　1990～94年の**ルワンダ内戦**では多数派農耕民フツ族と少数派牧畜系ツチ
族が戦った。ルワンダはかつての**ドイツ領東アフリカ**で、**1962年**に**ベルギ
ー**の信託統治から独立した地域である。1994年にラジオのディスクジョッ
キーの「さあ、隣にいるツチを殺そう」という呼びかけからフツ族のツチ族
に対する大量虐殺が行われ、100日で100万人が死亡した。
　第一次世界大戦後、敗戦国ドイツからベルギーによる委任統治領となった
ルワンダは、ベルギーが以前から存在していたルワンダ王国による間接統治
を行ったが、その王は少数のツチ族を優遇し、多数のフツ族を支配するとい

う構図をつくりあげた。じつはツチ族（14％）とフツ族（85％）は人種も言語も宗教も同じで通婚もしていた。だがベルギー当局が、比較的身長が高い人をツチ族、低い人をフツ族と人工的に分類したのだ。

19世紀帝国主義時代、当時の"人類学"によりルワンダ周辺の人間は、ツチ、フツ、トゥワの3民族から成り、同地域に最も古くから住んでいたのは前3000〜前2000年頃に住み着いた狩猟民族のトゥワで、10世紀以前に農耕民のフツが住みつき、10〜13世紀に北方から牧畜民のツチが来て両民族を支配しルワンダ王国になったと考えられた。この学説に寄与したのが「ハム仮説」である。

ハムとは『旧約聖書』にでてくるノアの息子で、父に不敬な態度をとったため、酔いから醒めたノアがハムの息子カナンに向かい「カナン呪われよ、しもべとなって兄弟に仕えるだろう」と言ったという逸話がある。セム語族、ハム（エジプト）語族、ヤペテ（インド＝ヨーロッパ）語族という分類はこうして始まった。そして、アフリカ土着のネグロイドに新たな文明をもたらしたのがハム語族だという仮説が生まれ、フツ族がずんぐり体型で皮膚の色が比較的濃いネグロイド、ツチ族が痩せ型体型で鼻が高く皮膚の色が比較的薄いコーカソイドのハム語族という構図を確立した。しかしこの移住には言語学的・考古学的証拠はない。「ノアの箱船」は現トルコ東部のアララト山に漂着したと『創世記』にある。そこはコーカサス（カフカス）山脈に近く、そこからヨーロッパ人がキリスト教的価値観にもとづいて自己を定義するためにコーカソイドという概念が登場した。

*
南スーダン

南スーダンはアラブ系でイスラーム教徒のスーダンから、アフリカ系でキリスト教徒の南スーダンが長い闘争の結果2011年に独立したが、2013年末にキリスト教徒が大統領派VS副大統領派に分かれ、部族闘争と石油の利権争いの内戦となった。

ゴレ島やセネガルにはバオバブの木がそこかしこにある。樹齢数千年のものもあるという。人間の蛮行の歴史の目撃証人である。

19章 パレスチナ史

「パレスチナ」という呼称は古代オリエント史においてガザを建設したフィリスティア（ペリシテ）人に由来する。彼らはクレタ文明の担い手と同系統の「海の民」だといわれる。

しかし「パレスチナ」は同時に「カナーンの地」でもある。そこはヘブライ人の族長アブラハムを友と呼んだ神ヤハウェが与えた「約束の地」なのだ。

前4世紀のアレクサンドロス大王によるパレスチナ征服、さらにはセレウコス朝シリアによる支配とヘレニズム化が進行すると、前2世紀にヘブライ人（ユダヤ人）のマカベア家がハスモン朝をたて抵抗した。

その後、共和政ローマの将軍ポンペイウスにより前63年セレウコス朝は征服され、イェルサレムも前27年に成立したローマ帝国の属州ユダヤとなる。

第1ユダヤ戦争の70年にはローマのティトゥス将軍によりイェルサレムは壊滅し、前6世紀に再建された神殿の西の壁（嘆きの壁）のみが残された。生き残ったユダヤ人は死海の畔のマサダの要塞に立て籠もったが、73年結局ローマ軍に包囲され自刃しはてた。

ローマ五賢帝のハドリアヌスの時バルコクバが再び抵抗を企てたが（第2ユダヤ戦争）、135年に鎮圧されユダヤ人は離散（ディアスポラ）した。この時からイスラエルはパレスチナとなり、イェルサレムもローマの神の名前に変えられた。ディアスポラは1948年のイスラエル建国まで続くことになる。

以後パレスチナは、ローマ帝国→東ローマ（ビザンツ）帝国→正統カリフ（636年イスラームのパレスチナ支配完成）→ウマイヤ朝→アッバース朝→セルジューク朝→イェルサレム王国（第1回十字軍）→アイユーブ朝→マムルーク朝→オスマン帝国（現在のイェルサレムの城壁はスレイマン1世の時代のもの）の支配をへて20世紀を迎えることになる。

ゴラン高原

レバノン

シリア

地中海

ヨルダン川
西岸地区

東イェルサレム

ガザ地区

イスラエル

ヨルダン

エジプト

シナイ半島

サウジアラビア

パレスチナ自治区

◀ 嘆きの壁（東イェルサレム）

キリスト教世界におけるユダヤ人

「カノッサの屈辱」の翌年の1078年、教皇グレゴリウス7世はユダヤ人の公職追放令を布告する。英王リチャード1世は十字軍遠征の資金をユダヤ人に捻出させ、返済したくないのでユダヤ人を追放した。教皇インノケンティウス3世は1215年のラテラノ公会議でユダヤ人の服装を規定し、官職就任を禁止した。

ディアスポラ（離散）したユダヤ人が向かった方向の一つが南フランスからスペイン南岸で、彼らを**セファルディ**と呼ぶ。これはそのまま現在の"スペイン"を表す語でもある。スペインではキリスト教に改宗したユダヤ人を**コンベルソ**と呼んだ（イスラーム教徒支配下スペインのキリスト教徒が**モサラベ**、カトリックに改宗したイスラーム教徒が**モリスコ**、イスラーム様式とキリスト教様式が融合したスペインの建築様式が**ムデハル様式**）が、**マラーノ**（汚らわしい人、豚）と蔑称でも呼ばれた。一方ドイツ系ユダヤ人を**アシュケナージ**といい、彼ら独特のヘブライ語が**イディシュ語**である。1264年にポーランドはユダヤ人の完全自治を許す。1347〜51年の**黒死病（ペスト）**の流行はユダヤ系の黒海地方の町が元凶であるとして、ヨーロッパ各地で虐殺された。1492年のレコンキスタ完成時にイベリア半島を追放されると、1500年頃からドイツ・ポーランドでゲットーに入れられる。17世紀イギリス共和政の指導者**クロムウェル**はユダヤ人の移住を許可、「啓蒙の18世紀」**モーゼス＝メンデルスゾーン**（同名の音楽家の親族）がユダヤ解放思想を広め、オーストリアの啓蒙専制君主**ヨーゼフ2世**はユダヤ人を解放、1776年アメリカ合衆国はユダヤ解放を決め、1791年フランス国民議会はユダヤ人を同権化する。ロシアでユダヤ人虐殺（**ポグロム**）が頻発した頃、1894年にフランスでユダヤ人将校の冤罪事件**ドレフュス事件**が起きると、スイスのバーゼルで**テオドール＝ヘルツル**を中心に**第1回シオニスト会議**が開かれ、**シオニズム運動**（シオンに帰ろう）が始まった。シオンとはイェルサレムにある丘で、キリストが最後の晩餐を催した場所やダヴィデ王の棺がある一角だ。

イギリスの3枚舌外交とパレスチナ分割案

第一次世界大戦中、オスマン帝国との戦いを優位に進めたいイギリスはアラブ人の首長にトルコ人への反抗と引き換えに、戦後のアラブ人のパレスチナ支配を約束する。1915年の**フサイン＝マクマホン協定**だ。さらに1916年には、三国協商の**フランス、ロシア**とはトルコ領東アラブの分割を密約する**サイクス＝ピコ協定**を結ぶ。さらには1917年、ユダヤ財閥**ロスチャイルド家**の資金援助を引き出すために**バルフォア宣言**でユダヤ人にパレスチナの管理を約束する。いわゆるイギリスの**三枚舌外交**だ。

結局戦後、**イラク、トランスヨルダン、パレスチナ**はイギリス、**シリア、レバノン**がフランスによる**国際連盟委任統治領**となった。ロシアは革命で消滅したので英仏２国による山分けとなった。

19〜20世紀前半のロシアにおける**ポグロム**というユダヤ人虐殺や、1940年代のナチス＝ドイツによる**ホロコースト**から逃れたユダヤ人が大量にパレスチナに移住した。

1945年３月、アラブ諸国民の主権擁護と相互協力の促進を目的に７カ国で**アラブ連盟**が結成され、後に数カ国が加盟した。

パレスチナにおけるイギリスの委任統治の期限が切れる1948年の前年の**国際連合パレスチナ分割決議案**で、イェルサレムは**国際管理**となった。この決議案は少数派のユダヤ人に多数派のアラブ人よりも多くの土地を割り当てるものであったが、これは同時期アメリカ大統領になった**トルーマン**が選挙戦で国内のユダヤ票を固めるためのキャンペーンであり、アメリカが小国に圧力をかけ実現したものであ

『新約聖書』の福音書にイエス＝キリストがサマリア人の女に井戸のある場所で「水」を共通の話題に「真理」の水について講話したという一節がある。この写真がその井戸であるということだ。現在はギリシア正教会が管理している。サマリアは現在のナブルス。ゲリジム山に登ってみたらサマリア人の集落があり、赤い帽子をかぶって生活している人々を目撃した。

った。建国宣言のわずか11分後にトルーマンはイスラエルを承認する。パレスチナにおけるユダヤ人の自治の全面承認。トルーマンは「現代のキュロス」なのだ。そして、その日に始まったのが**第1次中東戦争**である。

イスラエル建国

1948年に**イスラエル**（ギリギリまで名称はシオンだった）の建国が宣言されると、同日、それを認めない周辺アラブ諸国との第1次中東戦争が勃発した。粗末な兵器だったイスラエルが"頭脳"で領土を拡大したので、大量の**パレスチナ難民**が発生した。ちなみにパレスチナ人とは概してアラブ人でイスラーム教徒である。西イェルサレムをイスラエルが、東イェルサレムを含むヨルダン川西岸地区をヨルダンが、ガザ地区をエジプトが占領し、パレスチナ人に割り当てられた土地は、すべて他の国家が管理することになったことが難民発生の原因である。

1956年の**第2次中東戦争**ではイスラエルは英仏と共にエジプトと戦った。第2次中東戦争はパレスチナ問題が直接の原因ではなく、スエズ運河をめぐるエジプトとイギリスの争いにフランスとイスラエルが便乗して、エジプト対イギリス、フランス、イスラエルという構図で戦われた戦争だ。結果としてイギリスはスエズ運河を失う。

それにはアメリカがイギリスを全面的にサポートしなかったことが関係した。ときの米大統領アイゼンハウアー*は第二次世界大戦のノルマンディー上陸作戦の連合国軍総大将で国民的英雄。ユダヤ票に頼らずに大統領になった人物なのだ。だからアメリカのユダヤ系は、この反省から米国の議会内に強力なユダヤ・ロビーのネットワークをつくることになった。

第3次中東戦争

1960年、石油輸出国機構（OPEC）が結成された。1964年に**パレスチナ解放機構（PLO）**が結成され、さらには1967年にエジプトの**ナセル**がアカバ湾チラン海峡を封鎖したので、紅海への出口をふさがれたイスラエルが先制攻撃をかけ**第3次中東戦争**（6日戦争）になる。イスラエルは6日間で**ゴラン高原****をシリアから、**ガザ地区とシナイ半島をエジプト**から、**東イェルサレムを含むヨルダン川西岸地区をヨルダン**から占領した。この戦争の

総大将が**ラビン**だ。この占領は、常にイスラエルを
支援するアメリカ寄りの国際連合決議242号でも、
イスラエルによる「不法占領」とされたが、以後一
切とがめられていない。"6日"は『創世記』で彼
らユダヤ人の神ヤハウェ（エホバ）が天地創造に要
した"ラッキーナンバー"である。イスラエルのビ
デオショップに行くと、第3次中東戦争のビデオが
ひときわ多い。

　石油輸出国機構（OPEC）は第3次中東戦争では
反イスラエルに結集しなかった。**1968年**に**アラブ
石油輸出国機構（OAPEC）**が結成された。
1972年の**ミュンヘン＝オリンピック**ではイスラエ
ルの選手がパレスチナ＝ゲリラに選手村で殺害され
る事件が起きた。**1969年**、**アラファト**がＰＬＯの
議長になる。

　1973年、イスラエルの最大の祭りの日（ヨムキ
ップル＝贖罪の祭り）にアラブ諸国が奇襲攻撃をか
けたのが**第4次中東戦争**。緒戦イスラエルが負けた
が**シャロン**将軍が活躍し、結果、領土の変化はなか
った。この時も国連決議338号が出され「不法占領」
となったが、以後一切おとがめなしだ。OAPECが
石油戦略をとり、**第1次オイルショック**となる。こ
の1973年を境に世界経済は下降線に入り、アメリ
カを筆頭に**スタグフレーション**となる。経済不平等
研究の第一人者である経済学者の**ピケティ**によれ
ば、世界に貧富の差が拡大したのは1970年代以降
である。

　その後イスラエルは**1978年**の**キャンプ＝デーヴ
ィット合意**でシナイ半島のみエジプトに返還した。
1980年の国連決議478号では、どこの国もイェル
サレムに大使館を置いてはならない、つまり国際管

**
ゴラン高原を車で走っ
ているとこのような風
景に出くわすことがあ
る。これは1996年の
写真だが、1967年の
第3次中東戦争の名残
が生々しく残っている。
ドライブコースとして
は気分最高のルートで
ある。

19
章

パレスチナ史

***
イスラエルはエジプト
と1979年（エジプト
＝イスラエル平和条
約）、ヨルダンと1994
年（1993年のオスロ
合意後）、UAE（アラ
ブ首長国連邦）と
2020年（イランを共
通の敵として）国交を
正常化した。

理地域であることが確認された。だから大使館はテルアビブに置かれている（これを破ったのがトランプ大統領。2018年、アメリカ大使館をテルアビブからイェルサレムに移転した。：後述）。ということは、西イェルサレム（1948年占領）もヨルダン川西岸地区の東イェルサレム（1967年占領）もイスラエルが占領しているが、これは「不法占領」であるという決議だ。だが現在（2022年10月）もおとがめなしのままだ。

ゴラン高原と南レバノン

イスラエルがゴラン高原をシリアに返還することはまずあり得ない。イスラエルが同高原を占領しているからこそ、万年雪を戴くヘルモン山※の雪解け水がガリラヤ湖に流れ込んでいるためだ。もしシリア領になりヨルダン領に流したら、イエスが奇跡で嵐を鎮めた**ガリラヤ湖**もイエス受洗の**ヨルダン川**もイスラエル屈指の観光地"水面を歩ける"海面下マイナス430mの**死海**も水が干上がってしまうからだ。ちなみにシリアがゴラン高原を奪われたのが**ハーフィズ＝アサド**前大統領の国防相兼空軍司令官時代である。

また現在、シーア派の盟主イラン＝イスラーム共和国の**革命防衛隊**の影響はシーア派の傍流**アラウィー派**のバッシャール＝アサド大統領が統治する隣国シリアに及んでおり、南レバノンのこれまたイランが支援する**ヒズボラ**とともにイスラエルにとって脅威となっている。そのためイスラエルはゴラン高原から南レバノンの境にかけての防衛に万全を期すのである。イランの**アフマディネジャド大統領**（位2005～13年）は「イスラエルは世界地図から塗り消すべし」と言ってはばからない政治家だった。私は2003年にレバノンの首都ベイルートでレンタカーを借り、国連のPKOが展開するイスラエル国境まで走ってみたが、シドンそしてティルスを過ぎ南レバノンのヒズボラ支配地域に入ると、道の両側にイランのホメイニ師とハメネイ師の肖像画が点在していた。そこはまるでイランだった。

1982年、イスラエルは**レバノン**に侵攻した。ヨルダン政府がベドゥインを使いPLO（パレスチナ解放機構）を攻撃したので、PLOが本部を**ヨルダン**からレバノンに移したからである。パレスチナ人は、第一次中東戦争でガザをエジプトに、ヨルダン川西岸地区をヨルダンに奪われたわけだから、PLOの敵はけっしてイスラエルだけではない。

レバノン侵攻の際、パレスチナ難民キャンプでは
イスラエルの**シャロン**の指揮のもとパレスチナ人が
虐殺された。レバノンは**フランス**の委任統治領だっ
たが、**1943年**に独立。イスラーム教ドルーズ派と
キリスト教**マロン派**（単性論の流れ）が混在する統
治体制だった。議席配分がキリスト教徒に優勢であ
る状況が、イスラーム教徒が人口ではるかに凌駕し
ても"改善"されないことから**1975年**に**レバノン
内戦**（〜1990年）となり、そこにイスラーム教徒
の宗派争いとPLO、後にイランが支援するヒズボ
ラも加わり泥沼状態となった。レバノンは、『旧約
聖書　ソロモンの歌』で「白く純潔なもの」の象徴
として歌われているが、20世紀のレバノンの現実
の姿はそれと異なる。

　さて話をイスラエルに戻そう。

　1987年からイスラエルの占領地ヨルダン川西岸
でパレスチナ人の蜂起**インティファーダ**^{＊＊}（実際は投
石）が始まった。1987年に**ムスリム同胞団**パレス
チナ支部を母体として設立された**ハマス**^{＊＊＊}が活動を開
始、病院や学校をつくり始め、PLOの影響力を排
除した民衆レベルの活動を展開する。**1988年**には
アルジェでPLOが**パレスチナ国家樹立宣言**を行い
イスラエルと共存する独立国家を構想した。

▎**オスロ合意**

　イスラエルとパレスチナの対立は、米ソ冷戦構造
において一種の代理戦争でもあった。が、1989年
に冷戦が終結すると、1991年に**マドリード**で**中東
和平会議**が開かれた。マドリードのあるイベリア半
島は、1492年レコンキスタ運動完成時にイスラー
ム教徒（1991年ならパレスチナ人）とユダヤ教徒

＊
イエス＝キリストの使
徒ペテロとヤコブとヨ
ハネはキリストの変ぼ
うを目撃したと『新約
聖書』は伝えているが、
その推定地点がこのヘ
ルモン山。現在、頂上
にはイスラエルの監視
塔がある。ゴラン高原
から一望できる山であ
る。

＊＊
"ほこりを払う"という
意味のアラビア語「ナ
ファダ」の派生形。

＊＊＊
ハマスの正式名称は
「イスラーム抵抗運
動」。その目的は、パ
レスチナ人とアラブ系
イスラエル人を連帯さ
せること。

（1991年ならイスラエル人）が"仲良く"追放された"思い出"の地なのだ。

冷戦後の中東和平が緒についたかに見えたのは、**1993年にノルウェー**が仲介に乗り出し、**オスロ合意**がホワイトハウスの庭で発表された時だ。内容は、イスラエルが**ガザ地区**とヨルダン川西岸の町**イェリコ**におけるパレスチナ人の**暫定自治**を承認すること。**クリントン米大統領**、PLO**アラファト議長**、イスラエル首相**ラビン**が発表した。アラファトとラビンはノーベル平和賞を受賞。だが、ヨルダン川西岸地区全体からの撤退が1995年の熱狂的なユダヤ主義者の若者による**ラビン暗殺**の原因となってしまう。ユダヤ人がユダヤ人を殺すという前代未聞の出来事だった。

ユダヤ人の歴史は苦難そのもの。392年にキリスト教が**テオドシウス帝**によりローマ帝国の国教になると、ユダヤの会堂**シナゴーグ**は閉鎖され、ヨーロッパでは十字軍のターゲットとなり、レコンキスタ運動（718～1492年）ではスペインを追われ、**シェークスピア**の『**ベニスの商人**』では悪徳商人といえばユダヤ人、19～20世紀初頭ロシアでは**ポグロム**（大虐殺）、そしてナチス＝ドイツによる**アウシュビッツ**などで**ホロコースト**（ガス室）により殺害された。

同胞の命の大切さを誰よりも自覚しているユダヤ人が自らの首相を殺した。それほど神ヤハウェが族長アブラハムに与えると言明した「約束の地」**カナーン**（パレスチナ）は貴いものなのである。

ラビン暗殺後は、ペレス政権になった。その次の（ラビンの政党の労働党よりもヤハウェの約束に固執する政党）**リクード党**の**ネタニヤフ首相**も、またパレスチナの自治地域拡大路線を継承した。次のバラク首相は「我々がパレスチナ人でもインティファーダに走るだろう」と意味深な発言で知られる。

第2次インティファーダ以降

しかし運命の2000年、**第2次インティファーダ**が起きてしまう。選挙キャンペーン目的で野党の党首シャロンがイスラームの「岩のドーム」がある神殿の丘（ハラム＝アッシャリーフ）を歩いたことが、そこで日々礼拝を行うパレスチナ人を刺激し、第2次インティファーダとなる。オスロ合意は吹っ飛び、パレスチナ問題は泥沼化する。原因はパレスチナ人が自治国家を形

成しても**東イェルサレム**をその首都にはさせないというイスラエル側の一貫した態度にある。

　2002年にアメリカの**ブッシュ**政権が**中東和平ロードマップ**を発表し、パレスチナにはテロの停止、イスラエルにはパレスチナ国家の承認を求めた。そのイスラエルは2005年**ガザ地区**からの撤退を開始する。これはガザ地区を占領した状態でイスラエル国を存続させると、ユダヤ人口よりパレスチナ人口のほうが多いイスラエル国になってしまうからである。2021年の統計では、イスラエルのユダヤ人が690万人であるのに対し、イスラエル市民権を持つパレスチナ人とヨルダン川西岸地区およびガザ地区のパレスチナ人の合計が670万人。このままの状態つまり「西岸」と「ガザ」を占領したままのイスラエルでいると、ユダヤ人のほうが少ないイスラエル国になってしまう。パレスチナ人のほうがユダヤ人より圧倒的に出産率が高いからだ。

　同時にヨルダン川西岸地区にもフェンスを築き、ユダヤ人入植地をパレスチナ人居住地区と隔てることにより、同地区においてパレスチナ人の自治を全面的に認める動きとなっている。「分離壁」をつくればイスラエル国からパレスチナ人が「いなくなる」に等しいわけだから、ユダヤ人のほうが圧倒的に多いイスラエル国でいられるわけだ。

　イスラエル撤退の間隙をついて2006年からガザ地区を過激な**ハマス**が支配を開始。2006年のパレスチナ総選挙後に連立内閣を組んだPLOの穏健派**ファタハ**との共闘は崩壊した。ヨルダン川西岸地区を支配するのが穏健派ファタハ、ガザ地区は西側国際社会から「テロ団体」と認定されているハマス、という"棲み分け"ができつつある。そのハマスが

＊
1996年のヨルダン川西岸地区ナブルス
1993年のオスロ合意の履行により「西岸」からイスラエル軍は撤退しておりパレスチナ人の民兵が治安を維持していた。

＊
ナブルス
1996年、パレスチナ自治区ナブルス（サマリア）にて。パレスチナ人とイスラエル兵（ユダヤ人）と一緒に

ロケット砲でイスラエルを攻撃したので、イスラエルは2008 〜 2009年にかけてガザ地区にロケット砲攻撃を行った。「イェルサレム」が「ガザ」を攻撃する構図は、3000年前にヘブライ王国第2代国王ダヴィデがフィリスティア人（ペリシテ人）の巨人ゴリアテを石投げ機で攻撃したのと同じ構図だ。そもそもパレスチナとは〝ペリシテの地〟という意味なのだ。

3000年前に投石で勝利したのがイスラエル人ダビデだったが、現代では逆に投石はパレスチナ人の戦法となっている。

「パレスチナ」は現在は国際連合においてはオブザーバー資格であって、正式なる加盟国ではない。

ヨルダン川西岸地区とガザ地区からなる「パレスチナ」という国家が誕生しつつあることは確かだが、そこに「首都はどこにするのか？」という問いが浮上する。答えは、もちろん東イェルサレムとなる。パレスチナ人はイスラーム教徒だから「岩のドーム」がある東イェルサレムは聖地。絶対に譲れない。しかし一方で「岩のドーム」のある狭い岩場は、今から4000年前にヘブライ（ユダヤ）人の族長アブラハムが息子イサクを捧げるよう神ヤハウェから信仰の試練を受けた場所ということになっている。だから「岩のドーム」がある丘は、ユダヤ人つまりイスラエルという国家にとっても重要な場所といえるのだ。

ただ『コーラン』によると、アブラハムのもう一人の息子イシマエルを捧げるようアブラハムはアッラー（唯一神）から信仰の試練を受けたとある。ムスリムはイシマエルの子孫がムハンマドであると信じている。またムハンマド昇天伝説の地でもある「岩のドーム」のあるアル＝クドゥス（イェルサレム）はメッカ、メディナに次ぐイスラーム第3の聖地である。

2011年、ファタハとハマスは対立を解消する。2013年にエジプトに**ムスリム同胞団系のムルシ政権**を倒した**シシ世俗政権**ができると、ガザ地区との密輸使用のトンネルを破壊したので、ガザ地区は経済的な苦境に立たされている。2014年に**アッバス議長**率いるファタハとハマスが統一内閣をつくる共同声明を発表、イスラエルはそれに反発し、ガザ地区北部を空爆した。イスラエルの領土を「1967年ライン以前」つまり第3次中東戦争以前に戻したかった**オバマ大統領**と**ネタニヤフ首相**は犬猿の仲だったが、娘イヴァンカと婿のクシュナーが敬虔なユダヤ教徒である**トランプ大統領**とネタニヤフ首

相の伸は蜜月で、2018年トランプ政権はイスラエルのアメリカ大使館をテルアビブからイェルサレムに移転、いくつかの国がそれに追従した。アメリカのキリスト教徒の巡礼観光者にとって東イェルサレムは常に旅行しやすい場であってほしい。イスラエル（ユダヤ教徒）にとっては年間10億ドルにものぼる彼らの落とすお金は不可欠なのである。

アメリカのキリスト教右派勢力（キリスト教原理主義、福音派プロテスタント）は、イスラエルの建国でキリストの"再臨"への道が拓かれたと考える。再臨は、イスラエルがユーフラテス川（現イラク）までを領土とする強国となり、イェルサレムにある「岩のドーム」とその隣にある「アルアクサ＝モスク」を破壊した時に実現すると考える。その際に「ハルマゲドン」が起きると予想する。

同時にガザ空爆は、イスラエル最大の軍需産業にとっては新兵器の見本市なのだ。イスラエルのロケット防衛システムの部品にはアメリカの大手軍需産業の部品が使われている。世界の軍需産業の75％がアメリカ、そして人口一人あたりの兵器輸出額の世界第一位はイスラエルである。

キリスト教シオニズムのトランプ政権（共和党右派）は、軍産複合体とイスラエル右派とアメリカのキリスト教右派というトリデンテ（三又の槍）政権であるゆえ、とうとう2019年にはイスラエルの**ゴラン高原**における主権まで認めてしまった。

ゴラン高原がシリアの手に戻ることは何故にイスラエルにとって危機的状況なのか？

真相は既述のとおりである。シリアのアサド政権は少数の**アラウィー派**のイスラーム教徒を支持基盤としている。「アラウィー派」の語源は「アリー派」、

マクペラの洞穴

ヨルダン川西岸地区のヘブロンは現在パレスチナ自治区。しかし、ヘブライ人の族長アブラハム、その息子イサク、その息子ヤコブの墓があるのでユダヤ人（つまりヘブライ人のイスラエル）にとって最重要都市の一つ。アブラハムとヤコブの墓をイスラエルが、イサクの墓をパレスチナが管理していた1995年の「マクペラの洞穴」の写真。

つまりシーア・アリー（**シーア派**）であるという説もあるが、シリアはイランと蜜月関係にあり、イラン国軍よりもはるかに“凶暴”で反イスラエル的な**イラン革命防衛隊**はシリア国内に点在している。南レバノンには“ミニイラン”ヒズボラ支配地域もある。そのイランの核技術は北朝鮮から“伝授”されている。だから、トランプにとっては**イラン核合意**は破棄されるべきであり、**北朝鮮**の核兵器は廃棄されるべきであり、その最前線に位置しているゴラン高原を、イスラエルは死守すべきなのである。

◉ユダヤ、キリスト、イスラームの信仰がぶつかる「イェルサレム」

ユダヤ人入植地
（東イェルサレム）

イエスが捕縛されたゲッセマネの園とイェルサレムの城壁

ユダヤ人入植地をパレスチナ人と隔てる分離壁

ヒンノムの谷
（東イェルサレム）

この谷は古代イスラエルにおいてトフェトと呼ばれた場所。ユダ王国の王たちは息子を火で焼いてモレク神（バアル神の仲間）に捧げた。この農耕神モレクの祭りがローマ帝国で定着したクリスマスの起源である。ヒンノムはギリシア語ではゲヘナとなるが、イエスはこの語を永遠の滅びの象徴として用いた。

20章 中東現代史

イラクとシリアにおいてはほぼ壊滅したものの、むしろ中東以外に拡散しつつあるともいわれるIS（イスラーム国）は、第一次世界大戦中の1916年のイギリス人サイクスとフランス人ピコの協定にもとづくサイクス＝ピコ体制を非難する。つまりオスマン帝国の領土を英（イラク、トランスヨルダン、パレスチナ）と仏（シリア、レバノン）で山分けした体制の打破を掲げていた。フランスがシリアの要職に取り立てたアラウィー派がアサド政権の基盤である。

ISは「サイクス＝ピコ体制はベドウィンが自由に往来していた地域に定規で線を引き、イラクやシリアなどを人工的に作ったのだから無視しよう。そして二地域を武力で統一し、かつイスラーム世界を統一しよう」と目論んだ。

ISが2014年に明らかにした領土は、西はスペインからアフリカ北部、中東を経てインド、東は中国にまで及んでおり、歴代のイスラーム王朝の領土と重なっている。それは言うまでもなく現在の国民国家の国境線とは異なるものである。初期のイスラーム帝国のように、スンナ派アラブ人のカリフのもとに、イスラーム教徒の諸民族や異教徒（キリスト教徒とユダヤ教徒）を支配下に置く体制を目指したのだった。その主要攻撃目標はシーア派である。

ISそしてその前身ともいえるアルカーイダがこぞって主張するのはカリフ制の復活である。そもそもカリフ制度は632年にムハンマドが死去した時に始まり、1924年にトルコ共和国のトルコ大国民議会が圧倒的多数で廃止を決定した時に終わった制度である。

ある意味、トルコ人による脱イスラームの世俗化と西欧化に対し、アラブ人が強烈に抗議した姿もしくはスンナ派イスラームのゆがんだ猛省が生み出した果実がISということになるのかもしれない。

そのISが拠点としたラッカ（2017年に陥落）は現シリアの北部に位置するが、シリアのアサド大統領の後ろ盾がプーチンなのだから、中東現代史こそ世界史理解の鍵なのである。

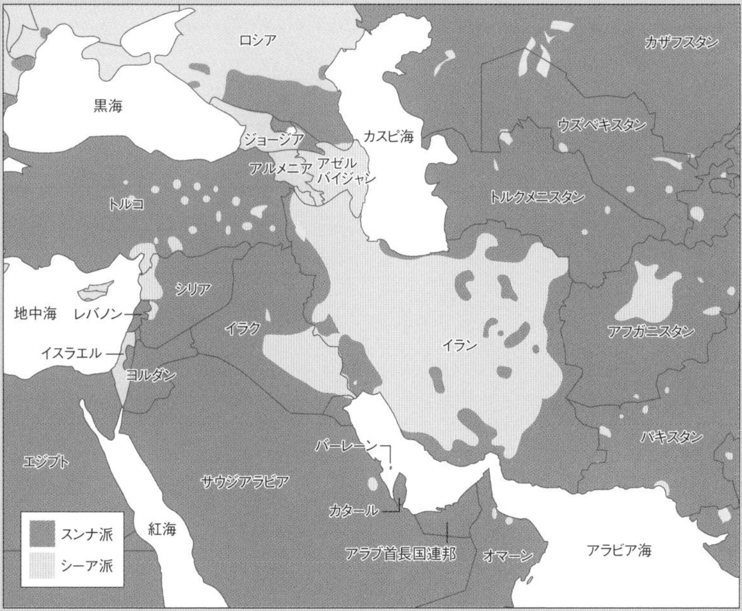
ロシア
カザフスタン
黒海
ジョージア
カスピ海
ウズベキスタン
アルメニア
アゼル
バイジャン
トルコ
トルクメニスタン
シリア
地中海
レバノン
イラク
イラン
アフガニスタン
イスラエル
ヨルダン
パキスタン
バーレーン
エジプト
サウジアラビア
カタール
紅海
アラブ首長国連邦
オマーン
アラビア海
スンナ派
シーア派

中東全体のスンナ派とシーア派の分布

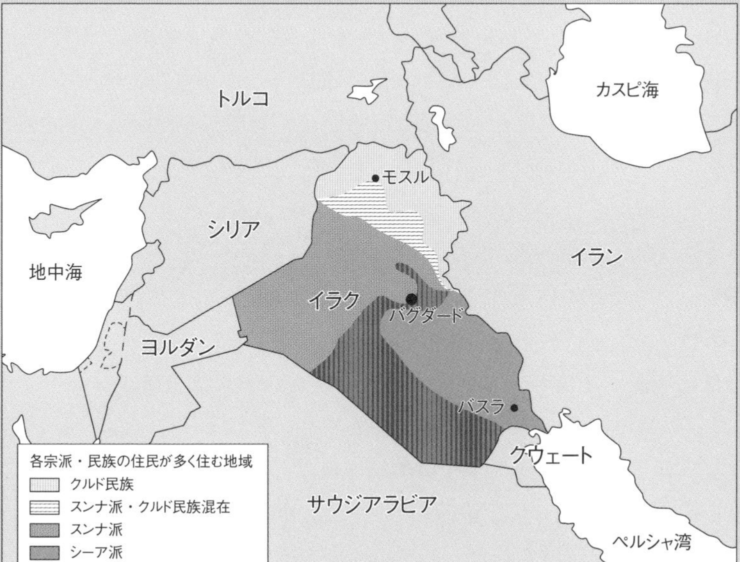
トルコ
カスピ海
モスル
シリア
イラン
地中海
イラク
バグダード
ヨルダン
バスラ
クウェート
サウジアラビア
ペルシャ湾
各宗派・民族の住民が多く住む地域
クルド民族
スンナ派・クルド民族混在
スンナ派
シーア派
スンナ派・シーア派混在

イラク共和国のスンナ派とシーア派の分布

イラクとサウジアラビア

　メソポタミア史つまりイラク史の流れは以下のとおりだった。

　世界最古の農耕の遺跡ジャルモ→シュメール人→アッカド王国→バビロン第1王朝（古バビロニア）→ヒッタイト→カッシート→アッシリア→新バビロニア→アケメネス朝ペルシア→アレクサンドロス大王→セレウコス朝シリア→パルティア→ササン朝ペルシア。イスラーム以降は、正統カリフ時代のアラブ人→ウマイヤ朝→アッバース朝→イラン系ブワイフ朝→トルコ系セルジューク朝→アッバース朝復活→チンギス＝ハンの孫のフラグだからモンゴル系イル＝ハン国→ティムール帝国→イラン系サファヴィー朝→オスマン帝国→イギリスによる委任統治→イラク王国。

　第一次世界大戦後、英委任統治下の**イラク王国**（1921年）の国王は、フサイン＝マクマホン協定のフサイン（**ハーシム家**）の次男ファイサルである。ムハンマド直系の子孫フサインは、第一次世界大戦中にオスマン帝国の衰微に乗じ、**1916年**にアラビア半島紅海岸に**ヒジャーズ王国**を建国した。が、戦後サイクス＝ピコ協定の取り決めに沿うかたちで英仏が東アラブ地域（エジプト以東のアラブ）を分割、ファイサルはフランス軍によりダマスクスを追放されイラク王になったというわけだ。

　ところで、そのヒジャーズ王国は現サウジアラビアの首都**リヤド**を中心とする**イブン＝サウード**のネジド王国に併合され、結局アラビア半島の大部分はサウード家がアラビア半島を支配するサウード家によるアラビア、サウジアラビアになった。**1932年**のことだ。

　ここでワッハーブ派を解説しておこう。

　18世紀初頭、イブン＝アブド＝アル＝ワッハーブは当時のアラビア半島のムスリムは唯一神信仰を否定し、森羅万象を神と同一視する多神教崇拝に陥っていると考えた。そして聖者の廟を破壊し、聖木の伐採まで敢行する。そして第一次ワッハーブ王国をつくったが、オスマン帝国のエジプト総督**ムハンマド＝アリー**に潰された。

　その第3次のワッハーブ王国がサウジアラビア王国なのだ。

　そのサウード家が、ムハマンドの本流であるハーシム家に次のような言い

がかりをつけた。言わく、7世紀の預言者ムハンマドの本流ハーシム家が支配したヒジャーズ地方（メッカ・メディナ）は、11世紀以来セルジューク朝、マムルーク朝、オスマン朝とトルコ人に統治された地域なので、いくらムハンマドの直系とはいえ、ハーシム家はトルコ人の血に汚されている。

そしてアラビア半島の正統なる支配者はハーシム家でなくサウード家である、と主張。イギリスは石油の利権との兼ね合いから、今度は内陸部のサウード家を支援し1932年に**サウジアラビア王国**が誕生したのである。

1932年にイギリスから完全に独立した**イラク王国**では、1955年の**トルコ＝イラク相互条約**を基礎に**バグダード条約**が結ばれ、反共軍事同盟、**中東条約機構（ＭＥＴＯ）**が発足した。加盟国は**トルコ、イラク、イラン、パキスタン、イギリス**の5カ国。

1958年、エジプトとシリアが合邦し**アラブ連合共和国**ができると、それに対抗するために、ハーシム家のイラク王国はもう一つのハーシム家の王国**ヨルダン＝ハシミテ王国**（フサインの息子でファイサルの兄アブドゥラーが初代国王となったトランスヨルダン王国は1946年に英国委任統治が終了しヨルダン＝ハシミテ王国となる）と合邦して**アラブ連邦**を建国し、**ファイサル2世**が盟主におさまった。しかし、アラブ連合共和国への脅威を感じたヨルダンの要請でイラク軍がヨルダン国境に向かう途上、バグダードの近郊に来た自由将校団の**カセム**将軍がバグダードを占領し（**イラク革命**）、国王ファイサル2世は殺害され1958年**イラク共和国**となった。軍を支配した者が権力を握る、それを中東と呼ぶ。

オマーンの首都マスカット
空港からの道路は月面かと思わせる（行ったことないが）奇怪なる奇岩群の間を抜けていく道だった。イエメン国境に近いサラーラの浜辺では、沖にのみ暴風が吹いている季節風を目撃した。

サダム＝フセイン

　そのカセムを殺害し第2代大統領になったのがバース党のサダム＝フセインである。バースとはアラビア語で「使命」の意で、反資本主義・反アメリカ・反イスラエルの政党だ。フセイン政権下ではバース党でなければ出世は望めなかった。サダム＝フセインは独裁者スターリンの著書の愛読者であった。

　イラク革命でイラクがMETOから脱退すると、1959年には**中央条約機構（CENTO）**が結成され、**アンカラ**に本部が置かれた。この同盟は1979年の**イラン革命**で崩壊した。

カージャール朝のイラン

　サファヴィー朝のペルシアは**アフガン族**によって滅亡したが、1736年に**ナーディル＝シャー**が首都イスファハーンを奪回して台頭し、**アフシャール朝**を建設する。1739年にはインドへ侵攻して一時支配し、中央アジアに進出しブハラ＝ハン国を服属させ、1745年には西から侵攻してきたオスマン帝国を撃破した。しかし彼は暗殺され王国は分裂状態。1757年には武将のカリーム＝ハンが**ザンド朝**を建国、首都は当初シラーズのちに**テヘラン**に遷都した。

　1796年にアフシャール朝の武将でトルコ系の**アーガー＝ムハンマド**がザンド朝を滅ぼし**カージャール朝**を建国した（～1925年、首都**テヘラン**）。カージャール朝はトルクメンという遊牧民族、つまりトルコ系の少数支配という形態をとったので支配は抑圧的だった。

　カージャール朝は1828年にロシアと**トルコマンチャーイ条約**を結んだ。すでに1813年のグリスターン条約で**アゼルバイジャン**はロシアに取られていたが、国境紛争が再燃し、結局、治外法権を認める不平等条約で決着がついた。**アルメニア**を含む**ザカフカス**が**ロシア**領となる。

　1848～52年の**バーブ教徒の乱**は**サイイド＝アリー＝ムハンマド**がマフディーを宣言したシーア派の改革運動で、男女平等などを主張したが処刑され終結した。バーブとは12イマーム派の12代イマームへの「門」を意味し、救世主的思想が強かった。弾圧を逃れたバーブ教徒の多数派がバハーイー教

徒となった。

　1891 ～ 92年には**タバコ＝ボイコット運動**が起きた。第４代**ナッセロディーン＝シャー**がタバコの原料買い付けから販売権までをイギリス商人に与えたことへの全国民的抗議運動が起き、シーア派の宗教界による喫煙禁止令を引き起こした。それはパン＝イスラーム主義（反帝国主義）革命家**アフガーニー**の煽動によるものだった。この民族運動の結果、利権回収には成功したが、多額の外国借款を抱え込むことになった。

　1905年の日露戦争の日本の勝利とロシアの敗北はイランを覚醒させ、国会開設・憲法制定を要求する**イラン立憲革命**（～ 1911年）を引き起こした。憲法こそが日本の勝利の要因だと考えた。その間の1906年には国会も召集された。

　1907年の**英露協商**ではイラン北部がロシアの、東南部がイギリスの権益となった。1908年には議会派と国王派との内戦になり、1911年にはそれに乗じたロシアが議会派の拠点タブリーズに軍事介入した。

　1914年に勃発した第一次世界大戦でカージャール朝は中立だったものの、英露両軍が進駐した。

アフガニスタン近現代史とアルカーイダ

　アフガニスタンはイランのアフシャール朝のナーディル＝シャーの死を機にアフガン族が統一した。「アフガン」というのはペルシア語の他称で、自称はパシュトゥーン人でイラン（アーリア）人とセム系の混血だ。アハマッド＝シャー＝ドゥラッニーが部族連合の長に選出された結果できたのが**ドゥラーニー朝**（1747 ～ 1842年）で首都は**カブール**。

▲
レバノンのベッカー高原

日本赤軍が主な根拠地とし1971年から1980年代にかけてハイジャックや反イスラエル闘争を展開した。1972年５月30日、岡本公三らがイスラエル、ベン＝グリオン空港で乱射、100人以上の死傷者を出した。

アフガニスタンは部族連合的性格が強く、国王は部族長の第一人者。交通の要衝ヘラートをめぐりカージャール朝と抗争した。ロシアがカージャール朝を支援すると、イギリスはアフガニスタンを援助。カージャール朝は1856年にアフガニスタンの独立を承認した。しかしアフガニスタン国王がロシアに接近する動きを見せると、イギリスは過剰に反応し、1838〜42年まで**第1次アフガン戦争**、1878〜80年に**第2次アフガン戦争**となった。1878年の**ベルリン会議**でロシアのエーゲ海（地中海）方面への南下政策が阻止されたので、ロシア（西トルキスタンに**ウズベク族**が建国した**ヒヴァ、ブハラ、コーカンド3ハン国**を**アレクサンドル2世**時の1873・68・76年に保護国化）のインド洋への野心が本格化するのを見越して、イギリスは1880年アフガニスタン新国王アミール＝アブドゥル＝ラフマーンを保護下に置くことに成功し、親英的緩衝国家とした。ちなみに英領インド帝国の成立は1877年だ。そして**第3次アフガン戦争**の結果、1919年の**ラワルピンディー条約**でイギリスはアフガニスタンの独立を承認した。

　独立後のアフガニスタンは王国であり、1933年以降は**ザーヒル＝シャー**が国王として統治した。部族社会ゆえ国王も部族会議**ロヤ＝ジルガ**により推戴されていた。王は従弟の**ダーウード**を首相として起用、しかし急進的改革に反発が高まり、王は首相を解任。しかし1973年にダーウードが革命を起こし、**アフガニスタン共和国**を成立させた。ダーウードは中立的な外交政策でソ連とアメリカの両方から援助を引き出し、国内の開発を進めようとした。1978年にダーウードが軍人に暗殺されると、共産主義政党が政権を掌握、そのアフガニスタン人民民主党で派閥抗争が起き、そこに1979年、ソ連が介入する。

　アフガニスタンは旧帝政ロシア以来ソ連にとって要衝であり、アフガンの不安定化による西側（英米）の介入もしくは喪失は、安全保障に多大な影響があると考えられた。

　米国の軍事支援の影響もあった。当時の米国政府はパキスタンを経由して非軍事的物資と活動資金をイスラーム戦士集団ムジャーヒディーンに提供していた。そのなかに**ウサマ＝ビン＝ラディン**がいた！　しかし冷戦のデタント期ゆえ、これら支援は秘密裏にすすめられていた。同年の**イラン革命**が国内に飛び火することを恐れたのも、ソ連がアフガニスタンに介入した要因で

ある。アフガニスタンにおける過激なイスラーム教徒の活動を抑える目的もあった。

　ソ連軍はアミン大統領の派遣要請を受けて派遣部隊をアフガニスタンに進入させ、アミン大統領の拘束殺害を目的とした宮殿への襲撃作戦を実行し、親ソ的な**カルマル**を首班とする新政権を樹立した。中東におけるソ連の影響力の浸透を危惧したアメリカとパキスタンはムジャーヒディーン支援に乗り出した。肩にかついでソ連のヘリコプターを撃ち落とすスティンガーミサイルを供与した。ウサマ=ビン=ラディンはアメリカが作製した"フランケンシュタイン1号"なのである。

パフレヴィー朝のイラン

　ロシア革命の影響はカージャール朝のイラン北西部に波及し、1921年にはホラーサーン地方に革命政権ができた。イギリスはカージャール朝政府を事実上支配していたが、それが民衆の反発の原因となっていた。1921年に成立したコサック（政府）軍の指導者**レザー＝ハーン**がクーデタで軍事独裁体制を成立させた。ロシアの共産党政権と条約を結び、帝政ロシアと結んだトルコマンチャーイ条約以来の不平等条約を撤廃、イギリスも石油の利権と引き換えに新政権を承認した。

　こうして1925年、**パフレヴィー朝**（〜1979年）が成立した。1941年まで**レザー＝ハーン（レザー＝シャー）**の独裁体制。トルコのケマル型の世俗路線で統治した。ペルシア語からアラビア語を排除し、西欧語の語彙を取りいれるよう努めた。1928年には外国の治外法権を撤廃、1935年には国名を**イラン**に改称した。第二次世界大戦では中立。

イスファハーン（イラン）のモスク

屋根の花模様はパラダイス（楽園）を表している。モスクには身体障害者が多く座している。インドのヒンドゥー教のガートと共通する光景だった。

1941年には英露が進駐、親ナチと見なされたレザー＝シャーは退位、息子のムハンマド＝レザー＝パフレヴィー2世が即位した。1943年にテヘラン会談をチャーチル、F＝ローズベルト、スターリンが開いた。石油資源豊富なイランで冷戦の両雄が初めて対峙した。

　戦後の1951年、**資源ナショナリズム**の高揚を受け、**モサデグ政権**が**アングロ＝イラニアン石油会社**の国有化を宣言すると、1953年にアメリカＣＩＡの工作によりモサデグ政権を転覆、対立していた**パフレヴィー2世**が復位する。

　同王は1963年に**白色革命**を宣言し、脱イスラーム色を鮮明にした。また議会を停止し、国王独裁による上からの近代化を試みた。土地革命、婦人解放政策を実施、公娼制度まで復活させる。これら世俗政策に反対する**シーア派**のイマーム**ホメイニ師**を国外追放にした。ホメイニ師はイラク南部のシーア派の聖地**ナジャフ**に住んだ。ナジャフには初代イマーム、アリーの廟がある。

┊ イラン革命

　パフレヴィー2世の秘密警察体制に不満を持つ首都テヘランのバザールの商人たちがホメイニ師を擁立しパフレヴィー朝を打倒したのが、1978～**1979年のイラン＝イスラーム革命**だ。シーア派の宗教国家**イラン＝イスラーム共和国**の誕生。同時に、**革命防衛隊**がシーア派革命を"輸出"する態勢が整ったことにもなる。イラン革命時には**テヘランのアメリカ大使館員**が444日間監禁された。それに関与した人物に後の**アフマディネジャド大統領**もいる。イラン革命は世界経済に**第2次オイルショック**（1979年）をもたらした。

┊ イラン＝イラク戦争

　このイランのシーア派革命は、国内に60％のシーア派をかかえるイラクの**サダム＝フセイン**大統領つまり**スンナ派**を支持基盤とする政権にとってははなはだ迷惑な革命だった。イラクの南部はシーア派アラブ人の居住地域。ここには、**カルバラー**がある。661年に最初のイスラーム王朝の**ウマイヤ朝**ができたが、その後680年にムハンマドの直系の孫でアリーの子であるフサ

534

インがウマイヤ家のヤジードに殺された。このフサイン殉死の地がカルバラーなのだ。

このような状況で、シーア＝アリー、つまりアリーとその子孫のみをカリフと見なす党派（アラビア語でシーア）、つまりシーア派が形成された。

カルバラーがある南部イラクのシーア派がイラクの人口の60％。これに対し、サダム＝フセインは20％のスンナ派アラブ人の支持を受けているのみ。残りは北緯36度より北にいるクルド人で、こちらはスンナ派。その双方と対立関係にあったのがサダム＝フセイン政権だった。

ゆえにイラクのシーア派にとって、イラン革命とイラン＝イスラーム共和国の誕生は強力なサポーターの出現を意味する。というわけで、スンナ派を支持母体とし、かつ本来は世俗的なサダム＝フセイン・バース党政権にとって、イランのイスラーム革命は、非常に迷惑な革命だったのだ。

また王家を打倒する革命の“輸出”また波及は、サウード家の**サウジアラビア**、サバハ家の**クウェート**にとっても断固防がねばならないものだ。いうまでもなく革命政権により在イランの利権を接収されてしまった**アメリカ**にとって、イランの革命政権は仇敵である。

これら3国の資金と武器の支援を背景に、イラクがイランに攻め込んだ。こうして**イラン＝イラク戦争**（1980～88年）が始まった。その間、アメリカの中東特使ラムズフェルドとサダム＝フセインが握手してアメリカの“フランケンシュタイン2号”としたが、後にラムズフェルドは国防長官として2003年の**イラク戦争**でサダム＝フセインを葬り去る。

テヘラン（イラン）考古学博物館の守衛

その後、サングラスとＴシャツの着用はイラン全土で禁じられることになる。

イラン＝イスラーム革命時にテヘランの大使館員を人質にされたカーター政権の次のレーガン大統領は、テヘランの人質解放と交換条件に武器を売却した。イラクだけでなくイランにも武器を売る。こうしてイラン＝イラク戦争はアメリカ製武器の在庫処分の場となった。さらにレーガンは売却代金を中米ニカラグアのサンディニスタ社会主義政権に抗するゲリラコントラへの活動資金とした。この戦争時にイランはジハード（本来は“努力”“奮闘”の意）で死ねば天国行きが約束されると、年端のいかぬ少年兵に地雷原を歩かせ自爆死させ、“探知機”の役を担わせた。

湾岸戦争

イラン＝イラク戦争終了時にクウェートが融資資金の返済を迫ったので、サダム＝フセインはクウェートに侵攻した。サダム＝フセインが狙ったのは実はクウェートの石油だった。で、国境付近の石油盗掘問題という“言いがかり”をつけた。クウェートは元々イラクの一部だったからだ。その前は19世紀にイギリスが保護国化した。

これが1990年の湾岸危機だ。ブッシュ大統領（父）は多国籍軍を結成し、1991年の湾岸戦争でクウェートから撤退させた。「ミュンヘンの宥和」の失敗の二の轍を踏まないためである。

サダム＝フセインの不満はイスラエルが第3・4次中東戦争後の国連決議（242号・338号）を無視し、ゴラン高原・ガザ地区・ヨルダン川西岸地区を占領し続け“おとがめ”なしであることだ。だから1990〜91年にかけてイラクにクウェートからの撤退を求める国連決議が10本でる間にスカッドミサイルをイェルサレムやテルアビブに打ち込んで、自身のクウェート侵攻をパレスチナ問題とリンケージ（連関）させた。なお、湾岸戦争で多国籍軍が使用した劣化ウラン弾は、現在でもイラク人に白血病やガンを引き起こしている。

アルカーイダ

湾岸戦争後もフセイン対策としてサウジアラビア政府の要請に応じ米軍がアラビア半島に駐留したことは、メッカ・メディナの聖地に対する侮辱だという憤りを誘発することになる。これがイスラーム原理主義者ウサマ＝ビン

=ラディンが首領であるテロ組織アルカーイ
ダの活動（最も顕著なのが2001年の9.11テ
ロ）を促すことになる（彼は2011年にパキ
スタンに潜伏中にアメリカに殺害にされ*
た）。ただその後も、アメリカ軍はサウジアラビア
政府の要請で、アラビア半島に駐留した。なぜな
ら、アメリカ軍が撤退すると、サダム＝フセインが
また南下する可能性があるからだ。豊富な油田地帯
を抑えられたら、石油の価格をフセインに決められ
てしまう。米国による世界平定（パクス＝アメリカ
ーナ）にとってフセインは障害であった。

　この時期サウジアラビアでは、「多国籍軍」の入
国とその後の外国軍の駐留を許す政府に対し、批判
が高まった。またシャリーア（イスラーム法）の代
わりに西欧起源の世俗実定法を施行し、かつ非ワッ
ハーブ派のイスラーム諸国との友好関係を築くこと
は、多神崇拝であると同時に不信仰な行いであると
いう懸念が国内に生じていた。

　50度のアラビア半島。米軍女性兵士はジョギン
グや日光浴の時に当然肌を露出する。イスラームの
聖地メッカとメディナがある同じ半島で、ビキニ姿
でへそまで出して日光浴をする、またキリスト教徒
がクリスマスのミサをすることは、敬虔なイスラー
ム教徒にとっては侮辱以外の何物でもない。私が訪
れたオマーンのホテルではスポーツジムまで男女の
利用時間を分けていた。

　イェルサレムにあるイスラームの聖地「岩のドー
ム」の金箔貼りはウサマ＝ビン＝ラディンの会社が
請け負っていたという。イスラーム原理主義者のア
ルカーイダの首領で「カリフ」制度を復活させよ！
とまで宣する彼が、この事態に甘んじるはずがな

ダマスクスのレストラン

ハーフェズ＝アサド大
統領も来たダマスクス
のレストラン。ホテル
のフィットネスで働く
２人と友達になったの
は1991年。内戦によ
り彼らはどのような人
生をおくることになっ
たのだろう。

＊
アルカーイダのナンバ
ー２、アイマン＝ザワ
ヒリは2022年８月に
バイデン政権のアメリ
カにより殺害された。

い。

　初期イスラーム史において最初の王朝が**ウマイヤ朝**（スンナ派、661〜750年）、次が**アッバース朝**（スンナ派、750〜1258年）。このバグダードの王朝の中期に、現エジプトのカイロに**ファーティマ朝**（シーア派）のカリフ、現スペインのコルドバに**後ウマイヤ朝**（スンナ派）のカリフと3人のカリフが鼎立するようになり、イスラーム共同体（ウンマ）の一体性はなくなった。

　13世紀にアッバース朝がモンゴル人に滅ぼされ、ついでトルコ人がイスラーム史の主役になり、最終的に第一次世界大戦の敗戦に起因する革命でオスマン帝国が滅んで**トルコ共和国**が1923年に建国されると、その初代大統領**ムスタファ＝ケマル**は翌年カリフ制を廃止して徹底的な脱イスラームの世俗主義を断行。カリフが地球上からいなくなった。この状況へのイスラーム知識人の自己反省の鬼っ子が、アルカーイダでありISなのである。ウサマは、当時のサウジアラビアの国防大臣に会ってアメリカ兵の振る舞いの"改善"を願い出るがかなわない。

　アルカーイダの中核組織「イスラーム集団」は1993年にニューヨーク・マンハッタンのワールドトレードセンターの地下駐車場を攻撃。同集団は1997年にエジプトのルクソールでも観光客襲撃事件を起こし、日本人10名が犠牲になった。

　そして2001年の9月11日にニューヨークをワシントンの国防総省とともに攻撃。ウサマ＝ビン＝ラディンを首謀者とするアルカーイダの犯行ということになっているが、実行犯がサウジアラビアや湾岸諸国の富裕な人間たちで占められていたことからわかるように、もし実行犯が彼らだったとするならば、貧困がテロの原因ではなく、イスラーム政治学の一つの手法であったと考えるべきである。

　そもそもサウジアラビアのイスラーム原理主義者はサウジアラビアの王室そのものに嫌悪感を持っている。だから、イスラーム原理主義者がイスラームの聖地メッカやメディナでテロを起こすのだ。

　なぜイスラーム教徒がイスラームの聖地でテロを起こすのか。

　なぜなら本来、7世紀のムハンマドの後継者を意味する「カリフ」の選出は「合議制」であったのに、サウジアラビア王国はサウード家だけで権力が

「世襲」されているからだ。スンナ派の「スンナ」とは「言行」という意味だが、その肝は「合議制」であるべき、ということなのだ。

　だから一言で言えば、一つにサウジアラビアおよび中東全体の富の偏在、加えて突出したイスラームの政治哲学、この二つが世界のムスリムがらみのテロの温床なのである。

┊ アフガニスタン戦争、そしてイラク戦争

　ニューヨーク同時多発テロの5日後の9月16日、米国ブッシュ大統領は**アフガニスタン**に対する戦争を十字軍に喩え、掃討作戦名を「無限の正義（Infinite Justice）」と名づけた。当時のアフガニスタンがウサマのスポンサーだった**ターリバン**政権だったからである。しかし、本来「正義」というものはキリスト教においてもイスラーム教においても神にのみあるものだから傲慢であると非難され、作戦名を「不朽の自由（Enduring Freedom）」に変更した。そしてターリバン政権を打倒。2002年に部族長会議**ロヤ＝ジルガ**が開かれ**カルザイ**が議長となったが、アヘンの原料であるケシの栽培からの資金を武器に、**ターリバン**[*]が勢力を増している。パキスタンでは女性の教育権を訴えた少女**マララ**（後にノーベル平和賞受賞）が、ターリバンにより銃撃された。

　2001年9月11日の同時多発テロの後、ブッシュ大統領（子）はイラク、イラン、北朝鮮を「**悪の枢軸**^{**}」と呼んだ。予防的先制という理屈を駆使し、**2003年イラク戦争**に踏み切りサダム＝フセインを捕らえ新生イラク政府に引き渡す。イラクが民主化したので多数決の世界になり、**シーア派**政権により

*
2021年8月30日、バイデン大統領が米軍の撤退を宣言。国際社会が支援してきた政権が崩壊し、武装勢力タリバーンに権力が移行し、勧善懲悪省の下、イスラーム主義が促進されている。その反面、人口の半分以上が飢餓と栄養失調に苦しんでいる。

**
9・11直後の議会におけるブッシュの演説がキリスト教原理主義を思わせる善悪二元論だったのも、2002年1月の一般教書演説の「悪の枢軸」という表現も、スピーチライターがキリスト教福音派の人物であったことに由来する。

サダム＝フセインは処刑された。

　ブッシュが開戦に踏みきった理由。それは、2003年のイラク大統領のサダム＝フセインが大量破壊兵器の保有を過去に公言したことだった。フセイン本人が攻撃してこなくても、ウサマ＝ビン＝ラディンのようなテロリストの手に渡る恐れはある。その後の度重なる国連査察の妨害により、大量破壊兵器の廃棄確認が困難であるというのが開戦理由である。その背景に、亡命イラク人がフセイン政権打倒のために大量破壊兵器を保有しているとの情報を捏造し、アメリカ当局に伝えた可能性がある。フセインのほうとしても、暗に大量破壊兵器の存在を示唆することで、国内の対抗勢力（北部のクルド人、南部のシーア派）を牽制しつつ、中東諸国における存在感を高める狙いがあったのかもしれない。そのフセインの事情をブッシュ政権は見抜いていたのだろう。

　開戦のためにブッシュ政権は、フセインとアルカーイダが協力関係にある可能性があるという信じ難い理屈を追加した。しかしウサマ＝ビン＝ラディン（アルカーイダの首領）はフセインを「背教的世俗主義者」、フセインはウサマを「狂信的原理主義者」と嫌悪していた。そもそもフセインはイラクにおいてイスラーム原理主義を抑え込んでいた。

　ここに、世界を「味方以外」なら十把一絡げに「敵」と見てしまうアメリカでのみ通用する独特の世界観が影響する。開戦の理由には、イラクが石油輸出の決済をドル建てからユーロ決済への移行を決定しており、これが実行されるとアメリカドルの基軸通貨としての地位が揺らぐため、それを阻止するため開戦したという可能性もある。さらには冷戦終結以後、戦争が起こらず軍需産業が衰退していたため、ここでそろそろ戦争を起こし、過剰に生産された兵器を消費してほしいという「死の商人」の意向にブッシュ政権が従った可能性もある。

　イラク戦争の2003年はブッシュにとっては2度目の選挙の年。選挙の結果を左右するユダヤ人票が欲しいブッシュは、次のような状況をも見逃さなかった可能性もある。

　サダム＝フセイン大統領は反イスラエルのバース党のトップだった。首都バグダードに自分と**ネブカドネザル2世**のツーショットの壁画を飾った男だ。ネブカドネザル2世とは、カルデア人の**新バビロニア王国**の王で紀元前

6世紀に「バビロン捕囚」を行った人物だ。ということは、「自分は現代のネブカドネザル2世。イェルサレムを攻撃する意思がある」というメッセージにもとれる。

　だから"現代のネブカドネザル"サダム＝フセインを葬り去れば、21世紀版バビロン捕囚の脅威を除去できる。そうすれば、中東のユダヤ人国家イスラエルの安全を保障でき、結果として、アメリカ国内のユダヤ人票を確保し、大統領に再選される、という構図が成り立つ。そして事実、再選された。

イラク戦争、そしてイスラーム国（IS）

　というわけで2003年、サダム＝フセイン政権はアメリカとのイラク戦争に敗れた。**バース党政権**に終止符が打たれ、サダム＝フセインは拘束された。2004年に暫定政権に主権が移譲され、2006年に**シーア派**の**マーリキー**政権誕生後サダム＝フセインの死刑が執行された。イラクでは人口の約6割をシーア派が占め、スンナ派は約2割。フセイン政権の時代には独裁的な中央集権体制のもとシーア派地域で産出される石油も、フセイン大統領のスンナ派に優先的に配分されていた。

　しかしイラク戦争でこの構図が逆転。アメリカが政府の要職をシーア派、スンナ派、クルド人が公平に分配するよう指導したが、マーリキー首相をはじめ政府の要職はシーア派が占めた。フセイン体制の崩壊で、スンナ派は疎外感を深め、シーア派が多い地域でテロが頻発する。2018年のイラク議会における最大勢力はイランと同じシーア派の反米指導者サドル師、第2勢力が親イランのアミリ元運輸相、第3勢力はＩＳ掃討でアメリカと共闘したアバディ

ベタニア

ベタニアはイェルサレム近郊、ヨルダン川西岸地区、現在はパレスチナ自治区。イエス＝キリストが親友ラザロを復活させた地であると福音書に記述されている。

首相である。

　隣国イランは国教がシーア派であり、さらにフセイン政権の迫害を逃れた多くの人を受け入れていた。イラクがシーア派になりイランの影響力が増すと、イラクのスンナ派が警戒感を強めアルカーイダ系のテロが頻発。そんななか**オバマ政権**のアメリカ軍が2011年末に撤退する。同年ウサマ＝ビン＝ラディンはパキスタンでアメリカの特殊部隊により殺害され、エジプト人（ムスリム同胞団ついでジハード団で活動した）アイマン＝ザワーヒリーがＩＳの後継首領となった。

　イスラーム国（以下、IS）は**アブーバクル＝アル＝バグダーディー**を最高指導者とし、旧イラク軍元将校や政治・行政経験のあるイラク人を構成員とする。ＩＳは2003年のイラク戦争で崩壊したサダム＝フセイン政権時代の元将校や元政治家が中核を担う統治機構だ。

　ＩＳはシャリーア（イスラーム法）を厳格に運用し、戒律は厳しい。拘束した**ヤズィーディー教徒**を奴隷とし、女性をイスラーム国の戦闘員に分配した背景には、そもそもイスラーム社会にはジハード（聖戦）と戦争捕虜に対する規定があるからだ。またサウジアラビアの新聞に載せられた記事によると、シーア派が過半数を占めるイラクやシーア派の大国イランの弱体化を狙うサウジアラビア王族が資金を提供した可能性が大きいようだ。鍵は対「シーア派ベルト」。これまで述べてきたように**イラン**は元々シーア派、**イラク**はイラク戦争の結果シーア派、**シリアのアサド政権**は**アラウィー**（アリーに従う者）**派**、つまりシーア派系、**レバノン南部**にはイランが支援するシーア派の**ヒズボラ**。ここにアンチ・シーア派の「イスラーム国」を建設し、楔を打ち込むのがスンナ派の大国サウジアラビアのもくろみだった。

　ＩＳには、サラフィー主義の影響が見られる。サラフィー主義とは何であろうか。それはサウジアラビアの**ワッハーブ派**にも見られ、7世紀のイスラーム教の開祖ムハンマドの没後3世代（あるいは300年間）に見られた世の状態が理想的であったとする復古主義的な思想だ。

　そしてシーア派を悪と断じる。ＩＳの敵はシーア派である。

　それはムハンマドよりも娘婿のアリーを重視するからだ。だから、ＩＳの首領バグダーディーはクライシュ（預言者ムハンマドの属した部族名）を名前に加えるのだ。ついでにイブラヒム（アブラハム）まで付けて全イスラー

ム教徒に正統性を訴える。ＩＳはカリフ制を理想の国家として、カリフ制度の復活を目指している点がアルカーイダと共通している。

ＩＳは2000年頃にザルカーウィーという男がヨルダンで組織した集団を基盤とした。この集団は2001年のアフガン戦争後イラクに接近し、2003年のイラク戦争後はイラク国内でさまざまなテロ活動を実行した。2004年にはアルカーイダと合流して名称を「イラクの聖戦アルカーイダ組織」と改める。この組織がさらに数回の改称を繰り返し、2014年6月29日、「イスラーム国」となる。

ジャスミン革命とイスラーム国（IS）

ＩＳに参加した若者たちは「アラブの春」が生みだしたといえる。

「アラブの春」とは、2011年のチュニジアのベンアリ政権打倒から始まった運動だ。これが同じ北アフリカに波及し、エジプトのムバラク政権やリビアのカダフィ政権などの長期独裁体制に対する若者たちの街頭デモに発展し、それらの政権が打倒された。

ナイル革命でエジプトは民主化し、多数決でイスラーム系「ムスリム同胞団」の政権が誕生。ムスリム同胞団やサラフィー主義の政党が議席数の上位を占めるようになる。ムバラク時代には政治には関わっていなかった人々が「現代のファラオ」ムバラクの強権から解き放たれて、「サラフィー主義」とともに叫び声をあげたのだ。ナイジェリアのサラフィー主義過激イスラーム集団がボコ＝ハラムで、西洋文明やダーウィンの進化論を否定し、女子生徒240人を拉致した。これはアルカーイダと連携してお

ペトラの遺跡（ヨルダン）

映画「インディ＝ジョーンズ」のロケ地。ラクダと馬とロバで観光する。本気で見学すると3日かかる巨大な遺跡である。

り、ＩＳに忠誠を誓っている。イスラーム過激派をイスラーム原理主義と等
置して語られる場合があるが、原理主義者とは元来、聖書をそのまま信じる
キリスト教原理主義者（ファンダメンタリスト）のこと、それを"借用"し
ているだけで「ジハーディスト」（ジハードする人）と呼ぶのがふさわしい。

ジャスミン革命とシリア内戦、トランプのアメリカ vs イラン

さて、2010〜11年のチュニジアのジャスミン革命に端を発した「アラブ
の春」はシリアのアサド体制をも液状化させた。そこに浸透し、シリア北部
のラッカを首都として建国宣言したのがＩＳということになる。そしてＩＳ
が採掘する原油のほとんどをアサド政権が購入し、見返りとしてアサドはＩ
Ｓに電力を供給し、統治に協力するという構図となっていた。ＩＳは石油の
販売で１日に１億円程度の収入があった。だからアサドはＩＳの進出地域に
は空爆を控える傾向にあった。ＩＳの原油が隣国トルコ共和国の一部まで潤
していたというまことしやかな噂もあった。ＩＳとシリア、ＩＳとトルコの
関係を単純に敵味方では割り切ることはできない。

2016年８月、シリア内戦で空爆作戦を行うロシアがイランの基地使用を
開始し、ロシア、イランが連携してアサド政権を支える構図が強まった。ロ
シアの狙いは、シリア反体制派に立つ欧米・アラブ諸国を牽制することであ
る。イランの基地から出撃した戦闘爆撃機がスンナ派過激組織イスラーム国
（ＩＳ）を狙い空爆した。

シリア内戦は、イスラーム教シーア派の一派とされる**アラウィー派主導の
バッシャール＝アサド政権**を、シーア派のイランやレバノンのシーア派組織
ヒズボラが軍事支援する構図である。１割のアラウィー派が７割のスンナ派
を抑えているのがシリアの構図だが、アサド大統領のアラウィー派がシーア
派系なので、シリア内戦において、ロシアはこの"シーア派枢軸"の側に立
っていることがより鮮明になったのだ。

ロシアがシリア内戦に関与するのはロシアが唯一地中海に有するタルトゥ
ース港にロシアの海軍基地があるからだ。またシリアからの留学生がロシア
人花嫁を連れて帰国したので、シリアに万単位のロシア女性がいること、シ
リアにロシア正教徒がいることなどが理由である。

ロシアの空爆に反撃している**反政府武装勢力「自由シリア軍」**の拠点が北

部の**アレッポ**だが、その他に、シリアには
（イラクとシリアでは壊滅しつつある）ＩＳ
（**イスラーム国**）とそれと対立するアルカー
イダ系の**ヌスラ戦線**というジハーディスト
同士の対立もあるので、**クルド人勢力**も含めシリア
内戦は「五つ巴戦」なのである。父アサド時代の
1967年に**ゴラン高原**を奪ったシリアと対立するイ
スラエルがクルド人を支援しているというややこし
い構図も内包する。この内戦で世界遺産**パルミラ**[*]の
重要な建造物がＩＳにより破壊され、博物館の館長
が殺害された。「シリア」とはもはや国名ではなく
地名と化している。

　ちなみに、中東におけるイランの宿敵サウジアラ
ビアはスンナ派（ワッハーブ派）である。サウジア
ラビアの背後には同国を武器の優良顧客とするアメ
リカ合衆国が控えるが、トルコにおけるサウジアラ
ビア人ジャーナリスト、カショギ殺害の件で両国関
係は岐路に立たされている。そこにくさびを打ちこ
むべく、ロシアがサウジアラビアに急接近してい
る。

　トランプ大統領の本音は、前政権オバマの業績つ
まりイラン核合意そのものを否定したいというとこ
ろだった。バイデン大統領は改定核合意をめざす。
イランとの対立の背景には1979年のテヘラン人質
事件への恨みがあり、根底にはイスラエルの安全保
障がある。イスラエルは1981年にイラクの原子炉
を、2007年にはシリアの原子炉を空爆した。一方
イランにとっては世俗的な"悪魔大国"がアメリカ
なのだから、まさに近親憎悪（キリスト教＆イスラ
ーム教の原理主義）、アブラハム一神教同士の内輪
もめに他ならない。

＊
パルミラの遺跡で干し
てあるナツメヤシの実
の前での記念の一枚
（1991年）。パルミラ
からダマスクスへ向か
う長距離バスの車中で
は甘いナツメヤシがバ
ケツに入ってまわって
くる。そのバスの中で
私は「ソ連邦崩壊」の
報を聞いた。

メギドまで2kmと表示
されているのはイスラ
エル北部。ハルマゲド
ンとは「メギドの山」
という意味だがメギド
には山はない。最終戦
争の象徴のようだが
我々人類はハルマゲド
ンまであと何kmの地点
にいるのであろうか。

【あとがき】

　16歳のときベルギーのブリュッセルからブリュージュへ向かう列車の車中で、その年齢での一人旅は珍しいからこの旅行を本にしてみたらと、たまたま同じコンパートメントにいた二人の日本人の成人女性に勧められた。その時はまったくもってピンとこなかったが、それからちょうど40年たって世界旅行記なるものをしたためてみたくなった。ただ個人的な回顧録という懐古趣味に読者を付き合わせるのも慎みに欠くことになるので、それを私の世界史の授業とドッキングさせ、いわば「旅する世界史」というイメージで本書を上梓した。本書に掲載されている写真は全て私か旅の同行者が撮影したものである。

　ここへきて百余国の世界旅をしておいてよかったと思っている。スペインやイタリアのように30回も通う国もある一方で、スタンプラリーのように世界中の全ての国々を行き尽くすことには関心がないので全世界を網羅したわけではないが、それでも私の旅道楽が読者の脳快楽の一助になるのではと密かに期待している次第である。

　とはいえ地球という惑星は皆が快く楽しみながら暮らすにはほど遠い、悲劇に満ち満ちた住空間であり、世界史とは身を乗り出したくなる興味と目と耳をふさぎたくなる悲劇とがめくるめく入れ替わる舞台劇のようなものなのだ。しかしその舞台の上にいる以上は、我々は飛んだり跳ねたりしながら、人類の来歴を世界史の探究を通して知るよう努めることにより、少しでも精神衛生にとってプラスになることを見つけるしかない。どんなに科学技術が進歩しても、それが「夜の眠りを奪う問題を解決してはくれない」と述べたのはフランスの哲学者ロラン＝バルトだが、本質的に将来への期待と危惧を繰り返すしかない我々は、超越の次元を垣間見ながら過去との対話と経験則の考察に身を委ね、歴史の知恵を探しつづける。我々の命は桶のなかの一滴の雫にすぎず、あまつさえ体調の不調や自然災害など予見しえない事柄が降りかかる。だからこそ生きている限られた時間内に、悠久の歴史のなかにおける自分の立ち位置を確認しておきたいものだ。

　表紙の絵画はゴーギャンの「我々はどこから来たのか、我々は何者か、我々はどこに行くのか」という作品である。この問いをすべての読者に投げかけたいと思う。

著者　記す

■村山　秀太郎（むらやま　ひでたろう）

1963年横浜生まれ。
早稲田大学商学部卒業、同大学院社会科学研究科修士課程修了、社会思想史専攻。「スタディサプリ」世界史講師。世界史塾「バロンドール」主宰。圧倒的な人気を誇る実力派講師として知られる。受験生だけでなく社会人の受講者も多く、累計受講者は約30万人以上。
1989年の「ベルリンの壁崩壊」、1990年の「統一ドイツ建国式典」、1991年のモスクワ反ゴルバチョフ「8月クーデター」に遭遇するなど現代世界史の現場を当日体験。16歳の時より世界100カ国以上を踏査。足跡はベッカー・ゴラン高原からデカン・モンゴル・アンデス高原、ゴレー島からセイロン島、トゥールスレン収容所からアウシュヴィッツ収容所まで。臨場感あふれる豊富な実体験が講義の薬味となっている。
著書に本書の姉妹編である『これ1冊！世界文化史』、またスタディサプリ超人気日本史講師の伊藤賀一氏との共著である『世界史と日本史　同時授業』（いずれもアーク出版）、『世界一わかりやすい世界史の授業』『朗読少女とあらすじで読む世界史』『中学生から大人までよくわかる中東の世界史』（以上KADOKAWA）、『世界史トータルナビinput&output800』（学研プラス）、『東大の世界史ワークブック』（かんき出版）、『地政学入門』（洋泉社）、『地政学で読み解く！海がつくった世界史』（実業之日本社）などがある。

改訂新版　これ1冊！
世界各国史

2022年10月25日　初版発行

■著　者　村山　秀太郎
■発行者　川口　渉
■発行所　株式会社アーク出版
　　　　　〒102-0072　東京都千代田区飯田橋2-3-1
　　　　　東京フジビル3F
　　　　　TEL.03-5357-1511　FAX.03-5212-3900
　　　　　ホームページ http://www.ark-pub.com
■印刷・製本所　新灯印刷株式会社

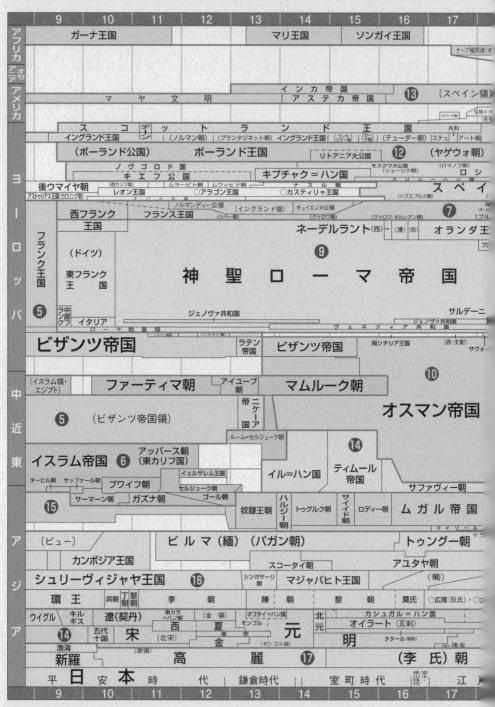